BIBLIOTHÈQUE DES ÉCOLES FRANÇAISES D'ATHÈNES ET DE ROME

PUBLIÉE

SOUS LES AUSPICES DU MINISTÈRE DE L'ÉDUCATION NATIONALE

FASCICULE CENT VINGT-QUATRIEME

ROME, LA GRÈCE

ET LES

MONARCHIES HELLÉNISTIQUES

AU IIIᵉ SIÈCLE AVANT J.-C.

(273-205)

PAR

Maurice HOLLEAUX

E. DE BOCCARD, ÉDITEUR

1, RUE DE MÉDICIS, 1

PARIS

BIBLIOTHÈQUE

DES

ÉCOLES FRANÇAISES D'ATHÈNES ET DE ROME

FASCICULE CENT VINGT-QUATRIÈME

ROME, LA GRÈCE ET LES MONARCHIES HELLÉNISTIQUES

AU IIIe SIÈCLE AVANT J.-C.

PAR

MAURICE HOLLEAUX

ROME, LA GRÈCE

ET LES

MONARCHIES HELLÉNISTIQUES

AU IIIe SIÈCLE AVANT J.-C.

(273-205)

PAR

Maurice HOLLEAUX

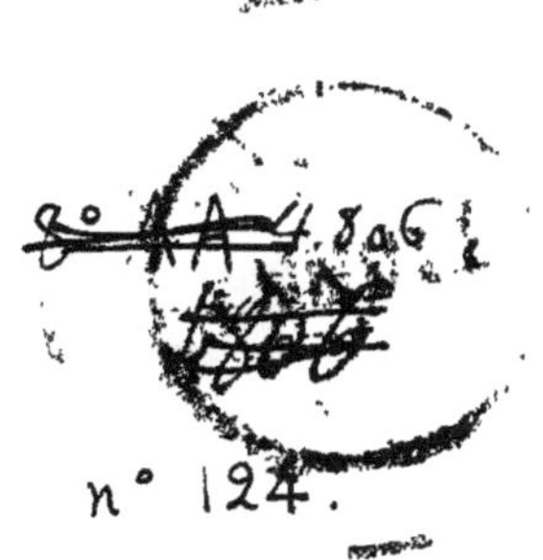

PARIS

ANCIENNE LIBRAIRIE FONTEMOING ET Cie

E. DE BOCCARD, ÉDITEUR

1, RUE DE MÉDICIS, 1

HENRICO LECHAT

PHILIPPO FABIA

AMICIS

S.

AVANT-PROPOS

Je me suis proposé, dans cet ouvrage, d'étudier les *premières relations politiques — ou paraissant avoir un caractère politique — des Romains avec les États de la Grèce et les monarchies hellénistiques.* Le prétendu traité que, vers 306, auraient conclu les Rhodiens et le Peuple romain, n'ayant, comme j'espère l'avoir établi, nulle réalité, c'est la fin de la guerre contre Pyrrhos ou, plus précisément, l'année 273, date de la venue à Rome de l'ambassade envoyée par Ptolémée Philadelphe, qui se trouve marquer mon point de départ. Durant l'époque précédente, rien n'indique ni ne permet de supposer qu'il ait existé quelques relations politiques entre l'État romain et le monde hellénique. Les rapports, le plus souvent hostiles, qu'ont pu avoir ou qu'ont eus les Romains avec les souverains grecs venus en Italie, depuis Alexandre-le-Molosse jusqu'à Pyrrhos, pour y défendre l'hellénisme contre la barbarie, n'ont été que l'effet des entreprises dirigées par ces souverains ; ils n'intéressent pas l'histoire de la politique extérieure de la République : étrangers à mon sujet, je n'avais point à m'en occuper. Et l'on estimera sans doute suffisant que je mentionne ici, pour mémoire, l'ambassade, un peu suspecte, expédiée de Rome à Alexandre-le-Grand [1], comme aussi celle qu'Alexandre lui-même aurait adressée aux Romains et celle que leur adressa certainement Démétrios Poliorkètes, à l'occasion des pirateries des Antiates. Ce sont là des faits isolés, purement épisodiques, demeurés sans conséquence aucune ; j'ose

---

1. Sur la question, voir, en dernier lieu, J. Kaerst, *Gesch. des Hellenismus*, I, 509, 2 ; W. W. Tarn, *J. H. S.* 1921, 13.

ajouter que les deux derniers m'ont toujours paru passablement insignifiants [1].

Mon exposé critique et historique, limité au IIIe siècle avant notre ère, a pour terme naturel la fin de la première guerre romaine de Macédoine, la paix conclue à Phoiniké, en 205, entre Philippe V et les Romains. Toutefois, avant de clore mon travail, j'ai cru devoir jeter un regard sur les grands événements qui, sans s'y rattacher par aucun lien de nécessité (du moins à ce qu'il m'a semblé), ont succédé presque immédiatement aux plus récents de ceux dont j'ai fait l'histoire. Dans un dernier chapitre, j'ai indiqué à traits rapides, telles qu'elles m'apparaissent, les raisons de la conduite, singulièrement nouvelle au premier aspect, qu'a tenue l'État romain, au commencement du IIe siècle, à l'égard du roi de Macédoine, des peuples grecs et d'Antiochos III [2]. C'est en ce temps-là seulement, si mes vues sont justes, que le Sénat a jugé opportun d'avoir une politique hellénique : j'ai essayé d'indiquer brièvement la cause, tout accidentelle selon moi, de cette décision, dont les effets furent si graves et répondirent si peu, je crois, à ce qu'attendaient ses auteurs. Mais j'avertis expressément le lecteur qu'il ne faut voir, dans ces

1. Sur les objections auxquelles donne lieu, au moins pour ce qui est de la forme, le texte de Strabon (V. 3. 5, 232), cf. G. De Sanctis, *Storia dei Romani*, II, 427, note 2.

2. Sur cette importante question, j'avais pensé trouver quelques lumières dans un mémoire traitant de *Flamininus et la politique romaine en Orient*, qu'a publié, en 1916, la *Revue historique* (t. 122, 17 suiv.). J'ai eu le regret d'être déçu. Ce mémoire, d'un caractère un peu scolaire et qui semble avoir été composé dans une entière ignorance de tous les écrits parus depuis quelque vingt ans sur le sujet, contient sans doute, parmi trop d'erreurs matérielles *(Épidaure* pour Épidamnos : p. 17 ; « Lissa » (= Issa) confondue avec Lissos : p. 17 ; la bat. du Trasimène en 218 : p. 18 ; Athènes intervenant en médiatrice pendant la guerre-des-Alliés : p. 18 ; l'intervention diplomatique des Rhodiens omise : p. 18 ; l'expédition de Philippe en 216 oubliée : p. 19 ; la paix entre l'Aitolie et Philippe placée en 205 : p. 19 ; la mort de Philopator, en 204 : p. 19 ; l'expédition de Philippe en 202 confondue avec celle de 201 : p. 20 ; toutes « les villes grecques d'Asie Mineure » conquises par Philippe : p. 20 ; l' « équilibre oriental résultant des traités de Naupacte et de Phœnice » [?] : p. 21, etc.), quelques observations justes ; mais elles sont comme noyées dans un exposé confus à l'excès et qui contredit souvent les vérités historiques les mieux établies. Je dois ajouter que l'auteur a négligé de procéder à l'étude critique, même sommaire, des sources dont il a fait usage : il renvoie couramment à T. Live là où T. Live ne fait que reproduire Polybe en l'altérant ; et l'on s'étonnera justement que l'amplification de rhétorique mise par T. Live, à la suite de quelque Annaliste, dans la bouche du consul P. Sulpicius (Liv. (Ann.) 31. 7), soit donnée comme « le programme » dans l'ensemble authentique, « de la politique romaine ».

courtes pages, que l'esquisse, volontairement très sommaire, d'une étude spéciale qui réclame et mérite d'amples développements. Cette étude, ayant pour objet la seconde guerre de Macédoine, ses origines et ses conséquences, je l'ai entreprise depuis plusieurs années et j'y apporte tous mes soins ; si j'ai la force et le loisir de l'achever, elle formera la suite de celle qui remplit les sept premiers chapitres du présent ouvrage.

Les résultats qui m'ont paru se dégager de l'examen des textes et des faits seront, je pense, assez facilement saisissables pour que je puisse me dispenser d'en présenter ici le tableau abrégé. Ce qui m'a le plus frappé, c'est la longue indifférence, constamment attestée jusqu'à la fin du iiie siècle, des gouvernants romains pour le monde grec. Aussi n'ai-je pu me persuader qu'à peine Carthage vaincue, ils aient cédé à l'impétueux désir d'établir sur lui la domination ou la suprématie de la République. Mommsen écrivait, voilà soixante-sept ans [1] : « On a souvent répété qu'après la conquête de l'Occident, les Romains entreprirent aussitôt de soumettre l'Orient ; une étude plus attentive de l'histoire devra faire réformer ce jugement. C'est une prévention inique et obtuse qui, seule, empêche de reconnaître que Rome, à cette époque, n'aspirait aucunement à commander aux États méditerranéens, et bornait ses souhaits à n'avoir de voisins redoutables [2] ni en Afrique, ni en Grèce. » Bien que vivement discutée, cette doctrine a d'abord trouvé grand accueil : peut-être eût-on bien fait de s'y tenir. Mais il est sûr qu'elle a cessé d'être en faveur. On nous entretient complaisamment, depuis quelques années [3], de l'invincible attrait exercé de tout temps sur les Romains par l'hellénisme, de la force instinctive qui les poussait vers lui, des lois historiques et psychologiques qui exigeaient qu'ils devinssent maîtres des États grecs, et de leur volonté ancienne

---

1. *R. G.* I[7], 696 ; cf. 779, 780. — Ed. Meyer *(Kl. Schriften,* 277) s'exprime encore dans le même sens que Mommsen. Cf., d'autre part, les remarques si judicieuses de G. Bloch, *La République romaine* (Paris, 1913), 180-181

2. Ceci d'après Polybe, I. 10. 6

3. Voir notamment J. Kromayer, *Roms Kampf um die Weltherrschaft* (Leipzig, 1912) 13-14, 15, 62, 66. Kromayer fait à Mommsen une apparente concession (14), mais, en réalité, le contredit absolument (62-63, 66 : explication de la seconde guerre de Macédoine).

et fixe de les assujettir. On recommence à parler, et chaque jour davantage, des passions ambitieuses de l'aristocratie sénatoriale, de son besoin de domination, de son esprit d' « impérialisme » et de « militarisme », lequel éclaterait déjà dès le temps de la guerre de Sicile [1]. On en revient, peu s'en faut, à la conception de Bossuet, déclarant que les Romains, « quand ils eurent goûté la douceur de la victoire, voulurent que tout leur cédât et ne prétendirent à rien moins qu'à mettre premièrement leurs voisins et ensuite tout l'univers sous leurs lois ». On se reprend même à croire — ce qui ne s'était plus vu depuis Mommsen — aux vastes « plans d'extension » méthodiquement élaborés par le Sénat : naguère, en France, dans l'introduction d'un ouvrage étendu, un historien se l'est figuré « préparant » de longue main les « futures annexions » de Rome en Orient, et « marquant la Grèce pour être une de ses premières conquêtes »... Dans l'histoire authentique, qu'une critique vigilante doit séparer de l'apocryphe, je n'ai rien rencontré qui pût légitimer de telles opinions ; j'y ai plutôt aperçu tout le contraire, et je me suis risqué à le dire.

Novembre 1920.

M. H.

---

1. Voir G. De Sanctis, *Storia dei Romani*, II, 429 ; III, 1, 420, 424, 425 ; III, 2, 560 ; et, tout récemment, dans la Revue *Atene e Roma*, 1920, *(Dopoguerra antico)* 80-82. Cf. le compte-rendu de la *Storia dei Romani*, vol. III, publié par U. Pedroli dans *Riv. di Filol.* 1918, 449-452. — R. Pöhlmann, *Grundr. der griech. Gesch.*[4] 315. — B. Niese, *Grundr. der röm. Gesch.*[4] 127 et note 1, fin. — On voit aussi reparaître la croyance à la « politique machiavélique » du Sénat : W. Strehl, *Röm. Geschichte* (Breslau, 1914), 200.

Polybe est cité d'après l'édition de Th. Büttner-Wobst, Leipzig (Teubner), 1882-1904 ; T. Live, d'après l'édition de W. Weissenborn, revue par H. J. Müller, Berlin (Weidmann) : j'ai consulté, autant que je l'ai pu, les plus récents tirages. — Les abréviations dont j'ai fait emploi, dans les renvois aux ouvrages modernes et aux périodiques, étant conformes à l'usage communément suivi, n'ont besoin d'aucune explication. Je note seulement que je me suis borné à citer d'après la tomaison et la pagination, sans en répéter le titre, les trois ouvrages suivants : B. Niese, *Gesch. der griech. und makedon. Staaten seit der Schlacht bei Chaeronea*; J. Beloch, *Griechische Geschichte* ; G. De Sanctis, *Storia dei Romani*. J'ai, comme on le verra, eu sans cesse sous les yeux cette dernière *Histoire*, dont le 3ᵉ volume (parties 1 et 2) a paru alors que mon travail était déjà près d'être achevé. Quelles que soient les divergences d'opinion entre l'auteur et moi, je devais à son œuvre, dont j'ai grandement profité, cette preuve d'estime et d'admiration

CHAPITRE PREMIER

PREMIERS RAPPORTS,

HISTORIQUES OU LÉGENDAIRES, DES ROMAINS AVEC LA GRÈCE
(266 ; 239 ?).

ROME ET LA GRÈCE EN 230.

Nous ne connaissons, entre la guerre de Pyrrhos et le dernier
tiers du iiie siècle, que deux faits qui nous montrent les Romains
en rapports avec des États de la Grèce propre. Ces deux faits ont
retenu fortement l'attention de quelques historiens [1]. Ils leur
paraissent pleins de signification ; ils sont pour eux de sûrs indices
que la Grèce, dès ce temps lointain, était l'objet des préoccupations
ambitieuses des politiques de Rome, prompts à jeter sur elle des
regards intéressés. L'examen critique des faits en question ne
permet pas, comme on va voir, d'adopter cette opinion. Le premier
a certainement été mal interprété ; quant au second, je ne puis le
croire authentique ; le fût-il, qu'il ne saurait avoir la portée qu'on
lui attribue d'ordinaire.

I

Valère Maxime raconte l'anecdote suivante, qu'on retrouve
aussi, sans différence notable, dans un fragment de Dion : (6. 6. 5)
Legatos ab urbe Apollonia Romam missos Q. Fabius, Cn. Apro-
nius aedilicii orta contentione pulsaverunt. quod ubi conperit
(senatus), continuo eos per fetiales legatis dedidit quaestoremque
cum his Brundisium ire iussit, ne quam in itinere a cognatis dedi-
torum iniuriam acciperent [2]. Voilà qui paraît assez simple. Vers

---

1. Voir, notamment, G. Colin, *Rome et la Grèce de 200 à 146 avant Jésus-Christ*, 35-39.
On peut croire que c'est aux mêmes faits que songe H. Graillot, lorsqu'il écrit *(Le culte
de Cybèle*, 33) que, « depuis sa victoire sur Pyrrhus », Rome « a étendu ses relations avec
les États grecs ».

2. Cf. Dio, fragm. 42 (I, 141 Boissev.) = Zonar. VIII. 7. 3. — Liv. *per.* 15.

266 [1], les habitants d'Apollonia, ville grecque de la côte illyrienne, ont envoyé, nous ne savons pour quel motif, une ambassade à Rome. Au cours d'une discussion, deux jeunes sénateurs, deux *aedilicii*, Q. Fabius et Gn. Apronius, outragent les ambassadeurs. Là-dessus, le Sénat ordonne aux fétiaux de livrer aux Apolloniates leurs deux insulteurs, et prend soin qu'un des questeurs accompagne l'ambassade jusqu'à Brundisium, afin de la protéger contre les violences où se pourraient porter les parents des coupables.

Les historiens modernes sont gens d'imagination. A propos de l'anecdote rapportée par Valère Maxime, cette imagination s'est donné carrière. L'un d'eux y découvre la « preuve » que le Sénat avait « l'intention, arrêtée longtemps à l'avance, de s'étendre à l'est de l'Italie », c'est-à-dire en Grèce et en Macédoine [2]. Un autre voit dans « l'échange d'ambassades [?] qui avait eu lieu entre Rome... et Apollonie » le « début de la politique romaine » en Grèce [3]. Droysen [4] et, à sa suite, Mommsen [5], G. Hirschfeld [6], d'autres encore [7], déclarent qu'aussitôt après la démarche des

1. La date n'est qu'approximative ; cf. Dio-Zonar. VIII. 7. 3.

2. G. Colin, *Rome et la Grèce*, 35. — Le raisonnement de G. Colin est particulièrement subtil : « Sans doute, c'était une loi à Rome de respecter la qualité d'ambassadeur ; mais on ne l'observait pas toujours ; et l'on se persuade difficilement qu'en accordant à un si petit peuple une satisfaction si éclatante, le Sénat n'ait pas songé qu'il était maintenant maître de Brindes, qu'Apollonie était située juste en face sur l'autre rive de l'Adriatique, et que, par conséquent, l'alliance de cette ville lui serait d'une grande utilité, *le jour où il aurait à débarquer des troupes contre l'Épire ou contre la Macédoine.* » J'ose dire que c'est là faire au Sénat un « procès de tendance » un peu téméraire.

3. Th. Homolle, *B. C. H.* 1884, 81 : « ... les échanges d'ambassades qui avaient eu lieu entre Rome, l'Égypte et Apollonie, et qui sont le début de la politique romaine en Orient et dans la Grèce... »

4. J. G. Droysen, *Gesch. des Hellenismus*, III, 179 (trad. fr.) : « L'importance de relations amicales avec une ville comme Apollonia ne pouvait échapper à la sagacité du Sénat... Il y eut à coup sûr une alliance conclue alors entre Rome et Apollonia » ; 214 : « ... Le Sénat donna à la ville une satisfaction éclatante afin de ne pas sacrifier cette première alliance d'outre-mer, qui pouvait avoir son utilité relativement à l'Épire. »

5. Th. Mommsen, *R. G.* I [7], 416 : « Eben dahin gehören die — mit Rhodos und nicht lange nachher mit Apollonia, einer ansehnlichen Kaufstadt an der epeirotischen Küste, von den Römern abgeschlossenen Handels- und Freundschaftsverträge. »

6. G. Hirschfeld, P.-W. II, 112, *s. v. Apollonia*, 1 : « Um 270 [266 ?], schicken sie (die Apolloniaten) Gesandte nach Rom, schliessen ein Handels- und Freundschaftsbündnis und kommen nun von Rom nicht mehr los, für welches die Stadt, Brundisium so direct gegenüber, ein sehr wichtiger Punkt sein musste. »

7. Dans sa dissertation intitulée *Die amici populi Romani republik. Zeit* (diss. Strassburg, 1895), V. Ferrenbach consacre tout un article (18-19) à l' « *amicitia mit Apollonia* ».

Apolloniates, le Sénat jugea bon de conclure avec eux un «traité d'amitié» ou «d'alliance.» Ce sont là des assertions bien hardies [1].

Si l'on veut s'exprimer raisonnablement, voici ce qu'on peut dire. Il est probable qu'il existe quelque connexion entre ces deux événements contemporains : l'occupation de Brundisium par les Romains, la venue à Rome des députés d'Apollonia. Voyant les Romains maîtres de Brundisium, les Apolloniates désirent se rendre favorables ces puissants voisins : ils s'empressent donc de leur faire honneur et leur envoient une ambassade. De son côté, si peu de temps après l'invasion de Pyrrhos, le Sénat estime opportun de traiter avec égards les cités helléniques qui, jusque-là dépendantes du royaume d'Épire, font à présent mine de s'en détacher et de se tourner vers Rome : c'est pourquoi il tient à manifester sa bienveillance au peuple d'Apollonia, et répare avec éclat l'insulte faite à ses représentants [2]. Ces inductions sont modestes, mais ce sont les seules qui nous soient permises. Encore leur pourrait-on reprocher d'être quelque peu hasardées : après tout, en se comportant comme il fit envers les Apolloniates, pourquoi le Sénat n'aurait-il pas voulu simplement donner à ces étrangers une haute idée de son respect pour la personne sacrée des ambassadeurs ?

On a parlé, sans d'ailleurs y être autorisé par les textes, d'un « échange d'ambassades » entre Rome et Apollonia, lequel marquerait le « début de la politique romaine » en Grèce. Mais ces mots — « échange d'ambassades » — demandent quelque éclaircissement. Dans cet « échange » (qu'on suppose), de qui serait venue l'initiative ? Veut-on dire que le Sénat dépêcha le premier ses légats aux Apolloniates, provoquant ainsi la démarche que ceux-ci accomplirent à Rome ? Il est sûr qu'en pareil cas il serait loisible d'attribuer aux *Patres* des desseins politiques ; mais l'hypothèse serait d'une invraisemblance achevée. Elle se trouve implicitement contredite

---

1. Noter, au contraire, les réserves de B. Niese, *Gesch. der gr. und maked. Staaten*, II, 281, 4.

2. Cf. G. De Sanctis *(Storia dei Romani*, II, 428), qui interprète à peu près de même façon la démarche des Apolloniates et la conduite du Sénat. — Il est très vraisemblable qu'après la mort de Pyrrhos, Apollonia était encore rattachée par quelque lien de dépendance à la monarchie épirote : cf. Droysen, III, 178-179, 214 (trad. fr.) ; J. Beloch, *Griech. Gesch.* III, 2, 318.

par le récit même de Valère Maxime et de Dion ; comment, en effet, la concilier avec ce qu'ils nous apprennent du méchant accueil fait par quelques sénateurs aux envoyés d'Apollonia ? Et, de fait, je ne crois pas que personne se soit risqué à l'énoncer : tout le monde, sur le vu de nos textes, s'accorde à penser que les Apolloniates adressèrent les premiers, d'un mouvement tout spontané, leurs ambassadeurs au Peuple romain. Mais alors à quoi se réduira, dans l' « échange d'ambassades », le rôle du Sénat ? Les Romains, rendant aux Apolloniates la visite qu'ils en avaient reçue, leur auront répondu par une contre-ambassade ? C'est là, bien que nous n'en sachions rien, chose possible et même probable. Mais pourquoi prêter à un fait si simple une signification politique, y voir plus qu'un acte, presque obligé, de banale courtoisie ?

Aussi bien, il eût suffi d'un peu d'attention pour reconnaître que l'événement auquel on veut attacher tant d'importance n'en eut réellement aucune, et que, loin de marquer le « début de la politique romaine » en Grèce, il ne marqua le début de rien. La preuve, indirecte mais certaine, s'en trouve chez Polybe. Comme nous aurons plus loin l'occasion de le revoir [1], Polybe rapporte qu'en 229 les Apolloniates, menacés par les Illyriens, s'en furent chercher du secours au dehors. D'accord avec les Kerkyréens et les Épidamniens, ils députèrent aux Aitoliens et aux Achéens, implorèrent l'assistance de ces deux États [2] ; mais ils ne députèrent point aux Romains [3]. Et c'est sûrement ce qu'ils se fussent hâtés de faire s'ils leur avaient été unis par un traité, ou s'ils avaient seulement entretenu avec eux des rapports d'amitié [4]. Ainsi nous pouvons affirmer que ce traité, dont parlent Droysen et

1. Cf. ci-après, p. 24-25.

2. Pol. II. 9. 8.

3. C'est par une erreur manifeste que Mommsen dit le contraire *(R. G.* I [7], 549) : « ... die Hülfsgesuche der *altverbündeten* Apolloniaten — nöthigten endlich den römischen Senat wenigstens Gesandte nach Skodra zu schicken. » Il n'y a point, dans les auteurs, un mot qui justifie cette affirmation. Comme nous le verrons ailleurs, les traditions romaines tardives expliquent, en partie, l'intervention des Romains en Illyrie par les supplications des habitants d'Issa ; elles sont muettes sur les Apolloniates.

4. Ferrenbach *(Die amici p. R. republ. Zeit,* 19) écrit : « Im Jahre 229 stellte sich Apolonia in seiner Bedrängnis durch die räuberische Illyrier freiwillig unter Roms Schutz. » Il n'a pas vu (et la chose est étrange) qu'il suit de là qu'en 229 Apollonia n'était point encore l' « amie » de Rome.

Mommsen, n'a jamais existé [1], et que la démarche faite auprès du
Sénat, en 266, par les Apolloniates n'aboutit même point à l'établissement de relations durables entre la cité grecque et le Peuple
romain. Cette démarche n'eut aucune conséquence politique :
Apollonia et Rome restèrent étrangères l'une à l'autre.

Ces remarques négatives, qui démentent toutes les imaginations
des historiens modernes, ne laissent pas d'avoir leur intérêt. Apparemment, si, en 266 ou dans le temps qui suivit, le Sénat, mettant à
profit les dispositions favorables des Apolloniates, avait voulu les
attirer dans la clientèle romaine et former amitié avec eux —
comme il advint depuis 229 — il y eût réussi sans peine. Mais il s'abstint d'en rien faire ; et s'il s'en abstint, c'est donc qu'il n'avait
encore ni « visées ambitieuses » [2] sur les villes grecques riveraines
du détroit d'Hydrous, ni « l'intention arrêtée » d'étendre son
influence « à l'est de l'Italie ». En sorte que l'histoire de l'ambassade d'Apollonia démontre précisément le contraire de ce qu'on
voudrait qu'elle démontrât.

II

Le second fait, où se révèlent, pense-t-on, les ambitions
précoces du Sénat et son empressement inquiet à « se mêler aux
affaires du monde grec » [3], est celui que relate Justin, abréviateur
de Trogus, dans la page que voici :

Just. 28. 1. (1). *Olympias, Pyrri Epirotae regis filia, amisso marito
eodemque germano fratre Alexandro, cum tutelam filiorum ex eo suscep-
torum, Pyrri et Ptolomaei, regnique administrationem in se recepisset,
Aetolis partem Acarnaniae, quam in portionem belli pater pupillorum
acceperat, eripere volentibus, ad regem Macedoniae Demetrium decurrit (2)
eique habenti uxorem Antiochi, regis Syriae, sororem filiam suam Phthiam
in matrimonium tradit, ut auxilium, quod misericordia non poterat, iure
cognationis obtineret. (3) fiunt igitur nuptiae, quibus et novi matrimonii*

---

1. Il faut savoir gré à Niese de s'être exprimé nettement sur ce point (II, 66, 2). Cf.
G. Zippel, *Röm. Herrschaft in Illyrien*, 93. — Il est singulier que, dans un article publié
en 1916 par la *Revue historique* (t. 122, 17), il soit encore parlé, en termes un peu dubitatifs, il est vrai, de l' « alliance » de Rome et d'Apollonia.
2. Cf. G. Colin, *Rome et la Grèce*, 21.
3. Cf. G. Colin, 36-38 ; 46.

gratia adquiritur et veteris offensa contrahitur. (4) *nam prior uxor, velut matrimonio pulsa, sponte sua ad fratrem Antiochum discedit eumque in mariti bellum inpellit.*

(5) Acarnanes quoque diffisi Epirotis adversus Aetolos auxilium Romanorum inplorantes obtinuerunt a Romano senatu, ut legati mitterentur, (6) qui denuntiarent Aetolis, praesidia ab urbibus Acarnaniae deducerent paterenturque liberos esse, qui soli quondam adversus Troianos, auctores originis suae, auxilia Graecis non miserint.

2. (1). sed Aetoli legationem Romanorum superbe audivere, Poenos illis et Gallos, a quibus tot bellis occidione caesi sint, (2) exprobrantes dicentesque prius illis portas [adversus Karthaginienses] aperiendas, quas clauserit metus Punici belli, quam in Graeciam arma transferenda. (3) meminisse deinde iubent, qui quibus minentur. (4) adversus Gallos urbem eos suam tueri non potuisse captamque non ferro defendisse, sed auro redemisse ; (5) quam gentem se aliquanto maiore manu Graeciam ingressam non solum nullis externis viribus, sed ne domesticis quidem totis adiutos universam delesse, sedemque sepulcris eorum praebuisse, quam illi urbibus imperioque suo proposuerant ; (6) contra Italiam trepidis ex recenti urbis suae incendio Romanis universam ferme a Gallis occupatam. (7) prius igitur illis Gallos Italia pellendos quam minentur Aetolis, priusque sua defendenda quam aliena appetenda. (8) quos autem homines Romanos esse ? nempe pastores, qui latrocinio iustis dominis ademptum solum teneant, (9) qui uxores cum propter originis dehonestamenta non invenirent, vi publica rapuerint, (10) qui denique urbem ipsam parricidio condiderint murorumque fundamenta fraterno sanguine adsperserint. (11) Aetolos autem principes Graeciae semper fuisse et sicut dignitate, ita et virtute ceteris praestitisse ; (12) solos denique esse, qui Macedonas imperio terrarum semper florentes contempserint, qui Philippum regem non timuerint, qui Alexandri magni post Persas Indosque devictos, cum omnes nomen eius horrerent, edicta spreverint. (13) monere igitur se Romanos, contenti sint fortuna praesenti nec provocent arma, quibus et Gallos caesos et Macedonas contemptos videant. (14) sic dimissa legatione Romanorum, ne fortius loeuti quam fecisse viderentur, fines Epiri regni et Acarnaniae depopulantur [1].

De ce texte, si l'on néglige le verbiage de Justin, se dégagent les indications suivantes :

Le roi d'Épire, Alexandre, fils de Pyrrhos, et le peuple aitolien, ayant fait alliance, ont jadis conquis ensemble l'Akarnanie, qu'ils

---

1. J'ai suivi le texte de F. Rühl (Teubner, 1886).

se sont partagée [1] ; à la suite de ce partage, la moitié orientale du pays est tombée au pouvoir des Aitoliens, la moitié occidentale a été rattachée à l'Épire [2].

Après la mort d'Alexandre, tandis que sa veuve, Olympias, exerce la régence comme tutrice des princes royaux, Pyrrhos et Ptolémée, les Aitoliens s'efforcent d'enlever l'ouest de l'Akarnanie à la monarchie épirote. — Olympias, se jugeant incapable de leur résister, recherche l'appui de « Démétrios (II), roi de Macédoine », et s'unit à lui par une alliance de famille : elle lui donne en mariage sa fille Phthia. — *Vers le même temps (?), les Akarnaniens (occidentaux), « n'ayant pas confiance dans les Épirotes », demandent au Sénat de leur donner secours contre les Aitoliens. Le Sénat accède à cette prière ; il adresse aux Aitoliens une ambassade qui les invite à retirer d'Akarnanie leurs garnisons, et à ne plus attenter aux libertés du pays. La raison qui motive son intervention en faveur des Akarnaniens, c'est que, seuls des Grecs, ils se sont abstenus de prendre part à la guerre de Troie, et n'ont pas combattu contre les Troyens, ancêtres du peuple romain* (il va de soi que c'était le même argument qu'avaient allégué les Akarnaniens afin d'obtenir l'assistance de Rome.) — *Cependant, les Aitoliens font le plus insolent accueil aux envoyés du Sénat ; ils leur répondent par d'injurieuses rodomontades* (que Justin, en bon rhéteur, développe avec complaisance). — *Là-dessus, les ambassadeurs romains se retirent, et les Aitoliens envahissent et ravagent les régions de l'Épire et de l'Akarnanie voisines de l'Aitolie.*

Une opinion fort répandue parmi les modernes veut que les derniers événements datent de 239 ou d'une des années immédiatement postérieures [3]. Mais, plausible à certains égards, cette

---

1. Justin fait seulement allusion au traité de partage. Il est mentionné plus explicitement par Polybe, II. 45. 1 ; IX. 34. 7.

2. Cf. Beloch, III, 2, 320 ; H. Swoboda, *Staatsaltert.* 301.

3. Cf. Droysen, III, 457-458 (trad. fr.) ; Mommsen, *R. G.* I⁷, 548 ; Niese, II, 264 ; G. Corradi, *Atti dell' Accad. di Torino,* XLVII (1911-1912), 193, 212, 213, 215 ; E. Pozzi, *ibid.* 229-230 et note 3 de la p. 230 ; De Sanctis, III, 1, 278, note 23 ; G. Colin *(Rome et la Grèce,* 37), qui reproduit Droysen et Mommsen. — Beloch (III, 1, 620, 621 et note 1 ; cf. III, 2, 95 et 105), Swoboda *(Staatsaltert.* 301), W. W. Tarn *(Antig. Gonatas,* 382 et note 37 ; 383 et note 39 ; cf. 369-370 et la note 4) proposent des dates plus reculées : « peu avant 250 » (Beloch) ; « vers 250 » (Swoboda) ; « 246 ou 245 » (Tarn). — Il ne faut pas s'étonner de ces divergences ; elles signifient simplement qu'il est impossible de fonder une chronologie exacte sur le texte de Justin, et c'est, à l'examen, ce qui n'apparaît que trop. Consi-

opinion demeure conjecturale. En réalité, on ne sait trop à quelle
époque rapporter les faits racontés par Justin. Au reste, ce qui
importe plus que leur date exacte, c'est leur authenticité. Les

dérons le passage (28. 1. 1-2) : *ad regem Macedoniae Demetrium decurrit (Olympias) eique
habenti uxorem (Stratonicen) Antiochi, regis Syriae, sororem filiam suam Phthiam in
matrimonium tradit —.* (3) *fiunt igitur nuptiae, quibus et novi matrimonii gratia adquiritur
et veteris offensa contrahitur.* (4) *nam prior uxor (Stratonice), velut matrimonio pulsa,
sponte sua ad fratrem Antiochum discedit eumque in mariti bellum inpellit.* (5) *Acarnanes
quoque diffisi Epirotis eqs.* Aux yeux de tout lecteur « non prévenu », comme disent les
philologues, deux choses semblent évidentes : l'une, c'est que le nom d'Antiochus, deux
fois mentionné, désigne les deux fois le même souverain, frère de Stratoniké, lequel, au
moment dont il s'agit, règne sur la Syrie ; l'autre, c'est que les mots *regem Macedoniae
Demetrium* s'appliquent à Démétrios II, devenu roi de Macédoine à la mort d'Antigone
Gonatas. Mais le malheur, comme on l'a reconnu depuis longtemps, est que ces deux
« évidences » sont inconciliables. Effectivement, le roi de Syrie frère de Stratoniké, Antiochos Théos, est mort en 247/246, et l'avénement de Démétrios II se place en 239. Donc,
il y a conflit entre ces deux renseignements : *ad regem Macedoniae Demetrium decurrit
(Olympias) — ad fratrem Antiochum discedit (Stratonice).* Des deux faits ici rappelés,
le premier est donné comme postérieur à 239, et le second comme antérieur à 246 : Justin
offre à la fois, pour un groupe d'événements qui, dans son texte, paraît indissoluble (recours
d'Olympias à Démétrios ; mariage de Démétrios et de Phthia ; retour de Stratoniké en
Syrie) un *terminus ante quem* qui est l'année 246, et un *terminus post quem* qui est l'année
239. — Comment sortir de là ? La vérité est qu'on n'en sort pas. On essaie d'en sortir
en sacrifiant, soit la date de 246, soit celle de 239. Les uns (voir, en dernier lieu, Corradi,
art. cité) — voulant que le retour de Stratoniké en Syrie se puisse placer après 239 —
admettent, contre les vraisemblances, que le nom d'*Antiochus* désigne chez Justin deux
souverains différents, le père et le fils, d'abord Antiochos Théos, puis Antiochos Hiérax,
et prétendent, en conséquence, que, dans la phrase *ad fratrem Antiochum discedit, fratrem*
doit faire place à *fratris filium* (Corradi, 213, 1, propose à tort *nepotem*) ; les autres (voir
notamment Beloch et Tarn) — voulant que l'alliance d'Olympias et de Démétrios se puisse
placer avant 246 — supposent, sans apparence de vérité, que les mots *regem Macedoniae
Demetrium* s'appliquent, non pas à Démétrios II, roi de Macédoine après la mort de son
père, mais à Démétrios, prince royal, associé par Antigone à l'empire. Il est visible que
ce sont là, non des solutions, mais des échappatoires. Justin a commis une ou plusieurs
erreurs (nous ne savons lesquelles) qui rendent son texte inintelligible. La restitution
probable du nom de Φθία dans *IG*, II², 1299, ne résout pas la difficulté : cf. Th. Lenschau,
Burs. Jahresb. 45 (1919), 231. Un fait dont il serait essentiel de fixer la date, parce
que cette date nous fournirait au moins un *terminus a quo* au-delà duquel on ne
saurait remonter, est la mort d'Alexandre d'Épire ; mais, en dépit des ingénieux
efforts de Corradi (197 suiv. ; 215), qui fait mourir Alexandre en 241/240, toute
certitude nous est refusée sur ce point. — Observons maintenant que ce n'est pas
seulement la chronologie absolue qui, dans le texte de Justin, est cruellement
confuse ; ce texte soulève un problème de chronologie relative assez embarrassant. L'appel
adressé par les Akarnaniens au Sénat a-t-il précédé ou suivi le rapprochement d'Olympias
et de Démétrios ? voilà ce qu'on a lieu de se demander. Il y a, en effet, un évident « hiatus »
entre les §§ 4 et 5 du ch. 1, en sorte qu'il n'est pas sûr que les faits racontés au § 5 soient
postérieurs à ceux dont le récit se trouve aux §§ 1-3. De plus, la phrase par où commence
le § 5 : *Acarnanes quoque diffisi Epirotis eqs.* crée une difficulté ; elle paraît en désaccord
avec ce qui se lit aux §§ 1 et 2 : *Aetolis partem Acarnaniae — eripere volentibus, ad*

critiques, hormis de très rares exceptions [1], tiennent pour historiques le recours des Akarnaniens au Peuple romain, et cette intervention du Sénat en Aitolie qui en aurait été la conséquence. Je ne saurais, quant à moi, être si accommodant ; le récit de Justin

regem Macedoniae Demetrium decurrit (Olympias) eqs. On comprendrait *diffisi Macedonibus* ou *Demetrio* ; on ne comprend guère *diffisi Epirotis,* si les Épirotes peuvent désormais compter sur l'appui de Démétrios : ces mots semblent impliquer qu'il n'y a point encore d'alliance conclue entre l'Épire et la Macédoine. Aussi nombre d'historiens (Droysen, Beloch, Tarn ; cf. ci-après dans le texte) admettent-ils que Trogus (ou Justin ?) a, dans son exposé, interverti l'ordre des temps, et placé le recours des Akarnaniens au Sénat après l'entente d'Olympias et de Démétrios, bien qu'en réalité il l'eût précédée. Mais l'hypothèse est peut-être superflue, les mots *diffisi Epirotis* pouvant n'être qu'une inadvertance de Justin et ne pas mériter qu'on en tienne grand compte. Nous devons, je crois, nous résigner à ignorer l'ordre dans lequel se sont succédé les événements relatés, d'une part, aux §§ 1-3 et, de l'autre, aux §§ 5-6. — J'ajoute, en terminant, qu'il faut, ici comme ailleurs, se garder de pratiquer l'*obscurum per obscurius.* C'est, je le crains, à quoi s'exposent les critiques qui, pour dater le récit de Trogus, s'efforcent de tirer quelques données chronologiques des hâbleries, truculentes et burlesques, mises dans la bouche des Aitoliens. Telles que nous les lisons, ces hâbleries sont principalement l'ouvrage de Justin et n'offrent à l'historien qu'un ténébreux fatras de méchante rhétorique. Il est vrai qu'elles sont farcies d'allusions aux guerres soutenues par les Romains contre les Puniques et les Gaulois ; mais ces allusions, vagues à l'excès, ne comportent pas d'interprétation rigoureuse. C'est ce que montrent assez les tentatives contradictoires qu'on a faites pour les expliquer. Il suffit de rappeler que le langage des Aitoliens ne peut convenir — selon Beloch (III, 1, 621, 1), qu'à la période de temps comprise entre 255 et 250 ; — selon Tarn (382-383 et note 37), qu'à celle qui va de 249 à 241 ; — selon De Sanctis (III, 1, 278, note 23), qu'aux années postérieures à la paix avec Carthage (ann. 241) et immédiatement antérieures à la dernière invasion gauloise (ann. 225), etc. On voit par là que, dans le texte de Justin, chacun peut trouver ce qu'il cherche. Le fait est que la phrase : (28. 2. 2) *prius illis (Romanis) portas [adversus Karthaginienses] aperiendas, quas clauserit metus Punici belli* est susceptible de s'appliquer soit à la première, soit à la seconde guerre contre Carthage, que Justin, comme le remarque De Sanctis *(ibid.),* semble avoir confondues ; et, pareillement, les mots : (2. 6) *Italiam trepidis ex recenti urbis suae incendio Romanis universam ferme a Gallis occupatam.* (7) *prius igitur illis Gallos Italia pellendos* peuvent être également ou une réminiscence attardée de l'invasion gauloise de 387, ou une allusion prématurée à celle de 225. On perd sa peine à vouloir mettre des précisions sous ce bavardage.

1. Niese (II, 264, 6) ne juge pas impossible que les Akarnaniens aient imploré l'aide des Romains, mais n'en considère pas moins le récit de Justin comme apocryphe dans presque toutes ses parties : « Freilich ist Justins Erzählung stark verfälscht. Die Akarnanen sollen sich vor den Römer darauf berufen haben, dass sie allein in Hellas nicht mit gegen die Trojaner — gezogen seien. Die Römer ersuchen nun die Ätoler, ihre Besatzungen aus den akarnanischen Städten zu entfernen, werden aber mit einer äusserst prahlerischen Antwort heimgeschickt. Dies sind spätere rhetorische Zutaten. » Cf. W. Christ (dans E. Oberhummer, *Akarnanien,* 294) : « Die Begründung des Hilfsgesuches der Akarnanen — mit ihrer Nichtbeteiligung am trojanischen Krieg kann — wohl eine Erfindung aus augusteischer Zeit sein. » Tarn, après avoir exprimé quelques doutes *(Antig. Gonatas,* 383 et note 38), se rassure trop facilement sur cet argument vulgaire : « But Justin's story is so circumstantial that it is hard to believe that it has no foundation. »

m'inspire d'infinies défiances, dont les raisons se laissent aisément découvrir.

1

Ce récit implique que, vers le milieu du iiie siècle ou peu après, la croyance aux origines troyennes de Rome était devenue, à Rome même, un dogme officiel [1]. Mais là-dessus il est permis de garder des doutes. En effet, cette prétendue demande que, vers 237 ou 235, le gouvernement romain aurait adressée à Séleukos II en faveur des habitants d'Ilion [2], n'est, comme il sera dit ailleurs [3], qu'une fiction qui a pris indûment place dans l'histoire.

On sait, et nous rappellerons plus loin, qu'en 228, après sa victoire sur les Illyriens, le consul A. Postumius envoya une ambassade aux Aitoliens dans le seul dessein de leur faire honneur. Courtoisie inattendue, il faut l'avouer, et qui semble excessive, si, une dizaine d'années plus tôt [4], les Aitoliens avaient rembarré, avec la rudesse que rappelle Justin, une ambassade du Sénat.

Que les Akarnaniens de l'Ouest, en butte aux attaques des Aitoliens, invoquent le secours des Romains, peuple d'outre-mer, peuple barbare, peuple jusque-là inconnu ou peu connu d'eux, le fait est singulier et doit être expliqué. La seule explication rationnelle, c'est qu'ils n'ont pas trouvé dans leur voisinage la protection dont ils ont besoin. Si donc, comme paraît l'indiquer l'ordre suivi par Justin dans sa narration [5], la reine Olympias, leur suzeraine, s'est d'abord assuré, afin de les défendre contre les Aitoliens, l'alliance de Démétrios II, la démarche qu'ils font à Rome n'a plus d'objet et ne se conçoit pas ; car nul n'admettra, avec Niese [6], que, « par égard pour l'Épire, Démétrios », devenu l'allié

1. Cf. E. Norden, *Neue Jahrb. für das kl. Altert.* 1901, 255.

2. Selon Droysen (III, 458, 2 ; trad. fr.), ce serait peut-être là le précédent dont se seraient autorisés les Akarnaniens pour obtenir le secours des Romains.

3. Voir ci-après, p. 46 suiv. — L'interprétation qu'on a donnée souvent (voir, par exemple, De Sanctis, I, 198 ; 202) du texte de Dion-Zonaras (VIII. 9 s. f.), relatif à la *deditio* des Ségestains en 262, me paraît abusive. Si les Romains ont accordé de grands privilèges aux Ségestains (Cic. *Verr.* 3. 6. 13), l'explication s'en trouve dans cette prompte *deditio* beaucoup plutôt que dans la *consanguinitas* des deux peuples.

4. J'admets, par hypothèse et pour simplifier les choses, que les événements racontés par Justin datent bien, comme c'est l'opinion la plus répandue, de l'année 239.

5. Sur la difficulté chronologique que soulève cette narration, voir ci-dessus, p. 8-9, note 3 de la p. 7.

6. Niese, II, 264, 6 : « Es wäre möglich, dass Demetrios sie (die Akarnanen) mit Rücksicht auf Epirus anfangs abgewiesen hätte. »

d'Olympias, « se soit abstenu de donner aide aux Akarnaniens »,
négligeant ainsi de faire — « par égard pour l'Épire » — tout justement ce que la reine d'Épire attendait de son concours [1]. Force
est dès lors de supposer, avec plusieurs critiques, que l'appel des
Akarnaniens aux Romains a précédé l'alliance d'Olympias et de
Démétrios, et l'on peut accorder, en effet, que le langage de Justin,
sans l'impliquer nécessairement, autorise cette chronologie [2].
Mais, en ce cas, il reste à comprendre comment, plutôt que d'implorer la pitié du Sénat, les Akarnaniens, devançant leur suzeraine,
n'ont point d'eux-mêmes sollicité le secours de la Macédoine, amie
traditionnelle de leur nation [3]. Un peu plus tard, en 231, fortement
pressés par les Aitoliens, ils prieront le roi Démétrios de leur donner
assistance [4] : que n'ont-ils commencé par là ? Droysen, prévoyant
l'objection, suppose que les Akarnaniens jugeaient « la Macédoine
incapable de les protéger » [5] ; mais il n'explique pas et l'on ne voit
pas d'où leur serait venue cette défiance [6]. Beloch est plus ingénieux. A l'en croire, Olympias, en vraie fille de Pyrrhos, aurait
longtemps nourri contre les Macédoniens de tenaces rancunes :
c'est elle qui aurait empêché ou dissuadé les Akarnaniens de
recourir à Démétrios, et c'est avec son assentiment, ou même sur
son conseil, qu'ils se seraient adressés aux Romains [7]. Mais il est
difficile de faire bon visage à ces conjectures. Dans la détresse où

1. C'est ce que montre la phrase de Justin (28. 1. 1) : — *Aetolis partem Acarnaniae,
quam in portionem belli pater pupillorum acceperat, eripere volentibus, ad regem Macedoniae Demetrium decurrit.*

2. Voir ci-dessus, p. 9, note 3 de la p. 7, pour l'interprétation des mots *Acarnanes
quoque diffisi Epirotis.*

3. L'objection est signalée par Niese (II, 264, 6).

4. Pol. II. 2. 5 ; cf. Beloch, III, 1, 658 (affaire de Médion). Démétrios procure aux
Akarnaniens le secours d'Agron, roi d'Illyrie.

5. Droysen, III, 458 (trad. fr.). G. Colin *(Rome et la Grèce,* 37) reproduit Droysen.

6. En fait, Démétrios paraît avoir réussi à protéger l'Akarnanie contre les Aitoliens ;
cf. Beloch, III, 1, 621. Ce qui est certain, c'est que la partie la plus occidentale de la contrée leur échappa ; nous constatons qu'en 230 elle est indépendante : Pol. II. 2. 5 ; 6. 9 ;
10. 1 sqq. ; Beloch, III, 2, 320. Il semble que les Aitoliens n'aient rien conquis vers l'Ouest
au-delà de Limnaia ; cf. C. Salvetti, dans Beloch, *Studi di storia antica,* II, 107.

7. Beloch, III, 1, 621 et note 1 : « Dass die Akarnanen diesen Schritt mit Zustimmung
der Königin Olympias taten, ist klar... ; offenbar musste Olympias die römische Hilfe
erwünschter sein, als die makedonische. » Hypothèse semblable chez De Sanctis, III, 1,
278, note 23 : « Il ricorso a Roma —, come indica l'ordine tenuto da Giustino[?], dovette
avvenire col consens dell' Epiro... ». W. S. Ferguson *(Hellen. Athens,* 199) va jusqu'à croire
qu'Olympias fit elle-même appel à Rome.

se trouvait Olympias, son autorité sur les Akarnaniens devait être bien illusoire. Au reste, pourquoi les aurait-elle vus de si mauvais œil se tourner vers Démétrios, dont elle-même allait se résigner à quémander l'appui ? Et, d'autre part, quelle apparence que l'intervention de Rome dans les affaires de l'Akarnanie et de l'Épire ait beaucoup agréé à la fille de Pyrrhos ? et devait-elle se flatter que les Romains s'empresseraient de déférer à ses désirs ? En réalité, toutes ces hypothèses, de Beloch, de Droysen, de Niese, témérairement échafaudées sur le texte de Justin, ne montrent qu'une chose : c'est que le fait qui s'y trouve relaté est d'une telle invraisemblance qu'il est besoin, pour la pallier, de faire appel à toutes sortes d'expédients.

Il serait naturel que l'événement rapporté par Justin marquât le commencement de relations amicales entre l'Akarnanie et Rome. C'est, à la vérité, un titre un peu étrange que pensent avoir les Akarnaniens à la bienveillance du Peuple romain. Mais, tel qu'il est, on nous assure qu'à Rome on n'a point hésité à le tenir pour valable. Par la suite, il n'a rien perdu de sa force ; les Romains devraient donc continuer d'en faire cas et d'y avoir égard. Or, que nous montre l'histoire ? — En 228, disions-nous, A. Postumius, désireux de se mettre en rapports avec quelques nations de la Grèce, députe des ambassadeurs aux Aitoliens ; il en adresse aussi aux Achéens ; mais il n'envoie personne chez les Akarnaniens [1]. — En 212, quand il entreprend de gagner les Aitoliens à l'alliance romaine, M. Valerius Laevinus leur promet de les aider à conquérir l'Akarnanie [2] ; cette promesse est expressément consignée dans le traité qui est alors conclu : *darentque operam Romani, ut Acarnaniam Aetoli haberent* [3], et le propréteur, prompt à remplir ses engagements, s'empare aussitôt d'Oiniadai et de Nasos [4] qu'il livre à ses nouveaux alliés. Ainsi, les Akarnaniens

1. Si le consul n'entre point en relations avec les Akarnaniens, la raison, dira-t-on peut-être, en est que, dans les derniers temps, les Akarnaniens étaient les alliés des Illyriens (Pol. II. 2. 5 ; 6. 9 ; 10. 1 sqq.) ; cf. ci-après, p. 24, note 2. Mais la victoire des Romains sur Teuta et l'interdiction faite aux Illyriens de s'étendre au sud de Lissos ont eu précisément pour effet de mettre fin à cette alliance. Cf. ci-après, p. 103.

2. Liv. (P.) 26. 24. 6 : — *et Acarnanas, quos aegre ferrent Aetoli a corpore suo diremptos, restiturum se (M. Laevinum) in antiquam formulam iurisque ac dicionis eorum —*. Cf. ci-après, p. 210.

3. Liv. (P.) 26. 24. 11.

4. Liv. (P.) 26. 24. 15 ; cf. Pol. IX. 39. 2.

sont la première nation grecque contre laquelle Rome tourne ses
armes, la première qu'elle sacrifie aux intérêts de sa politique ;
ainsi, ces souvenirs des temps héroïques qui lui doivent rendre
l'Akarnanie respectable, le Peuple romain, sitôt qu'il porte la
guerre en Grèce, les renie allègrement. Et, fait bien digne de
remarque, les Akarnaniens, non moins oublieux, négligent à présent de les lui rappeler ; ils ne songent plus à s'en réclamer pour
fléchir soit le Sénat, soit M. Laevinus [1]. — Au printemps de
l'an 200, à la veille de la seconde guerre contre Philippe, les légats
du Sénat, chargés de recruter parmi les Grecs des auxiliaires à la
République, visitent l'Épire, l'Athamanie, l'Aitolie et l'Achaïe [2] ;
mais ils ne paraissent pas en Akarnanie. — Durant cette guerre,
les Romains combattent les Akarnaniens, lesquels, loyaux alliés de
Philippe, leur opposent la plus ferme résistance. Resserrés dans
Leukas, ils s'y défendent intrépidement, sont les derniers des
Grecs à mettre bas les armes, et ne consentent à faire leur soumission qu'après la journée de Kynosképhalai [3]. — Donc, pendant
plus de trente ans, entre Rome et l'Akarnanie, les relations sont
nulles ou hostiles ; les Romains ne veulent point connaître les
Akarnaniens ou les traitent en ennemis. Vraiment, est-ce là ce
que faisait prévoir le récit de Justin ?

Et voici, pour finir, qui donne encore à réfléchir. Strabon [4]

1. Ceci ressort avec évidence du récit de Polybe : Liv. (P.) 26. 25. 10 sqq., et de la seconde
partie du discours de Lykiskos : Pol. IX. 37 — 39. Ces textes laissent voir bien clairement
qu'avant 211/210 les Akarnaniens n'ont engagé aucune négociation avec les Romains et
n'y ont même pas pensé.

2. Pol. XVI. 27. 4.

3. Fidélité des Akarnaniens à Philippe : Liv. (P.) 33. 16. 1-2. — Vaine tentative de
L. Quinctius pour faire entrer par surprise les Akarnaniens dans l'alliance de Rome :
16. 3-11. — Siège de Leukas ; héroïsme des assiégés : 17. 2-14. — Soumission des
Akarnaniens après Kynosképhalai : 17. 15.

4. Strab. X. 2. 25, 462 : Ἔφορος δ' οὔ φησι συστρατεῦσαι (τοὺς Ἀκαρνᾶνας ἐπὶ
Ἴλιον) κτλ. — — διὰ δὲ τοῦτο μηδὲ κοινωνῆσαι τῆς στρατείας μόνους τοὺς Ἀκαρνᾶνας
τοῖς Ἕλλησι· τούτοις δ', ὡς εἰκός, τοῖς λόγοις ἐπακολουθήσαντες οἱ Ἀκαρνᾶνες σοφίσασ-
θαι λέγονται Ῥωμαίους καὶ τὴν αὐτονομίαν παρ' αὐτῶν ἐξανύσασθαι [pour le sens
d'αὐτονομία, cf. X. 2. 23, 460 : ὕστατα δὲ καὶ πρὸς Ῥωμαίους περὶ τῆς αὐτονομίας
ἀγωνιζόμενοι], λέγοντες ὡς οὐ μετάσχοιεν μόνοι τῆς ἐπὶ τοὺς προγόνους τοὺς ἐκείνων
στρατείας· οὔτε γὰρ ἐν τῷ Αἰτωλικῷ καταλόγῳ φράζοιντο, οὔτε ἰδίᾳ· οὐδὲ γὰρ ὅλως
τοὔνομα τοῦτ' ἐμφέροιτο ἐν τοῖς ἔπεσιν. — Droysen (III, 458, 2 ; trad. fr.), reproduit
par E. Oberhummer (Akarnanien, 148, 2) et par G. Colin (Rome et la Grèce, 37), s'est
persuadé que le renseignement donné par Strabon et le récit de Justin avaient rapport
aux mêmes circonstances. C'est une erreur singulière. Droysen s'est entièrement mépris

nous apprend que les Akarnaniens, cherchant à se concilier la faveur des Romains, alléguèrent bien, comme on le voit chez Justin, la conduite sans reproche de leurs ancêtres à l'égard des Troyens, mais qu'ils l'alléguèrent en une occasion fort différente de celle qu'indique Justin. Selon l'auteur inconnu qu'a suivi Strabon, c'est pour obtenir du Sénat le privilège de l' « autonomie », qu'ils lui remirent en mémoire l'attitude pacifique gardée par leur nation au temps de la guerre de Troie. Ce renseignement paraît acceptable ; seulement, il nous oblige à descendre jusqu'à l'époque où la Grèce était soumise à l'autorité de Rome, époque où la croyance aux origines troyennes du Peuple romain rencontrait, en effet, la commune adhésion. Et de là naît le soupçon, assez fondé, que ce qu'on trouve dans Justin, c'est le souvenir, étrangement altéré, d'un fait authentique, transporté arbitrairement dans un passé lointain parmi des circonstances de tout point imaginaires.

Ce sont là, contre la véracité du récit de Justin, des arguments dont il faut tenir compte. Il en est d'autres, décisifs à mon gré, qui se tirent de la lecture de Polybe.

2

Polybe affirme, dans les termes les plus précis, que la première ambassade romaine qui ait paru en Grèce fut celle qu'envoya le consul A. Postumius aux Aitoliens et aux Achéens en 228, après

sur le sens des mots τὴν αὐτονομίαν παρ' αὐτῶν ('Ρωμαίων) ἐξανύσασθαι, qu'il interprète ainsi : « (Les Akarnaniens) prient le Sénat de reconnaître et de réaliser l'autonomie qu'on leur a [c'est-à-dire que les Aitoliens leur ont] enlevée. » Cf. Oberhummer *(ibid.)*, qui considère la phrase de Strabon comme étant l'équivalent de celle de Justin : *praesidia ab urbibus Acarnaniae deducerent (Aetoli) paterenturque liberos esse eqs.* (!). La vérité a été vue par Niese (II, 264, 6). L'indication qui se trouve chez Strabon pourrait se rapporter à l'année 196 : c'est alors, en effet, que les Romains reconnurent l'indépendance de la nation akarnanienne (cf. Swoboda, *Staatsaltert.* 303). Et l'on sait, d'autre part, qu'en cette même année, les Lampsakéniens, voulant obtenir l'appui du Sénat, lui rappelèrent l'antique parenté du Peuple romain et des habitants de la Troade (cf. ci-après, p. 54 suiv.). — Du texte de Strabon, il y a lieu de rapprocher les traditions que mentionne Denys *(Ant. Rom.* I. 51. 2) ; elles montrent qu'on expliquait volontiers par les souvenirs de la guerre de Troie et par la légende d'Énée le traitement de faveur que les Akarnaniens obtinrent des Romains après la seconde guerre de Macédoine et la guerre d'Antiochos (cf. Swoboda, *ibid.* ; Salvetti, dans les *Studi di stor. antica*, II, 131, 2).

sa campagne d'Illyrie [1] : ἡ·μὲν οὖν πρώτη — ἐπιπλοκὴ (ʿΡωμαίων) μετὰ πρεσβείας εἰς τοὺς κατὰ τὴν Ἑλλάδα τόπους τοιάδε καὶ διὰ ταύτας ἐγένετο τὰς αἰτίας. Si, dès 239 (sinon plus tôt), les Romains sont intervenus auprès des Aitoliens en faveur des Akarnaniens, Polybe a donc commis une inexactitude des plus grossières [2]. Il y a pis : comme la démarche faite en Aitolie par le Sénat ne pouvait être ignorée de lui, cette inexactitude, il l'a commise en connaissance de cause [3] ; il a qualifié de «première» ambassade romaine celle de 228, bien qu'il sût qu'une telle qualification ne lui convenait point. C'est là chose qu'il n'est pas aisé d'admettre.

Je vois que plusieurs critiques font bon marché de cette difficulté. Ils ne prennent point souci de l'affirmation si nette contenue dans la phrase transcrite plus haut ; ils jettent sans façon par dessus bord l'autorité de Polybe [4]. Il m'est impossible d'avoir cette tranquille audace. S'il faut choisir entre Polybe et Trogus, ce n'est pas pour le second que je me déciderai. Je crois plutôt à Trogus se faisant l'écho d'une tradition tardive et apocryphe qu'à Polybe altérant de parti pris l'histoire des premiers rapports de Rome avec la Grèce.

D'autant qu'on ne voit pas du tout pourquoi il se fût rendu coupable de l'erreur volontaire qu'on lui impute si résolument [5] ; il aurait dû plutôt, semble-t-il, saisir avec satisfaction l'occasion qui s'offrait [6] de rappeler, une fois de plus, l'insupportable inso-

---

1. Pol. II. 12. 7 ; cf. ci-après, p. 114 suiv.

2. L'objection a été très justement signalée par Niese, II, 264, 6 ; cf. Tarn, *Antig. Gonatas*, 383, 38.

3. C'est ce qu'admet sans hésiter Beloch ; cf. ci-après, note 5.

4. Voir notamment Beloch (III, 1, 621, 1) : « Wegen Polyb. II 12, 7 brauchen wir die römische Gesandtschaft nach Aetolien nicht zu bezweifeln ; *solche Aeusserungen dürfen nicht auf die Goldwage gelegt werden…* » La remarque ne s'applique point au cas présent ; l'assertion est ici d'une telle importance qu'elle est digne de la « balance de précision ». — L'opinion de Beloch est aussi celle de De Sanctis, III, 1, 278, note 23.

5. Beloch *(ibid.)* écrit : « … Polybios kann auch seine Gründe gehabt haben, den diplomatischen Misserfolg der Römer zu verschweigen. » C'est exagérer singulièrement la partialité de Polybe en faveur des Romains. — G. Colin *(Rome et la Grèce, 15)* est d'avis que « Polybe… a évidemment intérêt, pour mieux faire ressortir son originalité, à prêter une importance unique à l'époque dont il entreprend l'histoire. » Il est difficile de prendre cet argument au sérieux et l'on conviendra que c'est là traiter Polybe avec beaucoup de désinvolture.

6. Cette occasion s'offrait à propos de l'ambassade romaine de 228 ; il était naturel de rappeler que cette « seconde » ambassade avait été précédée de celle dont les Akarnaniens avaient provoqué l'envoi.

lence, l'ἀπόνοια, l'ἀλαζογεια, le φρόνημα des Aitoliens [1]. Mais surtout, cette erreur, de quoi lui eût-il servi de la commettre ? Elle n'était pas de celles qui peuvent passer inaperçues ; l'événement sur lequel il aurait fait le silence n'était pas négligeable ni de petite importance. Les Akarnaniens osant ce qu'avant eux n'avait osé aucun peuple hellène, et risquant cette démarche hardie d'appeler à leur aide les Romains, jusque là entièrement étrangers aux choses de la Grèce ; les Romains répondant à cet appel, intervenant pour la première fois dans les conflits des nations grecques et prétendant s'ériger en arbitres entre deux de ces nations ; les Aitoliens refusant de se laisser intimider par la force romaine et rebutant durement les légats du Sénat : c'étaient là des faits propres à frapper les esprits et qui fussent restés dans la mémoire des hommes. Nombreux sans doute eussent été les Grecs qui se seraient rappelé ce premier contact de Rome et de l'Hellade ; à tout le moins, le souvenir ne s'en fût perdu ni en Akarnanie ni en Aitolie. Ainsi donc, l'erreur de Polybe, beaucoup de ses lecteurs s'en seraient avisés. Comment supposer qu'il ait été assez naïf pour se mettre dans ce mauvais cas ? Que Polybe ait altéré l'histoire, de dessein formé (et sans qu'on en puisse découvrir le motif), ceci passe déjà les vraisemblances ; mais qu'il l'ait altérée en un point particulièrement bien connu, voilà qui touche à l'absurde. Si l'ambassade venue de Rome en Aitolie à la requête des Akarnaniens n'existe pas pour lui, la raison en doit être qu'elle n'a pas de réalité.

Il convient, au surplus, d'avoir présent à l'esprit ce qu'il rapporte en son l. IX, chap. 28-39. Durant l'hiver de 211/210, les Lacédémoniens sont l'objet de sollicitations contraires. Deux ambassades, l'une aitolienne, l'autre akarnanienne, se présentent ensemble devant eux. Les Aitoliens, alliés de Rome depuis un an, prétendent les gagner à leur parti, c'est-à-dire les faire entrer dans la coalition formée contre Philippe ; les Akarnaniens, qui, à leur ordinaire, agissent d'accord avec la Macédoine [2], s'efforcent

---

1. Sur ces vices ou ces travers, que Polybe reproche si volontiers, et plus que de raison, aux Aitoliens, cf. F. A. Brandstäter, *Die Geschicht. des aetol. Landes, Volkes und Bundes* (Berlin, 1844), 267 suiv. Pour leur φρόνημα, voir Pol. II. 3. 3 ; 4. 6 ; leur ἀπόνοια, II. 47. 4 ; IX. 39. 1 ; leur ἀλαζονεία, IV. 3. 1 ; XVIII. 34. 2 ; leur τόλμα, II. 47, 4 ; IV. 7. 8 ; V. 81. 1, etc.

2. Pol. IX. 32. 3.

de les attirer au côté de Philippe ou, tout au moins de les maintenir dans la neutralité [1]. Un débat public s'engage donc à Sparte,
et les chefs des deux ambassades y parlent successivement en sens
opposé. Polybe nous donne les deux discours : celui de l'Aitolien
Chlainéas et celui de l'Akarnanien Lykiskos [2]. Selon l'usage,
chaque discours tourne à l'invective : Chlainéas déclame furieuse-
ment contre les rois de Macédoine ; Lykiskos lui répond en mal-
menant de son mieux les Aitoliens. Mais que trouve-t-il surtout
à leur reprocher ? Quel est contre eux son principal grief ? Il vaut
la peine d'y faire attention : c'est leur alliance avec les Romains.

Écoutons ses paroles : « Aujourd'hui, à qui associez-vous votre
fortune, dit-il aux Aitoliens, avec qui invitez-vous les Lacédémoniens à contracter alliance ? N'est-ce point avec les barbares [3] ? —
Jadis [au temps de la guerre-des-Alliés] vous luttiez pour la gloire
et l'hégémonie contre les Achéens et les Macédoniens, vos frères
par la race, et contre Philippe, leur chef ; aujourd'hui, la servitude
des Hellènes est l'enjeu de cette guerre où ils sont aux prises avec
des hommes de race étrangère, que vous avez cru appeler contre le
seul Philippe, mais qu'à votre insu vous avez armés et contre
vous-mêmes et contre toute l'Hellade [4]. » Et il poursuit en ces
termes : « Dans le désir de l'emporter sur Philippe et d'humilier
la Macédoine, [les Aitoliens], sans s'en rendre compte, ont attiré
de l'Occident un nuage qui, dans le moment, ne couvrira peut-être
de son ombre que les Macédoniens, mais qui, par une suite nécessaire, fera pleuvoir les pires des maux sur l'ensemble des Hellènes [5]. — De quoi ne seront point capables [les Aitoliens], dès
l'instant qu'ils se sont alliés aux Romains [6] ? — Ce traité qu'ils
ont fait avec eux est dirigé contre l'Hellade entière [7]. — Qui... ne
redouterait la venue des Romains, ne détesterait la criminelle
folie des Aitoliens, coupables d'avoir osé conclure une telle
alliance [8] ? »

1. Pol. IX. 39. 7.
2. Pol. IX. 28 — 31. 6 (discours de Chlainéas) ; 32. 3 — 39 (discours de Lykiskos).
3. Pol. IX. 37. 5.
4. Pol. IX. 37. 7-8.
5. Pol. IX. 37. 10.
6. Pol. IX. 38. 7.
7. Pol. IX. 38. 9.
8. Pol. IX. 39. 1.

On le voit : aux yeux des Akarnaniens, le crime irrémissible des Aitoliens, c'est d'avoir appelé les Romains en Grèce, c'est de s'être joints à ces « barbares » contre la plupart des nations helléniques. Or, si ce que raconte Justin est véritable, le reproche est bien inattendu. Si, quelque trente ans plus tôt, les Akarnaniens ont imploré contre l'Aitolie l'assistance des Romains [1] ; s'ils ont, les premiers des Grecs, risqué d'attirer sur l'Hellade la « nuée de l'Occident » ; si, avant tous autres, ils ont lié partie avec l'ἀλλό-φυλος exécrable ; bref, s'ils ont jadis tenté de faire tout justement ce que font maintenant les Aitoliens, comment comprendre le langage de Lykiskos ? Ce langage est d'une témérité vraiment trop naïve ; l'orateur akarnanien prend trop peu souci d'éveiller de malencontreux souvenirs ; il fait la partie trop belle à ses adversaires et leur ménage de trop faciles répliques.

Je sais bien qu'on sera tenté d'objecter : le discours de Lykiskos, comme celui de Chlainéas, est dénué de valeur historique ; c'est Polybe qui en est l'auteur. Mais j'estime que ce serait là soutenir une thèse bien aventurée. Polybe (et peut-être faut-il s'en féliciter) est bien éloigné de ressembler à Thucydides : il n'en a ni l'art ni les hardiesses ; et, par grand bonheur, il ne ressemble pas davantage à T. Live : il n'en a pas l'intempérante faconde. Les harangues politiques, peu nombreuses, que renferme son ouvrage, gardent, dans leurs traits généraux, un caractère manifeste d'authenticité [2] ; elles reposent sur un fond d'histoire très solide et très précis [3]. Polybe les a sans doute largement retouchées ; il n'y a nulle apparence qu'il les ait fabriquées [4]. Allons pourtant

---

1. Just. 28. 1. 5 : *Acarnanes — adversus Aetolos auxilium Romanorum inplorantes.*

2. Sur la question, cf., en général : F. Susemihl, *Griech. Litter. in der Alexandrinerzeit*, II, 113-114 ; H. Wolzhofer, *Fleck. Jahrb.* 121 (1880), 541, 543 ; P. La Roche, *Charakterist. des Polybius*, 65-68 ; H. Ullrich, *De Polyb. fontibus Rhodiis*, 34. Personne ne met en doute l'authenticité du discours prononcé, en 217, par Agélaos de Naupakte ; cf. Beloch, III, 1, 759, 1.

3. Ceci est particulièrement vrai du discours de Lykiskos. Noter (IX. 34. 9-11) l'énumération minutieuse des attentats commis par les chefs aitoliens, Timaios, Pharykos et Polykritos, Lattabos et Nikostratos (cf. Pozzi, *Atti dell' Accad. di Torino*, XLVII (1911-1912), 231-232).

4. Il ne l'eût pu faire qu'à la condition de manquer aux principes qu'il professe lui-même expressément : XII. 25 a. 5 ; 25 b. 1 : τῆς ἱστορίας ἰδίωμα τοῦτ' ἐστὶ τὸ πρῶτον μὲν αὐτοὺς τοὺς κατ' ἀλήθειαν εἰρημένους, οἷοί ποτ' ἂν ὦσι, γνῶναι λόγους — ; 25 b. 4 : ὁ δὲ καὶ τοὺς ῥηθέντας λόγους καὶ τὴν αἰτίαν παρασιωπῶν, ψευδῆ δ' ἀντὶ τούτων ἐπιχειρήματα καὶ διεξοδικοὺς λέγων λόγους, ἀναιρεῖ τὸ τῆς ἱστορίας ἴδιον — : cf. XXXVI.

jusque là, admettons que ce soit **Polybe** qui parle ici par la bouche de Lykiskos. Qui croira qu'en composant le discours de cet Akarnanien, il ait manqué de si sotte façon aux convenances oratoires? qui croira qu'il lui ait fait dire, et avec tant d'insistance, précisément ce qu'il eût dû taire ; qu'il lui ait prêté des propos que tous ceux qui savaient l'histoire eussent, à bon droit, jugés d'une impertinence ridicule ; et qu'en les lui prêtant, il ait imprudemment remis en mémoire à ses lecteurs ce recours des Akarnaniens au Sénat, que lui-même avait pris soin de laisser dans l'ombre ? C'est bien ici le cas de dire que poser la question c'est la résoudre. Fût-il l'ouvrage de Polybe, le discours de Lykiskos n'en apporterait pas moins la preuve que les Akarnaniens ne firent pas ce qu'on les voit faire dans le récit de Justin.

3

Je ne saurais donc prendre ce récit au sérieux. Je n'y puis voir qu'une tradition légendaire, d'époque récente et sans doute d'origine romaine [1], insérée mal à propos par Trogus dans l'his-

1. 7 : οὔτε τοῖς ἱστοριογράφοις (οἶμαι πρέπειν) ἐμμελετᾶν τοῖς ἀκούουσιν οὐδ' ἐναποδείκνυσθαι τὴν αὐτῶν δύναμιν, ἀλλὰ τὰ κατ' ἀλήθειαν ῥηθέντα καθ' ὅσον οἷόν τε πολυπραγμονήσαντας διασαφεῖν. — Remarquer l'importance particulière qu'il attache aux πρεσβευτικοὶ λόγοι : XII. 25 *a*. 3. — Sur les discours de Chlainéas et de Lykiskos, l'appréciation la plus juste est celle de Niese, II, 482, 3.

1. Le caractère romain de la tradition ne me paraît pas contestable. Comme celle qui est relative au « roi Seleucus » et dont nous parlerons ailleurs, elle est née en partie du désir de montrer que les Romains, en bons Énéades, ont pieusement gardé à toute époque la mémoire de leur première patrie, et que rien de ce qui concernait les Troyens ne les laissait indifférents. D'autre part et d'une façon générale, elle tend à prouver que le Sénat fut de tout temps, comme l'a dit Cicéron *(de offic.* 2. 8. 26) sous l'influence des Annalistes, « l'asile et le refuge » des opprimés, « rois, peuples et nations ». Mais, en outre, on y discerne un trait significatif qui nous peut éclairer sur sa date et l'histoire de sa formation : c'est, à savoir, que les Aitoliens y sont représentés comme un peuple outrecuidant, vantard, injurieux, affectant pour les Romains un mépris superbe. Il y a là, ce semble, un souvenir manifeste des événements de 192-189 et de la risible arrogance qu'avaient montrée les Aitoliens après être devenus contre Rome les alliés d'Antiochos. La réponse outrageante (Just. 28. 2. 1 : *sed Aetoli legationem Romanorum superbe audivere*) — certainement amplifiée, mais non imaginée, par Justin — qu'ils font aux légats sénatoriaux, nous remet aussitôt en mémoire les propos tenus, en 192, par Damokritos à l'assemblée des Panaitolika (Liv. (P.) 35. 33. 9-11 ; cf. 36. 24. 12) et par Archidamos aux conférences d'Aigion (35. 48. 11-13), comme aussi le discours prononcé par les députés aitoliens venus à Rome, en 189, pour y traiter de la paix (37. 49. 1-3 = Diod. XXIX. 9) : *Aetoli legati — offenderunt aures insolentia sermonis et eo — rem adduxerunt, ut — iram et odium irritarent :* c'est, de part et d'autre, le même ton, la même intolérable jactance et, comme dit T. Live

toire de la reine Olympias et du royaume d'Épire, où il semble
bien qu'elle forme hors-d'œuvre [1].

Mais, après tout, quand ce que rapporte Justin serait véridique,
que faudrait-il en conclure ? J'admire que certains historiens ran-
gent la démarche du Sénat en Aitolie au nombre de ces « négociations diplomatiques à visées plus ou moins éloignées, mais sûrement fort ambitieuses » [2], que les Romains, à les en croire, se
plaisent à engager avec les États grecs dès le cours du IIIe siècle.
C'est là l'effet d'un étrange parti pris. Il conviendrait d'observer
d'abord que, cette négociation, le Sénat ne l' « engage » pas de
son propre mouvement. Les Akarnaniens l'ont été quérir ; s'il
agit, ce n'est que sur leurs instances ; et cette « occasion », non
prévue, qui lui permet d' « intervenir dans les affaires du monde
grec » [3], ce sont eux qui, seuls, l'ont fait naître. L'ayant rencontrée
sans l'avoir cherchée, le Sénat s'attache-t-il du moins à l'exploiter ? s'applique-t-il avec un zèle résolu, et qui pourrait être
intéressé, à servir la cause de l'Akarnanie ? manifeste-t-il une

(35. 48. 11), la même *intemperantia linguae*. Il semble donc que la légende ait pris naissance après la guerre syro-aitolique, sous la vive impression que cette guerre avait laissée
dans les esprits. Précisément, on sait que, de 192 à 189, les Akarnaniens, en dépit des
intrigues de quelques *principes* gagnés par Antiochos (Liv. (P.) 36. 11. 8 — 12. 8),
s'étaient comportés en fidèles alliés des Romains (cf. 36. 12. 9-10 ; 38. 4. 10 : invasion de
l'Akarnanie par les Aitoliens), et que le Sénat avait récompensé cette fidélité en leur res-
tituant la ville d'Oiniadai reprise à l'Aitolie (Pol. XXI. 32. 14 ; cf. Dionys. *Ant. Rom.* I.
51. 2). Il se fit alors entre l'Akarnanie et Rome un rapprochement amical, qui a sa naturelle
explication dans la haine que les deux peuples portaient aux Aitoliens, mais auquel les
souvenirs de l'Épopée et les légendes troyennes, déjà fort en honneur chez les Romains,
peuvent avoir aussi contribué (cf. les textes ci-dessus mentionnés de Strabon, X. 2. 25,
et de Denys, I. 51. 1-2). C'est dans ces circonstances qu'il faut, je crois, chercher l'origine
de la tradition recueillie par Trogus. Elle veut établir que, dès le premier jour, les Akarnaniens ont trouvé dans les Romains des protecteurs disposés à les secourir contre les Aitoliens, lesquels, dès le premier jour aussi, ont témoigné de leur hostilité à l'égard de Rome.
Par là elle contredit audacieusement l'histoire, puisque les Aitoliens furent les premiers
Hellènes à qui se soient alliés les Romains, et que cette alliance fut d'abord dirigée
contre l'Akarnanie. Mais, justement, il ne serait point surprenant que les Annalistes se
fussent mis en frais d'invention pour effacer ou, tout au moins, pour atténuer le souvenir
d'une fâcheuse aventure, qui montrait le Peuple romain se faisant l'associé et le complice
des Aitoliens.

1. J'ai signalé plus haut l'hiatus qui se trouve, dans Justin, entre les §§ 4 et 5 du ch. 28. 1.
Il y a pareillement solution de continuité entre les ch. 2 et 3 ; et l'on ne peut contester
que l' « incident akarnanien et romain » n'interrompe de façon singulière l'histoire de la
dynastie épirote qui s'arrête au § 4 du ch. 1 pour reprendre au ch. 3.

2. G. Colin, *Rome et la Grèce*, 21.

3. G. Colin, 36 ; cf. 38-39.

volonté ferme de jouer un rôle en Grèce et d'y exercer son autorité ? Il s'en faut de tout. Ce qui n'est pas le moins singulier dans l'incident raconté par Justin, c'en est la prompte terminaison. Si les *Patres* interviennent en Grèce, prenons garde qu'ils n'y interviennent qu'à peine. Il est bien vrai qu'ils adressent aux Aitoliens une sorte d'injonction ; mais, s'étant heurtés à leur opposition farouche, ils quittent aussitôt la partie. Ils ne songent pas un moment à rabattre l'arrogance de ces insolents ; ils supportent, sans y répliquer, leurs provocations, et l'idée ne leur vient point d'expédier en Akarnanie le petit nombre de vaisseaux qui suffiraient sans doute à assurer la défense du pays contre un ennemi dépourvu de marine [1]. Décidés à ne pas prolonger l'aventure, ils battent en retraite et se tiennent cois, sans s'arrêter à considérer qu'une conduite si modeste n'accroîtra guère parmi les Grecs le prestige du nom romain... Dans tout ceci, de grâce, où voit-on poindre leur ambition ? Si l'on voulait gloser sur le texte de Justin, on en pourrait conclure sans paradoxe que, de lui-même, le Sénat ne porte nul intérêt aux « affaires du monde grec » [2]; que, s'il s'est

---

1. La démarche faite par les Akarnaniens implique évidemment que le gouvernement romain serait, le cas échéant, en mesure de les assister militairement; sinon, elle n'aurait point de sens. Aussi Beloch, qui la place au temps de la première guerre punique, suppose-t-il qu'elle eut lieu après les victoires d'Eknomos et de l'Aspis, « alors que les flottes romaines dominaient toute la mer occidentale » (III, 1, 620-621, et note 1 de la p. 621 ; voir, au contraire, De Sanctis, III, 1, 278, note 23). Si, comme c'est l'opinion générale, on la reporte après la paix de 241, il est clair que les Romains ont la libre disposition de leurs forces. Niese (qui, du reste, n'admet même pas que le Sénat ait répondu à l'appel des Akarnaniens) veut expliquer sa réserve par les inquiétudes que lui auraient causées les Gaulois (II, 265, 1 ; cf. Pol. II. 21. 1-6 : expédition avortée des Boïens contre Ariminum en 236) ; il n'est pas besoin de dire que l'explication est tout-à-fait insuffisante. G. Colin (38) pense que « Rome, vers 238,... est trop occupée du soin d'enlever aux Carthaginois la Sardaigne et la Corse, pour songer à appuyer... son intervention (en Aitolie) par les armes. » C'est exagérer singulièrement l'importance des opérations accomplies en Sardaigne et en Corse. Remarquons, d'ailleurs, que nombre d'historiens n'hésitent point à croire, sur l'autorité d'Eutrope (3. 1 ; cf. ci-après, p. 75-76), qu'à l'époque même dont il s'agit, les Romains offrirent à Ptolémée III de l'aider contre Séleukos II. Ces historiens ne sauraient donc prétendre que le Sénat se trouvait empêché d'agir contre les Aitoliens. — On répète volontiers, à la suite de Mommsen (*R. G.* 1[7], 548 ; cf. Colin, 38, 3 ; De Sanctis, III, 1, 278), que les Romains devaient se garder d'entreprendre une guerre qui aurait contribué à « débarrasser la Macédoine de l'Aitolie, c'est-à-dire de son ennemie héréditaire ». On prête ainsi au Sénat, dès les environs de 240, une politique fermement anti-macédonienne dont il n'y a pas trace dans l'histoire.

2. Telle est à peu près la conclusion où aboutit aussi Beloch (III, 1, 686) : «... Da eben noch kein direktes römisches Interesse in Betracht kam. »

mêlé de celle-ci, c'est qu'il était séant qu'il se montrât respectueux des traditions vénérables invoquées par les Akarnaniens ; mais qu'au reste, il se résigne de bonne grâce à son insuccès et voit, d'une âme égale, avorter son imprudent essai d'intervention.

III

Si l'on veut se représenter avec vérité la situation réciproque de Rome et de la Grèce peu après le milieu du IIIe siècle, il ne faut pas s'embarrasser des légendes qu'a forgées sur le tard l'Annalistique romaine ; c'est aux faits, sûrement historiques, dont Polybe nous a gardé le souvenir, qu'il importe d'être attentif ; ce sont ces faits qui doivent provoquer nos réflexions.

En ce temps-là, l'événement, d'une gravité tragique, qui domine et trouble l'histoire de la Grèce, c'est le développement effrayant de la piraterie illyrienne [1], laquelle, tolérée ou même encouragée par Démétrios de Macédoine [2], organisée par les souverains du pays [3], d'abord Agron, puis Teuta, devenue sous eux une institution publique et une industrie nationale, a maintenant pour objet la conquête aussi bien que le pillage. En 230, la prise de Phoiniké d'Épire par une bande d'Illyriens [4] agite les Grecs d'une immense émotion [5]. Tous les peuples riverains de la

---

1. Le grand essor de la piraterie illyrienne ou plutôt ardiéenne — car les Ardiéens sont alors le peuple prépondérant en Illyrie (cf. Zippel, *Röm. Herrschaft in Illyrien,* 44-45) — coïncide vraisemblablement avec la chute de la dynastie épirote, survenue peu après 240 (?) (cf. De Sanctis, III, 1, 292). Il ressort des indications de Polybe (II. 5. 1-2) que les incursions constamment répétées des Illyriens sur les côtes du Péloponnèse, en Élide et en Messénie, sont bien antérieures à l'année 230, date de leur agression contre Phoiniké.

2. Alliance de Démétrios II et du roi illyrien Agron : Pol. II. 2. 5 ; cf. Niese, II, 278 ; De Sanctis, III, 1, 292-293. C'est principalement pour faire échec aux Aitoliens, ses constants ennemis, que Démétrios se rapprocha des Illyriens.

3. Cf. Pol. II. 4. 9.

4. Pol. II. 5. 3 sqq.

5. Pol. II. 6. 7 : — οὐ μικρὰν οὐδὲ τὴν τυχοῦσαν κατάπληξιν καὶ φόβον ἐνεργασάμενοι (οἱ Ἰλλυριοί) τοῖς τὰς παραλίας οἰκοῦσι τῶν Ἑλλήνων · (8) ἕκαστοι γὰρ θεωροῦντες τὴν ὀχυρωτάτην ἅμα καὶ δυνατωτάτην πόλιν τῶν ἐν τῇ Ἠπείρῳ παραλόγως οὕτως ἐξηνδραποδισμένην οὐκέτι περὶ τῶν ἀπὸ τῆς χώρας ἠγωνίων καθάπερ ἐν τοῖς ἔμπροσθεν χρόνοις, ἀλλὰ περὶ σφῶν αὐτῶν καὶ τῶν πόλεων.

Mer Ionienne frémissent sous la menace du danger commun[1]. Ils craignent à présent, non seulement, comme jadis, pour leurs territoires, exposés de tout temps aux descentes des corsaires, mais pour leurs villes, pour leur existence même. En effet, contre les Illyriens, la Grèce est désarmée ; sur mer, son impuissance est lamentable. Les Aitoliens n'ont point de vaisseaux[2] ; les Achéens ne possèdent que dix mauvais navires kataphraktes[3] ; il n'existe plus de marine hellénique que l'on puisse opposer aux terribles escadrilles de « lemboi », si nombreuses, si agiles, si manœuvrières et si audacieuses. — Mais, cependant, Rome est là toute proche, avec cette flotte énorme qui, naguère, a vaincu Carthage. Les Romains sont en mesure d'armer dans un temps très court une escadre aussi forte qu'il leur plaira[4], et nul n'ignore qu'ils pourraient d'un geste mater les Illyriens et nettoyer la mer[5]. Or, voici qui est bien digne de remarque : ce geste sauveur, ce geste nécessaire, aucune des nations ni des villes grecques qui bordent le littoral ne leur demande de le faire[6].

1. Pol. II. 12. 6 : οὐ γὰρ τισίν, ἀλλὰ πᾶσι (τοῖς Ἕλλησι), τότε κοινοὺς ἐχθροὺς εἶναι συνέβαινε τοὺς Ἰλλυριούς.

2. Cf. Beloch, III, 1, 632, note 1 ; 659. Voir notamment Pol. V. 3. 7.

3. Pol. II. 9. 9. Sur l'état de la marine achéenne, cf. les textes cités par Beloch, III, 1, 632, 1.

4. C'est ce qu'on voit en 230/229 ; les Romains s'étant résolus à châtier Teuta arment en quelques mois une flotte de 200 vaisseaux : Pol. II. 11. 1.

5. Cf. De Sanctis, III, 1, 299 : « — può immaginarsi quale resistenza fossero in grado gl' Illyrî di opporre a un' armata che aveva sconfitto i Cartaginesi alle Egadi. »

6. A la vérité, d'après une tradition qu'ont reproduite Dion (fragm. 49. 1-2 = Zonar. VIII. 19. 3 ; I, 180 Boissev.) et Appien (Illyr. 7), les habitants de l'île d'Issa, molestés par le roi Agron, auraient appelé les Romains et « se seraient donnés à eux ». Rome aurait alors soutenu contre Agron (ou Teuta) les intérêts des Isséens : ce serait là l'une des causes ou la cause principale de la guerre d'Illyrie. De Sanctis (III, 1, 295 et note 86) croit devoir accepter cette tradition, rejetée par la plupart des historiens modernes (cf. Niese, II, 281, 5) ; je ne saurais, quant à moi, la tenir pour véridique. Elle est, en effet, doublement contredite par ce que rapporte Polybe : 1° Non seulement celui-ci est muet sur la démarche qu'auraient faite à Rome les Isséens, mais il indique de façon expresse (II. 11. 12) qu'ils ne furent « reçus dans la foi des Romains » qu'à la fin de l'expédition de 229, après que les consuls eurent débloqué leur île assiégée par les Illyriens : ils n'avaient donc pas commencé par remettre leur sort entre les mains du Sénat. — 2° Bien qu'assiégée depuis longtemps (II. 8. 5), Issa, dans le récit de Polybe (11. 11-12), est la dernière place que vont délivrer les Romains : voilà qui ne se comprendrait pas si l'expédition d'Illyrie avait été principalement entreprise en faveur de ses habitants. — De Sanctis (III, 1, 295) suppose que les Isséens, lorsqu'ils firent appel aux Romains, suivirent l'exemple de leurs « voisins » d'Ancône : c'est une conjecture ingénieuse, mais que rien n'autorise ; on peut d'ailleurs observer qu'Ancône était pour Issa une voisine plutôt éloignée. Ce qui a inspiré la légende

Après la prise de Phoiniké, ce n'est pas aux Romains, c'est aux Aitoliens et aux Achéens que les Épirotes demandent assistance [1] : assistance qu'ils jugent eux-mêmes insuffisante et précaire ; car, sitôt délivrés de l'invasion illyrienne, ils en appréhendent tellement le retour, ils ont si peur de leurs farouches voisins, qu'ils se résignent à subir la honte de leur alliance [2]. Et l'année suivante, ce n'est pas davantage des Romains, c'est encore des Achéens, et des Aitoliens, que les Kerkyréens, brusquement assiégés par les Illyriens [3], les Épidamniens, échappés à grand'peine au sort de Phoiniké [4], et les Apolloniates, qui redoutent une aventure pareille, vont implorer le secours [5] : secours inefficace, comme il était aisé de le prévoir, comme ils l'ont sans doute prévu, et comme ne le montre que trop le désastre de Paxos [6].

Le cas de ces trois cités maritimes — Kerkyra, Épidamnos, Apollonia — mérite une attention particulière. Si voisines de l'Italie, leur négoce les met avec elle en rapports permanents ; les marchands partis de Brundisium, d'Hydrous, de la pointe des Calabres, visitent assidûment leurs ports [7] ; le nom de Rome leur est familier : dès 266, on s'en souvient, Apollonia envoyait une ambassade au Sénat [8]. Ainsi, tout les engage, semble-t-il, à rechercher la protection romaine. Qu'elles répugnent à recevoir l'aide de l'étranger, on ne le saurait croire ; si grande est leur détresse qu'elle ne leur permet pas de tels scrupules. Il se peut, à la vérité,

recueillie par Appien et Dion, c'est apparemment cette idée, si chère, comme on sait, aux Annalistes romains, que Rome, généreuse et compatissante, n'a jamais fait de guerre que pour secourir les faibles qui mettaient en elle leur espoir.

1. Pol. II. 6. 1-2.

2. Pol. II. 6. 9-10. Cf., à ce sujet, les remarques de Niese (II, 280), Beloch (III, 1, 660) et De Sanctis (III, 1, 294). Beloch caractérise bien la conduite des Épirotes : « Die Epeiroten aber fühlten sich doch nicht stark genug, um auf die Dauer gegen ihre mächtigen Nachbarn sich halten zu können, etc. » — Les Akarnaniens, de leur côté, sont devenus les alliés des Illyriens depuis qu'Agron, à la requête de Démétrios II, les a secourus contre les Aitoliens (Pol. II. 2. 5 ; 6. 9 ; 10. 1. sqq.) ; cf. ci-dessus, p. 11, note 4.

3. Pol. II. 9. 7.

4. Pol. II. 9. 2-6.

5. Pol. II. 9. 8. Cf. ci-dessus, p. 4.

6. Pol. II. 10. 1-6.

7. Cf. Pol. II. 8. 1-3 ; V. 110. 2-3 : navigateurs qui viennent de Rhégion à Sason (en 216) ; Dio, fragm. 49. 2 : — διότι τοὺς ἐκ τοῦ Βρεντεσίου ἐκπλέοντας ἐκακούργουν (οἱ Ἀρδιαῖοι).

8. Cf. ci-dessus, p. 1 suiv.

que Rome fasse payer chèrement ses services, qu'il en coûte leur indépendance à ceux qu'elle aura secourus ; mais, barbare pour barbare, le Romain vaut mieux que l'Illyrien : l'unique affaire, dans le moment, est d'échapper au joug odieux d'un peuple de sauvages [1]. Au surplus, il est probable que, dans ces trois villes, le sentiment national est fort émoussé. Isolées sur des plages lointaines, Épidamnos et Apollonia ne se mêlent guère à la vie de l'hellénisme, et Kerkyra, déchue de sa gloire, affaiblie, humiliée [2], a presque cessé d'y prendre part. Toutes trois n'ont souci que de leur sécurité et de la liberté de leur commerce. Tout-à-l'heure, elles feront un chaud accueil aux Romains qui leur assureront l'une et l'autre, et, par eux affranchies du péril illyrien, elles se courberont avec une docilité empressée sous leur suzeraineté tutélaire [3], tiendront à honneur d'être leurs clientes dévouées et constamment fidèles [4]. Menacées de ce péril, on s'attendrait donc à les voir se tourner vers Rome. Pourtant, elles n'en font rien ; la démarche que nous jugeons si naturelle, elles ne songent point à la tenter ; naturelle à nos yeux, elle ne l'est point aux leurs [5].

La raison s'en laisse assez voir. Apolloniates, Épidamniens, Kerkyréens n'imaginent point que de Rome ils aient rien à attendre ni doivent rien espérer. C'est qu'en effet les Romains, jusque-là, ont négligé de nouer des relations publiques avec les nations

1. Cf., au sujet des Kerkyréens, Pol. II. 11. 5 : αὐτοί τε σφᾶς ὁμοθυμαδὸν ἔδωκαν παρακλιθέντες εἰς τὴν τῶν Ῥωμαίων πίστιν, μίαν ταύτην ὑπολαβόντες ἀσφάλειαν αὐτοῖς ὑπάρχειν εἰς τὸν μέλλοντα χρόνον πρὸς τὴν Ἰλλυριῶν παρανομίαν.

2. Strab. VII, fragm. 7-8 ; Pol. II. 9. 8 : οἱ Κερκυραῖοι δυσχρηστούμενοι καὶ δυσελπίστως διακείμενοι τοῖς ὅλοις κτλ. Cf. Niese, II, 282.

3. Pol. II. 11. 5 (à propos des Kerkyréens ; texte cité plus haut) ; cf., pour les Apolloniates, 11. 8.

4. Pendant la première guerre de Macédoine, Épidamniens, Apolloniates et Kerkyréens demeurent étroitement attachés aux Romains. Les Apolloniates, en particulier, sont à leur côté les adversaires résolus de Philippe ; cf. Liv. 24. 40. 7 sqq. (ann. 214) ; 26. 25. 2 (ann. 212).

5. De Sanctis écrit (III, 1, 293) : « Ed era cosa grave (pour la Macédoine) che le città greche di quelle regioni, invece di avversare i Romani come stranieri, avessero ad attenderli o persino ad invocarli come salvatori contro la prepotenza barbarica. » Réflexion très juste en soi ; mais le fait imprévu et instructif, c'est que les Grecs n'ont point du tout l'idée que les Romains puissent devenir leurs « sauveurs ». Au reste, l'éminent historien en fait plus loin la remarque (III, 1, 298) : « Agli Etoli e agli Achei — si rivolsero per aiuto, *anzichè ai Romani,* i Corciresi e i coloni greci di Epidamno e d'Apollonia... »

grecques établies en face de l'Italie, et, dédaigneux de leur amitié, ont toujours semblé les ignorer. Et c'est aussi que jamais ils ne se sont mis en peine de faire la police des eaux ioniennes, qu'ils n'ont jamais pris soin de protéger le commerce qu'entretiennent avec les côtes de Grèce leurs alliés et leurs nationaux, et qu'ils ont enduré, avec une tranquille insouciance, les injures des forbans de Skodra [1]. Là-dessus le témoignage de Polybe est formel : de longue date, à mainte reprise, molestés et rançonnés par les Illyriens, les navigateurs italiens ont saisi le Sénat de leurs griefs ; mais les *Patres* ont feint de ne les point entendre [2]. Ainsi s'explique ce fait étrange : lorsqu'enfin les Romains se trouvent contraints de descendre en Illyrie, personne ne semble prévoir leur intervention, ni les Illyriens qui, jusqu'au dernier moment, la provoquent par des bravades folles [3] et vont en être les victimes, ni les Grecs qui, jusqu'au dernier moment, s'abstiennent de la solliciter et vont être sauvés par elle [4]. Pour les uns comme pour les

1. Au sujet de cette étrange insouciance des Romains, Mommsen *(R. G.* I⁷, 548) fait la remarque suivante : « Selbst den Unfug der Piraterie, die — an der adriatischen Küste blühte und von der auch der italische Handel viel zu leiden hatte, liessen sich die Römer mit einer Geduld, die mit ihrer gründlichen Abneigung gegen den Seekrieg und ihrem schlechten Flottenwesen eng zusammenhing, länger als billig gefallen. » L'explication est insuffisante : à partir de 241, on ne peut parler ni du « mauvais état de la marine romaine », ni de « l'aversion des Romains pour la guerre navale ». Au reste, comme le fait justement observer De Sanctis (III, 1, 291 ; cf. 299), le châtiment des Illyriens n'exigeait de Rome aucun grand effort : « Quelle (guerre) contro gl'Illyrî, apparecchiate e inscenate come guerre, per la immensa superiorità delle forze si ridussero ad efficaci dimostrazioni di questa superiorità. »

2. Pol. II. 8. 1 : οἱ δ᾽ Ἰλλυριοὶ καὶ κατὰ τοὺς ἀνωτέρω μὲν χρόνους (c'est-à-dire avant 230) συνεχῶς ἠδίκουν τοὺς πλοϊζομένους ἀπ᾽ Ἰταλίας (2) καθ᾽ οὓς δὲ καιροὺς περὶ τὴν Φοινίκην διέτριβον, καὶ πλείους ἀπὸ τοῦ στόλου χωριζόμενοι πολλοὺς τῶν Ἰταλικῶν ἐμπόρων ἔσθ᾽ οὓς μὲν ἐσύλησαν, οὓς δ᾽ ἀπέσφαξαν, οὐκ ὀλίγους δὲ καὶ ζωγρίᾳ τῶν ἁλισκομένων ἀνῆγον. (3) οἱ δὲ Ῥωμαῖοι, παρακούοντες τὸν πρὸ τοῦ χρόνον τῶν ἐγκαλούντων τοῖς Ἰλλυριοῖς, τότε καὶ πλειόνων ἐπελθόντων ἐπὶ τὴν σύγκλητον, κατέστησαν πρεσβευτὰς εἰς τὴν Ἰλλυρίδα κτλ.

3. Cf. ci-après, p. 100-101. — De Sanctis (III, 1, 296) fait cette juste remarque : « Nella servicacia con qui si apprestô (Teuta) in tal modo a sostenere questa lotta con Roma i felici successi contro i Greci e la fiducia nelle proprie armate che padroneggiavano ormai l'Adriatico e il Ionio dovevano confortare la regina barbara, *ignara necessariamente della smisurata superiorità delle grandi squadre romane di navi da battaglia sulle leggere navi piratiche degl'Illiri.* » La conduite de Teuta ne s'explique, en effet, que par l'étonnante ignorance où elle est de la puissance romaine.

4. Il faut faire attention que les Kerkyréens, les Épidamniens et les Apolloniates appellent à l'aide les Aïtoliens et les Achéens (Pol. II. 9. 8) *après* la démarche comminatoire

autres, Rome, qui vient d'accomplir de si grandes choses, qui, la
première, a fait reculer les Puniques, qui a conquis sur eux la Sicile
et la mer, paraît ne point exister. Les dynastes d'Illyrie, Agron et
Teuta, ne craignent point la force romaine [1], et les nations de
l'Hellade n'osent point compter sur son appui. On a vu jadis
l'Italie, la Sicile et l'occident de la Grèce être à la fois le théâtre
d'une même histoire : un grand changement s'est fait, et les temps
sont loin de Denys l'Ancien et d'Agathoklès. Trente ans avant la
fin du iiie siècle, bien que, chaque jour, filant sous la brise, les
barques marchandes le traversent en peu d'heures, l'étroit fossé
de l'Hadriatique marque la limite de deux mondes : d'un côté,
sont les « choses d'Italie », de l'autre, « les choses de Grèce » [2] ;
entre elles ni liaison ni contact. Il a plu aux Romains qu'il en fût
ainsi.

Les historiens modernes observent volontiers qu'ils jetèrent de
bonne heure de fortes racines sur le « versant oriental de la péninsule » ; que, le long de la côte, ils plantèrent nombre de colonies —
colonies de citoyens, comme Sena Gallica, Castrum novum et
Aesis, colonies de droit latin, comme Hatria, Ariminum et
Firmum [3] —, et qu'enfin, en 244, ils firent établissement à
Brundisium, la seule bonne station du littoral, devenue, elle aussi,
le siège d'une colonie latine. Tout cela est exact ; mais qu'on ne se
hâte pas d'en conclure, comme on a fait, que par là les Romains
préludaient déjà de dessein formé à la domination, longuement
convoitée, de l'Hadriatique. Après la paix de 241, débarrassés
de Carthage qui s'épuise trois ans de suite à réduire ses mercenaires [4], ayant leur pleine liberté d'action, armés d'une marine
formidable en face d'États démunis de force navale, rien ne
les empêcherait d'imposer aussitôt à la mer orientale leur

du Sénat auprès de Teuta (8. 3-12 ; ci-après, p. 99 suiv.). Il est clair que cette démarche
leur est connue ; mais ils estiment apparemment qu'elle ne sera point suivie d'effet ; c'est
pourquoi ils jugent superflu de se rapprocher des Romains.

1. L'observation s'applique aussi à Démótrios II, leur allié ; cf. De Sanctis, III, 1,
293.

2. Cf. Pol. I. 3. 3-4 ; V. 105. 4.

3. Cf. l'excellent résumé de De Sanctis, III, 1, 291-292.

4. Sur l'impuissance de Carthage vis-à-vis des Romains, même après la guerre libyque,
Pol. I. 88. 11-12. — De là, pour éviter une nouvelle guerre avec Rome, l'abandon de la
Sardaigne et le paiement aux Romains de l'énorme indemnité qu'ils exigent.

autorité souveraine. C'est à quoi les invite le soin de leur honneur comme de leur intérêt ; les insultes répétées des Illyriens au commerce italique leur sont plus qu'une occasion, elles leur sont une raison, impérieuse et décisive, semble-t-il, de porter de ce côté leur attention et leur effort. Néanmoins, pendant plus de dix ans, ils refusent de se laisser toucher par cette raison qu'ils ont d'agir [1] : preuve assez manifeste qu'ils ne sont pas, quoi qu'on ait dit, travaillés de l'impatient désir de « s'étendre à l'est de l'Italie ». En prenant pied à Brundisium, les Romains, écrit un historien, laissaient déjà paraître leurs « aspirations vers l'Hadriatique » [2] : je le veux bien, mais reconnaissons qu'ils s'en tinrent longtemps à de simples « aspirations ». Ils avaient, si l'on en croit le même historien, les « yeux fixés sur cette mer » [3] : d'accord, mais jusqu'en 229 ils ne firent autre chose que la contempler. « Maîtres incontestés de la Méditerranée occidentale », déclare-t-on encore, « ils devaient fatalement entrer en rapports toujours plus suivis » avec le monde grec [4] : il faut convenir qu'ils prirent leur temps avant de céder à cette « fatalité ».

1. C'est ce que méconnaît tout-à-fait Niese, lorsqu'il écrit (II, 281) : « Als jedoch der punische Krieg siegreich beendet war, wurden sie (die Römer) frei, und nun liessen sie sich nicht mehr abhalten, bei passender Gelegenheit über das ionische Meer hinüber zu greifen. » La « passende Gelegenheit » datait de loin.

2. De Sanctis, III, 1, 292. — Cf., dans le même sens, L. Homo, *Rev. histor.* t. 122 (1916), 17.

3. De Sanctis, III, 1, 289.

4. G. Colin, *Rome et la Grèce*, 70. Cf. Beloch, III, 1, 685-686 : « ... Bei der unmittelbaren Nachbarschaft Italiens und der griechischen Halbinsel, bei den lebhaften Handelsbeziehungen, die über das ionische und adriatische Meer hinüber und herüber gingen, musste schon das Schwergewicht der Verhältnisse die Römer zur Einmischung führen... » Précisément, ce qui est bien digne de remarque, c'est qu'en dépit du voisinage immédiat de l'Italie et de la Grèce, en dépit des relations commerciales établies entre les deux contrées, Rome ne soit entrée que si tard en contact avec les pays grecs.

CHAPITRE DEUXIÈME

Il est sûr que, jusque vers l'an 230 avant notre ère, le gouvernement romain n'a point, ne songe point à avoir de politique hellénique. Pourtant, à en croire nombre de modernes, il aurait déjà, et même depuis longtemps, commencé d'avoir une « politique orientale ». On affirme couramment que, dès la fin du ive siècle, les Romains contractèrent une « amitié » publique avec l'État rhodien ; qu'un peu plus tard, au début du iiie siècle, ils devinrent, en vertu d'un traité, les « amis » — certains disent les « alliés » — de Ptolémée Philadelphe, et le demeurèrent de ses successeurs ; qu'enfin, peu après l'année 240, un *foedus amicitiae* les unit au roi d'Asie Séleukos II. Et l'on ne doute point, en conséquence, qu'une pensée d'ambition ne les ait portés à « s'ingérer », aussitôt qu'ils l'ont pu, « dans les affaires » de l'Orient grec[1]. — J'examinerai d'abord ce qui concerne les Rhodiens et Séleukos. Sur ces deux points, mes conclusions seront nettement négatives : le traité avec les Rhodiens, le traité avec Séleukos n'ont jamais existé. Le premier est une illusion des modernes, qui ont interprété à contre-sens un texte, d'ailleurs altéré, de Polybe ; le second est une invention des Annalistes romains. J'étudierai ensuite ce qui est relatif à l'Égypte. Ici la question est plus complexe. On peut tenir pour véritable que, sous Philadelphe, des relations amicales se sont nouées entre Rome et l'empire lagide ; mais ces relations n'ont pas pris la forme politique, elles n'ont point été consacrées par un traité, et, jusqu'à la fin du iiie siècle, elles n'ont jamais eu de caractère politique. — D'autre part et contrairement à ce qu'on a dit parfois, il n'est point exact que, soigneux de favo-

---

1. G. Colin, *Rome et la Grèce*, 156 ; cf. 30-31, etc.

riser le développement du commerce romain, le Sénat ait, dès le
iiie siècle, conclu des traités avec quelques grandes cités de l'Asie
grecque et pratiqué dans cette région une « politique économique ». Durant tout ce siècle, aucun lien public n'a été formé
entre Rome et les Hellènes établis en Asie ; durant tout ce
siècle, il n'y a pas trace, sous quelque forme que ce soit, d'une
politique romaine en Orient.

I

On s'accorde à répéter [1], à la suite de l'historien Droysen [2], que,
vers l'an 306, l'État rhodien et le Peuple romain conclurent un
« traité d'amitié et de commerce ». Un point qu'il convient
d'abord de signaler, c'est que nulle part il n'est parlé, en termes
précis, de ce traité. C'est seulement, dit Droysen [3], à une « remar-

1. J'ai reproduit ci-après, non toutefois sans y faire de notables changements, une étude
que j'avais publiée en 1902 dans les *Mélanges Perrot*, 183 suiv. Beloch a reconnu, presque
en même temps que moi, et montré, par des arguments fort semblables à ceux dont j'ai
fait usage, que le prétendu traité de 306 n'a rien d'historique (*Griech. Gesch.* III, 1 (1904),
299, 2 ; cf. III, 2, 512). Depuis, la question a été examinée à nouveau et résolue dans le
même sens par E. Täubler, *Imp. Romanum*, I, 204 suiv., qui n'a rien ajouté de considérable
aux observations de Beloch ni aux miennes. Je ne sais pourquoi Täubler prétend (I, 205, 2)
que j'ai placé en 167 l'alliance que les Rhodiens finirent par conclure avec Rome ; je suis
bien innocent de cette sottise. Lui-même, en revanche, se trompe gravement lorsqu'il
rapporte à l'année 163, au lieu de 167, la phrase de Polybe (XXX. 5. 6) qui a fait croire
à l'existence du traité de 306. — Je ne vois pas bien pour quels motifs De Sanctis (II,
427, 5) refuse de souscrire à l'opinion soutenue par Beloch et par moi. — J'aurai lieu de
revenir, chemin faisant, sur les objections que m'a opposées G. Colin (*Rome et la Grèce*,
44, 4). Je me borne ici à une seule remarque. G. Colin paraît regretter qu'en niant l'existence du traité de 306, on porte à la « tradition » une nouvelle atteinte : il faudrait pourtant
se souvenir que, dans le cas présent, la « tradition » ne remonte qu'à l'historien allemand
Droysen. — H. Graillot (*Le culte de Cybèle*, 33, 3) écrit avec quelque naïveté : « H. abaisse
de cent ans [?] la date donnée par Polybe pour le premier traité entre Rhodes et Rome... »
Je déclare respecter trop Polybe pour « abaisser » — ne fût-ce que de cent ans ! — une
date qu'il aurait « donnée » ; j'ai simplement fait voir que, chez Polybe, il n'y a pas trace
du traité et que la « date » inscrite dans son texte, et qui ne peut provenir de lui, est une
balourdise de copiste. — Je lis dans T. Frank (*Roman Imperialism*, 160, 15) : « Rhodes
(had been *amica* of Rome) according to Pol. XXX. 5, since 306 ; but H. places the
date a century later, while Täubler... plausibly argues for the date 205 B. C. » Ceci montre
seulement que ni Täubler ni moi n'avons réussi à nous faire entendre de T. Frank.

2. Droysen, II, 449, 3 (trad. fr.). Cf. Mommsen, *R. G.* I⁷, 383 ; 416 ; 774 ; *Staatsrecht*,
III, 596, 4 ; 663, 1 ; G. F. Hertzberg, *Gesch. Griechenl. unter der Herrsch. der Römer*, I, 55
(trad.fr.) ; Niese, I. 325, 5 ; III, 192 ; *Grundriss*⁴, 86 ; De Sanctis, II, 427 et note 5 ; pour
d'autres indications bibliographiques, voir *Mélanges Perrot*, 183, 4.

3. Droysen, *ibid.*

que incidente *(gelegentliche Notiz)* » de Polybe, faite en passant et comme logée dans une parenthèse, que nous en devons la connaissance très indirecte. Et j'avoue que ceci m'est déjà un sujet d'étonnement. Car, s'il est vrai que, dès la fin du ive siècle, les Rhodiens se soient liés aux Romains par un *foedus amicitiae*, ils ont devancé en cela, et de loin, tous les autres peuples grecs [1]; en sorte que la conclusion de ce *foedus* était un événement considérable, propre à frapper l'attention des historiens anciens et qui méritait bien qu'ils en fissent mention expresse. C'est pourquoi il est singulier que nous n'en soyons informés que d'une façon tout-à-fait détournée et presque par hasard. Mais, cependant, voyons en quoi consiste cette « remarque incidente » dont on tire argument. Elle se trouve au l. XXX de Polybe, chap. 5 § 6 (= *Exc. de legat. pars II*, § 79, 327 De Boor).

Il s'agit là des événements de l'été de 167 [2]. La tentative indiscrète de médiation, qu'ont risquée les Rhodiens pendant la guerre de Perseus, a eu cet effet malheureux de les brouiller avec les Romains. La double ambassade qu'ils ont dépêchée à Rome, afin de s'excuser et de protester de leur dévouement, n'y a rencontré que défiance et hostilité. Au forum, un préteur fort échauffé, M'. Iuventius, a demandé qu'on leur déclarât la guerre sur-le-champ. Sans se porter à cette extrémité, les *Patres* ont répondu aux ambassadeurs Astymédès et Philophron sur un ton de mépris et de menace. Au reçu de ces nouvelles, les Rhodiens épouvantés se résignent à une démarche où n'avaient pu jusque là consentir leur orgueil et leur prudence. Par une dérogation soudaine à la politique circonspecte que leur a constamment prescrite le souci de leur indépendance, ils donnent au vieux Théaidétos, élu navarque tout exprès, l'ordre de se rendre à Rome pour y conclure, en vertu de ses pouvoirs extraordinaires, un traité de συμμαχία avec la République [3]. Si Théaidétos réussit dans sa mission [4], c'en

---

1. L'observation en a été faite par H. Van Gelder, *Gesch. der alt. Rhodier*, 106.

2. Pol. XXX. 5. 4 : θερείας ἀρχομένης. Cf. H. Matzat, *Röm. Zeitrechn.* 275.

3. Pol. XXX. 4 — 5. 10. Sur ces faits, qui sont fort connus, cf. Niese, III, 192-195 ; Van Gelder, 153-157.

4. On sait qu'il y échoua (Pol. XXX. 21. 1-2), et qu'après lui l'ambassadeur Aristotélès (23. 2-4) ne fut pas plus heureux. Le traité de συμμαχία ne fut conclu qu'à la suite de la seconde ambassade d'Astymédès (Pol. XXX. 30. 1 ; 31), en 165/164 (cf. Liv. *per.* 46 ; Niese, III, 195, 5), non en 163, comme le dit Täubler, *Imp. Romanum*, I, 205.

sera fait de leurs libertés ; devenus, sous le nom d'« alliés » (σύμμαχοι, *socii*), les clients des Romains, ils cesseront de s'appartenir, mais n'auront plus du moins à redouter les colères du Sénat. Sur quoi Polybe fait cette remarque : οὕτως γὰρ ἦν πραγματικὸν τὸ πολίτευμα τῶν Ῥοδίων ὡς σχεδὸν ἔτη τετταράκοντα πρὸς τοῖς ἑκατὸν κεκοινωνηκὼς ὁ δῆμος Ῥωμαίοις τῶν ἐπιφανεστάτων καὶ καλλίστων ἔργων οὐκ ἐπεποίητο πρὸς αὐτοὺς συμμαχίαν [1]. C'est de là que les modernes ont tiré, non sans un peu d'effort, leur « traité d'amitié et de commerce ».

Autant que je puis voir, car ils ne se sont guère expliqués là-dessus [2], ils ont raisonné à peu près en cette sorte : De la phrase de Polybe (comme de tout ce qu'il rapporte au sujet de l'ambassade de Théaidétos), il résulte qu'en 167 les Rhodiens n'étaient point encore *socii populi romani* ; mais, de cette phrase, il résulte aussi qu'à l'époque indiquée ils entretenaient, depuis près de cent-quarante ans, des rapports d'étroite amitié avec l'État romain. Il est donc naturel de penser que, vers 306, un traité, non d'alliance, mais d' « amitié », avait uni les deux nations ; or, comme c'est à l'occasion du négoce qu'ils faisaient avec l'Italie que les Rhodiens ont d'abord connu les Romains, il ne paraît pas douteux que ce « traité d'amitié » n'ait été en même temps un « traité de commerce » [3]. — Et j'accorde volontiers que ce raisonnement est assez subtilement conduit et qu'il ne laisse pas de présenter, à première vue, d'assez plausibles apparences. Mais il s'en faut que je l'estime convaincant.

---

1. Pol. XXX. 5. 6 (= *Exc. de legat. pars II*, § 79, 327). La phrase de Polybe est ainsi traduite par T. Live (45. 25. 9) : *nam ita per tot annos in amicitia fuerant (Rhodii), ut sociali foedere se cum Romanis non inligarent* —. C'est là une traduction fort libre, comme nous aurons lieu de l'indiquer par la suite.

2. Cf. toutefois G. Colin *(Rome et la Grèce,* 31), dont l'argumentation soulève toutes les critiques que j'indique ici.

3. G. Colin (31-32) explique ainsi les choses : « … (Rhodes) constituait un des États maritimes les plus importants de la Méditerranée… Comme ses marchands étendent… leurs opérations vers l'Occident, dès qu'elle comprend que Rome, poussant toujours ses conquêtes dans la Campanie, va s'emparer un jour ou l'autre de la Grande-Grèce et devenir la maîtresse de la Mer Tyrrhénienne, elle s'empresse d'entrer en rapports avec elle. C'est Polybe qui nous l'apprend incidemment… La convention de 306 n'implique donc guère que des rapports économiques… » Il y aurait beaucoup à dire sur cet exposé ; il suffit d'observer que l'auteur y attribue aux Rhodiens une prescience qui va jusqu'à la divination.

1

Remarquons d'abord qu'il n'aboutit, ne peut aboutir qu'à une conclusion hypothétique. Il en peut sortir une probabilité, non une certitude ; car, si le texte de Polybe indique que Romains et Rhodiens contractèrent d'étroites relations, ayant eu pour résultat une κοινωνία τῶν ἐπιφανεστάτων καὶ καλλίστων ἔργων, il n'y est pourtant pas question de traité. Les historiens dont j'ai résumé l'argumentation se flattent d'avoir démontré que, vers 306, la république de Rhodes et le Peuple romain conclurent un *foedus amicitiae* ; ils n'auraient fait, en mettant les choses au mieux, que rendre vraisemblable l'existence d'un tel *foedus*. Y ont-ils réussi, c'est ce que nous aurons lieu d'examiner plus loin ; nous verrons s'ils ont entendu correctement la phrase de Polybe dont ils s'autorisent. Auparavant, je dois signaler certaines difficultés que soulève, dès le premier moment, l'existence supposée du traité de 306.

T. Live, dans un passage qui, pour tout le principal, est sûrement tiré de Polybe, montre le propréteur M. Valerius Laevinus s'efforçant, en 212, de décider les Aitoliens à devenir les alliés de Rome. Au nombre des arguments qu'il allègue, se trouve celui-ci : (26.24.4) *Aetolos eo in maiore futuros honore, quod gentium transmarinarum in amicitiam primi venissent.* Un tel langage est fait pour surprendre si, depuis près d'un siècle, les Rhodiens ont avec Rome un *foedus amicitiae*.

Le même T. Live, en son l. 29, vient de raconter comment, en 205, un oracle inséré aux Livres Sibyllins prescrivit aux Romains d'aller quérir à Pessinonte et de ramener dans la Ville l'idole de la *Mater Idaea*. Il ajoute : (29. 11. 1) nullasdum in Asia socias civitates habebat populus Romanus [1] ; *tamen memores Aesculapium*

---

1. Selon De Sanctis (III, 2, 438, note 96), l'indication contenue dans ces mots est sans valeur, parce qu'elle provient d'un Annaliste de faible autorité. Je ne saurais être de cet avis. La phrase *nullasdum in Asia eqs.* et celle qui suit (jusqu'à *legatos ad eum (Attalum) decernunt*) ne me paraissent point avoir été tirées d'un Annaliste ; ce sont là, bien plutôt, des réflexions de T. Live lui-même, réflexions qui lui ont été suggérées par l'ensemble de ses lectures et sa connaissance générale de l'histoire.

quoque ex Graecia quondam hauddum ullo foedere sociata valetu-dinis populi causa arcessitum, (2) *tunc iam* cum Attalo rege propter commune adversus Philippum bellum coeptam amicitiam esse, *fac-turum eum rati, quae posset, populi Romani causa, legatos ad eum decernunt eqs.* De ces lignes ne ressort-il pas, avec une pleine évidence, qu'en 205 les Romains pensaient n'avoir en Asie qu'un seul « ami », lequel n'était point le peuple rhodien, mais le roi de Pergame ?

Autre remarque. Je ne puis assez admirer qu'après la guerre de Perseus, lorsqu'ils firent effort de toute leur éloquence pour attendrir le Sénat et pour lui arracher la grâce de leur patrie, les ambassadeurs rhodiens n'aient point eu l'idée de lui rappeler que leurs ancêtres avaient, les premiers des Grecs, obtenu, et donc mérité, l'amitié du Peuple romain, consacrée par un traité solennel. Mommsen, à la vérité, écrit dans son *Histoire romaine* : « C'est en vain qu'à maintes reprises, les envoyés rhodiens conjurèrent à genoux le Sénat d'être plus sensible à une amitié de cent-quarante ans qu'à une offense unique » [1]. Seulement, Mommsen se trompe. Ce qu'il fait dire aux envoyés de Rhodes, c'est ce que je tiens pour assuré qu'ils eussent dit en effet, si le *foedus amicitiae,* auquel il lui plaît de croire, avait quelque réalité ; mais, par malheur, il paraît bien qu'ils n'ont rien dit de semblable. Qu'on lise dans Polybe le discours prononcé par Astymédès en 165 [2] ; on n'y trouvera même point une allusion au prétendu traité de 306, encore que l'occasion d'en parler s'offrît d'elle-même à l'orateur. Il s'exprime en ces termes : (XXX. 31. 16) διόπερ — ἀπολωλεκὼς ὁ δῆμος τὰς προσόδους, τὴν παρρησίαν, τὴν ἰσολογίαν, — (17) ἀξιοῖ καὶ δεῖται πάντων ὑμῶν, ἱκανὰς ἔχων πληγάς, λήξαντας τῆς ὀργῆς διαλυθῆναι καὶ συνθέσθαι τὴν συμμαχίαν, ἵνα γένηται τοῦτο συμφανὲς ἅπασιν ὅτι τὴν μὲν ὀργὴν ἀποτέθεισθε τὴν πρὸς Ῥοδίους, ἀνακεχωρή-κατε δ' ἐπὶ τὴν ἐξ ἀρχῆς αἵρεσιν καὶ φιλίαν. (18) τούτου γὰρ χρείαν ἔχει νῦν ὁ δῆμος, οὐ τῆς διὰ τῶν ὅπλων συμμαχίας. N'est-ce pas chose singulière qu'Astymédès n'ait pas l'idée de rappeler que l'origine (ἀρχή) de cette αἵρεσις καὶ φιλία des Romains pour les

---

1. *R. G.* I², 774.
2. Pol. XXX. 31. 3—18. Du premier discours d'Astymédès (ann. 167), Polybe n'a donné qu'un résumé (XXX. 4. 12-14) trop court pour se prêter à une analyse critique.

Rhodiens remonte à près d'un siècle et demi [1] ? — Ce silence, s'il n'est pas une preuve décisive, serait à lui seul une présomption très forte contre l'existence du traité.

Niese, qui croit fermement au traité, déclare qu'il fut profitable aux Romains et « porta d'heureux fruits » [2]. Il vaut la peine de voir quels furent d'abord ces « heureux fruits ». On n'ignore pas, sans doute, mais il semble qu'on oublie trop la conduite que tinrent les Rhodiens pendant la première guerre de Macédoine. — Dès que cette guerre est devenue, par l'entrée en ligne des Aitoliens, une guerre hellénique, divers États neutres — l'Égypte, les Athéniens, les cités de Khios, de Byzance, de Mytilène [3] — jouant le rôle de médiateurs bénévoles, s'emploient sans relâche à y mettre un terme. Or, au premier rang de ces neutres figurent les Rhodiens, et, très certainement, c'est à leur exemple et sur leur invitation qu'interviennent aussi les Mytiléniens, les Byzantins et les Khiens. D'année en année, on les voit multiplier les démarches pacifiques : en 209 à Phalara et à Aigion [4], en 208 à Hérakleia et à Élateia [5], en 207 à Hérakleia ou à Naupakte [6],

---

1. Dans le discours, fictif et tout-à-fait différent du véritable, mais composé avec assez de soin, que T. Live fait tenir, en 167, à Astymédès s'adressant au Sénat (Liv. (Ann.) 45. 22 — 24 : cf. Nissen, *Krit. Unters.* 275), il n'est rien dit non plus de l'amitié plus que séculaire des Rhodiens et des Romains.

2. Niese, *Grundriss* [1], 86 : « . . Um 300 v. Chr. traten die Römer mit den Rhodiern in eine Freundschaft, die lange gewählt und für Rom gute Früchte getragen hat. » Il est plaisant de rapprocher de cette affirmation ce que Niese est obligé d'écrire à la p. 123, lorsqu'il raconte la première guerre de Macédoine.

3. Égypte (Ptolémée IV) : Liv. (P.) 27. 30. 4 ; 28. 7. 13 ; Pol. XI. 4. 1 ; cf. App. *Maced.* 3 ; voir ci-après, p. 73-74 ; — Athéniens : Liv. (P.) 27. 30. 4 ; — Khios : Liv. (P.) 27. 30. 4 ; Pol. XI. 4. 1 ; cf. App. *Maced.* 3 ; — Byzance : Pol. XI. 4. 1 ; — Mytilène : Pol. XI. 4. 1 ; cf. App. *Maced.* 3.

4. Liv. (P.) 27. 30. 4 ; cf. 30. 10-14. Le fragment de Polybe X. 25. 1-5 peut se rapporter aux mêmes négociations (cf. Niese, II, 486). Mais, contrairement à ce qu'a cru Niese, le discours d'où il provient n'a pas été prononcé par le représentant d'un État neutre. Cela ressort clairement de la phrase (25. 5) : νικησάντων δὲ τούτων (Αἰτωλῶν), ὃ μὴ δόξειε τοῖς θεοῖς, ἅμα τούτοις (Αἰτωλοῖς) καὶ τοὺς ἄλλους Ἕλληνας ὑφ' αὑτοὺς ἐκεῖνοι (Ῥωμαῖοι) ποιήσονται. Ces paroles ne peuvent être attribuées qu'à un ennemi des Aitoliens. Le plus probable est que nous avons ici un débris d'un discours tenu par un ambassadeur de Philippe.

5. Liv. (P.) 28. 7. 13-15.

6. Pol. XI. 4 — 6 ; cf Niese, II, 494. La première partie du fragm. d'Appien, *Maced.* 3, semble se rapporter aux mêmes circonstances ; cf. De Sanctis, III, 2, 429, note 83. Appien ne nomme pas les Rhodiens, mais cf. *Maced.* 4. 1 : τήν τε Ῥοδίων παρχίαν ἐδήου (Φίλιππος) διαλλακτήρων οἱ γεγονότων.

ailleurs encore [1]. En 207, leur ambassadeur, Thrasykratès, dont Polybe a reproduit la harangue, adjure les Aitoliens de déposer les armes [2]. Et l'on ne peut guère douter que la paix de 206, conclue entre Philippe et les Confédérés, n'ait été, pour une part, l'effet de leur médiation.

Ce qui importe beaucoup ici, c'est de bien voir en quoi consiste cette médiation, c'est d'en préciser la nature et l'objet. — De 212 à 206, Philippe a pour ennemis les Romains et les Grecs alliés de Rome, en tête desquels se placent les Aitoliens. Unis aux autres puissances neutres, les Rhodiens pourraient s'appliquer à rétablir la paix entre Philippe, d'une part, et, de l'autre, les Aitoliens et les Romains, auquel cas leur intervention n'aurait rien d'offensant pour les derniers. Mais il en va différemment. Dans leurs négociations, les neutres ne s'adressent jamais aux Romains ; ils n'entrent pas en relations avec eux [3] ; ils agissent sans les consulter ni les aviser ; ils les négligent, ils les ignorent. Leurs efforts, assidûment répétés, visent à réconcilier avec Philippe, non point les Romains et les Aitoliens, mais les Aitoliens seuls [4], et par là leur médiation

1. Cf. App. *Maced.* 3, seconde partie du fragment : οἱ δὲ πρέσβεις αὖθις συνῆλθον κτλ. Cette dernière intervention des neutres paraît se placer en 206 ; cf. Niese, II, 500-501.

2. Pol. XI. 4—6. 8.

3. C'est ce que montre bien nettement l'histoire des négociations de Phalara et d'Aigion en 209 : Liv. (P.) 27. 30. 4 ; 30. 6 ; 30. 10 : *ibi (Aegii) de Aetolico finiendo bello actum, ne causa aut Romanis aut Attalo intrandi Graeciam esset,* (11) *sed ea omnia vixdum induiarum tempore circumacto Aetoli turbavere, postquam et Attalum Aeginam venisse et Romanam classem stare ad Naupactum audivere.* La trêve *(indutiae* ; cf. 30. 6) dont il s'agit là ne comprend évidemment que les Aitoliens et Philippe (cf. Niese, II, 485, 4) ; les Romains sont demeurés étrangers aux négociations ; ils n'ont été ni consultés ni pressentis par les médiateurs ; tout se passe en dehors d'eux. — Plus tard, en 208, si les Romains sont représentés à la conférence d'Hérakleia (Liv. (P.) 28. 7. 14 : *adfuerant enim legati (Ptolomaei Rhodiorumque) nuper Heracleae concilio Romanorum Aetolorumque),* la raison en est simplement que les Aitoliens les ont invités à siéger dans leur diète ; les neutres n'y sont pour rien. C'est de la même manière que s'explique la présence de P. Sulpicius aux conférences de 207 (?) (App. *Maced.* 3 ; prem. partie du fragment) et de 206 (?) (App. *ibid.* ; seconde partie du fragment). L'attitude prêtée par Appien au proconsul fait assez voir que les médiateurs n'ont pas pris soin de s'assurer préalablement son adhésion.

4. Appien arrange les choses à sa façon lorsqu'il écrit : *(Maced.* 3) — συνῆλθον (les ambassadeurs des neutres) ἐπὶ διαλλαγῇ Ῥωμαίων καὶ Αἰτωλῶν καὶ Φιλίππου. Même erreur chez Dion (fragm. 57. 58 ; I, 256 Boissev. ; cf. Zonar. IX. 11. 4), qui montre les ambassadeurs égyptiens s'employant à réconcilier Philippe et les Romains. Cf., au contraire, Liv. (P.) 27. 30. 4 : *eo (Phalara) — legati — venerunt ad dirimendum inter Philippum atque Aetolos bellum — ;* 30. 10 : *ibi (Aegii) de Aetolico finiendo bello actum, ne causa aut Romanis aut Attalo intrandi Graeciam esset — ;* 28. 7. 14 : *ubi (Elatiae) cum de finiendo Aetolico bello ageretur —.*

prend, au regard des Romains, un caractère fort particulier. Liés
à Rome par des engagements étroits, les Aitoliens ne sont plus les
maîtres de leur politique étrangère ; ils n'ont plus la liberté de
s'accommoder avec le roi de Macédoine ; le traité qu'ils ont conclu,
d'abord avec M. Laevinus, puis avec le Peuple romain, leur interdit
de faire une paix séparée [1] : en conséquence, c'est à violer ce traité,
c'est à manquer de foi aux Romains que les exhortent les nations
neutres [2]. La politique de ces nations contrecarre ainsi de façon
directe la politique romaine. Détacher l'Aitolie du parti de
Rome, enlever aux Romains leurs alliés grecs, les rendre de la
sorte incapables de poursuivre la guerre en Grèce, fermer la Grèce
à leurs entreprises [3], telle est la fin qu'elles se proposent. Et, partant, c'est de l'ennemi de Rome, c'est de Philippe qu'elles se trouvent servir les intérêts : car, débarrassé des ennemis que lui
ont suscités les Romains, délivré de la guerre qu'ils ont fait naître
à ses portes, le Macédonien sera libre de se rapprocher d'Hannibal [4]. On le voit : neutres en principe, les Rhodiens se comportent,
en fait, comme les adversaires de Rome ; toutes leurs démarches
lui sont ouvertement préjudiciables, et c'est contre elle qu'ils
travaillent. Au reste, ils ne dissimulent ni leurs sentiments hostiles
à son égard, ni la ferme volonté où ils sont de renverser ses desseins. Le discours de Thrasykratès, que nous a conservé Polybe,
est ici un document précieux ; il donne le ton de leur médiation.
L'orateur s'exprime avec une véhémence dont les Rhodiens, si
prudents d'ordinaire, n'avaient point l'habitude. Il fait honte
aux Aitoliens de s'être alliés aux « barbares », déclare cette alliance
ignominieuse et funeste [5], dénonce et flétrit les traitements odieux
que Sulpicius vient d'infliger aux citoyens d'Aigine et d'Oréos [6],
s'attache à montrer aux Confédérés que les Romains sont pour eux
de faux amis [7] dont ils seront les dupes [8], agite à leurs yeux le

1. Liv. (P.) 26. 24. 12.
2. Cf. Pol. XI. 4. 6 ; 6. 5 sqq.
3. Cf. Liv. (P.) 27. 30. 10.
4. Cf. Liv. (P.) 26. 24. 16 : *Philippum — satis implicatum bello finitimo ratus (M.
Laevinus), ne Italiam Poenosque et pacta cum Hannibale posset respicere —*.
5. Pol. XI. 4. 8 ; 5. 3 ; 5. 7.
6. Pol. XI. 5. 7-8.
7. Pol. XI. 6. 7 (remarquer les mots οἱ ἀληθινοὶ φίλοι).
8. Pol. XI. 6. 1-4.

péril étranger, leur annonce les maux prochains dont l'ambition romaine menace, croit-il, tous les Hellènes, et leur reproche enfin de préparer, à leur insu, la ruine et l'asservissement de la Grèce [1]. — Et maintenant je le demande : comment accorder cette conduite des Rhodiens, ce langage de leur représentant, avec la qualité d'*amici populi Romani*, dont on veut qu'ils aient été revêtus depuis l'an 306 ? Quiconque étudie l'histoire de la première guerre de Macédoine emporte nécessairement de cette étude la conviction raisonnée qu'au temps de ladite guerre, c'est-à-dire peu avant la fin du IIIe siècle, les Rhodiens n'avaient point encore avec Rome de « traité d'amitié » [2].

2

On reconnaîtra, je l'espère, que ces objections ont quelque force, mais on me dira que la phrase de Polybe sur laquelle les modernes ont fondé leur argumentation n'en demeure pas moins, et qu'il faut en tenir compte. Il est vrai. Revenons donc à cette phrase dont on fait si grand état, et voyons si l'interprétation qu'on en a donnée est recevable. A-t-on le droit d'en induire que, vers 306, il a pu exister (car il ne s'agit ici que de possibilité) un *foedus amicitiae* entre Rome et l'État rhodien ? Aucunement, et pour deux raisons.

La première, c'est que cette phrase ne doit point être isolée du contexte, et que le contexte montre que les deux nations n'avaient, jusqu'en 167, conclu de *foedus* d'aucune sorte. — Les Rhodiens, dit Polybe, ne s'étaient point alliés aux Romains : οὕτως γὰρ ἦν πραγματικὸν τὸ πολίτευμα τῶν Ῥοδίων ὡς σχεδὸν ἔτη τετταράκοντα πρὸς τοῖς ἑκατὸν κεκοινωνηκὼς ὁ δῆμος Ῥωμαίοις τῶν ἐπιφανεστάτων καὶ καλλίστων ἔργων οὐκ ἐπεποίητο πρὸς αὐτοὺς συμμαχίαν. Et tout aussitôt, commentant les mots οὕτως γὰρ ἦν πραγματικὸν τὸ πολίτευμα τῶν Ῥοδίων, il explique les motifs

---

1. Pol. XI. 4. 10 ; 5. 1 ; 5. 7 ; 6. 2 ; 6. 8 ; cf. App. *Maced.* 3 : Φίλιππος καὶ Αἰτωλοὶ διαφερόμενοι τοὺς Ἕλληνας ἐς δουλείαν Ῥωμαίοις ὑποβάλλουσιν κτλ.

2. Noter, à ce propos, la remarque de H. Diels, qui a au moins entrevu la vérité *(Sibyll. Blätter,* 93) : « ... zumal die *sogenannten Freunde Roms* (Ptolemaios Philopator, Rhodos) lediglich eine Politik des Eigennutzes trieben und den Kampf zwischen Aetolern und Philipp beizulegen suchten.

de leur conduite dans ces lignes bien connues où il caractérise
leur politique traditionnelle : (XXX. 5. 7) τίνος δὲ χάριν οὕτως
ἐχείριζον οἱ Ῥόδιοι τὰ καθ' αὑτοὺς οὐκ ἄξιον παραλιπεῖν. (8) βουλόμενοι γὰρ μηδένα τῶν ἐν ταῖς ὑπεροχαῖς καὶ δυναστείαις ἀπελπίζειν τὴν ἐξ αὑτῶν ἐπικουρίαν καὶ συμμαχίαν, οὐκ ἐβούλοντο συν-
δυάζειν οὐδὲ προκαταλαμβάνειν σφᾶς αὐτοὺς ὅρκοις καὶ συνθήκαις,
ἀλλ' ἀκέραιοι διαμένοντες κερδαίνειν τὰς ἐξ ἑκάστων ἐλπίδας [1].
Or, n'est-il pas évident qu'une telle politique était exclusive de
ce « traité d'amitié » avec Rome, auquel croient les modernes,
aussi bien que de l'alliance (συμμαχία), que Polybe déclare n'avoir
point existé ? n'est-il pas évident que, s'unissant aux Romains
par une « amitié » publique, les Rhodiens eussent aliéné en leur
faveur une partie de cette indépendance dont ils se montraient
si jaloux et savaient tirer tant d'avantage ? Ils ne voulaient, dit
Polybe, s'engager ni par des serments (ὅρκοι) ni par des conventions (συνθῆκαι) : on oublie qu'un *foedus amicitiae* est une συνθήκη
garantie par un échange de serments, qui comporte des engagements perpétuels, et qui impose aux contractants de réciproques
obligations. Celles des *amici populi Romani* sont moins lourdes,
sans doute, que celles des *socii* ; elles sont pourtant formelles et
strictes. La nation devenue par traité « l'amie » du Peuple
romain a pour premier devoir d'observer à son égard, s'il soutient quelque guerre, une neutralité scrupuleuse [2] ; il lui est
défendu en termes exprès d'assister, de quelque façon que ce
soit, l'adversaire ou les adversaires de Rome. Mais, les choses
étant ainsi, du jour où les Rhodiens eussent conclu avec Rome un
traité d'amitié, c'en aurait été fait de ce principe fondamental
de leur politique, auquel, selon Polybe, ils n'avaient jamais failli :
— βουλόμενοι — μηδένα τῶν ἐν ταῖς ὑπεροχαῖς καὶ δυναστείαις

---

1. Il y a lieu de rapprocher du texte de Polybe le fr. 68 de Dion (I, 302 Boissev.), qui
n'en est manifestement qu'une amplification : — καὶ τήν γε πρόσρησιν τῆς συμμαχίας
τῆς πρὸς αὐτοὺς (τοὺς Ῥωμαίους) μὴ προσδεχόμενο. οἱ Ῥόδιοι πρόσθεν, ἵνα ὡς καὶ
μετατάξασθαί ποτε ἀπ' αὐτῶν ἐκ τοῦ μηδεμίαν ἔνορκον ἀνάγκην φιλίας
ἔχειν δυνάμενοι φοβεροί τε αὐτοῖς ὦσι καὶ πρὸς τῶν ἀεὶ πολεμούντων σφίσιν ἐπιθερα-
πεύωνται, τότε καὶ πάνυ προσθέσθαι ἐσπούδαζον κτλ. Dion a bien vu que, la politique
des Rhodiens étant telle que la représente Polybe, il n'a pu exister d'ἔνορκος ἀνάγκη
φιλίας, ni, par conséquent, de *foedus* quelconque entre eux et les Romains.

2. Sur cette « clause de neutralité », qui ne fait jamais défaut dans les traités d'amitié,
cf. Täubler, *Imp. Romanum*, I, 49 suiv.

ἀπελπίζειν τὴν ἐξ αὐτῶν ἐπικουρίαν καὶ συμμαχίαν —
ἐβούλοντο ἀκέραιοι διαμένοντες κερδαίνειν τὰς ἐξ ἑκάστων
ἐλπίδας. Il est clair qu'ils eussent cessé, pour parler comme
l'historien, d'être ἀκέραιοι; il est clair qu'il ne leur eût plus été
loisible de laisser espérer, en toute occasion, aux puissances
étrangères leur secours et leur alliance (ἐπικουρία καὶ συμμαχία),
puisqu'ils n'eussent été maîtres de les leur accorder qu'au cas
où ces puissances eussent vécu en paix avec Rome[1]; il est
clair, en un mot, que leur politique eût été, dans une large
mesure, subordonnée à la politique romaine et déterminée par
elle. Toutes ces mêmes raisons, énoncées par Polybe, qui leur
interdisaient de devenir les alliés des Romains, leur devaient
donc interdire aussi, et leur ont certainement interdit, d'en être
les « amis » publics. C'est ce que n'ont pas compris les historiens
modernes, faute, sans doute, de se rendre un compte exact de ce
qu'était un *foedus amicitiae* ; ils n'ont pas vu que, si le texte de
Polybe pouvait impliquer l'existence d'un tel *foedus*, il renfermerait
une contradiction flagrante et serait proprement dénué de sens ;
bref, il leur a échappé que ce texte, considéré dans son ensemble, est
contre la thèse qu'ils soutiennent un argument direct et ruineux.

Ils se sont trompés d'une autre façon encore, et c'est la
seconde raison pourquoi leurs inductions ne sauraient être légitimes : ils se sont mépris sur la signification des mots σχεδὸν ἔτη
τετταράκοντα πρὸς τοῖς ἑκατὸν κεκοινωνηκὼς ὁ δῆμος (Ῥοδίων)
Ῥωμαίοις τῶν ἐπιφανεστάτων καὶ καλλίστων ἔργων. S'ils ont
bien vu que ces mots — tels qu'ils nous sont parvenus —
impliquent qu'il s'était établi entre les Rhodiens et les Romains
des relations d'amitié vieilles, en 167, de cent-quarante ans, en
revanche, ils n'ont pas vu, ou n'ont pas voulu voir, qu'ils contiennent l'affirmation d'un fait autrement considérable. Il n'est
point permis cependant de ruser avec les textes et de n'y prendre
que ce qui agrée. Il ne fallait point ici, par une interprétation
tendancieuse, affaiblir et obscurcir le sens de l'expression κεκοινωνηκὼς ὁ δῆμος Ῥωμαίοις τῶν ἐπιφανεστάτων καὶ καλλίστων ἔργων[2]. Je le demande avec confiance à tout helléniste ou

---

1. Cf. le fr. 68 de Dion précédemment cité.
2. Le premier coupable est ici T. Live. Je rappelle qu'il traduit ainsi la phrase de Polybe :
(45. 25. 9) *nam ita per tot annos* in amicitia *fuerant (Rhodii), ut sociali foedere se cum Romanis*

simplement à toute personne sachant quelque peu de grec, κοινωνεῖν τινι ἔργου, n'est-ce pas autre chose et bien autre chose que « contracter amitié avec quelqu'un » ? et n'est-il pas vrai que les mots ἐπιφανέστατα καὶ κάλλιστα ἔργα désignent nécessairement de « grandes actions » — *praeclara facinora, res praeclare gestae*, eût dit un Latin — c'est-à-dire des exploits guerriers, que les Rhodiens et les Romains unis avaient eu la gloire d'accomplir ensemble [1] ? En 189, Eumènes, parlant au Sénat, rappelle

non inligarent. Les mots *in amicitia fuerant* donnent un sens beaucoup plus faible que l'original. Au reste, ces mots ne signifient nullement que les Rhodiens fussent unis aux Romains par un « traité d'amitié ». La phrase *ut sociali foedere eqs.* indique même le contraire ; car, pour T. Live, un *foedus amicitiae* est un *sociale foedus* : c'est ce qui résulte du texte suivant, relatif au *foedus amicitiae* sollicité par Antiochos III en 193 : (34. 57. 6) *Menippus — dixit —* (7) *esse — tria genera foederum, quibus inter se paciscerentur amicitias civitates regesque —* ; (9) *tertium esse genus, cum, qui numquam hostes fuerint*, ad amicitiam sociali foedere inter se iungendam *coeant*. Dans 45. 25. 9, le mot *amicitia*, comme il arrive si souvent chez T. Live, désigne simplement des « relations amicales », une « amitié » de fait et non de droit ; et c'est ce sens qu'il lui faut pareillement attribuer dans 37. 54. 3 ; 42. 19. 8 ; 46. 6, passages où il est encore question des Rhodiens. Il n'est donc point exact que T. Live ait entendu le texte de Polybe « de la même manière » que ceux qui croient au traité de 306 ; G. Colin (45, note, *s. f.)* s'est mépris sur ce point. — Il va sans dire que, dans cette phrase du discours de Caton *pro Rhodiensibus* (H. Peter, *Hist. Roman. fragm.* 60, fr. 95 *c)* : — *ea nunc derepente tanta beneficia ultro citroque, tantam amicitiam relinquemus ?* —, le mot *amicitia* a le même sens que chez T. Live. — Polybe fait à diverses reprises usage du terme φιλία, en parlant des rapports qu'entretiennent ensemble, depuis l'année 200, Rhodiens et Romains (XVI. 35. 2 ; XXVIII. 2. 2 ; 16. 7 et 9 (τὰ φιλάνθρωπα) ; XXX. 23. 4 ; 31. 17) : ce terme a chez lui même signification que le mot *amicitia* dans les passages de T. Live ci-dessus mentionnés. Par exemple, Astymédès dit aux sénateurs : (XXX. 31. 17) ἀνακεχωρήκατε δ' ἐπὶ τὴν ἐξ ἀρχῆς αἵρεσιν καὶ φιλίαν — ; il est clair que, dans cette phrase, φιλία désigne seulement des « dispositions amicales » et non une « amitié » publique résultant d'un traité. La phrase (XXI. 23. 11) — καὶ νῦν οὐκ ἐγκαταλείπομεν (τὴν) τῶν φίλων τάξιν, qui se trouve dans le discours prononcé en 190 par un ambassadeur rhodien devant le Sénat, suggère une remarque semblable ; cf. les observations judicieuses de Täubler, *Imp. Romanum*, I, 206-207.

1. Casaubon traduisait fort bien : « ut qui per annos fere centum et quadraginta *nobilissimas pulcherrimasque victorias Romanorum adiuverant*, tamen foedus societatis nullum cum iis percussissent. » De même, E. Kuhn *(Verfass. des röm. Reichs*, II, 16) donne de la phrase de Polybe cette interprétation très correcte : « Die Rhodier *gesellten sich* 140 Jahre lang *den grossen Thaten der Römer als deren Verbündete zu*, bevor sie einen sie ausdrücklich bindenden Vertrag mit Rom schlossen. » Mais comment ne s'est-il pas avisé de l'énormité historique contenue dans ces mots ? H. Ullrich *(De Polyb. fontibus Rhodiis*, 67) écrit d'abord : « Rhodii laudati sunt, quibus contigisset, ut cum Romanis per 140 annos *res optime gestas communicassent* foedere firmo non facto », ce qui est excellent ; puis, un peu plus loin : (68) « Quodsi Zenon iam 140 annos *amicitia coniunctos* Romanos Rhodiosque contendit eqs. » Entre ces deux traductions il faudrait pourtant choisir, car, assurément, elles ne sont point équivalentes. Celle de G. Colin (31) est irréprochable : « Depuis cent-

les services que son père et lui-même ont rendus aux Romains pendant leurs guerres contre Philippe, Nabis et Antiochos ; il s'exprime ainsi : (Pol. XXI. 21. 4) ἡμᾶς δὲ τοὺς διὰ προγόνων τὰ μέγιστα καὶ κάλλιστα τῶν ἔργων ὑμῖν συγκατειργασμένους παρ' οὐδὲν ποιήσεσθε [1]. Nous avons là l'exact équivalent de la phrase κεκοινωνηκὼς κτλ. [2] τῶν ἐπιφανεστάτων καὶ καλλίστων ἔργων. Le mot ἔργα s'applique dans les deux cas, selon l'usage de Polybe, à des actions de guerre : τὰ κατὰ τὸν πόλεμον ἔργα [3]. En 167, il y avait « près de cent-quarante ans » que les Rhodiens participaient aux « hauts faits » des Romains ; en d'autres termes, en 167, il y avait près de cent-quarante ans que les Rhodiens se comportaient, en fait, comme les σύμμαχοι des Romains, encore qu'ils ne le fussent pas en droit : voilà, pour qui lit les choses comme elles sont écrites, ce que dit Polybe — ou ce que nos éditions lui font dire.

J'ajoute, et je dois ajouter : ou ce que nos éditions lui font dire. C'est qu'en effet il y a un malheur. Traduite comme je viens de faire, c'est-à-dire comme elle doit l'être, la phrase de Polybe exprime une contre-vérité historique extrêmement grossière et choquante. Car il est sûr et nul ne contestera que, jusqu'à la fin

quarante ans environ, Rhodes *participait aux glorieuses et splendides entreprises des Romains...* » ; seulement, il résulte de son exégèse que ces « glorieuses et splendides entreprises » auraient été, pendant une centaine d'années, des entreprises commerciales.

1. Comp., dans la réponse des ambassadeurs rhodiens à ce discours d'Eumènes, la phrase : (Pol. XXI. 23. 11) ἡμεῖς μὲν οὖν — καὶ τῶν μεγίστων ἀγώνων καὶ κινδύνων ἀληθινῶς ὑμῖν μετεσχηκότες κτλ.

2. Pour la locution κοινωνεῖν τινι πραγμάτων cf. Schweighäuser, *Polybian. Lexik. s. v.* : « Consilia rerum gerendarum sociare cum aliquo, consilia sociare cum aliquo. » Les exemples suivants justifient pleinement cette interprétation : I. 6. 7 : — ἐπολέμουν (Ῥωμαῖοι) καὶ κατεστρέφοντο τοὺς κοινωνήσαντας Πύρρῳ τῶν πραγμάτων (il s'agit des peuples de l'Italie qui se sont joints à Pyrrhos contre Rome) ; — II. 42. 5 : πολλοῖς γὰρ κοινωνήσαντες (Ἀχαιοὶ) πράγματων, πλείστων δὲ καὶ καλλίστων Ῥωμαίοις (allusion à l'alliance de l'Achaïe et de Rome contre Philippe, Nabis, Antiochos, Perseus) ; — III. 95. 7 : εὐγενῶς γὰρ, εἰ καί τινες ἕτεροι, κεκοινωνήκασι Ῥωμαίοις πραγμάτων καὶ Μασσαλιῶται, πολλάκις μὲν καὶ μετὰ ταῦτα, μάλιστα δὲ καὶ κατὰ τὸν Ἀννιβιακὸν πόλεμον : — IX. 31. 4 (discours de l'Aitolien Chlainéas aux Spartiates en 211/210) : πολλάκις ἑαυτοῖς δόντες λόγον, πότεροις ὑμᾶς δεῖ κοινωνεῖν πραγμάτων, Αἰτωλοῖς ἢ Μακεδόσιν, εἵλεσθε μετέχειν Αἰτωλοῖς, οἷς — καὶ συμπεπολεμήκατε τὸν πρώην συστάντα πόλεμον ἡμῖν πρὸς Μακεδόνας —.

3. Cf. Pol. I. 6. 6 ; II. 20. 9 ; XV. 9. 4 ; XVIII. 41. 6, etc. Même sens de ἔργα (employé sans déterminatif) dans cette phrase : (XXI. 23. 2) οὐ γάρ ἐστιν ὑμῖν (Ῥωμαίοις) καὶ τοῖς ἄλλοις ἀνθρώποις ταὐτὸν τέλος τῶν ἔργων —.

du IIIe siècle, les Rhodiens et les Romains n'eurent point d'intérêts politiques communs, tandis qu'ils en eurent au moins une fois de contraires — ce fut le cas, je l'ai rappelé, lors de la première guerre de Macédoine ; que, jusque là, partant, les deux peuples, non seulement ne firent rien d'accord, mais n'eurent même jamais l'occasion de se concerter ni de s'associer ; et que ce ne fut que dans la période suivante que, rapprochés par la nécessité de parer aux mêmes dangers, ils s'entendirent pour agir, lutter et vaincre ensemble. Ces ἐπιφανέστατα καὶ κάλλιστα ἔργα, que rappelle et célèbre Polybe, ne peuvent être, en remontant l'ordre des temps, que la guerre contre Antiochos III, la guerre contre Nabis, la seconde guerre de Macédoine ; et c'est chose assez connue que celle-ci, qui est la plus ancienne des trois, n'est pourtant pas antérieure à l'année 200. En sorte qu'on n'a pu dire sans absurdité qu'en 167 les Rhodiens se trouvaient « collaborer, depuis près de cent-quarante ans, aux glorieuses actions » des Romains ; et comme l'absurde ici serait précisément d'imputer à Polybe cette absurdité, force est bien d'admettre que Polybe n'a pas tenu le langage que lui prêtent les éditeurs sur la foi des manuscrits ; qu'ainsi ces manuscrits ont besoin d'être corrigés, et que la correction doit porter sur les mots σχεδὸν ἔτη τετταράκοντα πρὸς τοῖς ἑκατόν.

J'ai lieu de craindre que cette conclusion ne chagrine quelques personnes qui professent pour toute vulgate un respect inébranlable [1]. Je leur déclare que je n'ai nul penchant à porter une main brutale d'opérateur sur les textes des écrivains anciens ; comme elles, je juge ces audaces téméraires. Mais, s'il est bon d'être prudent, il me semble puéril de rechigner à l'évidence. J'ai beau faire, je me sens pris ici entre deux impossibilités : il m'est impossible, différant en cela de ceux qui se bornent commodément à n'y découvrir qu'un « traité d'amitié », de ne point voir, dans la phrase qu'on nous donne comme étant tout entière de Polybe, ce qui s'y trouve réellement ; et, ce qui s'y trouve, il m'est impossible

---

1. On ne saurait ranger dans cette catégorie l'excellent éditeur de Polybe, Fr. Hultsch. Cependant, je dois dire que, consulté par moi, Fr. Hultsch me fit l'honneur de me répondre qu'il n'approuvait pas la correction que je crois devoir apporter au texte de Polybe. Mes arguments n'ont point réussi à le convaincre ; il faut bien que j'ajoute que ses objections n'ont pu affaiblir ma conviction.

de croire que Polybe l'y ait mis. Pour sortir de là, je ne sais qu'une issue : c'est bien ici l'un de ces cas désespérés qui réclament l' « intervention » des philologues et nécessitent une *emendatio*.

3

En quoi devra consister cette *emendatio*, il n'est personne qui ne le voie. Tout l'embarras vient des trois mots πρὸς τοῖς ἑκατόν. Supposons que le texte, allégé de ces mots, porte seulement σχεδὸν ἔτη τετταράκοντα κεκοινωνηκὼς ὁ δῆμος Ῥωμαίοις τῶν ἐπιφανεστάτων καὶ καλλίστων ἔργων, aussitôt les choses iront à souhait. Comme je le rappelais tout-à-l'heure, la seconde guerre de Macédoine, première guerre qu'aient faite en commun les Rhodiens et les Romains, éclata en l'année 200 : si bien qu'en 167 il y avait exactement trente-quatre ans — soit *près de quarante ans*[1] — que les deux nations avaient commencé de « coopérer à d'illustres et glorieux faits d'armes ». Ainsi, pour que la phrase de Polybe, d'absurde qu'elle était, devienne parfaitement raisonnable, il est indispensable, mais suffisant, d'en retrancher πρὸς τοῖς ἑκατόν[2]. Ces mots ont pénétré dans le texte des *Exc. de legatio-*

---

1. Il est clair que, dans T. Live (45. 25. 9 : — *nam ita* per tot annos *in amicitia fuerant* —; 42. 46. 6 : — veterem *amicitiam, multis magnisque meritis pace belloque partam* —), les mots *per tot annos, veterem*, peuvent aussi bien s'appliquer à une *amicitia* de plus de trente ans que de cent-quarante. Et peut-être y a-t-il lieu de prêter attention à cette phrase de l'historien (37. 54. 3 ; amplification de Pol. XXI. 22. 5) : — *introducti Rhodii sunt. quorum princeps legationis expositis* initiis amicitiae cum populo Romano meritisque Rhodiorum Philippi prius, deinde Antiochi bello *eqs.* Ces mots ne semblent-ils point indiquer que, pour T. Live, les « débuts » de l' « amitié » qui unit les Rhodiens au Peuple romain ne remontent pas plus haut que la seconde guerre de Macédoine ? C'est à peu près la même conclusion qu'on peut tirer aussi d'un passage du discours que T. Live, à la suite d'un Annaliste, fait prononcer à l'ambassadeur Astymédès en 167 : (45. 22. 1) *antea*, Carthaginiensibus victis, Philippo, Antiocho superatis, *cum Romam venissemus, ex publico hospitio in curiam gratulatum vobis* — [*ibamus* Weissenb.]. Il paraît résulter de là que, selon T. Live, c'est seulement après la défaite de Carthage que des relations suivies ont commencé de s'établir entre les Rhodiens et Rome. Il est d'ailleurs inexact que les Rhodiens soient venus féliciter le Sénat de la victoire remportée sur Hannibal ; mais il est vrai que leur première ambassade suivit de près cette victoire, puisqu'elle est de l'année 201.

2. G. Colin (44, note 4) a jugé « arbitraire » la correction ici proposée. « De la discussion... soulevée, écrit-il, il résulte avec évidence qu'il faut, dans la phrase de Polybe,... ou atténuer d'une façon arbitraire le sens des mots κεκοινωνηκὼς κτλ., ou, *non moins arbitrairement,* supprimer du chiffre ἔτη τετταράκοντα πρὸς τοῖς ἑκατόν les trois derniers mots. Le dilemme est fâcheux... » En d'autres termes, le dilemme est celui-ci : il faut, pour éviter de faire

nibus par l'effet d'une interpolation dont je ne me risque pas à débrouiller le mystère [1] ; ils en doivent disparaître.

Mais, avec les trois mots condamnés, disparaissent et l'antique « amitié » publique des Rhodiens et des Romains et le prétendu traité de 306. C'est seulement en 200, à la suite de l'appel adressé, l'année précédente, au Sénat par le peuple rhodien, que les deux républiques, s'associant pour combattre Philippe [2], nouèrent ces rapports amicaux que désigne, dans l'usage courant, le mot *amicitia* [3] —, sans d'ailleurs se lier par un traité en forme.

dire à Polybe une scandaleuse ineptie, ou bien interpréter à contre-sens une phrase dont la signification est limpide, ou bien admettre la présence d'une faute dans les manuscrits des *Exc. de legationibus (pars II,* 327 De Boor). G. Colin estime moins grave de faire un contre-sens que de mettre en doute l'infaillibilité des scribes ; c'est affaire de sentiment ; mais je ne saurais être du sien, et c'est pourquoi la correction qu'il déclare arbitraire me paraît, à moi, nécessaire.

1. Il est permis toutefois de proposer l'explication suivante, qui semble plausible. La faute commise dans les manuscrits des *Exc. de legationibus* tire probablement son origine du système de notation employé d'ordinaire par Polybe pour marquer les olympiades postérieures à la 100ᵉ. On sait qu'il a coutume d'ajouter au chiffre décimal de l'olympiade les mots πρὸς ταῖς ἑκατόν (ρ′). Il écrit, par exemple : (II. 41. 1) ὀλυμπιὰς — ἦν εἰκοστὴ (x′) καὶ τετάρτη (δ′) πρὸς ταῖς ἑκατόν (ρ′) — ; (III. 118. 10) ἡ τετταρακοστὴ (μ′) πρὸς ταῖς ἑκατὸν (ρ′) ὀλυμπιάσι — ; (I. 5. 1) κατὰ τὴν ἐνάτην (θ′) καὶ εἰκοστὴν (x′) πρὸς ταῖς ἑκατὸν (ρ′) ὀλυμπιάδα — ; (V. 111. 9) ἡ τετταρακοστὴ (μ′) τῶν ὀλυμπιάδων πρὸς ταῖς ἑκατόν (ρ′). En conséquence, plusieurs des *excerpta de legationibus*, placés dans la collection constantinienne avant celui qui nous intéresse, commencent par la formule ὅτι κατὰ τὴν (chiffre) καὶ τετταρακοστὴν (μ′) ὀλυμπιάδα πρὸς ταῖς ἑκατόν (ρ′) (XXII. 1. 1 = *Exc. de legat. pars II,* § 29, 273 ; XXIII. 1. 1 = *id.* § 38, 284 ; cf. XXII. 2 = *id. pars I,* § 18, 44). Il est croyable qu'un scribe ou un glossateur, ayant cette formule présente à l'esprit, aura d'instinct, dans la phrase σχεδὸν ἔτη τετταράκοντα (μ′) κεκοινωνηκὼς ὁ δῆμος κτλ., ajouté πρὸς τοῖς ρ′ à σχεδὸν ἔτη μ′, comme s'il se fût agi de la 140ᵉ olympiade. Ainsi peut s'expliquer cette transformation du chiffre 40 en 140, qui scandalise si fort G. Colin (44, 4).

2. Pol. XVI. 34. 2 ; 35. 2 : venue et séjour à Rhodes, dans l'été et à l'automne de 200, des légats du Sénat envoyés en Égypte et en Syrie ; — 34. 3 : dans l'*indictio belli* remise à Philippe par le légat M. Aemilius, le Sénat exige du roi qu'il accorde satisfaction aux Rhodiens. — Cf. Täubler (*Imp. Romanum,* 1, 206 et note 3), qui a d'ailleurs tort de vouloir tirer argument de Liv. (Ann.) 31. 2. 1, texte annalistique dénué de toute valeur.

3. De là l'emploi des mots *amicitia* et φιλία dans les textes précités de T. Live, de Caton et de Polybe (ci-dessus, p. 40, note 2). Chez Appien, *Maced.* 4. 2, le qualificatif φίλοι appliqué aux Rhodiens est équivoque. — C'est à l'*amicitia* non publique, non garantie par un traité, que se rapporte la définition de L. E. Matthaei, *Class. Quarterly,* 1907, 191 : « The *amicitia* — was — a state of diplomatic relations — : thus we have diplomatic relations with all European nations, but not alliances with all. » Mais il n'est pas besoin de dire que L. E. Matthaei commet une erreur capitale, quand elle déclare que l'*amicitia* ne résulte jamais d'un *foedus* ; le sens privé du mot lui en a fait oublier le sens public.

A partir de cette date, il y eut entre elles, durant de longues années, entente politique et collaboration militaire : néanmoins, jusqu'en 165/164 — époque où ils devinrent *socii* des Romains — les Rhodiens ne prirent point officiellement place parmi leurs *amici*, et n'eurent donc avec eux aucune relation de droit [1]. Il semble que la lecture attentive de Polybe eût suffi à prévenir toute erreur sur ce point.

II

La *Vie de l'empereur Claudius*, par Suétone, renferme ce passage : *Iliensibus, quasi Romanae gentis auctoribus, tributa in perpetuum remisit (Claudius), recitata vetere epistula Graeca senatus populique Romani Seleuco regi amicitiam et societatem ita demum pollicentis, si consanguineos suos Ilienses ab omni onere immunes praestitisset* [2].

Le renseignement que donne ici Suétone autorise les inductions suivantes [3] : le roi « Seleucus » a demandé aux Romains de lui accorder leur « amitié » ; le Sénat y a consenti, mais sous une condition : c'est que le roi dispenserait de tout tribut les habitants d'Ilion, « parents du Peuple romain » [4]. Il va de soi que la condition a été acceptée ; si le Sénat s'était heurté au refus de Séleukos, on aurait dissimulé cet échec en faisant l'oubli sur l'affaire. Le Peuple romain et le roi d'Asie se sont donc unis par un *foedus*

1. Ils étaient ainsi de ceux dont on pouvait dire (cf. Liv. 5. 35. 4) : *adversus Romanos nullum eis ius societatis amicitiaeve erat.*

2. Suet. *Claud.* 25.3. — Dans l'*Histoire des Séleucides* de A. Bouché-Leclercq, il n'est fait mention ni du texte de Suétone, ni des questions que ce texte soulève.

3. Cf. P. Haubold, *De rebus Iliens.* (diss. Leipzig, 1888), 24. Le résumé qu'il donne de l'affaire me paraît fort exact : « *...cum — Seleucus a Romanis peteret, ut secum foedus inirent, epistola Graece scripta a senatu populoque Romano ad regem missa est ea sententia, ut amicitiam et societatem tum demum pollicerentur Romani, si concessisset, ut Ilienses, qui essent consanguinei sui, plane immunes essent.* »

4. On se demande comment, des mots *si — Ilienses ab omni onere immunes praestitisset (Seleucus)* —, Diels *(Sibyll. Blätter*, 101) a pu tirer la conclusion suivante : « ... die Römer (traten) als Beschützer der stammverwandten Ilier gegen des Seleukos Kallinikos Annexionsgeluste auf. » Cette surprenante interprétation est reproduite par H. Graillot *(Le culte de Cybèle,* 41) : « ... Le Sénat écrit à Séleucos de Syrie pour lui promettre amitié, s'il renonce a son projet d'annexer leur ville (des Iliens). »

amicitiae [1] : voilà ce que rapportait une tradition romaine, qu'illustrait la *vetus epistula Graeca* retrouvée et lue par l'empereur Claude. Sur la valeur documentaire de cet écrit, on ne saurait porter de jugement a priori ; il valait naturellement ce que valait la tradition qu'il se trouvait confirmer : on le doit regarder comme authentique si cette tradition peut passer pour véridique, comme apocryphe dans le cas contraire.

Le texte de Suétone ne renferme aucune indication de temps. Mais ce roi « Seleucus », auquel aurait répondu le Sénat, ne peut être, s'il a quelque réalité, que Séleukos II Kallinikos ou, à l'extrême rigueur, son fils aîné, Séleukos III Soter ou Kéraunos. La plupart des critiques se sont prononcés pour Séleukos II [2] ; ils sont d'avis que la démarche qu'il fit à Rome, et le traité qui en fut la suite, se doivent placer peu après le rétablissement définitif de la paix entre les royaumes de Syrie et d'Égypte, c'est-à-dire, selon la chronologie communément adoptée, peu après 237 [3].

1. Que, selon la tradition romaine, il y ait eu conclusion d'un *foedus*, c'est ce qu'indique le mot *societatem* adjoint à *amicitiam*, et ce qu'admettent avec raison Haubold, *De rebus Iliens.* 24 : Ferrenbach, *Die amici p. R. republ. Zeit*, 21 ; E. Norden, *Neue Jahrb. für das kl. Altert.* 1901, 256 ; G. Colin, *Rome et la Grèce*, 36, 1 ; Täubler, *Imp. Romanum*, I, 203, etc. Il va, d'ailleurs, sans dire qu'il ne peut s'agir que d'un traité d'amitié, *societas* ne faisant ici, comme en nombre de cas semblables, que renforcer *amicitia*. G. Colin parle à tort d'une « alliance ».

2. Notamment : Niebuhr, *R. G.* I⁵, 107 et note 542 ; Droysen, III, 373 (trad. fr.) ; Mommsen, *R. G.* I⁷, 548 ; Haubold, 24 ; Ferrenbach, 21 ; E. R. Bevan, *House of Seleucus*, II, 34-35 : A. Brückner, dans W. Dörpfeld, *Troja und Ilion*, II, 584 ; Beloch, III, 1, 686 ; G. Colin, 36, etc. — Norden *(Neue Jahrb.* 1901, 256, 3) hésite entre les deux Séleukos ; De Sanctis (III, 1, 277 et note 22), tout en penchant à croire qu'il s'agit plutôt de Séleukos II, se refuse à exclure Séleukos III. Il y a pourtant contre celui-ci une objection, signalée par Droysen (III, 373, 2), qui paraît bien gênante : c'est, à savoir, qu'il semble n'avoir jamais eu autorité sur la ville d'Ilion (cf. Pol. V. 78. 6). De Sanctis *(ibid.)* a fait effort pour passer outre à cette difficulté ; il écrit : « ... I Romani potrebbero anche aver offerto la loro amicizia a quei patti a Seleuco III quando si accinse a ricuperare l'Asia Minore ; *perchè essi non presuppongono forse il possesso effettivo di Ilio*, che Seleuco non ebbe mai. » Mais il n'est guère possible d'accepter cette interprétation du texte de Suétone ; si « Seleucus » ne tient pas les Iliens dans sa dépendance, la demande du Sénat paraît inexplicable.

3. La date de 237 « environ » est celle qu'adopte G. Cardinali *(Riv. di Filol.* 1903, 440, 3 ; *Regno di Pergamo*, 90, 2), comme aussi, semble-t-il, Beloch (III, 1, 686). De Sanctis (III, 2, 678) place « vers 235 » les négociations entre le Sénat et Séleukos. J'avoue, n'admettant point ce que dit Eutrope (ci-après, p. 76) de l'assistance offerte par les Romains à Évergètes contre son ennemi, ne pas voir le lien nécessaire qui rattacherait le fait mentionné dans Suétone à la conclusion de la paix entre l'Égypte et la Syrie, et la date de 237-235 me paraît au moins contestable. Elle soulève, d'ailleurs, une difficulté grave. Après 237,

Là-dessus, Droysen s'écrie : « Ce sont des combinaisons gigantesques qui percent à travers les débris misérables de la tradition [1]. » Et un autre historien [2] ne doute pas qu'en traitant avec Séleukos, les *Patres* n'aient prétendu « s'ingérer dans les affaires de l'Asie mineure » ; il les voit se servant de la légende d'Énée comme d'un « instrument capable de servir leurs desseins sur l'Orient » ; il reconnaît ici l'une de ces « négociations à visées plus ou moins éloignées, mais sûrement fort ambitieuses », dont ils ont l'habitude... Ne soyons pas si prompts ; n'admirons pas trop vite les « combinaisons gigantesques » de la politique romaine, et ne nous hâtons pas d'attribuer au Sénat des ambitions asiatiques.

1

Car, d'abord, un point est bien clair. D'après la tradition même que nous avons résumée, ce premier rapprochement qui se serait opéré entre le Peuple romain et la monarchie syrienne, c'est le roi de Syrie qui en aurait pris l'initiative [3]. Le Sénat se serait borné à répondre aux avances de Séleukos, en sorte qu'il semble téméraire de parler ici de ses « desseins » et de ses « visées ambitieuses ». Mais, apparemment, ce qu'il importe surtout de savoir, c'est si la tradition que fait connaître Suétone est digne de créance [4]. Il la faut donc contrôler au moyen des faits historiquement connus.

c'était Antiochos Hiérax, et non Séleukos, qui était maître d'Ilion comme de toute la Petite-Asie : cf. Beloch, III, 1, 702-703, et, pour les monnaies d'Ilion à l'effigie d'Antiochos, H. von Fritze et Brückner dans Dörpfeld, *Troja und Ilion*, II, 503-504, 584. La même objection qui paraît devoir faire écarter Séleukos III vaudrait dès lors aussi contre Séleukos II ; on a essayé de l'éluder (De Sanctis, III, 1, 277), on n'y a pas réussi.

1. Droysen, III, 373 (trad. fr.).

2. G. Colin, *Rome et la Grèce*, 156 ; 21. — Pareillement, H. Graillot *(Le culte de Cybèle,* 42)* pense que le gouvernement romain, soucieux de « s'immiscer aux questions d'Orient..., ne protégeait Ilion, médiocre oppidum, que pour se créer des droits en Anatolie ». (Ceci en grande partie d'après Diels, *Sibyll. Blätter*, 101-102.)

3. Cela résulte avec évidence des mots *amicitiam et societatem ita* demum pollicentis *(senatus populique Romani)*. Je ne conçois pas que Mommsen *(R. G.* I⁷, 548), Beloch (III, 1, 686), De Sanctis (III, 1, 277) attribuent ou semblent attribuer la première démarche aux Romains.

4. Niese (II, 153, 4), Täubler *(Imp. Romanum*, I, 203) et H. Willrich *(Klio*, 1903, 404) la rejettent entièrement ; mais telle n'est point l'opinion commune.

La première question que nous devions examiner est celle-ci :
Est-il possible qu'il ait existé entre Séleukos II ou Séleukos III
et le Peuple romain un *foedus amicitiae* ?

Lorsque le Peuple romain conclut un traité, soit d'amitié, soit
d'alliance, avec un souverain étranger, ce traité, à la différence
des autres *foedera*, n'est pas perpétuel ; il devient caduc à la mort
du souverain avec lequel il a été conclu [1]. C'est pourquoi il est de
règle constante qu'il soit confirmé par chaque successeur de ce
souverain. Quand un changement de règne survient dans une
dynastie amie de Rome, le prince appelé à l'empire ne manque
pas, peu après son avénement, de « renouveler l'amitié » ou
« l'alliance » — *renovare amicitiam, societatem* — qui unissait au
Peuple romain le roi ou les rois dont il est l'héritier [2]. Si donc
le traité auquel fait allusion Suétone a été conclu avec Séleukos II, il a dû être renouvelé par Séleukos III [3], puis par Antiochos III ; s'il a été conclu avec Séleukos III, il a été renouvelé
par Antiochos III. Dans un cas comme dans l'autre, Antiochos a
dû, dès les premiers temps de son règne, devenir l' « ami » public
du Peuple romain, comme l'avaient été, avant lui, ou son frère
seul, ou son frère et son père. Mais, cependant, que voyons-nous ?

En 193, près de trente ans après son avénement, Antiochos III
députe au Sénat ses ambassadeurs, Ménippos, Hégésianax et
Lysias [4]. Sur l'objet de leur mission, les indications de Polybe,
reproduites par T. Live, Diodore et Appien, nous renseignent avec

1. Sur la question, voir, en général : Mommsen, *Staatsrecht*, III, 594-595 ; O. Bohn,
Qua condicione iuris reges socii p. R. fuerint (diss. Berlin, 1876), 27 ; Ferrenbach, *Die amici
p. R. republ. Zeit*, 75-76 ; Täubler, I, 125.

2. Quelques exemples, particulièrement bien connus, sont les suivants : Renouvellement par Perseus du traité conclu par Philippe : Pol. XXV. 3. 1 ; Diod. XXIX. 30 ; Liv.
(P.) 40. 58. 9 ; (Ann.) 42. 25. 4 ; 25. 10 ; (P.) 40. 4 ; cf. (P.) 41. 24. 6. — Renouvellement par
Antiochos IV du traité conclu par son père Antiochos III (et certainement renouvelé déjà
par son frère Séleukos IV) : Liv. (Ann. ?) 42. 6. 8 ; 6. 10. — Renouvellement par Ariara-
thès V du traité conclu par son père : Pol. XXXI. 3. 1. — Lors de la mort de Hiéron, roi
de Syrakuse, le traité qu'il avait conclu avec Rome devrait être renouvelé par Hiéronymos,
son successeur : Pol. VII. 3. 1, complété au moyen de Liv. (P.) 24. 6. 4.

3. Il se pourrait, à la vérité, qu'en raison de la brièveté et des agitations de son règne,
le loisir eût manqué à Séleukos III pour procéder au renouvellement du traité conclu
par son père ; l'obligation de le renouveler n'en aurait pas moins incombé à Antiochos III.

4. Sur cette ambassade : Liv. (P.) 34. 57. 4 — 59 ; Diod. XXVIII. 15 ; App. *Syr.* 6 ;
cf. Niese, II, 675-676. — Dès le printemps de 195, Antiochos se propose de conclure
un traité avec Rome : Liv. (P.) 34. 25. 2 ; cf. 33. 41. 5.

une pleine clarté : ils viennent, au nom de leur maître, solliciter
du Sénat un « traité d'amitié » [1]. C'est donc que jusque là — jusqu'en 193 — il n'existait pas de traité de cette sorte entre Antiochos
et les Romains ; c'est donc qu'Antiochos n'avait pas « renouvelé »
le *foedus amicitiae* qu'auraient, avant lui, conclu avec Rome
Séleukos II ou Séleukos III. S'il ne l'avait pas renouvelé, c'est
qu'il n'avait point à le faire ; et, dès lors, il faut admettre que
cette « amitié » publique du Peuple romain et des Séleucides, qui
remonterait à Séleukos II ou à son fils aîné, n'a rien d'historique.

On me dira peut-être : la première induction est légitime, la
seconde ne l'est pas. A tout prendre, il se peut qu'Antiochos ait
volontairement omis de « renouveler » l'*amicitia* contractée avec
les Romains par ses prédécesseurs. Je réponds qu'une telle hypothèse doit être écartée : non seulement parce qu'on ne saurait
expliquer la conduite, offensante pour Rome, qu'elle attribuerait
à Antiochos, mais parce que la suite des événements et l'histoire
même de ses rapports avec les Romains montrent que cette conduite,
le roi ne l'a pas tenue. Vers la fin de l'an 200, une ambassade,
chargée en apparence de le réconcilier avec Ptolémée Épiphanes,
vient lui apporter les compliments du Sénat [2] ; en 198, Antiochos
répond par une contre-ambassade qui reçoit à Rome de grandes
marques d'honneur [3] : il se noue ainsi dans les premières années

1. Voir notamment : Liv. (P.) 34. 57. 6-11 ; 58. 1-3 ; 59. 2 ; Diod. XXVIII. 15. 2 ;
App. *Syr.* 6. — Bien qu'on lise deux fois *societas* chez T. Live (34. 57. 6 ; 57. 11 ; cf. 33.
41. 5 ; 34. 25. 2), une fois φιλία καὶ συμμαχία chez Diodore (XXVIII.15. 2), et qu'Appien
écrive *(Syr.* 6) : — βουλόμενον (Ἀντίοχον) αὐτοῖς (Ῥωμαίοις) εἶναι καὶ σύμμαχον, il est
certain qu'il ne s'agit, dans toute cette négociation, que de la conclusion d'un *foedus amicitiae*. — Le texte annalistique (Liv. 32. 8. 13 ; cf. 8. 16), où Antiochos porte le titre de
socius et amicus populi Romani, ne mérite pas considération ; cf. Niese, II, 607, 4 ;
J. Kromayer, *Neue Jahrb.* 1907, 692, 2 ; Holleaux, *Klio*, 1908, 279 suiv.

2. Pour l'histoire de cette ambassade, voir le mémoire que j'ai publié dans la *Rev.
Ét. anc.* 1913, 4. Les légats du Sénat, G. Claudius Nero, P. Sempronius Tuditanus, M. Aemilius Lepidus (cf. Liv. (Ann.) 31. 2. 3 ; Pol. XVI. 34), sont partis de Rome au printemps
de 200, et se trouvent encore à Rhodes après la prise d'Abydos par Philippe (Pol. XVI.
34. 1-3 ; 35. 2), soit vers la fin de septembre de la même année. C'est de Rhodes qu'ils
se rendent en Égypte et en Syrie, sans qu'on puisse dire lequel des deux pays ils visitent
d'abord.

3. Sur cette ambassade, la première qu'Antiochos ait adressée au Sénat, cf. *Rev. Ét.
anc.* 1913, 1-4. Rectifier toutefois ce qui est dit à la note 4 de la p. 4. L'ambassade envoyée
par les Alexandrins à Rome, dont fait mention Appien *(Syr.* 2 s. f.), ne peut être de l'année
198. Comme l'a vu E. Bandelin *(De rebus inter Aegyptios et Romanos intercedent.* 18),
elle est sûrement plus ancienne, et fort antérieure à celle d'Antiochos. En dépit du langage

du IIe siècle, entre le roi d'Asie et le Peuple romain, des relations d'amicale courtoisie, qualifiées par abus d'*amicitia* [1] — terme qu'il faut prendre ici, comme il arrive souvent, non dans son sens officiel et juridique, mais dans son acception courante et privée [2]. Or, la chose serait à peine croyable, si Antiochos avait d'abord fait aux Romains l'injure de ne point maintenir le *foedus* qui liait à eux les derniers rois. Quelque intérêt politique qui les y poussât, on n'imagine pas que les *Patres* eussent pris l'initiative de traiter en ami le souverain qui se serait refusé à demeurer publiquement, comme ses devanciers, l'*amicus populi Romani*. Ils lui auraient bien plutôt tenu rigueur ; ils ne l'eussent point voulu connaître. Cette *amicitia* de fait, qui s'établit en l'an 200 entre Rome et Antiochos, se trouve ainsi être la preuve qu'Antiochos n'a pas répudié l'*amicitia* de droit, qu'on suppose avoir été conclue par Séleukos II ou Séleukos III. Il ne l'a pas répudiée, mais pourtant ne l'a pas renouvelée : qu'est-ce à dire, sinon qu'elle n'a jamais existé ?

Il y a lieu de faire une autre observation. Nous sommes exactement renseignés, par Polybe et par les auteurs qui l'ont résumé, sur les négociations qu'entretinrent Antiochos et le Sénat avant d'en venir à la rupture également redoutée de part et d'autre. Or, jamais, au cours de ces négociations, allusion n'est faite à un accord public qui serait autrefois intervenu entre le Peuple romain et l'État séleucide. Jamais les délégués du Sénat, qui tiennent soit au roi lui-même, soit à ses représentants, un langage si sévère [3], ne s'avisent d'opposer à sa politique, qu'ils

---

inexact d'Appien (αἰτιωμένου [Πτολεμαίου] Συρίαν τε καὶ Κιλικίαν Ἀντίοχον αὐτὸν ὑφελέσθαι), c'est, selon toute apparence, celle qui alla trouver les Romains tout au début du règne d'Épiphanes, et, par conséquent, celle de Ptolémée de Mégalopolis (Pol. XV. 25. 14) venue à Rome en 202 ; pour cette ambassade, cf. ci-après, p. 71.

1. Cf. Liv. (P.) 33. 20. 8 (paroles adressées par Antiochos aux ambassadeurs rhodiens à Korakesion : print. 197) : — *nam Romanorum amicitiam se non violaturum, argumento et suam recentem ad eos legationem esse et senatus honorifica in se decreta responsaque* — voir aussi 34. 57. 11, où Antiochos est qualifié d'*amicus (Romanorum)*.

2. Cf. ci-dessus, p. 41, note 2 de la p. 40 ; p. 45 et note 3.

3. Voir notamment : Pol. XVIII. 50. 5-9 (conférences de Lysimacheia, aut. 196 ; discours tenu par L. Cornelius à Antiochos) ; Liv. (P.) 34. 58. 1-3 ; 58. 8-13 (conférences de Rome, fin de l'hiv. 194/193 ou print. 193 ; réponse de T. Quinctius aux ambassadeurs syriens) ; 35. 16. 7-13 (conférences d'Éphèse, été 193 ; réponse de P. Sulpicius à Minnion, représentant d'Antiochos).

jugent hostile à la chose romaine[1], celle de ses prédécesseurs, qui se seraient fait honneur d'être solennellement, en vertu d'un traité, les « amis du Peuple romain » ; jamais ils ne songent à lui reprocher de n'avoir point renouvelé ce traité. Et voici qui est plus remarquable encore : ce traité, Ménippos, Hégésianax et Lysias, venus à Rome en 193, semblent n'en avoir pas connaissance. Effectivement, s'il a existé entre les Romains et les prédécesseurs d'Antiochos un *foedus amicitiae*, le « traité d'amitié », que Ménippos et ses compagnons prient le Sénat d'accorder au roi, ne fera que le remettre en vigueur ; il ne sera que le renouvellement tardif de ce premier *foedus*. Ce que solliciteront les ambassadeurs syriens, ce sera simplement l'ἀνανέωσις τῆς προϋπαρχούσης φιλίας, pour parler comme les Grecs, la *renovatio amicitiae, quae cum patre* (ou *fratre) fuit*, comme eussent dit les Romains. Mais il n'en va point ainsi ; leur demande n'a pas ce caractère. Ils ne se réfèrent point à un précédent traité ; ils sont muets sur l' « amitié » publique qu'auraient formée avec les Romains les princes qui ont régné avant Antiochos. T. Live et Diodore, à la suite de Polybe[2], font connaître le langage qu'ils tiennent au Sénat ; voici ce qu'on lit dans Diodore : (XXVIII. 15. 2) Μένιππος ἔλεγεν ἥκειν ὅπως Ἀντιόχῳ φιλίαν καὶ συμμαχίαν συνάψηται πρὸς Ῥωμαίους — · φιλίαν δ' ἂν συνθέσθαι βούλωνται πρὸς αὐτὸν (Ἀντίοχον), ἕτοιμον εἶναι. On voit clairement qu'il ne s'agit point là de renouveler un traité ancien. Chez T. Live, le même Ménippos, chef de l'ambassade, énumère les diverses sortes de traités que peuvent être amenés à conclure les peuples ou les souverains, et s'attache à montrer que son maître, n'ayant jamais été en guerre avec Rome, ne saurait contracter avec elle que sur un pied de parfaite égalité : (34. 57. 7)[3] *esse autem tria genera foederum* — : *unum, cum bello victis dicerentur leges* —; (8) *alterum, cum pares bello aequo foedere in pacem atque amicitiam venirent* —; (9) *tertium esse genus, cum, qui numquam hostes*

---

1. Voir, en particulier, Pol. XVIII. 50. 8-9.

2. Pour la question critique, cf. Nissen, *Krit. Unters.* 163. Il y a concordance très satisfaisante entre Diodore et T. Live ; mais il est probable que le premier a résumé avec trop de concision le texte de Polybe, tandis que le second l'a certainement amplifié à l'excès.

3. Ici, l'on ne peut douter que T. Live paraphrase librement Polybe, mais c'est bien à Polybe qu'est emprunté le thème qu'il développe ; cf. Diod. XXVIII. 15. 2 : ταῦτα γὰρ οὐ τοῖς ἐξ ἴσου τὴν φιλίαν ποιουμένοις ἔθος εἶναι ποιεῖν κτλ.

*fuerint, ad amicitiam sociali foedere inter se iungendam coeant ;
eos neque dicere nec accipere leges ; id enim victoris et victi
esse. ex eo genere cum Antiochus esset, mirari se, quod Romani
aequum censeant leges ei dicere eqs.* Exposé superflu, discussion
oiseuse, si les deux derniers rois d'Asie ont été les « amis du Peuple
romain » ; en ce cas, la question serait tranchée d'avance ; il
suffirait de rappeler l'accord qu'ils ont souscrit et de déclarer
qu'Antiochos est prêt à le souscrire à son tour. Il est sûr que
les envoyés syriens ignorent le traité qu'aurait conclu Séleukos II
ou Séleukos III : peut-il y avoir, contre sa réalité, un meilleur
argument que cette ignorance ?

2

La tradition dont nous contrôlons la véracité offre par un autre
côté prise à la critique. Il en résulterait que, dès le iiie siècle, dès l'année 237 environ (pour prendre la date généralement admise),
les Romains auraient étendu leur protection sur la ville d'Ilion,
et cela avec l'agrément du roi d'Asie, souverain des Iliens. C'est,
à la réflexion, ce qu'il est bien difficile de croire.

Un document auquel il faut ici prêter attention est le célèbre
décret de la ville de Lampsaque en l'honneur de l'ambassadeur
Hégésias [1]. — En 196, serrés de près par Antiochos III qui les
veut obliger à reconnaître sa suzeraineté, les Lampsakéniens ont
décidé de se placer sous la sauvegarde des Romains et de se faire
garantir par eux leur indépendance [2]. Ils ont donc envoyé à Rome
une ambassade, dont Hégésias est le chef, à l'effet d'obtenir du
Sénat que Lampsaque soit « comprise » dans la paix qui, à ce
moment même, va être accordée à Philippe, roi de Macé-

---

1. Dittenberger, *Sylloge* [2], 276. J'ai étudié récemment l'une des questions soulevées
par ce document — ce qui concerne les rapports de Lampsaque avec les Galates Tolos-
toages : *Rev. Ét. anc.* 1916, 1 suiv. — Comme l'a indiqué Ad. Wilhelm (*Gött. gel. Anz.*
1900, 95), il ne manque dans le décret qu'une seule ligne, la 42e. J'ai tenu compte de cette
remarque dans ma numérotation des lignes.

2. Sur l'origine du conflit entre Antiochos III et les villes de Lampsaque, Smyrne
et Alexandrie-Troas : Liv. (P.) 33. 38. 3-7 ; App. *Syr.* 2 ; cf. Pol. XVIII. 52. 1-4 ; XXI.
13. 3 ; Diod. XXIX. 7. Voir, en général, Niese, II, 643 ; *Rev. Ét. anc.* 1916, 1-2 ; et ci-
après, p. 92.

doine [1] ; ils se flattent, si cette requête est agréée, qu'Antiochos n'osera plus attenter aux libertés de leur ville.

Jusque-là les Lampsakéniens n'ont point formé de relations avec les Romains ; mais, en tant qu'habitants de la Troade, ils sont censés avoir même origine et se peuvent déclarer leurs συγγενεῖς ou, comme disent les Latins, leurs *consanguinei*[2]. Ils ont de la sorte un titre considérable à leur protection. Naturellement, ce titre, Hégésias et ses collègues s'en doivent prévaloir en toute occasion [3], et c'est ce qu'ils font dès le début de leur voyage, lorsqu'ils prennent contact avec des magistrats romains [4]. Mais un fait bien digne de remarque, c'est qu'en même temps ils en allèguent un second, et qui semble avoir à leurs yeux une valeur au moins égale : ils rappellent avec insistance que le peuple de Lampsaque est « frère » des Massaliotes, lesquels se placent au premier rang des « amis et alliés » de Rome [5] : d'où l'on doit conclure que

1. Décret pour Hégésias, l. 32-33 ; 63-66. — Le fait est intéressant : il montre qu'un État non belligérant (c'était le cas de Lampsaque) pouvait être « compris » dans un traité de paix par la volonté de l'un des contractants. Ceux qui croient — à tort —, sur la foi de T. Live (29. 12. 14), que les Iliens furent « adscrits » par les Romains à la paix de 205, auraient pu tirer de là un argument favorable à leur opinion, au lieu d'en être réduits à soutenir, contrairement à toute vraisemblance, que les Iliens avaient pris part à la guerre contre Philippe. — Je signale qu'à la l. 66 du décret, le roi de Macédoine devait nécessairement être nommé ; il faut écrire (l. 64-66) : [ἐν | ταῖς συνθήκαις] ταῖς γενομέναις Ῥωμαίοις πρὸς τὸμ β[ασιλέα Φίλιππον].

2. On a coutume de répéter (Haubold, *De rebus Iliens*. 64 ; Dittenberger, *Sylloge* [2], 276, not. 10 ; G. Colin, 160, etc.), à la suite de H. G. Lolling (*Ath. Mitt.* 1881, 102), que les Lampsakéniens se qualifient de συγγενεῖς des Romains parce qu'ils sont membres de la fédération ilienne et participent au culte d'Athéna Ilias. Cela ne paraît point exact. L'admission de Lampsaque au nombre des πόλεις αἱ κοινωνοῦσαι τοῦ ἱεροῦ καὶ τῆς πανηγύρεως τῆς Ἀθηνᾶς τῆς Ἰλιάδος (*Sylloge* [2], 169, l. 57-58 ; cf. Brückner dans Dörpfeld, *Troja und Ilion*, II, 456-457, 577-579), n'a pu créer une συγγένεια entre elle et Ilion (ni, partant, entre elle et Rome), mais, au contraire, la présuppose. C'est parce que les Lampsakéniens passent pour « parents » des Iliens qu'ils célèbrent avec eux le culte d'Athéna Ilias ; et s'ils passent pour leurs parents, c'est qu'ils sont censés, comme eux, descendre des anciens habitants de la Troade. La même raison en fait naturellement les συγγενεῖς des Romains.

3. Décret pour Hégésias, l. 18-19 ; 21-22 ; 25 ; 31. — Le peuple de Lampsaque se dit aussi (l. 19 ; cf. l. 6) φίλος τοῦ Ῥωμαίων δήμου : c'est un nouvel exemple de l'emploi abusif des mots φίλος (φιλία), *amicus (amicitia)*. Ici, le mot φίλος n'implique évidemment aucune relation de droit public, les Lampsakéniens n'ayant point encore eu de rapports avec les Romains.

4. Décret pour Hégésias, l. 16-41 : rencontre avec le propréteur L. Quinctius et le questeur de la flotte.

5. Décret pour Hégésias, l. 26-27 : [κ]αὶ διὰ τὸ Μασσαλιήτας εἶναι ἡμῖν ἀδελ[φοὺς | οἵ εἰσι φίλ]οι καὶ σύμμαχοι τοῦ δήμου τοῦ Ῥωμαίων —; l. 54, 61. — Ce qui est assez plai-

les Lampsakéniens ne sont nullement certains que leur « parenté »
avec le Peuple romain, pour précieuse qu'elle soit, suffise à leur
assurer la bienveillance du Sénat. Effectivement, nous voyons
qu'ils ont estimé l'intervention des Massaliotes indispensable au
bon succès de leur démarche. Par leur ordre, leurs ambassadeurs,
avant de se rendre à Rome, commencent par naviguer jusqu'à
Massalia, font ainsi sur des mers inconnues une « longue et
périlleuse traversée »[1], prient, à Massalia, le Conseil des Six-
Cents de leur prêter son concours, demandent et obtiennent que
quelques-uns de ses membres les accompagnent à Rome[2]. Ces
députés massaliotes leur font escorte dans la curie, y prennent la
parole les premiers, plaident devant le Sénat la cause de Lampsaque[3], et c'est seulement patronnés par eux qu'Hégésias et ses collègues osent aborder les *Patres*. Or, il faut convenir que tout ceci
est bien étrange, si, depuis près d'un demi-siècle, les Romains
ont reconnu publiquement, par la faveur témoignée aux habitants
d'Ilion, voisins et frères de ceux de Lampsaque, la parenté qui les
unit eux-mêmes aux populations de la Troade. Comment, en ce cas,
les Lampsakéniens n'ont-ils pas plus de confiance dans la vertu de
leur titre de συγγενεῖς du Peuple romain ? comment ressentent-ils
le besoin de le renforcer par un autre ? pourquoi jugent-ils ne
pouvoir se passer de la « recommandation » des Massaliotes[4] ?
— Et voici qui n'est pas moins singulier : eux qui attachent un si
grand prix à cette recommandation et mettent tant de zèle à
se la procurer, ont négligé de se munir de celle des Iliens, lesquels,
en l'occurrence, sembleraient pourtant devoir être leurs auxiliaires
naturels. Ils ne les ont pas sollicités, comme les Massaliotes, de

sant, c'est qu'en se proclamant « frères » des Massaliotes, c'est-à-dire colons de Phocée (cf.
G. Busolt, *Gr. Gesch.* 1, 467, 3), les Lampsakéniens rendent manifeste leur origine ionienne,
et font connaître qu'ils n'ont rien de commun avec les anciens Troyens, ni, conséquem-
ment, avec les Romains. Lorsqu'ils se disent à la fois ἀδελφοί des Massaliotes et συγγενεῖς
des Romains, ils affirment deux choses contradictoires ; mais ils n'y regardent pas ou pensent avec raison que les Romains n'y regarderont pas de si près.

   1. Décret pour Hégésias, l. 43-44.
   2. Décret pour Hégésias, l. 43-46. — Il est singulier que, dans le résumé qu'il donne
de ce décret, G. Colin (*Rome et la Grèce*, 159) passe entièrement sous silence le voyage
des ambassadeurs lampsakéniens à Massalia et l'intervention des Massaliotes à Rome.
   3. Décret pour Hégésias, l. 49-56.
   4. Décret pour Hégésias, l. 62 : [διὰ τὴν γεγενη]μένην ἡμῖν σύστασιν διὰ Μασσα-
[λιητῶν] —.

participer à leur ambassade et de leur servir à Rome de répondants et de patrons ; à quoi l'on peut ajouter que leurs représentants. dans les requêtes qu'ils adressent soit aux magistrats
romains. soit au Sénat, gardent sur la ville d'Ilion un surprenant
silence, et ne songent point à s'autoriser, comme d'un précédent
opportun, de la protection que, depuis si longtemps. lui auraient
accordée les Romains. — Ces observations sont instructives. De
l'examen du décret voté en l'honneur d'Hégésias, tout lecteur
attentif doit, ce me semble, tirer la conclusion qu'en 196, bien que
la croyance aux origines troyennes de Rome fût déjà partout
répandue et qu'à Rome même elle trouvat grand crédit [1], le Peuple
romain, quoi qu'on lise chez Suétone, ne s'était point encore
constitué le protecteur de ses *consanguinei* d'Ilion [2].

Aussi bien, en admettant qu'il l'eût voulu devenir dans les circonstances indiquées par Suétone, y aurait-il réussi ? Une dernière
question se pose ici, une question de vraisemblance historique,
à laquelle les modernes ont trop négligé d'avoir égard. Ils n'ont
pas songé à se demander s'il était historiquement possible que.
pour complaire aux Romains, Séleukos II eût consenti à « décharger » les Iliens « de tout tribut », c'est-à-dire, pour parler net, à
reconnaître en fait leur indépendance. Peut-être eussent-ils dû se
souvenir, à ce propos, de faits plus récents qui nous sont bien
connus. Au commencement du IIe siècle, vainqueurs de Carthage,
vainqueurs de la Macédoine, maîtres de l'Occident et de la Grèce,
armés d'une puissance sans égale, les Romains, prenant sous leur
protection trois cités « autonomes » d'Asie, Lampsaque, Smyrne,
Alexandrie-Troas, qui se sont jadis affranchies de l'autorité des
Séleucides. enjoignent à Antiochos III de respecter la liberté et
les immunités dont elles jouissent depuis longtemps [3], et finissent

---

1. Voir les faits recueillis par Diels *(Sibyll. **Blätter**,* 102-103), lequel a d'ailleurs grand.
tort de leur prêter une signification politique.

2. De là une conséquence qu'il importe de signaler dès maintenant : c'est, à savoir,
qu'en dépit de ce qui se lit chez T. Live (29. 12. 14), les Iliens n'ont point été *adscripti*
par les Romains au traité de 205 conclu avec Philippe de Macédoine ; cf. ci-après, p. 259-
260.

3. Cf. Liv. (P.) 35. 16. 10 (conférences d'Éphèse) : — *alias (Asiae civitates) per multos
annos nullo ambigente libertatem usurpasse.* Ces mots s'appliquent naturellement aux trois
villes dont les Romains soutiennent la cause.

par lui déclarer, sur un ton de colère, qu'il doit, en cas de refus,
renoncer à jamais obtenir l' « amitié » de la République [1]. Mais le
roi refuse de se laisser intimider, et se révolte contre une exigence
qu'il juge impertinente et outrageuse. Il rappelle aux Romains
qu'étrangers jusque là aux « choses de l'Asie », ils n'ont pas plus à
s'en mêler que lui-même de celles de l'Italie [2] ; qu'ils n'ont point
qualité pour épouser les intérêts des villes du pays, ni pour intervenir entre ces villes et lui [3] ; qu'il ne leur appartient pas de lui
« dicter des lois » [4], et que, si précieuse que lui soit leur amitié,
il ne saurait l'acheter par cet amoindrissement de son autorité
qu'ils lui veulent imposer [5]. Il s'obstine à traiter en vassales
les trois cités dont le Sénat s'est indûment arrogé le patronage,
et la perspective même d'une guerre avec Rome ne peut le déterminer à rien abandonner de ce qu'il estime être son droit intangible.
Telle est la royale attitude que garde Antiochos, à partir de 196,
en face de Rome victorieuse et toute-puissante... Et l'on voudrait
qu'une quarantaine d'années plus tôt, alors qu'assurément il
n'avait rien à craindre des Romains qui ne s'étaient jamais aven-
turés à l'orient de l'Italie, alors qu'il ne pouvait lui importer beaucoup d'avoir part à leur « amitié », Séleukos II, pour acquérir cette
amitié presque superflue, eût d'emblée, à la première invitation
du Sénat, renoncé à ses droits souverains sur une ville qui.
semble-t-il, avait toujours dépendu de sa maison [6], sans réfléchir
qu'un tel acte de faiblesse créerait un précédent redoutable et
risquerait d'avoir dans son empire de dangereux contre-coups [7] !
C'est là trop exiger de notre crédulité. Antiochos n'est plus fondé à
dire que les Romains n'ont rien à voir aux choses de l'Asie, si
Séleukos y a si docilement toléré leur ingérence en faveur des
Iliens. Mais surtout, le contraste est trop fort entre la conduite
du fils et celle qu'on attribue au père. Ou Antiochos est trop

1. Liv. (P.) 34. 58. 1-3 ; 59. 2 (conférences de Rome). — Le Sénat ne consent à se désin-
téresser du sort des villes d'Asie que si Antiochos renonce à ses possessions d'Europe.
2. Pol. XVIII. 51. 2 (conférences de Lysimacheia) ; cf. Liv. (P.) 34. 58. 6 (conférences
de Rome).
3. Cf. Pol. XVIII. 52. 4 (conférences de Lysimacheia).
4. Cf. Liv. (P.) 34. 57. 9-10 (conférences de Rome) ; 35. 17. 4.
5. Cf. Diod. XXVIII. 15. 4 ; Liv. (P.) 34. 58. 6-7 ; 59. 3.
6. Cf. l'exposé de Brückner dans Dörpfeld, *Troja und Ilion*, II, 583-584.
7. Cf. Liv. (P.) 35. 17. 8-9.

intransigeant, ou Séleukos est trop pliant ; or, la roideur d'Antiochos est de l'histoire, et c'est pourquoi la souplesse de Séleukos ne saurait être que de la légende.

De cette enquête critique il résulte donc, à mon avis, que la tradition dont l'écho se retrouve chez Suétone doit être tenue pour une fable. C'est une fiction imaginée dans un double dessein et, si je puis dire, à double fin. Elle a pour objet d'établir, d'une part, que les Romains, toujours fidèles au souvenir de leurs ancêtres troyens, ont, sitôt qu'ils l'ont pu, entouré de soins pieux la ville d'Ilion, leur métropole ; et, d'autre part, que, dès les temps les plus anciens, les plus grands rois de la terre se sont fait honneur de rechercher et d'obtenir leur « amitié » publique. Et ce qui suit de là, c'est qu'il était bien vain de s'évertuer à identifier le « Seleucus » que cette fiction met en scène. Pour le faussaire érudit, auteur de la *vetus epistula Graeca*, ce « Seleucus » était impersonnel et son règne flottait dans le lointain des âges : c'était simplement le « roi d'Asie »[1]. Il en est ici de ce nom comme de celui de « Ptolémée » qui, dans nombre de textes annalistiques, désigne, sans attribution déterminée et sans indication d'époque, le monarque qui règne sur l'Égypte.

3

Le premier souverain séleucide qu'aient connu les Romains fut Antiochos III : telle est l'impression très nette qui se dégage de la tradition de Polybe[2]. Ils ne le connurent, du reste, que tardivement, dans les circonstances que j'ai rappelées plus haut[3], c'est-à-dire seulement vers la fin de l'an 200, au moment où ils recommençaient la guerre de Macédoine. C'est alors que l'allèrent trouver les trois légats qui venaient de parcourir la Grèce et de l'agiter contre Philippe, de signifier coup sur coup au Macédonien

1. Notons que le nom d' « *Antiochus* » est employé de même façon dans le texte d'Eutrope, 3. 1. Les historiens qui croient à l'authenticité du renseignement donné par Eutrope sont obligés de substituer à ce nom celui de *Seleucus* (Séleukos II).

2. Je rappelle que, dans les textes de Polybe ou remontant à Polybe, qui sont relatifs aux négociations du Sénat avec Antiochos III, il n'est jamais fait allusion à d'anciens rapports des Romains avec la monarchie syrienne.

3. Cf. ci-dessus, p. 50.

la *rerum repetitio* et l'*indictio belli* du Sénat [1], et de négocier avec Attale et les Rhodiens une action commune en vue des hostilités prochaines [2]. Cette ambassade, qui se rendit dans le même temps en Égypte, est la plus ancienne que le gouvernement romain ait adressée à la cour de Syrie. Elle avait pour mission ostensible de rétablir la paix entre Antiochos et Ptolémée V [3] ; on sait que sa mission véritable était bien différente [4]. Il s'agissait, en réalité, d'observer le roi d'Asie, d'en sonder les intentions, de voir s'il avait le ferme dessein d'assister Philippe, son allié, contre les Romains, et, pour détourner ce suprême danger, de le flatter et de le caresser, de le convaincre des dispositions amicales du Sénat, de lui laisser entendre qu'à Rome on tolérait de bonne grâce ses entreprises contre l'Égypte et qu'on n'aurait garde d'y faire obstacle. Quatre ans plus tard, au lendemain de Kynosképhalai, les *Patres* avaient retrouvé leur assurance en face du Grand-roi [5]. Jugeant ses progrès inquiétants, ils les voulaient borner. En 196, T. Quinctius, puis L. Cornelius, spécialement dépêché auprès de lui à Lysimacheia, lui suscitèrent, pour l'écarter de l'Europe et l'entraver dans la Petite-Asie, de soudaines difficultés [6]. Ce fut là le second contact de l'État romain avec la monarchie syrienne. Le troisième eut lieu en 193, à Rome et à Éphèse [7] : les *Patres* mirent à la conclusion du « traité d'amitié » demandé par Antiochos des conditions telles qu'il ne s'y put sou-

---

1. Pol. XVI. 25. 2 — 27. 5 ; 34. 1 sqq.

2. Pol. XVI. 25. 4 : conférences des légats avec Attale au Pirée (print. 200) ; 34. 2 ; 35. 2 : arrêt et séjour des légats à Rhodes (été-aut. 200).

3. Pol. XVI. 27. 5 ; 34. 2 ; App. *Syr.* 2, *s. f.* (où cette ambassade est confondue avec celle qui vint à Lysimacheia à l'aut. de 196) ; Just. 30. 3. 3 ; 31. 1. 2. (Je rappelle que la tradition de Polybe est gravement altérée chez Appien et chez Justin qui, tous deux, à la suite des Annalistes romains, transforment l'apparente médiation du Sénat en une injonction comminatoire adressée à Antiochos).

4. Cf. Niese, II, 637-638 ; *Rev. Ét. anc.* 1913, 4.

5. Cf. Liv. (P.) 33. 20. 8-9 ; 34. 3 : — *nihil iam* perplexe, ut ante — *sed aperte denuntiatum eqs.* (colloque de T. Quinctius avec les ambassadeurs d'Antiochos, à Corinthe, après les Isthmiques de 196) ; voir *Rev. Ét. anc.* 1913, 5 suiv.

6. Pol. XVIII. 47. 1-2 (entrevue de T. Quinctius et des ambassadeurs syriens à Corinthe) ; 50. 4—52 (conférences de L. Cornelius avec Antiochos à Lysimacheia ; aut. 196) ; App. *Syr.* 2 *s. f.*

7. Liv. (P.) 34. 57. 4 — 59 ; Diod. (P.) XXVIII. 15 (conférences de Rome avec les envoyés d'Antiochos) ; Liv. (P.) 35. 16—17. 2 (conférences d'Éphèse entre les légats romains et Minnion, représentant d'Antiochos).

mettre. — Ainsi naquit et se poursuivit, dans les premières années du
IIe siècle, la querelle qui, par l'imprudence d'Antiochos — la seule
qu'il ait commise —, ne devait prendre fin qu'à Magnésie. Au
siècle précédent, jamais les Romains et les Séleucides n'avaient
eu d'intérêts communs ni contraires ; jamais ils ne s'étaient
trouvés en situation d'avoir rien à débattre ensemble, et jamais,
sans doute, ils n'avaient soupçonné que la politique les pût, quelque jour, rapprocher ou diviser.

III

En l'an 273, une ambassade égyptienne, la première qui vînt
à Rome, se présenta devant le Sénat ; c'était Ptolémée II Philadelphe qui en avait ordonné l'envoi. Le gouvernement romain
répondit par une contre-ambassade, qui reçut à Alexandrie un
accueil magnifique [1]. C'est de la sorte que les Romains et la monarchie lagide entrèrent en rapports. A vrai dire, le fait n'est attesté
que par de très médiocres autorités ; pourtant, il semble qu'il y
aurait impertinence à le révoquer en doute. L'initiative du rapprochement fut prise, notons-le, par le roi d'Égypte [2].

---

1. Liv. *per.* 14 ; Eutrop. 2. 15 ; Dionys. *Ant. Rom.* XX. 14. 1-2 ; Dio, fragm. 41 (I, 139
Boissev.) = Zonar. VIII. 6. 11 ; cf. Just. 18. 2. 9 ; Val. Max. 4. 3. 9. — Pour les modernes
qui ont spécialement traité des rapports de Rome avec l'Égypte, voir Bouché-Leclercq,
Hist. des Lagides, I, 175, 1. Le meilleur travail est celui de E. Bandelin, *De rebus inter
Aegyptios et Romanos intercedentibus...* (diss. Halle, 1893) ; il n'y a pas à tenir compte de
la mauvaise compilation de C. Barbagallo, *Le relazioni politiche di Roma con l'Egitto...*
(Roma, 1901). — L'ambassade envoyée par Philadelphe au Sénat a fait, en ces dernières
années, l'objet des remarques de plusieurs historiens ; voir notamment : Ferrenbach,
Die amici p. R. republ. Zeit, 18, cf. 21 ; Niese, II, 66, 197, 281 ; *Grundr. der röm.
Gesch.* 4 86, 5 ; Beloch, III, 1, 686 ; C. F. Lehmann-Haupt, *Klio*, 1902, 347-348 ; 1903,
537 suiv. ; Bouché-Leclercq, *Hist. des Lagides*, I, 174-175 ; G. Colin, *Rome et la Grèce*,
32-34 ; Ad. Reinach, *Rev. Ét. gr.* 1911, 402 ; De Sanctis, II, 428 ; III, 1, 275 ; Tarn, *Antig.
Gonatas*, 445, 4 ; Täubler, *Imp. Romanum*, I, 202-203, etc. [C'est seulement pendant la
correction des épreuves que j'ai pu prendre connaissance du mémoire de E. Ciaceri,
Le relazioni fra Roma e l'Egitto (Processi politici e Relazioni internazionali, Roma, 1918,
1 suiv.). Je n'y ai rien trouvé qui m'obligeât à modifier mes propres opinions ; mais j'ai
constaté avec intérêt que l'auteur refuse à peu près tout « caractère politique » aux premières
relations de Rome et des Lagides.]

2. Beloch (III, 1, 686, 1) émet là-dessus des doutes. Mais le contraire serait l'invraisemblance même.

Lorsque les députés alexandrins arrivèrent dans la Ville [1], c'est au plus si deux ans s'étaient écoulés depuis que Pyrrhos, mis en échec à Bénévent, avait dû quitter l'Italie. On peut, avec apparence de raison, établir quelque lien entre les deux faits ; on peut admettre, avec Mommsen et beaucoup d'autres [2], qu'en adressant ses ambassadeurs au Sénat, Philadelphe eut hâte de « reconnaître cette situation nouvelle de grande-puissance et d'État méditerranéen », que Rome s'était acquise par la défaite de l'Aiakide. Mais on ne fait ainsi que poser un problème dont la solution reste à trouver. Quand il s'empressait de donner aux Romains cette marque éclatante d'estime, quelle était la pensée du Lagide ? Quels motifs précis avait-il, ou même avait-il quelques motifs précis de les flatter et de se les concilier ? Voulait-il simplement, prince avisé et dont la prudence ménageait l'avenir, se rendre favorable, à tout événement, cette jeune nation en qui se révélait une grande force, ou poursuivait-il des fins plus directes ? Voilà ce qu'on aimerait à savoir et ce qu'on ignore entièrement. Les explications que produisent les historiens modernes à l'appui de la seconde opinion ne sont que des conjectures plus ou moins hasardées, parfois de téméraires fantaisies [3]. Ils ont accoutumé d'attribuer la démarche de Ptolémée à des calculs commerciaux et politiques. Par exemple, on va répétant que le roi d'Égypte avait dessein d' « ouvrir l'Italie » au négoce alexandrin [4]. Sans m'étendre

1. Si le fait est authentique, comme il y a lieu de le croire, je ne vois pas bien pourquoi on en contesterait la date, donnée par Eutrope ; voir cependant les réserves de Niese (II, 197 ; *Grundriss* 4, 86, 5) et de Beloch (III, 1, 686, 1).

2. Cf. Mommsen, *R. G.* 1[7], 429 ; Lehmann-Haupt, *Klio*, 1903, 537 ; Täubler, I, 203, etc. — C'est ce qu'indique déjà Dion (fragm. 41 ; I, 139 Boissev.) : — ὡς τόν τε Πύρρον κακῶς ἀπηλλαγότα καὶ τοὺς Ῥωμαίους αὐξανομένους ἔμαθε (Φιλάδελφος), δῶρά τε αὐτοῖς ἔπεμψε κτλ. — Selon G. Colin (32), Philadelphe aurait « félicité le Sénat » de la victoire remportée par les Romains sur Pyrrhos ; mais cela ne se trouve dans aucun texte.

3. Il est permis, je pense, de qualifier de fantaisie le système de Lehmann-Haupt, développé dans *Klio*, 1903, 537 suiv. A l'instigation de Philadelphe, l'Égypte, Antigone Gonatas, Areus, roi de Sparte, et le Peuple romain se seraient unis pour former une sorte de coalition ou d' « entente » *(Interessengruppe)* opposée à Magas, Antiochos 1er, Pyrrhos, Tarente et Carthage. On croit retrouver ici l'une de ces « gigantesques combinaisons » politiques, qui plaisaient si fort à Droysen et qu'il était si habile à échafauder. Tarn s'est donné la peine de réfuter point par point le système de Lehmann-Haupt *(Antig. Gonatas,* 442 suiv.) ; il n'en a rien laissé subsister. [Je n'ai pu prendre que tout récemment connaissance de la réfutation, également concluante, de W. Kolbe, *Hermes*, 1916, 536 suiv.].

4. Cf. Droysen, III, 297 (trad. fr.) ; G. Colin, *Rome et la Grèce*, 33 : « (Philadelphe) attache la plus grande importance au développement du commerce de l'Égypte ;... il a donc

sur ce sujet, j'oserai dire qu'il se pourrait bien que ce ne fût là qu'une phrase vide de sens : car, apparemment, les armateurs d'Alexandrie n'avaient pas attendu l'an 273 pour connaître et pour fréquenter les places maritimes de l'Occident, et l'on ne peut douter que, longtemps auparavant, leurs vaisseaux n'eussent accès aux ports de l'Italie. Quant aux raisons d'ordre politique qui auraient déterminé Philadelphe, il faut avouer que, s'il en eut, elles nous demeurent impénétrables. C'est, à la vérité, une idée fort répandue, qu'en se tournant vers Rome, le Lagide cherchait un moyen nouveau de faire échec à la Macédoine, et projetait d' « utiliser » contre elle « l'amitié romaine » [1]. Seulement, ceux à qui cette opinion est chère n'ont oublié qu'une chose, c'est d'établir qu'en 273 les Romains étaient hostiles à la Macédoine et disposés à la traiter en ennemie. Le contraire paraîtra plus probable si l'on fait réflexion qu'ils étaient à peine délivrés de Pyrrhos ; qu'ils pouvaient appréhender son retour et craindre ses nouvelles entreprises [2] ; qu'ils lui devaient donc souhaiter des embarras ; et que l'adversaire naturel et permanent de Pyrrhos était le roi de Macédoine, Antigone, qui, tout récemment, lui avait refusé des secours en Italie [3], et que, par représailles, sitôt rentré chez soi, l'Épirote s'était empressé d'attaquer [4]. Mais le plus probable encore est que le Sénat n'avait point, en ce temps-là, plus souci de la Macédoine que de l'ensemble des États helléniques. Durant les cinq années qu'ils eurent affaire à Pyrrhos, les Romains ne tentèrent jamais d'exciter en Grèce quelque mouvement contre lui ;

besoin de lui ouvrir tous les marchés de la Méditerranée... Il lui restait à assurer à ses vaisseaux l'accès de l'Italie... » ; Bandelin, 8 ; Bouché-Leclercq, *Hist. des Lagides*, I, 319. Mommsen *(R. G.* 17, 429) pense aussi qu'il s'agissait d'abord de régler, entre l'Égypte et Rome, les « relations commerciales ».

1. Bouché-Leclercq, I, 319 ; même idée chez Mommsen *(R. G.* I', 429), qui est pourtant obligé de reconnaître que la Macédoine et Rome ne sont devenues ennemies qu'à une époque postérieure ; chez Niese, II, 281 : « Nur eins wissen wir, dass die Römer mit Aegypten, dem Feinde Makedoniens, Freundschaft geschlossen hatten... » ; chez De Sanctis, II, 428. — L'hypothèse de Lehmann-Haupt, mentionnée plus haut, place, au contraire, la Macédoine dans le même camp que les Romains ; où Lehmann-Haupt s'égare évidemment, c'est lorsqu'il fait d'Antigone l'allié de Philadelphe : cf. Tarn, *Antig. Gonatas*, 444-445 ; [Kolbe, *Hermes*, 1916, 536-538].

2. Pyrrhos reste maître de Tarente jusqu'à sa mort ; cf. Beloch, III, 1, 665. Je place, comme Beloch (III, 2, 103 ; 226), la mort de Pyrrhos à l'automne de 272.

3. Just. 25. 3. 1-3 ; Paus. I. 13. 1.

4. Sur ces faits, cf. Niese, II, 54 suiv. ; Beloch, III, 1, 592 suiv. ; Tarn, 260 suiv.

et l'on peut croire que cette indifférence dont ils enveloppaient le monde grec n'avait point échappé à la perspicacité du Lagide. Ajoutons, ce qui ne laisse pas de compliquer les choses, qu'il semble bien qu'en 273 Philadelphe fût favorable à Pyrrhos, c'est-à-dire au grand ennemi de Rome, et le soutînt dans la lutte qu'il venait d'engager heureusement contre le Macédonien [1] ; de sorte qu'en fin de compte on ne voit pas du tout de quels intérêts politiques, communs à l'Égypte et au Peuple romain, se serait inspiré le second Ptolémée lorsqu'il se rapprocha de la République [2].

Nous ne perdrons pas notre peine, après tant d'autres, à les vouloir découvrir ou imaginer. La question que nous essayerons d'éclaircir est celle-ci : à quelque cause qu'elles aient dû leur origine, les relations qui se nouèrent entre Alexandrie et Rome au temps de Philadelphe, et qui persistèrent sous les règnes suivants, ont-elles eu le caractère qu'on leur attribue communément ? Est-il vrai qu'elles aient pris la forme politique, et qu'en 273 les deux États aient conclu un traité (lequel aurait été continûment renouvelé par la suite) — traité de *societas*, comme on l'a cru longtemps [3], comme on ne le croit plus guère [4], comme quelques-uns pourtant le veulent croire encore [5], — ou traité d'*amicitia*,

1. Voir les ingénieuses remarques de Tarn, 445 ; cf. 263, 264, 269 ; [Kolbe, 537]. — Il est toutefois singulier qu'avant la bataille de Bénévent, Pyrrhos, qui réclamait les secours d'Antigone et même d'Antiochos, ne se soit point adressé à Philadelphe (l'hypothèse exprimée à ce sujet dans la *Rev. Ét. gr.* 1911, 402, ne repose sur rien). — Sur l'hostilité, peut-être dissimulée, mais certaine, de Philadelphe contre Antigone, voir Tarn, 444-445.

2. Droysen (III, 178 ; trad. fr.) écrit, avec sa grandiloquence habituelle : « Ainsi fut inaugurée une alliance, qui devait prouver, par sa durée de deux siècles, qu'elle était bien appropriée à la situation ». Mais il a omis de montrer quelle était cette « situation » à laquelle aurait si bien répondu l' « alliance » de Rome et de l'Égypte.

3. Droysen, III, 177 (trad. fr.) ; cf. Mommsen, *R. G.* I⁷, 429, qui ne parle toutefois que d'une « politische Verbündung » en préparation.

4. L'existence de l'alliance est niée décidément par Bandelin, *De rebus inter Aegyptios et Romanos eqs.* 8 ; par J. P. Mahaffy, *The empire of the Ptolem.* 141 ; par De Sanctis, III, 1, 275 : « relazioni (d'amicizia) che a torto son dette d'alleanza da qualche scrittore latino » ; par Ad. Reinach, *Rev. Ét. gr.* 1911, 403.

5. G. Colin (*Rome et la Grèce*, 33-34), à la suite de Droysen, et Lehmann-Haupt (*Klio*, 1903, 537 ; 542) admettent expressément qu'il y eut « alliance » entre Philadelphe et les Romains. Bouché-Leclercq (*Hist. des Lagides*, I, 319) l'admet aussi, mais avec des réserves singulières : « ... Les Romains étaient, depuis le temps de Philadelphe, les « amis » et alliés des Lagides. C'était là une alliance qui ne comportait guère d'engagements réciproques... » Je ne saurais souscrire à cette opinion : si les Romains avaient été réellement les « amis et alliés » des Lagides, les engagements réciproques eussent, au contraire, été d'une extrême précision.

comme c'est l'opinion courante [1] ? Et, dans le cas contraire, est-il vrai qu'on doive, tout au moins, reconnaître à ces relations une « signification politique » [2] ? est-il vrai qu'elles aient eu pour conséquence quelque entente du Sénat et des Ptolémées en matière de politique étrangère, quelque action politique concertée, exercée en commun par les deux gouvernements ?

1

Sur la nature des rapports qu'ont entretenus, au IIIe siècle, l'État romain et la monarchie lagide, nos sources directes d'information sont des textes romains d'origine annalistique [3]. C'est dire qu'on ne leur saurait accorder grand crédit. Comme nous venons de le voir, une tradition mensongère a voulu que « Seleucus » n'eût pas de plus cher désir que de conclure avec le Peuple romain un *foedus amicitiae*. Il est naturel que d'autres traditions, de même sorte et de même aloi, inspirées des mêmes tendances et destinées pareillement à flatter la vanité des Romains, aient montré Philadelphe tenant une conduite semblable. C'est de quoi nous devons nous souvenir, au moment de passer en revue les textes de provenance romaine où il est fait mention de lui.

L'abréviateur de T. Live, auteur des *periochae*, est, en apparence, fort net : *cum Ptolemaeo Aegypti rege societas iuncta est* [4]. Phila-

---

1. Bandelin, 8-9 ; Ferrenbach, *Die amici p. R. republ. Zeit*, 18 ; Niese, II, 281 (mais à la p. 66, et dans le *Grundr. der röm. Gesch.*[4] 86, le même auteur ne parle que de « commerce amical » ou de « relations d'amitié ») ; Täubler, *Imp. Romanum*, I, 202-203. — Notons que, si c'est là l'opinion courante, ce n'est point, il s'en faut, l'opinion unanime. Il y a présentement tendance à restreindre beaucoup l'importance de l'événement de 273. Selon Niese (passages cités en dernier lieu), Beloch (III, 1, 686 ; cf., au contraire, III, 2, 521), Tarn (445, 4), De Sanctis (II, 428 ; III, 1, 275), Philadelphe aurait simplement entretenu avec les Romains des « rapports d'amitié ». [Cf. Ciaceri, 3-4 ; 21, etc.]

2. Cf. De Sanctis, II, 428 : « ... (Le) legazioni amichevoli scambiatesi tra Roma e Alessandria — forse non erano senza un certo *significato politico*. »

3. Cf. Beloch, III, 1, 686, 1. De Sanctis (III, 1, 241) estime toutefois que le renseignement donné par Appien *(Sic.* 1) peut émaner d'un historien grec digne de confiance.

4. Liv. *per.* 14. Cf. Bandelin (8) et De Sanctis (III, 1, 275 ; ci-dessus, p. 63, note 4). — « Ptolémée » (Philopator et Épiphanes ?) fait figure d' « allié » du Peuple romain dans Liv. (Ann.) 31. 2. 3-4, comme aussi dans 31. 9. 1-5. Mais ces deux textes, auxquels les modernes ont attribué parfois beaucoup d'importance, n'offrent l'un et l'autre qu'un mauvais verbiage annalistique. J'aurai lieu, plus loin, de reparler du premier. Ce qui montre suffisamment ce que vaut le second, c'est que la deuxième guerre contre Philippe y est représentée (9. 3-4) comme faite par les Romains dans le seul intérêt des Athéniens,

delphe et les Romains auraient contracté alliance. Mais nulle part ailleurs il n'est expressément parlé de cette alliance ; et l'on sait le constant abus que les écrivains latins ont fait des termes *socius* et *societas* [1], au lieu d'*amicus* et *amicitia*, alors même que ces derniers mots ne devraient s'appliquer qu'à des « relations d'amitié » dépourvues de caractère officiel.

On lit chez Dion : ὁμολογίαν ἐποιήσατο Φιλάδελφος [2]. Le terme ὁμολογία peut désigner soit un simple « accord », soit un traité en forme [3]. Dans le second cas, on ne saurait dire s'il s'agit d'un *foedus societatis* ou d'un *foedus amicitiae*.

Eutrope et Appien ne parlent que d' « amitié » ; ils en parlent confusément. — *Legati Alexandrini*, dit Eutrope, *a Ptolemaeo missi, Romam venere et a Romanis* amicitiam, *quam petierant, obtinuerunt* [4]. Les mots *amicitiam obtinuerunt* impliquent-ils qu'il y ait eu conclusion d'un *foedus amicitiae* ? L'*amicitia*, dont il est ici question, est-elle celle qui existe en vertu d'un traité ? Il est impossible de le dire. — Appien [5] n'est pas plus clair. Il rapporte que, lors de la guerre de Sicile, Ptolémée (Philadelphe) était lié d' « amitié » avec Rome et Carthage : τῷ δ' ἦν ἔς τε Ῥωμαίους καὶ Καρχηδονίους φιλία ; qu'il refusa aux Puniques une avance de 2.000 talents, sur ce motif qu'il était le φίλος des Romains, et s'efforça vainement de réconcilier les deux peuples : οὐ δυνηθεὶς δ' ἔφη χρῆναι φίλοις κατ' ἐχθρῶν συμμαχεῖν, οὐ κατὰ φίλων. Dans ce passage, les mots φιλία, φίλοι, qui s'appliquent à la fois aux Puniques et aux Romains, ont-ils, en ce qui concerne ceux-ci, une valeur juridique ? Nous ne saurions l'affirmer. Il va de soi que la neutralité prudente observée par le Lagide entre Rome et Carthage n'implique point nécessairement qu'il fût uni à la première par les liens de l'*amicitia* publique.

1. Cf., pour T. Live, L. E. Matthäei, *Class. Quarterly*, 1907, 186-187 ; F. Fügner, *Lex. Livian.* I, col. 1008 *(idem valent* amicitia *et* societas...). — Pour le passage d'Eutrope (3.1), qui paraît impliquer l'existence d'une *societas*, cf. ci-après, p. 75-76.

2. Dio, fragm. 41 (I, 139 Boissev.) = Zonar. VIII. 6. 11.

3. Qu'il s'agisse d'un « accord » ou d'un traité en forme, il faut noter que le texte de Dion est rédigé d'étrange façon. Philadelphe est représenté comme étant le seul auteur de l'ὁμολογία ; c'est ce qui ne se comprend point. Et ce qui est bizarre aussi, c'est que la conclusion de cette ὁμολογία précède le départ des ambassadeurs romains pour Alexandrie. — Ferrenbach (18) a bien vu qu'il n'y a rien à tirer de l'indication de Dion.

4. Eutrop. 2. 15.

5. App. *Sic.* 1.

Tous ces témoignages, qui s'accordent mal entre eux [1], ne nous apportent qu'incertitude. Un autre, qui est aussi d'origine romaine, a semblé plus concluant [2].

Les historiens modernes [3] font volontiers état de l'indication suivante, empruntée par T. Live à quelque Annaliste : (27. 4. 10) *et Alexandream ad Ptolomaeum et Cleopatram reges M. Atilius M'. Acilius legati, ad commemorandam renovandamque amicitiam missi, dona tulere, regi togam et tunicam purpuream cum sella eburnea, reginae pallam pictam cum amiculo purpureo.* Le fait ici mentionné est de l'année 210 ; le roi d'Égypte est donc Ptolémée Philopator, la reine devrait être Arsinoé III. On est d'avis qu'il s'agit, dans ces lignes, de la *renovatio* du *foedus amicitiae* conclu par l'État romain avec Philadelphe (et déjà renouvelé sous le règne d'Évergètes), si bien que nous aurions ici la preuve indirecte, mais certaine, de l'existence de ce *foedus*. A l'examen, les choses ne vont pas si simplement.

Ce qu'il faut observer d'abord, c'est qu'il se rencontre dans le texte annalistique deux anachronismes des plus grossiers qui en décèlent la date tardive : la reine y est appelée « Cleopatra » [4],

---

1. Sur la contradiction qui existe entre la *per.* 14 *(societas)* et Eutrope *(amicitia)*, cf. Bandelin (8) et Ferrenbach (18). C'est d'ailleurs à tort que le dernier pense qu'on la peut résoudre au moyen du texte d'Appien.

2. Je passe sous silence ce qui est dit du bon accueil fait par Ptolémée (Philopator) au Campanien fidèle à Rome, Decius Magius (Liv. 23. 10. 11-13), parce que, vraie ou fausse, cette anecdote est parfaitement insignifiante.

3. Voir, notamment, Mahaffy, *The empire of the Ptolem.* 271 : Ferrenbach, 21 ; et surtout Täubler, I, 203 et note 3 : « ...so ist... die Vertragserneuerung im Jahre 210 glaubwürdig bezeugt. » — Täubler (I, 203, 3) croit pouvoir s'autoriser aussi de Liv. (Ann.) 31. 2. 3 : *interim ad Ptolomaeum Aegypti regem legati tres missi —, ut nuntiarent victum Hannibalem Poenosque et gratias agerent regi, quod in rebus dubiis, (4) cum finitimi etiam socii Romanos desererent, in fide mansisset —.* Mais ce texte annalistique n'a aucune valeur. L'ambassade qui s'y trouve mentionnée, et qui est faussement datée de 201, est celle qui partit de Rome au printemps de 200 et dont on peut suivre l'histoire dans Polybe, XVI. 25. 2 sqq. ; 27 ; 34. 1 sqq. ; 35. 2 (cf. ci-dessus, p. 50, note 2 ; p. 58-59). L'Annaliste n'a aucune idée de la mission qu'elle devait accomplir : cf. Nissen, *Krit. Unters.* 122-123 ; Niese, II, 591, 1. Ajoutons que les mots *ut nuntiarent victum Hannibalem* sont d'une absurdité manifeste puisque la défaite d'Hannibal est vieille d'une année. Enfin, l'Annaliste paraît croire que le souverain qui règne sur l'Égypte en 201 est le même qui la gouvernait déjà lorsqu'éclata la guerre entre Rome et Carthage.

4. On sait que Kléopatra est le nom constamment porté par les reines d'Égypte depuis le mariage d'Épiphanes avec la fille d'Antiochos III. L'Annaliste, jugeant du passé par ce qui avait lieu de son temps, n'a pas douté que toutes les reines ne se fussent toujours appelées ainsi. [Cf. F. Stähelin, P.-W. X, *s. v. Kleopatra*, 26.]

et on la montre associée au roi dans l'exercice du pouvoir souverain [1]. Deux erreurs si fortes rendent étrangement suspect le témoignage qu'a reproduit T. Live. — Et voici qui est encore inquiétant. Nous savons par Polybe que, postérieurement à 215, le Sénat envoya des légats à Philopator [2]. Il est bien tentant de reconnaître dans cette ambassade celle dont parle l'Annaliste [3]. Mais, chez Polybe, les légats ne sont nullement chargés de renouveler un *foedus amicitiae*, ni même de porter au roi des assurances d'amitié. Leur mission est fort différente : ils doivent obtenir de Philopator qu'il autorise en Italie l'expédition de convois de blé. Par suite, si, comme on est d'abord porté à le croire, les deux ambassades n'en font qu'une, il semble que l'Annaliste se soit mépris sur son caractère et son objet. Pour se tirer de cette difficulté, ceux qui voudront, suivant une méthode que je n'approuve guère, concilier à tout prix Polybe et l'Annaliste, devront soutenir que les ambassadeurs, en même temps qu'ils demandèrent au roi de ravitailler l'Italie, renouvelèrent avec lui — probablement

1. Cela résulte évidemment des mots *ad Ptolomaeum et Cleopatram reges — legati — missi* ; cf. Liv. (Ann.) 37. 3. 9 (ann. 190) : *legati ab Ptolomaeo et Cleopatra regibus Aegypti gratulantes — venerunt —* ; 45. 13. 4 (ann. 168) *Ptolomaei legati communi nomine regis et Cleopatrae gratias egerunt —* ; 13. 7 : *regibus Aegypti, Ptolomaeo Cleopatraeque (responsum) —*. Or, la première reine d'Égypte officiellement associée à l'exercice de la royauté est la seconde Cléopâtre, en 170 : cf. M. Strack, *Dynastie der Ptolem.* 3 et 32 ; E. Breccia, *Diritto dinastico*, 135 ; F. Stähelin, P.-W. X, *s. v. Kleopatra*, 15. Täubler (I, 203, 3) écrit : « Es fragt sich nur, ob auf Grund des Livius die Mitherrschaft der Königin angenommen werden darf. » En réalité, la question ne se pose pas ; et, partant, c'est bien vainement que Täubler suppose que le *foedus* fut renouvelé à l'occasion du mariage de Philopator avec sa sœur Arsinoé. Rien d'ailleurs n'autorise à placer ce mariage en 210.

2. Pol. IX. 11 a. 1 : — οἱ Ῥωμαῖοι πρεσβευτὰς ἐξαπέστειλαν πρὸς Πτολεμαῖον, βουλόμενοι σίτῳ χορηγηθῆναι διὰ τὸ μεγάλην εἶναι παρ' αὐτοῖς σπάνιν κτλ. Le *terminus post quem* (année 215) résulte de la place de ce fragment dans les *Exc. de legat. (pars I, § 9, 34, De Boor). Il y est précédé par le fragment VII. 2 — 5 (= Exc. de legat. pars I, § 8, 31-34), qui se rapporte à l'année 215. D'autre part, le *terminus ante quem* semble bien être l'année 210 : une fois la Sicile reconquise et pacifiée, la σπάνις dont parle Polybe dut prendre bientôt fin.

. 3. L'identification est communément admise : Bandelin, 12 ; Ferrenbach, 21 ; Niese, II, 407, 1 ; Bouché-Leclercq, *Hist. des Lagides*, I, 320, 2. Ce dernier s'étonne qu'on veuille « distinguer en 210 deux ambassades, celle de Polybe et celle de T. Live » ; mais il faut prendre garde que l'ambassade mentionnée par Polybe ne porte point de date et que si on la place en 210, c'est qu'on l'identifie préalablement avec celle de T. Live. — Au reste, le plus probable me paraît être qu'il s'agit bien chez les deux auteurs de la même ambassade : ce qu'on retrouve chez l'Annaliste de T. Live, c'est simplement la tradition de Polybe altérée et rendue méconnaissable; cf. Niese, II, 407, 1.

pour la seconde fois depuis son avénement [1] — le traité qui l'unissait à Rome ; autrement dit, ils en seront réduits à imaginer que Polybe et l'Annaliste ont tous deux péché par omission [2] : le premier, en ce qui concerne l'exportation des blés d'Égypte, le second, en ce qui concerne le renouvellement du *foedus*. Je doute qu'on goûte beaucoup cette échappatoire. Mieux vaudrait sans doute admettre qu'en dépit des vraisemblances, l'ambassade rappelée par T. Live, à la supposer historique, n'a rien de commun avec celle que mentionne Polybe ; que, mal datée par l'Annaliste, elle appartient à une époque plus ancienne ; qu'elle est, en réalité, fort antérieure à 210 et qu'elle a suivi à court intervalle l'avénement de Philopator [3], — ce qui aurait l'avantage de rendre plus explicables et le renouvellement du *foedus* et la remise solennelle, faite par le Sénat au roi, des insignes de la magistrature [4]. Mais on voit assez que c'est seulement à grand renfort d'hypothèses qu'on se débarrassera des légitimes suspicions qu'inspire le texte annalistique, lequel, d'ailleurs, restera toujours entaché des troublants anachronismes que j'y ai d'abord signalés.

Aussi bien, quoi que vaille ce texte, une question demeure, qu'on n'a, je crois, jamais soulevée, et qu'il faut pourtant se poser : est-il sûr qu'on le doive entendre comme on fait d'ordinaire, et les mots *ad commemorandam renovandamque amicitiam* ont-ils nécessairement le sens qu'on s'accorde à leur attribuer ? On

---

1. Cf. Ferrenbach, 21 : « Dass *amicitia* mit Ptolemaeus IV. Philopator sofort bei dessen Regierungsantritt im Jahre 222 geschlossen wurde, ist schon aus dem Grunde wahrscheinlich, weil bei einem Regierungswechsel eine Erneuerung bestehender Verträge stets erfolgte —. »

2. On pourrait, à la rigueur, supposer que, dans le texte de Polybe, l'omission est imputable à l'auteur des *Exc. de legationibus*.

3. J. H. Schneiderwirth (*Polit. Beziehungen zwischen Rom und Aegypten...*, 10) a supposé que l'ambassade de T. Live, à laquelle il maintient la date de 210, était postérieure à celle de Polybe (cf. P. Guiraud, *De Lagid. cum Romanis societate*, 10-11). Cela, si l'on adopte l'interprétation courante, est inadmissible ; le renouvellement du *foedus* aurait dû précéder ou accompagner la demande de secours adressée à Ptolémée ; on ne comprendrait pas qu'il l'eût suivie.

4. En effet, le renouvellement du *foedus amicitiae* et la remise des *dona* solennels ont lieu, selon la règle, peu après l'avénement du roi « ami ». Cependant, il peut arriver que le *foedus* soit plusieurs fois renouvelé au cours d'un même règne ; et il arrive aussi qu'un même souverain reçoive à diverses reprises les insignes de la magistrature ; ils auraient été, comme on sait, conférés par trois fois à Masinissa : Liv. (Ann.) 30. 15. 11 ; 17. 13 ; 31. 11. 11-12.

admet, sans hésiter, qu'ils s'appliquent au renouvellement d'un *foedus amicitiae*. Cela est possible [1] ; cela, comme on va voir, n'est rien moins que certain. On lit dans T. Live : (Ann. ; 42. 19. 7 ; ann. 172) — *sed ut in Asia quoque et insulis explorata omnia essent, Ti. Claudium Neronem, M. Decimium legatos miserunt.* (8) *adire eos Cretam et Rhodum iusserunt, simul* renovare amicitiam, *simul speculari, num sollicitati animi sociorum ab rege Perseo essent* — ; (P. ; 42. 44. 5 ; ann. 171) *Thebanos Marcius et Atilius laeti audierunt auctoresque et his et separatim singulis (Boeotis) fuerunt* ad renovandam amicitiam *mittendi Romam legatos.* Voilà deux emplois de la locution *renovare amicitiam*, qu'on rapprochera légitimement de celui que nous offre le texte en discussion [2]. Or, c'est chose assurée que ni les Crétois ni les Rhodiens en 172 [3], ni les Thébains en 171, n'avaient avec les Romains de *foedus amicitiae*. Dans le second des deux exemples cités, les mots *renovare amicitiam*, employés d'une façon fort incorrecte, répondent, chez Polybe [4], à διδόντες αὐτοὺς εἰς τὴν πίστιν et se rapportent ainsi — ce qui ne laisse pas d'être surprenant et demeure exceptionnel — à une déclaration de *deditio*. Dans le premier, le terme *amicitia* désigne, comme c'est maintes fois le cas, de

1. Cf., par exemple, Liv. (P.) 40. 58. 9 : *Perseus potitus regno — legatos Romam* ad amicitiam paternam renovandam — *misit.* Il s'agit du renouvellement du *foedus* conclu entre Philippe et Rome. Pour d'autres cas semblables, cf. ci-dessus, p. 49, note 2.

2. Cf. encore Liv. (Ann.) 44. 14. 3 : *secundum Gallos Pamphylii legati coronam auream — in curiam intulerunt —* ; (4) *benigneque* amicitiam renovare *volentibus legatis responsum.* Il n'y a, je crois, nulle apparence que les Pamphyliens eussent un *foedus* avec Rome. — Dans 42.19.7, la mention de M. Decimius est inexacte : cf. Nissen, *Krit. Unters.* 246.

3. S'il était besoin de démontrer que les Crétois, lors de la guerre de Perseus, n'étaient pas officiellement les « amis du Peuple romain », on en trouverait la preuve dans ce passage de T. Live : (43. 7. 1) *Cretensium legatis commemorantibus se, quantum sibi imperatum a P. Licinio consule esset sagittariorum, in Macedoniam misisse, cum interrogati non infitiarentur* (2) *apud Persea maiorem numerum sagittariorum quam apud Romanos militare,* (3) *responsum est, si Cretenses bene ac naviter destinarent potiorem populi Romani quam regis Persei amicitiam habere, senatum quoque Romanum iis tamquam certis sociis responsum daturum esse.* On voit que le Sénat ne rappelle pas les Crétois au respect du traité conclu avec Rome, ce qu'il eût nécessairement fait si un tel traité avait existé. Ferrenbach (34-35), se fondant précisément sur Liv. 42. 19. 8, texte qu'il interprète à faux, imagine une *amicitia* publique entre les Romains et la Crète ; mais il est fort embarrassé pour en découvrir l'origine, et suppose naïvement que la première mention s'en trouvait dans un des livres perdus de la seconde décade ! Cardinali *(Riv. di Filol.* 1907, 24) donne le vrai sens de la phrase de T. Live : « Gli ambasciatori romani... visitarono... l'isola, e cercarono di assicurarsene il favore... » — Pour les Rhodiens, cf. ci-dessus, p. 45-46.

4. Pol. XXVII. 2. 6.

simples « relations amicales »[1] qu'on se propose de resserrer :
il est clair que, dans notre texte, rien n'empêche qu'il ait cette
même acception[2]. Les légats M. Atilius et M'. Acilius ont pu venir
à Alexandrie, non pour y renouveler un traité, mais seulement pour
resserrer les liens de traditionnelle amitié depuis longtemps
formés avec les Ptolémées. On raisonne comme si, dans la phrase
de T. Live, *amicitia* était l'exact équivalent de *foedus amicitiae* ;
c'est une hypothèse qu'on peut faire, mais qu'on n'a pas le droit
de tenir pour démontrée. La vérité est que le langage de l'Annaliste
est équivoque. Et, partant, quelle qu'en soit la valeur historique
(laquelle paraît des plus douteuses), le texte couramment allégué
comme preuve d'une *amicitia* publique entre Rome et l'Égypte,
n'autorise, en fait, aucune conclusion[3].

Chose singulière, le seul texte qui soit ici vraiment considérable
— parce qu'il est étranger aux traditions romaines — a échappé
à l'attention de la plupart des historiens modernes. Il se trouve
chez Polybe, au l. XV, ch. 25[4]. Nous lisons là qu'à la fin de 203

1 Cf. ci-dessus, p. 40, note 2 ; p. 44, note 1 ; p. 45 et note 3 ; p. 51.

2. Il faut observer que la collation des insignes de la magistrature n'implique pas,
pour le roi qui en est honoré, la qualité d' « ami » public des Romains. Par exemple, en
210, le Sénat les confère à Syphax, alors qu'il n'est encore que l'auxiliaire bénévole de
Rome et n'a point conclu de *foedus* avec elle : Liv. (Ann.) 27. 4. 7-8, et la note de Weissenborn sur ce passage ; cf. De Sanctis, III, 2, 519.

3. Remarquons ici que le passage annalistique de T. Live (42. 6. 4 ; ann. 173) — *ad
Ptolomaeum renovandae amicitiae causa proficisci iussi (quinque legati)* —, d'où il
résulterait, selon quelques historiens, que les Romains renouvelèrent avec Philométor
l'*amicitia* publique contractée avec ses ancêtres (cf. Ferrenbach, 34 ; E. Kornemann,
Klio, 1909, 138), présente la même équivoque que celui qui concerne Philopator (27.
4. 10) et n'est donc pas plus significatif. Le texte de Polybe (XXVIII. 1. 7-8 = Diod.
XXX. 2), qui mentionne l'ambassade envoyée à Rome par Philométor en 169, ne
parle aussi que d'ἀνανέωσις τῶν φιλανθρώπων, et rien n'autorise à croire que cette
expression trop vague s'applique au renouvellement d'un *foedus*. Quant à la phrase
(XXXI. 20. 3 ; ann. 162/161) : ἔδοξε τῇ συγκλήτῳ — τὴν συμμαχίαν (ἀν)αιρεῖν τὴν πρὸς
τὸν πρεσβύτερον (Πτολεμαῖον), je crois que Polybe y désigne par le mot συμμαχία les
accords spéciaux intervenus entre le Sénat et Philométor, lors du premier différend de
celui-ci avec son frère.

4. Pol. XV. 25. 14 : προεχειρίσατο δὲ ('Αγαθοκλῆς) καὶ Πτολεμαῖον τὸν 'Αγησάρχου
πρεσβευτὴν πρὸς 'Ρωμαίους, οὐχ ὡς ἐπισπεύσοντα τὴν πρεσβείαν, ἀλλ' ὡς, ἂν ἅψηται
τῆς 'Ελλάδος καὶ συμμίξῃ τοῖς ἐκεῖ φίλοις καὶ συγγενέσιν, αὐτοῦ καταμενοῦντα.
(15) προέκειτο γὰρ αὐτῷ πάντας τοὺς ἐπιφανεῖς ἄνδρας ἐκποδὼν ποιῆσαι. — On a
pensé (voir Bouché-Leclercq, *Hist. des Lagides*, I, 356, 2) qu'Agathoklès avait seulement
« fait mine d'envoyer à Rome une ambassade ». Le texte de Polybe n'autorise pas
cette interprétation ; le verbe καταμένειν signifie ici « faire arrêt et séjour » : Ptolémée

ou au commencement de 202 [1], Agathoklès, alors régent d'Égypte avec Sosibios, chargea le Mégalopolitain Ptolémée, fils d'Agésarchos, l'un des grands du royaume [2], de se rendre auprès du Sénat. Polybe ne nous renseigne pas (ou ne nous renseigne plus) sur l'objet de cette ambassade ; mais deux faits ressortent de son récit : l'un, c'est que l'envoi en fut décidé aussitôt après l'intronisation (ἀνάδειξις) de Ptolémée Épiphanes [3] ; l'autre, c'est qu'à ce moment-là, tout le monde en Égypte redoutait d'un jour à l'autre une agression d'Antiochos III, et qu'Agathoklès s'efforçait par diverses mesures de la retarder ou d'y parer [4]. Dès lors, il semble assuré que Ptolémée de Mégalopolis devait notifier à Rome l'avénement du nouveau roi, et l'on ne peut guère douter non plus qu'il eût mandat de dénoncer aux *Patres* les armements d'Antiochos, de leur recommander les intérêts de l'empire égyptien

reçut simplement l'autorisation de séjourner en Grèce, au cours de sa mission, parmi « ses proches et ses amis ». La raison en fut, selon Polybe, qu'Agathoklès souhaitait s'en défaire le plus longtemps qu'il se pourrait.

1. La date résulte de celle de l'avénement de Ptolémée Épiphanes. Cet avénement eut lieu le 28 novembre de l'an 203, comme on le voit par l'inscription de Rosette (l. 46) rapprochée de Pol. XV. 25. 3 sqq. Je m'en tiens sur ce point à l'opinion que j'ai exprimée à diverses reprises (*Rev. Ét. gr.* 1899, 35, 1 ; 1900, 190, 2 ; *B. C. H.* 1906, 473, 2 ; *Klio*, 1908, 268 ; cf. Niese, II, 573, 2 [en contradiction avec ce qui est dit par erreur à la p. 639, 2] ; Bouché-Leclercq, I, 335-337 ; II, 391 ; et déjà K. B. Stark, *Gaza und die philist. Küste*, 397-399) et qui est seule conforme aux indications de Polybe. J'ai vu avec plaisir qu'elle est adoptée par Ferguson, *Hellen. Athens*, 267. [Elle l'est aussi par E. Degen, *Krit. Ausf. zur Gesch. Antiochus d. G.* (diss. Zürich, 1918), 5 ; c'est seulement au dernier moment que je puis prendre une connaissance sommaire de cet excellent travail].

2. Sur ce personnage, cf. C. Müller, *FHG*, III, 66 ; R. von Scala, *Stud. des Polyb.* I, 58-60. Il devint gouverneur de Kypre après Polykratès d'Argos, en 196 (Pol. XVIII. 55. 6]. — L'ambassade du Mégalopolitain a été oubliée de presque tous les modernes (Sharpe-Gutschmid, Schorn, Mommsen, Nissen, Hertzberg, Guiraud, Holm, Bandelin, Ferrenbach, Barbagallo). Je n'en trouve mention que chez Niese (II, 574) et Bouché-Leclercq (*Hist. des Lagides*, I, 343 ; 356, 2). [Ajouter maintenant Degen, 14 suiv., qui fait de bonnes remarques sur cette ambassade].

3. Cf. Pol. XV. 25. 3-12, et, notamment, 25. 5 : μετὰ δὲ ταῦτα διάδημα τῷ παιδὶ περιθέντες ἀνέδειξαν βασιλέα κτλ. ; 25. 11 : εἶτ' ἐπεξώρκισε (Ἀγαθοκλῆς) τὸν ὅρκον ὃν ἦσαν ὀμνύειν εἰθισμένοι κατὰ τὰς ἀναδείξεις τῶν βασιλέων.

4. Pol. XV. 25. 13 : envoi de Pélops auprès d'Antiochos pour l'inviter à respecter les accords conclus avec Philopator ; *ibid.* : envoi de Ptolémée, fils de Sosibios, auprès de Philippe de Macédoine — τά τε περὶ τῆς ἐπιγαμίας (mariage d'Épiphanes avec une fille de Philippe ; cf. ci-après, p. 79, note 1) συνθησόμενον καὶ παρακαλέσοντα βοηθεῖν, ἐὰν ὁλοσχερέστερον αὐτοὺς Ἀντίοχος ἐπιβάληται παρασπονδεῖν — ; 25. 16-17 : envoi de l'Aitolien Skopas en Grèce pour y recruter des mercenaires εἰς τὸν πρὸς Ἀντίοχον πόλεμον — (sur cette mission de Skopas, *Klio*, 1908, 277) ; cf. 25. 34.

menacé par cet inquiétant voisin, et de faire appel, au cas où le danger deviendrait trop pressant, à leur amicale et puissante intervention. Effectivement, nous savons qu'à la fin de l'an 200, le Sénat s'interposa, ou plutôt feignit de s'interposer entre Épiphanes et Antiochos [1]. Cette tentative de médiation avait nécessairement été provoquée par quelque démarche du gouvernement alexandrin ; or, il semble bien qu'entre 203 et 200, celui-ci n'ait envoyé à Rome qu'une seule ambassade [2], qui fut donc celle de Ptolémée de Mégalopolis. Tout ceci, il en faut convenir, s'accorderait à souhait avec l'hypothèse d'une *amicitia* publique unissant la monarchie lagide au Peuple romain. Il est de règle que les rois qui sont officiellement les « amis » des Romains se fassent reconnaître par eux comme souverains légitimes dès le début de leur règne [3] : on s'expliquerait ainsi que Ptolémée de Mégalopolis fût venu informer le Sénat de l'avénement d'Épiphanes. Et, d'autre part, c'est en s'autorisant du *foedus* conclu avec Rome par les précédents souverains et dont il demandait le renouvellement, que cet ambassadeur aurait prié les *Patres* de s'entremettre en faveur du roi enfant, au cas où Antiochos passerait des menaces aux actes. — Mais j'ai hâte d'ajouter que ce ne sont là que des conjectures, et qui n'ont rien de nécessaire. Dans la situation critique où se trouve l'Égypte après la mort de Philopator, la démarche faite à Rome par les régents alexandrins, en vue d'obtenir pour leur

1. Cf. ci-dessus, p. 50, 58-59.

2. C'est ce que j'aurai lieu d'établir dans un travail spécial. Qu'il me suffise, pour l'instant, de faire observer que Justin (30. 2. 8 ; cf. 31. 1. 2 ; cf. App. *Syr.* 2 *s. f.*, et ci-dessus, p. 50, note 3) ne connaît, avant le commencement de la seconde guerre de Macédoine, qu'une ambassade venue d'Alexandrie à Rome pour y demander assistance. On admet d'ordinaire que cette ambassade se rendit à Rome en 201 (voir, par exemple, Niese, II, 580), dans le même temps que celles d'Attale et des Rhodiens — bien que dans l'exposé de Justin (cf. 30.3.3-5) elle soit donnée comme plus ancienne — parce qu'on croit, sur la foi de Justin (2. 8 ; cf. 3. 3), qu'elle s'y plaignit, non seulement d'Antiochos, mais aussi de Philippe, et qu'elle révéla le pacte conclu par les deux souverains en vue de démembrer l'empire égyptien. Mais le témoignage de Justin est contredit et démenti par celui d'Appien *(Syr.* 2 *s. f.* ; cf. *Maced.* 4. 2), qui reproduit moins inexactement la tradition de Polybe : c'est du seul Antiochos que les Alexandrins s'allèrent plaindre aux Romains ; ils gardèrent le silence sur Philippe. Leur ambassade date de l'époque où ils croyaient pouvoir compter, pour résister à Antiochos, sur l'alliance de la Macédoine (cf. Pol. XV. 25. 13), et, partant, on est pleinement autorisé, je crois, à l'identifier avec celle de Ptolémée de Mégalopolis.

3. Voir, par exemple, pour Perseus, Liv. (P.) 40. 58. 9 ; 41. 42. 6 ; (Ann.) 45.9.3.

maître l'éventuelle protection du Sénat, est chose naturelle et s'explique de soi. Une telle démarche suppose sans doute l'existence de rapports amicaux entre les deux États ; elle ne saurait prouver qu'ils fussent liés par un traité d'amitié [1].

Et voici, en revanche, qui démontre le contraire. J'ai parlé précédemment du rôle joué par les Rhodiens pendant la première guerre de Macédoine [2] ; j'ai signalé leurs tentatives énergiques et sans cesse renouvelées pour amener un accommodement entre Philippe et les Aitoliens. Et l'on a vu que ces tentatives, faites en dehors des Romains et sans leur aveu [3], contrariaient directement leurs intérêts, si bien qu'il n'est pas possible que l'État rhodien eût alors avec Rome un *foedus amicitiae*. La même conclusion vaut pour le roi d'Égypte, qui tient, à la même époque, la même conduite que les Rhodiens, agit de concert avec eux, s'associe à tous leurs efforts, et dont les Rhodiens, qui sont ses plus fidèles amis, ne font peut-être que suivre la politique et qu'imiter l'exemple [4]. Depuis 209 jusqu'en 206, accompagnés des députés d'Athènes [5] et des représentants des États maritimes, les ambassadeurs de

1. Ferrenbach (*Die amici p. R. republ. Zeit*, 25-26), qui croit au renouvellement du *foedus* lors de l'avénement d'Épiphanes, tire argument de Liv. (Ann.) 31. 2. 3-4 ; 9. 1-5. Ces deux textes (qui se rapportent, l'un à l'année 201, l'autre à l'année 200) impliquent, dit-il, l'existence d'un traité d'amitié, lequel doit remonter à l'année 204 (date supposée de l'avénement d'Épiphanes). Mais, ainsi que je l'ai indiqué déjà (p. 64, note 4 ; p. 66, note 3), les textes en question, qui font de « Ptolémée » (Philopator et Épiphanes ?) non pas seulement l' « ami », mais l' « allié » des Romains, ne méritent pas qu'on en tienne compte. Ferrenbach pense, d'autre part, qu'il faut établir un lien direct entre l'*amicitia* renouvelée par Épiphanes avec les Romains et cette tutelle, mentionnée par Justin (30. 2. 8 ; 3. 4 ; 31. 1. 2) et Val. Maxime (6. 6. 1), qu'à la prière des Alexandrins (ou de Philopator mourant ?) le Sénat aurait exercée sur l'Égypte pendant les premières années du nouveau règne. Il suffira de rappeler que tout ce qui concerne la prétendue tutelle du Sénat, représenté par le légat M. Aemilius Lepidus, n'est qu'une légende romaine de fabrication tardive (cf. Nissen, *Krit. Unters.* 306 ; et, plus décidément, Niese, II, 637, 2 ; Bouché-Leclercq, *Hist. des Lagides*, I, 357, 3 ; II, 2, 1).

2. Cf. ci-dessus, p. 35-38.

3. J'ai déjà noté (ci-dessus, p. 36, note 4) l'altération que certaines traditions romaines tardives font ici subir à la vérité historique. D'après Dion, fragm. 57. 58 (I, 256 Boissev.), « Ptolémée » aurait chargé ses ambassadeurs de réconcilier les Romains et Philippe ; cf. App. *Maced.* 3 init.

4. Ceci, toutefois, est loin d'être sûr : pendant la guerre-des-Alliés, les Rhodiens unis aux Khiens interviennent entre Philippe et les Aitoliens (Pol. V. 24. 11 ; 28. 1) indépendamment de Ptolémée, dont la médiation est postérieure (100. 9).

5. Pour la part prise par les Athéniens aux tentatives de médiation, cf. ci-après, p. 118-119.

Philopator s'évertuent, en toute occasion, à rétablir la paix en Grèce [1], c'est-à-dire, si l'on va au fond des choses, à priver les Romains de l'alliance de l'Aitolie, et, par suite, à leur rendre ou singulièrement malaisée ou décidément impossible la continuation de la guerre contre Philippe. Si le Lagide avait été dans ce temps-là, en vertu d'un *foedus*, l' « ami du Peuple romain », qui peut raisonnablement croire qu'il se fût comporté de la sorte [2] ?

Il ne l'eût pu faire qu'à la condition de violer ce *foedus*, en manquant à la neutralité qu'il lui-aurait prescrite, et de commettre ainsi à l'endroit des Romains une évidente forfaiture. Mais, en ce cas, les Romains eussent rompu avec lui ; toutes

1. Liv. (P.) 27. 30. 4 ; 30. 10 ; 30. 12 (à Phalara et à Aigion, en 209) ; 28. 7. 13-15 (à Hérakleia et à Élateia, en 208) ; Pol. XI. 4. 1 sqq. (à Hérakleia? ou à Naupakte? en 207) ; cf. App. *Maced.* 3. Noter ce que dit, en commençant son discours, l'ambassadeur rhodien Thrasykratès (Pol. XI. 4. 1 ; cf. ci-dessus, p. 37) : ὅτι μὲν οὔτε Πτολεμαῖος ὁ βασιλεὺς οὔθ' ἡ τῶν Ῥοδίων πόλις οὔθ' ἡ τῶν Βυζαντίων καὶ Χίων καὶ Μυτιληναίων ἐν παρέργῳ τίθενται τὰς ὑμετέρας, ὦ ἄνδρες Αἰτωλοί, διαλύσεις, ἐξ αὐτῶν τῶν πραγμάτων ὑπολαμβάνω τοῦτ' εἶναι συμφανές · (2) οὐ γὰρ νῦν πρῶτον οὐδὲ δεύτερον ποιούμεθα πρὸς ὑμᾶς τοὺς ὑπὲρ τῆς εἰρήνης λόγους, ἀλλ' ἐξ ὅτου τὸν πόλεμον ἐνεστήσασθε, προσεδρεύοντες καὶ πάντα καιρὸν θεραπεύοντες κτλ.

2. Peut-être y a-t-il lieu aussi de prêter attention au fait suivant. Nous savons par Polybe (dans Liv. 24. 26. 1 ; cf. Pol. VII. 2. 2) que le roi de Syrakuse Hiéronymos, au moment précis où, rompant avec Rome, il s'allie à Hannibal, envoie Zoïppos, son oncle, l'un des chauds partisans et des fauteurs de la nouvelle alliance, en ambassade auprès de Philopator. Zoïppos, qu'accompagnent, semble-t-il, les jeunes frères du roi (cf. Niese, II, 515, 4 ; Th. Lenschau, P.-W. VIII, col. 1538, *s. v. Hieronymos*, 8 ; De Sanctis, III, 2, 268), a vraisemblablement pour mission d'assurer aux Syrakusains, dans la lutte qu'ils vont engager contre Rome, l'appui du roi d'Égypte (cf. De Sanctis, *ibid.* ; Lenschau, *ibid.*, qui parle même d'un projet d'alliance entre Hiéronymos, Carthage et le Lagide). Cette démarche aurait eu bien peu de chances de succès, et par suite ne se comprendrait guère, si Philopator avait été lié aux Romains par les engagements précis qu'implique un « traité d'amitié ». — Je dois faire observer, toutefois, que le trop bref passage de T. Live relatif à l'ambassade de Zoïppos est, en un point, d'une fâcheuse obscurité. Il y est parlé de « l'exil volontaire » de ce personnage : (26.1) — *Zoïppi, qui legatus ab Hieronymo ad regem Ptolomaeum missus voluntarium consciverat exilium* — ; et, plus loin, dans un développement oratoire, il est vrai, T. Live prête à Hérakleia, femme de Zoïppos, les propos que voici : (26. 4) *nihil se ex regno illius (Hieronymi) praeter exilium viri habere* —. (6) *si quis Zoippo nuntiet interfectum Hieronymum ac liberatas Syracusas, cui dubium esse, quin extemplo conscensurus sit navem atque in patriam rediturus?* On est tenté d'induire de là que Zoïppos, lorsqu'il quitta Syrakuse, était en défaveur auprès de son neveu, et que celui-ci ne le fit partir pour l'Égypte qu'afin de s'en débarrasser (ce qui fut peut-être aussi le cas pour les princes royaux ; cf. Niese, II, 515, 4). Il se pourrait alors, contrairement à ce qu'on croit d'ordinaire, que l'ambassade de Zoïppos n'eût point d'objet politique ; ce serait sous un prétexte quelconque, et non pour se concilier la bienveillance de Philopator, que Hiéronymos, au lendemain de sa rupture avec Rome, l'aurait expédié à Alexandrie.

relations auraient cessé entre Rome et l'Égypte. Or, rien de tel ne s'est produit. Si, comme on le peut croire, le Sénat conçut un noir dépit des interventions du Lagide en Grèce et lui en garda une rancune amère, les rapports de la République et de la cour d'Alexandrie n'en parurent pourtant pas troublés. C'est ce que montre, ainsi qu'on l'a vu, la présence à Rome de Ptolémée de Mégalopolis, ambassadeur d'Agathoklès ; c'est ce que montre, plus clairement encore, le fait qu'à la suite de cette ambassade les *Patres* prennent ou du moins semblent prendre Épiphanes sous leur protection, vont, en 200, sommer Philippe de respecter ses provinces [1], et feront le geste d'intercéder pour lui auprès d'Antiochos. L'« amitié » de Rome et de l'Égypte subsiste ainsi, inaltérée en apparence, même après la première guerre de Macédoine. D'où l'on doit conclure qu'en manœuvrant en Grèce de la façon que j'ai rappelée, Philopator n'avait fait qu'user d'un droit non contestable ; que les Romains n'étaient point fondés à lui reprocher un manquement de foi ; qu'il n'avait failli ni contrevenu à aucun engagement pris avec eux, et que l'« amitié » qui existait entre la République et lui ne ressemblait donc en rien à celle qu'eût créée un *foedus*.

2

Les relations qui s'établirent, à partir de 273, entre les Ptolémées et les Romains n'ont point revêtu la forme politique ; elles n'ont point été consacrées par un traité ; les Lagides n'ont pris rang ni parmi les *amici*, ni, à plus forte raison — est-il besoin de le dire ? — parmi les *socii populi Romani* : c'est là ce qu'il est permis d'affirmer avec assurance. Et, partant, ce que rapporte l'épitomateur de T. Live (peut-être, à la vérité, par simple inadvertance) d'une *societas* qu'auraient conclue Philadelphe et la République, ne mérite aucune créance. Et ce qui est pareillement indigne de créance, c'est ce que raconte Eutrope [2] d'une offre d'assistance,

---

1. Cf. ci-après, p. 82 et note 4.

2. Eutrop. 3. 1 : *finito igitur Punico bello, quod per XXIII annos tractum est, Romani iam clarissima gloria noti legatos ad Ptolemaeum Aegypti regem miserunt, auxilia promittentes, quia rex Syriae Antiochus ei bellum intulerat. ille gratias Romanis egit, auxilia*

qu'entre 241 et 237 (?) le Sénat aurait faite à Ptolémée III, alors
en guerre avec « Antiochus » : car une telle offre, qui, du reste,
paraît dès l'abord d'une criante invraisemblance, impliquerait
presque nécessairement qu'Évergètes était, non pas seulement
l' « ami » public [1], mais l'allié des Romains [2].

non accepit. iam enim fuerat pugna transacta. — Sur les discussions qu'a soulevées ce
texte, voir Bandelin (9-10) et Bouché-Leclercq *(Hist. des Lagides,* I, 259, 2). Aux auteurs
cités par ce dernier, ajouter : Lehmann-Haupt, *Klio,* 1903, 542, 1 ; Cardinali, *Riv. di Filol.*
1903, 440 et note 3 ; Corradi, *Atti dell' Accad. di Torino,* 1904-1905, 820 ; Ad. Reinach,
Rev. Ét. gr. 1911, 403-405 ; De Sanctis, *Atti dell' Accad. di Torino,* 1911-1912, 813,
815 ; III, 1, 275, etc. — L'hypothèse de Schneiderwirth *(Polit. Beziehungen zwischen
Rom und Aegypten...,* 9) et de P. Guiraud *(De Lagid. cum Roman. societate,* 10), reprise
récemment par Ad. Reinach *(ibid.* 404-405), selon laquelle le fait mentionné par Eutrope se
rapporterait à l'année 217, ne mérite pas d'être réfutée. — L'opinion en faveur aujourd'hui
est celle de Cardinali et de Beloch (III, 2, 453, 1 ; 458), qui pensent tous deux qu'il s'agit chez
Eutrope de la seconde guerre — postérieure à la paix ou à l' « armistice » de 242 (?) — faite
par Ptolémée III à Séleukos II, et de la paix définitive conclue entre les deux souverains
(cf. notamment De Sanctis, *Atti,* 1911-1912, 815). Mais on est obligé d'admettre que
l'abréviateur a écrit *Antiochus* au lieu de *Seleucus,* et l'on ne voit point quelle serait cette
« bataille » décisive *(pugna)* qui aurait terminé la guerre. Noter, d'ailleurs, les réserves
caractéristiques de Beloch au sujet de la démarche attribuée au Sénat (III, 2, 453) : « Natür-
lich beweisen solche aus den römischen Annalen geflossene Angaben sehr wenig. »
1. Noter, sur ce point, la remarque de Bandelin, qui admet l'existence d'une *amicitia*
publique entre Évergètes et les Romains (9) : « — bello inter Syriam et Aegyptum coorto
maius, quam foedere obstricti erant (Romani), fecerunt legatosque miserunt, qui Ptolemaeo
auxilium contra hostem offerrent. »
2. C'est ce qu'a fait observer avec raison Niese (II, 153, 4), et il ne me semble pas que
Cardinali *(Riv. di Filol.* 1903, 440, 3) ait réfuté son argumentation. — Supposer que le
gouvernement romain, au sortir de la première guerre punique, soit intervenu, de son
propre mouvement et sans que rien l'y obligeât, dans les querelles de l'Égypte et de la
Syrie, c'est imaginer l'impossible. Le dernier historien qui ait traité la question, De Sanctis,
s'exprime ainsi (III, 1, 275-276) : « *Singolare questa offerta* alla maggiore Potenza orientale
e contrastante in apparenza contro gl'interessi di Roma, perchè diretta a rassodare il
primato egiziano. In realtà per allora i Romani a conquiste nel bacino orientale del Medi-
terraneo non pensavano ; ma come a qualche Giapponese d'oggi arride forse il pensiero
non di conquiste in Europa, si d'un intervento nelle contese nostre che ponga il Giappone
dinanzi alla opinione pubblica europea alla pari con le grandi Potenze civili dell' Occidente ;
così sorrideva allora ai Romani l'ambizione che la loro Repubblica si dimostrasse col
fatto pari alle grandi monarchie dei diadochi ; parificazione, fa duopo appena notare, da
cui si ripromettevano con ragione vantaggi e morali e materiali. » Je ne crois nullement,
je l'avoue, à cette politique « japonaise » qu'auraient pratiquée les Romains en Orient
vers l'an 240 avant notre ère ; et j'ai quelque soupçon que l'ingénieux auteur des lignes
ci-dessus transcrites n'y croit pas beaucoup plus que moi. On n'aura rien fait tant qu'on
n'aura pas découvert l'intérêt qu'aurait eu le Sénat à venir spontanément en aide à Évergètes contre Séleukos II (à supposer qu'il s'agisse de celui-ci), et, selon toute apparence,
c'est une découverte qu'on ne fera pas de sitôt, puisqu'on ne l'a pas faite encore. En réalité,
la démarche du Sénat ne pourrait s'expliquer que comme la conséquence d'un engagement

Il ne fut ni l'un ni l'autre, non plus qu'avant lui son père et qu'après lui son fils et son petit-fils [1]. Et maintenant, ce n'est point assez de dire que les relations formées, au iiie siècle, par les souverains lagides avec l'État romain ne donnèrent point lieu à la conclusion d'un *foedus* ; on doit ajouter, contrairement à l'opinion régnante, qu'il n'en résulta nulle entente politique des deux gouvernements. C'est ce que fait voir encore l'intervention de Philopator en Grèce de 209 à 206. Elle prouve que, dans l'ordre politique, Rome et l'Égypte ne sont aucunement solidaires ; que, dans les questions où toutes deux prennent parti, chacune est libre de suivre, sans avoir égard à l'autre, sa politique propre ; et qu'il peut arriver, qu'il arrive, que leurs deux politiques soient en opposition directe. Tel est justement le cas lors de la première guerre de Rome contre Philippe ; et, plus généralement, tel est le cas pendant les vingt dernières années du iiie siècle [2], chaque fois qu'il s'agit de la Macédoine. Car il est un fait, trop négligé, qu'il convient ici de signaler : c'est après que les entreprises romaines en Illyrie ont fait de la Macédoine et de Rome deux puissances antagonistes [3], qu'on voit les Alexandrins, avertis par

inscrit dans un traité. [Ciaceri *(Le relazioni fra Roma e l'Egitto*, 32-33) admet, en principe, l'authenticité du renseignement donné par Eutrope ; mais il interprète son texte de telle façon que tout se réduirait, en fin de compte, à « un semplice scambio di cortesie fra i due stati » ! Il faut avouer que c'est là tirer d'Eutrope un peu moins que ce qu'il offre.] — Il vaut la peine de signaler ici l'étrange raisonnement de Mommsen *(R. G.* I⁷, 547-548) : « Wie sehr den Römern daran gelegen war Makedonien und dessen natürlichen Verbündeten, den syrischen König niederzuhalten und wie eng sie sich anschlossen an die eben darauf gerichtete ägyptische Politik, beweist das *merkwürdige Anerbieten*, das sie — dem König Ptolemaios III. — machten, ihn in dem Kriege zu unterstützen, den er — gegen Seleukos II. — führte und bei dem wahrscheinlich Makedonien für den letztern Partei genommen hatte. » Ainsi, c'est pour nuire à la Macédoine, que les Romains se seraient offerts à partir en guerre contre la Syrie. Il eût été plus simple, en vérité, de combattre la Macédoine en Grèce, en soutenant contre elle les ennemis qu'elle y avait ; or, c'est ce que les Romains n'eurent jamais l'idée de faire avant l'an 212.

1. Si l'on fait abstraction, comme il est nécessaire, des textes annalistiques de T. Live (ci-dessus, p. 73, note 1) et de la tradition relative à la tutelle de Lepidus (ci-dessus, *ibid.),* rien absolument ne donne à croire que Rome et l'Égypte aient été unies par un traité sous le règne d'Épiphanes. Et le fait que les Alexandrins s'accommodent en 196 avec Antiochos à l'insu des Romains (ci-après, p. 83) est une preuve du contraire.

2. On a peine à comprendre comment Ed. Meyer *(Kl. Schr.* 266) peut écrire qu'en ce temps-là « mit dem Hof von Alexandreia — wurde die nahe Freundschaft befestigt, die schon nach dem Pyrrhoskriege geschlossen war. »

3. Comme je l'ai indiqué déjà (ci-dessus, p. 62 et note 1), on parle volontiers de l'hostilité des Romains contre la Macédoine antérieurement à cette époque (voir, par exemple,

la guerre de Koilé-Syrie que l'Égypte aura dans Antiochos III,
le nouveau roi d'Asie, un dangereux adversaire contre lequel elle se
doit mettre en garde, rompre avec la tradition qui voulait que
chaque Lagide fût l'invariable ennemi de chaque Antigonide, se
tourner vers la Macédoine [1], lui prodiguer leurs bons offices et rechercher son amitié, afin de s'en faire une auxiliaire qu'ils opposeront
au Séleucide. La médiation de Philopator entre Philippe et les Aitoliens à la fin de la guerre-des-Alliés [2] — guerre manifestement
avantageuse à Rome, bien qu'elle n'y ait point eu de part [3] —
marque le début de cette politique nouvelle. C'est elle qui inspire,
comme nous l'avons vu, toutes les démarches de l'Égypte en
Grèce, quand Rome s'y montre en armes pour la première fois :
la cour d'Alexandrie n'a point de cesse qu'elle n'ait débarrassé
Philippe des Aitoliens et, par contre-coup, des Romains. Et, sur
la fin du siècle, alors que, malgré la paix de Phoiniké, Philippe,
ancien allié d'Hannibal, demeure pour les Romains un ennemi
probable, elle aboutit, comme à son terme logique, à cette union des
deux monarchies, préparée aux derniers temps de Philopator, négo-
ciée en hâte par Agathoklès dès l'avénement de son successeur [4],

De Sanctis, II, 428 ; III, 1, 278 ; cf. III, 2, 415-416), et l'on pense l'expliquer par le fait
que Rome était « l'amie des Ptolémées ». Mais la vérité est que cette hostilité supposée
n'apparaît nulle part dans les textes.

1. Ce changement radical survenu dans la politique égyptienne doit, selon toute apparence, être attribué au premier ministre Sosibios ; cf. les indications sommaires que j'ai
données à ce sujet dans la *Rev. Ét. anc.* 1912, 371, 5. — Il est clair que l'inimitié de Sosibios
contre Kléomènes, inimitié qui aboutit à l'internement du roi de Sparte et qui, finalement,
causa sa ruine (Pol. V. 36. 8—39), dut faciliter le rapprochement entre le grand-vizir
et Philippe V. Cf. les remarques concordantes de Beloch, III. 1, 749.

2. Pol. V. 100. 9. — J'ai signalé autrefois *(Rev. Ét. gr.* 1895, 191 ; 1897, 48-49 ; cf.
Dittenberger, *Or. gr. inscr.* 80, not. 1 ; 81, not. 1) les rapports amicaux et fréquents qui
s'établirent, sous Philopator, entre la cour d'Égypte et la Confédération béotienne. C'est
là, sans doute, une des conséquences de la politique nouvelle adoptée par le gouvernement
alexandrin. On sait que la Béotie était, depuis le règne d'Antigone Doson, étroitement
attachée à la dynastie de Macédoine (cf. Pol. XX. 5. 7 sqq ; VII. 11. 7 ; XVIII. 43. 1 sqq.
etc.). Il convient de prêter une attention particulière aux décrets d'Orchomène et de
Tanagra en l'honneur de Sosibios *(IG,* VII, 3166 ; 507 = Dittenberger, *Or. gr. inscr.* 80).

3. Cf. ci-après, p. 146 suiv.

4. Pol. XV. 25. 13 : μετὰ δὲ ταῦτα (après l'ἀνάδειξις de Ptolémée Épiphanes)
Πέλοπα μὲν ἐξέπεμψε (Ἀγαθοκλῆς) τὸν Πέλοπος εἰς τὴν Ἀσίαν πρὸς Ἀντίοχον τὸν
βασιλέα, παρακαλέσοντα συντηρεῖν τὴν φιλίαν καὶ μὴ παραβαίνειν τὰς πρὸς τὸν τοῦ
παιδὸς πατέρα συνθήκας, Πτολεμαῖον δὲ τὸν Σωσιβίου πρὸς Φίλιππον τά τε περὶ τῆς
ἐπιγαμίας συνθησόμενον καὶ παρακαλέσοντα βοηθεῖν, ἐὰν ὁλοσχερέστερον αὐτοὺς Ἀντίοχος ἐπιβάληται παρασπονδεῖν.

que devra sceller le mariage d'Épiphanes avec une fille de Philippe [1], et par laquelle les Alexandrins se flattent d'obtenir contre Antiochos III l'assistance armée du Macédonien [2]. Tout de suite après l'ἀνάδειξις d'Épiphanes, au même moment, exactement, où, comme il a été dit plus haut, Ptolémée de Mégalopolis

[1] C'est à ce projet de mariage, comme on l'a vu depuis longtemps (cf. Niese, II, 574, 1), que se rapportent les mots τά τε περὶ τῆς ἐπιγαμίας συνθησόμενον dans le texte de Polybe ci-dessus transcrit (XV. 25. 13). Les objections que ce texte suggère à Bouché-Leclercq se laissent aisément écarter. L'éminent historien s'exprime ainsi *(Hist. des Lagides*, I, 342, 2 ; cf. *Hist. des Séleucides*, I, 170, 4) : « Τὰ περὶ τὰς [τῆς ?] ἐπιγαμίας συνθησόμενον. La leçon τάς rend le passage inintelligible. On ne voit pas à quel propos une question juridique de *conubium* aurait pu être soulevée. Avec la correction τῆς, on ne peut que conjecturer un projet de mariage (auquel cas ἐπιγαμία est impropre) entre le roi et une fille de Philippe. Mais on ne connaît pas de fille à Philippe ; Épiphane était encore un enfant ; et l'emploi de l'article suppose que l'affaire avait déjà été engagée. Le passage reste énigmatique. » A ces remarques je crois devoir opposer les observations suivantes : 1° Il n'y a point d'incertitude sur la rédaction du texte : l'unique manuscrit qui nous ait conservé ce fragment de Polybe, le ms. de l'Escurial (S = *Exc. de insid.* 226 De Boor), donne τά τε περὶ τῆς ἐπιγαμίας. — 2° Le terme ἐπιγαμία est usuel pour désigner une alliance (entre deux familles, deux dynasties, etc.) résultant d'un mariage ; il suffit de renvoyer à Diod. XXXI. 19. 6 : Ἀριάμνης, ὃς ἐπιγαμίαν πρὸς Ἀντίοχον ποιησάμενος τὸν ἐπονομασθέντα θεὸν τὴν τούτου θυγατέρα Στρατονίκην συνῴκισε τῷ πρεσβυτέρῳ τῶν υἱῶν Ἀριαράθη — ; App. *Maced.* 11. 2 : διέβαλλε (Εὐμένης) δ' αὐτοῦ (Περσέως) καὶ τὰς ἐπιγαμίας βασιλικὰς ἄμφω γενομένας (cf. Liv. (P.) 42. 12. 3) — ; *Syr.* 5 : ἐπιγαμίαις τοὺς ἐγγὺς βασιλέας προκατελάμβανε (Ἀντίοχος III) — ; cf. encore Diod. XVII. 98. 1 ; XVIII. 4. 4 ; et la loi d'Ilion sur la tyrannie (Dittenberger, *Or. gr. inscr.* 218), l. 105 : φόνον δὲ ἐπιγαμ(ί)αις μὴ καταλλάσ[σεσ]θαι μηδὲ χρήμασιν. J'ajoute qu'en grec moderne le mot ἐπιγαμία a conservé le même sens ; c'est ainsi qu'on lit dans le *Lexikon* de A. Th. Hépitès (Athènes, 1908) : ἐπιγαμία, ἕνωσις διὰ τοῦ γάμου. — 3° On connaît au moins deux filles de Philippe (cf. Liv. (P.) 32. 38. 3) : l'une épousa le roi thrace Térès (Diod. XXXII 15. 5) ; une autre, qui s'appelait Apamé (comme l'a montré Ad. Wilhelm, *Jahresh.* 1903, 80-81), fut mariée à Prousias II de Bithynie (Liv. (P.) 42. 12. 3-4 ; 29. 3 ; App. *Mithr.* 2). — 4° Le fait qu'en 203/202 Épiphanes était un tout jeune enfant ne saurait empêcher qu'on eût projeté de le marier à l'une des filles de Philippe : Louis XV n'avait que dix ans lorsqu'on le fiança à l'infante Victoire, qui n'en avait que cinq. — 5° Il est exact que la présence de l'article τῆς devant ἐπιγαμίας, comme l'emploi de l'expression τῆς ἐπιγαμίας sans autre indication, implique que « l'affaire avait été déjà engagée » (cf. Niese, II, 574, 1) et que Polybe en avait précédemment parlé : il en faut simplement conclure que le futur mariage des deux enfants royaux et, plus généralement, que l'alliance de la Macédoine et de l'Égypte avait fait l'objet d'un commencement de négociation vers la fin du règne de Philopator. Il y a lieu de se souvenir à ce propos que Philippe, comme l'indique Polybe (XV. 20. 1), avait, du vivant de Philopator, offert ses services à l'Égypte. — Je ne comprends pas bien comment, dans sa récente *Histoire des Séleucides* (I, 170, 4), Bouché-Leclercq affirme encore qu'il ne « s'agit aucunement de mariage » et substitue à ἐπιγαμίας l'extraordinaire correction de J. Svoronos, ἐπιμαχίας, laquelle a le défaut de n'offrir aucun sens.

[2] Pol. XV. 25. 13 (texte cité plus haut).

part pour Rome avec mandat d'intéresser le Sénat en faveur du
jeune roi, Ptolémée, fils du régent Sosibios, reçoit l'ordre d'aller
trouver Philippe. L'envoi simultané de ces deux ambassades,
adressées à deux récents adversaires, est chose à retenir. Ce qu'on
voit ici tout ensemble, c'est que l'Égypte, attentive à ne pas
négliger l' « amitié romaine », sait y recourir à l'occasion pour faire
obstacle au roi d'Asie, mais qu'elle entend cependant garder
vis-à-vis de la République la pleine indépendance de ses relations
extérieures, prendre ses alliés où il lui plaît, et les aller chercher, si
elle le juge utile, même dans le camp opposé aux Romains. Et il y
a plus : il apparaît clairement, à lire Polybe, qu'il n'existe point de
parité entre la mission qu'accomplit en Macédoine le fils de
Sosibios et celle dont est chargé à Rome Ptolémée de Mégalopolis.
Celle-ci, dans la pensée du gouvernement égyptien, semble bien
n'être qu'à demi sérieuse ; ce n'est guère qu'une marque de déférence accordée à l'orgueil romain. Agathoklès n'en attend que
peu de résultat. La preuve, c'est qu'il a laissé entendre à Ptolémée
qu'il n'avait point à se hâter de parvenir au but de son voyage,
et lui a donné licence de s'arrêter et de séjourner en Grèce [1]: visiblement, il ne fait pas grand fonds sur la bienveillance du Sénat,
il n'en compte recevoir aucune aide efficace — et, vraiment, après
la conduite tenue par les Alexandrins durant la guerre de Macédoine, le contraire serait surprenant. L' « ami » en qui l'Égypte,
dans ces jours d'inquiétude, a placé sa confiance, qu'elle compte
engager dans sa querelle, et dont elle attend le secours militaire,
c'est le roi naguère ennemi de Rome, c'est le Macédonien. Contre
les entreprises prévues d'Antiochos, c'est sur l'appui de Philippe
qu'elle se repose et s'assure [2].

3

Pour conclure, il faut donc se garder d'exagérer la « signification » des rapports qu'ont entretenus, depuis 273, le Peuple romain
et la dynastie ptolémaïque. Par la volonté de Philadelphe, l'Égypte
et Rome cessèrent d'être tout-à-fait étrangères l'une à l'autre ;

---

1. Pol. XV. 25. 14 ; cf. ci-dessus, p. 70, note 4.
2. Sur la politique équivoque de Philippe en 202/201 et le double jeu qu'il joue entre
l'Égypte et la Syrie, voir ci-après, p. 283, 290.

au cours du IIIe siècle, les deux gouvernements apprirent quelque
peu à se connaître ; mais l'erreur serait grande de croire qu'ils se
soient alors étroitement rapprochés. Il n'est pas vrai, quoi qu'ait
déclaré l'éloquent Droysen [1], qu'au lendemain de la guerre de
Pyrrhos, l'initiative prise par le second Lagide ait eu pour effet
de faire « entrer Rome dans la sphère des grandes relations politiques qui... s'étendaient des Colonnes d'Héraklès au Gange... » ;
il n'est pas vrai qu'en 273 ait été «inaugurée une alliance qui devait
prouver, par sa durée de deux siècles, qu'elle était bien appropriée
à la situation [?] [2] ». Des égards réciproques, un va-et-vient,
probablement assez intermittent, d'ambassades courtoises, un
échange, à plus ou moins longs intervalles, de salutations et de
compliments, c'est à quoi semble s'être réduite, pendant soixante-
dix ans, cette « amitié » de Rome et de l'Égypte, que les modernes,
à la suite des Annalistes romains, ont transformée en un fait
historique de grande conséquence. Jamais, durant cette longue
période, Alexandrins et Romains ne s'associent dans un dessein
commun ; jamais on ne les voit se lier d'intérêts : mais, au contraire, une fois au moins, comme il a été dit plus haut, leurs
intérêts se heurtent violemment ; jamais il n'apparaît qu'une
même pensée politique préside à leurs relations. Et c'est pourquoi
l'on a lieu de se demander si toute pensée de cette sorte n'était
point étrangère à Philadelphe lorsqu'il résolut de se faire connaître
des Romains. S'il leur rendit un hommage spontané, ce fut peut-
être simplement qu'une intelligente curiosité le poussait à se
mettre en rapports avec les grandes nations barbares dont le
renom arrivait jusqu'à lui ; s'il expédia une ambassade au Sénat,
le motif en put être le même qui lui en fit envoyer une aussi à la
cour des souverains hindous [3]. Et quant aux *Patres*, s'ils accueil-
lirent volontiers ses avances, ce n'est certes point, comme le
montrent les événements, qu'ils eussent l'intention d'engager la
politique romaine dans des voies nouvelles, ni de la diriger vers
des buts lointains, ignorés jusque-là. Mais ils firent probablement
réflexion qu'en prévision des années de disette ou de maigre récolte,

---

1. Droysen, III, 177 (trad. fr.). Le « Bombast » de Droysen est convenablement reproduit par le traducteur.
2. Droysen, III, 178 (trad. fr.).
3. Plin. *N. H.* VI. 58 ; cf. Tarn, *Antig. Gonatas*, 445, 4.

il n'était point indifférent de vivre sur un pied d'amitié avec le souverain de qui dépendait le plus riche marché de céréales qui fût au monde [1]. A quoi l'on peut ajouter qu'en ce temps-là, toute leur vertu républicaine ne les défendait pas contre le prestige attaché à la personne des « rois »[2], et n'empêchait pas qu'ils ne fussent singulièrement sensibles aux prévenances des monarques étrangers.

Selon toute vraisemblance, la première ambassade égyptienne, investie d'une mission politique, qui se soit rendue à Rome, fut, en 202, celle, déjà mentionnée, de Ptolémée de Mégalopolis ; le grand péril que courait alors la monarchie lagide en motiva l'envoi. Pourtant, nous l'avons dit, il n'y eut sans doute là, de la part des Alexandrins, qu'une démarche de pure forme : tandis qu'ils faisaient mine d'implorer l'aide du Sénat, c'est ailleurs, en Macédoine, qu'ils travaillaient à se pourvoir de l'allié dont ils avaient besoin. — Selon toute vraisemblance, la première ambassade romaine, ayant un objet politique, qui soit venue en Égypte, fut celle qui, vers la fin de 200, feignant de satisfaire à la requête du Mégalopolitain, parut vouloir réconcilier Antiochos et la cour d'Alexandrie. On a vu, d'ailleurs, qu'en cette occasion le Sénat servit d'étrange façon les intérêts de Ptolémée V [3]. S'il lui plut de les défendre contre Philippe, quand celui-ci se fut jeté sur la Thrace égyptienne [4], il ne se fit aucun scrupule de les sacrifier, au moins pro-

---

1. Cf. M. Rostowzew, P.-W. VII, 139, *s. v. Frumentum*.

2. Voir la curieuse remarque de Polybe à propos de la venue du roi des Athamanes, Amynandros, à Rome, lors des négociations de 198/197 : XVIII. 10. 7. Si T. Quinctius prend soin de l'y expédier, c'est qu'il compte que ce roitelet d'une peuplade inconnue et à demi sauvage fera grande impression sur le Sénat : φαντασίαν δὲ ποιήσοντα ('Αμύνανδρον) καὶ προσδοκίαν διὰ τὸ τῆς βασιλείας ὄνομα.

3. Ci-dessus, p. 59.

4. Pol. XVI. 34. 3 *(indictio belli* du Sénat signifiée, à Abydos, par le légat M. Aemilius à Philippe) ; cf. XVIII. 1. 14 (colloque du golfe maliaque, aut. 198). Il s'agit certainement, dans le premier texte, des conquêtes toutes récentes de Philippe en Thrace (prise d'Ainos et de Maroneia) : c'est ce qu'indique les mots μήτε τοῖς Πτολεμαίου πράγμασιν ἐπιβάλλειν τὰς χείρας. L'interprétation de Mommsen *(R. G. I*³, 700), reproduite par G. Colin *(Rome et la Grèce*, 68), est erronée : il n'est point question d'obliger Philippe à « restituer » ce qu'il a jadis pris au Lagide. Je ne doute pas que, dans le second texte, il ne soit aussi question des villes ptolémaïques de Thrace. On admet d'ordinaire que T. Quinctius y veut parler de villes enlevées en Asie par Philippe à l'Égypte ; mais, à la date de 198, je ne trouve aucune ville d'Asie, dépendant antérieurement de l'Égypte, qui soit au pouvoir de Philippe ; cf. ci-après, p. 318, note 2.

visoirement, aux ambitions d'Antiochos, dont le Peuple romain redoutait par-dessus tout l'hostilité. Vainqueur à Panion dans l'été de 200, [1] le Séleucide eût pu envahir et conquérir l'Égypte sans qu'à Rome on osât s'en émouvoir. Ce fut seulement en 196 que, raffermis par le désastre de Philippe, et jugeant le moment venu d'arrêter le roi de Syrie qui, déjà, prenait pied en Europe, les *Patres* s'avisèrent, pour l'embarrasser, de soutenir en face de lui [2] ce rôle de médiateurs amis de Ptolémée, qu'ils avaient assumé et négligé depuis quatre ans. Ils s'en avisèrent un peu tard : entre temps, oubliés des Romains et les oubliant à leur tour, les Alexandrins s'étaient décidés, à l'insu du Sénat et sauf à le mettre en fâcheuse posture, à faire leur paix avec Antiochos [3]. Telle est l'édifiante sincérité qu'apportaient dans leurs relations ces deux États « amis » depuis si longtemps, Rome et l'Égypte, quand, pour la première fois, par l'initiative du gouvernement lagide, ces relations devinrent politiques.

IV

Je ne saurais quitter ce sujet de la prétendue « politique orientale des Romains » au iiiᵉ siècle, sans discuter brièvement une opinion qui a trouvé et trouve encore quelque crédit. Certains historiens ont pensé qu'au cours de ce siècle, des raisons d'ordre économique avaient induit le Sénat à entretenir des rapports publics avec plusieurs des grandes cités maritimes de l'Asie grecque, et à s'unir à elles par des « traités commerciaux » [4]. Ce qu'on a supposé — à tort — s'être passé dès la fin du ivᵉ siècle entre les Romains et l'État rhodien se serait ainsi passé, un peu plus tard, entre eux et d'autres États de la même région. Or, il va de

---

1. Pour cette date, voir mon mémoire dans *Klio*, 1908, 270 suiv. Celle de 198, maintenue encore par Bouché-Leclercq *(Hist. des Séleucides*, I, 176 ; II, 572), n'est pas acceptable.

2. Pol. XVIII. 47. 1 ; 50. 5 ; App. *Syr.* 2-3.

3. Ceci résulte de Pol. XVIII. 51. 10 ; dans 54. 4, il s'agit certainement aussi des διαλύσεις de l'Égypte et de la Syrie. Que les Romains n'aient point eu connaissance des accords intervenus entre Antiochos et Ptolémée Épiphanes, voilà qui montrerait, à soi seul, ce que vaut l'histoire de la tutelle de M. Lepidus.

4. Voir notamment De Sanctis, II, 427 ; III, 2, 438, note 96.

soi que les traités dont il s'agit, bien que l'objet en fût proprement commercial, n'auraient pas laissé d'avoir quelque caractère politique : ç'auraient été nécessairement des « traités d'amitié »[1]. Pratiquant en Orient une « politique économique », le Sénat se serait trouvé par là même avoir, dans quelque mesure, une « politique orientale ».

Il est visible que ceux qui professent cette opinion admettent implicitement deux choses : l'une, c'est que, dès le IIIe siècle, Rome avait dans l'Orient hellénique de grands intérêts commerciaux ; l'autre, c'est que, dès ce temps-là, la protection de ces intérêts tenait une place importante dans les préoccupations du gouvernement romain. Ces deux points doivent être examinés.

Or, sur le premier, il y a déjà lieu de faire d'expresses réserves. — Entendons-nous bien : qu'au IIIe siècle — et dès les temps les plus anciens — la Sicile, la Grande-Grèce et la Campanie grecque aient entretenu avec la Grèce d'Asie d'actives relations commerciales, nul n'en a jamais douté. Mais ce qui était vrai de ces contrées l'était-il de Rome et de l'Italie romanisée ? Mommsen l'a cru[2], sans toutefois dire quels motifs il avait de le croire ; sa conviction l'a dispensé d'une démonstration. Après lui, reprenant et amplifiant sa doctrine, quelques historiens ont assuré que « les Italiens fréquentaient *depuis longtemps* la Mer Égée quand la guerre y amena la marine romaine »[3]. Cependant, ils n'en ont apporté aucune preuve, la seule qu'ils aient alléguée s'étant retournée contre eux. Cette preuve, c'est des inscriptions de Délos qu'ils l'avaient voulu tirer : ils y avaient pensé découvrir des traces

---

1. Effectivement, comme l'a fait observer Täubler *(Imp. Romanum, I, 205)*, le droit public romain ne connaît pas de traités qui soient simplement commerciaux. Tout traité conclu par le Peuple romain est un acte politique : *foedus amicitiae, foedus societatis*, « traité de clientèle. » — De Sanctis indique expressément que les traités conclus, au IIIe siècle, par les Romains avec les « cités d'Asie » auraient été des « traités d'amitié » *(trattati d'amicizia)* (III, 2, 438, note 96).

2. Voir son exposé des « motifs commerciaux » (« commerciellen Motive ») qui auraient fait entreprendre aux Romains leur seconde guerre contre Philippe : *R. G.* I⁷, 697-698.

3. Homolle, *B. C. H.* 1884, 83. Le même auteur admet qu'il y eut « intervention de Rome dans le commerce de l'Orient » dès le début du IIe siècle *(ibid.* 79). Cf. De Sanctis, III, 2, 401 : « ... Il mercante Italiano, il quale nel corso del secolo III sempre più imparava a frequentare i porti del Levante... ». — H. Graillot *(Le culte de Cybèle*, 33) estime que,

certaines et précoces de « l'activité romaine »[1] à Délos, et, « dès le IIIe siècle, le premier noyau de cette colonie de *negotiatores* » italiens et romains, «qui devint plus tard si prospère »[2]. Par malheur, ils s'étaient fait quelque illusion[3]. Interrogées à nouveau et de plus près[4], ces inscriptions ont montré que, durant tout le IIIe siècle, les Romains et les habitants de l'Italie romaine sont, autant dire, absents de Délos[5] ; que, jusqu'au moment où l'île fait retour aux Athéniens, ils y apparaissent à peine[6] ; que la clientèle étrangère, lorsque s'ouvre le port franc, y est surtout égyptienne et orientale[7] ; que c'est seulement après 166, soit plus

« depuis sa victoire sur Pyrrhus », Rome « a étendu ses relations avec les États grecs », et que, « selon toute vraisemblance, elle n'est pas sans rapports de commerce avec les grandes cités marchandes qui constituent alors les Échelles du Levant, Rhodes, Mitylène, Smyrne, Cyzique... ».

1. G. Colin, *Rome et la Grèce*, 93.

2. Homolle, *Rapport sur une mission archéol. à Délos (Arch. miss. scientif.* 1887), 424 ; cf. *B. C. H.* 1884, 78 : « Grâce à eux [les documents épigraphiques de Délos], on verra cette colonie [romaine] se former (250-168), se développer et devenir prospère... »

3. Voir notamment les critiques de T. Frank, *Americ. histor. Review*, 1913, 241 et note 19 ; *Roman Imperialism*, 284-285, 295, note 24.

4. Voir, avant tout, le mémoire de J. Hatzfeld, *Les Italiens résidant à Délos (B. C. H.* 1912, 1 suiv. ; en particulier, 102 suiv., 140, etc.) ; cf. P. Roussel, *Délos colonie athénienne*, 75 suiv. ; T. Frank, *Roman Imperialism*, 284-285, et les autres écrits du même savant, cités ici dans les notes. — Je n'ai pu prendre qu'une connaissance sommaire du livre tout récent de J. Hatzfeld, *Les trafiquants italiens dans l'Orient hellénique* (Paris, 1919). Je dois dire que, dans ce remarquable ouvrage, l'auteur me semble assigner parfois une date trop ancienne aux premières entreprises du commerce italique en Orient ; ses conclusions sur ce point (voir, par exemple, 19-20, 178-179, 367) outrepassent et vont jusqu'à contredire les observations si exactes et si précieuses qu'il a faites sur les inscriptions de Délos.

5. Cf. Hatzfeld, *B. C. H.* 1912, 140-141. Il n'est fait mention, pour le IIIe siècle, que du θαυματοποιὸς Σέρδων *(IG*, XI, 2, 115), qui se qualifie de Ῥωμαῖος, mais dont le nom n'est pas latin (cf. la note de F. Durrbach sur *IG*, XI, 2, 115), d'un ouvrier agricole appelé Νόυιος *(IG*, XI, 2, 287, *A*, l. 58), et d'un citoyen de Canusium en Apulie *(IG*, XI, 4, 642) — ce qui est assurément peu de chose. Hatzfeld (80) admet que la famille des Staii a pu s'établir à Délos dès la fin du IIIe siècle (avant 220) ; mais elle semble originaire de Cumes.

6. Cf. P. Roussel, *Délos colonie athénienne*, 75-76 : « Les recherches les plus exactes n'ont permis de découvrir, dans les textes antérieurs à 166, que quelques mentions de personnages de noms romains qui aient été des particuliers, peut-être des marchands » ; Hatzfeld, *B. C. H.* 1912, 102 : « C'est à la fin de la période de l'indépendance qu'on... voit apparaître les premiers Ῥωμαῖοι [nom qui ne désigne pas du tout nécessairement des Romains : cf. 132 suiv., 138] ; mais ils restent rares jusqu'au moment où Délos est rendue aux Athéniens » ; *Les trafiquants italiens*, 20, 34, etc.

7. P. Roussel, 87 suiv. ; T. Frank, *Roman Imperialism*, 284-285 ; Hatzfeld, *Les trafiquants italiens*, 374.

de quarante ans après la première intervention armée des Romains en Grèce, que les Italiens commencent de s'y établir ; mais que, même à cette époque, leur colonie demeure « embryonnaire »[1] et cède le pas aux groupements bien plus considérables formés par les Orientaux et les Grecs d'Asie ; qu'on ne la voit prendre figure qu'entre 150 et 125, et qu'elle ne devient compacte et puissante qu'aux approches du Ier siècle[2]. Or, il est certain, et l'on a soutenu avec raison que la grande extension du commerce italique et romain aux mers orientales dut avoir pour prompte conséquence l'établissement de nombreux trafiquants italiens dans cet « emporion » insulaire, où se concentrait de longue date tout le négoce de l'Archipel. Partant, le témoignage de l'épigraphie délienne se trouve infirmer directement la thèse qu'il devait fortifier ; et ce qu'il en faut induire, c'est que le commerce italo-romain ne se répandit en Orient que sur le tard, longtemps après la fin du IIIe siècle[3]. Encore sied-il d'ajouter que les Romains et les Italiens de leur voisinage ne participèrent jamais à ce commerce que dans une faible mesure : la grande majorité des *negotiatores* résidant à Délos se composa, à tout époque, de Grecs d'Italie et d'Italiens du Sud[4]. — Et, inversement, il est permis de se

---

1. P. Roussel, 76 : « Nous avons [vers 160-150], si l'on veut, l'embryon d'une colonie italienne... Pour saisir une réalité plus consistante, il faut en venir à l'époque qui suivit la ruine de Corinthe » ; cf. Hatzfeld, *Les trafiquants italiens*, 28.

2. Hatzfeld, *B. C. H.* 1912, 104 : « A partir de 125 environ, les Ῥωμαῖοι se multiplient à Délos. — C'est... dans le dernier quart du IIe siècle que les Italiens sont assez nombreux pour mériter une mention spéciale dans l'ensemble de la population de l'île... » Il résulte des recherches de J. Hatzfeld (110-117) que l'édifice spécialement affecté à la colonie italienne (« Agora des Italiens ») n'a été construit que vers l'année 100. Cf. T. Frank, *Roman Imperialism*, 285 ; *Classic. Journal*, 1909-1910, 104.

3. On m'objectera la ῥωμαϊκὴ ναῦς (Plut. *Arat.* 12) en route pour la Syrie, qui, en 249 ou 248 (cf. Tarn, *Antig. Gonatas*, 368), recueillit Aratos naufragé. Je n'oublie pas ce « vaisseau romain » ou italien, mais je le tiens pour extrêmement suspect. Quelle apparence, comme le fait observer Tarn (369, 3), qu'un négociant italien soit allé se risquer dans les eaux de Syrie, au voisinage de la Phénicie, pendant le fort de la première guerre contre Carthage? Le plus probable, à mon gré, c'est que le mot ῥωμαϊκή provient de quelque faute de manuscrit. On sait les inextricables difficultés qu'a soulevées, dans le même passage, la présence du mot Ἀδρίας qui, lui aussi, paraît être une leçon vicieuse. — Il me semble que Hatzfeld (*Les trafiquants italiens*, 19-20 ; 178), dans son désir de montrer la marine italienne fréquentant de bonne heure les mers d'Orient, fait quelque abus du texte douteux de Plutarque.

4. Hatzfeld, *B. C. H.* 1912, 131 suiv. ; *Les trafiquants italiens*, 240-242, 243-244, sur l'emploi abusif du terme Ῥωμαῖοι à Délos ; cf. T. Frank, *Roman Imperialism*, 285.

demander s'il existait au IIIe siècle un courant commercial puissant et régulier, se dirigeant de l'Orient hellénique vers Rome et l'Italie romaine. C'est, à y bien regarder, ce qui semble assez douteux. Car, en pareil cas, on comprend mal la fondation tardive et la prospérité, plus tardive encore, de Puteoli, premier port « romain » destiné à servir de débouché au trafic oriental [1]. On ne comprend pas davantage l'opposition obstinée que firent les cités maritimes de l'Asie grecque, Rhodes en tête, aux entreprises des Romains en Grèce durant la première guerre de Macédoine [2] : comment ces cités ne craignaient-elles pas qu'irritée de leur attitude, Rome n'en vînt à user contre elles de représailles commerciales ? On ne s'explique guère, enfin, la démarche extraordinaire que, lors de la disette de 210 (?), le Sénat se trouva, dit-on, dans la nécessité de faire auprès de Philopator [3]. Les *Patres* sollicitèrent du roi l'exportation en Italie des blés d'Égypte. La raison, dit Polybe, en était que « nul secours ne pouvait venir d'ailleurs » [4] : pourtant, si les États commerçants de la côte asiatique, si, notamment, les Rhodiens, grands convoyeurs de blé, avaient accoutumé d'expédier leurs chalands dans les ports italiens, comment le marché romain n'était-il pas approvisionné par leurs soins ?...

Tant y a que ces grands intérêts que, dès le IIIe siècle, Rome aurait eus dans l'Orient hellénique, échappent aux regards attentifs. Et c'est ici que se pose la seconde question. A supposer ces intérêts réels, y a-t-il apparence que le Sénat ait eu la prompte volonté de les servir et de les protéger, et qu'à cet effet il se soit hâté d'avoir en Orient une « politique économique » ?

On croyait beaucoup jadis, à la suite et peut-être sur la foi de

---

1. Cf. Nissen, *Ital. Landeskunde*, II, 2, 738-739 (Ch. Dubois, *Pouzzoles*, 65 suiv., n'ajoute rien). L'établissement du *portorium* est, comme on sait, de 199 ; la colonie romaine est fondée en 194. Le commerce de Puteoli grandit pendant le IIe siècle ; il atteint un haut degré de prospérité vers l'an 100.

2. Cf. ci-dessus, p. 35 suiv. — Les cités qui suivent alors la même politique que Rhodes sont ses alliées ou ses clientes : Byzance, Khios, Mytilène (Pol. XI. 4. 1).

3. Pol. IX. 11 *a*. Cf. ci-dessus, p. 67.

4. Pol. IX. 11 *a*. 2 : ἔξωθεν δὲ μὴ γενομένης ἐπικουρίας —. Polybe ajoute : ἅτε κατὰ πάντα τὰ μέρη τῆς οἰκουμένης πολέμων ἐνεστώτων καὶ στρατοπέδων παρακαθημένων, πλὴν τῶν κατ' Αἴγυπτον τόπων. Mais c'est là une erreur manifeste : à l'époque dont il s'agit, après la victoire d'Antiochos sur Achaios (213), il n'y a point de guerre dans la Petite-Asie (les hostilités de Prousias contre Attale ne commencent qu'en 208 et se limitent à un théâtre restreint).

Mommsen [1], à la politique économique ou, comme on disait, « mercantile » de l'État romain [2]. On est bien éloigné aujourd'hui d'y croire aussi volontiers, du moins pour la période antérieure à l'époque des Gracques [3] ; et le temps n'est plus où, de l'aveu unanime, l'humiliation de Rhodes, la création du port franc de Délos, la ruine de Carthage et celle de Corinthe passaient pour des satisfactions accordées à la cupidité des financiers de Rome [4].

1. Voir, par exemple, la façon trop hardie dont A. Merlin *(L'Aventin dans l'Antiquité,* 278-280) amplifie les indications de Mommsen : « (279) Après comme avant et pendant les guerres puniques, (la classe mercantile) exerce un minutieux contrôle sur l'opportunité et la direction des opérations militaires. Elle exige que l'on tienne compte de ses appétits, de ses revendications, qu'on lui fasse une large part dans les gains de la victoire, etc. » Je voudrais qu'on montrât dans les textes un mot, un seul mot, qui autorisât ces affirmations. — Cf., au contraire, T. Frank, *Econom. History of Rome,* 108 : « When we review the second century, therefore, a period in which Rome's commercial interests are popularly supposed to have gained such influence in politics..., we find upon examination of our sources practically no Roman trade of importance, and certainly no evidence except in the Gracchan days that the state cared to encourage Roman traders. »

2. G. Colin *(Rome et la Grèce,* 92-95 ; cf. 70), enchérissant sur Mommsen, penche à croire que la seconde guerre de Macédoine doit être attribuée, pour une large part, aux convoitises des « capitalistes » et des « financiers » qui, « depuis longtemps, tournaient leurs regards » vers le monde grec, et qui « encourageaient... de leur mieux les efforts du Sénat pour prendre pied en Orient... » Il aurait dû s'aviser que la tradition annalistique prête aux capitalistes, créanciers de l'État, des sentiments très différents (Liv. (Ann.) 31. 13. 2-4). En l'an 200, la guerre nouvelle leur agrée si peu qu'ils sont au moment de la rendre impossible par les réclamations pressantes, portant sur l'arriéré de leurs créances, dont ils assaillent le Sénat. — D'autre part, un fait qu'on ne saurait trop signaler, c'est, en 167, la défense faite par le Sénat d'exploiter les mines aurifères et argentifères de la Macédoine (Liv. (P.) 45. 29. 11 ; cf. (Ann.) 18. 3 ; Diod. XXXI. 8. 7) ; il en faut nécessairement conclure, ou qu'il ne se trouvait point alors à Rome de « financiers » disposés à exploiter ces mines, ou que, s'il s'en trouvait, le Sénat avait résolu de s'opposer à leurs projets et qu'il y réussit facilement. Cf. Hatzfeld, *Les trafiquants italiens,* 371-372 ; on trouvera dans cet ouvrage (370-371) une critique très judicieuse de la thèse aventurée de G. Colin, qui est aussi celle de L. Homo, *Rev. histor.* t. 122 (1916), 20.

3. Voir en particulier T. Frank, *Roman Imperialism,* 277 suiv., 283-286 ; et, sur l'importance attribuée à tort, avant l'époque des Gracques, aux intrigues et à l'influence des *equites,* 292-293. Cf. Hatzfeld, *Les trafiquants italiens,* 369-374 (noter que l'auteur n'a pas connu les travaux de T. Frank) ; 370 : « Il est ... une première période où l'on ne peut relever aucune marque de [ces] préoccupations (mercantiles des Romains) : c'est celle des deux premières guerres de Macédoine et de la guerre contre Antiochus. »

4. On peut s'étonner qu'à propos de la création du port franc de Délos, Wilamowitz *(Staat und Gesellschaft,* 182) reproduise encore en partie l'ancienne doctrine. Cette création ne fut qu'une mesure de vengeance prise contre les Rhodiens et destinée à frapper leur commerce (cf. Pol. XXX. 31. 10-12) ; rien ne permet de croire qu'elle ait eu pour objet d'avantager les négociants romains. Cf. T. Frank, *Econom. History of Rome,* 109. — Pour la destruction de Carthage, U. Kahrstedt, *Gesch. der Karthager,* 616, et, avec

Que, dès le cours du IIIe siècle, les considérations d'ordre économique aient été puissantes sur l'esprit des *Patres*, assez puissantes pour devenir, en certains cas, la règle de leurs rapports avec l'étranger, c'est à coup sûr une opinion hardie et qui aurait besoin d'être fortement appuyée sur les faits. Or, on n'en produit aucun qui l'autorise ; mais on en peut, en revanche, alléguer plusieurs qui lui apportent un démenti formel. Comme l'a justement signalé T. Frank [1], c'est chose assez frappante que ni le traité de 201 avec Carthage, ni celui de 197 avec Philippe, ni celui de 189 avec l'Aitolie, ni celui de 188 avec Antiochos ne renferment une seule stipulation commerciale en faveur des Romains et de leurs alliés d'Italie [2]. Et, d'autre part, il y a lieu d'observer que le gouvernement romain, comme il a été dit plus haut [3], refusa longtemps de prêter attention aux doléances des marchands italiens molestés par les corsaires d'Illyrie ; que ce fut seulement après 228 qu'il entra en rapports officiels, du reste éphémères et sans conséquences, avec Athènes et Corinthe [4], c'est-à-dire avec les deux métropoles du commerce hellénique en Europe ; qu'en 197, T. Quinctius n'hésita point à contracter alliance avec le roi forban Nabis qui, par ses pirateries, rendait intenables les parages du Péloponnèse [5] ;

plus de réserve, Ferguson, *Hellen. Athens*, 329. Il vaut la peine de citer, comme l'a fait aussi T. Frank (*Roman Imperialism*, 293, 1), les paroles de Kahrstedt : « Nirgends in der guten antiken Literatur ist das bezeugt, was die Modernen, selbst Mommsen, als Grund der Zerstörung Karthagos angeben, die merkantile Eifersucht der italischen Grosskaufmannschaft. » — Pour la destruction de Corinthe, bonnes remarques de Hatzfeld, *Les trafiquants italiens*, 373.

1. T. Frank, *Roman Imperialism*, 283 ; cf. 279-280. — Le silence gardé sur les Romains et les Italiens dans le traité avec Antiochos est d'autant plus notable que ce traité maintient expressément aux Rhodiens les privilèges commerciaux dont ils jouissaient dans le royaume d'Asie : Pol. XXI. 43. 16-17.

2. T. Frank (279-280) a fait voir combien sont exagérées les conclusions qu'on a voulu tirer du sénatus-consulte relatif à Ambrakia (Liv. (P.) 38. 44. 4), qui exempte les Romains et leurs alliés des péages (*portoria*) établis par les Ambrakiotes ; cf. *Econ. m. History of Rome*, 108. — L'État romain, comme il a été rappelé ci-dessus (p. 88, note 2), ne tire en Macédoine aucun profit de la défaite de Perseus.

3. Pol. II. 8. 1 ; 8. 3 : cf. ci-dessus, p. 26.

4. Pol. II. 12. 8 ; cf. ci-après, p. 115 suiv.

5. Cf. Liv. (P.) 34. 32. 18-19 ; 36. 3. — Noter que, dans Liv. (P.) 34. 32. 18-19, il n'est parlé que des attaques dirigées par Nabis, durant la guerre de Macédoine, contre les convois qui ravitaillaient en Grèce l'armée romaine. Nulle allusion à des dommages causés, en temps de paix, à la marine de commerce italique et romaine. Ce silence ne laisse pas d'être un argument indirect contre la présence de cette marine dans les mers grecques au commencement du IIe siècle.

qu'en 189, l'amiral Q. Fabius Labeo s'abstint d'engager une action vigoureuse contre les Crétois, écumeurs assidus des mers, dont l'île regorgeait de captifs italiens et romains, et que les *Patres* firent preuve à leur endroit de la plus patiente longanimité [1] ; qu'enfin, vers l'an 180, l'allié préféré de la République, le roi Eumènes, put, sans soulever à Rome aucune réclamation, barrer l'entrée de l'Hellespont et fermer les détroits aux navigateurs [2] : on vit alors les Rhodiens s'indigner et défendre contre le Pergaménien la liberté du commerce maritime, mais le Sénat se tint en repos. De tels faits sont instructifs. Les historiens qui admettent — à tort, selon nous — l'existence, au IIIe siècle, d'un puissant trafic entre l'Italie romaine et les pays grecs sont tenus d'y avoir égard. La conclusion qu'ils en doivent nécessairement tirer, c'est qu'à la fin de ce siècle et au commencement du suivant, le Sénat, loin de prendre à cœur les intérêts du commerce italique, ne s'inquiétait guère d'en favoriser le développement, et n'avait même point souci d'en garantir la sécurité [3]. Or, ce qui est vrai de cette époque a dû l'être plus encore de la précédente ; en sorte que cette politique économique, déterminée par des raisons d'ordre commercial, que, dès le courant du IIIe siècle, les Romains auraient pratiquée en Orient, a toutes les chances de n'être qu'une paradoxale illusion.

Au surplus — et peut-être eût-il suffi de bien marquer ce point — l'embarras est grand de découvrir ces États marchands de l'Orient hellénique, avec qui Rome se fût pressée de conclure des traités de commerce et d'amitié. Quels seraient-ils, quelles seraient ces villes maritimes dont on parle en termes vagues, sans se risquer à prononcer aucun nom [4] ? J'ai tenté cette recherche et l'ai tentée sans succès. — S'agit-il d'Éphèse, de Samos, d'Halikarnasse ? Non point ; car ces cités dépendent, au IIIe siècle, tantôt

---

1. Cf. Liv. (P.) 37. 60. 2-5. — Voir, en général, les observations de Cardinali, *Riv. di Filol.* 1907, 12-16. C'est seulement en 184 que les Romains interviennent en Crète avec un succès relatif.

2. Cf. Pol. XXVII. 7. 5.

3. Cf. la conclusion générale de T. Frank (*Econom. History of Rome*, 110) : « ... the ancient world has no record of any state of importance so unconcerned about its commerce as was the Roman Republic. »

4. H. Graillot (*Le culte de Cybèle*, 33) parle de « Rhodes, Mitylène, Smyrne, Cyzique », mais il est visible que ces noms sont jetés au hasard dans son texte.

des Séleucides, tantôt et finalement des Ptolémées [1], et ne sont donc pas maîtresses de leurs relations extérieures. — S'agit-il de Byzance, de Mytilène, de Khios ? Non encore ; car ces villes, alliées, amies ou clientes de Rhodes, se montrent, comme Rhodes elle-même, décidément hostiles aux Romains lors de leur première guerre contre Philippe [2]. — S'agit-il de certaines des villes dites « autonomes », échelonnées sur les rivages d'Asie, qui ont réussi à secouer la domination des deux grandes monarchies orientales et qui sont parvenues à recouvrer, en fait, leur indépendance ? Non vraiment ; car l'histoire de la longue querelle diplomatique qui précède la guerre d'Antiochos fait voir qu'au début du IIe siècle, aucune de ces villes n'est unie à Rome par d'anciennes relations d'amitié [3]. Lorsque commence cette guerre, les seules qui aient fait appel aux Romains contre le Séleucide, les seules dont les Romains soutiennent la cause, les seules qui leur soient connues, sont Lampsaque, Smyrne et Alexandrie-Troas [4]. Mais ils ne

1. Sur l'histoire de ces villes au IIIe siècle, voir, en général, Beloch, III, 2, 266, 271 suiv., et mes observations dans la *Rev. Ét. anc.* 1916, 244, 1 et 2. Halikarnasse peut avoir appartenu constamment aux Lagides (Beloch, III, 2, 266-267) ; Samos et Éphèse sont de nouveau en leur possession dans la seconde moitié du IIIe siècle (Beloch, III, 2, 276-277). — Milet, qu'on range volontiers, à la même époque, parmi les villes « ptolémaïques » (Beloch, III, 2, 277), semble, en réalité, avoir été indépendante (cf. *Rev. Ét. anc.* 1916, **244, 1**, d'après A. Rehm, *Delphinion*, 267, 323, etc.) ; si les Lagides exercent sur elle quelque autorité, cette autorité n'est guère que nominale. La ville pourrait donc prendre place parmi les cités « autonomes ».

2. Ci-dessus, p. 37. Pour ce qui est de Byzance, comment d'ailleurs supposer que les Romains eussent dès le IIIe siècle des intérêts commerciaux dans la Propontide et l'Euxin ? Les observations archéologiques de E. von Stern *(Arch. Anzeiger*, 1900, 152) ont montré que les produits des industries italiques n'ont commencé de pénétrer dans les pays pontiques qu'après le milieu du IIe siècle, et d'abord par l'intermédiaire des Rhodiens. Les anciennes relations, qu'on s'est parfois imaginé (en se fondant peut-être sur l'absurde indication d'Appien, *Syr.* 12) avoir existé entre Rome et Kyzique, ne peuvent avoir non plus aucune réalité.

3. Ce qui paraît déjà significatif, c'est que le Rhodien Thrasykratès, dans le discours si véhément contre Rome qu'il adresse en 207 aux Aitoliens, déclare parler au nom de tous les « Hellènes qui habitent l'Asie » (Pol. XI. 4. 6).

4. A la vérité, en 193, les habitants de Téos ont prié le Sénat de reconnaître l'ἀσυλία de leur ville, consacrée à Dionysos ; mais cette requête n'implique nullement qu'il existât auparavant des relations entre eux et Rome ; c'est même le contraire qui est certain : cf. O. Scheffler, *De rebus Teiorum* (diss. Leipzig, 1882), 29. Au reste, à l'époque indiquée, Téos n'est point une cité libre, mais dépend d'Antiochos.; cf. mon mémoire dans *Klio*, 1913, 158. — En 196, si les Romains prennent sous leur protection les petites villes d'Iasos, de Bargylia, d'Euromos et de Pédasa, précédemment occupées par Philippe, c'est là une simple conséquence de leur victoire.

les connaissent que de la veille : ce n'est qu'en 196[1] que, menacées par Antiochos et jugeant nécessaire de se couvrir de la protection romaine, ces trois villes se sont mises en rapports avec le Sénat ; jusque-là elles lui étaient demeurées tout-à-fait étrangères[2]. Quant aux autres « cités helléniques », il n'est fait mention d'aucune d'elles, en 196 ni 193, dans ces discussions laborieuses où les *Patres*, jaloux d'enrayer les progrès d'Antiochos, curieux de lui opposer sans cesse des obstacles, affectent un si grand zèle à défendre contre lui les droits des « Hellènes d'Asie », qu'il prétend replacer sous sa suzeraineté[3]. Ce silence est la preuve qu'à la réserve des Lampsakéniens, des Smyrniens et des Alexandrins, les Hellènes d'Asie se sont abstenus de solliciter l'assistance de Rome[4]. Or, est-il besoin d'indiquer que les choses se seraient

1. Il est même possible que la démarche faite à Rome par les Alexandrins-de-Troade ne date que de 192 ; cf. Cardinali, *Regno di Pergamo*, 69, 2. C'est cette année-là qu'ils sont nommés pour la première fois : Liv. (P.) 35. 42. 2. — Pour Lampsaque, voir ci-dessus, p. 53 suiv.

2. Cela résulte avec évidence, pour Lampsaque, du décret en l'honneur d'Hégésias (Dittenberger, *Sylloge* 2, 276) ; cf. ci-dessus, p. 54 suiv.

3. Voir notamment les déclarations de T. Quinctius aux conférences de Rome, en 193 : Liv. (P.) 34. 58. 12 : *sicut a Philippo Graeciam liberavit (populus Romanus), ita et ab Antiocho Asiae urbes, quae Graii nominis sint, liberare in animo habet* — ; 58. 3 : *ut et Romanis ius sit Asiae civitatium amicitias et tueri, quas habeant* (il s'agit là de Lampsaque, de Smyrne, et peut-être d'Alexandrie-Troas : le mot *amicitias* n'est d'ailleurs pas pris dans son sens juridique), *et novas complecti* — ; 59. 4-5. — Dès 196, le Sénat affecte, pour gêner Antiochos, de prendre sous son patronage les Hellènes d'Asie, comme le montrent le sénatus-consulte relatif à la paix avec Philippe (Pol. XVIII. 44. 2), les paroles adressées à Corinthe par T. Quinctius aux ambassadeurs syriens (47. 1), et le langage tenu à Antiochos lui-même par L. Cornelius, à Lysimacheia (50. 7). Notons que c'est là une politique nouvelle motivée par les progrès du Grand-roi ; à l'automne de 198, aux conférences du golfe maliaque et de Nikaia, T. Quinctius laissait encore aux Rhodiens le soin de défendre contre Philippe les intérêts de l'Asie grecque : Pol. XVIII. 2. 3-4 ; 8 . 9. Cf. ci-après, p. 327.

4. Même en 193, aux conférences d'Éphèse, il n'est nommément question, dans les entretiens de Minnion et des légats sénatoriaux, que de Smyrne et de Lampsaque : Liv. (P.) 35. 16. 3 ; 16. 5 ; cf. 17. 6 ; 17. 8 : — *Romanis de duabus civitatibus agi* ; *et alias civitates, simul duas iugum exuisse vidissent, ad liberatorem populum defecturas* — ; plus tard, en 192, on leur trouve adjointe Alexandrie-Troas : 42. 2 : *tres eum (Antiochum) civitates tenebant, Zmyrna et Alexandria Troas et Lampsacus eqs.* Voir aussi Pol. XXI. 13. 3 : c'est seulement du conflit qui s'est ému entre le Sénat et Antiochos au sujet de Lampsaque, de Smyrne et d'Alexandrie-Troas, que la guerre est sortie. Il ressort du même texte (cf. 14. 2) que, si d'autres villes « d'Aiolide et d'Ionie » se placèrent sous la protection de Rome, ce ne fut qu'après le passage des Romains en Asie. — Je remarque, à ce propos, que T. Live exagère certainement, lorsqu'il parle (34. 57. 2 ; cf. 59. 4) de nombreuses ambassades qui seraient venues de l'Asie grecque à Rome au commencement de 193 ; il ne doit

passées différemment, si certains d'entre eux avaient pu, de longue date, se dire les « amis du Peuple romain » ? Nantis d'un titre si précieux, il est clair qu'ils s'en fussent prévalus auprès du Sénat afin d'obtenir son appui. Ce qui ressort de ces observations, c'est que, durant tout le IIIe siècle, Rome et les villes autonomes de la Petite-Asie se sont entièrement ignorées [1] ; et ce qui ressort en même temps de nos éliminations successives, c'est que ces traités, qu'on suppose avoir été si promptement conclus par le Peuple romain avec divers États de la Grèce asiatique, sont une pure imagination.

<h2 style="text-align:center">V</h2>

En résumé, qu'il s'agisse des Rhodiens, de la Syrie, de l'Égypte, des Hellènes d'Asie, on aboutit toujours au même résultat : il faut atteindre ou dépasser l'an 200 pour voir le gouvernement romain entrer en relations politiques avec les monarchies et quelques cités de l'Orient grec. C'est seulement au temps de la seconde guerre de Macédoine, et dans les années qui la suivent, que le Sénat commence de toucher aux « questions orientales ». C'est alors seulement que Rhodes et Attale, Antiochos III et Ptolémée V, puis trois villes « autonomes » d'Ionie et d'Aiolide se trouvent avoir place dans les opérations de sa diplomatie. Au reste, si c'était ici le lieu, il serait aisé de montrer, par l'examen de leur conduite, qu'à cette époque les Romains n'ont nullement la pensée de chercher en Orient un accroissement de puissance. Ils n'y interviennent d'abord — en 200 — qu'afin d'assurer la défaite de Philippe : c'est dans ce dessein qu'ils lient partie avec ses ennemis d'Asie [2] et s'appliquent à tenir éloigné de lui Antiochos, son formidable allié [3] ; ils n'y interviennent ensuite — en 196 et 193 — que pour intimider Antiochos et l'entraver dans sa marche

s'agir, en réalité, que des ambassades envoyées par les Lampsakéniens, les Smyrniens et, peut-être, les Alexandrins-de-Troade. On observera que, dans le passage correspondant de Diodore (XXVIII. 15. 1 ; 15. 4), il n'est parlé que des ἀπὸ τῆς Ἑλλάδος πρεσβεῖαι.

1. Se rappeler d'ailleurs le texte déjà cité (ci-dessus, p. 33) de T. Live : (29. 11. 1) *nullasdum* (en 205) *in Asia socias civitates habebat populus Romanus.*

2. Cf. ci-dessus, p. 45, ce qui concerne les Rhodiens.

3. Cf. ci-dessus, p. 59, et ci-après, p. 322-323.

vers l'Occident : c'est à cet effet qu'ils prennent en main les intérêts, longtemps délaissés, d'Épiphanes [1], comme aussi, par une brusque nouveauté, ceux des Hellènes d'Asie. Et ce qu'il conviendrait d'observer encore, c'est que leur intervention a été constamment provoquée du dehors : en 202, par les régents alexandrins qui font mine de la réclamer contre le roi de Syrie [2]; en 201, par Attale et les Rhodiens, en guerre avec Philippe et qui crient au secours [3] ; en 196, par les citoyens de Lampsaque, de Smyrne et d'Alexandrie-Troas qui s'en remettent au Peuple romain du salut de leurs libertés ; en 193, par Antiochos lui-même qui s'est flatté d'obtenir du Sénat, avec un traité d'amitié, la reconnaissance et la garantie de ses dernières conquêtes [4]. A coup sûr, lorsque les *Patres* se mêlent pour la première fois aux conflits qui troublent l'Orient, ce n'est point par l'effet d'un dessein prémédité, ni dans le soudain désir d'ouvrir, par delà l'Europe. un monde nouveau à l'ambition romaine : ils ne font, en s'y mêlant, qu'user des moyens à eux offerts par les circonstances, qui leur permettront d'avoir raison de deux rois ennemis de la République, d'abattre l'un et de contenir l'autre. Mais, ces remarques faites, il n'en demeure pas moins que, depuis le commencement du IIe siècle, il est légitime de parler d'une « politique orientale » du Sénat ; il n'en saurait être question plus anciennement.

Une exception semble pourtant se présenter ici. Il est un souverain de l'Asie grecque, déjà nommé, que nous voyons, un peu avant l'époque indiquée, associé aux Romains dans une grande entreprise militaire : c'est, comme on sait et comme il sera rappelé ailleurs [5], Attale de Pergame qui, dès 209/208, joint ses armes aux leurs contre Philippe ; qui, en 205, est par eux compris dans la paix accordée à la Macédoine [6] ; qui, depuis lors, demeure l'« ami » de la République [7], et que visite, en cette même année 205, pour en obtenir la remise du symbole sacré de la *Mater Idaea*. la première

---

1. Cf. ci-dessus, p. 83.

2. Cf. ci-dessus, p. 71-72, 80.

3. Pol. XVI. 24. 3 : App. *Maced.* 4. 2 ; Just. 30. 3. 5 ; Liv. (Ann.) 31. 2. 1.

4. Cf. ci-dessus, p. 49-50, 52, 59 ; *Rev. Ét. anc.* 1913, 24.

5. Cf. ci-après, p. 213-215, 241.

6. Cf. ci-après, p. 264, note 1.

7. Cf. Liv. 29. 11. 2 : — *iam cum Attalo rege propter commune adversus Philippum bellum coeptam amicitiam esse —.*

ambassade romaine envoyée en Asie [1]. Mais il faut prendre garde que si les Romains entrent en rapports, agissent de concert, se lient d'amitié avec le roi de Pergame, ce n'est point qu'ils aient déjà une politique orientale, c'est qu'Attale s'avise en ce temps-là d'avoir une politique occidentale. Ils ne l'ont point été chercher : c'est lui qui se présente à eux. Entre eux et lui, le rapprochement se fait, non en Asie, mais en Grèce, où P. Sulpicius mène la guerre contre le Macédonien et où se transporte Attale, de son propre mouvement, pour combattre le même ennemi. Dans ce rapprochement, la diplomatie romaine n'est pour rien. Si le Pergaménien devient alors l'auxiliaire de Rome, ce n'est qu'indirectement et par accident, parce qu'il est contre Philippe l'allié, effectif ou virtuel, des Aitoliens [2], avec qui les Romains viennent, à ce moment même, de contracter alliance [3].

L'exception n'est donc qu'apparente ; et nous pouvons main-

---

1. Sur le rôle véritable joué par Attale en cette occasion, voir, en dernier lieu, G. Wissowa, *Relig. und Kultus der Römer* [2], 318 ; F. Stähelin, *Gesch. der kleinasiat. Galater* [2], 39, 1 ; H. Graillot, *Le culte de Cybèle*, 46-48. — Contrairement à ce qu'on répète souvent, la démarche, d'un caractère tout religieux, faite alors par les Romains à Pergame ne présuppose de leur part aucun calcul politique. Les hypothèses hardiment énoncées à ce sujet par Diels *(Sibyll. Blätter*, 93-94, 101-103, 107), J. Kuiper *(Mnemosyne*, 1902, 278), H. Graillot *(Le culte de Cybèle*, 38-40, 43-44, 50-51), ne reposent sur aucun fondement. Lorsque Diels déclare (101) qu'avec la «Pierre météorique de Pessinonte», «le talisman de la Petite-Asie fut transféré à Rome », et parle (93) de « la portée politique des révélations » de la Sibylle, des « secrètes intrigues » nouées à Rome « par les politiques sacerdotaux » *(ibid.)*, de « la mission de Rome en Orient, comprise et favorisée par » l'État de « Pergame » (102) ; lorsqu'à sa suite, Graillot assure (50) que « la religion secondait admirablement la politique » du Sénat, que, « mus par une idée politique, (les décemvirs) considéraient la grande déesse d'Anatolie comme l'auxiliaire indispensable de la diplomatie sénatoriale » (43-44), qu'il était « d'une habile diplomatie... d'attacher le royaume (de Pergame) à la république par les liens sacrés d'un culte commun » (40), qu'en effet — en 205 — Rome voyait « en Attale le meilleur instrument pour déjouer les intrigues d'Hannibal dans le monde grec » (39), et pour faire obstacle aux « menées » du même « Hannibal en Orient [?] » (51), il est à croire qu'ils savent ce qu'ils veulent dire ; pour moi, je renonce à les entendre.

2. Cf. ci-après, p. 207 et note 3, 211, 213.

3. De Sanctis a pensé (III, 2, 415-416) que, vers 228 sinon plus tôt, les Romains avaient noué des relations directes avec Attale. La raison première en aurait été que Rome était « l'amie des Ptolémées », qu'elle se trouvait, par suite, mal disposée pour la Syrie, ennemie de l'Égypte, et qu'Attale était l'adversaire naturel de la Syrie. L'occasion du rapprochement aurait pu être « qualche pratica romana in favore degl' Iliensi, che erano allora sotto l'alto dominio di Attalo », la prétendue parenté des Romains avec les habitants d'Ilion fournissant aux premiers « un prétexte commode pour nouer en Orient de petites

tenir notre conclusion. Si l'on n'a égard, comme on le doit, qu'aux textes dignes de créance, on ne découvre, pendant.tout le IIIe siècle, aucune tentative faite par l'État romain pour exercer quelque action politique dans le monde oriental. Et c'est, aussi bien, de quoi l'on ne saurait s'étonner. Car, avant l'Orient hellénique, c'était sans doute l'Hellade européenne qui devait attirer et fixer les regards des Romains ; c'est vers elle que les devait porter en premier lieu ce désir « d'extension», qu'on croit être le tout-puissant mobile de leur politique ; c'est avec elle qu'il était naturel qu'ils eussent d'abord un système établi de relations permanentes ; c'est elle qui, la première, s'offrait à leurs « visées » : cependant, nous avons vu que, jusqu'au dernier tiers du IIIe siècle, ils ont négligé ou même évité de prendre aucun contact avec les Grecs d'Europe. Et la suite de ces études nous va montrer si, après cette époque, ayant commencé de les connaître, ils ont paru enclins à former avec eux des liaisons durables, s'ils ont eu sur eux des desseins politiques, et s'ils ont fait de la Grèce l'objet de leurs entreprises.

intrigues ». Je ne saurais admettre ces hypothèses qu'aucun texte n'autorise. Aussi bien elles impliquent, chez les gouvernants romains, un intérêt précoce pour les questions orientales, qui me paraît être le contraire de la vérité historique.

CHAPITRE TROISIÈME

LA PREMIÈRE GUERRE D'ILLYRIE (229-228).

En 229 [1], en 229 seulement, les Romains, en guerre avec les
Illyriens, franchissent pour la première fois l'Hadriatique, prennent pied sur le rivage qui leur fait face, puis rattachent à leur
empire, par une sorte de protectorat, une partie étendue de ce
rivage. Selon quelques historiens, ce sont là des manifestations
certaines de cet esprit de conquête et de domination d'où procèdent,
à l'étranger, toutes les démarches de l'État romain : le Sénat
commence simplement d'exécuter, sur un théâtre nouveau, ce
« plan d'extension méthodique » [2] qu'il a, croit-on, conçu de
tout temps. Il bornait jusqu'alors ses entreprises au bassin
occidental de la Mer Intérieure ; il prépare à présent son « offensive » [3] contre les régions situées au levant de l'Italie. — Est-on
fondé à en juger ainsi ?

Au lendemain de la guerre d'Illyrie, les Romains, pour la première fois, adressent des ambassades à quelques nations ou cités
helléniques. Voilà, pense-t-on, leur politique envahissante qui
prend la Grèce pour champ de ses ambitions. La diplomatie insi-
dieuse des *Patres* y va manœuvrer avec « sa méthode habituelle »
et sa science connue des voies obliques ; elle ne négligera rien
pour « s'immiscer » profondément « dans les affaires du monde
grec [4] ». Le résultat est prévu : elle aura bientôt fait de « l'envelop-
per d'un réseau d'intrigues menaçantes » [5] et, finalement, de

---

1. Sur la date de l'expédition d'Illyrie, voir De Sanctis, III, 1, 297, note 89, à l'avis
duquel je me range pour tout l'essentiel.
2. G. Colin, *Rome et la Grèce*, 29.
3. G. Colin, 24.
4. G. Colin, 663 ; cf. 36 ; 46.
5. G. Colin, 49 ; 663.

mettre son indépendance en péril[1]. — Ces pronostics sont-ils autorisés par les faits ? est-il légitime de les énoncer ?

I

Rome, en 229, intervient par les armes en Illyrie. Il est nécessaire d'insister quelque peu sur les origines de cette guerre[2]. Certains historiens s'expriment de telle sorte qu'on croirait, à les lire, qu'elle a été de longue date préméditée par le Sénat, qui, pour l'entreprendre, n'attendait qu'un prétexte, et se saisit avidement du premier qui s'offrit[3]. C'est là une flagrante erreur. Née à l'improviste d'une cause purement fortuite, des violences

---

1. G. Colin, 46 : « Nous nous rendons bien compte du danger que court, dès la fin du IIIe siècle, l'indépendance de la Grèce. »

2. Le seul récit des origines de la guerre et de la guerre elle-même, qui mérite créance, est celui de Polybe (Fabius ?) : II. 8 sqq. Dion (fr. 49. 3-7 ; I, 180-182 Boissev. = Zonar. VIII. 19. 4-6) fourmille d'erreurs grossières. Il suffira de relever les suivantes : Teuta fait massacrer plusieurs ambassadeurs et emprisonner les autres (49. 3) ; — Démétrios de Pharos devient un agent de Teuta envoyé aux consuls pour traiter avec eux et leur remettre Kerkyra (Zonar. 19. 5) ; — l'expédition des Illyriens contre Épidamnos et Apollonia (49. 6, = Zonar. 19. 5), comme aussi la défection de Démétrios (49. 7 = Zonar. 19. 6), est placée beaucoup trop tard ; — ce qui est dit des vaisseaux « remplis de trésors », envoyés du Péloponnèse à Teuta et capturés par les Romains (Zonar. 19. 6), ne se comprend pas (il semble que Dion mêle ici des faits rapportés par Polybe à deux dates différentes : II. 5. 1 et 11. 14) ; — enfin, la longue histoire alternée des défaillances de la reine et de ses retours d'audace paraît n'avoir été imaginée que pour illustrer le thème (49. 4) : διήλλαξε δὲ δι' ἐλαχίστου τὴν τοῦ γυναικείου γένους ἀσθένειαν ταχὺ μὲν ὑπὸ βραχύτητος γνώμης ὀργιζομένην, ταχὺ δὲ καὶ ὑπὸ δειλίας φοβουμένην, dont l'idée première peut avoir été suggérée par les indications de Polybe : II. 4. 8 ; 8. 12. J'ai dit ailleurs (ci-dessus, p. 23, note 6) que le prétendu recours des habitants d'Issa aux Romains (Dio, fr. 49. 1-2) ne peut être tenu pour historique. Je ne m'explique pas bien que De Sanctis ait, dans son exposé de la guerre d'Illyrie (III, 1, 295-298), fait emprunt à Dion en même temps qu'à Polybe.

3. Voir, par exemple, ce qu'écrivent Niese et G. Colin. Niese (II, 281) : « Als jedoch der punische Krieg siegreich beendet war, wurden sie frei (die Römer), und nun liessen sie sich nicht mehr abhalten, *bei passender Gelegenheit* über das ionische Meer hinüber zu greifen. — Bei ihrer gewaltigen Seemacht war dieses ein Leichtes, und *sie benutzten daher den gerechten Anlass zum Kriege, den ihnen die Illyrier damals boten.* » G. Colin (*Rome et la Grèce*, 24) : « ... Si l'on (le gouvernement romain) songeait de ce côté aussi (du côté de l'Orient) à prendre l'offensive, il était bon de s'assurer des points d'appui sur la côte grecque. De là la campagne d'Illyrie. Ici le *prétexte* fut du moins honorable... ». Cf. L. Homo, *Rev. histor.* t. 122 (1916), 17. — C'est là une manière tendancieuse et fausse de présenter les faits. J'ai déjà fait observer (ci-dessus, p. 26 suiv.) que l'occasion de châtier les Illyriens s'offrait depuis longtemps et chaque jour aux Romains.

intolérables des Illyriens et des injures de leur souveraine, Teuta,
qui, en 230, succède à Agron [1], la guerre d'Illyrie n'a été en rien
l'ouvrage des hommes d'État romains. Il n'y a nulle apparence
qu'ils l'aient désirée ; il est certain qu'ils ne l'ont pas cherchée. Ils
l'ont dû, et non voulu faire : elle leur a été imposée.

Depuis longtemps, comme on l'a vu déjà [2], la piraterie
illyrienne inflige de cruels dommages au commerce de l'Italie, sans
que le gouvernement romain en ait daigné prendre souci ni élever
aucune protestation. Mais, en l'an 230, les corsaires envoyés par
la reine Teuta dans les mers grecques se portent à des excès encore
inconnus. Lors de la prise de Phoiniké, des marchands italiens,
en grand nombre, ont été, non seulement dépouillés, mais emmenés en servitude ou même massacrés [3]. A cette nouvelle, en
Italie et à Rome, l'opinion s'émeut et s'irrite, et les plaintes
adressées au Sénat se font si véhémentes que les *Patres*, sortant
de leur longue apathie, se jugent tenus d'y donner suite [4]. Toutefois, ils sont bien éloignés de prendre des décisions précipitées :
ils pourraient exercer contre les Illyriens d'immédiates représailles ; ils estiment préférable d'user des voies de droit et de
saisir Teuta de leurs griefs. Une ambassade la va trouver devant
l'île d'Issa qu'elle assiège. Polybe définit ainsi la tâche prescrite aux
légats : τοὺς ἐπίσκεψιν ποιησομένους περὶ τῶν προειρημένων (ἀδικη-
μάτων) [5]. C'est trop peu dire : il ressort de son texte même que les
envoyés du Sénat, porteurs d'une *rerum repetitio* en forme, doivent
exiger de la reine la réparation des crimes et des dommages commis
par ses sujets, et, de plus, l'engagement précis que la marine italienne
sera désormais respectée [6]. Mais rien n'autorise à penser que l'État
romain ait donné à ses réclamations une forme injurieuse ; rien
ne permet de supposer qu'il ait machiné, pour provoquer Teuta,

---

1. Pol. II. 4. 6-7 ; cf. Dio, fr. 49. 3 (I, 181 Boissev.) ; App. *Illyr.* 7. — De Sanctis, III,
1, 293, note 74. — Teuta exerce le pouvoir pendant la minorité de Pinnès, fils d'Agron et
de Triteuta.

2. Ci-dessus, p. 26 suiv.

3. Pol. II. 8. 2.

4. Pol. II. 8. 3.

5. Pol. *ibid.*

6. Cf. Pol. II. 8. 6 : διελέγοντο (Ῥωμαῖοι) περὶ τῶν εἰς αὐτοὺς γεγονότων ἀδικη-
μάτων — ; 8. 8 (réponse de Teuta) : κοινῇ μὲν ἔφη πειρᾶσθαι φροντίζειν ἵνα μηδὲν
ἀδίκημα γένηται Ῥωμαίοις ἐξ Ἰλλυριῶν.

un ultimatum outrageant, et voulu se procurer, en la poussant à
bout, l'occasion d'une victoire facile. Ceux mêmes qui croient,
si volontiers et trop naïvement, au « machiavélisme » du Sénat
ne le sauraient prétendre ; tout le récit de Polybe dément une telle
idée [1]. L'étonnante patience observée jusque là par les *Patres*,
le fait que, cette fois encore, ayant pour eux le droit, ayant la
force, ils consentent à négocier, ne permet pas de douter de leur
volonté pacifique [2]. Ce conflit singulier qui met aux prises deux
adversaires si prodigieusement inégaux pourrait se résoudre par un
accommodement, le plus puissant n'ayant point dessein d'abuser
de ses avantages. Il suffirait, pour que tout s'apaisât, que l'Illyrienne eût un peu de prudence et de raison, accordât quelques
satisfactions pour le passé, et garantît, pour l'avenir, aux navigateurs venant d'Italie la sécurité qui leur est due.

Mais le malheur est que ses yeux restent fermés au péril, trop
nouveau, dont elle est menacée [3]. Des Romains, elle ne sait ou ne
veut savoir qu'une chose : c'est que jamais leurs escadres n'ont
paru dans les eaux de Grèce ni d'Illyrie. Une entreprise armée de
la République à l'orient de l'Italie serait un accident si imprévu
qu'elle n'en peut admettre l'idée. Et peut-être aussi puise-t-elle
une confiance téméraire dans l'alliance de la Macédoine [4], oubliant
que Démétrios, assailli par les Dardaniens, en lutte avec les Confédérés d'Aitolie et d'Achaïe, est hors d'état, quand il le voudrait, de
lui prêter une aide efficace. Toujours est-il qu'on voit ceci, qui est
à peine croyable : la souveraine ignorée d'un peuple de forbans
prétend tenir tête, ose résister en face au Peuple romain [5]. Aux
plaintes trop fondées du Sénat elle fait une réponse d'une insolence calculée, qui rend vaine toute négociation [6]. Et comme le
plus jeune des légats, L. Coruncanius, s'indigne et devient mena-

---

1. La chose est également vraie du récit (du reste sans valeur) de Dion, qui nous
montre complaisamment le Sénat débonnaire se laissant amuser par les feintes soumissions
de la reine.

2. Il faut noter que les Romains ne commencent leurs armements qu'après l'échec des
négociations et le retour de l'ambassade : Pol. II. 8. 13.

3. Cf. Pol. II. 4. 8 : — χρωμένη δὲ (Τεύτα) λογισμοῖς γυναικείοις —, τῶν δ' ἐκτὸς
οὐδὲν περισκεπτομένη —.

4. Cf., à ce sujet, les remarques faites par De Sanctis, III, 1, 296.

5. Pol. II. 8. 7.

6. Pol. II. 8. 8.

çant [1], son orgueil de femme s'exaspère [2]. Elle ordonne ou laisse commettre l'irréparable : quand l'ambassade romaine, son inutile mission terminée, s'en retourne en Italie, des corsaires, lancés à sa poursuite, assassinent le légat [3]. Puis, tranquillement, avec une audace accrue, comme assurée de son impunité, la reine renouvelle les attentats dont elle est coutumière. Par son ordre, ses sujets organisent une expédition de piraterie plus ample et plus hardie que les précédentes [4], couvrent de leurs flottilles la Mer Ionienne, se jettent sur les villes de la côte, essaient de brusquer Épidamnos, assiègent Kerkyra, s'en emparent, après avoir défait à Paxos la flotte achéo-aitolienne, et, remontant au Nord, pressent Épidamnos d'une seconde attaque [5]. — Telles sont les ripostes de Teuta aux remontrances romaines ; et c'est ainsi que, par tous ses actes, elle témoigne ne pas croire à cette guerre qu'elle vient de rendre inévitable.

Aussitôt informés du meurtre de leur envoyé, les Romains s'y sont décidés. « Dans leur colère, raconte Polybe [6], ils poussent leurs préparatifs, enrôlent des troupes, assemblent une flotte ». Ils ne sauraient moins faire ; si brutal est l'outrage que la vengeance ne peut être différée. Il est d'ailleurs possible, comme on l'a justement observé [7], que la nouvelle, parvenue à Rome entre

1. Pol. II. 8. 10-11. — La réflexion de Polybe (8. 9) — ἐχρήσατο *(L. Coruncanius)* παρρησίᾳ καθηκούσῃ μέν, οὐδαμῶς δὲ πρὸς καιρόν — est intéressante en ce qu'elle montre que Polybe n'est pas, comme on pourrait le craindre, systématiquement favorable aux Romains. — T. Frank *(Roman Imperialism*, 116) croit à tort que L. Coruncanius « signifia un ultimatum » à Teuta ; les paroles prononcées par le légat gardent un caractère privé.

2. Pol. II. 8. 12 ; cf. 4. 8.

3. Pol. II. 8. 12. — Il est clair qu'on n'a jamais pu savoir si Teuta avait donné l'ordre d'assassiner le légat romain ; et il est sans doute assez vain de se poser la question. Mais il ressort du silence de Polybe que la reine jugea superflu de décliner la responsabilité du meurtre, et qu'elle ne fit point part de ses regrets au Sénat. Une telle conduite autorisait tous les soupçons. Chez Dion (fr. 49. 5 = Zonar. VIII. 19. 4), Teuta essaie de se disculper, mais seulement après que la guerre lui a été déclarée à Rome.

4. Pol. II. 9. 1 (printemps de 229).

5. Pol. II. 9. 2—10. 9.

6. Pol. II. 8. 13. — D'après Dion (fr. 49. 5 = Zonar. VIII. 19. 4), il y aurait eu, à Rome, une déclaration de guerre en forme ; la chose est possible, bien qu'en raison des circonstances, une telle déclaration ne fût pas du tout indispensable.

7. Cf. Niese, II, 286 et note 2 ; De Sanctis, III, 1, 297, note 89. La mort de Démétrios, arrivée probablement dans l'hiver de 229/228, n'a précédé que de peu de mois le départ des Romains pour l'Illyrie (cf. Pol. II. 44. 2). — Sur l'invasion des Dardaniens en Macédoine, qui fait suite à cette mort : Just. 28. 3. 14 ; cf. Trog. *prol.* 28.

temps, de la mort de Démétrios, l'allié de l'Illyrienne, confirme encore le Sénat dans sa résolution ; mais cette résolution a été arrêtée dès le premier moment [1] ; elle est la conséquence, directe et nécessaire, de la folie de Teuta.

Je n'ai point à raconter les événements qui suivent ; il suffit de les rappeler [2]. On sait comment, dans l'été de 229, les consuls en charge, d'abord Gn. Fulvius, puis A. Postumius, ouvrent la campagne, l'un avec la flotte, forte de 200 voiles, l'autre à la tête de l'armée consulaire, qui compte 20.000 hommes et 2.000 chevaux [3] ; comment, grâce à la trahison de Démétrios le Pharien, phrourarque de Kerkyra, qui ne perd point un moment pour passer à l'ennemi et lui livrer ses troupes, Fulvius devient sans coup férir maître de l'île et de la ville ; et comment ensuite, conseillés et guidés par le même Démétrios, les deux généraux romains, qui opèrent de concert, prennent Apollonia sous leur protection, font lever aux corsaires le siège d'Épidamnos, poussent, sur le continent, une pointe heureuse au-delà du Drilon [4], délivrent l'île d'Issa bloquée par Teuta, réduisent au passage plusieurs places de la côte, obligent la reine à fuir jusqu'à Rhizon, et, malgré quelques échecs sur terre [5], remportent un si glorieux succès que, dès la fin de l'été, Fulvius peut ramener en Italie la majeure partie des forces romaines [6]

1. Niese se méprend certainement lorsqu'il écrit (II, 286) : « ...man darf wohl annehmen, dass Zeit und Ausführung ihres Unternehmens (der Römer) dadurch [il s'agit de la mort de Démétrios et de ses conséquences] wesentlich mit bestimmt worden sind. » Démétrios aurait continué de vivre, que l'expédition romaine n'en aurait pas moins eu lieu et sans retard.

2. Pol. II. 11. 1 sqq.

3. On s'est étonné, non sans motif, d'un si grand déploiement de forces (voir, par exemple, G. Colin, *Rome et la Grèce*, 25). Il est sûr que, pour avoir raison de Teuta, point n'était besoin de tels armements. On n'avait que faire de 200 vaisseaux contre les « lemboi » de la reine ; et la mise sur pied de 20.000 hommes paraît d'autant plus surprenante que les Romains, comme le montre l'histoire de l'expédition, avaient résolu de ne point s'engager profondément dans les terres (cf. Beloch, III, 1, 689, 1). D'autre part, dire que le Sénat voulait « frapper par un grand coup l'imagination des Grecs » (G. Colin, *ibid.*), c'est ne rien expliquer. Le plus probable me paraît être qu'à Rome, où la situation, en ce moment fort embarrassée, de la Macédoine n'était qu'imparfaitement connue, on craignait qu'elle ne se portât au secours des Illyriens.

4. Pol. II. 11. 10 ; sur cette opération, qui ne paraît point avoir eu beaucoup d'ampleur, cf. De Sanctis, III, 1, 300 et note 93 ; Zippel, *Röm. Herrsch. in Illyrien*, 51.

5. Pol. II. 11. 13 : échec près de « Noutria » (?).

6. Je suis ici Polybe (II. 12. 1), sans me troubler de la difficulté, signalée par De Sanctis (III, 1, 297, note 89), qui résulte de l'indication des *Fasti triumph.* relative au triomphe de Gn. Fulvius. Ne peut-on tenir cette indication pour suspecte, comme mainte autre de même origine?

et qu'au printemps suivant, Teuta se trouve contrainte à implorer la
paix. — Au reste, pour grand qu'il soit, ce succès n'a rien d'inattendu. L'invasion, la conquête de l'Illyrie continentale eût été
une entreprise de longue haleine, difficile et chanceuse ; mais les
Romains n'avaient garde d'en courir le risque [1]. En revanche, sur
mer, il était certain qu'on verrait l'ennemi « s'évanouir en pous-
sière » [2] à l'apparition de la première grande flotte venue d'Italie.
On savait bien à Rome, par les rapports des navigateurs, que la
marine illyrienne consistait toute en « lemboi », c'est-à-dire en
coquilles de noix : terrible aux Grecs, elle prêtait à rire aux com-
mandants des quinquérèmes [3]. Sa déroute ne devait être qu'un
jeu, dès l'instant qu'il plairait au Sénat de donner à quelque
amiral — consul ou préteur — l'ordre de mettre le cap à l'Est.
Le fait surprenant et notable, c'est que, sachant la tâche si aisée,
la victoire tellement assurée, les *Patres* aient attendu, pour donner
cet ordre, d'y être contraints par une sanglante insulte faite à la
majesté romaine.

L'expédition de 229 donne lieu à une autre remarque. Elle a
pour théâtre les parages de la Grèce, et, pour premier objet, la
délivrance de trois villes helléniques, Kerkyra [4], Apollonia, Épidamnos. Il est clair que le succès en intéresse les Grecs, perpétuelles
victimes des Illyriens, bien plus directement encore que Rome ou
l'Italie [5] : et les Romains ne peuvent ignorer avec quelle ardente
espérance et quelle attention passionnée les nations de l'Hellade
en vont suivre les progrès. Cependant, ils l'entreprennent et l'ac-

1. Voir les remarques de Beloch (III, 1, 689, 1) sur le récit de Polybe : l'armée romaine
évite de pénétrer dans l'intérieur de l'Illyrie.

2. Mommsen, *R. G.* I⁷, 549.

3. Sur l'impuissance des « lemboi » contre les vaisseaux de ligne, cf. Pol. V. 109. 2-3
110. 4. A Paxos, ils sont enfoncés par les navires kataphraktes des Aitoliens et des Achéens
(Pol. II. 10. 4) ; si, dans cette rencontre, les Illyriens finissent par être vainqueurs, c'est
que l'escadre ennemie ne compte que dix navires, et qu'usant de stratagème et forts de
leur grand nombre, les épibates embarqués sur les « lemboi » s'élancent à l'abordage et
combattent comme à terre *(ibid.)*. A Khios, en 201, les « lemboi » de Philippe causent
de sérieux embarras à la flotte rhodienne (Pol. XVI. 4. 8-10) et à celle d'Attale, mais
Attale et les Rhodiens réussissent pourtant à en couler ou prendre soixante-douze (7.
1-2).

4. Cf. Pol. II. 11. 2 : Gn. Fulvius cingle et droiture vers Kerkyra : c'est le premier but
qu'il s'est assigné.

5. Cf. Pol. II. 12. 3 : καὶ τὸ συνέχον ὃ μάλιστα πρὸς τοὺς Ἕλληνας διέτεινε
(défense faite aux Illyriens de naviguer plus loin que Lissos) ; 12. 5-6.

complissent sans convier ces nations à y participer, sans se concerter ni s'entendre avec elles, sans même les aviser de leurs desseins ni les informer de leur présence [1]. Trente ans plus tard, ils se présenteront à elles comme les défenseurs de leurs libertés et publieront qu'ils n'ont passé la mer qu'afin de les mettre à l'abri de toute injure [2] : ce rôle généreux qu'ils s'attribueront alors si volontiers, il leur serait loisible de s'en parer dès maintenant. L'occasion leur est offerte de déclarer pour la première fois ces sentiments « philhelléniques » qu'on les verra, en d'autres temps, professer avec tant de zèle. Aux Aitoliens et aux Achéens qui, quelques semaines plus tôt, ont bravement et vainement essayé de sauver Kerkyra, ils pourraient laisser entendre qu'ils viennent venger le désastre de Paxos. Ils pourraient, avec vérité, proclamer qu'ils se sont armés pour une querelle qui est celle de la Grèce entière. Leur conduite est bien différente. Alors que tout paraît les inviter à se rapprocher d'eux, ils se tiennent à l'écart des Hellènes. Soit défiance, soit dédain, ils semblent les oublier et feignent de les ignorer : ils attendent, pour se rappeler leur existence, que la guerre soit achevée et qu'ils aient, seuls et souverainement, réglé le sort de l'Illyrie.

II

C'est ce règlement des affaires illyriennes qu'il faut maintenant considérer.

En effet, peut-être nous accordera-t-on que la guerre faite à Teuta n'est point née d'un désir de conquête ; mais ceux qui l'accorderont ne manqueront pas, sans doute, de soutenir que l'ambition romaine y sut quand même trouver son compte, et ils en allègueront pour preuve les résultats mêmes de la guerre.

Rome, dira-t-on, ne s'est pas contentée d'infliger à la reine

---

1. Je ne sais comment Niese peut écrire *(Grundriss* [4], 106) : « Anderseits machten die Römer bei dieser Gelegenheit gemeinschaftliche Sache mit den Ätolern und Achäern, die mit Makedonien in Krieg lagen. »

2. Cf. Pol. XVIII. 45. 9. et le discours de T. Quinctius à Nabis en 195 : Liv. (P. ?) 34. 32. 13.

barbare le châtiment mérité [1] ; de lui enlever tout ce qu'elle avait conquis au midi de Lissos [2] ; de lui défendre, comme à tous les dynastes illyriens [3], de jamais s'aventurer, soit par mer, soit sur terre [4], au-delà de cette ville, qui marquera désormais vers le Sud la limite infranchissable de l'Illyrie maritime : de l'astreindre, pour une série d'années, au paiement d'une lourde indemnité de guerre [5] ; d'établir enfin, à son côté, pour la surveiller et l'inquiéter, Démétrios le Pharien, devenu, pour prix de sa défection, sous la tutelle romaine, le chef d'un État demi-continental, demi-insulaire, fait en partie des dépouilles arrachées à son ancienne souveraine [6]. Il y a plus [7], et la grande nouveauté est celle-ci : le Peuple romain range sous sa protection, c'est-à-dire, pour parler net, soumet à sa domination bienveillante les cités grecques et

1. Dans ce qui suit, je ne fais guère que reproduire, en la rectifiant sur quelques points de fait, l'argumentation de G. Colin *(Rome et la Grèce,* 25-26).

2. Notamment l'Atintania ; cf. ci après, p. 110, note 1. Il n'est pas douteux que les Parthiniens (cf. Pol. II. 11. 11) fussent devenus aussi sujets des Illyriens. — Comme on l'a généralement reconnu, l'affirmation de Polybe (II. 12. 3) — πάσης τ' ἀναχωρήσειν τῆς Ἰλλυρίδος (Τεύταν) πλὴν ὀλίγων τόπων — est singulièrement exagérée.

3. Cela résulte de Polybe, III. 16. 3 ; IV. 16. 6 ; cf. Zippel, *Rom. Herrsch. in Illyrien,* 54 ; Niese, II, 284, 4.

4. Il n'est parlé dans Polybe que de l'interdiction faite aux Illyriens d'envoyer leurs « lemboi » au sud de Lissos : II. 12. 3 : μὴ πλεύσειν πλέον ἢ δυσὶ λέμβοις ἔξω τοῦ Λίσσου, καὶ τούτοις ἀνόπλοις — ; mais il va de soi que leurs troupes de terre doivent aussi respecter cette limite. Cf. Täubler, *Imp. Romanum,* I, 77 : « Bei Lissos fällt die Fahrtgrenze mit der illyrischen Landesgrenze zusammen... » ; Zippel, 53.

5. Pol. II. 12. 3. — Comme l'a bien vu Beloch (III, 1, 689, 1), il s'agit là d'une indemnité de guerre payable par annuités ; pour le même emploi du mot φόρος, cf. Pol. XV. 20. 7 ; XVIII. 44. 7, etc. Si l'on admet l'indication, à la vérité très douteuse, qui se trouve dans T. Live (Ann.), 22. 33. 5, l'indemnité n'aurait pas encore été versée entièrement en 217.

6. Polybe, comme l'a remarqué De Sanctis (III, 1, 302, note 98), s'exprime avec une évidente exagération, lorsqu'il écrit (II. 11. 17) : τῷ Δημητρίῳ τοὺς πλείστους ὑποτάξαντες (Ῥωμαῖοι) τῶν Ἰλλυριῶν, καὶ μεγάλην αὐτῷ περιθέντες δυναστείαν — : cf., au contraire, App. *Illyr.* 8 : Δημητρίῳ δ' ἔστιν ἃ χωρία μισθὸν ἔδοσαν τῆς προδοσίας ; —. — De Sanctis (302) pense que Démétrios fut mis par les Romains en possession de Lissos et de la région avoisinante. Cela me paraît douteux, car Démétrios demeura maître de Pharos, son domaine patrimonial, et la distance est bien grande entre Pharos et Lissos. Le plus probable, semble-t-il, est que sa δυναστεία comprenait, avec Pharos, quelques îles et localités de terre ferme situées dans le voisinage (cf. Beloch, III, 1, 689 ; Niese, II, 284). Au reste, on ne peut sur cette question énoncer que des conjectures.

7. Cf. Mommsen, *R. G.* I⁷, 550 : « Allein man ging weiter und setzte sich zugleich an der Ostküste fest. »

les peuplades barbares, empressées à lui faire « dédition »[1], qu'il
a débarrassées de la tyrannie ou soustraites aux menaces des
Illyriens. Issa au Nord, Kerkyra au Sud, entre les deux, sur le
littoral, Épidamnos, Apollonia et Orikos[2], au-dedans des terres,
la tribu des Parthiniens, voisine d'Épidamnos, et celle des Atintanes, sur le bas Aoos, seront désormais comprises dans sa clientèle ; et, du coup, le voilà suzerain en droit[3], maître en fait[4], des
places maritimes où aboutissent les routes du détroit, de la grande
île qui en couvre l'entrée, et, dans l'intérieur du continent, jusqu'à
trente milles de la côte, de villes fortes situées sur les confins
de la Macédoine et de la Grèce[5]. Le gain n'est pas médiocre.
C'est toute la basse Hadriatique que la République tient maintenant dans son obéissance, cependant que sur terre son empire
s'est largement accru. Tels sont les avantages « immenses »[6] que
lui vaut la guerre d'Illyrie. Le Sénat, habile à l'exploiter, a si bien
manœuvré qu'elle « sert à merveille ses projets du côté de
l'Orient »[7].

1. « Dédition » des Kerkyréens : Pol. II. 11. 5-6 ; — des Apolloniates : 11. 8 ; — des Épidamniens : 11. 10 ; — des Parthiniens et des Atintanes : 11. 11 ; — des Isséens :
11. 12. — Polybe, à propos des Kerkyréens et des Parthiniens (11. 6 ; 11. 11), emploie
l'expression παραδέχεσθαι εἰς φιλίαν ; mais il est évident que le mot φιλία ne désigne
point ici l'*amicitia* publique établie par traité.

2. Pour Orikos, que ne nomme point Polybe dans II. 11 ni VII. 9. 13, cf. Liv. (P.) 24.
40 ; 26. 25. 2 ; Dio-Zonar. IX. 4. 4.

3. Sur la condition de ces villes et de ces peuples à partir de 228, cf. Zippel, 87 suiv.;
Niese, II, 285 ; Beloch, III, 1, 689 et note 1 ; De Sanctis, III, 1, 301-302 ; et surtout Tau
bler, *Imp. Romanum*, I, 25 et note 2. C'est par un léger abus de terme qu'on les qualifie
quelquefois d' « alliés » du Peuple romain (voir, par exemple, T. Frank, *Roman Imperialism*, 117). Leurs libertés leur furent maintenues, mais seulement à titre précaire, en vertu
d'une décision gracieuse et toujours révocable. — On a pensé qu'Issa avait avec Rome
un *foedus aequum* (Zippel, 92-93 ; De Sanctis, III, 1, 301, note 96), parce qu'elle ne figure
point dans le traité de Philippe et d'Hannibal (Pol. VII. 9. 13) à côté des autres localités
dépendantes du Peuple romain. L'argument est sans valeur. On peut être assuré qu'Hannibal et Philippe n'ont pas poussé la subtilité jusqu'à faire une distinction entre les villes
directement soumises à Rome et celles qui n'auraient été que ses alliées. Le silence
gardé sur Issa dans le traité de 215 reste inexpliqué, et l'on n'en peut rien conclure quant
à la condition juridique de l'île.

4. La vérité est exprimée crûment dans le traité entre Philippe et Hannibal : Pol.
VII. 9. 13 : μηδ' εἶναι Ῥωμαίους κυρίους Κερκυραίων μηδ' Ἀπολλωνιατῶν καὶ Ἐπι-
δαμνίων κτλ. Cf. III. 16. 3 : — τὰς κατὰ τὴν Ἰλλυρίδα πόλεις τὰς ὑπὸ Ῥωμαίους
ταττομένας — : App. *Illyr.* 7, *s. f.*

5. Notamment Antigoneia, dans l'Atintania.

6. Cf. De Sanctis, III, 1, 300 : « Con poca spesa s'era raggiunto un resultato immenso... »

7. G. Colin, *Rome et la Grèce*, 26.

A tout prendre — et réserve expresse faite sur les « projets orientaux » du Sénat — il se pourrait que cette opinion contînt sa part de vérité. Il se pourrait que les *Patres*, jugeant l'acquisition précieuse, eussent cédé surtout au désir de pourvoir l'État romain d' « une bonne station navale sur l'Hadriatique supérieure : ce serait sans doute naïveté que de trop croire à leur désintéressement. Toutefois, ils nous ont paru jusqu'à présent si insoucieux des choses d'outre-mer ; nous les avons vus si peu disposés à tourner vers le détroit d'Hydrous l'activité de la marine romaine ; l'histoire nous les montrera, par la suite, répugnant si décidément à toute annexion en terre grecque, qu'il faut prendre garde de trop accorder ici à leurs « ambitions », lesquelles seraient bien soudaines et n'auraient été que bien passagères. L'établissement du protectorat romain sur les échelles helléniques et les populations indigènes de la Basse-Illyrie peut sans doute s'expliquer par elles ; ne peut-il s'expliquer sans elles ? telle est la question, et qu'on ne doit pas préjuger. Or, il apparaît, à l'examen, qu'il trouve sa pleine explication dans les circonstances, dans les nécessités du présent ou de l'avenir, dans l'obligation de parer à des dangers probables ou possibles, sans qu'on ait lieu de mettre en cause la politique avide du Sénat.

Ce qu'il y faut voir, avant tout, c'est la suite directe et le complément logique des décisions prises à l'égard des Illyriens, c'est la naturelle garantie des accords qui leur ont été imposés. Il est bien, sans doute, mais il ne saurait suffire d'avoir interdit aux vaincus de sortir de leur pays et de jamais s'étendre vers le Sud. Avec d'autres on pourrait se reposer sur les serments reçus : mais comment se fier à ces pirates ? venant d'eux quelle parole est sûre, quel engagement durable ? La crainte seule les rendra loyaux. Et puisque les nations de l'Hellade, trop faibles ou trop timides, sont, comme l'a montré une longue expérience, impuissantes à se faire craindre d'eux ; puisque la Macédoine, qui leur pourrait être redoutable, est avec eux d'intelligence, c'est chose indispensable qu'ils sentent dans leur voisinage, prête à leur faire obstacle, l'autorité vigilante de Rome. Pour les détourner de rien entreprendre désormais contre les stations de la côte, Épidamnos, Apollonia, objets de leurs convoitises anciennes [1] et perpétuelles, le moyen vraiment efficace, c'est qu'ils sachent que, s'attaquant à ces villes, ils s'attaqueraient à Rome elle-même qui s'en est constituée à demeure la protectrice et la patronne. Ce traité qu'elle vient de leur dicter, il est clair que Rome en a la garde : elle en doit assurer le respect ; et c'est apparemment ce qu'attendent d'elle les cités grecques qui, sauvées par ses armes, comptent maintenant sur son permanent appui [2]. Il convient donc qu'elle se mette en mesure de le faire respecter. Et, par suite, il y a nécessité qu'elle possède en tout temps, aux portes de l'Illyrie, une base d'opérations où, le cas échéant, au cas où le traité serait menacé, elle puisse amener des troupes et mouiller des escadres ; et nécessité aussi que, dans la même région, elle dispose de clients qui lui soient attachés par un lien d'étroite dépendance, se tiennent avec elle en relations constantes, l'instruisent de ce qui s'agite en Illyrie, et, si besoin est, lui ouvrent leurs ports, fassent accueil à ses soldats, les ravitaillent, et même les renforcent de milices auxiliaires [3]. Imaginons qu'après la victoire, estimant sa tâche à jamais terminée, le gouvernement romain ait rappelé le consul Postumius, sans lui avoir prescrit au préalable de se ménager des points de débarquement à l'orient du détroit, d'y contracter des amitiés solides, d'y asseoir fortement l'autorité de la République : une telle conduite nous serait un sujet d'étonnement Nous la jugerions, non sans motif, imprudente et légère : le Sénat, dirions-nous, trop vite satisfait, trop peu défiant de l'avenir, ne s'est point rendu compte que de nouvelles prises d'armes de l'ennemi seront toujours à craindre, et qu'il a le devoir d'en préparer

---

1. Dès 315 (cf. Beloch, III, 2, 202), Apollonia avait été assiégée par les Illyriens ; elle fut alors délivrée par Akrotatos d'Épire (Diod. XIX. 70. 7). Un peu plus tard (314 ?), la ville, ayant chassé la garnison qu'y avait mise Kassandre, se trouve réduite à se donner aux Illyriens (Diod. XIX. 89. 1).

2. Noter ce que dit Polybe au sujet des Kerkyréens : II. 11. 5.

3. Remarquer que, dès l'hiver de 229/228, A. Postumius, resté en Illyrie, forme un corps de troupes au moyen de contingents levés dans les villes qui se sont données aux Romains : Pol. II. 12. 2. — Sur les auxiliaires ultérieurement fournis par les mêmes villes, voir, par exemple, Liv. (P.) 33. 3. 10 ; 42. 55. 9 (Apolloniates) ; 44. 30. 10 (Apolloniates, Bylliniens, Dyrrhachiniens) ; cf., pour les contingents maritimes d'Issa, les textes cités par Zippel, *Röm. Herrsch. in Illyrien*, 92.

l'échec... Il ne faut pas qu'il nous devienne suspect de calculs ambitieux pour avoir évité l'erreur dont nous lui ferions le reproche. Ne mettons pas l'ambition, tout au moins ne la mettons pas d'abord, là où il y eut sûrement de la prévoyance et peut-être nulle autre chose. Au surplus, avant d'être si prompt à dénoncer l'humeur conquérante des *Patres*, on eût pu observer qu'il n'aurait tenu qu'à eux de traiter la Basse-Illyrie comme la Sicile et la Sardaigne, de lui imposer le même régime, et de la convertir en province. Ils n'en font rien [1], et, contrairement à ce qu'on a cru longtemps [2], n'installent même pas d'agents romains dans les cités ni sur les territoires désormais soumis à la République : réserve notable, qui peut passer pour une preuve assez forte de leur modération.

En étendant leur protectorat sur la zone littorale comprise entre Lissos et l'Épire, c'est d'abord contre les Illyriens [3] que se précautionnent les Romains ; mais est-ce contre eux seuls ? Il se pourrait, et l'on doit se garder ici d'inductions téméraires. Pourtant, il ne semble pas douteux qu'en même temps que les Illyriens, derrière eux, c'est la Macédoine qu'a visée le Sénat. Un fait qui paraît significatif est la mainmise de Rome sur l'Atintania [4], territoire stratégique précieux, où se trouvent les défilés fameux de l'Aoos [5], qui font communiquer directement la Macédoine

---

1. Mommsen écrit *(R. G.* I⁷, 550) : « Also traten *gleich* Sicilien und Sardinien auch die wichtigsten Seestationen im adriatischen Meer in die römische Botmässigkeit ein. » On voit assez que le rapprochement manque d'exactitude.

2. G. Colin *(Rome et la Grèce,* 26 et note 4), reprenant et développant une opinion de Mommsen *(R. G.* I⁷, 550 et note), affirme que « Rome entretint dans les îles voisines de la Grèce des *agents à poste fixe,* qui correspondaient avec elle et surveillaient ses intérêts. » Cette idée de Mommsen, exprimée par lui-même en termes plutôt dubitatifs (« Diese Erwerbungen an der Ostküste des adriatischen Meeres waren nicht ausgedehnt genug um einen eigenen Nebenconsul für sie einzusetzen : nach Kerkyra und vielleicht auch nach anderen Plätzen scheinen Statthalter untergeordneten Ranges gesandt... worden zu sein »), n'est plus aujourd'hui admise par personne ; voir notamment Täubler, *Imp. Romanum,* I, 25, 2 ; De Sanctis, III, 1, 301, note 97. L'ἄρχων ὁ ἐν Κερκύρᾳ mentionné par Polybe (XXI. 32. 6) n'est nullement un résident à poste fixe.

3. Comp. l'observation de T. Frank *(Roman Imperialism,* 117) à propos des événements de 219 : « The incident is worthy of notice ... because it proves that the senate avoided the acquisition of territory east of the Adriatic except for policing purposes. »

4. Pol. II. 11. 11 ; cf. VII. 9. 13 ; App. *Illyr.* 7-8.

5. Sur l'importance militaire des défilés de l'Aoos (τὰ παρ' Ἀντιγόνειαν στενά, Pol.), cf. Kromayer, *Ant. Schlachtf.* II, 36 suiv. ; Tarn, *Antig. Gonatas,* 311. — L'intérêt qu'attachent les Romains, d'une part, Philippe V, de l'autre, à la possession de l'Atintania

occidentale avec la Haute-Épire et la basse plaine d'Apollonia. En 230, l'Atintania dépendait de l'Épire qui dut, cette année-là, la céder à Teuta [1] ; il serait naturel que, l'ayant reprise aux Illyriens, le Peuple romain la restituât aux Épirotes. S'il s'abstient de la leur rendre, la raison probable, c'est qu'à Rome

apparaît bien aux conférences d'Aigion en 209 : Liv. (P.) 27. 30. 13. Il est à remarquer qu'en 205, lorsque les Romains consentent à s'en dessaisir, l'Atintania fait retour à l'État macédonien : Liv. (P.) 29. 12. 13 : *P. Sempronius condiciones pacis dixit — Atintania —, ut Macedoniae accederet.* Philippe, bien qu'allié des Épirotes, ne la leur restitue point.

1. L'Atintania, comme l'a montré Beloch (III, 2, 316 ; cf. Tarn, *Antig. Gonatas*, 312), dut être conquise par Kassandre en même temps que l'Illyrie méridionale. Elle tomba plus tard au pouvoir de Pyrrhos (Beloch, *ibid.* ; Tarn, 58) ; mais que devint-elle par la suite ? Là-dessus les opinions diffèrent. Selon Beloch (III, 2, 316-317 ; 320-321), elle serait demeurée à l'Épire jusqu'en 230 [229, Beloch], et les Épirotes l'auraient alors cédée à l'Illyrie gouvernée par Teuta (III, 2, 320-321 ; III, 1, 660). Tarn, au contraire, est d'avis que l'Atintania, reprise à l'Épire par Antigone Gonatas en 262, resta province macédonienne jusqu'en 230 *(Antig. Gonatas*, 312 et note 3) ; il nie que le texte de Polybe (II. 5. 6), allégué par Beloch, prouve qu'Antigoneia, principale ville des Atintanes, dépendît de l'Épire lors de la prise de Phoiniké. — Un examen attentif de la question m'a persuadé que c'est à Beloch qu'il faut donner raison. En 229, les Romains établissent leur protectorat sur l'Atintania ; c'est donc qu'à ce moment le pays est dans la dépendance de l'Illyrie : si la Macédoine avait eu jusque-là autorité sur lui, il y aurait rupture déclarée entre Rome et la Macédoine, ce qu'on ne peut admettre. Notons maintenant que, si l'Atintania avait été possession macédonienne avant de tomber aux mains des Illyriens, on ne s'expliquerait pas que ceux-ci, après s'en être emparés, fussent demeurés les alliés de la Macédoine ; mais, au contraire, on comprend très bien qu'ils aient exigé des Épirotes la cession de cette contrée lorsqu'ils les reçurent dans leur alliance (Pol. II. 6. 9-10). Du fait qu'en 230 l'Atintania appartient aux Illyriens, il faut donc conclure qu'antérieurement elle appartenait aux Épirotes. C'est d'ailleurs, comme l'a bien vu Beloch et contrairement à l'interprétation de Tarn, ce qui ressort du texte de Polybe relatif à l'expédition de Skerdilaïdas contre l'Épire : (II. 5. 6) προσαγγελθέντας δ' αὐτοῖς (τοῖς Ἠπειρώταις) Σκερδιλαΐδαν ἔχοντα πεντακισχιλίους Ἰλλυριοὺς παραγίνεσθαι κατὰ γῆν διὰ τῶν παρ' Ἀντιγόνειαν στενῶν, μερίσαντες αὐτῶν τινας ἐξαπέστειλαν παραφυλάξοντας τὴν Ἀντιγόνειαν. Comment Skerdilaïdas et ses 5.000 hommes auraient-ils franchi aussi simplement les défilés d'Antigoneia (cf. 6. 6) si le pays avait été en la possession des Macédoniens ? On a peine à croire que Démétrios II, qui n'était point alors en guerre avec l'Épire, eût accordé aux Illyriens libre passage sur ses territoires. Il faut admettre que, lorsqu'il traverse les défilés, Skerdilaïdas se trouve déjà en pays ennemi, c'est-à-dire en Épire. Effectivement, une partie de l'armée épirote s'empresse aussitôt à la rescousse : ceci résulte des mots τινὰς ἐξαπέστειλαν (οἱ Ἠπειρῶται) παραφυλάξοντας τὴν Ἀντιγόνειαν, qu'il faut entendre comme a fait Beloch. Tarn croit à tort que le verbe παραφυλάττειν (παραφυλάττεσθαι) n'a, chez Polybe, d'autre sens que « surveiller », « observer » *(keep an eye on, keep watch on).* Ce verbe, comme il résulte des exemples mêmes empruntés par Tarn à Schweighäuser *(Polybian. Lex. s. v.),* est susceptible de plusieurs acceptions, d'ailleurs voisines. Il peut signifier : « se tenir en garde contre » *(observare hoc et ab eo cavere,* Schw.) : I. 29. 5 ; 36. 9 ; VII. 3. 9 ; — ou encore : « prendre garde que » *(cavere ne)* : VII. 16. 7 ; « être sur ses gardes » : I. 46. 4. Mais, joint à πόλιν, χώραν, ou à un nom de ville ou de pays, il a toujours le sens

on craindrait qu'elle ne passât trop aisément de leurs mains dans celles des Macédoniens. C'est donc qu'on s'y défie de la Macédoine et qu'on veut limiter ses progrès.

Il n'y a rien là qui puisse surprendre. Vraisemblablement, leur pensée et leur regard une fois attirés vers les terres d'outre-mer, leur résolution une fois prise de combattre Teuta, les *Patres* ont médité sur l'inoubliable aventure de Pyrrhos, vieille seulement de cinquante ans. Et, sans doute, ils ont réfléchi que l'aventure est de celles qui se peuvent renouveler; que, maintenant comme jadis, le détroit d'Hydrous a moins de cent milles de large[1]; qu'une flotte partie des ports de l'Illyrie n'a besoin, par bonne brise, que d'un petit nombre d'heures pour gagner la Calabre; que, sans doute, les princes antigonides ont dessein de s'étendre vers l'Occident et de pousser jusqu'à la côte; qu'en effet, c'est chose instructive que l'alliance formée naguère par Démétrios II avec Agron; qu'alliée des Illyriens, la Macédoine pourrait bien, quelque jour, devenir pour Rome une voisine trop proche pour n'être pas dangereuse; qu'il serait sage, partant, de la prévenir et de lui interdire

---

de « veiller sur » (IV. 3. 7), « garder » (I. 79. 1 ; IV. 73. 1), « protéger » et « défendre » (II. 58. 2 ; V. 92. 8 ; X. 42. 1 ; XVI. 1. 3 ; XVIII. 4. 6 ; XX. 5. 8) *(custodire, tutari)*, et s'emploie volontiers en parlant de troupes amies (cf. παραφυλακή : II. 58. 1 ; IV. 17. 9) préposées à la garde d'une ville ou d'une contrée *(in praesidio esse, praesidio tutari)* : I. 79. 1 ; II. 58. 2 ; IV. 6. 6 ; 73. 1 ; X. 42. 1 ; XVIII. 4. 6. En pareil cas, selon la remarque de Schweighäuser, παραφυλάττειν diffère de φρουρεῖν, *ut hoc sit praesidio tenere ad compescendos cives et in officio continendos, παραφυλάττειν vero ad tutandos* (tel est le sens, dans XVIII. 4. 6, des paroles de Philippe, que Tarn semble n'avoir pas bien comprises). Il suit de là que les troupes épirotes, dont Polybe dit qu'elles devaient παραφυλάττειν τὴν Ἀντιγόνειαν, avaient pour mission de défendre Antigoneia contre les Illyriens ; en sorte qu'il n'est pas douteux que la ville, comme toute l'Atintania, ne fût alors rattachée à l'Épire. — G. Colin *(Rome et la Grèce*, 39) a pensé, à la suite de Droysen (III, 483, 2 ; trad. fr.), qu'au temps de l'intervention romaine, l'Atintania formait une monarchie indépendante. Cette opinion est l'invraisemblance même. Au reste, le texte d'Eutrope (3. 4) — texte sans valeur — allégué par Droysen n'indique rien de pareil. — Notons encore que Niese (II, 277) écrit à tort que l'Atintania fut soumise aux Illyriens dès le règne d'Agron ; le texte de Polybe précité (II. 5. 6) montre qu'elle ne fut enlevée à l'Épire que sous Teuta ; c'est Teuta qui règne lors des expéditions dirigées contre l'Épire (II. 4. 7-9 ; 6. 4).

1. Cf. Nissen, *Ital. Landeskunde*, I, 94 : Des promontoires d'Akrokéraunie au cap d'Hydrous la distance n'est que de 63 kil. et peut être couverte en cinq heures. On compte environ 50 milles d'Hydrous à l'île de Sason (dans la baie d'Aulon) et 60 milles environ jusqu'au port d'Apollonia. Il y a 100 milles de Brundisium à Dyrrhachion (Épidamnos) et 90 milles de Brundisium à Aulon *(ibid.* II, 2, 878-879). — Le temps moyen pour la traversée du détroit d'Hydrous était d'un jour, comme le montrent quantité d'exemples historiques.

l'accès du détroit, et que la prudence ordonne d'élever une barrière
entre elle et la mer. Et, certes, ce sont là réflexions judicieuses, et
qu'on peut seulement s'étonner que le Sénat, si vigilant, dit-on,
n'ait pas faites plus tôt. — Désormais, pour les Romains, une
« question illyrienne » est née, toute semblable à ce qu'est pour les
Italiens, nos contemporains, la « question albanaise ». La domination d'une grande puissance sur l'Albanie est-elle compatible avec les
intérêts et la sécurité de l'Italie ? Telle est, de nos jours, la « question albanaise »: Les Italiens y font une réponse négative [1].
Deux cent-trente ans avant notre ère, la « question illyrienne » se
pose en ces termes : l'État romain, s'il a souci de sa sécurité,
peut-il tolérer que les souverains macédoniens disposent à leur
gré de la Basse-Illyrie ? Il semble bien que le Sénat, lui aussi,
réponde négativement ; et c'est là, peut-on croire, le second motif
des mesures qu'il arrête en 228. Suivant le système que, dans le
temps qui va venir, on le verra maintes fois appliquer, il oppose à
l'adversaire éventuel un groupe de clients et de protégés du Peuple
romain. Ce que devront être, à l'Occident, Sagonte, puis la région
de l'Espagne située en-deçà de l'Èbre [2], les échelles et les mar-
ches d'Illyrie le seront à l'Orient. Les villes et les tribus placées
sous l'autorité de Rome, Épidamnos, Apollonia, Orikos, Dimalé [3],
les Parthiniens, les Atintanes formeront la barrière qui con-
tiendra les Antigonides, et l'île de Kerkyra fournira aux escadres
romaines la station nécessaire d'où elles pourront protéger le
détroit, si jamais une flotte macédonienne se risque à le remonter.
Tel est, en ce qui concerne la Macédoine, le caractère préventif
et défensif de l'ordre de choses nouveau institué en Illyrie.
Amenés dans le pays, sans dessein préconçu, par l'obligation de
venger leur honneur, les Romains, comme le dira Polybe
parlant des événements de 219, ont jugé la circonstance heureuse pour « se fortifier au levant de l'Italie » [4].

---

1. J'ai laissé mon texte tel que je l'avais rédigé en 1913.

2. Après le traité de l'Èbre avec Hasdrubal ; cf. Liv. 21.32.4 ; 60. 3. Il y a
lieu de croire que les peuplades ibériques qui habitaient au nord du fleuve virent leurs
libertés garanties par les Romains : cf. Kahrstedt, *Gesch. der Karthager*, 375, 3.

3. Il ne me paraît pas douteux que Dimalé, dans le pays des Parthiniens (ci-après,
p. 135, note 1), ait été soumise aux Romains dès 229.

4. Pol. III. 16. 4 : ἔσπευδον (Ῥωμαῖοι) ἀσφαλίσασθαι τὰ πρὸς ἕω τῆς Ἰταλίας.

III

Ainsi donc, en 228, qu'il s'agisse des Illyriens ou de la Macédoine, le gouvernement romain se comporte avec une prudence avisée et hardie, sans que rien dans sa conduite témoigne — du moins nécessairement — de pensées ambitieuses. Mais il est clair que l'heureux dénouement de la guerre d'Illyrie pourrait donner le branle à ses ambitions, et que sa politique, se faisant entreprenante, leur pourrait préparer la voie. S'étant avancée jusqu'au seuil du monde grec, il serait possible que Rome s'efforçât, comme quelques-uns l'affirment, d'y « étendre son influence » afin de « s'y assurer la place prépondérante » [1]. — Est-ce le cas ?

On l'imaginerait volontiers. Par sa vigueur à réprimer la piraterie illyrienne, fléau commun des Grecs [2], Rome a bien mérité d'eux tous ; et l'éclatante démonstration qu'elle a donnée de sa puissance, l'envoi qu'elle a fait outre-mer d'une armée de plus de vingt mille hommes, d'une flotte de deux cents voiles, sous ses deux premiers magistrats, ont vivement ému les esprits. La Grèce, peut-être jalouse en secret, mais timide et respectueuse, s'étonne devant cette grande force qui se manifeste à elle et dont elle éprouve l'action bienfaisante. Sa gratitude et son admiration s'exprimeront tout-à-l'heure par la faveur insigne que les Corinthiens feront aux Romains en les admettant aux fêtes panhelléniques de l'Isthme [3]. Si donc, comme on le dit, le Sénat a déjà « des projets du côté de l'Orient », s'il recherche les occasions de « s'immiscer » aux « affaires du monde grec », il peut tirer parti de ces dispositions. Les conjonctures le servent ; les met-il à profit ?

Sur une vue sommaire des choses on le pourrait penser [4]. Pos-

---

1. G. Colin, *Rome et la Grèce*, 70.
2. Cf. Pol. II. 12. 6.
3. Pol. II. 12. 8.
4. Cf. G. Colin, 39 : « Les Romains profitent immédiatement de leur succès pour entrer en relations avec les principaux peuples de la Grèce... », et le développement qui suit.

tumius, aussitôt la paix conclue avec Teuta, expédie une ambassade aux Aitoliens et aux Achéens [1] ; à peu de temps de là, c'est le Sénat lui-même qui envoie ses légats à Corinthe et à Athènes [2]. Polybe prend soin d'insister sur ces premiers rapports publics des Romains avec le monde grec [3]. Et, certes, l'événement pourrait être de grande conséquence. Il pourrait ouvrir un chapitre nouveau dans l'histoire extérieure de Rome : il pourrait marquer le début d'entreprises par lesquelles le Sénat interviendrait assidûment en Grèce, la soumettrait à son influence, la travaillerait contre la Macédoine. Et, faisant réflexion que les Achéens et les Aitoliens ont de tout temps été les adversaires des Antigonides et se sont récemment unis pour combattre Démétrios [4] ; que l'Aitolie est encore en armes contre lui ; que Corinthe s'est naguère affranchie du joug macédonien, et qu'Athènes, l'année même de l'expédition d'Illyrie, vient de suivre cet exemple [5], on est effectivement tenté d'expliquer par des desseins politiques la double démarche de Postumius et du Sénat [6]. Mais ce serait là se méprendre.

---

1. Pol. II. 12. 4.

2. Pol. II. 12. 8 : ἀπὸ δὲ ταυτης τῆς καταρχῆς Ῥωμαῖοι μὲν εὐθέως ἄλλους πρεσ-βευτὰς ἐξαπέστειλαν πρὸς Κορινθίους καὶ πρὸς Ἀθηναίους —. Dans cette phrase, le mot Ῥωμαῖοι, suivant l'usage de Polybe, désigne le Sénat. G. Colin (*Rome et la Grèce*, 40) écrit : « ...*D'autres ambassades* suivirent bientôt à Athènes et à Corinthe (celle envoyée par Postumius en Aitolie et en Achaïe)... » Mais les mots Ῥωμαῖοι — ἄλλους πρεσβευτὰς ἐξαπέστειλαν κτλ. ne désignent qu'une ambassade unique. — On ignore la date exacte de cette ambassade ; toutefois, le mot εὐθέως donne à croire qu'elle est de l'année 228 ou d'une année très voisine.

3. Pol. II. 12. 7 : ἡ μὲν οὖν πρώτη διάβασις Ῥωμαίων μετὰ δυνάμεως εἰς τὴν Ἰλλυρίδα καὶ ταῦτα τὰ μέρη τῆς Εὐρώπης, ἔτι δ' ἐπιπλοκή, μετὰ πρεσβείας εἰς τοὺς κατὰ τὴν Ἑλλάδα τόπους, τοιάδε καὶ διὰ ταύτας ἐγένετο τὰς αἰτίας. La seconde phrase se rapporte proprement à l'envoi fait par Postumius d'ambassadeurs en Aitolie et en Achaïe.

4. Alliance des Aitoliens et des Achéens contre Démétrios : Pol. II. 44. 1 ; 46. 1 ; cf. 49. 7. — En 231 (cf. De Sanctis, III, 1, 293, note 73), attaque des Aitoliens contre l'Akarnanie, qui est l'alliée de Démétrios (siège de Médion) : Pol. II. 2. 5 sqq. — La paix entre l'Aitolie et la Macédoine n'a été conclue que par Antigone ; cf. ci-après, p. 120, note 2 ; p. 121.

5. Ferguson place la délivrance d'Athènes au commencement de l'été de 229 (*Hellen. Athens*, 207). Selon Beloch (III, 1, 663 ; cf. III, 2, 175 ; 525), elle est plus récente d'une année.

6. C'est, par exemple, ce que n'hésite pas à faire Niese (II, 286) : « Mit diesen (den Ätolern und Achäern), den Feinden Makedoniens, suchten die Römer in Gemeinschaft zu treten, etc. » Cf. *Grundriss der röm. Gesch.*[4] 107 : « Die Römer waren den Hellenen damals willkommene Helfer gegen das Übergewicht der Makedonier. » Mais, pour devenir

Cette double démarche est de pure forme. En Aitolie et en Achaïe tout se réduit à des démonstrations de courtoisie, à un échange de politesses diplomatiques. Aux deux nations grecques les représentants du consul exposent les raisons qui ont déterminé les Romains à passer le détroit, font le récit de la campagne victorieuse d'Illyrie, donnent lecture du traité imposé à Teuta [1]. Bref, ils s'appliquent à justifier l'intervention romaine, à dissiper les craintes qu'on en a pu concevoir, à en faire valoir les heureux effets, et, par une déférence flatteuse, affectent de solliciter l'approbation des Achéens et des Aitoliens. Ceux-ci leur répondent par des décrets louangeurs, prodiguent aux Romains les témoignages de leur φιλανθρωπία [2]. Mais les choses s'arrêtent là. Ni en Achaïe, ni en Aitolie, les délégués de Postumius n'engagent de négociations ; et personne n'en vient engager après eux, car leur ambassade n'est suivie d'aucune autre [3]. Rome croit assez faire en adressant un salut courtois aux deux grandes confédérations helléniques ; elle ne songe point à se les attacher [4]. Elle n'y songera de longtemps : seize ans se passeront avant qu'elle s'unisse par un traité à l'Aitolie ; trente ans, avant qu'elle essaye d'obtenir l'alliance des Achéens. Si Postumius a député auprès de ces deux États, c'est qu'ils se sont tout-à-l'heure efforcés de défendre contre les Illyriens les intérêts communs des Grecs [5], et que les Romains, prenant leur place, viennent d'accomplir la tâche qu'ils avaient assumée en vain. Et, de même, si les délégués du Sénat se montrent à Corinthe et à Athènes, c'est à seule fin de recueillir dans ces deux grandes places de commerce [6], les plus actives de la Grèce,

ces « willkommene Helfer », à tout le moins eût-il fallu que les Romains eussent conclu des accords avec les Hellènes. E. Speck *(Handelsgesch. des Altert.* III, 2, 4) reproduit l'opinion de Niese et l'exagère encore : « Die Ätoler und Achäer — fanden in den Römern eine willkommene Hilfe gegen das Übergewicht Makedoniens. »

1. Pol. II. 12. 4.

2. Pol. *ibid.*

3. C'est ce qui résulte clairement du silence de Polybe.

4. Telle n'est point, à la vérité, l'opinion de Speck, qui s'exprime en ces termes *(Handelsgesch. des Altert.* III, 2, 4) : « ... Die Römer — verbanden sich mit den Ätolern und Achäern. » Voilà une affirmation d'une belle hardiesse.

5. Pol. II. 9. 9—10. 1 sqq. (bataille de Paxos).

6. Ceci a été bien vu par Beloch, III, 1, 689. — Pour le commerce d'Athènes à cette époque, cf. Ferguson, *Hellen. Athens*, 246-247. — De Sanctis écrit (III, 1, 303): « Negli agoni istmici appunto del 228, occasione forse della stessa ambasceria, che altrimenti

les plus intéressées, partant, à la répression de la piraterie, des
félicitations et des remercîments. On ne les leur ménage pas :
Corinthe, nous l'avons vu, ouvre aux Romains le sanctuaire de
l'Isthme ; Athènes vote sans doute en leur honneur quelques-uns
de ces décrets ampoulés qu'elle met sa gloire à rédiger [1]. Du coup,
la mission des légats est terminée ; elle demeure sans effets politiques. Entre les Corinthiens et le Peuple romain aucun lien n'est
formé [2] ; dans cinq ans, Corinthe retombera sous l'autorité de la
Macédoine [3], sans que personne, à Rome, songe à s'en inquiéter ;
et Athènes, quoi qu'on ait dit souvent, ne devient ni l'alliée ni
l' « amie » publique des Romains.

L'opinion contraire est fort répandue ; une courte discussion
ne sera donc point inutile.

Quelques érudits sont d'avis que, peu après 228, lors de la
venue à Athènes des légats du Sénat, une « alliance » fut conclue
entre l'État romain et les Athéniens [4]. Ils n'ont point prêté une
suffisante attention au texte même qu'ils allèguent, au seul qu'ils
puissent alléguer. Ce texte se trouve dans Dion-Zonaras ; le
voici [5] : οἱ δὲ Ῥωμαῖοι διὰ ταῦτα παρὰ Κορινθίων ἐπῃνέθησαν, καὶ
τοῦ Ἰσθμικοῦ μετέσχον ἀγῶνος, καὶ στάδιον ἐν αὐτῷ ὁ Πλαῦτος
ἐνίκησε. καὶ πρὸς Ἀθηναίους δὲ φιλίαν ἐπεποιήκεσαν καὶ
τῆς πολιτείας σφῶν τῶν τε μυστηρίων μετέσχον. —
On voit que, dans ces lignes, il est question de φιλία, mais nullement de συμμαχία ; le mot « alliance » n'y figure point [6]. Les

mal si spiegherebbe, a Corinto, partecipe come Corinto era della lega achea, dovettero i
Romani proclamare solennemente alla turba degli spettatori il divieto fatto agli Illiri
d'infestare con navi da guerra i mari greci. » Rien n'autorise cette conjecture, et la venue
d'une ambassade romaine à Corinthe s'explique fort bien sans elle.

1. Cf. Pol. V. 106. 8 ; cf. Liv. (P.) 31. 45. 2 (ann. 199).

2. Il est, d'ailleurs, bien clair que la ville de Corinthe, faisant alors partie de la Confédération achéenne, n'aurait point eu le droit d'engager des négociations avec les Romains ;
ce droit n'appartenait qu'à l'autorité fédérale : cf. Swoboda, *Staatsaltert.* 383, 8, et les
textes auxquels il renvoie. Cette remarque suffit à montrer que la démarche faite par le
Sénat à Corinthe n'eut aucun caractère politique.

3. Corinthe redevient macédonienne en 223 ; cf. Beloch, III, 1, 735.

4. Voir notamment G. Colin, *Rome et la Grèce*, 40 : « Athènes leur octroya l'isopolitie
(aux Romains) ; elle les autorisa à prendre part aux Mystères d'Éleusis, et c'est sans doute
vers cette date (après 228) qu'il faut placer l'origine de l'*alliance* si souvent rappelée depuis
entre les deux républiques. »

5. Zonar. VIII. 19. 7.

6. Cf. Ferguson, *Hellen. Athens*, 256, 2 ; De Sanctis, III, 2, 438 et note 98. — Dans le
décret d'Athènes en faveur d'Eurykleidès (Dittenberger, *Sylloge*², 233), le mot συμμάχους,

Romains ont contracté « amitié » avec les Athéniens ; autrement dit, les deux nations se sont unies par un *foedus amicitiae* : voilà ce que rapporte Dion. — Reste à savoir si ce renseignement est exact. Ce qui le rend, a priori, suspect, c'est que les Athéniens ne se seraient point contentés de former « amitié » avec les Romains : ils leur auraient conféré la πολιτεία et le droit de « prendre part aux Mystères »[1]. Que ces dernières assertions soient inacceptables, on n'en peut raisonnablement douter[2], et, dès lors, la première inspire de naturelles défiances. Le fait est qu'il la faut rejeter, et pour un double motif.

Polybe mentionne en ces termes la venue des ambassadeurs

restitué avec probabilité à la l. 16, ne saurait, quoi qu'ait pensé Köhler *(IG*, II, 1, 379 = II [2], 834), désigner les Romains.

1. Le témoignage de Dion est accepté, sans restriction aucune, par Droysen, III, 483 (trad. fr.); Mommsen, *R. G.* I[7], 551 ; Diels, *Sibyll. Blätter*, 92 ; G. Colin, *Rome et la Grèce*, 40 et note 2. De Sanctis (III, 2, 438, note 98) l'admet aussi, mais avec quelques réserves. Il ne dit rien de l'admission aux Mystères ; quant à la collation du droit de cité, il s'exprime ainsi : « Testimonianza che non vedo alcuna ragione di mettere in dubbio…, quando però non si pressi troppo il πολιτείας μετασχεῖν; si tratterà di προξενία o del conferimento della cittadinanza agli ambasciatori. » Il est sûr qu'attribuer ce sens au texte de Zonaras, ce n'est point le « trop presser » ; mais peut-être est-ce prendre avec lui des libertés un peu fortes. Nous retrouvons ici, j'en ai peur, le procédé connu qui consiste, pour rendre acceptable quelque assertion, justement suspecte, d'un auteur, à y susbtituer, par d'habiles artifices d'interprétation, une assertion toute différente. — Le témoignage de Dion est rejeté tacitement par Beloch (III, 1, 689), expressément par Niese (II, 285, 4) et par Täubler *(Imp. Romanum*, I, 216) ; les arguments de ce dernier sont, d'ailleurs, médiocrement concluants. — Ferguson *(Hellen. Athens*, 210, 3 ; 256, 2) le rejette aussi, mais admet pourtant l'existence d'une *amicitia* (sans *foedus*.) entre Athènes et Rome. — Athènes ne figure point au nombre des *amici* des Romains, dont la liste est dressée par Ferrenbach *(Die amici p. R. republ. Zeit)*.

2. Il est sans exemple que le peuple athénien ait octroyé par décret l'admission, même individuelle, aux Mystères. Effectivement, son autorité ne pouvait s'étendre jusque-là ; la μετουσία τῶν μυστηρίων n'était point un privilège dont il eût le droit de disposer à son gré. Les Mystères étant restés la propriété des deux familles sacrées d'Éleusis, les Eumolpides et les Kérykes, c'est à ces familles seules qu'il appartenait d'en ouvrir ou d'en interdire l'accès. On sait que tout ce qui avait rapport à l'initiation relevait uniquement de leur autorité, et que c'étaient leurs représentants qui, avant la célébration des Grands Mystères, prononçaient la formule d'exclusion ou πρόρρησις (cf. P. Foucart, *Les Mystères d'Éleusis*, 144-145 ; 147 ; 281-282 ; 309-310). Dans le texte de Zonaras, l'admission, tout-à-fait imaginaire, des Romains aux Mystères d'Éleusis est là pour faire pendant à leur admission, celle-ci certainement historique, aux fêtes de l'Isthme ; l'Annaliste reproduit par Dion n'a pas voulu que les Athéniens se fussent montrés moins généreux que les Corinthiens. — Il est singulier que, dans sa récente dissertation ayant pour titre : *Romani ad Eleusi (Atti dell' Accad. di Torino*, 1914-1915, 319 suiv., 369 suiv.), G. Giannelli ait passé sous silence l'indication de Zonaras.

romains à Corinthe et à Athènes : (II. 12. 8) ἀπὸ δὲ ταύτης τῆς
καταρχῆς Ῥωμαῖοι μὲν εὐθέως ἄλλους πρεσβευτὰς ἐξαπέστειλαν
πρὸς Κορινθίους καὶ πρὸς Ἀθηναίους, ὅτε δὴ καὶ Κορίνθιοι πρῶτον
ἀπεδέξαντο μετέχειν Ῥωμαίους τοῦ τῶν Ἰσθμίων ἀγῶνος. Au sujet
des honneurs conférés par les Corinthiens aux Romains, il y a,
comme on voit. accord entre Polybe et Dion ; celui-ci ajoute
seulement un détail : le nom du premier Romain qui remporta
le prix de la course aux Isthmiques. Mais, s'il s'agit de ce qui eut
lieu à Athènes, la discordance saute aux yeux : Polybe est muet,
ainsi qu'il s'y fallait attendre, sur l'admission des Romains aux
Mystères et sur l'octroi, qu'on leur aurait fait en bloc, de la
πολιτεία ; il est muet aussi sur cette *amicitia* qu'Athéniens et
Romains se seraient empressés de contracter. *Argumentum ex
silentio*, dira-t-on ; mais le silence de Polybe est plus considérable
que l'affirmation de Dion. Qui croira que Polybe ait pu pécher ici
par oubli ou par omission ? Il s'attache à signaler l'importance
historique des plus anciennes ambassades envoyées par les Romains en Grèce ; si les Romains, dès ce premier contact avec les
États grecs, s'étaient liés par traité au plus illustre d'entre eux,
comment eût-il négligé de le rappeler ? La conclusion de ce *foedus*
aurait été un événement pour le moins aussi digne de mémoire que
l'admission des Romains aux fêtes de l'Isthme. Le silence de Polybe
inflige ainsi à Dion un démenti sans réplique. L'antique φιλία
de Rome et d'Athènes, inconnue de Polybe, ne peut point avoir
de réalité : ce n'est qu'une invention de l'Annalistique romaine.

Au surplus, nous savons par Polybe (dans T. Live) quelle
conduite tint le peuple athénien durant la première guerre de
Rome contre Philippe. Il ne prit aucune part à cette guerre, bien
qu'il se trouve encore des historiens qui s'obstinent dans cette
vieille erreur[1] ; mais, à la suite et à l'exemple du roi d'Égypte, dont
l'influence était sur lui toute-puissante[2], à la suite et à l'exemple

---

1. Par exemple, A. Schtschoukareff, *B. C. H.* 1888, 73 (cf., au contraire, Dittenberger,
Sylloge[2], 246, not. 1) ; R. Pöhlmann, *Grundr. der gr. Gesch*[4]. 314 ; M. Brillant, *Les secré-
taires athéniens*, 73 ; Graillot, *Le culte de Cybèle*, 42 ; T. Frank, *Roman Imperialism*, 143.
Ces historiens, indifférents à la tradition de Polybe, se sont laissé abuser par ce qui se lit
chez T. Live, 29. 12. 14 ; ils s'imaginent que les Athéniens étaient, contre Philippe, les
alliés des Romains. Cf. ci-après, p. 265 suiv.

2. Pol. V. 106. 7. Sur les relations d'Athènes et de l'Égypte après 229, cf. Ferguson,
Hellen. Athens, 241-242 ; 250 ; 255.

des Rhodiens et des cités qui leur faisaient cortège, il s'efforça
d'y mettre fin en réconciliant les Aitoliens avec Philippe [1], c'est-
à-dire en les détachant de l'alliance romaine [2]. Qu'une telle conduite fût incompatible avec la qualité d'*amici populi Romani*,
nous l'avons dit lorsqu'il s'agissait des Rhodiens et de Philopator [3] ;
il le faut répéter au sujet des Athéniens ; et voilà dès lors la
preuve qu'au temps de la première guerre de Macédoine, soit
quelque vingt années après la démarche faite par le Sénat, ils
n'avaient point encore formé d' « amitié » publique avec Rome.

IV

Ainsi, pas plus que les ambassades envoyées en Aitolie, en Achaïe,
à Corinthe, celle qui vient, vers la même époque, visiter les Athéniens n'a de caractère politique ; ainsi, victorieuse en Illyrie,
Rome ne fait point usage de sa victoire pour tenter d'exercer une
action politique sur la Grèce. Et, vraiment, la chose est singulière,
et il semble bien qu'ici la prudence du Sénat soit en défaut.

En effet, l'intervention romaine en Illyrie aura, par un enchaînement inévitable, des suites qu'il lui faut prévoir et qu'il doit surveiller ; la précaution même qu'il a prise contre la Macédoine lui
impose, semble-t-il, l'obligation d'en prendre d'autres ; par ce
qu'il a fait, et pour maintenir et garantir ce qu'il a fait, il se trouve
engagé à faire davantage. Naturellement, Antigone, qui vient de
succéder, comme tuteur de Philippe, à Démétrios II, s'est senti
touché par la défaite de Teuta, alliée de sa maison ; naturellement, pour lui comme pour tout souverain macédonien, l'Illyrie
est à l'Occident ce qu'est la Thrace à l'Orient, un simple prolon-

---

1. Les représentants d'Athènes interviennent en 209 à Phalara et à Aigion, en même
temps que ceux de l'Égypte, de Rhodes et de Khios : Liv. (P.) 27. 30. 4 ; cf. 30. 10-14 ;
ci-dessus, p. 35, 73. Leurs tentatives de médiation se sont certainement renouvelées
pendant les années suivantes ; cf. Ferguson, *Hellen. Athens*, 255 : « Athens is not mentioned
among the peacemakers of 208 and 207, but this is probably due simply to the inadequacy
of our sources, and her goodwill, doubtless, accompanied their work. » — Contrairement
à l'opinion de Ferguson (256, 2), je ne vois pas qu'il y ait rien à tirer de Pol. IX. 40. 1,
court fragment qui demeure isolé et dont le sens ne peut être précisé.

2. Ci-dessus, p. 35 suiv.

3. Ci-dessus, p. 38 ; 73-74.

gement, une dépendance nécessaire de la Macédoine ; naturellement, il a vu où tendait l'effort des Romains ; naturellement, il a
compris qu'ils le voulaient borner à l'Ouest et lui fermer la mer ;
naturellement, ce qui, de leur part, n'était que mesure préventive
lui a paru entreprise agressive. A ses yeux, l'établissement de leur
suzeraineté sur la Basse-Illyrie est tout ensemble une atteinte à
ses droits, une offense et une menace. La menace, si les dieux le
permettent, il essaiera de l'écarter ; l'offense, il s'efforcera de la
venger : ses droits, il s'appliquera à les faire respecter. Pour l'instant, d'autres tâches le réclament. Tout occupé de repousser les
Dardaniens [1], de contenir les Aitoliens [2], de réprimer les Thessaliens insurgés [3], il ne saurait disputer l'Illyrie aux Romains. En
face d'eux il a les mains liées ; mais, plus tard, il se peut qu'il les
ait libres. Rome s'est fait un ennemi qui ne lui pardonnera pas [4].
Ceci n'a point échappé au consul Postumius : s'il s'est abstenu
d'envoyer une ambassade à la cour de Pella, c'est qu'il a craint
sans doute qu'elle y fût mal reçue [5], c'est qu'il a jugé qu'avec
Antigone nul accommodement n'était possible ; mais cette abstention même, ce parti pris de ne le point connaître, est pour
Antigone un affront que ni lui, ni Philippe, son pupille, ne
sauraient oublier. Désormais, le Peuple romain devra compter
avec l'hostilité des rois de Macédoine ; ils pourront la laisser som-
meiller, ils la feront éclater quelque jour. C'est pourquoi il serait
à propos qu'il se prémunît contre eux, qu'à cet effet il attirât à
soi ceux des peuples grecs qui sont, par tradition, ennemis des
Macédoniens, et, pour employer le langage cher aux historiens
modernes, qu'il « s'immisçât » activement « dans les affaires de
Grèce ». Ce qu'il vient d'accomplir en Illyrie ayant fait de lui,

---

1. Just. 28. 3. 14. — Sur tous ces faits, voir Beloch, III, 1, 661 ; III, 2, 340-341 ; Niese,
II, 287.

2. Beloch (III, 2, 341 ; cf. III, 1, 661 et note 3) place en 228 la paix conclue par Antigone
avec l'Aitolie (cf. Pol. II. 45. 2) ; mais cette date n'est pas certaine et l'événement peut
être un peu plus récent ; cf. Niese, II, 324, 2.

3. Just. 28. 3. 14.

4. C'est ce qu'a bien vu Mommsen, *R. G.* I⁷, 551.

5. Le fait, d'ailleurs très singulier, que le consul n'expédie pas non plus d'ambassade en
Épire ni en Akarnanie (cf. ci-dessus, p. 12 et note 1) peut avoir pour motif que ces deux
États sont alors soumis à l'influence de la Macédoine. Mais il semble que les Romains
devraient justement faire effort pour les y soustraire.

par la force des choses, l'adversaire de la Macédoine, on s'attendrait à le voir, usant de la tactique familière aux rois d'Égypte,
armer la Grèce contre les Antigonides. Ayant pris pied en terre
hellénique, il s'est mis, semble-t-il, dans la nécessité d'avoir une
politique hellénique, laquelle ne saurait être qu'anti-macédonienne.
Mais il se dérobe à cette nécessité, il élude cette logique, et les
conséquences sont étranges.

Elles ne tardent point à se produire : elles se produisent dès le
temps même que nous étudions. L'histoire nous offre là un spectacle imprévu. — Au moment où les légions débarquent en Illyrie,
la monarchie antigonide connaît des jours tragiques. Je viens de
rappeler l'invasion dardanienne, les menaces des Aitoliens, la
rébellion de la Thessalie. Vers le même temps, dans la Grèce
entière, contre le despotisme étranger, le soulèvement national et
républicain [1] se fait unanime. La Béotie, rompant son alliance
avec la Macédoine, se rapproche des Achéens et des Aitoliens ;
Athènes se déclare indépendante ; Aigine et les dernières villes du
Péloponnèse gouvernées par des « tyrans », Argos, Phleious, Her-
mioné, se donnent à l'Achaïe [2]. Au sud de l'Olympe, hormis
l'Eubée et quelques restes de la Thessalie, le successeur de Démétrios a tout perdu [3] : c'est l'effondrement de la puissance macédonienne. — Pour les Romains, nul événement plus heureux que
celui-là. Il semblerait donc que, par leurs soins, par leur intervention déclarée ou déguisée, par leur action manifeste ou latente,
l'effondrement dût être définitif. Mais c'est tout le contraire qui
arrive. Ils négligent d'aider à la catastrophe, et la catastrophe
est vite conjurée. La guerre d'Illyrie s'achève à peine que la
Macédoine sort de la crise terrible qui, coïncidant avec les opérations des consuls, en a facilité le succès ; puis, au bout d'un temps
très court, redevenue aussi forte ou devenue plus forte qu'aux
meilleurs jours de Gonatas, elle commande de nouveau à l'Hellade.
Au lendemain de la défaite de Teuta, Antigone arrête et chasse
les Dardaniens, décide, par l'abandon de la Thessalie occidentale,
les Aitoliens à se tenir en paix, rétablit le calme et l'ordre dans ses

---

1. Voir Beloch (III, 1, 664 ; 718), qui a si bien dégagé le caractère de ces événements.
2. Sur ces faits, Beloch, III, 1, 662-663 ; Niese, II, 289-290.
3. Beloch, III, 1, 664.

États [1]. Et, un peu plus tard, en l'espace de trois ans, il acquiert l'alliance docile de l'Achaïe, obligée de mendier son secours contre Sparte, réduit à l'isolement l'Aitolie, impuissante et craintive [2], recouvre Corinthe, station navale inestimable s'il lui.plaît de se refaire une marine, prend et garde Orchomène et Héraia, s'établit de la sorte au centre du Péloponnèse, abat Kléomènes, seul adversaire qui lui pouvait tenir tête, restaure enfin l'ancienne Confédération hellénique, et, par la Symmachie nouvelle, range neuf peuples, dont Sparte elle-même [3], sous sa domination ou son hégémonie. Tel est le changement immense — bien fait pour inquiéter les Romains — qu'on voit s'accomplir dans les rapports des Grecs et de la Macédoine au cours des sept années qui suivent les victoires de Fulvius et de Postumius. Par là, notons-le, les résultats mêmes de ces victoires peuvent être remis en question. En effet, il importe assez peu qu'Épidamnos et Apollonia échappent à Antigone, si, tenant dans sa dépendance l'Épire, l'Akarnanie et l'Achaïe, il dispose à son gré d'Onchesmos et de Leukas, d'Aigion et de Patrai. Sans doute, de ces ports à ceux d'Italie la distance est plus grande que des échelles illyriennes ; elle est plus grande, mais pourtant trop courte : de Patrai il ne faut que quelques jours pour atteindre Hydrous ou Brundisium ; de Corinthe même, un vaisseau bon marcheur peut, en moins d'une semaine, atterrir aux plages de la Messapie. S'il est vrai que le Macédonien puisse être pour le Peuple romain un dangereux voisin, c'est assurément chose fâcheuse que ce rivage, long de deux mille stades, qui, du golfe de Kalydon au promontoire de Khimara, fait face à la Grande-Grèce, se trouve presque entier sous ses prises [4]. Cependant, témoin des progrès et des succès d'Antigone, le Sénat n'a tenté ni de l'entraver ni de le contrarier. Sept ans plus tard, il s'étonnera et s'irritera que la « maison royale de Macédoine » soit si « florissante » [5] ; c'est lui qui a permis qu'elle reprît force et vigueur. Pour lui faire obstacle, il avait, dès 228,

---

1. Sur tous ces événements, Beloch, III, 1. 661-662 ; Niese, II, 287-288.
2. Cf. Pol. IV. 3. 2.
3. Cf Beloch, III. 1, 743, 1.
4. Moins les ports de l'Akarnanie méridionale, Oiniadai et Nasos (?), qui appartiennent alors aux Aitoliens (Pol. IV. 65. 2 sqq. ; cf. Liv. (P.) 26. 24. 15).
5. Pol. III. 16. 4.

les instruments à portée : c'étaient les nations de l'Hellade ; il
ne lui a pas convenu de s'en servir.

Cette inaction remarquable du gouvernement romain, les historiens modernes ont voulu l'expliquer. A les en croire, si le Sénat
demeure pendant sept ans si étranger aux choses de la Grèce
et de la Macédoine, c'est que toutes ses pensées se doivent tourner
ailleurs ; c'est que, d'une part, le relèvement de la puissance punique et les entreprises des Barkides en Espagne, et, de l'autre, les
menées des Gaulois qui méditent leur grande invasion, puis cette
invasion même, sollicitent et retiennent toute son attention [1].
Mais ce n'est là qu'un de ces semblants d'explication dont les
historiens ont la commode habitude. Ils oublient trop que les
hommes publics, comme aussi bien les simples hommes, sont sus-
ceptibles de porter à la fois leur attention sur des objets divers.
Au reste, il ne semble point que le Sénat ait d'abord suivi d'un
regard si vigilant ce qui se préparait en Espagne et dans la Cisalpine ; c'est bien plutôt le contraire qui est vrai. On s'est étonné,
non sans raison, qu'après leur tentative avortée contre Ariminum [2], il ait, dix ans de suite, laissé les Boïens refaire leurs forces
et s'assurer le concours des Gaisates transalpins, sans essayer de
les prévenir par une attaque vigoureuse [3]. Et, s'il s'agit de l'Espagne, sa longue « somnolence », dont parle Polybe [4], favorisa

1. Cf. Niese, II, 325-326 ; « ... (Antigonos) hatte nach Herstellung des äusseren und
inneren Friedens bald Gelegenheit, den makedonischen Einfluss weiter auszudehnen...
Die Römer waren mit ihren eigenen Angelegenheiten vollauf beschäftigt. Um diese Zeit
gründeten die Karthager... ein grosses Reich in Spanien und fesselten dadurch die Auf-
merksamkeit der Römer. Zugleich drohte von Norden her eine neue Gefahr... Es standen
in Italien schwere Kämpfe bevor ; die Römer benutzten die Zeit, ihre und ihrer Bundesgenossen Streitkräfte neu zu organisieren, auswärtige Verwickelungen suchten sie zu ver-
meiden » ; De Sanctis, III, 1, 304 : « A questo ricostituirsi in forma nuova della lega corinzia
di Alessandro Magno i Romani, se anche avessero voluto porre impedimento, non avreb-
bero potuto ; perchè, invano da essi deprecata, s'era accesa frattanto un lotta mortale
coi Galli della Cisalpina. »

2. Pol. II. 21. 2-6 (ann. 236).

3. Voir les justes remarques de Mommsen, *R. G.* I[7], 553, 567-568, 575 ; cf. De Sanctis,
III, 1, 288-289, 304. C'est seulement en 225 que le gouvernement romain s'avise de prendre
les mesures indispensables pour arrêter l'invasion celtique : De Sanctis, III, 1, 306. Le
fait qu'on avait envoyé l'un des consuls en Sardaigne (Pol. II. 23. 6) paraît bien indiquer
qu'on fut surpris par les Gaulois.

4. Pol. II. 13. 3-4. Cf., sur la conduite du Sénat dans les affaires d'Espagne, Mommsen,
R. G. I[7], 566-568. — Je dois dire que je ne puis croire à la prétendue ambassade

plus qu'il n'aurait fallu les projets d'Hamilkar et d'Hasdrubal. Assurément, en 228, ni les Barkides ni les Gaulois n'occupaient tellement les *Patres* qu'ils n'eussent pu négocier avec les Aitoliens èt, peut-être, par la promesse d'un secours militaire, les détourner de s'accommoder avec Antigone. Plus tard, en 226 ou 225 [1], la convention de l'Èbre mit un terme provisoire aux appréhensions causées par les Puniques. Et quant à l'invasion celtique, s'il est vrai qu'à un certain moment, le « péril effrayant » [2] qu'elle semblait apporter avec elle agita les Romains d'une immense inquiétude et requit tout leur effort, on ne saurait oublier que cette crise d'anxiété fut extrêmement brève. Il se peut que l'année 225 ait été « l'année de la plus grande terreur romaine » [3] ; mais, avant la fin de cette même année, doublement vainqueurs à Télamon, ayant en une journée anéanti les deux armées des envahisseurs [4], les Romains commençaient déjà de prendre contre les Gaulois cette victorieuse offensive qui aboutit, en moins de quatre ans, à l'entière soumission des peuples cisalpins. Or, c'est seulement dans le courant de 223 qu'Antigone s'unit aux Achéens, descend dans le Péloponnèse, et reconstitue l'Alliance de Corinthe ; et ce n'est qu'au printemps de 222 qu'il ouvre la campagne contre Kléomènes [5]. A cette époque, la guerre celtique touche à sa fin ; et, au surplus, il est trop évident qu'elle n'a jamais privé l État romain du libre emploi de sa marine. On ne voit donc guère ce qui eût empêché les *Patres* de tendre la main au roi de Sparte, de lui venir en aide dans l'instant où Ptolémée l'allait abandonner, et, par l'envoi de quelques vaisseaux et l'octroi de quelques subsides, de rendre moins inégale la lutte qu'il soutenait contre le Macédonien [6].

envoyée ἐπὶ κατασκοπῇ par le Sénat à Hamilkar en 231 : Dio, fr. 48 (I, 178 Boissev.) ; on n'imagine pas que les *Patres* se soient laissé berner si naïvement par le général de Carthage. — En revanche, il ne paraît pas douteux qu'ils n'aient promptement conclu alliance avec Sagonte ; cf. ci-après, p. 126, note 4.

1. Pol. II. 13. 7. Pour la date, De Sanctis, III, 1, 412, note 62.

2. Cf. Pol. II. 23. 7.

3. C. Jullian, *Hist. de la Gaule*, I, 449.

4. Sur les résultats immédiats de la victoire de Télamon, De Sanctis, III, 1, 312.

5. Une nouvelle étude de la question m'a convaincu que, contrairement à l'opinion que j'ai autrefois soutenue *(Mél. Nicole*, 273 suiv.), la bataille de Sellasia est bien de l'été de 221. Je me rallie à la solution adoptée par G. Niccolini *(La Confed. achea*, 279-283).

6. L'idée que les Romains eussent pu agir de quelque manière en faveur des Aitoliens et de Kléomènes paraîtra sans doute bien aventurée à certaines personnes. Peut-être

Ce que le Sénat ne fit pas, il faut dire, non qu'il ne le pouvait, mais qu'il ne le voulut pas faire, ou n'y songea pas. Peut-être, bien que la chose paraisse peu croyable, l'idée ne lui vint-elle pas d'agir en Grèce contre Antigone ; s'il eut cette idée, il refusa ou dédaigna de s'y arrêter. Dans un cas comme dans l'autre, on voit s'il est exact de prétendre qu'il « saisissait avec empressement les occasions de se mêler aux affaires du monde hellénique » [1].

V

Résumons les observations qui précèdent et voyons ce qui s'en dégage.

La venue et le premier établissement des Romains dans la péninsule grecque est un événement qui, dans les exposés des historiens modernes, revêt un caractère singulier de fatalité. Ils y voient l'accomplissement d'une nécessité presque inéluctable ; ils ne doutent pas que, plus tôt ou plus tard, il ne dût se produire. L' « intervention » de Rome dans les pays grecs, écrit fermement l'un d'eux, n'était et ne pouvait être qu'une « question de temps » [2]. S'ils en jugent de la sorte, nous savons pourquoi. Ils partent de l'idée que « l'ambition de Rome croissait *fatalement* avec ses succès » [3] ; que, poussés par cette ambition, les Romains « devaient *fatalement* entrer en rapports toujours plus suivis avec l'Orient » [4] ; et que le Sénat eut, de très bonne heure, « l'intention arrêtée de

seront-ce les mêmes qui estiment tout naturel que, vers 237, le Sénat ait été prêt à expédier les légions en Asie au secours de Ptolémée III ; cf. ci-dessus, p. 76. — De Sanctis (III, 1, 298) fait observer que, par prudence, les Romains devaient éviter un conflit avec la Macédoine, conflit d'où pouvaient naître des « complications » difficiles à prévoir ; mais la conduite qu'ils venaient de tenir en Illyrie rendait le conflit inévitable dans un temps plus ou moins proche. Si le Sénat ne s'en est point aperçu (cf. De Sanctis, III, 1, 326), il faut admirer son aveuglement.

1. G. Colin, *Rome et la Grèce*, 46. — La vérité a été vue par Droysen, III, 496 (trad. fr.) : « Près de quinze années (après 228) se passèrent sans que (Rome) intervînt de nouveau dans les affaires de la Grèce, et encore ne le fit-elle cette fois-là que contrainte. »

2. Beloch, III, 1, 686 : « Dass es aber einmal zu einer solchen Intervention kommen würde, war nur noch eine Frage der Zeit. »

3. G. Colin, 29.

4. G. Colin, 70.

s'étendre à l'est de l'Italie » [1]. Par malheur, c'est là une conviction que rien n'autorise. Cette « intention » qu'on attribue aux
politiques de Rome, on la leur attribue gratuitement ; jamais,
jusqu'en 229-228, ils ne l'ont laissé paraître. Rome souffre
que les offenses des Illyriens demeurent longuement impunies ;
et tandis qu'au midi de la Gaule, elle cultive, de temps immémorial,
l'amitié de Massalia, tandis qu'elle a des alliés ou des clients
au pied des Pyrénées [2], et qu'elle en aura tout-à-l'heure parmi «les
tribus maritimes de la Catalogne » [3] et jusqu'au sud de l'Èbre [4],
elle ne compte pas une seule cité amie sur ces rivages de Grèce qui
touchent presque l'Italie ; et, pareillement, avant 228, l'État
romain en est encore à ignorer Athènes et Corinthe. Tels sont les
faits, très dignes d'attention, qu'on oublie trop et qu'il importe
de retenir. C'est seulement la guerre contre Teuta qui amène les
Romains dans les eaux grecques ; et c'est d'abord et principalement pour assurer les conséquences de leur victoire, qu'ils font
entrer dans leur empire quelques districts du littoral. Mais ce
serait se tromper de façon trop grossière que de voir dans cette
guerre le fruit patiemment mûri d'un dessein formé à loisir.
Quoi qu'on en ait dit, elle ne prouve aucunement que Rome
« attachât une importance particulière » à ce qui se passait en
Orient [5]. Elle n'est que l'effet soudain de circonstances qui échap-
paient aux prévisions ; elle n'est, au vrai, qu'un accident ; en sorte
que l'événement qu'on représente comme « fatal » est lui-même
tout accidentel. Supposons qu'en 230, à Phoiniké, les corsaires
d'Illyrie n'eussent point mis à mort des navigateurs italiens, ou

1. G. Colin, *Rome et la Grèce*, 35 ; 20 ; 89 : « ... La Grèce... (était) un pays qui, dans
le plan méthodique de l'expansion de Rome, était marqué pour être une de ses premières
conquêtes. »

2. Selon De Sanctis (III, 1, 412, note 64), c'est « dans l'intervalle qui sépare la première
et la seconde guerre puniques » qu'un « traité particulier » aurait été conclu entre Rome
et Emporiai (Emporion). Comme Emporion était une colonie de Massalia, il est probable
que ses premières relations d'amitié avec les Romains sont encore plus anciennes.

3. C. Jullian, *Hist. de la Gaule*, I, 446. Sur les rapports, sans doute fort anciens, de
Rome avec les Bargousioi : Pol. III. 35. 4 ; cf. Liv. 21. 19. 7 ; Kahrstedt, 375 et note 3

4. L'alliance de Rome et de Sagonte est antérieure à 220 et même à 226, comme De
Sanctis (III, 1, 417 et note 75), rectifiant Ed. Meyer *(Sitz.-ber. Berl. Akad.* 1913, 708)
et Kromayer *(Hist. Zeitschr.* 1909, 257), l'a conclu avec raison de Pol. III. 30. 1-2 ;
cf. H. Hesselbarth, *Hist.-krit. Unters. zur dritt. Dekade des Livius,* 90-91.

5. C'est l'opinion, tout-à-fait paradoxale, de E. Cavaignac *(Hist. de l'Antiquité,* III, 280).

que, la même année, Teuta se fût montrée traitable, combien se
serait-il passé de temps avant qu'une flotte romaine abordât en
terre grecque ? Nous l'ignorons parfaitement. « Il est clair, a-t-on
dit, qu'une puissance telle que Rome.ne pouvait rester... spec-
tatrice inactive de ce qui advenait » en Grèce et « en Orient »[1].
Cela n'est pas si clair. Sans y prendre garde, nos historiens posent
d'abord en principe que les choses n'eussent pu être différentes de
ce qu'elles ont été ; ainsi, pour devenir fatales, elles n'ont besoin
que d'arriver..

Observons à présent, car cette remarque n'a guère été faite, que.
si les Romains entrent enfin en rapports avec quelques États
grecs, ce n'est point d'emblée ni par une démarche directe, mais
par une sorte de ricochet, et seulement à l'occasion et à la suite
de la guerre d'Illyrie. La première ambassade romaine que les
Hellènes voient paraître devant eux n'est point venue d'Italie
elle arrive de Kerkyra ou d'Apollonia[2] ; ce n'est point le Sénat,
c'est l'un des consuls vainqueurs de Teuta, qui l'a envoyée aux
Aitoliens et aux Achéens ; et les ambassadeurs n'ont d'autre
mission que de notifier à ces peuples les utiles résultats de l'expédition qui prend fin. Plus tard, la présence des légats sénatoriaux à Corinthe et à Athènes a pareillement pour cause la
victoire de Rome sur les corsaires. Ainsi, ce premier et tardif
rapprochement qui s'opère entre Romains et Grecs, n'étant que
la conséquence d'un fait dont il faut reconnaître le caractère
accidentel, n'est, à son tour, qu'un accident. Supposons que la
guerre d'Illyrie n'eût point eu lieu, combien d'années se fussent-
elles écoulées avant qu'une ambassade fît route de Rome en
Grèce ? Nul ne le saurait dire.

Tant y a que le rapprochement se fait. Mais est-il tel qu'il
devrait être si les Romains, rêvant déjà de s'imposer en maîtres
à l'Hellade, avaient le désir intéressé de la pénétrer de leur influence ? Nous avons vu que non ; nous avons vu combien, pour
l'historien, il est, si je puis dire, chose décevante. Il pourrait être

---

1. Beloch, III, 1, 685 : « Es war klar, dass eine solche Macht den Angelegenheiten des
Ostens gegenüber auf die Dauer nicht untätiger Zuschauer bleiben konnte. » Cf. Mommsen,
R. G. I⁷, 429.

2. Polybe (II. 12. 2 sqq.) n'indique point le lieu où séjourna A. Postumius après le départ de
Gn. Fulvius. Les ambassadeurs envoyés en Aitolie et en Achaïe reviennent à Kerkyra (12. 5).

fécond et demeure stérile ; il reste dans l'histoire des deux pays un fait épisodique, sans portée ni conséquences. Polybe parle de la Ῥωμαίων ἐπιπλοκὴ εἰς τοὺς κατὰ τὴν Ἑλλάδα τόπους;[1] il faut prendre garde d'exagérer la signification de ces mots [2]. Un moderne, les commentant à sa guise, montre la « diplomatie » [?] romaine accomplissant en Grèce une œuvre grandiose : « ... Elle avait, dit-il, mis Rome en relations avec les ligues étolienne et achéenne, avec Corinthe, avec Athènes, c'est-à-dire avec tout ce qui représentait en Grèce la force militaire, l'organisation politique [?], la richesse présente et les grands souvenirs d'autrefois [3]... » Mais la seule question est de savoir si ces « relations » persistèrent, s'affermirent, devinrent étroites, et s'il en résulta enfin quelque union durable. Il n'en est rien. Tout de suite après la guerre d'Illyrie, Romains et Grecs s'oublient, redeviennent aussi étrangers qu'avant cette guerre, et continuent, de chaque côté de la mer, de vivre leur vie à part : nous le verrons de reste tout-à-l'heure quand nous étudierons les événements des années 220-217. Entre eux il n'existe ni liaison d'intérêts, ni commerce d'amitié ; de la Grèce propre, le Peuple romain ne connaît que les trois cités qu'il a rangées sous sa tutelle, Épidamnos, Apollonia et Kerkyra. Si l'on voit les choses dans leur vérité, il n'est point exact qu'en 228 Rome ait noué des « relations » avec les Grecs ; elle en a semblé nouer, mais ce n'est qu'apparence : elle n'a fait, en réalité, que se montrer à eux. On a parlé des « desseins futurs » du Sénat sur la Grèce [4], qu'il aurait laissé percer dès ce temps-là ; on a dit que les succès remportés sur Teuta servaient « à merveille ses projets du côté de l'Orient » [5]. Ces desseins, ces projets, on ne les découvre nulle part ; mais, au contraire, s'il s'agit de la Grèce, ce qui est frappant dans le Sénat, c'est l'absence de tout dessein qui la concerne. Il devrait, semble-t-il, en avoir ; l'intérêt de Rome le voudrait ainsi. Il serait naturel qu'ayant, indirectement mais certainement, offensé et lésé la Macédoine en s'en voulant garder,

1. Pol. II. 12. 7.
2. On observera, du reste, que Polybe ne se sert ici que du terme ἐπιπλοκή (prise de contact) ; la συμπλοκή (connexion) des « choses de Grèce » et des « choses d'Italie » ne s'établit pour lui que plus tard, après la paix de Naupakte (217) : Pol. V. 105. 4 ; cf. IV. 28. 5.
3. G. Colin, *Rome et la Grèce*, 40.
4. G. Colin, 25.
5. G. Colin, 26

il s'assurât contre les revanches qu'elle médite ou prépare, et cherchât parmi les Hellènes des auxiliaires, faciles à trouver, qui l'aideraient à la tenir en respect. Il s'en dispense ; et par là sa prudence trop courte devient de l'imprudence, et ces soins mêmes qu'il a pris, afin de limiter vers l'Occident la puissance des Antigonides, vont être pour Rome une cause de périls nouveaux.

A partir de l'an 228, aux concours fameux de l'Isthme célébrés à la gloire de Poseidon, les athlètes, chanteurs et musiciens, venus de Rome ou de l'Italie romaine, les Ῥωμαῖοι, comme on les appelle, sont admis à l'honneur de disputer aux Hellènes les couronnes illustres faites de l'ache sacrée[1] : tel est, en Grèce. le seul gain que retirent les Romains de leurs victoires d'Illyrie, et c'est de quoi se contente alors leur ambition, qu'on dit si insatiable.

1. Théoriquement, le fait n'est pas sans importance. Wilamowitz écrit avec raison *(Staat und Gesellschaft, 146)* : « ... die Römer (waren anerkannt) durch die Zulassung zu den hellenischen Nationalspielen als eine ebenbürtige, also im Grunde hellenische Nation » ; mais les événements font assez voir que son importance est demeurée toute théorique.

CHAPITRE QUATRIÈME

LA SECONDE GUERRE D'ILLYRIE (219).
LES ROMAINS ET LA GUERRE-DES-ALLIÉS (219-217).
LA PAIX DE NAUPAKTE (217).

Après un intervalle de dix années, les Romains portent une nouvelle fois leurs armes en Illyrie. Selon certains historiens, c'est encore un dessein ambitieux, dissimulé sous un douteux « prétexte », qui les ramène sur le continent grec [1]. Une analyse sommaire des événements va nous apprendre ce que vaut cette opinion. — Et, d'autre part, nous allons constater un fait instructif, inaperçu des mêmes historiens et gênant pour leur thèse : c'est, à savoir, qu'après la seconde guerre d'Illyrie comme après la première, les Romains, qu'ils montrent ayant si grande hâte d' « étendre leur influence » ou même « leur empire en pays hellénique » [2], négligent d'intervenir en Grèce, malgré les pressantes raisons qui les y devraient engager.

1

Dans le temps qui suit la défaite de Teuta, les hommes d'État romains n'ont nullement cure des événements dont la Grèce est le théâtre ; c'est ainsi qu'Antigone y peut restaurer sans encombre la primauté de la Macédoine. Sont-ils du moins attentifs à surveiller les affaires d'Illyrie ? Il semble bien que non. Par une inconséquence qui étonne, mais qui ne demeure point isolée dans son histoire [3], il semble que le Sénat, qui vient d'établir avec

---

1. Cf. G. Colin, *Rome et la Grèce*, 26 : « (Rome) ne tarda pas à trouver un *prétexte* pour assurer mieux encore sa prépondérance (en Illyrie)... »

2. G. Colin, 156 ; cf. 70.

3. Remarquer, à la même époque, avec quelle indifférence le Sénat, après avoir resserré l'alliance de Rome et de Sagonte, accueille d'abord les avertissements des Sagontins qui lui signalent les progrès menaçants d'Hannibal : Pol. III. 15. 1.

tant de vigueur l'autorité de Rome au-delà du détroit, soit trop
peu jaloux de l'y maintenir. Le fait est qu'Antigone continue ou
recommence d'exercer, au grand dommage de la République, une
action dominante sur les pays illyriens. Il s'y ménage des intelligences, y noue des intrigues, y recrute des partisans et des auxiliaires, qu'il cherche audacieusement jusque parmi les clients et
les amis du Peuple romain. De ceux-ci, le plus considérable est
Démétrios de Pharos, dont la puissance, sans qu'on sache trop
comment, avec ou sans le consentement du Sénat, a beaucoup
grandi depuis 228 [1] et paraît maintenant s'étendre à tout ce qui
reste du royaume de Teuta. C'est lui que le roi de Macédoine
s'efforce d'abord de gagner [2], et il y réussit avec une facilité et une
promptitude singulières. Lorsqu'Antigone s'en vient dans le Péloponnèse combattre Kléomènes, le Pharien est déjà publiquement
son allié : il prend en personne part à cette campagne, amène au
roi un contingent de 1.600 Illyriens qui renforcent l'armée de la
Symmachie [3], et va tout-à-l'heure contribuer glorieusement à la
victoire de Sellasia [4]. C'est donc avant 223, c'est probablement
dès 225 que s'est conclue l'alliance [5]. Ainsi, quatre ans à peine

1. Polybe ne donne là-dessus aucun renseignement. Selon les traditions romaines, ici
comme ailleurs passablement suspectes, Démétrios, après la défaite et l'abdication (?)
de Teuta (Dio, fr. 49. 7 ; I, 182 Boissev. = Zonar. VIII. 19. 6), serait devenu le tuteur
du roi enfant Pinnès, fils d'Agron et de Triteuta, et comme tel aurait exercé l'autorité
(ἀρχή) qui appartenait précédemment à la reine : Zonar. VIII. 19. 7. Plus tard, Teuta
étant morte, il aurait épousé Triteuta, la mère de Pinnès, et sa puissance s'en serait encore
accrue : Dio, fr. 53 (I, 187 Boissev.) = Zonar. VIII. 20. 11 ; cf. De Sanctis (III, 1, 322),
qui fait, avec quelque vraisemblance, du prince illyrien Skerdilaïdas (cf. ci-après) le co-
tuteur de Pinnès. — Ce qui suffirait à montrer combien ces traditions sont incertaines,
c'est que Dion (fr. 53) place à Issa la résidence de Démétrios.

2. Outre Démétrios, on trouve, en ce temps-là, en Illyrie le « dynaste » Skerdilaïdas
(cf. déjà Pol. II. 5. 6 ; 6. 3 ; 6. 6), qui est certainement apparenté à la famille royale et
peut-être frère d'Agron (cf. Weissenborn, note à Liv. 26. 24. 9 ; Zippel, *Röm. Herrsch. in
Illyrien*, 57 ; Niese, II, 285, 1), et qui va jouer, d'abord comme allié de Philippe, puis surtout
comme allié des Romains, un rôle de premier plan (cf. ci-après, p. 142 ; 165 suiv.). Mais il ne
semble pas qu'Antigone se soit mis en relations avec lui.

3. Il ne paraît d'ailleurs pas que Démétrios soit entré dans la Symmachie, ce qui sera
au contraire le cas de Skerdilaïdas (Pol. IV. 29. 7).

4. Démétrios allié d'Antigone contre Kléomènes : Pol. III. 16. 3 : — διὰ τὸ συμπε-
πολεμηκέναι (Δημήτριον) καὶ μετεσχηκέναι τῶν πρὸς Κλεομένη κινδύνων Ἀντιγόνῳ —;
— auxiliaires qu'il amène à Antigone : II. 65. 4 ; — part qu'il prend à la bataille de
Sellasia : 66. 5 sqq.

5. L'indication de Polybe (III. 16. 2) : — Δημήτριον — καταπεφρονηκότα δὲ πρότερον
μὲν διὰ τὸν ἀπὸ Γαλατῶν — φόβον περιεστῶτα Ῥωμαίους — donne à croire que Démé-

après s'être empressé à leur service, « oublieux », pour parler comme Polybe [1], « des bienfaits qu'il en a reçus », Démétrios se détache des Romains, passe au parti adverse. Il leur fait défection, aussi allègrement, semble-t-il, et sans plus d'hésitation que, naguère, pour eux à Teuta.

Volte-face inattendue et dont, il faut l'avouer, nous pénétrons mal les motifs [2]. Quelques promesses que lui eût pu faire Antigone, on s'étonne qu'à la suzeraineté lointaine et peu gênante du Peuple romain, Démétrios ait préféré l'alliance trop directe, et qui pouvait devenir bien pesante, d'un prince aussi puissant que le roi de Macédoine. Il semble qu'il eût agi plus sagement en demeurant, en face d'un voisin si redoutable, dont les ambitions naturelles menaçaient l'Illyrie entière, le client fidèle de la République ; il semble que le souci même de son indépendance aurait dû l'incliner à jouer au côté de Rome, contre le Macédonien, le rôle que jouera bientôt le dynaste Skerdilaïdas et qui, plus tard, sera si profitable à son fils Pleuratos [3]. Il y a ici un point qui nous demeure obscur. Mais, au reste, que le Pharien ait, ou non, fait un faux calcul, la chose n'importe guère. Ce que montre en tout cas sa soudaine défection, c'est que dans les pays d'outre-mer, Illyrie et Grèce, le prestige de Rome a très vite et grandement décru, et qu'elle n'y inspire plus ce respect craintif qu'on ressentait pour elle en 228. Polybe pense en donner la raison. Démétrios, dit-il, commença de « dédaigner les Romains » quand il les vit attaqués par

trios fit alliance avec Antigone peu après qu'eut éclaté la guerre celtique (ann. 225) ; cf. Niese, II, 326, 417 ; Beloch, III, 1, 757 ; Büttner-Wobst, P.-W. Supplem. I, 343, n. 44 a. — Appien (Illyr. 8), qui est muet sur cette alliance, place à tort pendant les trois premières années de la guerre celtique (225-223) la rébellion ouverte de Démétrios contre les Romains.

1. Pol. III. 16. 2.

2. Niese (II, 326) l'explique par des hypothèses qu'aucun texte n'autorise et qui n'ont guère de vraisemblance : « (Demetrios) wünschte, wie es scheint, seine Herrschaft besonders über die autonomen Gemeinden an der illyrischen Küste auszudehnen und volle Freiheit des Meeres. Da ihm die Römer dies nicht gestatteten, so wandte er sich dem wieder erstarkten Makedonien zu. » Les « autonomen Gemeinden », dont il est ici parlé, sont, je pense, les cités et les peuples placés sous le protectorat de Rome ; de sorte que Démétrios, qui réclamait par surcroît la « liberté de la mer », n'aurait pas hésité à demander aux Romains de supprimer, au lendemain de leur victoire, l'état de choses qui venait de la consacrer. C'est là lui attribuer une outrecuidance par trop naïve.

3. Cf. Pol. XXI. 21. 3.

les Gaulois [1]. Mais l'explication est peu satisfaisante. La guerre
celtique, nous l'avons dit, tourna tout de suite à l'avantage de la
République [2]; et, du reste, nous l'avons dit aussi, comment l'aurait-
elle empêchée de faire usage de ses flottes ? Une action vigoureuse de la marine romaine sur les côtes d'Illyrie, une attaque
dirigée contre Pharos, voilà, semble-t-il, le péril qu'au moment
de lier partie avec Antigone, devrait appréhender Démétrios ;
d'autant que, ce péril, le Macédonien, dépourvu de vaisseaux et
d'ailleurs à la veille d'engager contre Kléomènes la lutte décisive,
ne pourrait presque rien pour l'en préserver. Mais il ne l'appréhende
point ; il ne l'appréhendera jamais, pas même après la fin de la
guerre celtique, comme le vont montrer dans un moment ses agressions de l'année 220. A l'endroit de Rome, le Pharien paraît être
revenu à ce bizarre état de quiétude qui était autrefois celui
d'Agron et de Teuta [3]. Et la raison, plus générale que celle qu'indique Polybe, s'en trouve probablement dans l'attitude indo-
lente du gouvernement romain ; dans le fait que le Sénat,
qu'on représente volontiers pratiquant, partout où peut s'étendre
son autorité, une politique tracassière d'intervention, s'est montré trop détaché des intérêts nouveaux qu'a Rome en Illyrie ;
qu'il a négligé, plusieurs années durant, d'y faire sentir son action ; qu'il n'y a envoyé aucune de ces ambassades « spécula-
toires » dont il fera plus tard un si fréquent emploi, et que jamais,
depuis l'expédition des consuls, une escadre partie de Brundisium
ou d'Hydrous n'a traversé la mer. Aux yeux des peuples qui la
bordent, les Romains sont ainsi redevenus cette nation lointaine,

---

1. Pol. III. 16. 2 (texte cité p. 131, note 5) ; cf. App. *Illyr.* 8. — Ce qu'ajoute Polybe :
καταπεφρονηκότα (Δημήτριον) — τότε δὲ διὰ τὸν ἀπὸ Καρχηδονίων φόβον κτλ. n'offre pas, il
faut l'avouer, grand sens. Démétrios a sans doute pu prévoir le conflit prochain entre
Carthage et Rome ; mais s'il avait eu dessein d'en tirer avantage, il va de soi qu'il aurait
dû attendre qu'il éclatât et privât les Romains de leur liberté d'action. Au contraire,
par sa rébellion précipitée, il leur a permis d'opérer contre lui avant que la « crainte de
Carthage » leur fût devenue une gêne.

2. Ci-dessus, p. 124.

3. Cf. les justes observations de De Sanctis (III, 1, 323-324) : « L'avventuriero fatto
non sospettava certamente che senza ritardo i Romani sarebbero intervenuti di nuovo
nelle cose illiriche. Egli aveva, contro i patti, navigato con barche da guerra as ud di Lisso...,
ma confidava senza dubbio per queste licenze nella longanimità dei Romani ; che forse
aveva sperimentata già per licenze simili negli anni precedenti. » Le fait qui est ici bien
digne d'attention, c'est précisément cette « longanimité » des Romains.

tout occidentale et seulement occupée des choses de l'Occident, qu'ils étaient avant 229. Ils se sont laissé oublier et l'on a cessé de les craindre [1].

Et, vraiment, leur étrange insouciance, qui se prolonge, est faite pour encourager toutes les hardiesses. Démétrios ayant osé devenir, au vu de tous, l'allié d'Antigone, on s'attendrait que le Sénat lui demandât compte de la liberté qu'il a prise, lui remontrât que cette alliance ne se peut concilier avec sa qualité d'ami de Rome, l'invitât à se justifier ou, tout au moins, à s'expliquer [2]. Mais, pendant trois années encore, les *Patres* s'obstinent à ne rien voir ; et le résultat, c'est que le Pharien croît d'insolence et d'audace. La mort d'Antigone, qui lui enlève son grand protecteur, porte un adolescent au trône de Macédoine, et peut avoir pour conséquence quelque ébranlement profond de la monarchie antigonide [3], lui devrait, semble-t-il, conseiller la prudence. Pourtant, c'est au lendemain de cette mort qu'il s'insurge ouvertement contre Rome. En 220 [4], il la provoque par un double attentat.

1. L'expédition victorieuse que, selon les sources romaines (voir les textes dans Zippel, *Röm. Herrsch. in Illyrien*, 101 ; cf. De Sanctis, III, 1, 319-320), les Romains auraient faite en Histrie en 221, est presque sûrement apocryphe. La venue d'une armée romaine en Histrie aurait eu pour effet de rappeler Démétrios à la prudence, surtout si, comme le dit Appien *(Illyr.* 8), c'était lui qui avait excité les Histriens contre Rome.

2. D'après les traditions romaines tardives, Démétrios est bien invité à se justifier, mais seulement en 219. Ce sont les consuls de cette année-là, L. Aemilius et M. Livius, qui le somment, d'ailleurs inutilement, de comparaître devant eux : Dio. fr. 53 (I, 187 Boissev.) = Zonar. VIII. 20. 11. Je ne saurais, comme De Sanctis (III, 1, 324, note 149), tenir ce renseignement pour « digne de foi ».

3. Cet ébranlement ne s'est pas produit, mais on l'a pu craindre ; cf. Pol. VII. 11. 4-5.

4. L'expédition maritime de Démétrios et de Skerdilaïdas au sud de Lissos (Pol. IV. 16. 6 ; cf. III. 16. 3) date, comme l'indique Polybe et comme tout le monde en tombe d'accord, de l'été de 220 ; le synchronisme avec les événements de Kynaitha (IV. 16. 11 ; 19. 7) est, en effet, décisif. L'invasion de l'Illyrie romaine par Démétrios (III. 16. 3) doit se placer aussi en 220. Cela résulte des mots κατ' ἐκείνους τοὺς καιρούς (16. 2 ; synchronisme avec l'affaire de Sagonte) et de la phrase τότε δὲ διὰ τὸν ἀπὸ Καρχηδονίων φόβον (allusion à la même affaire et au conflit entre Rome et Carthage). Mais il se pose ici une question de chronologie relative. Les deux faits tombant l'un et l'autre en l'an 220, quel est le plus ancien ? L'invasion des territoires romains par le Pharien a-t-elle précédé ses pirateries ou leur a-t-elle fait suite ? Polybe s'exprime ainsi : (III. 16. 2-3) συνέβαινε — Δημήτριον τὸν Φάριον — πορθεῖν μὲν καὶ καταστρέφεσθαι τὰς κατὰ τὴν Ἰλλυρίδα πόλεις τὰς ὑπὸ Ῥωμαίους ταττομένας, πεπλευκέναι δ' ἔξω τοῦ Λίσσου παρὰ τὰς συνθήκας — καὶ πεπορθηκέναι πολλὰς τῶν Κυκλάδων νήσων. L'ordre suivi dans ce résumé est favorable à la seconde opinion, et c'est celle qu'ont effectivement préférée la plupart des historiens (Niese, II, 417 ; *Grundriss* [1], 110 ; Zippel, *Röm. Herrsch. in Illyrien*, 55-57 ;

Il envahit quelques-uns des territoires, occupe plusieurs des bourgades ou des villes qui relèvent de sa suzeraineté, s'empare notamment de la forte place de Dimalé, dans la contrée des Parthiniens, en arrière d'Épidamnos [1]. Puis, téméraire à la folie, sans souci des représailles romaines, sans réfléchir que son départ laissera ses États à la merci d'une descente ennemie, il viole le traité de 228 qui fait défense aux Illyriens de naviguer plus loin que Lissos. Uni au dynaste Skerdilaïdas [2], leurs deux escadrilles jointes — en tout 90 « lemboi » [3] —, il met le cap au Sud, descend la Mer Ionienne, s'en vient assaillir Pylos en Messénie [4]. C'est avec ce sans-gêne effronté que le prince de Pharos prétend abolir l'œuvre accomplie huit ans plus tôt par les Romains ; voilà les mers et les rivages de Grèce livrés, comme autrefois, aux corsaires du Nord ; voilà, peut-on croire, revenus les jours de Teuta et d'Agron.

Cette fois, le Sénat consent à s'émouvoir, et l'on reconnaîtra peut-être que, pour s'émouvoir, il a mieux qu'un « prétexte ». Sans doute, les Hellènes d'Illyrie, clients de la République, ont

De Sanctis, (III, 1, 323, etc.). Toutefois, l'emploi, peut-être intentionnel, des infinitifs parfaits πεπλευκέναι, πεπορθηκέναι, qui paraissent s'opposer aux infinitifs présents πορθεῖν, καταστρέφεσθαι, fait naître quelques hésitations. On peut soutenir que l'usage du parfait implique ici antériorité (cf. F. Hultsch, *Erzählend. Zeitformen bei Polyb.* III, 87 ; 1, 152-153) : tel est certainement l'avis du dernier éditeur de Polybe, Büttner-Wobst, qui place les entreprises de Démétrios contre les cités et les territoires soumis aux Romains *après* son expédition maritime, par conséquent vers la fin de 220 (P.-W. Supplem. 1, 343, n. 44 *a)*. Mais je doute que cet argument grammatical ait l'importance qu'on lui attribue, et je crois devoir m'en tenir à l'opinion commune. Au reste, il n'est nullement impossible que les agressions du Pharien contre l'Illyrie romaine se soient renouvelées après son incursion dans les mers grecques.

1. Pol. III. 16. 3 : (συνέβαινε Δημήτριον) — πορθεῖν μὲν καὶ καταστρέφεσθαι τὰς κατὰ τὴν Ἰλλυρίδα πόλεις τὰς ὑπὸ Ῥωμαίους ταττομένας —. Comme le fait observer De Sanctis (III, 1, 323, note 146), ces localités, dépendantes des Romains, qu'attaque et ravage Démétrios, se trouvent certainement au sud de Lissos. Le Pharien semble, du reste, ne s'être emparé que d'une seule ville un peu considérable : c'est Διμάλη (cf. Pol. III. '8. 1 ; 18. 3 ; VII. 9. 13), naturellement identique au *Dimallum* de T. Live (P. ; 29. 12. 3) et située dans le pays des *Parthini*, par conséquent non loin d'Épidamnos. La place n'était pas sur la côte, comme le dit à tort A. Philippson, P.-W. V, 646, *s. v. Dimale.* — Il n'y a nul compte à tenir des indications d'Appien *(Illyr.* 8), d'après lesquelles Démétrios aurait conquis toute l'Illyrie méridionale, y compris l'Atintania.

2. Pol. IV. 16. 6 (cf. III. 16. 3).

3. Démétrios a 50 « lemboi » (Pol. IV. 16. 8) ; Skerdilaïdas, 40 (16. 9).

4. Pol. IV. 16. 7 ; cf. IX. 38. 8. — Démétrios, à Pylos, travaille pour le compte des Aitoliens (IX. 38. 8 ; cf. IV. 25. 4), mais il n'y a point encore rupture ni menace certaine de rupture entre les Aitoliens et Philippe.

crié vers lui et réclamé son aide, — les Épidamniens surtout,
tremblants de sentir dans leur voisinage l'ennemi maître de Dimalé. Et, de fait, au train dont vont les choses, il y a risque que
les villes maritimes tombent quelque jour aux mains de Démétrios.
Peut-être va-t-il reprendre contre elles les projets de Teuta [1],
les presser à la fois par terre et par mer, renouveler, à Épidamnos
ou à Apollonia, le même coup qui, jadis, a si bien réussi à Phoiniké.
C'est ce qu'on doit empêcher, d'autant que, derrière le Pharien,
on aperçoit la Macédoine, vigoureuse et « florissante » [2], à laquelle
il paraît frayer la route ; c'est ce qu'on doit empêcher au plus
vite [3]: car, ailleurs, à l'Occident, le ciel se charge et l'orage monte.

En effet, libérés de la guerre celtique, les Romains se sont enfin
lassés de voir prospérer et grandir en Espagne l'empire fondé par
les Barkides. Si, autrefois, ils ont reçu Sagonte dans leur alliance,
et si, récemment, ils se sont ingérés dans les querelles intimes de la
cité pour y faire dominer le parti ami de Rome ; s'ils ont tenu,
même après leurs accords avec Hasdrubal, à garder ainsi une solide
emprise sur les pays situés au sud de l'Èbre, c'est que jamais ils
n'ont admis que, même au-delà du fleuve, Carthage régnât seule
et devînt partout maîtresse [4]. Or, au cours des deux dernières
années (221-220), sous le commandement du jeune fils d'Hamilkar,
de cet Hannibal que l'armée, tout d'une voix, s'est donné pour
chef, la conquête punique vient de prendre un nouvel et inquiétant
essor. En deux campagnes, Hannibal a vaincu trois nations ibériques ; en deux campagnes, Sagonte exceptée, il a tout dompté

1. Cf. Pol. II. 9. 1 sqq. ; cf. ci-dessus, p. 101.
2. Cf. Pol. III. 16. 4.
3. Cf. Pol. *ibid.*
4. Sur ces questions, dont jo n'ai point à traiter, mais que j'ai cru devoir étudier de
près, consulter De Sanctis (III, 1, 322 ; 412 ; 414 ; 418 ; 426), où la politique des Romains
en Espagne et les origines de l' « affaire de Sagonte » me paraissent très bien exposées ; cf.
Ed. Meyer, *Sitz.-ber. Berl. Akad.* 1913, 708-710. — Je rappelle (cf. ci-dessus, p. 126, note 4)
que l'alliance de Rome et de Sagonte a dû précéder le traité de l'Èbre (De Sanctis, III,
1, 417 et notes 75-76). L'intervention des Romains dans les affaires intérieures de Sagonte
(Pol. III. 30. 2 ; cf. 15. 7) n'est antérieure que de peu à l'année 220 (15. 7 ; De Sanctis,
III, 1, 417 et note 76). — Où je diffère d'avis avec De Sanctis, c'est lorsqu'il attribue à
une poussée d' « impérialisme » la politique espagnole des Romains (voir, notamment,
III. 1, 424-425). Je crois bien plutôt que ce sont les inquiétudes, tardivement éveillées,
du Sénat qui déterminent ses résolutions, et que si, finalement, il devient belliqueux, ce
n'est que par crainte du péril dont les Puniques, trop actifs en Espagne, lui semblent
menacer Rome.

jusqu'à l'Èbre [1]. A ces nouvelles, cette crainte des « voisins dangereux » [2], qui seule, à cette époque, inspire et détermine toute leur politique extra-italique, s'est réveillée chez les *Patres*. Ils jugent qu'il est temps de refroidir les ardeurs d'Hannibal, de rappeler à cet audacieux qu'il devra compter encore avec Rome. C'est maintenant Sagonte qu'il vise et menace ; et les habitants ayant eu l'imprudence d'entrer en querelle avec des vassaux de Carthage [3], l'ayant ainsi nanti d'un bon grief, nul doute qu'il ne se dispose bientôt à l'attaquer. Ceci, le Sénat ne le souffrira pas. Après de trop longs retards, il a décidé de répondre aux appels des Sagontins, de prendre leur ville sous sa sauvegarde, d'interdire aux Puniques d'y toucher. Une ambassade va partir, dans l'été de 220, qui fera connaître ses résolutions d'abord à Hannibal lui-même, puis au gouvernement de Carthage [4], et les légats ont pour consigne de parler ferme et d'élever la voix. La démarche est osée. Que la guerre en puisse sortir, nul, à Rome, ne l'ignore [5] : et beaucoup, pressés d'en finir avec l'éternel ennemi que sera le Punique, souhaitent qu'elle en sorte en effet. En ces heures graves, prévoyant le dur et long effort que, prochainement peut-être, il leur faudra fournir en Ibérie ou en Afrique, les *Patres* veulent avoir le dos libre [6]. Plus que jamais il importe de se mettre à couvert de toute surprise venant de l'Orient ; plus que jamais il est nécessaire de faire bonne garde sur le détroit. Si, d'aventure, une flotte punique y vient rôder, il ne faut pas qu'elle ait chance

---

1. Pol. III. 13. 4—14. 8 ; 14. 9 : ὧν ἡττηθέντων οὐδεὶς ἔτι τῶν ἐντὸς Ἴστρου ποταμοῦ ῥᾳδίως πρὸς αὐτοὺς (τοὺς περὶ τὸν Ἀννίβαν) ἀντοφθαλμεῖν ἐτόλμα πλὴν Ζακανθαίων. (cf. IV. 28. 1). Il y a, dans cette phrase, une forte exagération (cf. O. Meltzer, *Gesch. der Karthag.* II, 422 ; S. Gsell, *Hist. de l'Afrique du Nord.* III, 134) ; mais c'est bien ainsi qu'à Rome on devait se représenter les choses.

2. Cf. Pol. I. 10. 6.

3. Cf. Pol. III. 15. 8 : App. *Iber.* 10. Sur ce conflit, Ed. Meyer, *Sitz.-ber. Berl. Akad.* 1913, 708-709.

4. Pol. III. 15. 2 ; 15. 5 ; 15. 12. — Il me semble qu'on assigne d'ordinaire à cette ambassade une date trop tardive : « fin de l'année 220 » (Meltzer, *Gesch. der Karthag.* II, 423 ; 429) ; « commencement du printemps de 219 » (Ed. Meyer, *Sitz.-ber. Berl. Akad.* 1913, 707) ; hiver de 220/219 (De Sanctis, III, 2, 680). Il résulte de Pol. III. 15. 3-4, qu'au moment où Hannibal fit rencontre, à Carthagène, des légats romains, il « allait prendre ses quartiers d'hiver ». Le colloque se place donc en automne, au plus tôt vers la fin de l'été. L'ambassade avait dû quitter Rome à un moment avancé de l'été.

5. Cf. Pol. III. 15. 12 ; 20. 2.

6. Pol. III. 16. 1 ; 16. 4.

de trouver, prêts à lui faire accueil, les ennemis de Rome en possession de la côte ; il ne faut pas qu'elle voie s'ouvrir à elle Épidamnos ou Apollonia, puisse stationner dans ces ports, et de là guetter l'Italie. L'idée, trop naturelle, d'un rapprochement, d'une entente possible entre Carthage, le prince de Pharos et les Macédoniens, pénètre dans les esprits et les agite. Il convient de « pourvoir » sur-le-champ « à la sûreté de l'Illyrie » romaine [1] et, partant, d'étouffer la rébellion de Démétrios. Aussi bien, le changement de règne survenu en Macédoine, la mort d'Antigone, l'allié du Pharien et son obligé, l'avénement du jouvenceau qui lui succède, par là-dessus un conflit aigu qui, en ce moment même, met aux prises avec les Aitoliens le nouveau roi et ses alliés grecs, sont des conjonctures opportunes et dont il sied de profiter.

Donc, au printemps de 219, le consul L. Aemilius prend la mer, porte une armée en Illyrie [2]. Il s'agit de faire vite et de frapper de grands coups ; c'est ce qu'a compris le consul, qui dirige les opérations avec une alerte vigueur. La force du rebelle réside en deux points : au Nord, dans la ville insulaire de Pharos, capitale de ses États ; au Sud, sur le continent, dans celle de Dimalé, réputée imprenable, et que Démétrios, dès qu'il a connu les projets des Romains, a munie d'une garnison puissante. C'est d'abord Dimalé qu'attaque Aemilius, et d'un tel élan qu'il l'emporte en sept jours. Après quoi, s'étant juste donné le temps de recevoir la soumission des cités voisines, il remet à la voile et pousse jusqu'à Pharos, où s'est retranché Démétrios. La place serait capable de soutenir un long

---

1. Pol. III. 16. 1. — Selon Beloch (III, 1, 757), les Romains auraient attendu, pour attaquer Démétrios, que la guerre entre la Macédoine et l'Aitolie eût enlevé à Philippe sa liberté de manœuvre. C'est une façon peu exacte de représenter les choses ; on prête au gouvernement romain un calcul qu'il ne fit point. L'exposé de Polybe (III. 16. 1 ; 16. 4) montre bien que les événements d'Espagne de l'année 220 et le péril couru par les Sagontins décidèrent le Sénat à intervenir en Illyrie sans retard, c'est-à-dire dès l'année suivante (219). Il ne choisit donc pas son moment. L'expédition de L. Aemilius se trouva coïncider avec le début de la guerre aitolique, et cette coïncidence fut avantageuse aux Romains ; mais ils n'avaient rien fait pour qu'elle se produisît.

2. Pol. III. 16. 7 ; 18—19 (Fabius ?), dont le récit est du reste beaucoup trop sommaire. Les sources romaines tardives (Dio, fr. 53 ; I, 187 Boissev. ; Zonar. VIII. 20. 11-13 ; App. *Illyr.* 8 ; *de vir. illustr.* 50. 1) ne méritent aucune confiance. C'est probablement à tort qu'elles adjoignent à L. Aemilius son collègue M. Livius Salinator (cf. Zonar. VIII. 20. 11 ; *de vir. illustr. ibid.*). — Polybe ne donne point d'indication sur l'importance des forces mises à la disposition de L. Aemilius.

siège ; mais un stratagème permet au consul d'attirer en plaine et d'accabler dans un seul combat les 6.000 Illyriens d'élite qui la défendent. Voyant ses troupes détruites ou dispersées, sa capitale au pouvoir de l'ennemi, Démétrios quitte la partie et disparaît ; c'en est fini de sa folle aventure. Comme l'été s'achève, Aemilius peut ramener en Italie ses hommes et ses vaisseaux. En quelques semaines, il a su, général énergique et avisé [1], mener à terme la tâche pressante qu'on lui avait commise : la puissance du Pharien est anéantie, lui-même est en fuite, et ses « familiers », déportés à Rome, y vont demeurer captifs [2].

Telle est, en résumé, l'histoire de la courte expédition qu'on appelle la seconde guerre d'Illyrie. Naturellement, elle a pour conséquence l'établissement de la suzeraineté romaine sur Pharos et sur plusieurs des villes qui, de 228 à 220, obéissaient à Démétrios [3] ; mais il est clair que, lorsqu'ils l'ont ordonnée, les *Patres* avaient tout autre chose en tête que de satisfaire leur ambition par des conquêtes : c'est ce qui apparaît assez dès qu'on prend soin d'en observer l'origine et les circonstances. La seconde guerre d'Illyrie n'est qu'une précaution prise contre un péril trop long-temps méconnu. Reste à savoir si la précaution suffit pour que le péril soit conjuré.

II

On en peut douter. Certes, c'est une victoire éclatante qu'ont remportée si promptement les Romains ; il y a lieu de craindre pourtant que par elle rien ne soit terminé. Car, d'abord, elle est incomplète [4]. Dans sa rapide campagne, le consul Aemilius n'a fait, comme autrefois Fulvius et Postumius, qu'effleurer la Haute-

---

1. Cf. Pol. III. 19. 13 : ἐδόκει γὰρ οὐ μόνον ἐπιδεξίως, ἔτι δὲ μᾶλλον ἀνδρωδῶς κεχρῆσθαι τοῖς πράγμασιν — ; 107. 8. Il se peut d'ailleurs que Polybe, ami de Scipion Æmilien, exagère quelque peu les mérites de L. Aemilius ; cf. De Sanctis, III, 2, 170.

2. Cf. Pol. VII. 9. 14.

3. Pol. VII. 9. 13 ; cf. III. 18. 6-7. Polybe dit à tort (III. 19. 12) que Pharos fut détruite par L. Aemilius (cf. De Sanctis, III, 1, 325, note 150). Dimalé (cf. Pol. VII. 9. 13) est retombée dans sa condition première, c'est-à-dire qu'elle a été replacée sous le protectorat romain.

4. Cf. Niese, II, 438 ; De Sanctis, III, 1, 325.

Illyrie [1], où, parmi les chefs indigènes, Rome compte sûrement plus d'un ennemi ; et, par exemple, s'il a châtié Démétrios, il a laissé impuni Skerdilaïdas, son complice, qui a violé comme lui le traité de 228, et que ses récentes accointances — dont il sera reparlé tout-à-l'heure — avec le roi Philippe rendent particulièrement suspect : qui sait si Skerdilaïdas ne sera point un autre Démétrios ? Mais, au reste, L. Aemilius aurait — chose infaisable — réduit à l'impuissance, en Illyrie, tous les dynastes contre qui les Romains ont de justes défiances, que son succès serait encore précaire. En effet, le vrai danger est ailleurs. Par eux-mêmes, ces dynastes sont peu de chose ; le plus entreprenant, Démétrios, n'était qu'un condottière intrépide : ce qui a fait son importance, ce qui l'a rendu presque redoutable, c'est qu'il était l'homme de la Macédoine. Pour les Romains, depuis 228, le Macédonien, Antigone hier, Philippe aujourd'hui, voilà l'adversaire véritable, irréconciliable et toujours à craindre ; et, cet adversaire, la ruine d'un Démétrios ou de tels autres princes illyriens, dont il a fait ses instruments, peut bien déranger pour un temps ses projets, mais non diminuer sensiblement sa force : au surplus, s'il lui plaît d'agiter l'Illyrie contre Rome, les instruments ne lui manqueront jamais ; ceux qu'on aura brisés, il les saura bien remplacer. C'est pourquoi la prudence exigerait que l'opération défensive exécutée par L. Aemilius ne fût que le prélude d'une action plus large et poursuivie sans relâche. Pour assurer, comme le veulent les *Patres*, la sécurité de l'Illyrie romaine et, par là, celle de l'Italie elle-même, ce qu'il faut, c'est affaiblir à demeure le Macédonien — ou, à tout le moins, l'inquiéter, le gêner, le distraire, l'obliger à se disperser, l'embarrasser d'entraves, l'environner d'obstacles et d'embûches. Telle est la tâche qui s'imposait au Sénat après la défaite de Teuta ; cette tâche, alors témérairement différée, s'impose encore à lui après la défaite du Pharien, et jamais il ne fut si urgent de l'accomplir.

A la vérité, Philippe V, fils du roi Démétrios II, qui a ceint le

---

1. A peine est-il besoin de signaler la singulière exagération contenue dans la phrase de Polybe (III. 19. 12) : — Αἰμίλιος — τῆς δὲ λοιπῆς Ἰλλυρίδος ἐγκρατὴς γενόμενος (après la prise de Pharos). Le traité entre Philippe et Hannibal (Pol. VII. 9. 13) ne nomme, en dehors de Pharos, aucune localité de la Haute-Illyrie qui dépende des Romains.

diadème dans l'hiver de 221 [1], n'est qu'un enfant — dix-sept ans
à peine — et beaucoup, ne regardant qu'à son âge, le tiennent en
mépris [2]. Mais cet enfant est entouré des anciens conseillers
d'Antigone [3], vieux ministres d'expérience, qui le nourrissent de
la pensé. de leur maître et lui font voir dans Rome son ennemie
naturelle. Et l'on ne peut douter qu'il ne soit contre elle animé
des mêmes sentiments que son grand prédécesseur ; que, fidèle héritier de ses injures et de ses rancunes, de ses desseins et de ses espérances, il ne déteste, à l'égal d'Antigone, la présence des Romains
en Illyrie, et qu'il ne médite, à son exemple, de les en expulser. Déjà,
n'est-ce pas chose significative que, dès le début du nouveau règne,
Démétrios de Pharos ait osé, pour la première fois, envahir l'Illyrie
romaine et courir les mers grecques ? ceci donne à penser que,
dans sa rébellion, il était sûr de l'appui du jeune roi et qu'il en
avait reçu des encouragement décisifs [4]. Aussi bien, au cours de
l'année 220, d'autres faits se sont produits, propres à éclairer les
Patres sur les dispositions de Philippe, et qui, peut-on croire, ne
leur ont point échappé, puisqu'ils daignent enfin, cette année-là,
avoir des yeux pour ce qui se passe outre-mer. Ayant échoué
dans son attaque contre Pylos, Démétrios, poussant à l'Est avec
ses cinquante « lemboi », a gagné l'Aigée, s'est jeté sur les
Cyclades, qu'il a rançonnées ou dévastées ; puis, menacé par les
Rhodiens qui seuls, en ce temps-là, font la police des mers, il a viré
de bord et fui vers la Grèce. Or c'est à Kenchréai, port macédonien,
qu'il s'est réfugié ; et, tout aussitôt, Taurion, lieutenant de Philippe dans le Péloponnèse, s'est mis en relations avec lui, a fait

1. A l'automne de 221 ou dans l'hiver de 221/220 : Beloch, III, 2, 72-73 ; Niese, II, 348, 6.
2. Cf. Pol. IV. 3. 3 ; 5. 3 ; 22. 5 ; V. 18. 6 ; 29. 2 ; 34. 2.
3. Sur le conseil de régence qu'institue Antigone au moment de mourir : Pol. IV. 87.
7-8 ; cf. 76. 1 ; Niese, II, 348 et note 2 ; Beloch, III, 1, 744 et note 1 ; 756. — Pour la politique antiromaine des ministres de Philippe, notamment d'Apellès, voir les remarques de
M. Nicolaus *(Zwei Beitr. zur Gesch. König Philipps V* ; diss. Berlin, 1909), 19 ; 27 ;
52-54.
4. Polybe (III. 16. 3) dit, en parlant de Démétrios : πάσας δ' ἔχοντα τὰς ἐλπίδας ἐν τῇ
Μακεδόνων οἰκίᾳ ; mais, à l'époque dont il s'agit (été 220), la Μακεδόνων οἰκία, c'est simplement Philippe. — Du texte de Polybe, IV. 16. 1 (οἱ δ' Ἠπειρῶται καὶ Φίλιππος ὁ
βασιλεὺς ἀκούσαντες κτλ.), il paraît bien résulter que, dans l'été de 220, au moment où
Démétrios et Skerdilaïdas entreprennent leur expédition maritime, Philippe se trouve en
Épire. Le fait est intéressant. On croirait volontiers que le roi s'est rendu en Épire pour
se tenir à portée de la Basse-Illyrie ; peut-être, prévoyant dès ce moment une descente des
Romains motivée par la déloyauté de Démétrios (III. 16. 3), veut-il y faire obstacle.

transporter sa flottille à travers l'Isthme, l'a prié et lui a persuadé d'assaillir dans le Golfe les Aitoliens, qui reviennent d'Arcadie après avoir saccagé Kynaitha [1]. L'événement peut sembler de mince importance ; il ne l'est pas, il a montré deux choses : l'une, c'est qu'entre le gouvernement macédonien et le dynaste de Pharos, l'entente a persisté, avouée et publique, même après que Démétrios s'était insurgé contre Rome ; l'autre, c'est que les officiers de Philippe et Philippe lui-même (car Taurion n'a pu manquer de prendre ses avis) méprisent, à l'égal du Pharien, le traité romain de 228 qui interdit aux Illyriens de paraître au sud de Lissos. Sur le dernier point, d'ailleurs, comment garderait-on quelque doute après l'étrange démarche que, pendant l'hiver, Philippe a faite en Illyrie ? Antigone s'y était contenté de l'alliance de Démétrios ; Philippe y a noué de nouvelles intrigues et s'y est procuré un second auxiliaire, le dynaste Skerdilaïdas. Il l'est allé trouver lui-même, « audacieusement » et sans souci du risque que pourrait courir sa royale personne. Il lui a offert son amitié et promis de travailler pour lui en Illyrie [2] ; il l'a fait entrer dans la Symmachie hellénique et l'a pris à sa solde : moyennant un subside annuel, Skerdilaïdas s'est engagé à venir, à son appel, combattre sur mer les Aitoliens [3]. Ici donc, c'est Philippe qui, par des manœuvres directes, détermine un des princes illyriens à manquer aux accords conclus avec Rome ; c'est lui qui l'attire en Grèce ; et si le traité de 228 est enfreint derechef, ce sera par la volonté, sur l'initiative et à l'instigation du roi de Macédoine.

. De tels actes parlent un clair langage. Toutefois, ils sont anté-

---

1. Pol. IV. 16. 8 ; cf. III. 16. 3 (Démétrios dans les Cyclades) ; IV. 19. 7 (son retour à Kenchréai) ; 19. 7-8 (arrangements qu'il conclut avec Taurion). — Ayant manqué les Aitoliens dans le Golfe, Démétrios fait quelques ravages sur la côte d'Aitolie (19. 9). Noter qu'il revient ensuite à Corinthe (19. 9) ; il s'y trouve certainement lorsqu'y arrive Philippe (22. 2).

2. Pol. IV. 29. 2.

3. Pol. IV. 29. 2-3 ; 29. 7 (alliance de Philippe avec Skerdilaïdas). Pour la date, cf. 29. 1 : Φίλιππος δὲ παραχειμάζων ἐν Μακεδονίᾳ : c'est l'hiver de 220/219. — De la phrase (29. 3) : τὰ μὲν ὑπισχνούμενος (Φίλιππος) αὐτῷ (Σκερδιλαΐδᾳ) συγκατασκευάσειν τῶν κατὰ τὴν Ἰλλυρίδα πραγμάτων — rapprocher V. 4. 3 : τοὺς γὰρ πλείστους (λέμβους) ἐκωλύθη (Σκερδιλαΐδας) πέμψαι διὰ τὰς γενομένας ἐπιβουλὰς καὶ ταραχὰς περὶ τοὺς κατὰ τὴν Ἰλλυρίδα πολιδυνάστας. La promesse faite par Philippe à Skerdilaïdas est la preuve que le roi projette d'intervenir activement en Illyrie. — Il paraît impossible qu'en 219, durant son séjour en Illyrie, L. Aemilius n'ait pas connu ces intrigues.

rieurs aux victoires de L. Aemilius ; et l'on a pu se figurer, et
les Romains se sont flattés, sans doute, que le coup frappé sur
Démétrios étonnerait Philippe et l'intimiderait. S'ils en ont jugé
ainsi, c'est une illusion que le roi a vite fait de leur ôter. Le soir
du combat de Pharos, Démétrios s'est enfui de son île avec quelques « lemboi » qu'il avait armés en secret [1]. Il n'a point hésité
sur la route à prendre ; pressé de s'assurer un refuge, il sait où le
trouver : il cingle en droiture vers l'Akarnanie. C'est qu'il est
sûr d'y rencontrer Philippe qui, **dans** ce même temps, fait
campagne contre les Aitoliens et vient de leur enlever Oiniadai [2] :
preuve manifeste qu'entre lui et le roi les relations sont permanentes. Donc, comme Philippe, informé que les Dardaniens
menacent d'envahir ses États, regagne en hâte la Macédoine et
s'apprête à franchir le golfe d'Ambrakia, il voit le Pharien se présenter à lui [3]. C'est un grand événement que cette rencontre : dans
l'histoire des rapports de la Macédoine et de Rome, elle marque
une heure capitale. Démétrios compte bien obtenir sur-le-champ
la protection royale ; mais il se pourrait que Philippe, calculant la
gravité et redoutant les suites d'une telle offense faite aux Romains,
hésitât à la lui accorder. Il n'en est rien : entre Rome et Démétrios, le roi a d'avance fait son choix. L'accueil qu'en reçoit le
fugitif est affable et cordial ; et, non content de lui donner asile,
il lui prescrit de se rendre à Corinthe, de venir ensuite en Macédoine, et d'y attendre son retour [4] ; tout-à-l'heure, il l'ira re-
joindre à Pella [5]. Voilà qui est net, et les Romains, cette fois, sont
dûment avertis. Jusque-là Philippe était pour eux un ennemi
latent ; c'est à présent un ennemi qui se découvre et qui, faisant
sienne la querelle du traître qu'ils viennent de châtier, va, du
premier coup, jusqu'à les braver [6]. Et l'on doit compter que son
hostilité, qu'il manifeste si hardiment, à l'heure même où une
flotte et une armée romaines opèrent aux portes de la Grèce, ne se

1. Pol. III. 19. 8.
2. Pol. IV. 65.
3. Pol. IV. 66. 1 ; 66. 3-4.
4. Pol. IV. 66. 5.
5. Pol. IV. 66. 6 (arrivée de Philippe à Pella).
6. Il va sans dire que la prétendue démarche des Romains (en 217 !) pour obtenir
l'extradition de Démétrios (Liv. 22. 33.3) n'est qu'une légende annalistique.

relâchera jamais, car le Pharien sera constamment là pour l'entretenir et l'aviver.

Or, en tout temps, ce serait chose inquiétante que l'hostilité déclarée du roi de Macédoine : car, en tout temps, elle pourrait mettre l'Illyrie romaine en péril ; mais les circonstances font qu'au moment où elle se déclare, elle est chose particulièrement grave. Seul en face de Rome, on peut croire que la résolution manquerait à Philippe pour rien oser contre elle ; mais, précisément, telle est la marche prise par les événements d'Ibérie, que désormais, en face de Rome, il est assuré de n'être pas seul. Pendant la saison militaire de 219, tandis que L. Aemilius conquérait Dimalé et Pharos, Hannibal lui aussi s'est mis à l'ouvrage. Dédaigneux de l'interdiction que lui ont signifiée les envoyés romains, il a, sûr de l'appui de son gouvernement [1], entrepris, poursuivi, pressé le siège de Sagonte ; et, par là, cette « grande guerre », cette « guerre de longue durée » [2], que Puniques et Romains ont prévue d'un regard également ferme, est devenue inévitable [3] : quelques mois plus tard, les légats du Sénat en porteront au Conseil de Carthage la déclaration attendue [4]. Dans ce grand conflit qui s'annonce, on sait de quel côté iront les vœux de Philippe ; mais tout présage qu'il ne lui suffira pas d'en être le témoin vigilant et passionné [5]. S'y mêlera-t-il directement ? essaiera-t-il de s'unir aux Puniques, d'ajuster ses desseins aux leurs, de concerter avec eux quelque vaste plan d'attaque ? Il se peut, et cette perspective faite pour les émouvoir, les *Patres* doivent l'envisager. Ce qui est

---

1. Ceci résulte naturellement de Pol. III. 15. 8 (ambassade d'Hannibal à Carthage); cf. Meltzer, *Gesch. der Karthag.* II, 431 ; De Sanctis, III, 1, 416 ; Kromayer, *Hist. Zeitschr.* 1909, 251, 259. Voir, d'ailleurs, App. *Iber.* 10.

2. Cf. Pol. III. 16. 1 : προορωμένη (ἡ σύγκλητος) διότι μέγας ἔσται καὶ πολυχρόνιος καὶ μακρὰν ἀπὸ τῆς οἰκείας ὁ πόλεμος —.

3. Ceci, du reste, ne veut pas dire qu'il n'y ait point eu à Rome, avant qu'on franchît le pas décisif, des hésitations et des discussions ; voir la juste critique que font Meltzer (II, 449-450) et De Sanctis (III, 1, 423-424, et note 86 ; 427) de l'opinion de Polybe (III. 20. 1 sqq.). Le fait que, durant huit mois, on néglige de secourir Sagonte est assurément significatif ; cf. Ed. Meyer, *Sitz.-ber. Berl. Akad.* 1913, 710-711.

4. Pol. III. 20. 6 sqq. La déclaration de guerre est du printemps de 218 (mars-avril).

5. Que Philippe se soit fait renseigner, directement et secrètement, sur les événements de la guerre d'Hannibal dès qu'eut commencé cette guerre, c'est ce que prouve le texte bien connu de Polybe (V. 101. 6) relatif à la nouvelle de la bataille du Trasimène. Il est clair que le courrier qui vint trouver le roi à Argos, pendant la célébration des Néméennes, avait été précédé de beaucoup d'autres.

clair en tout cas, c'est qu'il s'efforcera de mettre à profit les difficultés certaines où la guerre imminente jettera la République.
De quelque façon qu'il procède, qu'il fasse son jeu à part ou règle
ses mouvements sur ceux d'Hannibal, s'il est libre d'agir, c'est
contre Rome qu'il agira et, sans doute, le plus tôt qu'il pourra.
Partant, ce qui importe, c'est de lui enlever sa liberté d'action,
c'est de l'entraver et de le paralyser ; et puisque Rome, ayant affaire
ailleurs, ne peut prendre contre lui une puissante offensive, le
seul moyen, semble-t-il, serait de lui créer dans son voisinage, en
Grèce même, de tels embarras qu'il ne s'en pût dégager.

Ce raisonnement si simple, les Romains, contraints par l'évidence, finiront par le faire au bout de quelques années ; on s'attendrait qu'ils le fissent dès maintenant. On s'y attendrait d'autant plus que l'instant est propice, et que, dans le même temps
qu'elle leur a suscité deux grands ennemis aux deux côtés de
l'Italie, en Grèce, par un jeu contraire, la Fortune a travaillé
pour eux. En effet, tandis que chaque jour rapproche le moment où
recommencera la guerre entre Carthage et Rome, elle a recommencé
déjà entre la Macédoine, unie aux « Symmachoi », et ses éternels
ennemis, les Confédérés d'Aitolie. L'inquiétude naturelle des
Aitoliens, pressés de sortir de l'inaction timide où la crainte d'Antigone les a tenus trop longtemps[1], leurs visées sur la Messénie, qui
s'opposent et font concurrence à celles des Achéens, les provocations redoublées, les brutalités, les coups de force du parti violent
qui domine alors dans la Ligue, et, d'autre part, les rancunes[2],
les maladresses et les témérités[3] d'Aratos, le grand homme de
l'Achaïe, ont produit ce mal que n'a pu conjurer la prudence de
Philippe et de ses conseillers. Le roi, dont toutes les pensées sont
dirigées vers Rome et l'Illyrie, a vainement tenté d'assoupir ou
de retarder le conflit[4]. Il a dû, à regret, donner secours à ses
alliés d'Achaïe, et dénoncer à l'assemblée de la Symmachie les
attentats des Aitoliens. A Corinthe, à l'automne de 220, les

1. Cf. Pol. IV. 3. 1-2.
2. Cf. Pol. IV. 7. 8.
3. Noter la façon dont Aratos engage le combat de Kaphyai, et les critiques que lui
adresse Polybe : Pol. IV. 11. 1 sqq.
4. Que Philippe fût opposé à la guerre, c'est ce qui ressort avec évidence de la lecture
de Polybe ; sur cette question, ci-après, p. 149, note 1.

synèdres fédéraux qui, tous, gardent au cœur le poignant souvenir
de quelque injure qu'en ont reçue leurs patries, ont voté contre
eux, d'une seule voix et d'un commun élan, les résolutions suprêmes ; et, dès le printemps suivant, tandis que L. Aemilius
mène la campagne contre Démétrios, les deux Grèces, la Grèce
macédonienne et la Grèce indépendante, se sont porté les premiers
coups [1].

III

Pour les Romains cette guerre est un bienfait des dieux. Elle
n'eût point existé, qu'il l'eût fallu faire naître ; puisqu'elle existe,
il la faut faire durer : il est clair, en effet, que, tant qu'elle durera,
il sera interdit à Philippe de « joindre ses espérances » à celles
d'Hannibal [2]. C'est pourquoi, semble-t-il, le gouvernement
romain devrait se résoudre enfin à s' « immiscer dans les affaires
de Grèce », entrer en rapports avec les Aitoliens, renouer et resserrer les relations éphémères formées avec leur Ligue en 228,
s'unir à eux, et, de façon ou d'autre, les encourager, les aider
et soutenir leur effort. Une intervention des Romains en Grèce,
coïncidant avec la nouvelle guerre aitolique, est chose si naturellement indiquée que, dès le premier jour, Philippe paraît l'avoir
prévue et crainte, et non point indirecte et plus ou moins tardive,
mais immédiate et brutale. C'est à coup sûr un fait digne d'attention, qu'au commencement de l'été de 219, ayant assemblé une
puissante armée — près de 20.000 hommes [3] —, lui, qu'on verra

---

1. Pol. IV. 25. — Déjà, au printemps de 219, le roi de Sparte, Lykurgue, ouvre les hostilités par son invasion de l'Argolide : Pol. IV. 86. 4-5.

2. Cf. Pol. III. 2. 3 : Φίλιππος — ἐπεβάλετο κοινωνεῖν Καρχηδονίοις τῶν αὐτῶν ἐλπίδων.

3. Au printemps de 219, Philippe a sous ses ordres 15.800 Macédoniens (10.000 phalangites, 5.000 peltastes, 800 cavaliers), qu'il a levés pendant l'hiver (Pol. IV. 37. 7 ; cf.
29. 1). Il y joint, lors de son arrivée en Épire, 300 frondeurs envoyés d'Achaïe, 500 Polyr-
rhéniens et tout le contingent épirote (61. 2). L'importance de ce dernier contingent
n'est point indiqué par Polybe ; mais, à Sellasia, les Épirotes avaient mis en ligne 1.000
hommes et 50 chevaux (II. 65. 4) ; il est évident que les troupes qu'ils fournirent à Philippe
étaient au moins aussi nombreuses. L'effectif des forces commandées par le roi s'élevait
donc certainement à plus de 17.000 hommes. Il avait, en outre, à sa disposition et pouvait,
d'un moment à l'autre, appeler le contingent akarnanien ; après la prise d'Ambrakos,

tout-à-l'heure si entreprenant, et si ardent et si prompt dans ses entreprises, lui qui, menant la guerre d'une allure effrénée, la fera comme « à la course »[1], il séjourne longuement, immobile et presque inactif, au sud de l'Épire. Si, au lieu de foncer sur la Vieille-Aitolie et d'accabler l'ennemi surpris sous le poids des grandes forces qu'il tient en main[2], il passe quarante jours à réduire Ambrakos[3] ; s'il s'attarde devant cette petite place dont l'acquisition, avantageuse peut-être aux Épirotes[4], n'est pour lui d'aucun prix et dont la perte ne saurait causer aux Aitoliens un sérieux dommage[5] ; et si, plus tard, sourd aux prières des Achéens, il refuse de passer le Rhion et d'envahir l'Élide[6] ; s'il s'obstine à guerroyer sur les confins occidentaux de l'Aitolie[7], à courte distance de l'Épire et de la Macédoine, la raison en est sans doute qu'il suit d'un regard anxieux l'armée romaine qui opère contre Démétrios, qu'il en attend quelque acte hostile et que, jugeant

lorsqu'il envahit l'Aitolie occidentale, Philippe reçoit d'Akarnanie 2.000 fantassins et 200 cavaliers (Pol. IV. 63. 7). Polybe insiste sur la force numérique de l'armée royale, qu'il appelle δύναμις βαρεῖα (61. 3). — Il ne serait pas impossible que Philippe eût d'abord projeté de l'employer en Illyrie, où il aurait prêté main-forte à Démétrios ; peut-être fut-il prévenu par le débarquement des Romains : voir, à ce sujet, les conjectures de M. Nicolaus, *Zwei Beitr. zur Gesch. König Philipps V*, 52-53.

1. Cf. Liv. (P.) 31. 24. 2 : — *cursu prope Chalcidem contendit Philippus* (aut. 200).

2. Voir les reproches que lui adresse Polybe (IV. 61. 3-4 ; l. 63. 1).

3. Pol. IV. 61. 4-5 ; 61. 8 ; 63. 1-3.

4. Pol. IV. 61. 5-6. Encore faut-il remarquer que la prise d'Ambrakos n'a d'utilité qu'en ce qu'elle peut rendre aisée celle d'Ambrakia (61. 6-7) : or, une fois Ambrakos réduite, Philippe n'entreprend rien contre Ambrakia ; ce qu'il accorde aux Épirotes n'est donc qu'un semblant de satisfaction.

5. La garnison aitolienne d'Ambrakos ne compte que 500 hommes (Pol. IV. 63. 3), ce qui n'est guère en face des grandes forces de Philippe. On peut noter que les Aitoliens ne tentent aucun effort pour débloquer la place.

6. Pol. IV. 64. 1-3 (entrevue de Philippe et des députés achéens près de Stratos ; le roi ne leur donne que de bonnes paroles) ; cf. 67. 6 (les Achéens « désespèrent » de voir Philippe venir dans le Péloponnèse).

7. Pol. IV. 63. 7 — 65. 11. — Opérations de Philippe dans l'ancienne Akarnanie orientale ; prise de Phoitiai (63. 7-8) ; — invasion de la Stratiké (63. 10-11) ; prise et incendie de Métropolis (64. 4) ; — premier passage de l'Achéloos (64. 5-8) ; opérations dans la région de Konopé (64. 9 ; cf. 64. 3-4) ; prise et destruction d'Ithoria et des forts construits sur la rive gauche de l'Achéloos (64. 10-11) ; — opérations dans la « Parachéloïtis » ; prise et destruction de Paianion (65. 3-4) ; — occupation d'Oiniadai (65. 5-6) ; — opérations dans la Kalydonia (65. 6-7) ; prise de la forteresse d'Élaos (65. 6) ; — retour à Oiniadai (65. 7-8 ; 65. 11). La Kalydonia est le point extrême atteint par Philippe vers l'Est.

ses États menacés, il redouterait de s'en trop éloigner [1]. Mais ce sont là de vaines appréhensions. Si Philippe s'inquiète des Romains, les Romains ne s'occupent point de Philippe : il n'a rien à craindre d'eux. Non seulement, Démétrios abattu, L. Aemilius ne se tourne pas contre la Macédoine — ce qu'à vrai dire, lui interdisent de faire les graves nouvelles venues d'Espagne, l'annonce de la rupture certaine avec Carthage, et l'approche de la grande lutte où Rome va s'engager —, mais on dirait qu'il ne soupçonne même pas que, non loin de lui, à quelques journées de marche vers le Sud, le souverain ennemi de Rome, le protecteur avoué du Pharien, est aux prises avec des Hellènes, qui se trouvent ainsi devenir pour les Romains de naturels alliés. A la différence du consul vainqueur de Teuta, le consul vainqueur de Démétrios lève l'ancre, repasse en Italie, sans députer aux Aitoliens : il néglige de leur renouveler le témoignage de l'amitié romaine. Et les *Patres* gardent la même réserve : nulle ambassade partie de Rome ne visite les Confédérés. Le Sénat semble ne pas comprendre que leur cause ne fait qu'un désormais avec celle du Peuple romain. Cette guerre précieuse, qui lui peut épargner de si lourds soucis, il y reste étranger, il s'en détourne, il l'ignore. Nous en avons le récit, minutieux à l'excès, fait par Polybe ; nous pouvons être assurés que les Romains ne s'y sont mêlés à aucun instant ni d'aucune manière [2]. La seule nation dont l'Aitolie ait peut-être, et d'ailleurs très vainement, espéré le secours, la seule que ses ennemis aient craint de voir s'intéresser pour elle, c'est l'Égypte [3], ce n'est pas Rome. — Et

---

1. A vrai dire, les apparentes lenteurs de Philippe au début de la campagne s'expliquent aussi, sans doute, par sa volonté persistante d'éluder la guerre avec les Aitoliens. Il évite de parti pris de s'engager à fond contre eux et se flatte qu'il suffira d'une démonstration militaire — le siège d'Ambrakos n'est pas autre chose — pour les amener à résipiscence (sur ce point, il semble bien que la vérité ait été vue par Niese, II, 447, 3). Mais, si Philippe éprouve tant de répugnance à combattre énergiquement les Aitoliens, c'est que la question d'Illyrie est son souci dominant et qu'il entend garder, de ce côté, sa liberté d'action.

2. G. Colin (*Rome et la Grèce*, 43) fait observer que « le spectacle de la Guerre Sociale, de 219 à 217, avait fait connaître (au Sénat) les divisions des Grecs, et » qu' « il espérait en profiter ». Que n'en profite-t-il dès le temps de cette guerre même ?

3. Pol. IV. 30. 8 : ἀπεστάλησαν δὲ καὶ πρὸς βασιλέα Πτολεμαῖον (Φιλοπάτορα) πρέσβεις οἱ παρακαλέσοντες αὐτὸν μήτε χρήματα πέμπειν τοῖς Αἰτωλοῖς μήτ' ἄλλο μηδὲν χορηγεῖν κατὰ Φιλίππου καὶ τῶν συμμάχων. — La précaution était, en fait, superflue. La guerre de Koilé-Syrie, qui avait éclaté à l'improviste en 221, ne permettait point à l'Égypte surprise d'intervenir en Grèce contre Philippe. Plus tard, elle se rapproche de lui pour l'opposer à Antiochos III ; cf. ci-dessus, p. 78.

notre surprise est la même que tout-à-l'heure, lorsque nous avons
vu Antigone relever, sous les yeux indifférents du Sénat, la
puissance de la Macédoine. Elle est plus vive encore et plus justifiée, car Antigone n'était pour les Romains qu'un ennemi éventuel
ou probable, au lieu que Philippe, s'il sort vainqueur de la guerre
présente, usera sûrement de sa victoire, soit pour attaquer
l'Illyrie romaine, soit pour s'allier à Carthage, soit pour faire
à la fois l'un et l'autre, et menacera donc Rome d'un danger
certain.

Toutefois, que la République s'abstienne d'abord de prêter
main-forte aux Aitoliens, la chose est à la rigueur explicable. Il
est possible que son assistance soit inutile aux Confédérés. Ce sont
eux qui ont voulu cette guerre que Philippe s'efforçait d'éviter [1] ; ce sont eux qui, par leurs agressions et leurs insolences

---

1. Que la guerre-des-Alliés ait eu lieu contre la volonté et malgré les efforts de Philippe,
c'est ce qui ressort avec évidence de la lecture de Polybe et ce qu'on a trop peu remarqué
(voir toutefois quelques indications dans Niese, II, 417, 423, 447 et note 3 ; Beloch, III,
1, 746, 747 ; De Sanctis, III, 2, 393). — 1° Après leur défaite de Kaphyai, dans l'été de
220, les Achéens demandent à Philippe et aux États de la Symmachie de leur donner assistance, c'est-à-dire d'engager les hostilités contre les Aitoliens (Pol. IV. 15. 1-2) ; Philippe
leur oppose le refus le plus net (16. 1-3). — 2° Appelé de nouveau à l'aide par Aratos,
lors de l'expédition de Dorimachos et de Skopas contre Kynaitha, il est notable que
Philippe met tant de lenteur à se rendre dans le Péloponnèse (22. 2 : — ὑστερήσας
δὲ τοῦ καιροῦ κτλ.) que les envahisseurs ont le loisir de revenir sans dommage en Aitolie.
— 3° A la fin de l'été de 220, la conduite, singulièrement clémente, que tient le roi à l'égard
de Sparte, où un parti puissant s'agite contre la Macédoine et fait mine de s'unir à l'Aitolie, serait inconcevable s'il avait dessein de combattre prochainement les Aitoliens :
en pareil cas, son premier soin devrait être d'établir fortement son autorité sur la ville
suspecte. Sa modération, son refus d'intervenir dans les affaires intérieures de Sparte
et de châtier les rebelles, s'expliquent très bien, au contraire, par son désir de ne point
irriter les Aitoliens. — 4° Même après le congrès de Corinthe et la déclaration de guerre
des « Symmachoi », Philippe leur tend encore la perche ; il leur écrit que, s'ils ont
quelques raisons à faire valoir pour leur justification, il est prêt à les écouter, et leur
laisse entendre que, même au point où en sont arrivées les choses, tout peut encore se
régler à l'amiable (26. 3). Le fait est qu'il se rend au Rhion, au jour qu'ils lui ont
marqué, pour conférer avec eux (26. 6) ; si l'entrevue n'a pas lieu, c'est que les Aitoliens, manquant à leur promesse, se dérobent au rendez-vous (26. 5-6) ; quant à la bonne
volonté de Philippe, elle est évidente. — 5° Enfin, ce n'est pas lui qui prend l'initiative
des hostilités : elles sont engagées par Lykurgue dès l'automne de 220 (36. 4-6), et
par les Aitoliens et leurs alliés au printemps de 219. Philippe se borne d'abord à assiéger
Ambrakos ; or ce n'est là, comme nous l'avons dit, qu'une démonstration militaire. —
Son langage aux représentants des États neutres en 218 (V. 24. 11 : φήσας ἕτοιμος
εἶναι διαλύεσθαι καὶ νῦν καὶ πάλαι πρὸς Ἀιτωλούς —) est certainement sincère, car
il s'accorde avec toute sa conduite ; c'est à tort que Polybe n'y veut voir qu'une feinte.

redoublées, l'ont imposée à l'adversaire : preuve assez claire qu'ils s'en promettent le succès [1]. Il se peut qu'avec l'aide de leurs alliés du Péloponnèse, les Éléens et surtout les Spartiates, que le parti de Kléomènes redevenu tout-puissant a jetés dans leurs bras [2], ils taillent une rude besogne au Macédonien ; il se peut même qu'en un tournemain, comme ils s'en sont vantés [3], ils matent et réduisent à rien ce jouvenceau, ce marmouset, objet de leurs sarcasmes [4], sur qui pèse l'accablante succession d'Antigone. — Les débuts des hostilités ne démentent pas ces espérances. Pendant la campagne de 219, Philippe a commis ou paru commettre (nous nous sommes expliqués là-dessus) des fautes dont il a payé le prix [5]. Si, vers la fin de l'été, frappant pour la première fois un coup de vigueur, il a forcé par l'Ouest la frontière aitolienne, causé de grands dommages aux Confédérés et fait sur eux quelques conquêtes précieuses [6], auparavant, tandis qu'il perdait le temps au siège presque inutile d'Ambrakos, ses ennemis ont profité de ses lenteurs, les Aitoliens, sous Skopas, pour pénétrer dans la Piérie et la mettre à sac, les Spartiates, avec le roi Lykurgue, pour envahir le territoire de Mégalopolis et prendre l'Athénaion, les Éléens, conduits par le stratège aitolien Euripidas, pour mordre les frontières de l'Achaïe et de l'Arcadie [7]. A l'automne, les Aitoliens réussissent encore à pousser une incursion hardie dans la Haute-Épire, et dévastent le sanctuaire de Dodone comme ils ont fait

1. Pol. IV. 36. 7 (sentiments confiants des Aitoliens au début de a guerre) ; cf. 62. 4-5 ; V. 29. 2.

2. Pol. IV. 34—35 (révolution à Sparte ; triomphe du parti de Kléomènes ; rétablissement de la royauté ; alliance avec l'Aitolie).

3. Pol. V. 29. 2 : ἐλπίσαντες γὰρ (Αἰτωλοὶ) ὡς παιδίῳ νηπίῳ χρήσασθαι τῷ Φιλίππῳ διά τε τὴν ἡλικίαν καὶ τὴν ἀπειρίαν —.

4. Pol. IV. 3. 3 ; 5. 3 ; 22. 5 ; cf. V. 18. 6 ; Plut. Arat. 46 : οὔπω πάνυ μειράκιον ὄντα (Φίλιππον).

5. Cf. Pol. IV. 63. 1.

6. Prise de Phoitiai, d'Oiniadai, d'Élaos ; ravages dans la Stratiké, la région de Konopé, la Parachéloïtis ; incendie de Métropolis, destruction d'Ithoria et des forts qui bordent l'Achéloos à l'Est, destruction de Paianion ; cf. ci-dessus, p. 147, note 7.

7. Pol. IV. 62. 1-3 (Skopas et les Aitoliens en Piérie ; sac de Dion) ; 60. 3 ; cf. 37. 6 (Lykurgue prend l'Athénaion aux Mégalopolitains) ; 59 — 60. 1 (incursion d'Euripidas et des Éléens sur les territoires de Pharai, Tritaia et Dymai ; défaite de l'hypostratège achéen Mikkos ; prise du fort de Teichos, enlevé aux Dymaiens) ; 60. 3 (prise de Gortyne, enlevée aux Telphousiens).

celui de Dion [1]. Ainsi, dans cette première passe d'armes, les succès ont été au moins fort balancés ; Philippe et ses alliés y ont connu de fâcheuses disgrâces [2]. — Mais, aussitôt après, les choses prennent un autre tour. Ce qu'on n'eût jamais cru [3], le jouvenceau si volontiers moqué se révèle soudain, comme jadis le « margitès » Alexandre, capitaine accompli et manœuvrier de première force. Rompant avec tous les usages militaires [4], il ébranle ses troupes dans le fort de l'hiver, traverse le Péloponnèse, passe les monts d'Arcadie au moment des grandes neiges, rosse les Éléens à Stymphale, emporte d'assaut Psophis, tenue pour imprenable, ramasse dans l'Élide envahie un immense butin, et termine en six jours la conquête de la Triphylie [5]. Et la campagne suivante fait paraître de plus grandes merveilles aux yeux de l'Hellade étonnée [6]. Présent partout presque en même temps, au centre de l'Aitolie comme au cœur du Péloponnèse, Philippe prévient, surprend tous ses ennemis [7], et porte chez tous le ravage et la ruine. On ne se rappelle point avoir vu général si agile, si audacieux, ni dont l'audace fût récompensée d'un bonheur si constant [8]. Voilà, croirait-on, qui est propre à faire réfléchir les Romains : si, quelque jour, ils le doivent affronter, ils risquent de trouver dans le roitelet dédaigné un adversaire à leur mesure ; c'est pourquoi il serait sage de l'arrêter dès ses premiers pas et de dresser devant lui des obstacles. Mais le Sénat n'en juge point ainsi ; indifférent aux bruits qui lui arrivent de Grèce, aux nouvelles qu'il reçoit certainement

1. Pol. IV. 67. 1-3.
2. Cf. Beloch, III, 1, 753, dont l'appréciation paraît, toutefois, un peu exagérée.
3. Cf. Pol. IV. 22. 5 ; 69. 9 ; 82. 1.
4. Cf. Pol. IV. 67. 6.
5. Pol. IV. 67. 6-7 (entrée de Philippe en campagne vers l'époque du solstice d'hiver) ; 70. 1 (passage de l'Olygyrtos par les neiges ; cf. 72. 5) ; 69. 6-8 (affaire de Stymphale) ; 71 (prise de Psophis) ; 73 — 75 (invasion de l'Élide) ; 79 — 80. 15 (conquête de la Triphylie). — Pour l'effet produit en Grèce par la campagne de 219/218 : 69. 9 ; 77. 1 ; 82. 1 : κατά τε τὴν λοιπὴν ἀναστροφὴν καὶ κατὰ τὰς πράξεις τεθαυμασμένος (Φίλιππος) ὑπὲρ τὴν ἡλικίαν ἐν ταῖς προειρημέναις στρατείαις.

6. Cf. Pol. V. 18. 10 : — ὥστε τοὺς πλείστους ὁρῶντας τὸ γεγονὸς μὴ πιστεύειν τοῖς συμβαίνουσιν (à propos de l'expédition de Philippe en Laconie, en 218).

7. Cf. Pol. V. 18. 7 : ὁ γὰρ Φίλιππος τολμηρότερον καὶ πρακτικώτερον ἢ κατὰ τὴν ἡλικίαν χρώμενος ταῖς ἐπιβολαῖς εἰς ἀπορίαν καὶ δυσχρηστίαν ἅπαντας ἦγε τοὺς πολεμίους.

8. Cf. Pol. IV. 77. 1 ; V. 29. 2 ; 102. 1 : — καὶ νέου βασιλέα καὶ κατὰ τὰς πράξεις ἐπιτυχῆ καὶ καθόλου τολμηρὸν εἶναι δοκοῦντα (Φίλιππον).

de Kerkyra et des villes illyriennes, il laisse à Philippe le champ libre.

A la vérité, il est une remarque qu'on fera sans doute ici : c'est que les Aitoliens ne tentent aucune démarche pour obtenir l'aide des Romains ; si nulle ambassade romaine ne débarque en Aitolie, nulle ambassade aitolienne ne se présente dans la curie. La remarque est exacte, mais il faut prendre garde d'en tirer de fausses conclusions. L'erreur serait grande de croire que, par patriotisme hellénique, les Confédérés répugnent à l'idée d'attirer en Grèce le « barbare », et qu'averti de ces dispositions, la crainte d'un refus humiliant a pu dissuader le Sénat de leur offrir son assistance. Les hommes qui, à cette heure, gouvernent l'Aitolie, Skopas et Dorimachos de Trichonion, sont les mêmes qu'on verra par la suite, en des circonstances bien moins graves, alors qu'aucun péril ne menacera leur pays, s'allier, par haine de la Macédoine et passion de revanche, au propréteur M. Laevinus [1]. Dans le moment, ils n'ont qu'un désir et qu'une pensée : vaincre Philippe, se tirer avec honneur de cette guerre qui est leur ouvrage, et, pour y réussir, tous moyens leur seraient bons. Si, parmi ces moyens, ils négligent le recours au Sénat, c'est qu'ils tiennent pour certain qu'il serait très vain de s'adresser à lui. Et cette conviction n'a rien que de naturel. Elle s'explique, sans doute, par l'idée qu'on se fait au loin du désarroi profond où l'invasion punique a dû jeter l'État romain ; elle s'explique aussi, et suffisamment, par le silence des Romains qui, depuis dix ans, depuis l'ambassade d'A. Postumius, ont paru ne vouloir plus connaître les Aitoliens, par la froideur tenace qu'ils témoignent à toutes les nations grecques et qui semble marquer chez eux un parti arrêté d'en demeurer constamment éloignés. En ce temps-là, nul, en Grèce, n'imagine, ne peut imaginer que Rome consente jamais à donner son appui à quelque peuple hellène. Mais, les choses étant ainsi, ce serait affaire au Sénat, s'il le juge utile aux intérêts romains, d'amener les Grecs à d'autres sentiments, de leur apprendre que la cause de leurs libertés [2] ne laisse point Rome indifférente, et que ce

---

1. Ci-après, p. 209 suiv.

2. On sait qu'en luttant contre la Macédoine, les Aitoliens ont toujours prétendu combattre pour les libertés de la Grèce ; cf., par exemple, le début du discours de Chlainéas (Pol. IX. 28. 1 : hiv. 211/210) et le discours du Rhodien Thrasykratès (XI. 5.1 ; ann. 207).

qu'elle a fait, pour le bien de la Grèce, contre les Illyriens, elle saurait, le cas échéant, le faire aussi contre la Macédoine. Si les *Patres* estiment opportun de secourir l'Aitolie mise à mal par Philippe, ils ne doivent point attendre son appel ; ils se sont jusque-là comportés de telle manière qu'ils l'attendraient toujours : c'est à eux de le prévenir. Mais ils n'en ont point la pensée. Cette alliance, que les Aitoliens, en la souhaitant peut-être, regardent comme impossible, ils les confirment dans l'idée qu'elle est impossible en effet : la guerre a beau se poursuivre, apportant à Philippe l'occasion de succès toujours plus déclarés, ils ne font point vers les Confédérés ce premier pas qu'il leur appartient de faire.

Leur inaction, dira-t-on peut-être, a pour cause leur impuissance. Rome ne peut rien en faveur de l'Aitolie ; pour agir en Grèce, les moyens lui manquent. N'oublions pas que voici venir les sombres jours de la guerre d'Hannibal. Le péril punique s'est démasqué tout d'un coup ; Sagonte, qu'il eût fallu secourir, est tombée à l'automne de 219, et si Hannibal a pris son temps avant de se mettre en marche [1], il a marché d'un train bien plus rapide qu'on ne l'eût imaginé. En 218, il a franchi les Pyrénées, devancé sur le Rhône le consul P. Cornelius, franchi le fleuve, franchi les Alpes ; et la même année va voir les premiers durs revers des armes romaines, le Ticinus et la Trébia. L'État romain doit ramasser ses forces contre l'envahisseur ; il lui est interdit d'en rien distraire pour aider les ennemis de Philippe.

Objection spécieuse au premier regard, mais qui ne résiste pas à l'étude exacte des faits. Pour entretenir la guerre en Grèce, point n'est besoin que Rome fasse un grand effort militaire ; point n'est besoin qu'elle envoie les légions par delà le détroit, ni se mette en dépense de soldats. Ce serait assez qu'elle prêtât aux Aitoliens le concours de quelques navires. On le verra de reste en 212 : les Confédérés reprendront alors les armes contre Philippe, recommenceront la lutte interrompue, dès qu'ils sauront pouvoir compter sur le modeste appui de vingt-cinq quinqué-

---

1. Pol. III. 34. 1 : Ἀννίβας ; — ἐκαραδόκει. Cf. J. Fuchs, *Der zweite pun. Krieg* (Wiener-Neustadt, 1891), 51-55 ; De Sanctis, III, 2, 8-9. — Sur la marche rapide d'Hannibal et l'impression qu'elle produit à Rome : Pol. III. 61. 6-9 ; cf. 41. 6-8.

rèmes [1]. Or, ce qu'elle fera en 212, dans la plus rude période de la guerre d'Hannibal, il est hors de doute que la République l'aurait pu faire six ou sept ans plus tôt.

Il suffirait, pour en être assuré, de se rappeler de quelles immenses ressources maritimes elle dispose, et combien, par la puissance de ses flottes, elle l'emporte sur Carthage [2]. Voyons cependant les choses de plus près. En 218, Rome a mis à la mer 220 vaisseaux [3]. Soixante, sous les Scipions, sont destinés aux Espagnes ; et la plupart de ceux-là servent, en effet, à transporter, d'abord de Pise à Massalia, puis de Massalia à Emporion, les troupes du consul P. Cornelius [4] ; ils ne reparaîtront plus dans les eaux d'Italie.

1. Traité de 212 entre Rome et les Aitoliens : Liv. (P.) 26. 24. 10 : *bellum ut extemplo Aetoli cum Philippo terra gererent* ; navibus ne minus XXV quinqueremibus *adiuvaret Romanus* ; cf. 28. 5. 1. Ci-après, p. 210. — Le nombre de 25 quinquérèmes dut être fixé par les Aitoliens eux-mêmes, qui estimaient donc que c'était là une aide suffisante. A la vérité, ils espéraient aussi, en 212, le secours d'Attale (26. 24. 9 ; cf. Pol. IX. 30. 7 ; ci-après, p. 207-208) — sur lequel ils n'eussent pu compter au temps de la guerre-des-Alliés — ; mais ils ne l'avaient point encore obtenu lorsqu'ils rompirent avec Philippe, et ne le reçurent qu'après trois ans de guerre ; Attale ne vint en Grèce que vers la fin de 209. Ci-après, p. 209, note 1.

2. Sur la supériorité navale des Romains et l'importance de leurs armements maritimes, cf., en général, Mommsen, *R. G.* I⁷, 575 ; De Sanctis, III, 2, 14-15 (en 218), 220-221 (après 216), 258, note 115 (en 214), 324 (de 215 à 210) ; Fuchs, *Der zweite pun. Krieg*, 26 ; 33-34 ; Gsell, *Hist. anc. de l'Afrique du Nord*, II, 458 ; III, 144.

3. Pol. III. 41. 2 ; Liv. 21. 17. 3 ; 17. 5-8. De Sanctis écrit avec quelque raison (III, 2, 5, note 7) : « Per Polibio la squadra di Sempronio è tutta di quinqueremi : di che sarà lecito dubitare. » — Il est bon de se souvenir qu'en 218 la seule escadre punique dont nous constatons avec certitude la présence à la mer, celle qu'Hannibal a laissée à son frère Hasdrubal, ne compte au total que 57 bâtiments (50 pentères ; 2 tétrères ; 5 trières) ; encore n'en a-t-on armé que 37 (32 pentères et les 5 trières) : Pol. III. 33. 14 ; Liv. 21. 22. 4. Ce que rapporte T. Live (21. 49. 2—50. 6 ; 51. 3-6) d'attaques dirigées contre la Sicile et l'Italie par deux autres escadres, fortes respectivement de 20 (21. 49. 2) et 35 vaisseaux (21. 49. 4), est, comme on sait, extrêmement suspect ; cf. les observations de Niese, II, 511, 4, et de Kahrstedt, 401. — Aux 220 vaisseaux destinés aux Espagnes et à la Libye, on doit naturellement ajouter ceux, en nombre inconnu, qui furent armés et tenus en réserve pour défendre, en cas d'alerte, l'Italie et les îles. Il est bon de se souvenir qu'en 229 la flotte romaine comptait déjà 200 bâtiments (Pol. II. 11. 1).

4. Départ du consul P. Cornelius Scipion et de son frère Gnaeus pour l' « Ibérie » avec 60 vaisseaux : Pol. III. 41. 2 ; Liv. 21. 17. 8. — Navigation de Pise à Massalia ; arrêt et débarquement à Massalia : Pol. III. 41. 4-6. — Après qu'Hannibal a passé le Rhône, P. Scipion envoie son frère Gnaeus en Espagne avec la flotte et l'armée : 49. 4 ; 56. 5 (tandis que lui-même s'en revient à Pise avec un petit nombre d'hommes : 56. 5). — Débarquement de Gn. Scipion à Emporion : 76. 1. — Quelques-uns des 60 vaisseaux mis à la disposition de P. Scipion furent nécessairement ramenés par lui de Massalia à Pise, mais le nombre en dut être très restreint (cf. 56. 5 : — Πόπλιος

Mais les 160 autres, qui doivent pousser jusqu'en Libye, insulter les rivages puniques et peut-être assiéger Carthage, ne vont pas plus loin que la Sicile. Conduits à Lilybée par le consul Ti. Sempronius [1], ils y stationnent longuement pendant les mois d'été [2], puis, sur la nouvelle de l'invasion d'Hannibal, sont ramenés à Ostie [3] où ils restent sans emploi [4]. Cette escadre, de médiocre

ἀπολελοιπὼς τὰς δυνάμεις Γναίῳ τἀδελφῷ — κατέπλευσε μετ' ὀλίγων αὐτὸς εἰς Πίσας) ; il est évident que Gn. Scipion se rendit à Emporion avec tout le gros de la flotte, comme l'indiqueraient au besoin, dans le texte de Polybe visé plus haut (76. 1), les mots παντὶ τῷ στόλῳ. Si, à la bataille de l'Èbre (print. 217), il ne met en ligne que 35 bâtiments (95. 5), c'est que, faute d' « épibates » en nombre suffisant, il a dû laisser les autres à Tarraco ; voir, à ce sujet, la bonne explication de Kahrstedt (424, 1) : « 218 hatte [Gn.] Scipio 60 Schiffe [ou un nombre de vaisseaux très approchant], er hat also die Hälfte in Tarraco gelassen. Der Grund ist deutlich, denn nach 95. 5 [λαβὼν ἐκ τοῦ πεζικοῦ στρατεύματος τοὺς ἐπιτηδειοτάτους ἄνδρας πρὸς τὴν ἐπιβατικὴν χρείαν] versah er die Fahrzeuge mit den von der Landarmee abgezweigten Epibaten, und da er deren nicht allzuviele dem Heere entziehen durfte, beschränkte sich die Zahl der mitzunehmenden Schiffe ganz von selbst. » Je ne saurais admettre celle que propose De Sanctis (III, 2, 242, note 61) : « Nelle 35 navi romane (Pol. Liv.) son comprese quelle lasciate al fratello da P. Scipione (una parte soltanto, ben inteso, delle 60 che aveva) più gli aiuti dei Massalioti. » Il est tout-à-fait impossible que Gn. Scipion n'ait amené en Espagne qu'une trentaine de vaisseaux.

1. Le consul Ti. Sempronius (Longus) part pour la « Libye » avec 160 « quinquérèmes » : Pol. III. 41. 2 ; cf. Liv. 21. 17. 5-6. — Son arrivée en Sicile et sa jonction avec Hiéron (?) : Liv. 21. 50. 7-11. — Il se rend à Lilybée, où il prépare un débarquement en Afrique et le siège de Carthage : Pol. III. 41. 3 ; cf. 61. 8. — Il occupe l'île de Mélité (?) : Liv. 21. 51. 1-2 (sur l'authenticité du fait, cf. Kahrstedt, 401). — Le Sénat le rappelle en Italie : Pol. III. 61. 9-10.

2. C'est vers le milieu de septembre (218), selon un calcul plausible (De Sanctis, III, 2, 28 ; 85), que Ti. Sempronius aurait reçu l'ordre de regagner l'Italie et de se porter au secours de son collègue. En tout cas, l'idée de la descente en Afrique dut nécessairement être abandonnée par le Sénat, dès qu'il sut qu'Hannibal avait forcé le passage du Rhône et se dirigeait vers les Alpes, c'est-à-dire dès la seconde quinzaine d'août : cf. De Sanctis, III, 2, 85. Le gouvernement romain avait donc, dès ce moment-là, la libre disposition de la flotte de Sicile.

3. La flotte paraît être revenue à Ostie. De la phrase (Pol. III. 61. 10) : παραγγείλας (Τεβέριος) ποιεῖσθαι τὸν πλοῦν ὡς ἐπ' οἴκου, rapprocher celle-ci (96. 10) : ταχὺ δὲ τῶν Ῥωμαίων (commandés par Gn. Servilius) ἀναχθέντων ἐπ' αὐτοὺς (τοὺς Καρχηδονίους) ἐξ αὐτῆς τῆς Ῥώμης κτλ. (été 217).

4. Noter que l'armée de Ti. Sempronius, contrairement à ce qu'indique T. Live (21. 51. 6), n'a point été embarquée sur la flotte ; c'est par terre que les légionnaires se rendent de Lilybée à Messine et de Rhégion à Ariminum (cf. De Sanctis, III, 2, 85) : Pol. III. 61. 10 ; 68. 13-14. A partir du moment où le consul a reçu son ordre de retour, la flotte ne sert plus à aucun usage. D'autre part, puisqu'elle fait voile jusqu'à Ostie, c'est qu'il est encore facile de naviguer et que la saison maritime n'est point close. — Selon T. Live (21. 51. 6), Ti. Sempronius aurait laissé au légat S. Pomponius 25 vaisseaux destinés à protéger les parages de Vibo Valentia, et à M. Aemilius, préteur de Sicile, un nombre

effectif, cette escadre qui pourrait donner secours aux Aitoliens, le Sénat l'a donc sous la main : il ne tient qu'à lui de la détacher, à la fin de l'été, de la flotte consulaire désormais inactive. Et, à vrai dire, il aurait pu l'en détacher plus tôt encore, dans le temps même qu'il préparait l'expédition d'Afrique : car comment croire que le succès de l'entreprise eût été compromis parce que l'armada du consul, amoindrie de quelques unités, n'eût compté que 140 ou 130 navires au lieu de 160 ? — Les facilités sont semblables au commencement de 217. Cette année-là, la flotte que commandera durant l'été le consul Gn. Servilius sera forte de 120 vaisseaux[1], si bien que, selon les calculs les plus modérés, la marine romaine garde alors en réserve une quarantaine de bâtiments[2], c'est-à-dire beaucoup plus qu'il ne serait nécessaire d'expédier en Grèce. — Mais, au reste, les calculs sont ici superflus, et voici qui nous éclaire à souhait. Au début de l'année 215, le Sénat apostera à la garde de la Calabre une division de 25 bâtiments sous les ordres de M. Valerius Laevinus ; et, un peu plus tard, quand lui aura été

suffisant de bâtiments pour qu'il en commandât 50 au total ; ces indications sont des plus douteuses (toutefois, la critique de Kahrstedt, 401 et note 1, n'est pas fondée ; cf., en sens contraire, De Sanctis, III, 2, 5, note 7).

1. Dans l'été de 217, Gn. Servilius (Geminus) prend à Ostie le commandement de 120 vaisseaux (Pol. III. 96. 10 ; cf. 88. 8), avec lesquels il donne chasse à l'escadre punique de 70 voiles qui a menacé la Sardaigne et la côte étrusque, relâche à Lilybée, croise dans les eaux d'Afrique, y fait quelques opérations peu importantes (ci-après, p. 163, note 4), et revient à Lilybée où il demeure en station (96. 8-14). Cette flotte de 120 vaisseaux représente la majeure partie de celle, forte de 160 « quinquérèmes », que Ti. Sempronius commandait l'année précédente et qu'il avait ramenée de Lilybée (cf. Kahrstedt, 416). C'est probablement sur la quarantaine de bâtiments gardés en réserve que fut prise ultérieurement une partie de la division de 20 vaisseaux conduite en Espagne par P. Scipion (Pol. III. 97. 2 ; 30 vaisseaux selon T. Live, 22. 22. 1) — une partie seulement, car Scipion dut emmener avec lui les navires, en petit nombre, qu'il avait, en 218, reconduits de Massalia à Pise (III. 56. 5). Il se peut, toutefois, que les vaisseaux nouveaux donnés à P. Scipion aient été prélevés sur la flotte même de Servilius : il y a lieu de remarquer, en effet, que, par la suite, la flotte qui stationne en Sicile semble compter régulièrement une centaine de bâtiments (cf. VIII. 1. 7 ; Liv. 24. 27. 5 ; 26. 1. 12). Si tel a été le cas, la réserve générale de la marine n'aurait subi aucune diminution.

2. Remarquer qu'il ne serait point du tout impossible que ces 60 quinquérèmes, mentionnées par Polybe (III. 75. 4), qu'on arma au printemps de 217, fussent des bâtiments nouveaux, n'ayant pas fait partie de la flotte de Ti. Sempronius (cf., au contraire, Kahrstedt, 416) : auquel cas l'effectif des flottes romaines se serait élevé, cette année-là comme en 218, à 220 vaisseaux. Les 60 quinquérèmes nouvellement armées auraient remplacé celles, en nombre presque égal, que Gn. Scipion avait emmenées en Espagne, et la réserve aurait, en conséquence, compté, non point 40, mais 100 bâtiments.

subitement révélée l'alliance de Philippe et d'Hannibal, il prendra soin que la même division, accrue du double, portée à 50 vaisseaux, croise au large de Brundisium, s'y tienne constamment sous voiles, prête à cingler à l'Est [1] : c'est elle, comme nous le verrons plus loin, qui, en 214, viendra sauver Apollonia serrée de près par les Macédoniens [2]. Cette force navale, dont le gouvernement romain aura la libre disposition même au lendemain de ses grands désastres, même à la veille de la défection prévue de l'État syracusain, et qu'à ce moment il jugera bon d'opposer à Philippe, n'est-il pas évident qu'il eût pu l'employer en partie au service de l'Aitolie dès 218 et 217 ?

Auquel cas, en Grèce, la guerre eût peut-être changé de face. Ce qui rend, en effet, les succès de Philippe si rapides, ce qui lui permet de frapper ces coups imprévus, soudains, simultanés, qui étonnent, déconcertent, découragent ses ennemis, c'est qu'il a la maîtrise de la mer [3]. C'est parce qu'il est maître de la mer que, venu de Corinthe à Képhallénia et à Leukas [4], il peut envahir l'Aitolie par l'Ouest, débarquer en secret à Limnaia [5], pousser de là par des chemins de chèvre jusqu'à Thermos [6], puis, s'étant brusquement rembarqué, ayant ravagé la Lokride au passage [7], apparaître, sept jours plus tard, en plein milieu du Péloponnèse [8],

---

1. L'escadre « de Calabre » (pour ce nom, Liv. 24. 40. 2) est mentionnée pour la première fois dans Liv. (Ann.) 23. 32. 17 (cf. 38. 7 ; 33. 4) ; elle est formée de 25 bâtiments commandés par P. Valerius Flaccus, *praefectus* de M. Valerius Laevinus, et garde la côte entre Brundisium et Tarente. — Pour la mission donnée, depuis 215, à M. Laevinus, cf. ci-après, p. 187-188.

2. Cf. ci-après, p. 191-193.

3. C'est au printemps de 218 que Philippe se décide à faire la guerre par mer : Pol. V. 2. 1-4. Les raisons de cette décision sont clairement indiquées par Polybe : 2. 1 : τῷ δὲ βασιλεῖ — ἔδοξε χρῆσθαι κατὰ θάλατταν τῷ πολέμῳ. (2) οὕτως γὰρ ἐπέπειστο μόνως αὐτὸς μὲν δυνήσεσθαι ταχέως πανταχόθεν ἐπιφαίνεσθαι τοῖς πολεμίοις, τοὺς δ' ὑπεναντίους ἥκιστ' ἂν δύνασθαι παραβοηθεῖν ἀλλήλοις, (3) ἅτε διεσπασμένους μὲν ταῖς χώραις, δεδιότας δ' ἑκάστους περὶ σφῶν διὰ τὴν ἀδηλότητα καὶ τὸ τάχος τῆς κατὰ θάλατταν παρουσίας τῶν πολεμίων. Cf. 109. 2.

4. Traversée de Corinthe à Képhallénia : Pol. V. 2. 11 : 3. 3 ; — opérations à Képhallénia : 3. 4 — 4. 13 ; — navigation de Képhallénia à Leukas, puis sur le golfe ambrakique : 5. 11-12 ; 5. 14.

5. Débarquement à Limnaia : Pol. V. 5. 14 ; cf. 6. 5.

6. Expédition de Thermos ; étonnement des Aitoliens : Pol. V. 7. 2 : cf. 8. 6.

7. Pol. V. 17. 8 (territoire d'Oiantheia).

8. J'observe que la chronologie de cette campagne a été passablement brouillée par la plupart des historiens modernes. C'est à tort que H. Droysen *(Heerwes. und Kriegführ.*

surprendre à Amyklai les Lacédémoniens stupéfaits [1], dévaster la Laconie jusqu'au Tainare et jusqu'à Akriai [2], et faire défiler, sous les murs de Sparte intimidée, son armée victorieuse presque sans combat [3]. Et voici le paradoxe : il est maître de la mer et pourtant n'a pas de marine. Il n'a ni arsenaux ni chantiers de construction [4]. Il n'a pas d'équipages : il en est réduit, au printemps de 218, à exercer, dans le port du Léchaion, les phalangites macédoniens à faire office de rameurs [5]. Il n'a pas de flotte ; ce qui lui en tient lieu, c'est un ramassis bigarré de bâtiments de toute provenance et de toute sorte, la plupart sans valeur militaire : vieux vaisseaux macédoniens et achéens, transports fournis par les Messéniens, les Épirotes et les Akarnaniens, « lemboi » demandés à Skerdilaïdas [6] ; il ne dispose guère, au total,

der Griechen, 83, 1) et Niese (II, 449) supposent que Philippe mit quatre jours à se rendre de Tégée à Sparte. S'il en avait été ainsi, le roi n'aurait pas pu se trouver sous les murs de Sparte sept jours après son départ de Leukas, comme l'affirme expressément Polybe (V. 18. 10) ; et, à ce propos, je dois faire remarquer que H. Droysen et Niese *(ibid.)* se méprennent gravement lorsqu'ils placent l'arrivée de Philippe au voisinage de Sparte, l'un, le septième jour après son débarquement au Léchaion, l'autre, le douzième après son embarquement à Leukas. Voici la suite véritable des faits : Embarquement de Philippe à Leukas ; navigation de Leukas au Léchaion ; arrivée au Léchaion : 1er-2e jours. — Arrêt d'un jour à Corinthe : 3e jour (en dépit de la phrase [Pol. V. 18. 1 : μείνας οὐδένα χρόνον ἐν τῇ, Κορίνθῳ], cet arrêt est nécessaire pour expliquer le τεταρταῖος (18. 3) et l'ἑβδομαῖος (18. 10) qu'on rencontre plus loin ; au reste, il est évident qu'il fallut à Philippe un peu de temps pour mettre ses vaisseaux en sûreté, débarquer ses troupes, les amener du Léchaion à Corinthe, et correspondre avec ses alliés du Péloponnèse : 17. 9). — Marche de Corinthe à Argos : 4e jour. — Marche d'Argos à Tégée : 5e jour (arrivée à Tégée 2 jours après le départ de Corinthe, δευτεραῖος : 18. 1). — Marche, par l'ὀρεινή et les ἐσχατιά, de Tégée au Ménélaïon : 6e-7e jours (arrivée au Ménélaïon 4 jours après le départ de Corinthe, τεταρταῖος : 18. 3 ; et 7 jours après le départ de Leukas : 18. 10). — A. Jochmus (*Journ. Royal Geograph. Society*, XXVII (1857), 10) a bien compris le sens des mots ἑβδομαῖος et τεταρταῖος ; de même, W. M. Leake, *Trav. in the Morea*, I, 138.

1. Expédition de Laconie ; étonnement des Lacédémoniens : Pol. V. 18. 4-11.

2. Pol. V. 19. 4-8.

3. Pol. V. 24. 6-7. — La seule rencontre sérieuse entre Macédoniens et Spartiates a lieu au Ménélaïon (22. 8 — 23. 6), d'où Philippe déloge rapidement les troupes de Lykurgue.

4. Cela résulte clairement de Liv. (P.) 28. 8. 14 (ann. 208).

5. Pol. V. 2. 4 ; 2. 7 ; 2. 11 ; cf. 109. 4.

6. Sur la décadence de la marine macédonienne à l'époque de Démétrios II et d'Antigone Doson, cf. Holleaux, *B. C. H.* 1907, 107 et note 3 ; E. Pozzi, *Le battaglie di Cos e di Andros* (*Mem. dell' Accad. di Torino*, 1911-1912), 385. — Au Léchaion, au printemps de 218, Philippe a des vaisseaux achéens joints aux siens : Pol. V. 2. 4. Ces vaisseaux — probablement les kataphraktes, au nombre de cinq, qui ont échappé au désastre de Paxos (II. 10. 5 ; cf. 9. 9) — doivent **naturellement être distingués des six** qui sont mis à la mer

que d'une douzaine de navires kataphraktes et d'une quarantaine
de bâtiments légers [1]. Contre les Aitoliens, encore plus démunis,
c'est assez d'une force si chétive. Mais qu'une escadre romaine se
mette de la partie, du coup le jeu se retourne et les rôles sont
renversés. Ce fantôme de marine, que commande le roi de Macédoine, rentre au port et s'y tient coi ; la mer échappe à Philippe,
et les Romains y dominent souverainement [2]. Et, dès lors, ce sont
eux qui, déplaçant les opérations à leur gré, multipliant comme
il leur plaît les descentes et les surprises, promenant de côte en côte
la menace d'un débarquement, vont inquiéter et distraire le
Macédonien, tenu de porter secours aux nations de la Symmachie ;
ce sont eux qui vont l'obliger à disperser son effort dans une

en 217 (V. 91. 8) et qui opèrent sous le commandement du navarque achéen (94. 7-8 ;
95. 11-12). L'effectif total de la marine achéenne serait ainsi, en 217, de 11 bâtiments.
Et, de fait, c'est bien celui que nous retrouvons une dizaine d'années plus tard : lors de la
première guerre de Macédoine, Philippe reçoit des Achéens d'abord, en 209, 5 *longae naves*
(Liv. (P.) 27. 30. 15), puis, en 208, 6 autres bâtiments : 3 « quadrirèmes » et 3 « birèmes »
(28. 8. 7). Sur l'état de délabrement de la marine achéenne, cf. Liv. (P.) 35. 26. 5-6 ; Plut.
Philop. 14. 5. — Transports venus de Messénie, d'Épire, d'Akarnanie, qui rejoignent
Philippe à Képhallénia au printemps de 218 : Pol. V. 3. 3 ; cf. 4. 4. En 229, les Akarnaniens
avaient sept vaisseaux kataphraktes (II. 10. 1) ; je ne sais s'ils existent encore. — « Lemboi »
(au nombre de 15 au lieu de 30 : cf. IV. 29. 7) amenés par Skerdilaïdas à Philippe :
V. 3. 3 ; 4. 3. Skerdilaïdas ne demeure du reste l'allié du roi que pendant l'année 218 ;
depuis la fin du printemps de 217, il est son ennemi (cf. ci-après, p. 165 suiv., 165, note 4).

1. La flotte royale, que Polybe montre venant (de Démétrias ?) à Corinthe au printemps de 217 (V. 101. 2), comprend : 12 kataphraktes (cf. 101. 4), 8 aphraktes et 30 hé-
miolioi (ces 38 derniers vaisseaux, de petites dimensions, sont transportés par terre à
travers l'Isthme : 101. 4). Le total de 12 kataphraktes est, je crois, formé par 7 pentères
macédoniennes (cf. Liv. (P.) 28. 8. 8 ; ann. 208) et les 5 *longae naves* des Achéens (Liv.
(P.) 27. 30. 15 ; ann. 209 ; cf. la note précédente). Aux vaisseaux mentionnés par Polybe
il faut joindre les quatre bâtiments placés sous les ordres de Taurion, qui doivent d'ordinaire stationner à Corinthe, mais qui, en 217, ont été envoyés à Leukas (Pol. V. 95. 3 ;
101. 1).

2. Pour les craintes qu'inspire à Philippe la marine romaine, cf. Pol. V. 109. 2 ; 109.
5-6 (print. 216) : ἐκαραδόκει (Φίλιππος) πολυπραγμονῶν τὸν τῶν Ῥωμαίων στόλον κτλ. ;
110. 4. — Il est à remarquer que, pendant la première guerre de Macédoine, Philippe n'essaie
jamais avec ses seules forces de disputer la mer à M. Laevinus ni à P. Sulpicius. Il juge
que, pour une pareille tâche, le concours des Puniques et de Prousias, auxquels il fait appel,
lui est indispensable : Liv. (P.) 27. 30. 16 (ann. 209) : — *quas (Achaeorum quinque longas
naves) si adiecisset missae nuper ad se classi Carthaginiensium* (cf. 27. 15. 7 ; 28. 7. 17-18 ;
8. 8) *et ex Bithynia ab rege Prusia venientibus navibus, statuerat navali proelio lacessere*
Romanos iamdiu in regione ea potentis maris — (cf. 28. 7. 17 : *simul classem Punicam
ut mari quoque aliquid posset, accitam ibi (Aegii) se inventurum*). Notons qu'à cette date
(ann. 209), la flotte d'Attale ne s'est pas encore jointe à l'escadre romaine, et que celle-ci
n'est forte que de 25 quinquérèmes : Liv. P.) 28. 5. 1. Cf. ci-après, p. 240-241.

défensive hésitante et lui interdire toute grande entreprise,
cependant que les peuples qui lui sont ennemis, Aitoliens au Nord,
Spartiates au Sud, pourront pousser contre ses alliés d'énergiques
attaques. Les embarras que Philippe connaîtra plus tard, par
exemple en 208, et qui rendront alors sa tâche si laborieuse, il les
eût pu connaître, si les Romains l'avaient voulu, dès sa première
guerre avec l'Aitolie ; il ne leur en eût coûté que d'agir en ce
temps-là comme force leur sera d'agir dans peu d'années.

IV

Mais pas une quinquérème ne paraît en vue des côtes grecques.
Chose étrange : cette mer du Sud-Est, italienne autant qu'hellénique,
qu'ils ont naguère eu soin de fermer aux Illyriens, les Romains, à
présent, permettent à Philippe de la parcourir, d'y manœuvrer et
d'y séjourner tout à l'aise. Il peut, sans qu'ils en prennent ombrage, atterrir à Képhallénia et mettre le siège devant Palé, remonter jusqu'à Leukas et mouiller ses vaisseaux dans le golfe d'Ambrakia ; tout-à-l'heure, ils le laisseront s'emparer de Zakynthos [1].
Ce que sont Zakynthos, Képhallénia, Leukas, ce qu'est la ville
d'Oiniadai, enlevée par le roi aux Aitoliens [2] — des escales naturelles, des relâches toutes marquées sur la route de l'Illyrie et de
l'Italie [3], des points d'appui, des ὁρμητήρια, d'où il est possible de

----

1. Dans l'été de 217 : Pol. V. 102. 10. Après avoir convoqué les synèdres des Alliés
pour délibérer de la paix (102. 8), Philippe, qui a posé son camp à Panormos, en face
de Naupakte (102. 9), fait voile jusqu'à Zakynthos, occupe l'île et revient à Panormos
(102. 10).

2. En 212, comme on le voit par Polybe (IX. 39. 2 ; Liv. 26. 24. 15), la ville d'Oiniadai
appartenait aux Akarnaniens, et très certainement depuis nombre d'années. On admet
d'ordinaire (E Oberhummer, *Akarnanien*, 163 ; Salvetti, dans les *Studi di stor. ant.* II,
119 ; W. Judeich, P.-W. I, 1154, *s. v. Akarnania*) que Philippe la leur céda aussitôt
après l'avoir prise aux Aitoliens. Cependant, lorsqu'il raconte la prise de la ville (IV.
65. 5-6), Polybe ne dit rien de cette cession, et ce qu'il rapporte des travaux de fortification exécutés par le roi à Oiniadai (65. 8 ; 65. 11) donnerait plutôt à croire que Philippe
avait dessein de la garder. Il est probable qu'il ne s'en dessaisit en faveur des Akarnaniens
qu'au bout de quelque temps.

3. Si Philippe, en 218, essaie de s'emparer de Képhallénia, et s'il s'empare de Zakynthos
en 217, au moment de faire la paix avec l'Aitolie, la raison principale en est probablement
qu'il médite déjà d'attaquer par mer — comme il le fera dès 216 (Pol. V. 109. 6—110.
1-2) — les échelles de la Basse-Illyrie, Apollonia et Épidamnos. — On peut remarquer

menacer Kerkyra et de forcer le détroit — ils semblent l'ignorer ou ne s'en plus souvenir. Et surtout, négligeant de lui disputer la mer, ils donnent à Philippe licence de prendre sur les Aitoliens un avantage décisif ; si bien que, déçus et meurtris, les Confédérés se fatiguent d'une aventure dont ils s'étaient promis conquêtes et butin [1], et qui ne leur apporte que déboires et dommages.

Jugeant décidément trop fort l'adversaire follement méprisé ; n'osant plus risquer l'offensive [2] et désespérant, après épreuve faite, de pouvoir soutenir la défensive [3] ; voyant quatre de leurs villes aux mains de l'ennemi et cinq autres incendiées ou rasées [4] ; voyant l'Aitolie démantelée sur sa frontière de l'Ouest [5] et ses rivages offerts aux insultes de l'ennemi [6] ; voyant Thermos, jusque

que, lorsqu'il se propose de brusquer Apollonia (print. 216), c'est d'abord à Képhallénia et à Leukas qu'il fait relâche (109. 5) ; un peu plus tard, après sa fuite de Sason, c'est à Képhallénia qu'il s'arrête (110. 5).

1. Cf. Pol. IV. 62. 4 (après l'invasion de la Piérie par Skopas).

2. Leur dernière grande entreprise offensive est celle de Dorimachos, au printemps de 218 ; mettant à profit l'absence de Philippe, qui assiège alors Palé dans l'île de Képhallénia, il tente, avec la moitié de l'armée fédérale, d'envahir la Thessalie (Pol. V. 5. 1 ; 6. 4 ; 17. 5-6) ; il échoue d'ailleurs complètement (17. 6-7). — Les succès partiels remportés, en 218, par les Aitoliens et les Éléens en Achaïe (17. 3-4 ; 30. 2-4) sont tout épisodiques et ne peuvent avoir aucune influence sur l'issue de la guerre. Ils sont d'ailleurs suivis, en 217, d'opérations malheureuses ; ci-après, p. 162, note 8.

3. On peut remarquer qu'en 219, les Aitoliens sont impuissants à couvrir la bordure occidentale de leur pays : Pol. IV. 63. 7-8 : prise de Phoitiai par Philippe ; 63. 11 : invasion de la Stratiké ; 64. 4 : prise de Métropolis, moins l'ἄκρα ; 64. 5-7 : passage de l'Achéloos vainement défendu par la cavalerie aitolienne ; 65. 1 : traversée des στενά (ligne de collines, du sud de Konopé jusqu'au sud d'Ithoria : cf. W. J. Woodhouse, Aetolia, 154) ; 64. 9-10 : prise d'Ithoria ; 64. 11 : prise des forts (πύργοι) construits sur la rive gauche de l'Achéloos (Woodhouse, 159-161) ; 65. 3-4 : prise de Paianion ; 65. 5-6 : prise d'Oiniadai. Ils ne réussissent pas mieux à protéger la Kalydonia ; 65. 6-7 : prise de la forteresse d'Élaos ; 65. 7 : invasion et ravage de la Kalydonia. — En 218, bien que la moitié de l'armée fédérale ait été laissée à la garde de l'Aitolie (V. 6. 4), Philippe pousse librement jusqu'à Thermos, puis en revient sain et sauf après avoir battu l'ennemi (13. 5-7) ; les Aitoliens concentrés à Stratos sont impuissants à lui couper la retraite (14. 1-7).

4. Les villes aitoliennes prises par Philippe sont : Ambrakos (Pol. IV. 63. 2-3), Phoitiai (63. 8), Oiniadai (65. 6) ; y joindre Phigalie dans le Péloponnèse (79. 8). — Les villes incendiées ou rasées sont Métropolis (64. 4), Ithoria (64. 10), Paianion (65. 4), Pamphia (V. 13. 7), Métapa (13. 8).

5. C'est l'effet des invasions de 219 et 218. A la vérité, la ville forte de Stratos demeure aux Aitoliens (Pol. V. 96. 3), mais elle ne suffit pas à protéger la frontière. En 217, les Akarnaniens envahissent la Stratiké (96. 3).

6. Ravage de la côte sud de l'Aitolie (Lokride) par Philippe en 218 : Pol. V. 17. 8 ; cf. 18. 9 : plus tard (en 217), descentes des Achéens sur la même côte : 94. 7-8 ; 95. 11.

là inviolée, l' « acropole »[1] et le sanctuaire de leur nation, devenue un amas de ruines, ils se laissent glisser à la paix[2]. Dès l'automne de 218, endoctrinés par les représentants des États neutres, Rhodes et Khios[3], prêchés aussi sans doute par les modérés, hostiles au parti belliqueux, les adversaires de Skopas, comme Agélaos de Naupakte[4], qui reprennent autorité sur eux, ils sont près de s'y résigner. A la vérité, espérant encore un retour de fortune, ils ne s'y résignent qu'à regret. Avertis de la révolte des peltastes à Corinthe, des troubles qui se sont émus dans l'entourage de Philippe et des complots qu'on prête à certains de ses ministres, ils ajournent les pourparlers déjà consentis et se remettent en campagne[5]. Et, par là, on peut imaginer quelle ardeur eût rallumée en eux et de quel élan les eût soulevés la perspective d'un secours envoyé d'Italie. Mais, au printemps suivant, la chute de Thèbes-de-Phthiotide, réduite par Philippe au bout de quinze jours[6], les exhortations des Alexandrins[7], autrefois leurs constants alliés contre la Macédoine et qui maintenant les pressent de céder au destin, le mauvais succès des entreprises tentées en Messénie et en Achaïe[8], l'arrivée de Philippe dans le Péloponnèse[9] d'où il

---

1. Pol. V. 8. 6.

2. Sur les dispositions des Aitoliens à la fin de l'été de 218 : Pol. V. 29. 1 : οἱ δ᾽ Αἰτωλοὶ τὰ μὲν ἔσπευδον ποιήσασθαι τὴν εἰρήνην πιεζόμενοι τῷ πολέμῳ, καὶ παρὰ δόξαν αὐτοῖς προχωρούντων τῶν πραγμάτων κτλ. ; cf. 101. 9.

3. Cf. Pol. V. **24. 11** ; **28.** 1-2 (démarches des ambassadeurs de Rhodes et de Khios auprès de Philippe et des Aitoliens ; noter l'accueil favorable qu'ils ont reçu de ces derniers : **28.** 2).

4. Sur la politique pacifique d'Agélaos de Naupakte : Pol. V. 107. 5 : — δοκοῦντα (Ἀγέλαον) πλεῖστα συμβεβλῆσθαι πρὸς τὰς διαλύσεις — ; cf. 104. 1 sqq. — Il sera élu stratège aux élections de septembre 217 : 107. 5.

5. Pol. V. 29. 3 ; cf. **28.** 4 (prétendus encouragements donnés par Mégaléas aux Aitoliens).

6. Pol. V. 99. 6—100. 6.

7. C'est après la prise de Thèbes que les ambassadeurs de Ptolémée IV, se joignant à ceux des Rhodiens et des Khiens, s'interposent pour la première fois comme médiateurs entre Philippe et les Aitoliens : Pol. V. 100. 9.

8. Pol. V. **92.** 5-6 (insuccès de Pyrrhias et de Lykurgue en Messénie) ; **94.** 5-6 (victoire des Achéens sur Euripidas) ; **95.** 6 sqq. (nouvel échec d'Euripidas ; succès remporté par les Achéens en Élide). — L'incursion faite en Akarnanie et en Épire par l'armée aitolienne, que commande le stratège Agétas (**96.** 1-2), est un événement sans conséquence.

9. Pol. V. 102. 5 (Philippe arrive à Aigion avec toute son armée et ses vaisseaux légers ; les grands bâtiments de la flotte l'y ont déjà précédé : 101. 4) ; 102. 6 (le **roi fait mine** d'envahir l'Élide).

menace l'Élide par terre et l'Aitolie par mer, ont raison de leur
courage lassé. Ils consentent à traiter au moment que choisit
Philippe, au moment où la nouvelle, qui lui est secrètement
apportée, de la journée du Trasimène [1], éveillant en lui d'immenses espérances, le décide tout d'un coup à poser les armes [2].
A l'automne de 217 [3], vers le temps où, revenue de son inutile
croisière le long des rivages africains, la grande flotte romaine
de 120 vaisseaux rentre à Lilybée [4] pour s'y tenir au repos,
les deux Grèces se réconcilient par la volonté du roi de Macédoine. Convoqués en hâte à Naupakte, les Aitoliens et les
synèdres des Alliés en « rapportent, chacun dans leur patrie »,

1. Pol. V. 101. 6 — 102.2.

2. Il ressort de la lecture de Polybe que la paix de Naupakte est l'œuvre propre de
Philippe et qu'il met à la conclure une hâte extrême. — Pol. V. 102. 2-4 : Philippe engage
avec les Aitoliens des pourparlers directs, sans même attendre le retour des médiateurs
qui, après l'occupation de Thèbes, se sont rendus de son camp en Aitolie (cf. 100. 9-10) ;
ayant pris le conseil de ses « amis » et tout d'abord de Démétrios le Pharien, il envoie,
de son autorité privée et sans en avertir officiellement les « Symmachoi », Kléonikos faire
à l'ennemi les premières ouvertures. Les dispositions des Aitoliens étant favorables, il
décide aussitôt d'entrer avec eux en négociations : 102. 7 : — δεομένων τῶν Αἰτωλῶν
εἰς λόγους σφίσι συνελθεῖν ἐπήκουσι. C'est alors seulement qu'il informe les États alliés
et mande auprès de lui leurs synèdres (102. 8) : ceux-ci sont convoqués expressément
pour traiter de « la paix » ; ils n'ont pris aucune part aux pourparlers préliminaires.
On notera, d'ailleurs, que les conditions offertes, sur l'ordre de Philippe, aux Aitoliens
(103. 7) n'ont rien du tout de commun avec les exigences formulées par les « Symmachoi »
lors du congrès de Corinthe (IV. 25. 6-8). Le roi, pressé d'aboutir à un accord, a voulu
qu'on traitât sur le pied de l'*uti possidetis*.

3. Pour la date de la paix de Naupakte — fin d'août ou commencement de septembre —,
cf. Nissen, *Rhein. Mus.* 1871, 246. Le *terminus ante quem* (équinoxe d'automne) est donné
par les élections aitoliennes (Pol. V. 107. 5), qui ont suivi la paix de fort près. Il n'est pas
besoin de réfuter l'étrange erreur de Matzat *(Röm. Zeitrechn.* 123), qui place la paix peu
après la fin de mai.

4. Pol. III. 96. 13-14 (retour de la flotte de Gn. Servilius à Lilybée). Malgré l'indication
de Polybe (106. 7) et le renseignement, de valeur contestable, donné par un Annaliste
(Liv. 22. 31. 6), il y a lieu de croire que le Sénat laissa la flotte à Lilybée pendant tout
l'hiver de 217/216, car on l'y retrouve dès le printemps de 216 : Pol. V. 109. 5-6 ;
110. 9 ; cf. Kahrstedt, 454, 2. — Selon De Sanctis (III, 2, 121 ; 681), c'est vers octobre-
novembre que Gn. Servilius a pris, avec M. Atilius, le commandement de l'armée d'Apulie
après l'abdication de Q. Fabius et de M. Minucius. La flotte avait dû rentrer à Lilybée
à l'automne, probablement avant l'équinoxe. Les opérations qu'elle accomplit se réduisent
à peu de chose : débarquement dans l'île de Kerkina, dont les habitants se rachètent à
prix d'argent pour éviter le pillage (Pol. III. 96. 12) ; prise de l'île de Kossyra (96. 13).
Les descentes dans l'île de Méninx et sur la côte d'Afrique, dont parle T. Live (22. 31.
2-5), sont douteuses ; au reste, d'après son témoignage même, le débarquement en Afrique
aurait complètement échoué.

pour parler comme Polybe, « la paix à la place de la guerre » [1]. Combien cette paix est préjudiciable aux intérêts romains, à peine est-il besoin de le dire. Ces intérêts exigeaient que le Macédonien fût affaibli et fût paralysé. Or, les accords conclus à Naupakte ont pour premier effet de consacrer sa puissance [2]. De la guerre qui prend fin parce qu'il lui a plu d'y mettre un terme, Philippe sort, non seulement avec une armée intacte — car, sans cesse victorieux, il a eu l'art de l'être sans jamais livrer de bataille rangée —, non seulement enrichi de villes et de territoires [3], mais fortifié de ce renom d'invincible que lui valent ses éclatants débuts et sa gloire imprévue : craint des barbares [4] qui grouillent aux entours de la Macédoine et qui en sont les pires ennemis ; redouté et respecté des Aitoliens que, très sagement, en ne leur infligeant point de conditions humiliantes, il a pris soin de ne pas exaspérer [5] ; adoré de ses faibles alliés, qui, d'abord, n'osaient mettre en lui que de tremblants espoirs, mais qui, si bien protégés par ses armes, ayant reçu leur part des dépouilles de l'ennemi [6], l'aiment à présent comme l'amant « son aimé » [7] ; s'étant acquis, enfin, par tout le monde grec un si fier prestige que la vieille ennemie de sa maison, l'Égypte, médite de se rapprocher de lui et de s'en faire un allié contre le Séleucide [8], et que la Crète, unanime pour une

1. Pol. V. 105. 2 : καὶ κυρώσαντες τὰς διαλύσεις, ἐχωρίσθησαν κατάγοντες εἰς τὰς οἰκείας ἕκαστοι πατρίδας εἰρήνην ἀντὶ πολέμου.

2. Cf. Pol. V. 101. 9.

3. Thèbes-de-Phthiotide ; — la Triphylie, Alipheira, Phigalie ; — Zakynthos.

4. Cf. Pol. VII. 11. 5. Il y a toutefois dans ce passage un peu d'exagération ; Polybe oublie les préparatifs menaçants des Dardaniens en 219 (IV. 66. 1 ; 66. 6) et la précaution que doit prendre contre eux le roi en 217 (V. 97. 1-2) ; cf., d'autre part : IV. 29. 1 (hiv. 220/219).

5. Remarquer le ton bienveillant d'Agélaos de Naupakte à l'égard de Philippe dans son célèbre discours : Pol. V. 104. 4-9. (Il faut prendre garde toutefois qu'Agélaos représente en Aitolie le parti pacifique.)

6. Ceci est vrai du moins des Épirotes, des Akarnaniens et des Achéens. — Ambrakos est donné aux Épirotes ; les Akarnaniens reçoivent Oiniadai, Phoitiai et probablement ce qui reste de Métropolis (cf. Salvetti, dans les *Studi di stor. ant.* II, 119 ; 133). — Psophis, Lasion et Stratos sont remises aux Achéens ; la forteresse de Teichos est rendue aux habitants de Dymai. — On ne sait quels sont ces bienfaits dont les Béotiens furent redevables à Philippe, et que Polybe rappelle par allusion dans un passage mutilé de son texte (VII. 11. 7).

7. Pol. VII. 11. 8 : — κοινάς τις οἷον ἐρώμενος ἐγένετο τῶν Ἑλλήνων διὰ τὸ τῆς αἱρέσεως εὐεργετικόν. Il est bien clair que οἱ Ἕλληνες désigne ici les peuples de la Symmachie.

8. Cf. ci-dessus, p. 77-80.

fois, se range sous son patronage et tient à honneur de l'avoir pour προστάτης[1]. — Mais surtout, par la paix qu'il rend à la Grèce, Philippe se rend à lui-même sa liberté d'action : le voilà maître, désormais, de porter son effort où il voudra, maître de l'appliquer à vider la querelle depuis douze ans pendante entre la Macédoine et Rome. Conclue, ou plutôt bâclée précipitamment, sur le bruit des victoires puniques, cette paix, c'est contre Rome qu'elle est faite. — Et, pourtant, on peut dire sans paradoxe qu'elle est l'ouvrage du gouvernement romain. Elle est son ouvrage en ce sens qu'il n'eût tenu qu'à lui d'y mettre obstacle. Il n'eût tenu qu'à lui de faire peser longtemps, lourdement, sur Philippe, de lui rendre peut-être accablant, ce fardeau de la guerre aitolique, que le roi secoue et « rejette »[2], sur l'avis de Démétrios, à l'heure qu'il juge utile. Les Romains n'ont pas voulu se mêler des « choses de la Grèce », et c'est pourquoi Philippe, les prévenant, va pouvoir se mêler de celles « de l'Italie »[3].

A la vérité, comme la paix va se faire, le Sénat ouvre à demi les yeux. Pour la première fois et très tardivement, il paraît s'inquiéter des succès du Macédonien. Il songe à en troubler le cours, s'avise qu'il serait expédient de lui susciter un ennemi. Mais, point à retenir, ce n'est pas en Grèce où, peut-être, il serait possible encore de remettre debout les Aitoliens, c'est en Illyrie qu'il le va chercher. Peu enclin à varier ses méthodes, celle qu'il emploie contre Philippe est la même à peu près dont il a usé contre Teuta ; et, comme il s'est jadis servi de Démétrios, il se sert à présent de Skerdilaïdas[4].

A la fin du printemps de 217, prétextant que Philippe lésine

1. Pol. VII. 11. 9. Il semble d'ailleurs que Polybe s'exprime avec quelque exagération ; plusieurs villes crétoises demeurèrent soumises à l'influence de l'Égypte et ne reconnurent donc pas la προστασία de Philippe ; cf. mes remarques dans *Klio*, 1913, 145, 2. — Pour les relations antérieures de Philippe avec quelques cités de Crète : Pol. IV. 55 ; dès 219, tout l'ouest de l'île est dans son alliance.

2. Cf. Pol. V. 101. 8.

3. Cf. Pol. V. 105. 4.

4. Dans l'hiver de 217/216, Skerdilaïdas est ouvertement l'allié des Romains contre Philippe et sert leurs intérêts en Illyrie (Pol. V. 110. 8-9). Ses premières relations avec eux remontent naturellement à une date antérieure, c'est-à-dire au courant de l'année 217. C'est à cette époque qu'ils l'ont gagné à leur cause, en lui promettant sans doute de l'aider à se faire roi d'Illyrie. Nous constatons, en effet, qu'il l'est en 212 avec on fils Pleuratos : Liv. (P.) 26. 24. 9. Cf. Niese, II, 458, et, avec plus de réserves, De Sanctis, III, 2, 398.

sur sa solde et paie mal son concours [1], l'Illyrien rompt brutalement avec le roi, dont il était depuis deux ans l'allié, capture par
trahison quatre de ses vaisseaux, exerce la piraterie à son détriment [2] ; et peut-être faut-il déjà voir là l'effet d'excitations et de
promesses venues de Rome. Plus tard, dans le courant de l'été [3],
il s'enhardit à de plus grandes entreprises, et l'on ne peut douter, cette fois, que la partie ne soit liée entre les Romains et lui [4].
A Naupakte, tandis qu'il s'occupe de presser la paix, Philippe
apprend que ses frontières ont été forcées en deux points : au
Nord-Ouest, Skerdilaïdas a pénétré jusqu'en Pélagonie ; à l'Ouest,
perçant à travers les montagnes des Dassarètes et remontant la
vallée de l'Apsos, il a, « par menaces et promesses », décidé à la
défection nombre de villes situées sur le cours moyen du fleuve,
dont la grande place d'Antipatreia [5]. Si ces dernières conquêtes
lui demeurent, il est visible que les Romains eux-mêmes y trouveront avantage : car la distance s'élargira entre la Macédoine et
les territoires qui leur sont soumis, Philippe sera refoulé vers
l'Est, écarté de la Basse-Illyrie, et, perdant Antipatreia, il

---

1. Pol. V. 95. 1 ; cf. 108. 1. Noter, dans ce dernier texte, les mots ἐπὶ τῇ προφάσει κτλ.

2. Pol. V. 95. 1-4 ; cf. 101. 1 ; 108. 1. — La date approximative de ces faits se tire de
Pol. V. 95. 5 : ἤδη δὲ τοῦ θερισμοῦ συνάπτοντος — Ἄρατος — ἐφήδρευε τῇ τοῦ σίτου
κομιδῇ περὶ τὴν Ἀργείαν. La moisson a lieu, en Argolide, à la fin de mai (A. Philippson,
Peloponn. 63).

3. Selon Niese (II, 458), les pirateries ordonnées par Skerdilaïdas dans la Mer Ionienne
et les attaques qu'il dirigea par terre contre la Macédoine seraient des faits contemporains,
en sorte que celles-ci comme celles-là dateraient du commencement de l'été de 217. Cette
chronologie ne paraît point exacte. Les entreprises de Skerdilaïdas en Pélagonie et en
Dassarétide sont plus récentes que ses actes de piraterie ; elles paraissent n'avoir commencé
qu'après la venue de Philippe dans le Péloponnèse (Pol. V. 101. 2 sqq.) et s'être poursuivies
tandis que le roi s'y trouvait retenu par les négociations qui précédèrent la paix de Naupakte. Après la prise de Thèbes-de-Phthiotide, lorsque Philippe s'apprête à opérer avec
sa flotte contre les corsaires aux ordres de Skerdilaïdas qui se tiennent dans les parages
du cap Malée (101. 1-2 ; cf. 101. 4), l'Illyrien n'a point encore envahi la Macédoine.
Cela résulte des textes ici visés de Polybe, comme aussi de 108. 1 : — Φίλιππος ἀνακομισ-
θεὶς, — εἰς Μακεδονίαν, καὶ καταλαβὼν τὸν Σκερδιλαίδαν καὶ τότε τῆς μὲν Πελαγονίας
κτλ. Les mots καὶ τότε indiquent que l'invasion de Skerdilaïdas en pays macédonien n'a
précédé que d'un temps assez court le retour de Philippe dans ses États.

4. Il paraît évident que Skerdilaïdas n'aurait point exécuté d'opérations militaires dans
le voisinage immédiat des territoires soumis aux Romains sans que ceux-ci l'y eussent
autorisé. Son entrée en campagne est l'effet de son entente avec Rome.

5. Pol. V. 108. 2 ; cf. 108. 8. — Antipatreia paraît être, comme on sait, la moderne *Berat* :
cf. Zippel, *Röm. Herrsch. in Illyrien*, 61 ; Kromayer, *Ant. Schlachtfeld.* II, 10, 4. Pour la
situation des autres villes de Dassarétide conquises par Skerdilaïdas, Zippel, 63.

verra se fermer devant lui la route facile que lui ouvrait l'Apsos vers la plaine d'Apollonia [1]. Mais les succès de Skerdilaïdas ne sauraient être durables, et les *Patres* se sont grandement leurrés s'ils ont compté qu'il suffirait de ce mince adversaire pour tenir le Macédonien en échec. A la fin de l'été, revenu du Péloponnèse dans son royaume avec toutes ses troupes [2], Philippe a tôt fait de mettre à la raison son trop remuant voisin. Dans une seule campagne, menée à grande allure, aisée du reste, car l'ennemi ne peut lui opposer de ferme résistance, il commence par reprendre à l'Illyrien tout ce qu'il a dérobé ; puis il fait sur lui des prises importantes [3], lui enlève plusieurs places au sud-ouest de la Dassarétide, se saisit de quelques autres proches du lac Lykhnidia, s'assure par là la possession des gorges précieuses de la Kandavia, celle aussi de la haute vallée du Genousos, qui débouche dans la plaine entre Épidamnos et Apollonia ; et, de la sorte, ayant porté vers l'Ouest, aussi loin qu'il a pu, ses postes avancés, il serre au plus près l'Illyrie romaine [4], la domine, et tient fortement deux des trois routes fluviales qui y descendent [5]. Tel est le résultat, exactement contraire au calcul des Romains, de l'inopportune agression de Skerdilaïdas. En le lançant contre Philippe au moment où la paix rendait au roi ses coudées franches, ils ont fait la plus fausse des manœuvres ; ayant seul affaire à si forte partie, l'Illyrien était vaincu d'avance. C'était plus tôt, alors qu'en Grèce la guerre battait son plein, qu'il l'eût fallu retourner

1. Sur cette route, voir Kromayer, II, 12 ; c'est celle que remonte L. Apustius, légat de P. Sulpicius, à l'automne de 200 : Liv. (P.) 31. 27. 1 sqq.

2. Pol. V. 108. 1-3 ; cf. 108. 9 : l'armée n'est disloquée qu'après l'achèvement de la campagne contre Skerdilaïdas.

3. Pol. V. 108. 8. Le texte de Polybe distingue les villes reprises (ἀνεκτήσατο τὰς προειρημένας πόλεις) et conquises (κατελάβετο) par le roi. Parmi ces dernières, Γερροῦς et Ὀργυσσός, très certainement identiques à *Gerrunium* et à *Orgessus* nommées par T. Live (P. ; 31. 27. 2), semblent avoir été situées sur le cours moyen de l'Apsos, dans le voisinage d'Antipatreia (Zippel, 61, 63 ; H. Kiepert, *Formae*, tab. XVI ; Kromayer, II, 10, 4) ; elles se trouvaient dans la partie la plus occidentale de la Dassarétide (Zippel, 63). — Pour l'importance des conquêtes faites par Philippe autour du lac Lykhnidia : De Sanctis, III, 2, 405-406. Il n'est pas sûr qu'il se soit emparé des défilés de la Kandavia, mais il les devait menacer de fort près.

4. Cf. Zippel, 63 : « Philipp hatte also im J. 217 das südliche Illyrien bis zur Grenze des römischen Gebiets an sich gebracht. »

5. La seconde vers le Sud est la vallée de l'Apsos ; la troisième, celle de l'Aoos, dont les Romains sont maîtres depuis qu'ils ont établi leur protectorat sur l'Atintania.

et mettre en branle, afin d'ajouter ce nouvel ennemi à ceux que le Macédonien devait déjà combattre ; et surtout, il eût fallu prendre soin que son action se concertât avec celle des Aitoliens, de façon que, les aidant, il fût aidé par eux. Mais, à Rome, des Aitoliens et de la guerre hellénique, on n'a rien voulu savoir.

V

Et pourquoi ? voilà la question où l'on se trouve nécessairement ramené. — Comme on l'a pu voir, les deux expéditions romaines d'Illyrie ont à peu près même conclusion ; à neuf ans d'intervalle, c'est la même histoire qui se répète ; dans les deux cas, le Sénat procède de façon semblable. Il établit en 228, rétablit en 219 l'autorité de Rome sur la côte illyrienne, et, chaque fois, en demeure là. Chaque fois, avec la Macédoine, il s'arrête à mi-chemin et se borne aux demi-mesures ; chaque fois, il néglige l'occasion et le moyen qui s'offrent de l'atteindre directement ; chaque fois, touchant de si près à la Grèce, il s'abstient de l'employer contre les Antigonides ; chaque fois, il se dispense d'avoir contre eux une politique hellénique. Pourquoi en est-il ainsi, et d'où vient cette réserve, à première vue si surprenante ?

Dira-t-on que c'est ici, de la part des *Patres*, défaut de clairvoyance et de compréhension? Sans doute, il leur manque une certaine clairvoyance, celle que peut seule donner une connaissance suffisamment exacte des réalités géographiques. On a justement observé [1] que, s'ils permirent trop longtemps aux Puniques de s'étendre librement en Espagne, c'est qu'ils n'avaient qu'une vision confuse de cette terre lointaine, enveloppée à leurs yeux de trop d'obscurité. La Grèce, bien plus voisine de l'Italie et bien plus accessible, avait sûrement pour eux moins de mystère ; pourtant, ce qui est vrai de l'Espagne peut, dans quelque mesure, l'avoir été même des pays grecs. Macédoine, Aitolie, Achaïe, Péloponnèse, il est possible que ces noms n'aient éveillé, dans les cerveaux romains, que des images trop peu distinctes. Je me suis étonné que le Sénat ait laissé Philippe naviguer à son gré dans la Mer Ionienne, prendre

1. Mommsen, *R. G.* I⁷, 566.

pied à Képhallénia, débarquer à Leukas... Mais se figurait-on clairement, dans la Curie, ce qu'étaient ces stations maritimes ? y était-on en mesure d'en bien apprécier l'importance [1] ? Et, de même, si les *Patres* tolérèrent d'une âme si paisible qu'Antigone reformât la grande Symmachie hellénique, l'une des raisons n'en fut-elle pas qu'ils ne se faisaient point une claire idée de ce qu'était cette alliance, de l'étendue des contrées qu'elle embrassait, de ce qu'elle pourrait apporter de forces et de ressources au roi de Macédoine ? Il ne faut point oublier qu'en 198 encore, les ambassadeurs grecs présents à Rome jugèrent nécessaire d'expliquer au Sénat la situation topographique et l'importance militaire de Corinthe, de Chalkis et de Démétrias [2]... — Néanmoins, si grandes qu'aient pu être les ignorances romaines, elles ne sauraient être ici une suffisante explication. Les réflexions que nous suggère la lecture de quelques textes anciens, comment, au contact des événements, les *Patres* ne les auraient-ils point faites? Pour mal instruits qu'on les suppose des choses de la Grèce (et vraiment il n'eût tenu qu'à eux de l'être mieux), il serait incroyable qu'ils n'eussent point entrevu, au moins par échappées, l'intérêt qu'après 228, et bien plus encore après 219, avait l'État romain à se rapprocher des Hellènes ennemis de la Macédoine.

S'ils n'ont pas réglé leurs actes sur cet intérêt manifeste, c'est dès lors à leur humeur et à leur forme d'intelligence qu'il en faut demander la raison. L'explication de leur conduite envers la Macédoine et la Grèce se trouve dans cette conduite même, je veux dire dans ce qu'elle nous montre d'eux, dans ce qu'elle nous apprend de leur caractère et de leur tour d'esprit. Et ce qu'elle nous fait voir, c'est qu'ils diffèrent beaucoup de l'idée que nombre d'historiens ont accoutumé de s'en faire. On les représente volontiers poursuivant de proche en proche, avec une « méthode » impeccable et patiente, sans se laisser distraire du but une fois fixé, l'exécution des « plans » grandioses qu'ils ont fortement conçus. — Tout au rebours, il apparaît d'abord ici que, doués, à

---

1. Il faut noter pourtant que les ambassades sacrées envoyées de loin en loin à Delphes faisaient nécessairement le périple des rivages occidentaux de la Grèce. Par elles, sans compter les relations des ἔμποροι, on pouvait avoir maint renseignement topographique et nautique.
2. Pol XVIII. 11. 4-7.

l'occasion, de l'esprit d'entreprise et capables, par accès, de l'action la plus vigoureuse, capables aussi, à de certains moments, d'une prévoyance qui va loin, ce qui leur fait le plus défaut, c'est l'esprit de suite, la continuité dans les vues et dans l'effort, la logique résolue qui pousse les choses à leurs conséquences, la vigilance prolongée, l'application soutenue à pénétrer et prévenir les desseins de l'adversaire. Et c'est, aussi bien, de quoi témoigne vers le même temps — dans l'intervalle des deux guerres puniques — le reste de leur histoire. Admirables de constance lorsque l'ennemi presse et que le salut de la chose romaine est en jeu, on les verra bientôt manifester sans une défaillance, dans la longue détresse de l'État, l'énergie d'âmes intraitables ; mais cette fermeté, qui fera leur gloire, est absente de leurs conseils quand il importerait seulement d'opposer aux puissances hostiles les mesures d'une politique concertée et suivie. On a signalé maintes fois les incertitudes, les incohérences et les contradictions qui rendent si singulière, entre 241 et 225, leur façon de procéder avec Carthage et les Gaulois [1], et ce mélange inattendu qu'elle présente de vigueur et de nonchalance, de prudence et d'incurie. Rien d'étonnant, dès lors, si, à l'endroit de la Macédoine, ils donnent pareillement trop de preuves d'inconséquence et d'indécision ; si, bien que la sachant ennemie, ayant tout fait pour qu'elle le devînt, ils hésitent pourtant à la traiter franchement comme telle ; si, devant craindre ses entreprises, ils tardent à y mettre obstacle

---

1. Sur la conduite impolitique des Romains à l'égard des Puniques, à partir de 241, cf. les remarques de Mommsen *(R. G.* I⁷, 575) et le bon résumé de Beloch, dans A. Gercke-E. Norden, *Einleit. in die Altertumswissensch.* III, 167-168 ; voir aussi De Sanctis, III, 1, 398-399, et ci-dessus, p. 123-124. On sait de reste qu'après la conclusion du traité de 241, le Sénat ne sait se résoudre ni à vivre en paix avec Carthage, ni à lui porter un coup décisif ; que, pouvant l'accabler au temps de la guerre libyque, il consent alors à l'épargner et refuse d'entrer en rapports avec les rebelles qu'elle combat ; puis, qu'aussitôt après, répondant à l'appel, d'abord dédaigné, des mercenaires sardes, il en fait la mortelle ennemie de Rome par l'annexion brutale de la Sardaigne, les hostilités soudaines dont il la menace, l'indemnité qu'il lui extorque et l'humiliation cruelle qu'il lui inflige ; et qu'ayant ainsi rendu inévitable une seconde grande guerre avec les Puniques, il les laisse pourtant, durant plus de vingt ans, réparer leurs forces en vue de la revanche. — A l'égard des Gaulois, sa manière d'agir n'est guère moins étrange. On ne comprend ni pourquoi, en 236, les Romains ne profitent pas du désarroi des Boïens pour les poursuivre et les attaquer chez eux, ni comment, dans les dix années qui suivent, craignant de leur part une nouvelle prise d'armes, ils ne tentent rien pour la prévenir ; cf. De Sanctis, III, 1, 288-289 ; 304 ; et ci-dessus, p. 123.

par une action directe et continue ; et si, enfin, comme on l'a très bien dit [1], ils se trouvent avec elle « faire » à la fois « trop et trop peu » : trop pour ne point l'alarmer et l'irriter, et trop peu pour la rendre inoffensive. — Et, d'autre part, ce qui n'apparaît pas moins, c'est qu'au dehors leur politique manque d'ampleur et d'activité, d'envergure et d'essor ; qu'ils sont peu désireux d'élargir le cercle de ses opérations ; peu portés à prendre avantage de leurs succès pour propager leur influence ; peu curieux d'attirer au côté de Rome et de lier à sa cause les peuples lointains ; peu aptes ou peu enclins à former avec eux des combinaisons d'intérêts [2] : en sorte qu'il leur faut refuser ces grandes vues et cette ardeur d' « expansion », cette passion dominatrice et ce profond génie de calcul et d'intrigue, que leur attribue un antique préjugé. On a voulu qu'ils fussent, presque dès l'origine, des « impérialistes » nourrissant d'immenses ambitions ; on s'est persuadé que, pour les satisfaire, ils dépensaient sans relâche, en machinations longuement préparées, les artifices d'une pensée subtile : il est visible que ces riches campagnards qui peuplaient le Sénat apportaient bien plutôt dans la politique extérieure leur lenteur d'esprit et leur pauvreté d'imagination, comme aussi les multiples défiances, la répugnance aux nouveautés, la crainte des aventures, la timidité devant

---

1. Mommsen, *R. G.* I[7], 575.

2. Se rappeler, à ce propos, le mauvais accueil fait par le Sénat aux révoltés de Sardaigne et d'Utique, lors de la lutte de Carthage contre ses mercenaires : Pol. I. 83. 11. Remarquer aussi combien, pendant la guerre d'Hannibal, les Romains prennent peu souci de nouer des intelligences avec les souverains africains rivaux de Carthage. Ce que rapporte T. Live (24. 48) des relations formées, en 213, par les Scipions avec le roi Syphax est, comme on sait, infiniment suspect (cf. les observations critiques de Kahrstedt, 254-255 ; 513, 2, et celles, plus détaillées, de Gsell, *Hist. anc. de l'Afrique du Nord*, III, 181). Ce qui est dit (Liv. (Ann.) 27. 4. 5-8) des ambassades échangées, en 210, par Syphax et le Sénat ne mérite pas plus de créance (cf. Gsell, 182-183) ; l'initiative du rapprochement viendrait, au reste, non des Romains, mais du roi. C'est seulement à la fin de 206, avant de quitter l'Espagne, que P. Scipion fait de sa personne, sans en avoir aucunement reçu l'ordre, une démarche auprès de Syphax et tente de le gagner à l'alliance romaine (Liv. (P. ?) 28. 17. 4 — 18 ; cf. Pol. XI. 24 a. 4). T. Live en donne la raison (28. 17. 3) : *iam Africam magnamque Carthaginem — spectabat (Scipio). (4) itaque praemoliendam sibi ratus iam rem conciliandosque regum gentiumque animos, Syphacem primum regem statuit templare.* Ce sont donc ses projets sur l'Afrique qui suggèrent à Scipion l'idée de se mettre en rapports avec le roi des Masaisyles. Quant au Sénat, depuis douze ans que dure la guerre en Espagne et en Italie, la pensée ne lui est pas venue de créer des embarras à Carthage en lui suscitant des ennemis dans son voisinage.

l'inconnu naturelles aux âmes paysannes [1]. Au fond, en ces temps anciens où ils commençaient seulement d'allonger leur vue hors de l'Italie, cette politique, chose trop neuve et trop compliquée, était peu l'affaire des *Patres* ; n'en ayant ni la pratique ni le goût, ils n'y appliquaient guère leurs soins ; ils la réduisaient au plus juste, la simplifiaient autant qu'ils pouvaient et jusqu'à l'excès. — De là notamment, en ce qui concerne la Grèce, leur étrange et tenace parti pris d'abstention. S'ils omettent par deux fois d'y intervenir, de s'y créer des amitiés utiles, d'y prendre position contre la Macédoine, le motif principal en est toujours le même qui a fait que, jusqu'en 228, ils ne s'en sont jamais approchés : c'est, avant tout, que leur horizon politique est borné, qu'ils n'ont aucune hâte de l'élargir, et que la Grèce est et reste située hors de cet horizon ; c'est qu'au lieu d'être l'objet de leurs « visées ambitieuses », elle demeure pour eux un monde fermé, au seuil duquel s'arrête leur regard, qu'ils dédaignent de s'ouvrir, où rien ne les attire, et où il leur déplaît de se risquer [2] ; c'est, en un mot, que leurs dispositions à l'égard de l'héllénisme sont précisément l'inverse de celles qu'on leur prête, lorsqu'on les montre impatients de se mêler à lui pour y faire prévaloir leur autorité. On est ici frappé du démenti qu'inflige l'analyse exacte des faits certains à des « traditions » erronées ou mensongères, trop docilement acceptées. Ceux qui, sur la foi de textes apocryphes ou mal compris, affirment intrépidement que, pour des raisons qu'ils n'arrivent point à déterminer, Rome, dès 306, dès 273, dès 235, s'empressa de contracter alliance ou amitié avec les Rhodiens, avec Philadelphe, avec Séleukos II, auraient bien dû prendre garde que, devenue en quelque manière, en face de la Macédoine, un État hellénique par le protectorat qu'elle s'est attribué en 228 sur les cités grecques d'Illyrie, Rome, au mépris de toute prudence, n'a point encore, quinze ans plus tard, un seul allié en Grèce.

---

1. On ne saurait trop se rappeler, par exemple, les hésitations du Sénat à entreprendre la guerre de Sicile (Pol. I. 10. 9—11. 1). La décision, en cette circonstance, émane tout entière des consuls.

2. Quand Mommsen écrit *(R. G.* 1[7], 697) que la « prétention, qu'avait Rome [vers la fin du IIIe siècle] d'étendre son bras tutélaire sur *tous les Hellènes*, n'était nullement une phrase vide de sens », et que les gens « de Néapolis, de Rhégion, de Massalia, d'Emporiæ pouvaient garantir que cette protection était fort sérieuse », comment ne s'avise-t-il pas que, dans son énumération, ne figurent que des villes grecques situées hors de la Grèce ?

CHAPITRE CINQUIÈME

La paix de Naupakte, aussitôt conclue, déroule ses conséquences, et ses conséquences sont telles qu'à Rome on les eût dû prévoir. Pourquoi Philippe a voulu cette paix et l'usage qu'il en prétend faire, c'est ce qu'il va se hâter de déclarer par ses actes, et c'est ce que les Romains, lents à s'alarmer, d'abord rebelles à l'évidence, vont finir par comprendre. En négligeant de l'entraver par des hostilités préventives, par une action militaire liée à celle des Aitoliens, ils ont permis au Macédonien de prendre le rôle d'agresseur : il le prend en effet, et si décidément, que force leur est de faire front contre lui et de se mettre en défense. Et cette nécessité de se défendre les amène — après un long délai — à rallumer en Grèce la guerre qu'ils y eussent pu aisément entretenir et que, si mal à propos, ils ont laissé s'éteindre. Pour la première fois, cédant aux circonstances, on les va voir agir en pays grec. Mais la façon même dont ils y agiront fera clairement connaître qu'ils n'ont de grands desseins ni sur la Grèce ni contre la Macédoine ; elle sera la preuve qu'ils ne rêvent encore ni de soumettre les Hellènes à leur suprématie, ni d'abolir la domination qu'exercent sur eux les Antigonides.

I

Nous rencontrons, au point de cette étude où nous sommes parvenus, un préjugé ancien, fortement enraciné, dont il faut une bonne fois faire justice. Il est de règle parmi les modernes de représenter Philippe, après la paix de Naupakte, vacillant, irrésolu, incapable d' « initiative »[1], incapable même d'une pensée suivie. On s'étonne, on s'indigne de ses incertitudes, de ses atermoiements et de son inaction, cependant qu'on loue sans mesure la fermeté, la « prévoyance » et l'énergie du Sénat[2]. Il n'est guère possible d'errer plus gravement dans l'appréciation des faits historiques, et rarement le blâme et l'éloge ont été distribués avec si peu de discernement.

La paix rétablie en Grèce, Philippe redevenu libre de ses mouvements, maître de manœuvrer à sa guise, c'est manifestement, en attendant peut-être pis, l'Illyrie romaine menacée à terme bref d'une invasion ou d'une descente, ou de l'une et de l'autre à la fois. Déjà, la leçon vigoureuse que le Macédonien vient d'infliger à Skerdilaïdas, les pointes qu'il a poussées à l'Ouest, à courte distance des territoires romains, ses tentatives de l'année précédente contre Képhallénia, la conquête toute récente qu'il a faite de Zakynthos sont, à cet égard, d'utiles indications. Le Sénat y pourrait réfléchir ; il ferait sagement d'aposter, dès l'automne de 217, quelques forces navales à la garde des côtes illyriennes. C'est sûrement ce que demande et ce qu'attend Skerdilaïdas[3], seul auxiliaire de Rome au-delà du détroit; et la chose n'a rien que d'aisé, puisque la grande flotte de Sicile demeure toujours à Lilybée, immobile sur ses ancres[4]. Mais les *Patres* diffèrent

---

1. Voir, par exemple : B. G. Niebuhr, *Vortr. über alte Gesch.* III, 443 ; L. Flathe, *Gesch. Makedoniens*, II, 262, 267-268, 271-272, 275 ; W. Schorn, *Gesch. Griechenlands* etc. 174 ; Mommsen, *R. G.* I⁷, 622 : « *Philippos von Makedonien und sein Zaudern* » ; G. F. Hertzberg, *Gesch. Griechenl. unter der Herrsch. der Römer*, I, 28 (trad. fr.) ; A. Holm, *Griech. Geschichte*, IV, 418-419 ; E. A. Freeman, *Hist. of Federal Government*², 440 ; G. Colin, *Rome et la Grèce*, 42. — G. Colin, qui reproche à Philippe son « manque d'initiative », passe sous silence, comme T. Live, l'expédition de 216.

2. Voir, par exemple, V. Duruy, *Hist. des Romains*, I (1877), 395 : « Philippe mit une telle lenteur dans ses préparatifs, que le Sénat eut le temps de le prévenir en Grèce. » G. Colin (*Rome et la Grèce*, 41) admire aussi la « prévoyance » du Sénat ; mais il en allègue pour preuve de prétendues négociations entre Rome et les Grecs qui sont imaginaires ; cf. ci-après, p. 195, note 1.

3. Cf. Pol. V. 110. 8 ; 110. 3.

4. Cf. ci-dessus, p. 163, note 4. J'ai indiqué déjà que le Sénat, qui, peut-être, avait d'abord décidé le rappel de la flotte de Lilybée (Pol. III. 106. 7), semble n'avoir pas donné suite à cet ordre. Ce qui est sûr, c'est que, si le rappel eut lieu, ce ne fut qu'à une date tardive, dans le courant de l'hiver (noter, dans Pol. III. 106. 7, les mots τοῦ παραχειμά- ζοντος στόλου ; cf. Matzat, *Röm. Zeitrechn.* 128 ; H. Hesselbarth, *Hist.-krit. Unters. zur*

de prendre une précaution si naturelle — soit, comme le croit
Polybe, que les mesures à concerter en vue de la campagne qu'ils
préparent contre Hannibal, et qu'ils veulent décisive [1], occupent
toutes leurs pensées, — soit plutôt par l'effet de cette insouciance
dont ils sont coutumiers lorsqu'il s'agit des affaires orientales, et
qui, précédemment, leur a fait tolérer trop longtemps les menées
et les trahisons du prince de Pharos. Certes, on ne saurait croire
que le péril macédonien leur échappe ; ils le voient, l'entrevoient
tout au moins ; mais on dirait que la volonté leur manque pour
le regarder en face. Par une de ces contradictions dont ils ont
donné d'autres exemples, eux qui, tout-à-l'heure, faisaient mine
d'agir contre Philippe et lui opposaient Skerdilaïdas, semblent
maintenant se résigner à la défaite de cet unique allié, négligent
de se porter à son aide. Le printemps de 216 arrive sans qu'un seul
vaisseau romain croise ou stationne au voisinage de l'Illyrie.

C'est ainsi que sommeille la vigilance vantée du Sénat. Quant
à Philippe, il est admirable de décision, d'activité, de promptitude.
Ayant achevé de châtier Skerdilaïdas — ce qui l'a conduit jusqu'à
l'automne —, il accorde à ses troupes le repos mérité, mais lui-
même ne se repose pas. Il a résolu d'opérer par mer et passe l'hiver
en préparatifs: A la vérité — et combien le lui a-t-on reproché ! —
il ne crée point cette marine de guerre qui manque à la Macédoine.
Sans doute, il y a songé; mais, outre que l'entreprise serait bien
lourde pour ses finances [2], de quoi servirait-elle ? Comment aurait-il
la pensée de se mesurer sur mer avec les Romains ? Que vaudrait
sa flotte improvisée, inexpérimentée, contre leurs escadres, si nombreuses, si manœuvrières, fameuses par tant de victoires ? Le roi
se souvient des deux cents vaisseaux envoyés d'Italie contre Teuta ;
il garde présents à la mémoire les récits, qu'enfant, on lui faisait

---

dritten Dekade des Livius, 323, 1), et que la flotte revint à Lilybée dès le début du
printemps (Pol. V. 109. 5-6 ; 110. 9). — Sur les inquiétudes que cause à Philippe la présence de cette flotte en Sicile : 109. 5-6.

1. Cf. Pol. V. 110. 10. — Sur la résolution prise par le Sénat, en 216, de terminer la guerre
d'un coup : III. 107. 7-9 ; 108. 1-2.

2. Cf. De Sanctis, III, 2, 402-403. Sur les embarras financiers de Philippe pendant la
guerre-des-Alliés : Pol. V. 1. 6 ; 1. 11-12 ; 2. 10 (il est vrai qu'ici ces embarras s'expliquent
par des circonstances particulières) ; 95. 1 ; 108. 1 ; cf. IV. 29. 7 (Skerdilaïdas se plaint
de n'avoir pas reçu de Philippe ce qui lui était dû en paiement de ses services).

des batailles géantes gagnées jadis par les amiraux de Rome dans la mer de Sicile : Mylai, Tyndaris, Eknomos, les Aigates... Et, l'année précédente, le combat de l'Èbre, si glorieux pour la marine romaine, vient justement de lui montrer qu'elle n'a rien perdu de ses qualités légendaires. Sur le conseil de Démétrios, ce qu'il juge le plus expédient, c'est de construire une flottille de cent « lemboi », fins de voiles, aux coques légères, qui transporteront à grande allure, débarqueront à l'improviste, où il lui plaira, un corps expéditionnaire d'au moins cinq mille hommes [1]. Puis, aux premiers beaux jours, ayant à peine pris le temps d'exercer ses Macédoniens au maniement de l'aviron, il met à la voile, double Malée, remonte la Mer Ionienne, pousse dans la direction naturellement marquée, vers les places maritimes d'Illyrie clientes des Romains [2]. Si la flotte de Lilybée, qui l'inquiète et qu'il épie, sur laquelle il se renseigne anxieusement [3], ne vient pas lui couper

---

1. Pol. V. 108. 9 : fin de la campagne contre Skerdilaïdas (aut. 217) ; hivernage de l'armée ; — 109. 1-2 : Philippe se juge incapable de faire aux Romains la guerre navale ; — III. 96. 2-6 : victoire remportée par Gn. Scipion aux bouches de l'Èbre en 217 (la bataille de l'Èbre — première bataille navale de la guerre — dut avoir partout un grand retentissement) ; — 109. 3 : construction de 100 « lemboi ». Un « lembos » illyrien, comme on le voit par Pol. II. 3. 1, porte aisément 50 hommes et, en cas de besoin, davantage ; cf. 6. 6 : sur ces mêmes « lemboi », qui sont montés chacun par 50 hommes, on embarque des captifs et l'on entasse un grand butin ; voir aussi Liv. (P.) 44. 28. 14-15 : 20 chevaux et 200 captifs sont embarqués sur 10 « lemboi », soit 2 chevaux et 20 hommes par bâtiment, en sus de l'équipage et des *armati*. — Il ne serait pas impossible qu'outre ses 100 « lemboi », Philippe eût emmené en 216 tout ce qu'il possédait de vaisseaux, c'est-à-dire une cinquantaine de bâtiments de toute dimension (cf. ci-dessus, p. 159, note 1) : effectivement, si sa flotte ne s'était composée que de « lemboi », il semble qu'il lui aurait fait traverser l'Isthme par le diolkos (cf. Pol. IV. 19. 7-8), et non doubler le Péloponnèse. Or, au printemps de 218, Philippe transporte sur ses vaisseaux (auxquels s'étaient, à la vérité, joints ceux, fort peu nombreux, des Achéens : V. 2. 4) une force militaire de 7.200 hommes (2. 11). Si l'on admet qu'en 216, il a fait prendre la mer aux mêmes bâtiments et les a chargés de troupes, l'effectif total de son corps expéditionnaire a pu s'élever à 12.000 hommes environ : 5.000 sur les « lemboi » et 7.000 environ sur le reste de la flotte. — Toutefois, ce n'est là qu'une hypothèse très incertaine. Si Philippe, n'ayant que ses seuls « lemboi », n'a point franchi l'Isthme, la raison en put être qu'il ne voulait pas donner l'éveil sur ses projets. On comprendrait mal l'épouvante qui s'empara des Macédoniens à Sason (Pol. V. 110. 1-2), s'il s'était trouvé de grands vaisseaux dans la flotte royale. Enfin, Polybe (110. 2) ne parle que de « lemboi ».

2. Pol. V. 109. 4 : les Macédoniens s'exercent à la manœuvre de l'aviron ; cf. 2. 4-7 ; 2. 11 (print. 218) ; — 109. 4 — 110. 2 : expédition navale de Philippe ; le roi est probablement parti de Démétrias, et sans doute très tôt en saison : cela ressort de 110. 8 (κατὰ χειμῶνα) ; cf. Matzat, *Röm. Zeitrechn.* 131, 11.

3. Pol. V. 109. 5-6.

la route, il se propose d'enlever au passage, de rafler par un coup
de surprise, à l'illyrienne, d'abord Apollonia, puis Épidamnos.
Et qui sait ? Peut-être remue-t-il de plus grands projets : si les
dieux l'assistent, si la mer reste libre, passer au plus tôt dans
l'Italie du Sud ; s'y faire accueillir comme un sauveur, comme un
second Pyrrhos, par les villes helléniques, lasses du joug romain,
mais que révolte l'idée d'obéir à Carthage ; se mêler à la guerre
italique au moment où Puniques et Romains seront prêts à s'affronter pour le combat suprême ; imposer, à ce moment fatal,
son alliance à Hannibal [1] qui ne la saurait refuser ; l'aider à vaincre,
et garder, pour sa part de la victoire commune, la souveraineté
de la Grande-Grèce... Peut-être est-ce là ce que lui montrent les
rêves dont nous parle Polybe [2], qui le poursuivent dans ses nuits
enfiévrées et qui, sans cesse, ramènent à son esprit la vision de
l'Italie ; peut-être, aussitôt l'Illyrie soumise, tranquille de ce côté,
prétend-il porter en Occident les armes de la Macédoine, ouvrant
ainsi sa carrière de gloire par où, si le ciel l'eût permis, Alexandre,
dont le sang s'agite en lui [3], devait achever la sienne...

Toujours est-il que bien peu s'en faut que ses premiers desseins ne s'accomplissent. Il touche au but. Sa flottille est entrée
dans la baie d'Aulon, s'est avancée jusqu'à l'île de Sason [4], à
quelque 120 stades des bouches de l'Aoos, tout près d'Apollonia.
Si, finalement, le coup de surprise échoue, c'est à Skerdilaïdas
qu'en revient tout le mérite ; la prudence du Sénat n'y a nulle
part ; les *Patres* n'ont rien prévu, rien soupçonné ; seuls, ils
eussent laissé faire. C'est l'Illyrien qui, pendant l'hiver, a éventé,
dénoncé à Rome les projets du roi, et réclamé du secours [5].

1. Remarquer que, contrairement à ce qu'ont dit plusieurs modernes, il n'y a nul
indice qu'Hannibal ait d'abord souhaité avoir Philippe pour allié ; de fait, cette alliance,
précieuse aux jours de bataille, eût pu, dans la suite, devenir passablement gênante.
2. Pol. V. 108. 4-5 ; cf. 101. 10—102. 1. Ces textes ne permettent guère de douter (cf.,
au contraire, Niese, II, 468) que Philippe n'ait eu le désir de passer au plus vite en Italie,
et, naturellement, dans l'intention d'y faire des conquêtes aux dépens des Romains. Il
est clair que, pour une telle entreprise, les troupes d'abord embarquées sur ses 100 « lemboi »
n'eussent point été suffisantes ; il faut supposer qu'après l'occupation de l'Illyrie romaine,
Philippe eût fait venir de Macédoine à la côte, par voie de terre, d'importants renforts
destinés à l'Italie.
3. Cf. Pol. V. 10. 10 (sur la parenté que Philippe se vante d'avoir avec Alexandre).
4. Pol. V. 110. 1-2.
5. Pol. V. 110. 8-9 ; 110. 3.

Et c'est seulement à la suite de ses révélations et sur ses instances, que les Romains finissent par détacher de Lilybée en Illyrie cette division de dix quinquérèmes — les premières quinquérèmes envoyées dans ces parages depuis 219 —, qui fait voile vers Apollonia au moment où Philippe jette l'ancre près de Sason, et dont l'approche, brusquement signalée, épouvante les Macédoniens, les émeut d'une immense panique, fait croire au roi lui-même que la flotte redoutée de Sicile vient écraser ses batelets, et le décide à une retraite soudaine qui, tout de suite, tourne en·déroute [1].

L'expédition de Philippe a de la sorte un piteux dénouement ; la Grèce, railleuse, s'en égaie [2]. Il n'en est pas moins vrai que cette entreprise manquée devrait être pour le Sénat le plus grave des avertissements. Les intentions offensives du roi se sont nettement déclarées [3] : comment ne pas voir ce qui l'amenait aux embouchures de l'Aoos ? Mais, dans le grand trouble qui suit la journée de Cannes, l'avertissement est perdu. Les Romains oublient d'en tenir compte ; ils ne font pas réflexion que la nou-

1. Pol. V. 110. — Les reproches que Polybe adresse à Philippe au sujet de sa retraite (110. 10-11), et que répètent fidèlement presque tous les historiens modernes, ne sont pas justifiés. Cf. les bonnes remarques de F. A. Scott, *Macedonien und Rom* (diss. Berlin, 1873), 44-45 ; voir aussi De Sanctis, III, 2, 406. Croyant que la flotte de Sicile ou une partie importante de cette flotte se dirigeait sur lui, il est tout naturel que Philippe ait ordonné la retraite. Polybe lui-même reconnaît qu'il n'aurait pu soutenir le combat contre une escadre romaine (V. 109. 2). Si la retraite est précipitée et désordonnée (110. 5), on n'en saurait rendre Philippe responsable ; la raison en est que les Macédoniens sont pris de terreur à la nouvelle de l'approche des vaisseaux romains. Le grand tort du roi, selon Polybe, est d'avoir supposé que la flotte de Lilybée se portait tout entière à sa rencontre, alors que les navires aperçus à Rhégion, en route vers l'Illyrie, n'étaient qu'au nombre de dix (110. 4 ; 110. 9-10) : cette faible division n'était pas redoutable ; Philippe l'eût sans peine faite prisonnière ; après quoi, il n'eût tenu qu'à lui d'exécuter en Illyrie les opérations projetées (110. 10). En réalité, il n'est pas sûr, malgré l'exemple de la bataille de Paxos (II. 10. 3-5), que le roi aurait eu si commodément raison de ces dix quinquérèmes (cf. De Sanctis, III, 2, 406). Mais surtout connaissait-il le petit nombre des vaisseaux vus à Rhégion ? Les patrons des bateaux marchands ou pêcheurs venus de Sicile (V. 110. 2-3) le connaissaient-ils eux-mêmes ? Philippe pouvait-il se fier à leurs renseignements ? Et, à supposer qu'il s'y fiât, ne devait-il pas croire que ce n'était là qu'une division d'avant-garde, précédant le gros de la flotte ennemie ? Dans son désir de charger Philippe, Polybe méconnaît le vrai caractère de la situation.

2. C'est ce qu'on peut induire des réflexions ironiques de Polybe : V. 110. 10-11.

3. Kahrstedt écrit (449) : « Nur die Entschlusskraft zum sofortigen offenen Bruche mit der italischen Macht hatte (Philipp) gefehlt. » En conduisant ses soldats dans les parages d'Apollonia, Philippe ne rompait-il pas ouvertement avec Rome ? Cf. Just. 29.4.1 : *Philippus — aperte hostem se his (Romanis) professus ejs.*

velle, encore grossie, de leur désastre retentira longuement en Macédoine et qu'elle y exaltera les espérances et les audaces. Ils ne se mettent point en garde contre l'ancien ennemi qui vient pourtant de montrer, de façon si claire, qu'il est l'ennemi permanent. La flotte de Sicile persévère dans son inaction ; les dix vaisseaux venus à Apollonia en sont bientôt rappelés [1] ; l'Illyrie reste désarmée. A la fin de 216, les *Patres* semblent douter encore si Philippe mérite qu'on s'inquiète de lui ; mais Philippe va les tirer de ce doute.

II

Au lendemain de Cannes, on a pu se figurer, à la cour de Pella comme ailleurs, qu'en Italie tout était terminé, et que Rome, avouant sa défaite, allait mettre bas les armes [2]. Quelques mois plus tard, il en faut juger autrement. La victoire des Puniques reste probable ; mais cette victoire, qui leur semblait acquise, recule maintenant, et se dérobe. On croyait les armées romaines anéanties : on apprend que, sans cesse renforcées, elles persistent à tenir la campagne, s'accrochent au terrain, barrent les routes du Nord, et, sans se laisser entraîner aux rencontres, sans jamais

1. Il est sûr qu'en 214 ils ne s'y trouvent plus ; cf. De Sanctis, III, 2, 411.

2. C'est précisément la croyance à la paix prochaine entre Rome et Carthage qui explique en partie l' « inaction » de Philippe pendant l'été et l'automne de 216, inaction qu'on lui a maintes fois reprochée (cf., en dernier lieu, Niese, II, 467 ; Kahrstedt, 449). Il est clair que, n'ayant reçu de lui aucune aide, Hannibal se serait entièrement désintéressé du roi de Macédoine et n'aurait stipulé aucune garantie en sa faveur. Après avoir traité avec Carthage, Rome aurait donc été maîtresse de tourner contre lui tout son effort, et, même vaincue par Hannibal, même amoindrie et abaissée, elle pouvait être pour la Macédoine une adversaire fort dangereuse. On devait croire, en effet, que les Puniques ne lui interdiraient pas d'avoir une escadre dans l'Hadriatique ; en sorte qu'il lui eût été loisible d'embarquer sur cette escadre les troupes ramenées d'Espagne, de Sicile et de Sardaigne, de recommencer l'expédition de 219, et de jeter en Illyrie une armée toute chaude de la guerre, admirablement entraînée et bien plus nombreuse que celle de Philippe. On conçoit que la perspective d'une telle éventualité ait rendu le roi circonspect, et qu'il se soit gardé de provoquer à nouveau les Romains par une seconde tentative contre l'Illyrie. — D'autre part, il devait supposer qu'instruit de sa venue à Sason, l'amiral de la flotte romaine de Sicile exercerait désormais une surveillance active sur la Mer Ionienne, si bien que recommencer; à quelques mois d'intervalle, l'expédition manquée du printemps eût été probablement courir à un désastre. L'action téméraire qu'il risquera en 214, on ne peut raisonnablement faire grief à Philippe de ne l'avoir pas risquée en 216.

donner prise à l'ennemi, le surveillent, l'inquiètent, le harcèlent et le contiennent. La guerre paraissait finie d'un coup : elle n'a pas été suspendue un seul jour, elle dure — en Italie, en Espagne, en Sardaigne — et surtout menace de durer. Bien qu'une immense défection lui ait livré la Basse-Italie presque entière, bien que Capoue, la seconde Rome, vienne de se donner à lui, il est sûr désormais qu'Hannibal n'a point recueilli de ses succès l'avantage attendu [1] ; non seulement il n'a point marché sur Rome, n'a point atteint les frontières latines, mais, à l'Est, il n'a point dépassé Arpi, et, même en Campanie, il se heurte, dit-on, à des résistances tenaces ; son audace s'est émoussée, son élan s'est relâché, son offensive mollit ; il piétine, comme à bout de souffle. A cela une seule explication : il s'est usé et ne se peut réparer ; les hommes lui manquent pour avoir raison d'un adversaire dont il n'a ni mesuré la force, ni prévu l'opiniâtreté. Et peut-être la chose n'étonne-t-elle qu'à demi Philippe qui, de longue date, observe l'État romain, s'est fait instruire de ses ressources, pense les bien connaître, serait même enclin à se les exagérer [2]. — Mais, au reste, que Rome s'obstine, qu'Hannibal se ralentisse, que la lutte se prolonge, c'est là pour le Macédonien une grande occasion, et qui lui dicte sa conduite. A tout prendre, il n'eût point été bon que Carthage vainquît trop vite : étranger à sa victoire, Philippe n'en eût retiré qu'un profit indirect, chanceux et peut-être précaire. Sans doute, elle l'aurait mis en possession des villes d'Illyrie : mais eût-il été assuré de les garder ? Qui l'aurait garanti, par la suite, contre une revanche possible des vaincus [3] ? Comment, ne lui ayant rendu nul service, eût-il à cet effet compté sur le gouvernement punique ? Pour que la question illyrienne soit tranchée décidément, dans l'avenir comme dans le présent, selon ce que récla-

1. Sur la situation difficile d'Hannibal après Cannes, voir, avant tout, l'excellent résumé de W. Streit, *Zur Gesch. des zweiten Punischen Krieges in Italien nach Cannae (Berlin. Stud.* VI, 2 [1887]), 9 suiv. Cf. Kromayer, *Ant. Schlachtf.* III, 1, 391-401, et, du même auteur, *Roms Kampf um die Weltherrschaft* (Leipzig, 1912), 53-56 ; Kahrstedt, 445-447, 451-456 ; De Sanctis, III, 2, 223 suiv.

2. Se rappeler sa seconde lettre aux Lariséens (*IG*, IX, 2, 517 = Dittenberger, *Sylloge* [2], 239) et l'erreur qu'elle renferme sur le nombre des colonies fondées par les Romains.

3. Que l'éventualité d'une guerre de revanche, faite par les Romains à la Macédoine, préoccupât Philippe, c'est ce que montre assez l'une des clauses de son traité avec Hannibal : Pol. VII. 9. 13 ; cf. ci-après, p. 184, note 1.

ment son honneur et sa sécurité, ce n'est point assez que Rome
succombe : il faut encore qu'il ait contribué à sa chute, que, pour
l'abattre, les Puniques aient eu besoin de lui, et que, travaillant à leur côté, il ait fait d'eux ses obligés, mérité leur amitié,
acquis un titre durable à leur reconnaissance. Précisément, voici
qu'il est pour eux l'homme nécessaire dont l'intervention forcera
le destin ; c'est lui qui, venant à la rescousse, leur permettra
d'achever l'œuvre si bien entreprise ; c'est fortifiés de son aide,
qu'ils pourront frapper sur l'ennemi commun ce dernier coup
qui tarde trop : dès lors, entre eux et lui, isolés jusque-là,
à présent unis, des liens vont se former qui seront indissolubles ;
ils auront, après la victoire, même soin de ses intérêts que des
leurs, et veilleront à ce qu'en aucun temps il n'ait rien à craindre des Romains impuissants.

Dès le printemps de 215 [1], la résolution de Philippe est prise ;
il députe au camp d'Hannibal. Si, naguère, avant le tonnerre
de Cannes, il a rêvé de s'agrandir en Italie, d'y retenir quelques
dépouilles romaines, c'est une ambition qui n'est plus de saison ;
sagement, il y sait renoncer et se réduire au rôle que lui marquent
les événements. L'Italie, désormais, est la chose d'Hannibal :
ses droits sur elle, conquis des Alpes à l'Aufidus, Philippe n'a
garde de les lui contester ; il reconnaît sa primauté, le traite en
victorieux, lui propose seulement d'être son auxiliaire [2] Et

---

1 C'est la date communément admise : cf. Matzat, *Röm. Zeitrechn.* 135 ; Scott, *Macedonien und Rom*, 46, note 93, etc. Le *terminus post quem* se tire de Liv. (Ann.) 23. 33. 4
(cf. 33. 5, à rapprocher de 32. 16), où les *custodiae navium romanarum* sont les 25 vaisseaux
donnés à M. Laevinus au printemps de 215 (32. 17). Le *terminus ante quem* est la mort
d'Hiéron si l'on tient compte de l'indication — à la vérité, un peu suspecte (cf. Niese,
II, 511, 4 *s. f.*) — qui se trouve dans Liv. 23. 38. 12-13 ; or, cette mort tombe certainement
au début, non de l'été de 214, comme le voudraient G. Tuzi (*Studi di stor. ant.* I, 93-94)
et Beloch (III, 2, 227), mais de 215 (cf. De Sanctis, III, 2, 329-330 ; 683).

2. C'est, en effet, ce qui résulte nettement du texte du « serment » d'Hannibal (Pol.
VII. 9. 1 sqq. ; ci-après, p. 183, note 1). On y voit que l'alliance n'est pas conclue sur un pied
d'égalité : 1° Il est évident que Philippe ne saurait élever de prétention sur aucune partie
de l'Italie : le traité ne dit rien des conquêtes qu'y a faites Hannibal, non plus que de celles
que les alliés, agissant de concert, y pourront faire encore : ce silence signifie que des unes
et des autres les Puniques disposeront souverainement ; — 2° il est clairement indiqué (9.
6-7) que toutes les alliances précédemment contractées par Hannibal avec les peuples
italiques ou voisins de l'Italie demeureront valables, et que, dans la suite de la guerre,
il aura seul le droit d'en conclure d'autres ; — 3° il semble qu'Hannibal continuera d'avoir
la direction suprême des opérations militaires : tout au moins, c'est lui qui jugera si le

Hannibal, bien plus entravé encore qu'il ne l'a pu soupçonner ;
vainqueur, mais empêché, faute de moyens, d'agir en vainqueur ; étonné de la fermeté du Sénat ; déconcerté, après les
expériences faites à Casilinum et à Pétélia, par la constance des
socii restés fidèles à Rome ; tenu en échec par les forteresses qui
hérissent l'Italie centrale ; arrêté net en Campanie, où Néapolis
et Kymé, Puteoli et Nola ne se laissent ni forcer ni séduire ;
repoussé, le long des côtes, par les villes helléniques [1] ; réduit à moins
de quarante mille hommes en face des légions qui se multiplient ;
séparé des Gaulois, maintenant trop éloignés, et n'en recevant
plus rien ; privé, par la défaite d'Hasdrubal à Hibéra, des troupes
qu'il attendait d'Espagne [2] ; peu ou mal servi par ses clients
italiens [3], et, cependant, obligé de les défendre contre les Romains,
obligé de se disperser pour garder l'immense frontière des territoires conquis, observer les cités ennemies, parer aux surprises
locales, prévenir et châtier les défections, Hannibal accepte aussitôt cette offre, qu'il a peut-être sollicitée [4]. Une alliance est jurée
entre le général punique, représentant l'État de Carthage, et le
« roi Philippe, fils de Démétrios », qui traite au nom des Macédoniens et de ses Alliés grecs. Perpétuelle et générale, elle vise tous
les ennemis de Carthage et du roi ; elle sera défensive dans l'avenir,
une fois la guerre romaine achevée ; dans le présent, elle est

moment est venu de mettre fin aux hostilités (9. 12) ; — 4° enfin, la paix sera l'œuvre
propre des Puniques : ce sont eux qui l'accorderont à l'ennemi commun (9.12 : συνθησόμεθα)
et qui en débattront les conditions ; et, sur les avantages qu'ils en comptent tirer, sur la
situation nouvelle qu'ils feront aux Romains en Italie, sur les renonciations qu'ils leur
imposeront, ils ne s'expliquent pas : ce sont choses laissées à leur décision, qu'ils régleront
à leur guise et où leur allié n'a rien à voir.

1. Les premières villes helléniques conquises — seulement en 215 — par Hannon
et les Bruttiens sont, comme on sait, Lokroi, Kroton et Kaulonia.

2. Pour le total des forces d'Hannibal en 215, cf. Kahrstedt, 456 ; — pour la rupture
de ses relations avec les Gaulois : Jullian, *Hist. de la Gaule*, I, 494 ; — pour les suites de
la bataille d'Hibéra : Liv. 23. 29. 16-17 ; 32. 5-7 ; 32. 12 ; cf. Kahrstedt, 451 ; De Sanctis,
III, 2, 246. Le seul renfort que reçoive Hannibal en 215 est celui que Bomilkar débarque
à Lokroi : Liv. 23. 41. 10-12. L'effectif en est inconnu ; il n'y a pas de raison suffisante
pour le fixer à 4.000 hommes, comme fait De Sanctis (III, 2, 238, note 56) d'après Liv.
23. 13. 7 (texte qui, d'ailleurs, paraît incomplet).

3. Sur ce point, voir notamment Streit, *Berl. Stud.* VI, 2 (1887), 10 suiv.

4. Il semble bien, en effet, que l'envoi au camp d'Hannibal des ambassadeurs macédoniens ait dû être précédé de quelques tractations ; il est fort possible qu'Hannibal ait
pris l'initiative de ces pourparlers préliminaires.

offensive et spécialement dirigée contre Rome, qu'elle a pour premier objet de réduire à merci[1].

Dans la pensée des contractants, cette alliance doit rester secrète, surprendre le Sénat qui, semble-t-il, n'en a rien pressenti. Mais les dieux veillent sur la République. Un accident heureux, la capture des ambassadeurs macédoniens à leur retour d'Italie[2], met les *Patres* en possession du « serment » prêté par Hannibal. Ils prennent ainsi connaissance de la clause capitale des accords, bien faite pour les alarmer : Philippe s'engage à donner aide aux Puniques — c'est-à-dire à leur amener des renforts en Italie — « selon ce qu'ils jugeront nécessaire et dans les conditions qui seront déterminées par une convention » militaire spéciale[3]. Or, que la conclusion de cette convention, qui sera le nœud de l'alliance, doive

---

1. Traité entre Philippe et Hannibal (« serment » d'Hannibal) : Pol. VII. 9. La meilleure étude sur le traité est celle de G. Egelhaaf, *Histor. Zeitschr.* 1885, 456 suiv. : le résumé de Kahrstedt (449) est fort inexact. — Les premières clauses (9. 4-9) ne sont guère que de style. — Caractère général de l'alliance : 9. 8-9. — Caractère défensif de l'alliance dans l'avenir, après que la paix aura été imposée aux Romains : 9. 15-16 ; noter que l'alliance défensive vise d'abord les Romains : 9. 15. — Caractère offensif de l'alliance dans le présent : 9. 10-11 ; l'alliance offensive est limitée à la guerre que les Puniques font actuellement aux Romains, mais ne prendra fin que lorsque les Puniques, vainqueurs des Romains, consentiront à leur accorder la paix : 9. 12. — Il va sans dire qu'on ne doit tenir nul compte du pseudo-traité, de fabrication annalistique, qu'ont reproduit ou résumé T. Live (23. 33. 10-12), Appien *(Maced.* 1) et Dion-Zonaras (IX. 4. 2-3).

2. Liv. (Ann.) 23. 34. 2-9 ; 39. 1 (cf. App. *Maced.* 1 ; Dio-Zonar. IX. 4. 3) : capture, à leur départ d'Italie, de Xénophanes, ambassadeur de Philippe, et des trois ambassadeurs envoyés par Hannibal au roi pour recevoir son serment. Le récit annalistique, dont maint détail est sûrement apocryphe, doit cependant être tenu pour véridique quant à l'essentiel. Ce qui le confirme, c'est que l'acte publié par Polybe (VII. 9) est celui que Xénophanes fit jurer à Hannibal, et dont il était porteur lorsqu'il fut pris par les Romains ; Polybe en eut connaissance à Rome : cf. De Sanctis, III, 2, 407, note 22. La critique de Kahrstedt (450, 1) est ici tout-à-fait malheureuse. C'est l'histoire de la première mésaventure de Xéno-phanes, de sa capturé près de Luceria (?) et de son entrevue avec Laevinus (Liv. (Ann.) 23. 33. 4 sqq.), considérée comme historique par Kahrstedt, qui est entièrement légendaire et née de l'imagination des Annalistes ; voir les bonnes observations de W. Boguth, *M. Valerius Laevinus* (Progr. Krems, 1892), 5.

3. Pol. VII. 9. 10 : ἔσεσθε δὲ καὶ ἡμῖν [σύμμαχοι] πρὸς τὸν πόλεμον, ὅς ἐστιν ἡμῖν πρὸς Ῥωμαίους, ἕως ἂν ἡμῖν καὶ ὑμῖν οἱ θεοὶ διδῶσι τὴν εὐημερίαν · (11) βοηθήσετε δὲ ἡμῖν. ὡς ἂν χρεία ᾖ καὶ ὡς ἂν συμφωνήσωμεν. L'importance de cette dernière clause semble avoir échappé aux historiens modernes. Je ne sais comment Niese (II, 467, 3) peut écrire : « Das ist keine bestimmte bindende Verpflichtung zu gemeinsamer Krieg-führung... » ; je ne comprends pas davantage la remarque de De Sanctis (III, 2, 407) : « ...il trattato non conteneva... la promessa che Filippo avrebbe inviato truppe ad Anni-bale in Italia... » L'engagement, conçu en termes généraux, qui est pris par Philippe,

suivre sans délai celle de l'alliance elle-même, c'est chose qui
ne paraît que trop assurée.

L'évidence du péril s'impose, cette fois, aux yeux du Sénat.
La situation devient si claire qu'il en découvre d'un coup tous les
aspects menaçants. — Nul doute, d'abord, que Philippe ne s'efforce de tenir ses engagements ; il y a trop d'intérêt : car son
concours, comme le montre le texte du « serment », lui sera honnê-
tement payé. Naturellement, il sera compris dans la paix que les
Puniques vainqueurs imposeront à Rome ; et, par cette paix, on
exigera des Romains qu'ils renoncent à le jamais combattre, qu'ils
fassent abandon de tout ce qu'ils ont pris en Illyrie et dans la mer
voisine, qu'ils restituent même — clause de détail particulièrement
offensante — à Démétrios de Pharos ses « familiers » détenus en
Italie depuis 219[1]. Ainsi, Philippe sera débarrassé de l'odieux
voisinage qu'a supporté quinze ans la Macédoine ; il sera maître
de s'étendre du golfe thermaïque au détroit ionien, de remplir tout
l'entre-deux, d'avoir à l'Ouest comme à l'Est sa façade maritime :
Apollonia et Épidamnos feront pendant à Thessalonique et à
Kassandreia. Et non seulement rien ne subsistera des expéditions
insolentes des consuls, non seulement Rome humiliée repassera
la mer, mais jamais plus elle ne la pourra franchir : contre ses
retours offensifs, si elle prétend rompre la paix, Philippe
aura pour bouclier l'alliance permanente de Carthage. Par surcroît, cette alliance lui est même garantie contre ses ennemis de
Grèce, s'il en est attaqué[2] : outre qu'elle lui vaudra d'établir à

implique la conclusion d'accords complémentaires, qui régleront dans le détail les moda-
lités de sa participation à la guerre : ce sera la συμφωνία à laquelle il est fait allusion ;
mais cet engagement n'en est pas moins, par lui-même, strict et formel. Le terme βοηθεῖν
n'a rien d'équivoque ; pour l'emploi, dans les traités, de ce verbe avec le sens d' « amener
des troupes auxiliaires », voir, par exemple, les formules qu'a réunies P. Grätzel, *De pac-
tionum — appellationibus. formulis, ratione* (diss. Halle, 1885), 52-56 ; cf. Pol. VII. 4. 2 ; 4. 7
(traités de Hiéronymos avec Carthage) ; X. 37. 5 : βοηθεῖν εἰς τὴν Ἰταλίαν, etc. L'emploi semblable de βοήθεια *(copiae auxilio venientes*, Schweigh. *Polybian. Lexik. s. v.)* est assez connu.

1. Philippe compris dans la paix conclue par les Puniques avec Rome : Pol. VII. 9. 12
(remarquer que le verbe συνθησύμεθα a pour sujet les Puniques) ; — obligation imposée
aux Romains de ne jamais faire la guerre à Philippe : 9. 13 ; — renonciation des Romains
à Kerkyra, Apollonia, Épidamnos, Pharos, Dimalé, au pays des Parthiniens, à l'Atintania :
9. 13 ; — restitution à Démétrios de ses οἰκεῖοι : 9. 14. J'entends cette phrase comme on
Fait d'ordinaire, et ne puis admettre l'interprétation de Kromayer, *Hist. Zeitschr.* 1909, 245.

2. Alliance défensive des Puniques et de Philippe en cas d'attaque des Romains :
Pol. VII 9. 15 ; — portée plus générale de l'alliance défensive, qui sera dirigée aussi contre

demeure sa domination sur l'Illyrie, elle affermira donc celle
qu'il exerce sur l'Hellade ; si bien que, certain à l'avenir de la
docilité des Grecs, libre de soucis en Occident, c'est ailleurs,
sans doute vers l'Orient qui l'attire, qu'il pourra tourner
sa jeune ardeur. Quelle apparence que, changeant d'idée, le
roi devienne insensible à de tels avantages ? Au reste, il n'est
plus temps pour lui de se raviser : son entente avec Hannibal
étant, il le sait [1], connue des Romains, tout recul lui est interdit.
C'est en vain qu'il tenterait de se retrancher maintenant dans une
neutralité tardive ; il sait bien qu'il s'est trop compromis, que
désormais, pour le Sénat, il est et restera l'ennemi, que ses desseins hostiles, y voulût-il renoncer, ne lui seront point pardonnés,
et que Rome, si elle l'emporte, lui en demandera compte. Pour
ces raisons, on peut être convaincu qu'il s'attachera résolument
à ses nouveaux alliés, travaillera de toute sa volonté à la défaite
romaine [2]. — Et, d'autre part, nul doute non plus qu'Hannibal,
affamé de renforts et pressé de sortir d'une défensive qui l'épuise ;

toute puissance tierce attaquant soit les Puniques, soit Philippe : 9. 16. — Comme les
adversaires de Philippe en Grèce n'ont ni ὅρκοι ni φιλία avec les Puniques, il va de soi
que, s'ils commencent les hostilités, Philippe devra être secouru contre eux par Carthage.

1. Cf. ci-dessus, p. 183 et note 2 : Liv. (Ann.) 23. 39. 1 (les indications de l'Annaliste sont d'ailleurs obscures et suspectes : cf. Weissenborn, *ad h. l.* ; Boguth, *M. Valerius
Laevinus*, 51. — A propos de la seconde ambassade envoyée par Philippe à Hannibal dans
l'été de 215 (23. 39. 2-3), T. Live fait cette réflexion (39. 4) : *sed prius se aestas circumegit,
quam movere ac moliri quicquam rei posset ; tantum navis una capta cum legatis momenti
fecit ad dilationem imminentis Romanis belli.* La véritable et très simple raison de l'inaction maritime de Philippe pendant les derniers mois de 215 — inaction dont se sont
étonnés les modernes —, c'est qu'il ne doute pas que les Romains, avertis de ses projets,
ne fassent bonne garde sur mer. — A peine est-il besoin de rappeler que la prétendue tentative de Philippe contre Kerkyra, dont parlent Appien *(Maced. 1 s. f.)* et Dion (Zonar.
IX. 4. 4 *init.)* et qui ferait suite à la capture de ses ambassadeurs, n'a aucune réalité
(erreur de Niese sur ce point : II. 468). Il s'agit de l'expédition de 216 rapportée à une
date trop tardive ; cf. Scott, *Macedonien und Rom*, 58, note 122 ; De Sanctis, III, 2, 364.

2. L'opinion, si complaisamment reproduite, selon laquelle Philippe n'aurait, dès le
principe, été pour Hannibal qu'un allié douteux, n'ayant point, malgré ses engagements,
la ferme volonté de passer en Italie (cf. Niese, II, 468), ne se fonde absolument sur rien
et ne supporte pas l'examen. Il est trop évident que Philippe avait tout à perdre à l'échec
des Puniques. Et, d'autre part, de quoi lui eût servi leur victoire, s'il s'était refusé à y
contribuer ? Abandonné par lui durant la guerre, Hannibal n'eût pas manqué de l'abandonner lors de la paix. Les modernes, par la niaise déloyauté qu'ils lui prêtent, font de
Philippe ce qu'il ne fut jamais — un pauvre d'esprit. « Era... chiaro, écrit De Sanctis
(III, 2, 409-410), che i Macedoni o dovevano prima schivare a ogni costo quell'alea (della
guerra) o affrontare poi per la vittoria cartaginese qualsiasi rischio, e innanzi tutto quello

nul doute que le gouvernement de Carthage qui, en un an, a perdu deux armées — l'une en Espagne et l'autre en Sardaigne —, qui a dû détourner sur Hasdrubal les secours promis à son frère [1], qui, peut-être, médite déjà d'entreprendre, d'accord avec les Syrakusains ennemis de Rome, une guerre nouvelle en Sicile [2], et qui, partant, manque et manquera d'hommes pour l'Italie, n'appliquent tous leurs soins à faciliter au Macédonien l'accomplissement de ses promesses. C'est lui, dans le moment et pour commencer, qui se trouve avoir besoin de ses alliés : pour qu'il les puisse aider, il faut d'abord qu'ils l'aident ; on peut compter qu'ils n'y manqueront pas et prévoir comment ils opéreront. Dans l'Italie du Sud, un bon port, un lieu sûr où débarquer est nécessaire au roi : Hannibal s'emploiera à le lui conquérir. Mais surtout, privé de forces navales, Philippe ne saurait se passer de l'étroit concours de la marine punique : il est clair qu'on le lui a garanti, et que c'est l'un des objets, ou l'objet principal, dont traite la convention adjointe à l'alliance [3]. Selon toute vraisemblance, une flotte viendra d'Afrique se mettre à son service. Elle l'aidera à se

più grave della spedizione in Italia... Ma certo conduceva alla rovina, e presto, la via intermedia scelta da Filippo [?] : quella di muovere la guerra a Roma, ma di condurla badando solo ai guadagni immediati nella penisola balcanica. » Tout ceci, apparemment, n'échappait point à Philippe ; et c'est pourquoi l'on doit croire que la conduite qu'il a tenue, il ne l'a tenue qu'en dépit de soi. S'il n'a point passé en Italie, ce n'est pas qu'il ne l'ait pas voulu, c'est vraisemblablement qu'il en a été empêché — empêché par la négligence qu'ont mise ses alliés à lui rendre l'entreprise possible.

1. Sur la gravité de la défaite subie à Hibéra par Hasdrubal, qui aurait perdu près de 20.000 hommes : Kahrstedt, 451 ; — désastre d'Hasdrubal « Calvus » en Sardaigne : Liv. 23. 40. 6—41. 7 ; d'après 32. 12, il aurait amené dans l'île environ 13.500 hommes ; — Magon envoyé en Espagne avec les troupes destinées à l'Italie : 32. 12 ; pour l'effectif de ses forces (13.500 hommes): 32. 5. — Pour le total des forces expédiées, en 215, sur les différents théâtres de la guerre (env. 30.000 hommes) : De Sanctis, III, 2, 238, note 56.

2. A l'époque où mourut Hiéron, les dispositions, hostiles aux Romains, de la famille royale étaient connues de tous ; se rappeler la démonstration significative faite, en 215, par le préteur de Sicile sur le bruit de la mort du vieux roi : Pol. VII. 3. 5-6. — Une alliance de Carthage avec le gouvernement de Syrakuse devait naturellement avoir pour conséquence l'envoi en Sicile de grandes forces qui aideraient les Syrakusains à se débarrasser des Romains ; voir les deux traités conclus, au commencement de 214, entre Hiéronymos et les Puniques : Pol. VII. 4. 2 ; 4. 7. Armements faits à Carthage dès cette époque : 4. 9. (Ces armements n'ont, d'ailleurs, point été poussés bien vivement, comme le montre l'arrivée tardive de la flotte d'Himilko en Sicile : Liv. (P.) 24. 27. 7, et celle, plus tardive encore, de l'armée punique : 35. 3-5.)

3. Ceci me paraît être l'évidence même. Hannibal et le gouvernement carthaginois

rendre maître des villes illyriennes, qu'il ne peut laisser derrière
lui en la possession des Romains, ouvertes à leurs débarquements :
— au moment de quitter la Macédoine, il en doit garder les
clés — ; elle lui facilitera, dans l'Illyrie conquise, l'établissement
de son ὁρμητήριον, de sa base d'attaque contre l'Italie ; elle lui
assurera, enfin, la libre traversée du détroit : c'est escortée par les
vaisseaux de Carthage que la phalange tentera de prendre terre
en Grande-Grèce. — Tels sont les dangers nouveaux auxquels,
ayant omis de les prévenir, doit maintenant parer le Sénat ; et
il s'occupe en effet d'y parer. Une escadre spéciale, ayant pour
port d'attache Tarente, puis Brundisium, comptant 50 bâtiments [1], montée par quelques troupes [2], est placée sous les ordres

n'ignoraient point, sans doute, que Philippe était hors d'état de passer en Italie par ses
propres moyens, comme aussi de débusquer les Romains des ports de la Basse-Illyrie.
Le premier soin des Puniques, dans leur intérêt même, devait être de remédier à l'impuissance navale du roi. Attendre qu'il se fût construit une flotte de guerre — à supposer,
chose fort improbable, qu'une telle flotte fût capable de combattre les Romains avec
avantage — eût été retarder très mal à propos le moment de sa venue en terre italienne.
Il semble, au reste, qu'il fût de règle, quand on demandait à un allié d'outre-mer son
concours militaire, de lui fournir les vaisseaux qui transporteraient ses troupes ; voir,
par exemple, le traité entre Rhodes et Hiérapytna : Collitz, 3749, l. 22-24 ; se rappeler,
d'autre part, le troisième traité de Carthage avec Rome : Pol. III. 25. 4 : ὁπότεροι δ᾽ ἂν
χρείαν ἔχωσι τῆς βοηθείας, τὰ πλοῖα παρεχέτωσαν Καρχηδόνιοι καὶ εἰς τὴν ὁδὸν καὶ
εἰς τὴν ἔφοδον — : ici, par une dérogation à l'usage, on spécifie expressément que
Carthage fournira les transports même en cas d'appel des Romains. — Il ne me semble pas
douteux que l'escadre punique, qui, en 209 et 208, fit enfin mine de se porter au secours
de Philippe (voir ci-après, p. 240-241), ne lui ait été envoyée en vertu de l'alliance de
215. On remarquera que c'est seulement après la retraite et la défaite de cette escadre,
lorsque, décidément, il est avéré qu'il ne doit pas compter sur l'assistance maritime
de ses alliés, que Philippe songe à se construire une grande flotte : ci-après, p. 246. Jusque-là, il persistait à croire, sur la foi des accords conclus, que cette assistance lui était
assurée.

1. Pour la première escadre « de Calabre », composée de 25 vaisseaux, voir ci-dessus,
p. 157, note 1. Après la capture des ambassadeurs macédoniens, elle est portée à 50 bâtiments : Liv. (Ann.) 23. 38. 7 (non à 55, comme T. Live le dit par erreur : 38. 8-9). Ce chiffre
de 50 peut être quelque peu exagéré ; il est toutefois admissible : cf. Kahrstedt, 461, 1.
Pour la tâche assignée à P. Valerius Flaccus, *praefectus* du préteur M. Valerius Laevinus,
et à Laevinus lui-même : Liv. (Ann.) 23. 38. 9-11 ; 48. 3 (Laevinus envoyé à Brundisium) ; 24. 10. 4 ; 11. 3 ; 20. 12 ; 40. 2.

2. Selon T. Live (Ann.), 23. 38. 9, P. Flaccus aurait embarqué sur l'escadre de Calabre
les *milites Varroniani*, identiques au *Terentianus exercitus* (32. •16 ; cf. 25. 6 ; 25. 11).
Il s'agit probablement de la *legio classica* destinée à la Sicile, que M. Marcellus avait conduite à Canusium après la bataille de Cannes (22. 57. 7-8 ; cf. P. Cantalupi, dans les *Studi
di stor. ant.* I, 24-25 ; sur l'origine possible de cette *legio classica*, voir Kahrstedt, 445, 1).
Le fait est qu'à partir de 214, T. Live parle, d'après les Annalistes, d'une légion spécia-

du préteur M. Valerius Laevinus. Avec ces vaisseaux, Laevinus devra faire obstacle aux projets combinés de Carthage et de la Macédoine : croiser au large de la Calabre, garder les places de la côte, en interdire l'approche à Hannibal[1], et, cependant, observer le détroit, y pousser des reconnaissances, épier et contrarier les mouvements de Philippe et des Puniques. Au besoin, quittant l'Italie, il n'hésitera point à franchir la mer, à débarquer sur la rive orientale pour la défendre contre le Macédonien[2]. Précautions nécessaires, comme on va s'en apercevoir : Philippe donnera bientôt de l'ouvrage à la marine romaine.

III

Dans ces circonstances nouvelles, ce qu'on peut reprocher au roi est justement le contraire de ce qu'on lui reproche d'ordinaire. On l'accuse d'inertie, on le blâme d'être inactif, et son tort est d'agir trop hardiment : s'il pèche, c'est par excès d'audace.

A l'automne de 215, au printemps de 214, l'escadre romaine de Calabre est à son poste, dans les parages de Brundisium, attentive aux bruits qui lui viennent de Grèce, prête à mettre sous voiles

---

lement affectée à l'escadre que commande M. Laevinus : 24. 11. 3 ; 44. 5 ; 26. 1. 12. Elle aurait été licenciée en 210, après le retour de M. Laevinus en Italie : 26. 28. 9 ; cf. 28. 2 (voir cependant l'indication contraire qui se trouve dans 27.7. 15 : la légion reparaît, en 209, sous les ordres de P. Sulpicius, puis disparaît de nouveau en 208 : 22. 10). A l'examen, l'existence de cette légion paraît extrêmement douteuse. Les opérations militaires, peu nombreuses et peu étendues, accomplies par M. Laevinus (combat sous Apollonia en 214 ; prise d'Oiniadai, de Nasos et de Zakynthos (moins l'acropole), en 212 ; prise d'Antikyra en 211, avec le concours des Aitoliens commandés par Skopas : 26. 26. 2-3), ne donnent point à croire qu'il disposât d'une infanterie aussi considérable. En pareil cas, eût-il laissé Philippe remporter, en 213, tant de succès en Illyrie, battre si complètement Skerdilaïdas, prendre Lissos et envahir le territoire romain ? Noter, d'ailleurs, que le traité de 212 ne lui prescrit d'opérer que sur mer : 24. 10. Il est vrai que, dans le récit de l'expédition de 214 (24. 40. 5), il est d'abord indiqué que Laevinus transporta de grandes troupes en Illyrie ; mais, comme l'a vu Kahrstedt (461, 1), il y a là une exagération grossière, contredite par la suite du même récit (40. 8). — Il paraît certain que Laevinus n'avait que des soldats de marine (« épibates »), lesquels pouvaient s'élever d'abord — aussi longtemps qu'il eut 50 vaisseaux — à l'effectif de 5 à 6.000 hommes (cf. Kahrstedt, *ibid.*).

1. Cf. Liv. (Ann.) 24. 20. 12 sqq. (première tentative d'Hannibal contre Tarente).
2. Cf. Liv. (Ann.) 23. 38. 11.

en cas d'alerte. Si donc Philippe se risque en mer avant que les
Puniques le soient venus aider et renforcer, s'il fait de nouveau
route vers la côte illyrienne, essaie une seconde fois d'y descendre,
le danger sera le même pour lui qu'en 216 : — plus grand encore,
car de l'Iapygie la distance est bien moindre que de la Sicile aux
eaux d'Épire et d'Illyrie. En conséquence, s'il est, non point même
hésitant et timide, ainsi qu'on se plaît à le représenter, mais
simplement prudent, il devra, tant qu'il sera réduit à ses seuls
moyens, s'abstenir de toute entreprise maritime. Et c'est le sage
parti où il s'arrête d'abord : jusque vers le mois d'août 214 [1], il
se résigne à laisser au sec ses vaisseaux et ses « lemboi ». Sans doute,
il attend l'arrivée, qu'il espère prochaine, d'une flotte de Carthage ;
et peut-être espère-t-il aussi qu'une diversion se produira,
en Sicile ou dans la Basse-Italie, qui détournera Laevinus de
la mer orientale, le distraira et le paralysera. Il se peut qu'Hannibal
s'empare de Tarente : auquel cas l'escadre de Calabre se trouvera
retenue aux rivages italiens, occupée tout ensemble et de bloquer
la grande cité et de protéger les places des alentours, Hérakleia
et Métaponte. Ce qui est plus probable encore, c'est qu'au premier
jour la guerre éclatera en Sicile : Hiéronymos, qui vient de rompre
injurieusement avec Rome et de s'allier aux Puniques, va sûrement, de concert avec eux, guidé par les deux officiers que lui a
dépêchés Hannibal, tenter un grand effort pour chasser de l'île
les Romains [2]. De là peuvent suivre d'importantes conséquences.
Il est possible que la flotte de Lilybée, malgré ses cent vaisseaux, ne
se juge point assez forte pour couvrir les côtes de la Sicile, en

1. La seconde expédition maritime de Philippe contre l'Illyrie est de la fin de l'été
de 214. C'est ce qui ressort de Liv. (Ann.) 24. 40. 17, et mieux encore du fait que cette
expédition est postérieure à la première tentative d'Hannibal contre Tarente, laquelle
eut lieu lorsque l'été touchait à son terme : Liv. (Ann.) 24. 20. 15-16 ; cf. Kahrstedt, 460.
La même indication se tire de la seconde lettre de Philippe aux Lariséens *(IG*, IX, 2,
517 = Dittenberger, *Sylloge* [2], 239), si vraiment, ainsi qu'on l'admet d'ordinaire, cette
lettre, qui est de l'an 7 du règne, fut écrite en 214 et non en 213. Elle est datée du 13 Gor-
piaios (juillet-août), et n'a précédé que de peu l'entrée en campagne du roi (l. 37-38).
2. Rupture d'Hiéronymos avec les Romains : Pol. VII. 5. 1-8 ; — ses armements :
5. 8 ; — il se met en campagne, précédé d'Hippokratès et d'Épikydès : Liv. (P.) 24 7.
1-2. — Comme d'ordinaire, les Puniques sont en retard ; la flotte d'Himilko n'arrive en
Sicile qu'à la fin de 214 ou même au printemps de 213 : 24. 27. 7 ; cf. 35. 3. —
Sur les inquiétudes que cause aux Romains la guerre naissante : 24. 7. 8-9 ; 21. 1.

repousser les Puniques, défendre la Province, attaquer Syrakuse, et qu'elle appelle à l'aide l'escadre de Calabre ; il est possible, à tout le moins, que Laevinus, inquiet de ce qui se passe en Sicile, quitte ses mouillages pour observer les événements de plus près, se rapproche du Canal, et, s'étant écarté de la Mer Ionienne, cesse de la surveiller avec exactitude. Ce sont là des éventualités propres à faire patienter le roi de Macédoine. Mais cet impétueux de vingt-trois ans ne saurait se contraindre à une longue patience. Dans les premiers temps de son règne, il était sans cesse en marche ou en bataille ; son oisiveté présente lui pèse et l'humilie. Il lui est dur de rester sur l'échec qu'il a subi naguère au vu de tous les Grecs, témoins de sa retraite effarée : il lui est odieux que les villes helléniques d'Illyrie continuent d'obéir aux Romains. Il veut, à tout prix, au plus tôt, leur arracher ces têtes de pont d'où ils menacent son royaume, d'où lui-même menacera l'Italie [1]. L'été s'avance ; les diversions souhaitées ne se sont pas produites ; Hannibal n'a rien pu contre Tarente [2], et les Syrakusains, après le meurtre d'Hiéronymos et le rétablissement de la démocratie, paraissent faire retour à l'alliance de Rome [3]. Laevinus se tient toujours en faction sur les côtes de Calabre, et nul vaisseau punique n'est signalé dans les eaux grecques. — Il n'importe : las d'avoir tant tardé, Philippe se décide à agir seul, à prendre la mer presque sous les yeux de l'ennemi qui se tient aux aguets. Intrépidement, follement, alors que les brises fraîches, qui chaque soir se lèvent d'Italie [4], peuvent en quelques heures jeter sur lui toute l'escadre romaine, alors qu'il court vingt fois la chance de se trouver pris entre l'éperon des quinquérèmes et la muraille rocheuse de l'Épire, il recommence avec 120 « lemboi » l'expédition de 216 [5] : c'est

---

1. Cf. Liv. 24. 40. 4.

2. Première et vaine tentative d'Hannibal contre Tarente : Liv. (Ann.) 24. 20. 9-15 ; Laevinus contribue à sauver la ville : 20. 12-13 (détails suspects).

3. Sur ce revirement, Holm, *Gesch. Siciliens*, III, 50 ; Niese, II, 522-523 ; Kahrstedt, 462. — Trêve de dix jours et négociations avec Ap. Claudius : Liv. (P.) 24. 27. 4 ; cf. 23. 10. 11 ; — les négociations se poursuivent à la fin de 214 ou au printemps de 213 avec M. Marcellus : 24. 27. 6 ; — conclusion de la paix et renouvellement de l'alliance avec Rome : 28. 1-9 ; cf. 29. 7 ; 29. 11-12.

4. Cf. *Instr. nautiques*, n° 832 (1902), 26 ; L. Heuzey, *Opérat. milit. de Jules César*, 7-8.

5. Expédition de Philippe en 214 : Liv. (Ann.) 24. 40 ; cf. Dio-Zonar. IX. 4. 4 ; Plut. P.) *Arat.* 51. — Pour la critique du récit de T. Live, voir notamment : Scott, *Macedonien*

ainsi que le roi de Macédoine « manque d'initiative ». Et, d'abord,
il joue de bonheur, refait sans encombre la même longue navigation
que deux ans plus tôt, franchit les passes dangereuses de Kerkyra,
atteint une nouvelle fois la baie d'Aulon. La petite place d'Orikos
est brusquée et conquise ; puis le roi gagne les bouches de
l'Aoos, fait remonter le fleuve à sa flottille, assied son camp au
sud d'Apollonia, prend ses dispositions d'attaque [1]. Mais là s'arrête
sa fortune, et ce qu'il devait prévoir arrive. Comme en 216, des
clameurs d'alarme et des cris d'appel ont traversé la mer ; comme
en 216, des ambassades éplorées sont venues d'Illyrie supplier les
Romains [2]. Aussitôt, Laevinus passe le détroit, reprend Orikos
faiblement gardée, bloque l'entrée de l'Aoos, isole l'ennemi
de la mer, et débarque en secret quelques troupes, qu'il jette dans
Apollonia [3]. Ces troupes sont assez heureuses pour surprendre de
nuit le camp royal. Selon la tradition qu'a reproduite T. Live [4],
elles y auraient fait un grand carnage, un grand butin, et contraint
de fuir jusqu'à leurs « lemboi », dans une déroute affolée, les Macé-

und Rom, 60-62 ; Hesselbarth, *Histor.-krit. Untersuch. zur dritten Dekade des Liv.* 484 ;
Kahstedt, 251-252 et 461, 1 ; De Sanctis, III, 2, 362 et 412. En dernière analyse, ce récit
remonte à Polybe ; mais c'est à une source romaine (Coelius, selon Kahrstedt) que l'a
emprunté T. Live, et la tradition de Polybe y est plus ou moins gravement altérée. —
Il paraît certain qu'en 214 Philippe n'a que des « lemboi » et point de grands vaisseaux
(malgré le mot ναῦς qui se trouve dans Plutarque) ; 120 « lemboi » pouvaient transporter environ 6.000 hommes. — Pour l'explication du terme *lembi biremes* employé par
T. Live, voir Tarn, *Journ. Hell. Stud.* 1905, 208, n. 94.

1. D'après Liv. 24. 40. 2-3, les premières opérations de Philippe se seraient succédé
dans l'ordre que voici : le roi remonte l'Aoos, essaie de surprendre Apollonia, échoue
dans son attaque, se retourne contre Orikos, emporte la ville pendant la nuit. Tout ceci
est l'invraisemblance même. Je crois, avec Niese (II, 471) et De Sanctis (III, 2, 412),
que Philippe, ayant pris son mouillage dans la baie d'Aulon, s'empara d'abord d'Orikos,
toute proche, et ne se dirigea qu'ensuite vers Apollonia.

2. Liv. 24. 40. 2 ; 40. 4. Les *legati* qui allèrent trouver Laevinus sur la côte de Calabre
devaient venir, non seulement d'Orikos, mais aussi d'Apollonia. Ce qui est dit (40. 7)
de la présence tardive des envoyés d'Apollonia à Orikos, après que cette ville a été reprise
par les Romains, ne se comprend pas.

3. Selon T. Live, Laevinus expédie d'Orikos sur la côte voisine d'Apollonia le préfet
des alliés, Q. Naevius Crista, avec 2.000 hommes (24. 40. 8 sqq.), mais reste lui-même
à Orikos avec toute la flotte — y compris les vaisseaux qui ont transporté les 2.000 hommes — ; il ne vient bloquer l'Aoos qu'après la surprise du camp macédonien (40. 16),
Scott (61) a bien montré que le propréteur ne peut avoir tenu cette étrange conduite.
La suite probable des opérations est celle que j'indique dans le texte ; cf. Niese, II, 471.

4. Surprise du camp macédonien : Liv. 24. 40. 10-15. Les exagérations flagrantes,
les traits forcés, les détails convenus, tout le clinquant de mauvais aloi cher à la rhéto-

doniens éperdus, le roi lui-même « à demi-nu »... Ce sont là verbiage et vanteries d'Annaliste ; cette grande victoire romaine, dont T. Live trace un récit épique, peut n'avoir été qu'une forte bousculade d'avant-postes suivie d'une courte panique. Il n'en demeure pas moins qu'avec elle la campagne est terminée, et mal terminée, pour Philippe : la présence de Laevinus au voisinage d'Apollonia marque la fin de son entreprise. Assaillir la place ou l'assiéger, ayant à dos les Romains empressés à la secourir, il n'y saurait songer. Et d'autant moins qu'il ignore l'importance des forces ennemies ; peut-être sont-elles considérables : il lui souvient des débarquements de 229 et de 219 ; il se peut que des quinquérèmes embossées à la côte jaillisse toute une armée. En ce cas, s'immobiliser avec ses cinq ou six mille hommes [1] autour d'Apollonia, dans l'espace étroit que limitent les deux fleuves, l'Aoos et l'Apsos, serait risquer un désastre : les Romains, débordant la ville et la tournant, pourraient le prendre à revers et le couper de son royaume, aidés des Illyriens amis, Parthiniens au Nord, Atintanes au Sud, qui, sans doute, se levant en masse à leur appel, vont courir sus aux Macédoniens. Dans cette inquiétude, un seul parti reste à Philippe : évacuer la plaine illyrienne, faire retraite par terre, regagner ses frontières ; et c'est à quoi il se résout, après avoir incendié sa flottille, qui l'encombre et n'a plus d'usage [2]. Il brûle ces braves petits navires qui, à deux reprises, malgré la distance et l'ennemi, l'ont mené si lestement où il leur commandait d'aller ; et ses troupes, non point désarmées ni dépouillées, comme les montre T. Live [3], mais, sans doute, tristes, humiliées, mécontentes, s'écoulent vers la Macédoine.

Pour la seconde fois, Apollonia lui échappe ; pour la seconde fois, il n'a pu prendre pied dans l'Illyrie maritime. Ce nouvel

---

rique des Annalistes abondent à tel point dans ce morceau qu'ils lui enlèvent toute valeur. Le seul fait certain, confirmé par Plutarque *(Arat.* 51), est que les Romains infligèrent un échec à Philippe, et qu'à la suite de cet échec le roi dut faire le sacrifice de sa flottille. On remarquera d'ailleurs que, s'il eut le loisir de tirer ses « lemboi » au sec et de les incendier (cf. ci-après), c'est qu'il n'était ni poursuivi ni pressé vivement par l'ennemi.

1. C'est, comme j'ai dit, l'effectif probable des troupes embarquées par Philippe.

2. Liv. 24. 40. 17 ; Dio-Zonar. IX. 4. 4 ; Plut. *Arat.* 51 : τὰς — ναῦς ὑπὸ Ῥωμαίων ἀπολέσας —. Sur les motifs de la retraite de Philippe, cf. De Sanctis, III, 2, 412.

3. Liv. 24. 40. 17 : *magna ex parte inermi exercitu spoliatoque.* — La retraite a lieu vraisemblablement le long de l'Aoos, par l'Atintania.

insuccès est la répétition aggravée de celui qu'il a subi en 216 ;
il est grave surtout par ses conséquences. En effet, avertis enfin
par l'audace du roi [1], les Romains font, à l'automne de 214, ce
qu'ils auraient pu et dû faire dès l'automne de 217 : ils s'établissent
à demeure dans les ports illyriens. Laevinus ne songe point à
repasser la mer ; il a transporté définitivement d'un rivage à l'autre
sa station et ses croisières ; il hiverne à Orikos, prend racine à
la côte et n'en bougera plus [2]. Désormais, en face de Philippe,
entre lui et le détroit, il y aura l'amiral romain. C'est aux amiraux
puniques que revient la tâche d'en débarrasser le roi. Pour lui,
toute action navale lui est dorénavant et décidément interdite ;
en attendant qu'on lui rouvre les routes de la mer, qui conduisent
en Italie, ce n'est que sur terre, dans l'Illyrie continentale, qu'il
lui est permis de faire échec aux Romains.

L'expédition de M. Laevinus, le combat sous Apollonia — le
premier de l'histoire où se soient heurtés Macédoniens et Romains [3]
— marquent l'ouverture des hostilités directes entre Rome et
Philippe. Pour un observateur superficiel, c'est donc Rome qui,
avec une belle énergie, prend l'initiative de la guerre inévitable [4].
Mais il y a là une illusion, et l'on ne doit point oublier combien
tardive est cette énergie volontiers célébrée. Au vrai, sous une

---

1. Ῥωμαῖοι — δεδιότες τὴν τοῦ Φιλίππου τόλμαν κτλ., écrit Polybe (V. 105. 8) qui
n'a pas pour Philippe les mépris des modernes.

2. Hivernage de Laevinus à Orikos (214/213) : Liv. 24. 40. 17. Cf. Pol. VIII. 1. 6 (print.
213) : καὶ μὴν τοῖς κατὰ τὴν Ἑλλάδα τόποις ἐφώρμει καὶ ταῖς ἐπιβολαῖς τοῦ Φιλίππου
στόλος, ἐφ' οὗ τὸ μὲν πρῶτον Μᾶρκος Οὐαλέριος — ἐπέπλει —; Liv. (Ann.) 24. 44. 5 :
M. Valerio Graecia Macedoniaque *cum legione et classe, quam haberet (prorogatae).* — On
peut supposer que Laevinus passa à Kerkyra l'hiver de 213/212 ; il y hiverne en 212/211 :
Liv. (P.) 26. 24. 16 ; cf. 25. 3. 6 (print. 212) : Graecia *M. Valerio (prorogata).* — On remarquera qu'en 213/212 l'escadre de Laevinus ne fait rien pour sauver Tarente, pour venir
en aide aux Romains de l'acropole, ni pour écarter de la ville la flotte tarentine. Cela
serait inexplicable si cette escadre croisait ou mouillait encore sur les côtes de Calabre
(cf., au contraire, Liv. 24. 20. 12 : été 214). Hannibal donne aux Tarentins le conseil et
leur enseigne le moyen de faire prendre la mer à leurs vaisseaux (Pol. VIII. 34. 3 ; 34.
5-6 ; 34. 9-11) ; la flotte tarentine est aussitôt maîtresse du golfe ; elle intercepte les convois
qu'expédient à la garnison de l'acropole les villes fidèles aux Romains (cf. notamment
34. 12) : c'est la preuve qu'il ne se trouve pas de flotte romaine dans le voisinage.

3. Si l'on fait abstraction du petit contingent macédonien amené par Pyrrhos en Italie.

4. Cf. Liv. 24. 40. 1 : *eadem aestate* [214], *et cum Philippo rege, quod iam ante suspectum
fuerat, motum bellum est.* — G. Colin (*Rome et la Grèce,* 49) professe l'opinion singulière
que les Romains ont « attaqué la Macédoine ».

forme indirecte, la guerre a commencé depuis deux ans déjà : elle a commencé le jour où, pour la première fois, Philippe a mis le cap sur les plages illyriennes et tenté d'enlever Apollonia. C'est ce qu'il n'a point convenu au Sénat de comprendre. Indécis et lent, comme au temps d'Antigone et du Pharien, il a, toute une année, négligé de pourvoir à la défense de l'Illyrie romaine et à la sûreté du détroit ; jusqu'à l'instant où, par grand hasard, il a connu son alliance avec Hannibal, il n'a su arrêter aucune mesure pour rompre les desseins, publiquement hostiles, du Macédonien. Et l'on se demande ce qui fût advenu si le hasard ne l'avait pas servi : combien de temps encore eût-il laissé libre carrière à l'adversaire ?... Même en cette année 214, l'expédition victorieuse de Laevinus n'est qu'une riposte à la seconde agression de Philippe, une riposte de la dernière heure : peu s'en est fallu que le roi ne menât à bonne fin sa paradoxale équipée ; si Apollonia a été sauvée, c'est tout juste ; quelques jours plus tard, l'ennemi en aurait été maître. Pour parer à tout risque, le plus sage n'eût-il point été que, dès le premier moment, sitôt son escadre formée, Laevinus fît voile à l'Est et prît terre en Illyrie [1] ?

On admire volontiers l'esprit de « méthode » du Sénat : dans le fait, avec la Macédoine, remuante, audacieuse, animée à la revanche, il n'a, depuis treize ans, d'autre méthode que de laisser venir les événements. Il ne s'occupe ni de les gouverner ni même de les prévoir, ne porte sur eux que des yeux distraits, ne s'attache à les considérer que s'ils prennent un tour trop menaçant, n'agit que sous leur contrainte, et ne prétend rien de plus qu'en conjurer les suites immédiatement dangereuses. Mais, tandis qu'il s'en tient à cette méthode trop simple, qui s'accorde si mal avec l'opération prudente et hardie par laquelle, jadis, il a pris possession de la Basse-Illyrie, et qui témoigne seulement de l'inconsistance de sa politique, de sa paresse à suivre une même pensée et de son aversion pour les entreprises lointaines, il s'expose plus d'une fois à de fâcheuses alertes. — Nous retrouvons ici les mêmes hommes qui ont dérobé la Sardaigne aux Puniques, se

---

1. Il était évident dès l'abord que le propréteur ne pourrait suffire à ses deux tâches : garder les ports de la Basse-Italie et protéger la côte illyrienne. Il fallait nécessairement qu'il sacrifiât l'une à l'autre ; il semble que la plus urgente fût la seconde.

sont attiré par là leur haine immuable, puis leur ont permis de
se forger à loisir des armes en Espagne ; les mêmes qui, ayant
fait défense à Hannibal d'inquiéter Sagonte, ont oublié huit
mois d'arracher à son étreinte la cité héroïque ; les mêmes qui
ont déclaré la guerre à Carthage, et qui, six mois plus tard,
ayant omis d'agir contre elle, découvrent tout d'un coup avec
stupeur la présence de l'ennemi au pied des Alpes.

IV

Ce qu'il faut observer à présent, c'est que, provoqués, attaqués par Philippe, menacés par lui d'invasion et forcés enfin de le
combattre, les Romains ne songent pas, d'abord ni de longtemps,
à gagner à leur cause, pour les lui opposer, les nations de l'Hellade
qui sont hostiles au roi [1]. L'idée ne leur vient pas d'élargir le conflit
en y attirant ces nations : de 215 à 212, ils n'ont, comme
autrefois, qu'indifférence pour elles et l'ensemble des Grecs.
Pas plus qu'auparavant, leur regard ne dépasse l'Illyrie ; ils
persistent dans leur sytème ancien, estiment suffisante l'alliance
de Skerdilaïdas [2] qui, maintenant, fort de leur protection, règne
avec son fils Pleuratos sur la plupart des peuples précédemment
soumis à Démétrios —, et continuent de se tenir à l'écart de
la Grèce.

Pourtant, s'ils s'étaient tournés vers les Aitoliens, s'ils avaient

---

1. G. Colin *(Rome et la Grèce*, 41) est d'un avis contraire. Il n'hésite point à affirmer
que, dès 217, Rome « dépêche... des députés en Grèce pour... susciter des ennemis (à
Philippe) ». C'est ce qui résulte, selon lui, d'une phrase de Polybe : V. 105. 8. Mais cette
phrase renferme simplement une allusion anticipée à l'alliance conclue en 212 par les
Romains avec les Aitoliens. — On a supposé (par exemple, Diels, *Sibyll. Blätter*, 92)
que Fabius Pictor, lorsqu'il vint consulter l'Oracle (Liv. 23. 11. 1 sqq.) après la bataille
de Cannes, était chargé par le Sénat d'une mission politique. C'est là une hypothèse que
rien n'autorise. Diels ajoute *(ibid.)* : « Angstvoll mussten damals die Römer auf ihre
Freunde jenseits des Meeres hinblicken. » Il oublie qu'à cette époque, en 216, les Romains
n'avaient encore aucun « ami » en Grèce.

2. Skerdilaïdas et Pleuratos mentionnés ensemble comme alliés des Romains et « rois
des Illyriens » : Liv. (P.) 26. 24.9 (ann. 212) ; — cf. 27. 30.13 (ann. 209) : les Ardiéens sont,
au moins en partie, les sujets des deux princes ; — Pol. X. 41. 4 (ann. 208) : Skerdilaïdas
et Pleuratos exercent ensemble le commandement militaire. C'est la dernière fois qu'il
soit fait mention de Skerdilaïdas.

entrepris de les travailler et leur avaient poussé l'aiguillon, il est bien probable qu'ils eussent réussi à les émouvoir. Car les Confédérés, comme nous l'apprend Polybe, avaient bientôt pris en dégoût les accords de Naupakte [1]. Cette paix, conclue à la fois avec tous leurs adversaires, et qui par là les astreignait à respecter l'Hellade entière, qui leur interdisait en tout pays grec ces expéditions de pillage dont ils avaient la fructueuse habitude, cette paix qui leur liait les mains et leur coupait les vivres, leur était vite devenue pesante : par le repos humiliant et ruineux qu'elle leur imposait [2], elle rappelait les pires temps du règne d'Antigone [3]. Puis, vraiment, elle leur avait coûté trop cher : acceptés sous le coup de la défaite, par crainte de plus grands maux, les sacrifices dont ils l'avaient payée leur paraissaient maintenant insupportables. Eux qui rêvaient obstinément d'annexer à leur Ligue toute l'Akarnanie, comment se fussent-ils résignés à la perte des villes qu'ils y possédaient, à celle surtout de la grande place d'Oiniadai, conquise pour la première fois il y avait plus d'un siècle [4] ? Comment eussent-ils renoncé à Thèbes-de-Phthiotide, seule station thessalienne sur le golfe de Pagasai, voisine redoutée de Larisa et de Démétrias elle-même [5] ? à Phigalie, leur dernière place dans le Péloponnèse, forte écharde plantée au flanc de l'Achaïe, poste d'écoute précieux au carrefour de trois pays, Messénie, Élide, Arcadie, citadelle dominante, d'où l'on pouvait s'abattre à l'aise sur les belles cam-

---

1. Cf. Pol. V. 107. 6.

2. Nombre d'Aitoliens vont, à cette époque (avant 214), chercher fortune en Asie et s'engagent au service d'Achaios ; voir mon mémoire : *Les Aitoliens auxiliaires d'Achaios* dans la *Rev. Ét. anc.* 1916, 233 suiv.

3. Cf. Pol. IV. 3. 1-2.

4. Cf. Liv. (P.) 26. 24. 6 ; 24. 8 ; Just. 28. 1. 1. — Les villes akarnaniennes perdues par les Aitoliens sont, outre Ambrakos (qu'ils avaient enlevée aux Épirotes), Oiniadai, Phoitiai et sans doute aussi Métropolis (ci-dessus, p. 164, note 6) ; la seule qui leur reste est Stratos. — Pour la date de la première conquête d'Oiniadai (avant 329), voir Beloch, III, 1, 53, 1 ; Swoboda, *Staatsaltert.* 298. Les Akarnaniens l'ont recouvrée par la suite, comme le montre leur traité avec l'Aitolie (Ἐφ. ἀρχ. 1905, 56 suiv. ; cf. Swoboda, 300), puis reperdue après l'alliance des Aitoliens avec Alexandre d'Épire. — Le grand désir qu'ont les Aitoliens de ressaisir les villes que leur a prises Philippe est indiqué dans la phrase de T. Live (P.), 26. 24. 5.

5. Cf. Liv. (P.) 39. 25. 9 (importance maritime de Thèbes) ; Pol. V. 99. 3-5 (situation de Thèbes par rapport à Larisa, la Thessalie, la Magnésie et Démétrias).

pagnes messéniennes [1] ? Ç'eût été, peut-on croire, chose facile
aux Romains d'attiser leurs regrets, et, par une promesse d'alliance, de rallumer leur ardeur batailleuse.

Le fait est que, dès 215, au moment de s'engager à fond contre
Rome, Philippe les sentait derrière lui inquiets et frémissants. Et
craignant, très raisonnablement, que son départ pour l'Italie ne fût
chez eux le signal d'une nouvelle prise d'armes ; les jugeant
toutefois trop timides pour se frotter à la Macédoine, qui serait
bien gardée ; prévoyant plutôt que leurs rancunes contre les
Achéens, leur tenace désir d'assujettir la Messénie, les appels
de leurs alliés, Éléens et Spartiates, l'espoir de recouvrer Phigalie, la perspective d'abondantes razzias [2] les entraîneraient encore
à se jeter sur le Péloponnèse, il avait cru prudent d'y prendre
contre eux ses sûretés [3]. C'est pourquoi il était venu en Messénie [4].
Là, manœuvrant à sa façon, utilisant les discordes civiles qui
déchiraient le pays, mettant les partis aux mains en feignant
d'être leur arbitre, il avait provoqué sournoisement une révolution populaire, essayé d'établir son autorité, d'accord avec les
démagogues, sur la ruine de la haute classe, et formé le dessein
de s'établir à l'Ithôme [5]. Et, certes, le dessein était sage : car, maître
de l'Ithôme et par là de tout le sud-ouest de la péninsule, il eût

1. Cf. Pol. IV. 2. 6 sqq.

2. Cf. Pol. IV. 3. 3 ; 5. 5 (ann. 220).

3. La plupart des historiens modernes croient trouver dans l'intervention de Philippe
en Messénie la preuve qu'il se désintéresse de la guerre avec Rome (voir, par exemple,
C. Neumann-G. Faltin, *Das Zeitalter der pun. Kriege*, 447). C'est là une vue entièrement
fausse. Il suffirait, pour en être convaincu, d'observer que l'homme, qui est à la fois l'instigateur et l'instrument de la politique du roi dans le Péloponnèse, est le même qui l'excite
sans cesse à combattre les Romains : c'est Démétrios de Pharos. Les entreprises de Philippe en Messénie ont un lien direct avec celles qu'il prépare contre Rome ; il veut avoir
le dos libre avant de partir pour l'Italie. La vérité a été entrevue par Kahrstedt, 459.

4. Pour l'époque de la première intervention de Philippe en Messénie, cf., en général,
Nissen, *Rhein. Mus.* 1871, 256-257. L'événement avait place dans le l. VII de Polybe,
sans qu'on puisse dire s'il appartenait à la première (216/215) ou à la seconde (215/214)
partie de ce livre. Les deux seuls points sûrs, c'est que cette intervention est : 1° postérieure
au traité de Philippe avec Hannibal ; 2° antérieure à sa campagne d'Illyrie de 214. Elle
peut avoir eu lieu, soit dans l'été ou l'automne de 215 (cf. K. Seeliger, *Messenien und der
ach. Bund*, Progr. Zittau, 1897, 13, note 12 ; Niese, II, 471, 2 ; G. Clementi, *Studi di stor.
ant.* I, 63), soit dans l'hiver de 215/214, soit dans les premiers mois de 214 (Niese, *ibid.*).

5. Séjour de Philippe en Messénie ; son immixtion dans les luttes des partis : Plut.
(P.) *Arat.* 49. 2 ; Liv. (P.) 32. 21. 23 ; allusions dans Pol. VII. 11. 10 ; 12. 9 ; 13. 6-7 ; 14.

renforcé la barrière de la Triphylie [1], isolé l'une de l'autre la Laconie
et l'Élide, coupé les communications des Aitoliens avec les Spartiates, et tenu Lacédémone en échec. Mais l'audace, pour une fois,
lui avait manqué : gêné par l'opposition hargneuse des deux Aratos [2], aux yeux de qui la Messénie, de tout temps convoitée, était
déjà terre achéenne et, partant, interdite aux Macédoniens, il avait
renoncé à pousser à bout l'aventure ; en sorte que son entreprise
avortée n'avait eu d'autre résultat que d'exciter contre lui les
défiances irritées des Achéens, les colères des oligarques messéniens, victimes sanglantes de ses intrigues [3], et celles, autrement
dangereuses, des Aitoliens et des Spartiates qui, dès le premier
moment, avaient vu où tendaient ses efforts et senti la menace
suspendue sur eux.

C'étaient là encore, pour les Romains, des circonstances propices,
et qu'ils eussent pu aisément exploiter. Mais ils n'y prêtent point
attention, et ne pensent pas non plus à tirer avantage du coup
fâcheux qu'a porté, en Grèce, au prestige du roi la défaite subie
sous Apollonia. En 214 comme en 215, en 213 encore, ils s'obstinent à ignorer les Grecs [4]. C'est seulement en 212 qu'ils prennent
la résolution de se pourvoir chez eux d'auxiliaires ; et, s'ils s'y
décident enfin, c'est que des faits nouveaux sont survenus, si
graves qu'ils ne leur permettent plus de tarder.

En effet, en 213 et 212, Hannibal et Philippe, poursuivant leur
commun dessein, ont, l'un à l'ouest, l'autre à l'est de l'Hadriatique, habilement et vigoureusement besogné. L'éloignement de
M. Laevinus, maintenant fixé à l'Illyrie [5], a eu, dans la Basse-
Italie, son utile contre-coup. Mettant à profit l'absence de l'escadre romaine, Hannibal s'est emparé de Tarente et, de la sorte,

---

2 ; 14. 5. — Sur l'entente très probable de Philippe et des démocrates, qui lui livrent
l'entrée de l'Ithôme, Seeliger, 13 et note 12 ; de même, De Sanctis, III, 2, 410-411. —
Philippe à l'Ithôme : Plut. (P.) *Arat.* 50. 2-4 ; Pol. VII. 12.

1. Se rappeler que la Triphylie est en la possession de Philippe depuis la guerre-des-
Alliés. En la gardant, le roi voulait certainement empêcher les Aitoliens de faire, à travers l'Élide et la Messénie, leur jonction avec les Spartiates.

2. Plut. (P.) *Arat.* 50. 1-2 ; Pol. VII. 12.

3. Plut. (P.) *Arat.* 49. 2 ; Liv. (P.) 32. 21. 23 ; cf. Pol. VII. 12. 9 ; 13. 6-7 ; 14. 2.

4. Néanmoins, Hertzberg écrit hardiment (I, 34 ; trad. fr.) que « les Romains ne
perdirent pas un moment pour exciter les Étoliens contre Philippe ».

5. Cf. ci-dessus, p. 193, note 2.

a pourvu le Macédonien du port de débarquement qui lui est indispensable [1]. Et, de son côté, en Illyrie, Philippe a mené ardemment la campagne contre les clients et les alliés de Rome. Au Sud, il a envahi les territoires dépendants de la République qui s'étendent en arrière du littoral, soumis les Atintanes et les Parthiniens, délivré Dimalé, reprise six ans plus tôt par L. Aemilius à Démétrios [2] : si bien que, réduits à la possession des échelles maritimes et d'un mince liseré de côte, les Romains ne tiennent plus l'Illyrie que par l'extrême bord [3]. Au Nord, il a fait mieux : non seulement il a refoulé, écarté des Romains Skerdilaïdas, et détaché de lui une partie de ses peuples, mais il a réussi, sans le secours de Carthage, à s'ouvrir l'accès de la mer ; il s'est saisi de Lissos et de son imprenable acropole, et, par cette grande conquête qui a consterné les Illyriens et multiplié parmi eux les défections, il a fortement pris pied à la côte [4] : désormais, les amiraux puniques sauront où l'aller joindre.

C'est ainsi que le roi de Macédoine et le général de Carthage ont préparé, autant qu'il dépendait de chacun, leur rencontre en terre italienne. Mais, cependant, la grande flotte des Romains, la flotte de Lilybée, reste attachée aux rivages de Sicile, où la

1. Prise de Tarente par Hannibal dans l'hiver de 213/212 : Pol. VIII. 24. 4 sqq. ; Liv. (P.) 25. 7. 11 sqq. Cf. Liv. 24. 13. 5 : *ipsum (Hannibalem) ingens cupido incesserat Tarenti potiundi. urbem esse videbat cum opulentam nobilemque tum maritimam et in Macedoniam opportune versam, regemque Philippum hunc portum, si, cum transiret in Italiam, Brundisium Romani haberent, petiturum.* — A la vérité, les Romains restent maîtres de l'acropole, et, par suite, l'accès du port intérieur et de la « Petite-mer » est fermé aux vaisseaux (cf. Kahrstedt, 474) ; mais on devait croire que l'acropole serait bientôt forcée de capituler ; son invincible résistance ne pouvait être prévue de personne.

2. Sur ces faits, Zippel, *Röm. Herrsch. in Illyrien*, 69-70 ; Niese, II, 473-474. — Conquête du pays des Parthiniens : cf. Liv. (P.) 29. 12. 3 ; 12. 13 ; — de la partie de Dassarétide encore indépendante de la Macédoine (?) : cf. Pol. VIII. 14 *b.* 1 ; — de la ville d'Ilyskana (?), dans le voisinage de Lykhnidos : cf. 14 *b.* 2 (Zippel, 69 ; 75-76) ; — de l'Atintania : cf. Liv. (P.) 27. 30. 13 ; 29. 12. 13 ; — de Dimalé : cf. (P.) 29. 12. 3 ; 12. 13 (l'événement date probablement de l'année 213).

3. Remarquer, en effet, combien Philippe, en 212/211, parvient aisément dans le voisinage d'Apollonia et d'Orikos : Liv. (P.) 26. 25. 2 ; de même, en 205, il pousse très facilement jusqu'aux murs d'Apollonia : 29. 12. 6.

4. Sur ces faits, Zippel, 70 ; Niese, II, 473-475 ; De Sanctis, III, 2, 413-414. — Philippe étend sa domination sur les Ardiéens, sujets de Skerdilaïdas et de Pleuratos : cf. Liv. (P.) 27. 30. 13. Zippel (70) est d'avis qu'il a pu s'avancer, au nord du fleuve Naron, jusqu'au canal de Brattia, pénétrant ainsi dans la contrée qui était le centre principal de la nation ardiéenne (cf. Zippel, 36 ; 45). Cela est peu probable. Dans Liv. (P.) 27.

retiennent, où la' peuvent retenir longtemps encore le siège de Syrakuse [1], la guerre qui remplit toute l'île, la nécessité de surveiller Carthage et de faire bonne garde en face de l'Afrique. Et, par suite, ce vaste triangle de mer que limitent la Sicile, les deux péninsules de la Basse-Italie, l'Épire et l'Illyrie, demeure hors des prises de la marine romaine : de la pointe du Zéphyre au détroit d'Hydrous, la route est ouverte et libre. Vienne donc une flotte punique, qui opère contre Laevinus de la même énergique façon qu'a fait, l'année d'avant, l'amiral romain contre les Macédoniens ; qui noie ou disperse ses quinquérèmes, les écrase à la côte ou les en arrache ; qui remonte ensuite à Lissos, s'y unisse à Philippe, puis, manœuvrant de concert avec lui et complétant son œuvre, réduise Apollonia et Épidamnos : en ce cas, l'armée macédonienne, embarquée sur les vaisseaux de Carthage ou convoyée par eux, pourra cingler en droiture vers Tarente. Or, pour le malheur des Romains, cette flotte existe. Les Puniques viennent de faire un grand effort naval ; ils ont mis à la mer une puissante escadre, la plus puissante qui soit sortie d'Afrique depuis leur première guerre contre Rome. C'est celle que commande Bomilkar, qu'on a vue dès 213, forte de 55 vaisseaux, gagner Syrakuse et s'embosser dans le Grand-port, et qui, sans cesse accrue, portée à 90, puis à 155 bâtiments, y reparaît, dans l'été de 212, pour la troisième fois [2]. Sa mission est de sauver la ville ; qu'elle y réussisse ou qu'elle échoue, une chose est claire : si elle n'est pas défaite par la flotte

30. 13, le mot *Ardiaei* peut être entendu comme dans Pol. II. 11. 10 ; 12. 2 ; il peut s'agir, dans les deux cas, de ceux des Ardiéens dont les établissements étaient situés au nord et à petite distance du Drilon, non loin de Lissos. — Prise de Lissos et d'Akrolissos par Philippe : Pol. VIII. 13 — 14 ; — Lissos et Akrolissos réputées imprenables : 13. 3 ; 13. 9 ; 14. 1 ; 14. 9-11 ; — effet produit sur les Illyriens par la prise de Lissos : 14. 10-11 ; cf. Just. 29. 4. 8. Les *Illyriorum reges* mentionnés dans Justin sont probablement les chefs illyriens qui se sont donnés à Philippe en 213 ; cf. aussi Dio-Zonar. IX. 15. 4.

1. Sur la situation difficile de l'armée de Marcellus dans l'été de 212, même après la prise des Épipolai, Kahrstedt, 479.

2. Sur l'importance de l'effort naval accompli par le gouvernement de Carthage en 213 et 212, cf. Kahrstedt, 481-482, dont le calcul est d'ailleurs incomplet : en 213-212, les Puniques ont envoyé en Sicile environ 185 vaisseaux ; De Sanctis, III, 2, 305. — Première arrivée de Bomilkar à Syrakuse avec 55 vaisseaux dans le courant de l'année 213 ; retour à Carthage : Liv. (P. ?) 24. 36. 3 ; 36. 7. — L'amiral fait ensuite de Carthage à Syrakuse un voyage que T. Live n'a pas mentionné (cf. Weissenborn, note à Liv. 25. 25. 11). Au commencement de l'année 212, il s'y trouve en effet de nouveau avec

de Marcellus, plus faible d'au moins cinquante unités et qu'elle a toutes les chances de battre[1], rien ne l'empêchera de gagner l'Illyrie[2], où sûrement Philippe l'attend et l'appelle[3].

De là la nécessité de clouer Philippe à la Grèce, au plus vite, et si fortement que, même les Puniques survenant, il ne s'en puisse détacher ; de là, par suite, la nécessité de lui créer une guerre chez lui, à ses côtés, qui l'occupe tout entier ; et, puisque Skerdilaïdas, d'abord désigné pour cette tâche, paraît maintenant hors de jeu[4], de là la nécessité de se mettre en quête d'une alliance nouvelle, de faire appel aux Grecs ennemis de la Macédoine, aux Aitoliens, et de les amener à répudier cette paix qu'on leur a, cinq ans plus tôt, si sottement permis de conclure. — C'est ce qu'a compris Laevinus ; et c'est pourquoi, dans les premiers mois de 212, instruit des armements puniques, inquiet des entreprises maritimes de Carthage, il commence à se ménager des intelligences en Aitolie[5].

---

90 bâtiments : cf. (P.) 25. 25. 11-12 (les doutes de Gsell, *Hist. de l'Afr. du Nord*, II, 442, 2, paraissent peu fondés). — Second voyage à Carthage après la prise des Épipolai, suivi d'une troisième traversée de Carthage à Syrakuse : Bomilkar, parti de Syrakuse avec 35 vaisseaux (25. 11-12), y revient bientôt avec 100 (soit 65 bâtiments nouveaux) : 25. 13. Sa flotte compte alors au total 155 vaisseaux. — On sait que, plus tard, probablement à l'automne de 212 (au printemps de 211, selon Matzat, *Röm. Zeitrechn.* 143, et De Sanctis, III, 2, 332, 334), il ira se renforcer pour la troisième fois à Carthage ; il en reviendra avec 130 vaisseaux (auxquels il faut ajouter ceux, en nombre inconnu, laissés à Syrakuse) et 700 transports : Liv. (P.) 25. 27. 3-4.

1. Sur l'infériorité de la flotte romaine à l'automne de 212 : Liv. (P.) 25. 27. 8-9. Cette infériorité existe déjà dans l'été, lors de la troisième venue de Bomilkar à Syrakuse, puisqu'il a 155 vaisseaux (en comptant les 55 laissés à Syrakuse) contre 100 (pour l'effectif de la flotte romaine, cf. Kahrstedt, 470, 1 et 4 ; 482). — C'est, comme on sait, par une inexplicable défaillance qu'à l'automne de 212, l'amiral punique, en station au cap Pachynos, refusa le combat offert par Marcellus, et fit retraite vers Tarente : 27. 8-12.

2. L'événement eut effectivement lieu en 209, à une date trop tardive pour que Philippe en pût tirer avantage. La flotte punique étant partie de Tarente, où elle s'était rendue pour la seconde fois, s'en vint croiser dans les parages de Kerkyra (Liv. 27. 15. 7 ; cf. 30. 16). On la retrouve, en 208, dans le golfe de Corinthe et sur la côte d'Akarnanie : (P.) 28. 7. 17-18 ; 8. 8. Cf. ci-après, p. 240-241.

3. Sur les relations de Philippe avec Syrakuse : Liv. (P.) 25. 23. 8. — Appels de Philippe aux Puniques en 209 : 27. 30. 16 ; en 208 : 28. 7. 17.

4. Skerdilaïdas ne paraît jouer aucun rôle au commencement de la guerre aitolo-romaine. De Liv. (P.) 27. 33. 3, on pourrait conclure qu'en 209 il est simplement l'auxiliaire des Aitoliens. Ce n'est qu'en 208 qu'on le voit commander de nouveau, avec son fils Pleuratos, une armée indépendante : Pol. X. 41. 4.

5. Que l'initiative du rapprochement soit venue des Romains, c'est ce qui ne paraît pas douteux (cf. Täubler, *Imp. Romanum*, I, 432 et note 1 ; De Sanctis, III, 2, 414).

V

Par grande fortune, les temps sont encore favorables, et peut-être
plus que jamais. — Dans cette Grèce où, trois ans plus tôt, il se
promenait en vainqueur, Philippe, maintenant, a les dieux contre
soi ; tout ce qu'il y entreprend n'aboutit qu'à lui nuire : on l'a
vu, une fois de plus, à la fin de 214[1]. Battu sous Apollonia,
le roi est descendu dans le Péloponnèse. Et là, calculant le tort
grave que lui a causé son récent échec, sachant que ses ennemis
ont ri de lui et se sont enhardis par le rire, craignant de leur part
quelque poussée d'audace, il s'est résolu à réparer l'erreur commise
en 215. A la veille de retourner en Illyrie pour une seconde campagne qui risque d'être longue, il a jugé que, décidément, il lui
fallait s'affermir au Sud, assurer ses derrières, couvrir l'Achaïe,
intimider Sparte, barrer la route aux Aitoliens ; il a jugé qu'il lui
fallait, partant, occuper Messène et l'Ithôme, point d'appui stratégique aussi indispensable contre la Grèce hostile que Sintia
contre les Dardaniens, Iamphorynna contre les Maides[2], Lissos contre Skerdilaïdas, ou l'Atintania contre les Romains. Il a donc recommencé le coup manqué l'année d'avant ; mais, par malchance, il
l'a manqué de nouveau. Démétrios de Pharos a été tué en essayant
de brusquer Messène, et lui-même, accouru à la rescousse, s'est
heurté en vain aux murailles de la ville ; il n'a pu, dans la rage de
sa déconvenue, que saccager affreusement le plat pays[3]. Un

Les textes qu'on a cru pouvoir alléguer pour le contester (Pol. IX. 37. 4 ; 37. 8 et 10 ;
ajouter XX. 11. 7 ; cf. Niese, II, 476 et note 1) sont très peu significatifs. Au contraire,
le langage tenu par Laevinus (Liv. (P. en partie) 26. 24. 2-6) est bien celui d'un solliciteur,
et l'on ne peut soupçonner T. Live de lui avoir prêté ce rôle. D'autre part, l'indication
qui se trouve dans T. Live (P. ; 25. 23. 9) — *iam tum Aetolorum — amicitiam adfectantibus
Romanis* — semble décisive. Je ne sais s'il faut tenir compte de Justin, 29. 4. 5.

1. L'indication donnée par Plutarque *(Arat.* 51, d'après Polybe) ne permet guère
de douter que Philippe soit venu dans le Péloponnèse très peu après sa défaite d'Apollonia. C'est donc à la fin de 214 ou, au plus tard au début de 213, qu'il faut placer sa
seconde entreprise contre Messène (cf. Seeliger, *Messenien und der ach. Bund*, 13-14 :
Nicolaus, *Zwei Beitr. zur Gesch. König Philipps V*, 68-69).

2. Cf. Liv. (P.) 26. 25. 3 ; 25. 8 ; 25. 15 (ann. 212/211).

3. Pol. III. 19. 11 (Démétrios à Messène) ; — VIII. 8. 1-2 ; 12. 1 ; Plut. (P.) *Arat.* 51
(invasion de la Messénie par Philippe). Niese (II, 472) place cette invasion avant la tenta-

attentat scandaleux [1] commis contre un peuple allié, et qui, ayant échoué, reste sans excuse, aggravé d'ailleurs de brutalités gratuites et odieuses, c'est tout le résumé, de sa triste expédition. Et les suites en sont détestables. Non seulement elle soulève en Aitolie un tumulte d'indignation [2], un bouillonnement de colères, dont se fortifie le parti de la guerre, celui que mène l'ancien stratège Skopas, mais la nation aitolienne tout entière se trouve en retirer un double avantage. Les perfidies de Philippe servent les Confédérés de deux façons : elles leur garantissent la fidélité des Péloponnésiens amis, Éléens et Spartiates, qui, par crainte du Macédonien, s'attacheront plus étroitement à leur alliance ; et, de plus, elles leur procurent un allié nouveau : ce même peuple qu'ils ont toujours prétendu dominer, les Messéniens, qui, maintenant, faisant bloc, nobles et plébéiens confondus, ayant tous pour Philippe la même exécration, sortent brusquement de la Symmachie et se retournent contre la Macédoine [3]. Du coup, les voilà plus forts qu'en aucun temps dans le Péloponnèse ; ils tiennent dans leur dépendance la moitié de la presqu'île ; et, désormais, en cas de guerre, contre les Achéens isolés — d'ailleurs agités d'un grand trouble, cruellement désabusés sur Philippe, outrés, à la suite d'Aratos [4], de ce qu'il vient d'oser en Messénie — ils pourront lancer trois nations qu'ils comptent manœuvrer à leur gré [5]. La ruine de leurs rivaux détestés leur paraît dès lors assurée : perspective joyeuse, qui les excite et les attire.

Et, vers le même moment, de bonnes nouvelles leur arrivent d'Orient, bien faites aussi pour leur échauffer le cœur. — Ce jeune

tive de Démétrios ; l'ordre inverse, admis par Büttner-Wobst dans son édition de Polybe, est préférable ; cf. Seeliger, 14 et note 14, que j'ai suivi dans son interprétation des fragments de Polybe. La dévastation des campagnes messéniennes par Philippe ne s'explique, ce me semble, que comme un acte de vengeance du roi, après qu'il n'a pu se rendre maître de la ville. — Le récit de Pausanias (IV. 29. 1-5) est presque négligeable.

1. Cf. Pol. VIII. 8. 4, où l'attentat de Philippe contre Messène est qualifié d'ἀσέβεια et de παρανομία.

2. Cf. Pol. IX. 30. 2 (discours de Chlainéas à Sparte, en 211/210).

3. Pol. VIII. 12. 1 (les Messéniens devenus les ennemis de Philippe). Ils sont mentionnés pour la première fois comme alliés des Aitoliens en 211/210 (Pol. IX. 30. 6), mais l'alliance peut remonter à 214/213. Les Aitoliens leur ont certainement promis de les aider à reprendre Pylos aux Achéens : cf. Liv. (P.) 27. 30. 13 ; Pol. XVIII. 42. 7.

4. Pol. VIII. 12. 2 (rupture entre Aratos et Philippe) ; cf. Plut. (P.) Arat. 51.

5. Cf. Pol. IX. 30. 6 ; rapprocher IV. 36. 9 (ann. 219).

prince héroïque qu'admire tout le monde grec, Antiochos de Syrie,
vient d'écraser la révolte d'Achaios avec le même bonheur que,
sept ans plus tôt, celle des satrapes de Perse et de Médie ; l'anti-
roi a succombé dans Sardes [1] ; la paix est rétablie dans la Petite-
Asie reconquise : événements lointains, mais qui, tout lointains
qu'ils sont, peuvent, avant peu, avoir pour l'Aitolie d'heureuses
et vastes conséquences. En effet, les Confédérés ont là-bas, de
longue date [2], un ami d'importance, énergique et circonspect, singulièrement actif à pousser sa fortune ou à la rétablir, puissant
par ses richesses, expert à s'en servir [3], sur lequel ils savent pouvoir
compter et qu'ils savent compter sur eux, au cas où eux ou lui
entreraient en lutte avec Philippe : c'est le dynaste de Pergame,
devenu le roi Attale, dont la souple et mobile ambition est toujours en travail, toujours en quête d'occasions, et qui, sur le déclin
de l'âge, après quelque trente ans d'un règne étrangement alterné
de succès et de traverses, se trouve maintenant au grand «tournant» de son histoire. Jadis rival heureux des Séleucides, maître un
moment de la majeure partie de l'Asie cistaurique, puis dépouillé
de ses conquêtes quand s'est relevée la monarchie syrienne, forcé
de lâcher pied devant Achaios, alors loyal serviteur de ses princes [4],
ramené par lui aux « frontières paternelles » [5] et, depuis ce temps,
étroitement resserré, coupé de l'intérieur de l'Asie, pressé contre
la côte, Attale a résolu de se donner de l'air ailleurs, de s'ouvrir des
voies nouvelles, de s'échapper vers l'Ouest, vers la mer et l'Europe. Aussi bien, tous les souverains issus d'Alexandre ont possédé
quelque empire maritime ; ne sied-il pas qu'en ceci comme

---

1. Sur ces faits, Niese, II, 393-396 ; la prise de l'acropole de Sardes et la mort d'Achaios
sont de 213. Cf. Holleaux, *Rev. Ét. anc.* 1916, 233 suiv. ; j'ai montré dans cette étude, en
me fondant sur l'indication de Pol. VII. 16. 7, qu'un certain nombre d'Aitoliens s'étaient
enrôlés au service d'Achaios, sans doute avec la connivence de l'Égypte. Le gouvernement
fédéral devait être renseigné par ces mercenaires sur ce qui se passait en Asie.

2. Le plus ancien témoignage relatif à cette amitié se trouve dans Polybe, IV. 65. 6 :
Attale a fourni aux Aitoliens les subsides nécessaires pour fortifier le χωρίον d'Élaos
dans la Kalydonia. Le fait est antérieur à 219.

3. Cf. Pol. XVIII. 41. 2-3.

4. Sur ces faits, Niese, II, 172-173, 390-392 ; Beloch, III, 1, 709 ; et surtout G. Cardinali,
Regno di Pergamo, 44 suiv. ; cf., pour l'expédition d'Attale en 218, Holleaux, *Rev. Univ.
du Midi*, 1897, 409 suiv. — Sur la faible étendue du royaume de Pergame après 223
et, notamment, en 216, lors de l'alliance d'Attale avec Antiochos, voir Cardinali, 78-83.

5. Pol. IV. 48. 2 ; cf. 48. 11.

dans le reste le monarque de Pergame se montre leur émule ?
Dominer l'Aigée, y prendre la place quittée par l'Égypte, y prévenir la Macédoine et lui enlever ce qu'elle y tient déjà, occuper les
Cyclades et même l'Eubée, pénétrer au Sud jusqu'au cœur des
mers grecques, pousser au Nord jusqu'aux îles et aux rivages de
Thrace, puis s'étendre, s'il se peut, vers la Chersonèse, se saisir
des détroits, et, chevauchant sur l'Europe et l'Asie, restaurer
l'éphémère empire de Lysimaque : ce sont là les objets, ou proches
ou lointains, que, par une conversion soudaine imprimée à sa
politique, pressé de réparer en Occident les pertes qu'il a faites en
Orient [1], vise à présent le Pergaménien. Et déjà, pour les
atteindre, il s'est muni de l'instrument nécessaire : dans ces dernières années, il s'est construit une forte marine [2], révélant ainsi, aux

1. C'est en 210-208 que se manifestent pour la première fois les appétits maritimes
d'Attale. Ce qu'il entreprend en ce temps-là, il le poursuivra et s'efforcera de le compléter
en 199 et 198. — En 210, acquisition d'Aigine ; dans le courant de 209, arrivée du roi dans
l'île. — En 208, c'est évidemment à sa demande que Sulpicius s'en vient opérer dans la
Mer Aigée. Noter, cette année-là, l'expédition dirigée contre Lemnos (Liv. (P.) 28. 5.1)
qui appartient alors à Philippe (cf. Beloch, III, 2, 281) ; en 199, tentative analogue contre
la Chalkidique (Liv. (P.) 31. 45. 14-16). — Attaques contre l'Eubée (prévues par Philippe dès
209 : 27. 30. 7) : en 208, prise d'Oréos, tentative contre Chalkis (28. 5. 18 — 6) ; en 199,
seconde prise d'Oréos (31. 46. 6 sqq.) ; en 198, prise de Karystos et d'Érétrie (32. 16.
8 — 17. 1-3) ; en 196, Eumènes réclame du Sénat la cession de ces trois villes (Pol. XVIII.
47. 10-11). — Dans les Cyclades, en 199, Attale essaie d'enlever Kythnos aux Macédoniens et leur prend Andros (Liv. (P.) 31. 45. 3-8) qui, depuis, demeure toujours à
sa maison (cf. Th. Sauciuc, *Andros*, 85-86 ; 130 ; 134 : inscr. 3 et 4) ; s'il ne conquiert
pas d'autres îles, c'est que, dès l'été de 200, les Rhodiens ont eu soin de le prévenir (Liv.
(P.) 31. 15. 8) et de faire entrer dans leur alliance toutes celles qui n'avaient pas de garnison macédonienne. — Pour les relations d'Eumènes avec la Crète, qu'il tente de soumettre à son protectorat, comme Philippe y avait autrefois réussi, voir l'exposé de Cardinali, *Riv. di Filol.* 1907, 20 suiv.
On remarquera, d'autre part, que les contrées voisines de l'Hellespont et de la Propontide sont l'un des objets préférés des ambitions d'Attale et de son fils. — Attale fait
entrer de bonne heure dans son alliance Alexandrie-Troas, Ilion et Lampsaque (Pol.V. 78.
6) ; il est en bons rapports avec Byzance (IV. 48. 1-2) ; si, en 208, il tente de surprendre
Lemnos, c'est que, maître de l'île, il commanderait l'entrée des détroits et surveillerait
la Thrace ; en 200, il pense à sauver Abydos assiégée par Philippe (Liv. (P.) 31. 16. 7-8 ;
Pol. XVI. 34. 1). — C'est Eumènes qui excite contre Antiochos et qui appuie auprès des
Romains les Lampsakéniens et les Smyrniens (Liv. (P.) 35. 17. 1). — En 189, la débâcle
d'Antiochos permet aux Pergaméniens de satisfaire en partie leurs longues convoitises :
Eumènes devient maître de Lysimacheia, de la Chersonèse et de quelques-uns des territoires attenants (Pol. XXI. 46. 9 ; Dittenberger, *Or. gr. inscr.* 301 ; 302-304 ; 339 ; cf.
Niese, III, 62). On sait ses intrigues pour enlever à Philippe et, plus tard, après la
défaite de Perseus, pour obtenir du Sénat Maroneia, Ainos, etc. (Niese, III, 21 ; 26 ; 200).
2. La création (antérieure à 212) de la marine pergaménienne est le fait capital, trop
négligé par les historiens (voir cependant Beloch, III, 1, 366), qui nous éclaire sur la poli-

yeux de tous, les desseins nouveaux qui le sollicitent. Mais, ces desseins l'opposant à Philippe, il est clair que leur accomplissement aura pour condition première une guerre heureuse faite au Macédonien [1] : c'est pourquoi, dès qu'il les a conçus, Attale a cru devoir se rapprocher des Aitoliens ; c'est pourquoi, depuis quelque dix ans, il s'est montré magnifique envers eux et s'est acquis leur amitié [2]. Entre l'Aitolie et lui la partie est liée en principe : adversaire éventuel de Philippe — qui, d'ailleurs, a le tort d'être uni

tique nouvelle d'Attale. Cette marine ne paraît point exister encore en 218 ; elle ne joue aucun rôle lors des opérations du roi sur les côtes d'Aiolide et d'Ionie : Pol. V. 77. 2-5 ; 78. 6 (les Gaulois Aigosages, mercenaires d'Attale, ont pu naturellement être amenés de Thrace en Asie sur de simples transports). En 209, lorsqu'il vient en Grèce, le roi commande à 35 vaisseaux de haut bord : Liv. (P.) 28. 5. 1. Ce n'est peut-être là qu'une partie de sa flotte, car il compte sur le concours de l'escadre romaine. — Ne point exagérer, toutefois, la puissance maritime de l'État de Pergame. Je ne sais où Graillot *(Le culte de Cybèle*, 39) a pu prendre qu'il « tenait sous son protectorat presque tout le commerce du Levant » (?).

1. Les historiens modernes ont éprouvé quelque embarras à expliquer l'hostilité d'Attale contre Philippe et la part qu'il a prise à la première guerre de Macédoine. Selon les uns (cf. U. Wilcken, P.-W. II, 2163, *s. v. Attalos* 9), Attale aurait redouté les dangers que lui faisait courir l'humeur conquérante de Philippe ; mais ces dangers sont alors imaginaires : jusqu'à l'année 205, Philippe n'eut point le loisir d'avoir des ambitions orientales, et rien ne permettait de prévoir qu'il en aurait jamais. Selon d'autres (cf. Niese, II, 481), Attale en aurait voulu à Philippe de soutenir contre lui les entreprises de Prousias ; mais ces entreprises, qui furent certainement encouragées par Philippe, ne commencent qu'en 208 et paraissent n'être, qu'une riposte à celles d'Attale contre la Macédoine ; si, précédemment, Prousias avait déjà fait mine d'attaquer Attale, il est clair que celui-ci n'eût point, en 209, commis l'imprudence de quitter son royaume. Selon d'autres enfin (cf. De Sanctis, III, 2, 416), Attale aurait été l'adversaire naturel de Philippe parce que les Antigonides faisaient d'ordinaire cause commune avec les Séleucides et qu'ils étaient notamment leurs alliés contre les Ptolémées, amis du royaume de Pergame : on conviendra que c'est là tirer les choses d'un peu loin ; et c'est aussi, semblet-il, oublier qu'à l'époque dont il s'agit, les anciennes relations d'amitié s'étaient fort relâchées entre la Macédoine et la Syrie, tandis qu'un rapprochement s'était fait entre l'Égypte et la Macédoine (cf. ci-dessus, p. 77-78) ; à quoi il faut ajouter qu'Attale entretenait de bons rapports avec Antiochos dont il était l'allié contre Achaios. En réalité, comme j'essaie de le montrer dans le texte, l'hostilité d'Attale contre Philippe est simplement la conséquence de ses ambitions nouvelles. Dès l'instant qu'il se tournait vers l'Occident et prétendait s'y créer un empire maritime, il devait entrer en lutte avec la Macédoine ; il s'est préparé de longue date à cette lutte, et s'y est engagé aussitôt que s'est offerte l'occasion favorable. Sa première guerre contre Philippe est une guerre de conquête, et rien autre chose. — Tout ce qu'écrit Graillot *(Le culte de Cybèle*, 39) sur les premiers rapports d'Attale avec la Macédoine n'est qu'erreur et confusion. Il s'imagine que, vers 216, Philippe « était un adversaire toujours prêt à envahir » le royaume de Pergame (!).

2. Cf. le texte (déjà visé) de Polybe (IV. 65. 6) relatif à la construction de la forteresse d'Élaos en Kalydonia. Il va sans dire que cette générosité d'Attale n'est point demeurée

de parenté au roi de Bithynie Prousias, voisin dangereux de Pergame [1] —, il est, contre Philippe, l'éventuel allié des Confédérés.

Or, à la fin de 213, ceux-ci ont lieu de croire le moment arrivé où l'alliance va devenir effective et agissante. Comment Attale ne profiterait-il pas de l'occupation précieuse qu'impose à Philippe sa guerre contre Rome ? Sûrement, il y a songé aussitôt qu'a éclaté cette guerre ; mais tant qu'Achaios a fait tête en Lydie, tant qu'a traîné le siège interminable de Sardes, il ne pouvait s'éloigner de l'Asie ; il le pouvait d'autant moins qu'allié d'Antiochos [2], il lui devait son concours contre l'anti-roi. Libre à présent par la ruine d'Achaios, rien ne l'empêche plus de quitter ses États, d'amener sa flotte dans les eaux grecques, et d'attaquer par l'Est le roi de Macédoine tenu de porter à l'Ouest tout son effort. Nul doute qu'il ne s'y prépare ; et, si les Aitoliens se décident à rompre avec Philippe, nul doute qu'il ne se joigne à eux ; déjà, semble-t-il, il leur a fait en ce sens de significatives ouvertures [3]. Là-dessus, les esprits s'exaltent en Aitolie, et les belliqueux y reprennent l'ascendant : l' «audace aitolienne» [4] s'est réveillée. Négligera-t-on l'occasion de revanche qui se présente ? On aurait tort ; car, avec

isolée. Peut-être est-ce vers le même temps qu'il a fait élever, à Delphes, la πιστάς mentiônnée dans un décret amphiktionique *(B. C. H.* 1902, 268 ; Ad. Wilhelm, *Jahresh,* 1905, 12 ; cf. T. Walek, *Die delph. Amphiktyonie,* 148-149).

1. Pol. XV. 22. 1. On ne sait quelle relation de parenté désigne au juste, dans ce passage, le mot κηδεστής ; sur la question, voir, en dernier lieu, Ad. Wilhelm, *Jahresh.* 1908, 79-81. On a cru que Prousias Ier avait épousé une demi-sœur de Philippe, nommée Apamé. En réalité, comme l'a montré Wilhelm, Apamé était la fille de Philippe, et c'est à Prousias II qu'elle fut mariée.

2. Pol. V. 107. 4 ; cf. XXI. 17. 6 ; Cardinali, *Regno di Pergamo,* 48, 81-82.

3. Que les Aitoliens comptent presque fermement, en 212, sur l'alliance d'Attale, c'est ce qu'indique le texte des accords conclus avec M. Laevinus. La clause où il est fait mention du roi (Liv. (P.) 26. 24. 9) implique nécessairement une entente ou, à tout le moins, un commencement d'entente entre lui et les Confédérés. — Remarquons, d'ailleurs, qu'on ignore la date du traité *(foedus)* conclu par les Aitoliens et Attale, dont il est parlé dans T. Live (P. ; 31. 46. 3). Ce traité peut, sans doute, n'avoir précédé que de peu de temps la venue d'Attale en Grèce et remonter seulement à l'année 211 (cf. Pol. IX. 30. 7 : hiv. 211/210) ; mais il est très possible aussi qu'il soit plus ancien (cf. Niese, II, 481, 3 et 8). C'est même, à la réflexion, ce qui paraît le plus probable. Dans leur convention avec Laevinus, les Aitoliens placent Attale sur le même rang que les Éléens, les Messéniens (ceux-ci omis par T. Live) et les Lacédémoniens ; or, à l'époque de cette convention, ils ont une alliance en forme, non seulement avec le dernier de ces trois peuples (Pol. IV. 35. 5 ; IX. 31. 2-6), mais certainement aussi avec les deux premiers (cf. 30. 6, et, pour les Messéniens, ci-dessus, p. 203, note 3). On croira volontiers que le cas d'Attale est semblable.

4. Cf. Pol. II. 47. 4 ; IV. 7. 8 : ἡ τῶν Αἰτωλῶν τόλμα.

l'aide d'Attale, la victoire paraît sûre. Soulevés par cette force d'orgueil et d'illusion, cette intrépidité de confiance en soi, qui les hausse parfois aux pires témérités et qui, vingt ans plus tard, les dressera contre Rome elle-même, les Confédérés ne se rappellent plus les dures leçons qu'en mainte rencontre ils ont reçues des Macédoniens [1]. De la guerre que Philippe vient de leur faire, ils ne veulent retenir que ce qui flatte leur amour-propre et leurs espérances. Comme ils n'y ont point perdu de grande bataille, n'en ayant risqué aucune, ils se persuadent qu'ils en sont sortis invaincus [2]. Ils tiennent pour assuré — et, à la vérité, non sans quelque raison — que, si Philippe a été si facilement heureux, c'est que, possédant la mer, il a pu, sur terre, les surprendre à son aise : mais, Attale se mêlant à la lutte, l'ennemi perdra cet avantage ; la mer lui sera enlevée, partant plus de surprises ni d'embûches à craindre ; c'est front contre front qu'il faudra combattre, et, dans le combat loyal, à visage découvert, il n'est personne que redoutent les Aitoliens [3].

VI

Ce sont là les pensées qu'agitent les Confédérés, déjà mûrs pour la guerre, quand, au printemps de 212 [4], Laevinus s'abouche en de secrètes entrevues avec les « principaux » d'entre eux, se dit prêt à servir les intérêts de leur patrie, et leur offre le concours immédiat de sa flotte. Rien d'étonnant s'il trouve auprès d'eux grand accueil et s'en fait aussitôt écouter. Au cas où,

1. Voir, dans Polybe (IX. 28 sqq.), le discours de Chlainéas, notamment 30. 5-9.

2. Cf., dans le discours de Chlainéas (Pol. IX. 30. 9), cet étrange résumé de la guerre-des-Alliés : εἰ γὰρ πρὸς μόνους Αἰτωλοὺς πολεμῶν (Φίλιππος) μηδέποτε δυνατὸς ἦν χειρώσασθαι τούτους κτλ.

3. Cf., dans le même discours, 30. 7 : Φίλιππον δὲ πάντως πέπεισμαι λήξειν τῆς ὁρμῆς κατὰ μὲν γῆν ὑπ' Αἰτωλῶν πολεμούμενον κτλ.

4. Liv. (P.) 26. 24. 1 ; cf. 25. 23. 8-9 : capture par les Romains et rachat par Épikydès, avec l'agrément de Marcellus, du Lacédémonien Damippos envoyé par les Syrakusains à Philippe *(iam tum Aetolorum, quibus socii Lacedaemonii erant, amicitiam adfectantibus Romanis)*. Le fait est, sans conteste, du printemps de 212 (cf. De Sanctis, III, 2, 441). Je rappelle qu'à la même époque Bomilkar est à Syrakuse pour la seconde fois, avec 90 vaisseaux (ci-dessus, p. 200, note 2).

par aventure, Attale différant l'exécution de ses projets, son alliance manquerait aux Aitoliens, celle des Romains se présente à point pour la remplacer. Mais le plus probable, c'est que la conclusion de cette alliance inespérée aura pour première conséquence d'affermir le Pergaménien dans ses résolutions et de rendre son intervention plus rapide [1] : comment hésiterait-il à marcher avec les Aitoliens, une fois ceux-ci fortifiés de l'appui de Rome ? Ainsi, les Confédérés pourront compter sur l'aide de deux marines amies liguées contre le Macédonien ; ainsi, la guerre navale prendra d'amples développements, et la guerre terrestre s'en trouvera facilitée d'autant : par un heureux renversement de ce qu'on a vu jusque-là, c'est à Philippe, jadis souverain de la mer, qu'écherra maintenant la tâche ingrate d'écarter de ses ports, de ceux de ses alliés, les attaques combinées d'adversaires venus, pour les assaillir, des deux bouts de l'horizon. Jamais, peut-on croire, il ne se rencontrera conjonctures si favorables pour infliger à l'ennemi héréditaire la défaite ardemment souhaitée depuis cinq ans. Tel est l'avis de ces *principes* auxquels s'est ouvert Laevinus, et c'est ainsi que les pourparlers engagés avec eux aboutissent très vite à des accords précis.

Dès l'automne [2], l'entente est complète ; il ne s'agit plus que d'obtenir l'approbation solennelle des Confédérés. A cet effet, sur l'invitation qui lui est adressée, Laevinus se rend en Aitolie

---

1. En fait, Attale n'intervient dans la guerre que près de trois ans après la conclusion de l'alliance aitolo-romaine. C'est seulement, comme on sait, vers la fin de l'été de 209 qu'il arrive en Grèce (Liv. (P.) 27. 30. 11). Les causes de ce retard nous échappent ; mais elles ont probablement été fortuites. Un passage, déjà mentionné, du discours de Chlainéas (Pol. IX. 30. 7) prouve qu'en 211/210 les Aitoliens ne doutaient pas de la venue prochaine du roi et de sa participation à la guerre navale. A l'automne de 210, il est élu στρατηγὸς αὐτοκράτωρ (Liv. (P.) 27. 29. 10). — On notera, d'autre part, qu'au début de la campagne de 209 les Aitoliens ont avec eux — et peut-être depuis longtemps — des soldats auxiliaires envoyés par Attale (Liv. (P.) 27. 30. 2) en vertu du traité d'alliance (cf. 31. 46. 3 ; ci-dessus, p. 207, note 3). Ce traité a donc reçu déjà un commencement d'exécution.

2. La chronologie de la première guerre de Macédoine a été, dans ces temps derniers, l'objet d'études fort diligentes : Niese, II, 476, 4 ; Clementi, *La guerra annibalica in Oriente (Studi di stor. ant.* I, 56-57) ; V. Costanzi. *Sulla cronol. della prima guerra macedonica (Studi storici* de E. Pais, 1908. 31 suiv. ; 1909, 214 suiv.) ; G. Niccolini, *Quando comincio la prima guerra macedonica (ibid.* 1912, 108 suiv.) ; De Sanctis, III, 2, 440 suiv. Un examen répété de la question m'a convaincu qu'il faut s'en tenir, pour tout l'essentiel, à la chronologie de Niese. Je place avec lui à l'automne de 212 la conclusion de l'alliance entre Laevinus et les Aitoliens.

à la tête de son escadre — la première escadre romaine qui visite un État hellénique ; et là, dans une assemblée fédérale convoquée tout exprès, le propréteur, puis les deux citoyens de Trichonion en qui s'est incarnée la haine de la Macédoine, les vétérans de la guerre-des-Alliés, Skopas et Dorimachos, haranguent successivement les Aitoliens, chauffent l'enthousiasme de la nation. Le Romain abonde en promesses : il obligera Philippe à restituer à l'Aitolie les villes qu'il lui a dérobées, il inquiétera le roi jusque dans ses États, il aidera très spécialement les Confédérés à recouvrer l'Akarnanie ; et Skopas et Dorimachos se portent garants de ses engagements [1]. La partie est aussitôt gagnée ; à vrai dire, elle l'était d'avance : l'élection, qui vient d'avoir lieu, de Skopas aux fonctions de stratège témoigne assez des sentiments qui, maintenant, l'emportent dans la Ligue. Un traité est conclu, d'une forme singulière [2], très différent des actes de même sorte qu'ont accoutumé de dresser les Romains, fort analogue, par contre, à ceux dont les Grecs ont l'usage, et qui semble donc avoir été l'ouvrage des négociateurs aitoliens : il est probable que, dans son zèle à leur complaire, Laevinus leur a laissé le soin de le rédiger. Aux termes de cet accord, Aitoliens et Romains se répartissent la direction, les tâches et les profits de la guerre [3] : aux premiers, comme on le verra plus loin, appartiendront les territoires conquis, aux seconds le butin, corps et biens. Les Romains opéreront sur mer, sans que jamais leurs forces soient inférieures à vingt-cinq quinquérèmes. Quant aux Confédérés, c'est sur terre qu'ils besogneront, et — point capital où se décèlent les anxiétés romaines et la raison de cette alliance précipitée — ils devront, malgré la saison tardive, entrer tout de suite en campagne [4]. — Naturellement, l'alliance pourra s'élargir, se transformer en coalition par la libre adhésion de contractants nou-

1. Liv. (P.) 26. 24. 1 et 4-8 (les §§ 2-3 ne sont qu'une amplification dont T. Live est l'auteur ; cf. Niese, II, 476, 4 ; Matzat, *Röm. Zeitrechn.* 142, 14).

2. Voir sur ce point les remarques très neuves et très instructives de Täubler, *Imp. Romanum*, I, 430-432. Noter sa conclusion (432) : « Die Veranlassung der Anpassung an den griechischen Vertragsbrauch war nicht urkundlicher, sondern politischer Art. Die Not der Zeit tritt in ihr handgreiflich hervor. »

3. Liv. (P.) 26. 24. 8-13. Je m'abstiens à dessein de donner ici l'analyse détaillée du traité ; j'aurai lieu d'en étudier plus loin les clauses (voir ci-après, p. 214-215, 220).

4. Liv. (P.) 26. 24. 10 ; cf. 24. 15.

veaux ; les Aitoliens stipulent en termes exprès que ce droit d'adhésion sera reconnu aux Éléens, aux Lacédémoniens, aux Messéniens, au roi Attale ; les Romains font de même pour leurs clients d'Illyrie, Skerdilaïdas et Pleuratos [1].

Une remarque qu'il convient de faire ici, c'est que, selon toute apparence, les négociations avec les Aitoliens ont été engagées, poursuivies, menées à terme par le seul Laevinus, sans nulle participation du Sénat. On ne voit pas qu'à aucun moment celui-ci s'en soit mêlé : il n'a point envoyé d'ambassade en Aitolie ; il n'y est pas représenté par ses légats. Sans doute, le propréteur n'agit point à l'insu ni sans l'aveu de son gouvernement : nous en avons, ce semble, la preuve positive [2] ; mais il semble bien aussi que, du premier au dernier jour, il soit seul à agir [3], et que l'assentiment des *Patres* demeure purement théorique et passif. Il y a plus : on est fondé à croire que l'alliance nouvelle est restée à leurs yeux chose d'importance très secondaire. Le fait est que deux années s'écouleront [4] avant que le traité conclu par Laevinus

1. Liv. (P.) 26. 24. 9 : — *additumque, ut si placeret vellentque, eodem iure amicitiae Elei Lacedaemoniique et Attalus et Pleuratus et Scerdilaedus essent* — ; cf. ci-après, p. 213, note 4. — G. Colin s'exprime ainsi *(Rome et la Grèce,* 43) : « Bien entendu, l'intention du Sénat [?] n'était pas de s'en tenir à cette unique alliance (l'alliance formée avec l'Étolie)... Dans la convention passée avec les Étoliens, il stipulait que les autres [?] peuples seraient libres d'y accéder s'ils le voulaient. » C'est là présenter les choses sous un aspect étrangement inexact. Ce sont évidemment les Aitoliens qui ont stipulé l'éventuelle adhésion des Éléens, des Lacédémoniens et des Messéniens (ceux-ci non nommés par T. Live, mais cf. Pol. IX. 30. 6 ; Liv. (P.) 29. 12. 14 ; 34. 32. 16) à l'alliance conclue par eux-mêmes avec Rome ; Laevinus s'est borné à donner son consentement. L'apport des Romains à la coalition n'est représenté que par Skerdilaïdas et son fils Pleuratos.

2. Cf. Liv. (P.) 25. 23. 8 : *Damippus quidam Lacedaemonius, missus ab Syracusis ad Philippum regem, captus ab Romanis navibus erat.* (9) *huius utique redimendi et Epicydae cura erat ingens, nec abnuit Marcellus, iam tum Aetolorum, quibus socii Lacedaemonii erant, amicitiam adfectantibus Romanis.* Voir les remarques de Scott, *Macedonien und Rom,* 64, dont les conclusions, en ce qui concerne le rôle du Sénat, sont toutefois exagérées. C'est probablement par le Sénat que Marcellus a connu les négociations récemment engagées avec les Aitoliens ; il ne serait nullement impossible, pourtant, qu'il en eût été informé par Laevinus lui-même : il est naturel qu'il se soit établi des communications directes entre l'escadre romaine d'Illyrie et la flotte qui assiégeait Syrakuse. C'est Marcellus qui a dû apprendre à Laevinus les grands armements des Puniques et l'importance des forces confiées à Bomilkar.

3. Le fait n'a d'ailleurs, comme on sait, rien que de normal. Le général en chef, et telle est la qualité de M. Laevinus, a le droit de conclure des alliances, sous réserve, au moins dans la plupart des cas, de ratification ultérieure par le Sénat et le Peuple ; cf. Mommsen, *Staatsr.* III, 1166-1167 ; Täubler, I, 135, 355.

4. Liv. (P. ? cf. Matzat, *Röm. Zeitrechn.* 147, 9) 26. 24. 14-15.

— traité préliminaire qui a besoin d'être ratifié à Rome [1] — reçoive du Sénat et du Peuple la confirmation obligée. Deux années, le délai est bien long et probablement sans exemple. T. Live, pour expliquer un retard si étrange, se borne à noter que les députés de l'Aitolie furent « retenus à Rome un peu plus qu'il n'aurait fallu » [2]. Mais pourquoi ? pourquoi, au risque de leur faire offense, et plus encore à ceux qu'ils représentaient, mit-on si peu de diligence à faciliter à ces ambassadeurs l'accomplissement de leur mission ? Ces lenteurs avaient pourtant leur danger : les Aitoliens eussent pu s'en alarmer, s'en irriter et, peut-être, en tirer argument pour prendre avec l'alliance de grandes libertés ; il est clair, en tout cas, que la solidité des accords provisoires jurés par Laevinus ne pouvait qu'en être affaiblie. Mais c'est de quoi l'on ne paraît, à Rome, avoir eu nul souci. Un historien conclut de cette singularité que la Curie renfermait nombre de sénateurs hostiles à la ratification de l'alliance [3] ; peut-être est-ce là trop s'avancer. Ce qui du moins semble certain, c'est que, pour la plupart, les *Patres* ne portaient à l'affaire que le plus douteux intérêt et que, nonchalants par indifférence, ils la laissèrent volontiers, sinon volontairement, languir et traîner. Dès lors, il n'y a nulle vraisemblance que Laevinus se soit mis en rapports avec les Aitoliens sur l'invitation du Sénat ou à sa suggestion. Ce qu'il fit, il le fit de lui-même, et le gouvernement romain se contenta d'être le spectateur, fort détaché et sans doute très distrait, de ce qui se passait en Aitolie. — Cependant, c'est ce même gouvernement qui, suivant une doctrine en vogue, n'aurait jamais manqué une occasion d'intervenir « dans les affaires de Grèce ».

---

1. Cf. Täubler, I, 135-136. Ce qu'écrit Täubler (135) : «... da der Vertrag erst zwei Jahre nach der vom Feldherrn geschlossenen Allianz *an den Senat kam...* » est d'ailleurs inexact.
2. Liv. (P. ?) 26. 24. 15.
3. Kahrstedt, 485.

CHAPITRE SIXIÈME

La première guerre de Macédoine (suite)
(212-205).
Les Romains en Grèce. — Rome et la Grèce en 205.

Due à l'initiative intelligente d'un général avisé, l'alliance de Rome et de l'Aitolie, leur « guerre commune » [1] contre Philippe, est un événement considérable ou, du moins, a toutes les apparences d'un événement considérable. Pour la première fois, les Romains étendent à la Grèce leur action diplomatique et militaire ; pour la première fois, usant de la tactique naturellement indiquée, faisant ce que, depuis si longtemps, on se fût attendu à les voir faire, ils utilisent des Grecs contre la Macédoine ; pour la première fois, ils entrent en relations étroites avec un peuple hellène, contractent avec lui, s'engagent envers lui, s'associent à lui dans une entreprise concertée. Ajoutons que, par un enchaînement nécessaire, ils vont, pour la première fois, se trouver, des années durant, en contact amical ou hostile avec la Grèce entière [2].

Effectivement, aux Aitoliens, comme ceux-ci y ont compté, comme l'a prévu leur traité avec Laevinus [3], vont se joindre, outre leur lointain ami, Attale de Pergame, les trois peuples du Péloponnèse qui leur sont alliés, Éléens, Messéniens et Spartiates [4],

---

1. Cf. Liv. 29. 11. 2 : *commune adversus Philippum bellum* — (l'expression est employée là en parlant des Romains et d'Attale) ; 26. 25. 4 : — *memor (Philippus) Aetolici iunctique cum eo Romani belli* —.

2. Exception faite, naturellement, pour Athènes ; sur la situation particulière où paraît s'être trouvée l'Épire, ci-après p. 214, note 2.

3. Liv. (P). 26. 24. 9. Ci-dessus, p. 211.

4. C'est dans l'hiver de 211/210 (ou peut-être seulement au printemps de 210 : De Sanctis, III, 2, 421, note 65 ; 442) que les Lacédémoniens renouvellent leur alliance (datant de 220/219 : Pol. IV. 35. 5) avec les Aitoliens, et, après quelques hésitations, adhèrent à la coalition (cf. Pol. IX. 28—39). L'adhésion des Éléens, depuis longtemps alliés des Aitoliens, et des Messéniens est un peu plus ancienne (30. 6), comme aussi celle du roi

lesquels deviendront donc ainsi les auxiliaires des Romains. — Et, d'autre part, l'entrée des Aitoliens et de leurs alliés dans la lutte aura cette conséquence, singulière et pourtant inévitable, d'en modifier aussitôt le caractère : elle transformera dès le premier jour la guerre de Rome contre Philippe, le *Macedonicum bellum*, en une guerre « hellénique », faite par Rome à des Grecs. En effet, les Aitoliens et les Péloponnésiens de leur parti regardent comme ennemies, non la Macédoine seule, mais encore les nations qui sont ses alliées ou ses clientes, celles qui composent la Symmachie : c'est pourquoi les Romains les devront, eux aussi, tenir pour ennemies. Et comme c'est aux dépens de ces nations que les Aitoliens, leurs alliés grecs, Attale lui-même, prétendent s'agrandir ; comme, d'ailleurs, répandues sur les deux tiers de l'Hellade, bordant tous ses rivages, elles sont bien plus vulnérables que la Macédoine, trop éloignée, trop peu accessible et trop bien défendue, c'est contre elles, de préférence et presque uniquement, que seront dirigées par les amiraux de Rome les hostilités maritimes. Le traité de 212 l'indique déjà par avance. On y trouve esquissé, au profit de l'Aitolie, un large programme de conquêtes qui devront s'accomplir avec l'appui de la flotte romaine : non seulement Laevinus aidera les Aitoliens à ressaisir l'Akarnanie [1], mais, de plus, c'est aux Confédérés que seront livrées, « avec leurs territoires, les villes » prises par eux et les Romains unis ou par les Romains seuls, « à partir des frontières aitoliennes », dans toutes les directions, « jusqu'à la hauteur de Kerkyra » vers le Nord [2]. En

---

Attale (30. 7). Sur le traité *(foedus)* des Aitoliens avec Attale, que mentionne T. Live (P. ; 31. 46. 3), cf. ci-dessus, p. 207, note 3. — J'ai déjà dit qu'il n'y a nulle raison de croire, avec De Sanctis (III, 2, 415-416), à une entente directe entre Attale et les Romains ; cf. p. 95, note 3. Le texte de Justin (29. 4. 7) est sans importance.

1. Liv. (P.) 26. 24. 11 : — *darentque operam Romani, ut Acarnaniam Aetoli haberent.*

2. Liv. (P.) 26. 24. 11 : *urbium Corcyrae tenus ab Aetolia incipienti solum tectaque et muri cum agris Aetolorum, alia omnis praeda populi Romani esset* —. L'interprétation correcte de cette phrase a été donnée par Täubler, *Imp. Romanum*, I, 211 (cf. De Sanctis, III, 2, 414), et, avant lui, par Weissenborn, *ad h. l.* — Il me semble résulter des mots *Corcyrae tenus* que l'Épire était exclue du théâtre des opérations des alliés, en sorte qu'elle se trouva bénéficier d'une sorte de neutralisation. Ceci expliquerait bien la résolution que prennent en 212 les Akarnaniens d'envoyer en Épire leur population non combattante (Liv. (P.) 26. 25. 11-13 ; cf. Pol. IX. 40. 6), comme aussi le rôle de médiateurs que jouent, en 205, les stratèges épirotes entre Philippe et les Romains (Liv. (P.) 29. 12. 8-12). C'est avec raison que Täubler (I, 218 et note 3) a signalé l'importance de ce dernier fait. Les textes que lui oppose De Sanctis (III, 2, 435, note 91) — à savoir, Pol. XI. 5. 4 (ajouter

raison de ces précisions mêmes, les « villes » dont il est là question seront visiblement, non des villes de Macédoine, mais des villes helléniques appartenant aux « Symmachoi » — achéennes ou phocidiennes, béotiennes, lokriennes ou thessaliennes. Ainsi, à partir de 212, la guerre, faite en principe à Philippe, le sera, en réalité, aux peuples rangés sous son hégémonie beaucoup plus qu'à lui-même. Elle va mettre les Romains, ayant à leur côté quatre États grecs et, pendant une année, un prince asiatique, en conflit direct et prolongé avec le reste de la Grèce [1].

I

Il vaut la peine d'observer avec soin comment ils se comportent dans ces circonstances nouvelles, afin de pénétrer, s'il se peut, leurs intentions, d'en mesurer la portée et d'en préciser l'objet. Une question se pose naturellement, à laquelle il faut essayer de répondre : ces « ambitions », qu'on leur a prématurément attribuées en 229 et en 219, lors des deux guerres d'Illyrie, ne vont-elles pas maintenant s'éveiller en eux, prendre corps, inspirer leur conduite et déterminer leurs actes ?

Au premier abord, rien là que de possible. Sans doute, leur alliance avec l'Aitolie n'implique de leur part nul calcul ambitieux, aucune vue politique [2] : c'est seulement une nécessité d'ordre militaire qui leur en a suggéré l'idée. Ils ne l'ont pas conclue par choix

IX. 38. 5) : mention des Épirotes parmi les σύμμαχοι de Philippe ; Liv. (P.) 29. 12. 8 : taedio diutini belli *Epirotae — legatos de pace communi ad Philippum misere —* sont très peu significatifs. Ce qui le serait peut-être davantage, c'est ce qu'écrit Polybe sous la date de 208 (X. 41. 4) : ἦν δὲ καὶ παρ᾽ Ἠπειρωτῶν πρεσβεία (auprès de Philippe). Il semble bien qu'il s'agisse là d'une demande de secours adressée par les Épirotes à Philippe ; toutefois, la chose n'est pas certaine, et, même en ce cas, il se pourrait que les alarmes des Épirotes ne fussent point justifiées. Le fait est qu'à aucun moment nous ne voyons les Romains ni les Aitoliens rien entreprendre contre l'Épire. Et l'on conçoit, en effet, que les Romains n'aient pas voulu livrer aux appétits des Aitoliens un pays si proche de Kerkyra et de l'Illyrie romaine.

1. Cf., dans Polybe, les discours de l'Akarnanien Lykiskos (en 211/210) et du Rhodien Thrasykratès (en 207) : Pol. IX. 38. 5 ; 38. 9 ; XI. 5. 4 ; 5. 7.

2. C'est ce que méconnaît entièrement G. Colin *(Rome et la Grèce,* 21) lorsqu'il affirme que Rome ne s'est unie aux « Étoliens, peuple peu recommandable », que « pour s'immiscer dans les affaires de la Grèce ».

délibéré, mais sous la contrainte d'un besoin pressant, pour se couvrir d'un danger soudain ; si Laevinus y a recouru, c'est à l'improviste, en un moment critique, comme à un expédient, le meilleur qui s'offrît ; dans l'histoire extérieure de la République elle n'est rien de plus qu'un accident. Mais il se peut que de cet accident naissent sans tarder d'amples conséquences et qu'il soit le point de départ de grandes nouveautés. Il se peut que, devenus les alliés des Aitoliens, les Romains regardent plus loin que l'objet immédiat et borné en vue duquel l'alliance a été faite. Il se peut qu'amenés en Grèce par le seul jeu des circonstances, ils jugent l'occasion bonne d'y prendre un pied solide. Il se peut surtout qu'entrés en contact avec les nations grecques, le désir leur vienne de « s'assurer » parmi elles, au détriment de la Macédoine, « la place prépondérante »[1], et que, non contents de paralyser Philippe et de l'écarter d'Hannibal, ils méditent de l'affaiblir à demeure en ébranlant l'autorité qu'il exerce sur l'Hellade. Ces dernières « ambitions », notons-le, n'auraient rien que de très naturel et de fort raisonnable ; elles marcheraient de pair avec l'intérêt politique ; car, si la Macédoine se trouve être un grand État, par suite un État redoutable à Rome même, c'est qu'elle a débordé sur la Grèce et qu'elle la tient, pour plus de moitié, dans son obéissance : l'obliger d'y lâcher prise serait, semble-t-il, lui porter un coup désastreux, et donc faire œuvre de sagesse. Il se peut que les Romains y songent. Bref, il se peut qu'ils commencent à remuer les grands desseins qu'on les verra, à partir de 200, accomplir avec tant d'énergie, qu'ils en préparent déjà l'exécution, et qu'ainsi la première « guerre de Macédoine » annonce la seconde et lui ouvre les voies. — C'est l'analyse attentive des faits qui nous doit montrer s'il en est vraiment ainsi.

II

« La Grèce », écrit un historien, était « un pays qui, dans le plan méthodique de l'expansion de Rome » — ce plan dont les modernes parlent avec autant d'assurance que s'ils le tenaient étalé sous leurs yeux — « était marqué pour être une de ses premières con-

1. G. Colin, *Rome et la Grèce*, 70.

quêtes » [1]. A vrai dire, jusqu'ici il n'y paraissait guère, et, maintenant encore. il n'y paraît pas davantage. Un point parfaitement net, en effet, c'est que les Romains, qui portent à présent leurs armes en Grèce, sont décidés à n'y faire aucune annexion. Ceci résulte d'abord du texte des conventions souscrites par Laevinus. Il y est dit, on se le rappelle, que les villes et les contrées tombées au pouvoir des alliés seront la propriété des Aitoliens ; le Peuple romain ne se réserve que le butin [2]. Avant que la guerre ne commence, les Romains prennent ainsi l'engagement solennel de ne pas retenir une parcelle de sol hellénique [3] Cet engagement, ils n'y manqueront jamais ; et combien peu il leur coûte, à quel point il exprime leur volonté véritable, c'est ce que montrent, dans les premières années des hostilités, deux circonstances dignes d'attention. — En 212, M. Laevinus s'empare de Zakynthos (moins

1. G. Colin, *Rome et la Grèce*, 89.

2. Liv. (P.) 26. 24. 11 (texte précédemment cité). — Les arrangements pris avec Attale sont semblables : cf. Liv. (P.) 31. 45. 7 ; 46. 16 (ann. 199) ; en 208, Oréos est laissée par Sulpicius au roi de Pergame (qui d'ailleurs ne la garde point): cf. 28. 7. 10. Toutefois, il semble que le partage du butin entre les Romains et Attale soit alors de règle : 7. 4.

3. On voit par Polybe (XVIII. 38. 8-9) qu'en 197, aux conférences de Tempé, T. Quinctius, répliquant au stratège aitolien Phainéas, affirma qu'aux termes de l'alliance de 212 les Romains n'étaient pas tenus de remettre aux Aitoliens les villes qui leur avaient fait spontanément *deditio*, sans qu'ils eussent eu besoin de recourir contre elles à la force : (38. 9) εἴ τε καὶ μένειν ἔτι τὴν συμμαχίαν (de 212), δεῖν αὐτοὺς (τοὺς Αἰτωλοὺς) κομίζεσθαι καὶ παραλαμβάνειν, οὐκ εἴ τινες ἐθελοντὴν σφᾶς εἰς τὴν Ῥωμαίων πίστιν ἐνεχείρισαν, — ἀλλ᾽ εἴ τινες κατὰ κράτος ἑάλωσαν. Il résulterait de là que les Romains auraient disposé en toute liberté des villes de cette catégorie, et que, par conséquent, ils les auraient pu garder pour eux-mêmes. — Contrairement à l'opinion de Täubler *(Imp. Romanum*, I, 212-213), je ne puis croire qu'une stipulation de cette sorte ait été insérée au traité conclu par Laevinus ; le résumé de ce traité, tel qu'on le lit chez T. Live (26. 24. 8-13) d'après Polybe, ne laisse rien supposer de pareil : nulle distinction n'y est faite (24. 11) entre les villes réduites par la force et celles qui seraient reçues à capitulation. Ce que nous trouvons, je pense, dans le passage précité de Polybe, c'est simplement l'interprétation qu'il plaît à T. Quinctius de donner, après coup, du traité de 212, afin d'ôter tout fondement juridique aux réclamations de Phainéas, qui s'autorise de l'ancienne alliance aitolo-romaine pour revendiquer les villes de Phthiotide récemment tombées en la possession des Romains (Pol. XVIII. 38. 7). Et l'on peut observer, à ce propos, que, si le traité avait été rédigé de la façon qu'indique T. Quinctius, il serait bien étrange que Phainéas en eût prétendu tirer argument à l'appui de ses revendications. — Mais, au reste, à supposer justifiée en droit et conforme au texte du traité la thèse du proconsul, une chose est certaine : cette stipulation qu'il allègue, les Romains, pendant la première guerre de Macédoine, ne s'en sont jamais prévalus pour s'approprier aucune ville hellénique, bien que, selon toute apparence, il s'en soit trouvé plus d'une qui leur ait ouvert spontanément ses portes. On aurait donc ici une nouvelle preuve de leur ferme volonté de ne rien annexer en Grèce.

l'acropole) [1] ; en 210, P. Sulpicius prend Aigine [2]. Les deux îles, en exécution du pacte d'alliance, sont aussitôt remises aux Aitoliens [3]. Mais ce sont là pour les Confédérés des acquisitions superflues ; n'ayant point de marine, ils ne les sauraient garder, ils n'en ont que faire [4] : c'est pourquoi les Romains pourraient obtenir d'eux d'en demeurer les maîtres. Les Aitoliens tiennent si peu à Aigine que, tout-à-l'heure, ils la céderont à Attale moyennant une indemnité dérisoire de trente talents [5] ; si Sulpicius s'en était porté acquéreur, nul doute que le marché n'eût été conclu en sa faveur. Mais les généraux romains ne songent à s'assurer la possession ni d'Aigine ni de Zakynthos ; rien ne leur a été prescrit à cet égard ; ils en font du premier coup l'abandon définitif, si bien que la seconde de ces îles retombera prochainement aux mains de Philippe [6], et que la première va devenir à jamais une dépendance du royaume de Pergame. Or, on sait l'importance maritime de l'une et de l'autre. Zakynthos, nous l'avons dit déjà [7], est une escale quasi nécessaire sur la route qui conduit d'Italie en Grèce : c'est pour ce motif que, vingt ans plus tard, T. Quinctius la disputera, l'arrachera, avec tant d'âpreté, aux Achéens qui s'en sont furtivement saisis pendant la guerre aitolo-syrienne [8] : et point n'est besoin de rappeler l'admirable situation d'Aigine qui, placée à distance égale de l'Isthme et du Pirée et les surveillant à la fois, commande toutes les relations de Corinthe, d'Athènes, de l'Argolide avec la Mer Aigée. Le facile renoncement des Romains à deux stations si précieuses est la preuve assurée qu'ils ont, dans le présent, la volonté réfléchie de ne rien acquérir en pays grec ; et peut-être le même fait nous éclaire-t-il aussi sur leurs disposi-

---

1. Liv. (P.) 26. 24. 15. J'adopte la date — automne 212 — donnée par Niese, II, 478.

2. Pol. IX. 42. 5-8 ; cf. XI. 5. 8 ; XXII. 8. 9.

3. Cession d'Aigine aux Aitoliens : Pol. XXII. 8. 10. — Cession de Zakynthos : Liv. (P.) 26. 24. 15 ; cf. De Sanctis, III, 2, 418. Je ne vois pas sur quoi se fonde Weissenborn (ad h. l.) pour nier la cession.

4. Cf. les remarques de De Sanctis (III, 2, 420) au sujet d'Aigine.

5. Pol. XXII. 8. 10 ; cf. De Sanctis, III, 2, 420-421.

6. Cf. Liv. (P.) 36. 31. 10-11. On ne sait à quel moment précis Zakynthos redevint macédonienne. Selon De Sanctis (III, 2, 430, note 87), l'événement est postérieur à 208 ; effectivement, il ne semble pas possible qu'il se soit produit plus tôt, puisque, jusqu'à la fin de 208, les Romains sont maîtres de la mer.

7. Cf. ci-dessus, p. 160.

8. Cf. Liv. (P.) 36. 31. 10 ; 32 (ann. 191).

tions concernant l'avenir : si, vers l'an 210, le Sénat avait eu, comme certains l'imaginent, l'arrière-pensée d'imposer, dans un temps plus ou moins prochain, la domination romaine à l'Hellade ; s'il avait, en conséquence, envisagé la nécessité où il se trouverait peut-être de faire séjourner longuement dans les mers grecques les flottes de la République, n'est-il pas probable qu'instruits de ses vues secrètes, Laevinus et Sulpicius eussent montré moins de détachement ?

Tant y a qu'un premier point est hors de doute : les ambitions des Romains, si vraiment ils en ont, ne sont pas conquérantes. Ils ne pensent pas à s'établir en Grèce ; ils n'y garderont ni terre ni ville ; les conquêtes qu'ils y feront, ils ne les feront que pour autrui, pour l'Aitolie, pour les alliés de l'Aitolie, pour Attale[1]. Mais il reste que leurs ambitions supposées peuvent être politiques. Il est possible qu'ils visent à faire prévaloir dans l'Hellade leur autorité, ou tout au moins leur influence. Tel serait le cas selon quelques historiens. L'un d'eux affirme[2] que, « depuis la guerre d'Illyrie, Rome était résolue à établir sa suprématie sur le monde hellénique » ; il est d'avis que, de 212 à 205, le Sénat fait preuve en Grèce d'une extrême activité, s'y montre « habile » autant que « peu scrupuleux », manœuvre suivant un « plan » arrêté et « qui réussit à merveille », et qu'en fin de compte, à la faveur de la guerre contre Philippe, il réussit à « s'immiscer de plus en plus dans les affaires du monde grec », et « l'enveloppe » déjà d'un « réseau d'intrigues menaçantes »[3]. Ainsi, dès le temps de cette guerre, les

---

1. Oiniadai, Nasos, Zakynthos, Antikyra (de Phocide), Aigine sont conquises pour les Aitoliens ; Dymai (cf. Liv. (P.) 32. 22. 10 ; Paus. VII. 17. 5) a été probablement, avec leur autorisation, livrée aux Éléens. Oréos a été laissée à Attale ; c'est pour lui aussi que Sulpicius essaie de s'emparer de Chalkis (cf. Liv. (P.) 28. 8-12), et c'est lui qui fût resté maître de Lemnos, si l'île avait été conquise (cf. 5. 1).

2. G. Colin, *Rome et la Grèce*, 89.

3. G. Colin, 41 ; 43 ; 44 ; 49 ; 51. — Pour donner idée de l'activité diplomatique du Sénat, G. Colin fait cette remarque (43) : « Une arme merveilleuse... était tombée entre ses mains, le traité passé entre Philippe et Hannibal... ; comme *un des articles portait que Philippe, avec l'appui des Carthaginois, étendrait sa domination sur une grande partie de la Grèce*, on ne dut pas manquer de lui donner toute la publicité possible, de façon à réveiller les craintes de chaque cité au sujet de son indépendance. » Tout ceci est pure imagination. G. Colin n'a pas pris garde que le traité de Philippe et d'Hannibal, auquel il se réfère (Liv. 23. 33. 10—12 ; App. *Maced.* 1 ; Dio-Zonar. IX. 4. 2), est le traité apocryphe, fabriqué par les Annalistes, et sans nul rapport avec le traité authentique que nous fait connaître

Romains commenceraient d'avoir une politique hellénique et de
la pratiquer avec suite et succès. C'est ce qu'il faut vérifier ; et,
pour le vérifier, il y a lieu d'examiner la conduite qu'ils tiennent, soit avec les Hellènes alliés de la Macédoine, soit avec leurs
propres alliés, les Aitoliens.

III

Les Romains ont promis de ne faire et ne feront en Grèce aucune
annexion ; mais ils entendent pourtant n'y pas demeurer les mains
vides. Non seulement la guerre y devra nourrir la guerre : il convient qu'elle leur soit une source de profits. A cet effet, dès le
premier moment, ils ont pris leurs précautions. Cette même
clause, déjà mentionnée, du traité de 212, qui attribue à l'Aitolie la propriété de toutes les villes conquises, leur confère
à eux-mêmes le droit de les vider à fond, d'en enlever tout ce qui
peut être pris, hommes, femmes, enfants, bêtes et meubles, et de ne
laisser en place que « les toits et les murs »[1] Or, on l'a vu plus
haut, les villes conquises seront des villes helléniques, situées dans
les États de la Symmachie. Ainsi, c'est sur les peuples alliés
de Philippe que les Romains ont résolu d'assouvir leur cupidité ;
et, dès le premier moment, afin de l'assouvir, ils ont résolu de faire
à ces peuples une guerre atroce et sans merci.

Le fait est singulier et vaut qu'on s'y arrête. Certes, que les
Aitoliens et les Grecs amis de l'Aitolie mènent âprement la lutte
contre les nations de la Symmachie, rien de plus naturel. Ces
nations sont, pour la plupart, leurs ennemies d'ancienne date ;
ils sont contre elles animés de vieilles haines ; ils ont sur elles des
revanches à prendre, des représailles à exercer ; ils leur veulent
rendre les coups qu'ils en ont reçus dans la guerre-des-Alliés,
et c'est seulement de leurs dépouilles qu'ils peuvent s'accroître.
Mais ce qui est naturel des Aitoliens et de leurs alliés grecs ne l'est
pas des Romains. Pour ceux-ci, les « Symmachoi », si étroits que

Polybe. — D'autre part, il ne faudrait pas oublier que le Sénat, comme on l'a vu plus
haut, s'abstint durant deux ans de ratifier le traité conclu par Laevinus avec les Aitoliens :
ce n'est pas là le signe d'une grande activité diplomatique.

1. Liv. (P.) 26. 24. 11 (texte précédemment cité) ; cf. Pol. IX. 39. 3 ; XI. 5. 4-5 ; XVIII.
38. 7.

soient leurs liens avec la Macédoine, ne sont pas, n'ont jamais été des ennemis. Rome n'a point avec eux de querelle propre. Ils ne se sont pas déclarés contre elle ; s'ils figurent en bloc, à côté de Philippe, dans le traité conclu avec Hannibal [1], c'est manifestement sans avoir été consultés. Ils n'ont point pris part aux expéditions du roi en Illyrie [2] ; ils ont gardé, durant ces entreprises, une neutralité exacte et prudente ; et Laevinus a pu savoir que le chef vénéré des Achéens, Aratos, s'est efforcé de détourner Philippe de faire la guerre à Rome, a même refusé de l'accompagner lors de sa seconde tentative contre Apollonia [3]. A l'endroit du Peuple romain, les nations qui dépendent de la Macédoine sont donc sans reproche. Les Romains n'ont contre elles ni griefs ni rancunes ; ils n'ont aucun motif de leur être hostiles, aucun, sinon qu'ils se trouvent être fortuitement les alliés de l'Aitolie [4], dont ils ont promis de servir les convoitises et les vengeances. — Mais, en revanche, s'ils ont enfin projeté d'avoir une politique hellénique, il semble que leur intérêt bien compris les devrait incliner à traiter ces nations avec quelque ménagement.

En effet, il est aisé de se figurer ce que doit être, dans ses lignes générales, une telle politique. Dirigée, non contre les Grecs, dont Rome ne saurait rien craindre, mais contre les souverains macédoniens, ennemis du Peuple romain, elle aura nécessairement pour premier objet de mettre fin à leur domination sur la Grèce. Toute ingérence active et prolongée des Romains dans les « affaires de Grèce » implique la ruine de cette domination. Faire en sorte que la Macédoine cesse d'être puissance hellénique ; abolir l'œuvre des grands Argéades, poursuivie et complétée par les Antigonides ; isoler la Macédoine de la Grèce, détacher la Grèce de la Macédoine ; par suite, dissoudre la confédération restaurée

1. Les alliés de Philippe sont mentionnés à trois reprises dans ce traité ; Pol. VII. 9. 1 ; 9. 5 ; 9. 7.

2. Cela paraît vrai même des Thessaliens, bien que directement soumis à Philippe ; cf. Liv. (P.) 26. 25. 5 : c'est seulement, semble-t-il, en 211 que le roi essaie de leur faire prendre les armes.

3. Pol. VII. 13. 1 ; cf. Plut. *Arat.* 51 : il s'agit là de l'expédition dirigée, en 214, par Philippe contre Apollonia ; cf. Niese, II, 471 et notes 2 et 3.

4. Cf. Liv. (P.) 27. 31. 10 : *Achaei — infensi Aetolis, quos Romanum quoque adversus se movisse bellum credebant.*

par le troisième Antigone, distraire de Philippe les « Symmachoi » ;
substituer à la Grèce vassale ou sujette des Macédoniens une
Grèce amie et cliente de Rome, respectueuse de son autorité, docile
à ses volontés ; puis, opposer cette Grèce amie de Rome aux rois
de Macédoine, comme on leur a naguère opposé les villes et les
tribus de la Basse-Illyrie placées sous la tutelle romaine ; bref,
développer, élargir, étendre aux pays grecs le système jusque-là
borné à l'Illyrie : voilà, si le gouvernement romain a des desseins sur la Grèce, dès l'instant que ces desseins ne sont point
conquérants, en quoi ils devront consister. Visiblement, ici, le
point capital sera d'enlever à Philippe ses alliés. Pour y réussir,
il est clair qu'on aura le choix de deux méthodes : on pourra soit
employer la violence, soit, sans négliger l'intimidation, recourir
aux voies de douceur, user de séduction et de persuasion ; soit
contraindre les « Symmachoi » à rompre leur union avec la
Macédoine, soit, en se les conciliant, les amener à se séparer
d'elle. De ces deux méthodes, il semble bien qu'on devra pré-
férer la seconde : c'est elle qui coûtera le moins d'effort, et les
œuvres de la violence risquent toujours d'être précaires. Donc,
procéder avec les Grecs alliés de l'Antigonide à peu près de
même façon qu'Hannibal, par exemple, a tenté de faire avec
les Italiens alliés de la République ; rassurer les « Symmachoi »
et, en les rassurant, les gagner ; s'appliquer à les convaincre que
le Peuple romain travaille pour eux, sert leurs intérêts, ne
prétend que les affranchir d'un despotisme étranger ; les attirer
ainsi à son côté, les déterminer à s'unir à lui par des liens
d'alliance ou d'amitié : c'est là, le jour où il plaira au Sénat d'avoir
en Grèce une politique, ce que lui devra conseiller la prudence.

Ce ne sont point ici, qu'on le veuille bien remarquer, jeux
d'imagination ni spéculations théoriques. La politique dont nous
esquissons les traits — hostile à la Macédoine et, cependant, favorable par système aux « Symmachoi » et à tous les Hellènes, anti-
macédonienne et « philhellénique » à la fois — sera dans peu
d'années une réalité. C'est celle qu'adoptera le Sénat, au printemps de l'an 200, lorsqu'il se déclarera en face de Philippe le protecteur de tous les peuples grecs, et qu'il enverra ses légats porter,
sitôt débarqués en Grèce, des assurances d'amitié, non seulement
aux Aitoliens, qui sont les ennemis du roi, mais aux Épirotes et

aux Achéens, alliés de la Macédoine [1]. C'est à la mettre en pratique que l'agent le plus avisé du gouvernement romain, T. Quinctius, emploiera, avec plus de zèle que de succès, ses soins continus et son habileté trop vantée. C'est elle enfin qu'à Rome on se flattera — très prématurément, il est vrai, — d'avoir fait triompher en 196. Or, cette politique, qui sera la sienne à partir de 200, le Sénat en pourrait sans doute avoir l'idée douze ans plus tôt ; et c'est même à quoi l'on s'attendrait, si, comme certains le prétendent, la Grèce est depuis longtemps l'objet de ses préoccupations et de ses visées. Mais, en ce cas, les *Patres* et les généraux qui reçoivent leurs ordres devraient s'apercevoir qu'il y a contradiction entre ce rôle d'alliée de l'Aitolie, qui oblige Rome à combattre les « Symmachoi », et les motifs d'intérêt général qui l'invitent à les ménager ; et, s'apercevant de la contradiction, ils devraient, semble-t-il, faire effort pour l'atténuer : je veux dire que — les Akarnaniens mis à part, qu'ils se sont engagés à replacer sous le joug aitolien — ils devraient, bien qu'en guerre avec eux, montrer quelque indulgence aux peuples jusque-là dépendants de la Macédoine, les traiter tout au moins sans excès de dureté, éviter de les exaspérer, veiller, en considération de l'avenir, à ne point transformer en ennemis durables ces adversaires d'occasion.

Et qui sait ? peut-être pourraient-ils faire davantage, s'engager déjà dans la voie tout-à-l'heure indiquée, mêler les négociations à la guerre, moins combattre que négocier. Si Laevinus, si, après lui, Sulpicius s'informaient de ce qui s'agite en Grèce, se renseignaient sur l'état de l'opinion, daignaient s'éclairer, observer, réfléchir, bien des choses leur seraient révélées, dont eux-mêmes et leur gouvernement pourraient faire leur profit. Ils n'ignoreraient point que, toute compacte et bien liée qu'elle paraisse être encore, la Symmachie est travaillée de troubles intérieurs qui l'ébranlent et la rendent chancelante. Il leur apparaîtrait qu'à la vérité, les sentiments qu'inspire Philippe aux Grecs sont confus et divers [2], variables suivant le moment, les lieux, surtout suivant le rang social de ceux qui les éprouvent, mais que, nulle part, l'autorité du roi, com-

1. Pol. XVI. 27. 4.
2. Voir ce que dit T. Live, d'après Polybe, des sentiments incertains et contradictoires des Achéens en 198 : 32. 19. 9-10.

promise par ses excès mêmes, n'est ni si facilement acceptée, ni si fermement établie qu'on le croirait d'abord ; qu'il n'a point ses alliés dans la main ; qu'ancien ou récent, l'antagonisme est aigu entre lui et nombre d'Hellènes, et que l'hostilité traditionnelle contre la Macédoine persiste chez les uns, s'est ranimée et reprend force chez les autres.

Ils s'aviseraient, par exemple, que, sans doute, la nation thessalienne, naturellement si inquiète et si turbulente [1], si impatiente de toute discipline, ne s'est pas résignée à l'état de sujétion [2] où, sous couleur d'alliance, l'ont réduite les Antigonides. Seize ans seulement se sont écoulés depuis l'effort violent qu'elle a fait pour se détacher d'eux [3] : comment, en un temps si court, la volonté d'être libres se serait-elle éteinte chez les Thessaliens ? A vrai dire, pendant ces seize ans — et c'est de quoi plus d'un s'est étonné [4] — ils ont su se contenir, observer un calme apparent ; mais les gens avertis croient savoir qu'ils n'en sont pas moins dévorés de cette « soif » d'indépendance, que Philippe déclarera plus tard « inextinguible » [5]. Aussi bien, en plus d'une rencontre, le roi les a sentis rétifs à ses volontés. On cite ce fait (et les Romains le pourraient connaître), qu'invités par lui à procéder à de larges naturalisations d'étrangers qui les aideraient à combler les vides de leur population, les Lariséens se sont, six ans de suite, dispensés de lui obéir [6]. Cet entêtement dans l'indocilité, seule forme d'opposition qu'ils puissent alors se permettre, en dit long sur les sentiments que nourrissent envers leur suzerain les peuples de la Thessalie centrale. Plus au Sud, en Phthiotide, le souvenir dure toujours du châtiment féroce infligé, cinq ans plus tôt, par Philippe aux Thébains [7], coupables seulement d'avoir repoussé la force par la force. Et quant aux habitants de la Magnésie, c'est chose connue qu'ils s'indignent de l'humiliant honneur qu'a fait le roi à leur grande cité, Démétrias, en la choisissant pour seconde capitale, et que le voisinage des garnisaires macédoniens, la vue du château royal dressé au milieu

---

1. Cf. Liv. (P.) 34. 51. 5.
2. Cf. Pol. IV. 76. 1-2.
3. Cf. Just. 28. 3. 14 ; Trog. *prol.* 28 ; ci-dessus, p. 120, 121.
4. Voir les réflexions de Polybe, VII. 11. 4-5.
5. Cf. Liv. (P.) 39. 26. 7-8.
6. Dittenberger, *Sylloge* ², 239 ; cf. Mommsen. *Ges. Schrift.* IV, 50.
7. Pol. V. 99. 8 ; cf. Liv. (P.) 28. 7. 12.

de la ville, en leur rendant sans cesse présente l'image du maître, irritent leur farouche ennui [1].

L'Achaïe, à l'autre extrémité de la Grèce, semble un des éléments les plus solides de la Symmachie. Rallier les Achéens à la Macédoine, transformer le vieux rebelle Aratos en un client respectueux de sa maison, ç'avait été le chef-d'œuvre d'Antigone. Cependant, à y bien regarder, nulle part peut-être Philippe ne compte plus d'adversaires. Ce sont d'abord les hommes du parti vraiment national [2], les purs Achéens, qui n'ont pu se résigner à la volte-face d'Aratos, persistent à tenir pour déshonorante l'union contractée avec Antigone, s'indignent après douze ans comme au premier jour de voir « l'Acrocorinthe livrée aux mercenaires illyriens et gaulois » [3], et pour qui le roi de Macédoine, quel qu'il soit, quoi qu'il fasse, ne sera jamais que l'oppresseur des libertés grecques : comment ces irréconciliables supporteraient-ils sans frémir la dure hégémonie de Philippe ? Et ce sont aussi, en grand nombre, des représentants du parti contraire, politiques de l'école d'Aratos, favorables d'abord à l'alliance macédonienne, mais revenus maintenant de leurs longues illusions. Ceux-ci, apparemment, ne pardonnent point à Philippe leurs « blessures propres » [4], comme ils disent : les tristesses et les amertumes parmi lesquelles, aux derniers temps de sa vie, a langui leur chef ; sa mort suspecte, déclarée par lui-même être « un présent de l'amitié du roi » [5], et l'outrage sans nom fait au second Aratos. Mais peut-être lui pardonnent-ils moins encore leurs déconvenues et leurs mécomptes, l'immense déception qu'il leur a causée, l'erreur, risible si elle n'était tragique, où ils sont tombés à son sujet, lorsqu'ils se sont persuadé ingénument que ce souverain, le plus entier, le plus violemment personnel, le plus passionné d'ambition qui fut jamais, resterait toujours le « sage jeune homme » [6] qui les avait d'abord charmés, se laisserait docilement mener aux

---

1. Cf. Liv. (P.) 35. 31. 9. — Sur les sentiments des Magnètes à l'égard de Philippe : 35. 31. 5-6 ; 31. 11-12 (ann. 192).

2. Pour les sentiments de ce parti, voir Plut. *Cleom.* 16. 2-4 ; *Arat.* 38. 3.

3. Cf. Plut. *Arat.* 38. 3.

4. Cf. Liv. (P.) 32. 21. 22 : *nostrorum ipsi vulnerum — obliviscamur eqs.* (discours d'Aristainos à la diète de Sikyone en 198).

5. Pol. VIII. 12. 5.

6. Cf. Plut. *Arat.* 51.

lisières par le vigilant Aratos [1], et bornerait sa gloire à n'être que
« le général de la Grèce libre » [2]. A présent, ces chimères sont loin,
et les patriotes achéens, tous également attachés à la poursuite
du même dessein, rêvant tous avec la même ferveur d'une grande
Achaïe qui comprendrait tout le Péloponnèse et les îles environ-
nantes, ne peuvent que s'irriter et gémir en commun de la ruine
de leurs espérances. Car l'affligeante vérité se découvre à tous les
yeux : tant que Philippe sera le maître, il n'y a point à compter
que le territoire fédéral élargisse ses frontières. Si, lors de la guerre-
des-Alliés, il a daigné rendre à la Ligue quelques-unes de ses
villes occidentales — Psophis, Lasion et Stratos — reprises
aux Éléens [3], en revanche, il s'est adjugé la plus large part des
conquêtes faites dans cette même guerre : Alipheira, qui pourtant
appartenait aux Mégalopolitains, Phigalie, et toute la Triphylie [4].
Par ces possessions nouvelles, qui s'ajoutent à celles qu'il tenait
d'Antigone et qui font corps avec la grande place d'Héraia, il a
pris de fortes racines à l'ouest comme à l'est de la péninsule, et
l'on sait bien qu'il ne songe qu'à s'y implanter davantage. Ses
visées sur l'Élide se sont révélées dès 218 : dès ce temps-là sans
doute il l'eût soumise à son autorité, si Aratos, éventant ses
projets, ne les eût traversés [5] ; depuis, par l'annexion de la Triphylie, par celle de Zakynthos, il a réussi tout au moins à mettre
doublement sous ses prises le pays convoité. Mais l'injure toujours nouvelle et saignante au cœur des Achéens, ce sont ses entreprises répétées contre la Messénie [6] : d'abord, en 215, ses manœuvres louches qui ont provoqué de si sanglants conflits et le massacre

1. Cf. Plut. *Arat.* 48. 2.

2. J'emprunte cette expression si juste à Fustel de Coulanges *(Quest. historiques,* 163) :
« Aratos se trompa au point... de croire contraindre Philippe à n'être que le général de
la Grèce libre. »

3. Pol. IV. 72. 6-7 ; 73. 2 ; cf. ci-dessus, p. 164, note 6 ; F. Arci, *Il Peloponn. al tempo
della guerra sociale (Studi di stor. ant.* II), 154.

4. Pol. IV. 80. 15 ; cf. Liv. (P.) 28. 8. 6 ; 32. 5. 4-6 ; Arci, 155. — Sur les rapports d'Alipheira avec Mégalopolis, Pol. IV. 77. 10 ; Liv. (P.) 28. 8. 6. — Pour Phigalie, Pol. IV.
79. 8 ; Arci, 151.

5. Cf. Pol. IV. 84—85, avec les observations de Niese (II, 447 et note 2) et de M. Nicolaus, *Zwei Beitr. zur Gesch. König Philipps V,* 34-36.

6. Cf., en général, Niese, II, 470-472, et les intéressantes remarques de M. Nicolaus,
63 suiv. — Sur la gravité que prit aux yeux des Achéens la question messénienne, Plut.
Arat. 49—51.

de près de deux cents notables messéniens [1] ; puis, un an plus
tard, ses attentats déclarés : le coup tenté par Démétrios sur
Messène, et l'horrible ravage des campagnes par l'armée macédonienne [2]. Sûrement, s'il trouve un jour le biais favorable, Philippe,
suivant le conseil donné par le Pharien, prendra la bête — le
Péloponnèse — aux deux cornes [3] : déjà maître de l'Acrocorinthe,
il se saisira de l'Ithôme, et, ce jour-là, c'en sera fait de l'αὔξησις [4]
éternellement souhaitée, de la Grande-Achaïe. Telles sont les sombres
prévisions qui attristent l'esprit des Confédérés : dans l'avenir,
s'il reste fort et puissant, leur étrange « hégémon » sera l'obstacle certain où se briseront leurs ambitions sacrées. Mais,
cependant, dans le présent, sa politique, brutalement personnelle,
les expose aux pires dangers. Autour d'eux, depuis 214, ils ont
vu, par sa faute, s'étendre l'influence de l'Aitolie, et grandir à
leurs portes le nombre de leurs ennemis. La moitié du Péloponnèse
leur est maintenant hostile : à leurs vieux adversaires, Éléens et
Spartiates, se joignent les Messéniens, jetés par les trahisons du
roi hors de la Symmachie [5]. Et voici, par surcroît, que son
inquiétude et ses témérités, ses desseins démesurés, sa folle
alliance avec Hannibal ressuscitent la guerre hellénique [6], fournissent aux Aitoliens une occasion de revanche, leur procurent des
secours inespérés et — ce que naguère on n'eût jamais pu croire —
attirent sur l'Achaïe la terreur des armes romaines. Ce sont là les
derniers fruits, singulièrement amers, de l'alliance macédonienne.
En son meilleur temps, cette alliance n'a jamais été qu'un mal
utile ; elle semble, étant donné ce que Philippe en a fait, n'être
plus qu'un mal pernicieux. C'est pourquoi beaucoup, parmi
les Achéens, l'ont répudiée en secret ; c'est pourquoi la Ligue
renferme plus d'un Aristainos qui, déjà, songe à s'en délivrer,
interroge l'avenir, compte sur l'heure opportune, imagine avec
complaisance un désastre de l'ancien allié, un bienfaisant désas-

---

1. Cf. ci-dessus, p. 197-198. — Plut. *Arat.* 49. 2—50. 1 ; Liv. (P.) 32. 21. 23. Le meurtre
de Kharitélès de Kyparissia (Liv. *ibid.)* peut être rapporté à ces circonstances.

2. Ci-dessus, p. 202.

3. Cf. Pol. VII. 12. 3.

4. Cf. Pol. XVIII. 13. 9.

5. Ci-dessus, p. 203.

6. Remarquer avec quel soin, en 209, Philippe rejette sur les Aitoliens la responsabilité
de cette guerre et prend ses alliés à témoin de sa volonté pacifique : Liv. (P.) 27. 30. 14.

tre, où l'on gagnerait de recouvrer Corinthe, et d'acquérir dans
le Péloponnèse tout ce qu'ont usurpé les Macédoniens. — Et
Philippe n'ignore pas leurs pensées ; il suit d'un clair regard le travail qui se fait contre lui dans les esprits ; il sent que l'Achaïe se
dérobe et glisse aux trahisons, si bien que tout-à-l'heure, pliant
aux circonstances, faisant au feu sa part, il va promettre aux Confédérés de leur céder Héraia, Alipheira et la Triphylie[1].

D'autres nations, par exemple la Béotie[2], l'Eubée[3], peuvent
être plus fidèles, tenir à la Macédoine par de plus fermes liens.
Pourtant, là comme ailleurs, là comme partout, Philippe a des
ennemis sournois ou déclarés, ardents à souhaiter sa perte ; il en a
jusque chez les Akarnaniens[4], d'une loyauté d'ailleurs si éprouvée.
C'est qu'en effet, s'il a su d'ordinaire se rendre favorables les
« masses » — les ὄχλοι, les πολλοί — la plèbe indigente, cette
multitude grondante de misérables qui, dans tout État grec,
forme à présent le peuple, en revanche, et par une compensation
nécessaire, il s'est le plus souvent aliéné la bourgeoisie des cités,
la classe possédante et dirigeante, — les « gens bien pensants »[5],
comme on les appelle, — ces *boni* et ces *optimates*, futurs courti-
sans, clients et protégés de T. Quinctius. Pour en être assurés,
les Romains n'auraient qu'à ouvrir les yeux. Ils s'apercevraient
que, dans chaque ville de la Symmachie, il se trouve, en plus
ou moins grand nombre, des hommes de cette classe[6] pour
former le noyau, qui pourra grossir, d'une faction anti-macé-

---

1. En 208 : Liv. (P.) 28. 8. 6. Noter que T. Live, dans ce passage, écrit à tort :
reddidit *(Philippus) inde Achaeis Heraeam eqs.* Il ne se peut agir que d'une promesse
(cf. Arci, 150) ; la preuve en est que la cession n'aura lieu qu'en 199 : 32. 5. 4-6.

2. Sur l'attachement traditionnel et obstiné des Béotiens aux Antigonides : Pol. XX.
5. 13 ; cf. XVIII. 43. 3 ; XXII. 4. 6 ; XXVII. 2. 7, etc. ; Liv. (P.) 42. 12. 5 : — *Boeotorum
gentem captatam Philippo.* — Les faits qui se passeront dans l'hiver de 197/196 seront
particulièrement caractéristiques : Pol. XVIII. 43. 1-12 ; Liv. (P.) 33. 28—29. — *Principes* opposés à Philippe, à la même époque : Pol. XVIII. 43. 5-6 ; Liv. (P.) 33. 1. 7 ; 2. 6 ;
27. 9 ; 28. 5-15 ; 29. 1 ; cf. Pol. XXII. 4. 4-10 ; 4. 16.

3. Cf. Liv. (P.) 28. 6. 11 ; 8. 13 (fidélité des habitants de Chalkis et d'Oréos, même des
principes, à Philippe, en 208).

4. Cf. Liv. (P.) 33. 16. 5 (ann. 198).

5. Voir, par exemple, Pol. XXII. 4. 3 : οἱ τὰ βέλτιστ᾽ αἱρούμενοι — ; XXIV. 10. 4.

6. Il s'en faut d'ailleurs que l'opposition des *optimates* à Philippe soit unanime. C'est
ce qu'a soutenu à tort Fustel de Coulanges dans son mémoire célèbre sur *Polybe ou la
Grèce conquise par les Romains,* réédité dans ses *Questions historiques.*

donienne. Et ils en pénétreraient aisément les raisons. C'est que ces bourgeois sont des « modérés » (μέτριοι) [1], gens de sens rassis, soucieux de calme et de sécurité [2], respectueux de l'ordre légal, et qu'il devient chaque jour plus évident que Philippe est l'homme de toutes les violences et de toutes les audaces comme de toutes les tromperies ; c'est que, naturellement appelés par la tradition, par leur naissance et leur fortune, au gouvernement des cités et des confédérations, ces βέλτιστοι prétendent les gouverner en effet, et qu'à mesure qu'elle revêt une forme plus « monarchique » [3], se fait plus impérieuse et plus accaparante, empiète plus hardiment sur les libertés urbaines et fédérales, la suzeraineté de la Macédoine amoindrit leur rôle, restreint leurs pouvoirs, les réduit au silence, abaisse ou supprime leur autorité [4] ; et c'est surtout que, dans cette crise sociale qui ébranle toute la Grèce, obsédés par la terreur des bouleversements et des spoliations populaires, tremblant que les « hommes de rien », les « méchants », les καχέκται, ne prennent assez de force pour exécuter leur effrayant programme de « néotérismes » — abolition des créances, distribution des terres, partage des fortunes —, ces εὔποροι, à qui est chère la possession paisible de leurs biens, s'indignent de n'avoir pas rencontré dans Philippe le patron dévoué de leurs intérêts, mais de le voir, au contraire, avide d'une popularité grossière, flatter les « foules », rechercher leur applaudissement [5], affecter pour elles de basses complaisances, et, dans les pays où s'exerce davantage son action ou son influence, tolérer une scandaleuse anarchie [6] dont se réjouit la canaille et gémissent les « bons ». En tous lieux, à l'état manifeste ou latent, il existe de la sorte en face du Macédonien

1. Cf. Pol. X. 26. 5.

2. Cf. Liv. (P.) 34. 51. 6 (ann. 194) : — *potentioremque eam partem civitatium fecit (T. Quinctius), cui salva et tranquilla omnia esse magis expediebat.*

3. Cf. Pol. X. 26. 2.

4. Cf. Liv. (P.) 34. 48. 2. Comp. les plaintes que feront entendre, en 185, les bourgeois de Maroneia : Liv. (P.) 39. 27. 8 : — *dominari adsentatores regios ; his solis loqui et in senatu et in contionibus licere, eos omnes honores et capere ipsos et dare aliis. (9) optimum quemque, quibus libertatis, quibus legum cura sit, aut exulare pulsos patria aut inhonoratos et deterioribus obnoxios silere.*

5. Cf. Pol. X. 26. 1-2 ; Liv. (P.) 27. 31. 4 (séjour de Philippe à Argos, en 209, lors de la célébration des Néméennes).

6. C'est le cas, notamment, en Béotie (Pol. XX. 6. 1-4), où domine presque sans conteste la faction macédonienne. — État de choses analogue en Thessalie, d'après Liv. (P.) 34. 51. 5.

une coalition redoutable d'ambitions frustrées, d'amours-propres
ulcérés, de quiétudes troublées, d'intérêts lésés ou alarmés.

Instruits de cette irritation qui fermente dans la Symmachie
et des progrès qu'y fait l'esprit de révolte, avertis des défiances,
des rancunes, des colères qui s'y sont amassées contre Philippe,
peut-être Laevinus et Sulpicius, operant déjà comme fera T. Quinctius, pourraient-ils s'efforcer d'en tirer avantage ; peut-être, au
cours de la guerre, mettant à profit le grand trouble qu'elle cause,
les craintes que Rome inspire, leurs émissaires pourraient-ils
s'insinuer auprès des mécontents, les faire parler et s'en faire
écouter, flatter leurs ressentiments et les aigrir, obtenir par là
leur confiance, et, cependant, faire briller à leurs yeux des espoirs
imprévus : leur déclarer que le Peuple romain est sans haine contre
les Grecs courbés sous la tyrannie macédonienne ; leur laisser entendre que, plus tard, en des temps plus propices, il consentirait même
à prendre en main la cause de l'Hellade opprimée ; les assurer
qu'en tout cas et dès ce jour, sa protection est garantie à tous
ceux, États ou cités, qui se détacheront de Philippe... Si l'on procé-
dait de la sorte, peut-être réussirait-on à provoquer dans la Symmachie plus d'une défection. — Et, sans doute, une telle politique
n'irait pas sans risques. Se rapprocher des « Symmachoi », les décider
à rompre avec la Macédoine, les mettre ainsi hors de la guerre et,
partant, les soustraire aux entreprises, les dérober aux convoitises
de leurs adversaires — Aitoliens et Péloponnésiens amis de l'Aitolie.—, tout en étant, tout en demeurant les alliés de ceux-ci, ce
serait jouer un jeu subtil et chanceux. Il y faudrait de la prudence et du tact pour ne point s'exposer à perdre d'une part ce
qu'on acquerrait de l'autre ; entre les peuples clients de Philippe
et les Grecs qui leur sont hostiles, il faudrait manœuvrer d'adroite
façon afin de ne pas s'aliéner les seconds à mesure qu'on gagnerait
les premiers. Mais, si malaisée que soit la tâche, on verra les
Romains, dans quelque quinze ans, prétendre la mener à bien.
En ce temps-là, quoique alliés de l'Aitolie, ils s'appliqueront à le
devenir de tous les « Symmachoi », le deviendront en effet des
Achéens [1]. Ce qu'ils feront alors, ne pourraient-ils l'essayer dès

1. Alliance avec l'Achaïe en 198 : Liv. (P.) 32. 19 sqq. ; alliance imposée aux Béotiens
au print. de 197 : 33. 1 sqq. ; tentatives semblables en Akarnanie : 33. 16. 1 sqq.

maintenant ? On nous déclare que la « diplomatie » est chose
où ils excellent ; un érudit — qui, à vrai dire, paraît trop
sujet au vertige — affirme qu'ils en savent déjà pratiquer l'art
« avec une effrayante profondeur »[1]. L'occasion leur est belle
de montrer qu'ils méritent cet éloge ou ce blâme : s'ils sont
les habiles que l'on dit, un vaste champ s'ouvre à leurs habiletés.

Mais la vérité est qu'ils n'entendent rien à ces finesses : ils n'ont
pas l'esprit si délié. Étrangers et indifférents jusque-là aux
choses de la Grèce, ils ne se mettent point en peine d'en démêler
la complication laborieuse. Un historien croit apercevoir « leurs
agents parcourant la péninsule hellénique, et s'efforçant d'y
nouer des relations avec le plus grand nombre possible de peuples »[2] :
c'est ce qui pourrait être, mais ce qui n'est pas. Eux qu'on représente se complaisant aux trames enchevêtrées, procèdent, au
contraire, par partis sommaires et tranchés. Alliés des Aitoliens,
il leur paraît tout simple d'être les ennemis de leurs ennemis. Entre la Macédoine et les États soumis à son hégémonie,
Laevinus et Sulpicius n'ont pas un instant l'idée qu'il puisse y
avoir à faire quelque départ. Libres de toute arrière-pensée, ils ne
songent point à s'enquérir si, d'aventure, certains de ces États
ne seraient pas les alliés de Philippe à contre-cœur et en dépit de
soi ; ils n'en cherchent pas si long. Ils exercent d'emblée contre les
« Symmachoi » les mêmes rigueurs que s'ils étaient Macédoniens
et sujets directs du roi ; leur font, sans hésiter, l'application exacte
et féroce du pacte féroce de 212 ; traitent ces faibles Hellènes,
dont Rome 'n'eut jamais à se plaindre et dont, la veille, elle
ignorait les noms, comme ils traiteraient les plus anciens, les plus
constants et les plus redoutés de ses ennemis, Insubres ou Boïens,
Ligures ou Puniques. Entre 211 et 208, selon les renseignements
sûrement très incomplets qui nous sont parvenus, cinq « vieilles
cités de l'Hellade »[3] — Antikyra de Phocide, Dymai, Aigine,
Oréos, Opous — sont mises à sac, souffrent le supplice des villes

1. Hertzberg, *Gesch. Griechenl. unt. der Herrsch. der Römer*, I, 57 (trad. fr.).

2. G. Colin, *Rome et la Grèce*, 46 (ceci, sans doute, par une interprétation erronée de
Pol. V. 105. 8 ; cf. ci-dessus, p. 195, note 1).

3. Cf. Pausan. VII. 8. 2 (cf. 7.9) : πόλεις Ἑλληνίδας καὶ ἀρχαίας (Pausanias confond
d'ailleurs les deux guerres de Macédoine).

prises d'assaut, qu'elles aient ou non fait « dédition » [1]. Deux d'entre elles, Aigine et Oréos, sont, par surcroît, incendiées [2] ; dans quatre au moins — Antikyra, Dymai, Aigine, Oréos — ceux des habitants qui échappent au massacre sont réduits en servitude [3] ; et les citoyens de la plus illustre, Aigine, n'obtiennent qu'à grand'peine de Sulpicius, qui raille cruellement leur misère, la permission de se faire racheter [4]. Rarement la Grèce a connu guerre plus « barbare », au sens précis qu'elle donnait à ce mot, plus « sauvage » et plus étrangère à ses mœurs [5] que celle que font à la moitié de ses peuples les deux premiers généraux de Rome descendus sur ses rivages. Vingt ans plus tôt, en Aitolie et en Achaïe, à Corinthe et à Athènes, les Romains se sont vantés de l'avoir sauvée des fureurs des Illyriens ; ces fureurs, ils semblent aujourd'hui les vouloir égaler ou dépasser.

Les conséquences suivent d'elles-mêmes et sont ce qu'elles doivent être. Ce « barbare » d'Occident [6], qu'ils apprennent seulement à connaître, mais qui se montre trop semblable à l'image

1. Antikyra : Liv. (P.) 26. 26. 3 ; Pol. IX. 39. 2-3 : cf. Pausan. VII. 7. 9 ; X. 36. 6. Il s'agit, non d'Antikyra de Lokride, comme le dit T. Live, mais d'Antikyra de Phocide ; cf. Salvetti, *Studi di stor. ant.* II, 120 ; Niese, II, 479, 4. — Dymai : Liv. (P.) 32. 22. 10 ; cf. Pausan. VII. 17. 5. Noter que Niese (II, 483 ; cf. 487) interprète à faux Liv. (P.) 27. 31. 9 ; dans ce passage, le mot *urbs* désigne la ville d'Élis (cf. 32. 2 et 8), comme l'a vu De Sanctis, III, 2, 427, note 75. L'époque de la prise de Dymai (par Sulpicius) demeure inconnue : contrairement à ce que pense De Sanctis (*ibid.*), l'événement doit se placer au plus tard en 208. — Aigine : Pol. IX. 42. 5-8 ; XI. 5. 6-8 ; XXII. 8. 9. — Oréos : Liv. (P.) 28. 6. 4-5 ; 7. 4 ; Pol. XI. 5. 6-8. — Opous : Liv. (P.) 28. 7. 4-5. C'est Attale qui saccage la ville, mais avec l'autorisation de Sulpicius. — Antikyra et Opous avaient fait *deditio* : Liv. (P.) 26. 26. 3 ; 28. 7. 9. — Aux villes ci-dessus énumérées il est probable qu'il faut joindre Oiniadai ; toutefois, nous n'avons pas la preuve directe qu'elle ait subi le même traitement que les autres.

2. C'est ce que paraît du moins indiquer Polybe : XI. 5. 6 et 8.

3. Antikyra : Pol. IX. 39. 2-3. — Dymai : Liv. (P.) 32. 22. 10. — Aigine : Pol. IX. 42. 5-8. — Oréos : Liv. (P.) 28. 6. 4-5 ; Pol. XI. 5. 6 : 5. 8.

4. Pol. IX. 42. 5-8.

5. Cf., dans Polybe, les discours de l'Akarnanien Lykiskos et du Rhodien Thrasykratès, notamment IX. 39. 2 sqq. ; XI. 5. Remarquer (XI. 5. 6) la phrase : καὶ κυριεύσαντες μὲν αὐτοὶ πόλεως οὔτ' ἂν ὑβρίζειν ὑπομείναιτε τοὺς ἐλευθέρους οὔτ' ἐμπιπράναι τὰς πόλεις, νομίζοντες ὠμὸν εἶναι τὸ τοιοῦτο καὶ βαρβαρικόν.

6. Les Romains sont constamment qualifiés de « barbares » dans les discours de Lykiskos et de Thrasykratès : Pol. IX. 37. 5 ; 37. 7 (ἀλλόφυλοι ἄνθρωποι) ; 38. 5 ; XI. 5. 6-7. — T. Frank (*Roman Imperialism*, 150) est d'avis qu'ils souffraient grandement de s'en tendre appeler ainsi par les Grecs. Il faut convenir pourtant que Laevinus et Sulpiciu ne se sont guère mis en peine de s'épargner cette souffrance.

odieuse et terrible que leur en faisaient leurs frères d'Italie et de Sicile[1], les Grecs alliés de Philippe en ont, dès le premier jour, l'épouvante et l'horreur. Beaucoup parmi eux se demandent si Rome n'a pas résolu, d'accord avec Attale et les Aitoliens, la conquête et l'asservissement de la Grèce[2] ; ils se trompent, mais le sort fait à leurs villes tombées au pouvoir des Romains explique assez cette méprise. Et tous, dans leur effroi et leur détresse, se rejettent vers le seul protecteur qu'ils puissent opposer à l'envahisseur, c'est-à-dire vers le Macédonien. Imploré par leurs députations affolées[3], Philippe met à les secourir un zèle ardent et habile[4]. A la vérité, la tâche passe ses forces : menacé lui-même par les barbares du Nord[5] toujours en armes contre la Macédoine, et ne pouvant longtemps s'absenter de son royaume, il se trouve souvent empêché de prêter une aide efficace aux peuples de la Symmachie, trop éloignés de lui et trop distants entre eux[6]. D'ailleurs, sans flotte de guerre, comment aurait-il raison des Romains et des Pergaméniens montés sur leurs vaisseaux ? Si agile que soit sa petite armée, elle ne peut guère atteindre l'insaisissable ennemi qui, sans se fixer nulle part, mord l'une après l'autre les terres grecques, débarque à l'improviste, se rembarque à la hâte, file sous le vent, et porte de côte en côte ses incursions et ses ravages. Du moins, pour donner secours à ceux qui l'invoquent, ne ménage-t-il ni ses soldats ni sa personne[7]. Pas un moment il n'a l'égoïste pensée de s'enfermer dans ses États, ni de se tenir à l'abri derrière cette barrière des Thermopyles qu'ont dressée les Aitoliens[8] afin de l'isoler de ses alliés. Pendant quatre ans, il veut

1. Se souvenir des violences commises par les Romains à Henna (en 213), à Syrakuse (en 212), à Akragas (en 210), à Tarente (en 209).

2. Cette idée revient maintes fois dans les discours de Lykiskos et de Thrasykratès : Pol. IX. 37. 7-10 ; XI. 5. 1 ; 5. 9 ; 6. 2 ; cf. X. 25. 5 ; App. *Maced.* 3 *s. f.*

3. Cf. Liv. (P.) 26. 25. 15 (ann. 212) : appel des Akarnaniens à Philippe ; — Pol. X. 41. 2-4 (ann. 208) : appels des Achéens, des Béotiens, des Eubéens, des Akarnaniens, des Épirotes.

4. Ceci est assez bien indiqué dans le résumé de Justin, 29. 4. 9 (cf. Pol. X. 41. 8) : *quibus tot tantisque rebus obsessus (Philippus), cui rei primum occurreret, ambigebat ; omnibus tamen propediem auxilia se missurum pollicetur, non quia facere posset quae promittebat, sed ut spe inpletos in societatis iure retineret.*

5. Cf. Liv. (P.) 27. 32. 9 ; 33. 1 (ann. 209) ; Pol. X. 41. 4 (ann. 208) ; ci-après, p. 299.

6. C'est ainsi qu'en 208 il ne peut sauver ni Oréos ni Opous.

7. Voir l'éloge que Polybe lui-même ne lui peut refuser : X. 41. 6-8.

8. Pol. X. 41. 5 ; cf. Liv. (P.) 28. 7. 3.

et sait montrer qu'autant que roi de Macédoine, il est le défenseur
de l'Hellade. Les Akarnaniens, les Achéens, les Chalkidiens, les
Opontiens le voient s'empresser à leur appel [1] et forcer les étapes
pour arriver plus tôt ; il ne dépend pas de lui qu'il ne soit partout
présent. Aussi lui sait-on gré de sa bonne volonté toujours prête,
de ses discours réchauffants, des actes qui suivent ses paroles,
de sa vaillance alerte, de cette guerre haletante qu'il mène, d'une
allure enragée, d'un bout de la Grèce à l'autre avec un héroïque
entrain. On goûte ses invectives généreuses contre ses adversaires,
si prompts à se dérober qu'ils ne lui laissent point le loisir de les
vaincre [2]. Ses moindres succès sont accueillis par de joyeux transports [3]. Au contact du péril étranger, les nations grecques connaissent
combien Philippe leur est nécessaire [4]. Dans les villes d'Achaïe, si
les *optimates*, qu'il ménage trop peu, qu'il irrite par le scandale
de ses mœurs, hésitent encore à se rapprocher de lui, ils font du
moins taire leurs ressentiments ; et le roi retrouve, dans ces villes,
ces sympathies populaires [5] qu'il est habile à se concilier et qui
sont venues à lui dès les débuts de son règne. Aussi bien, dans
la Symmachie entière, l'instinct panhellénique réveillé violemment et, pour un temps, souverain dans les âmes, recouvre tout
sous lui ; rien n'apparaît plus des discordes anciennes : puisque le barbare confond sous ses coups Grecs et Macédoniens, on
ne sait plus, on ne veut plus savoir qui est Macédonien ou Grec.
— C'est ainsi que la brutalité romaine refait l'union de l'Hellade et de Philippe, resserre les liens, si relâchés naguère,

1. Akarnaniens (en 212): Liv. (P.) 26. 25. 17 ; — Achéens (en 209) : **Liv.** (P.) 27. 29. 9;
30. 15 ; 31. 2-3 ; 31.9 sqq. ; 32. 10 ; (en 208) : 28. 7. 16-17 ; — **Chalkidiens** (en 209
et 208) : Liv. (P.) 27. 30. 7-8 ; 28. 7. 2 ; cf. Pol. X. 42. 2 ; — Opontiens (en 208) : **Liv.**
(P.) 28. 7. 5-9. — **Secours envoyés aux** Phocidiens **et aux Béotiens en 208** : Pol. X. 42. 2.

2. Cf. Liv. (P.) 28. 8. 1 (été 208) : *Philippus maerebat quidem et angebatur, cum ad omnia
ipse raptim isset, nulli tamen se rei in tempore occurrisse, et rapientem omnia ex oculis elu-
sisse celeritatem suam fortunam.*

3. Liv. (P.) 27. 31. 3-4 (à **Argos, en 209,** après le combat de Sikyone) ; cf. 28. 8. 5 (**diète**
achéenne de 208) : *laeti regem socii audierunt.*

4. Noter l'aveu de Polybe concernant les Achéens : X. 26. 6 ; cf. Liv. (P.) 28. 8. 14 :
— *res in Graecia tranquillas et profectio Attali fecerat, et* in tempore laborantibus sociis
latum ab se (Philippo) auxilium —.

5. Pol. X. 26 ; Liv. (P.) 27. 31. 4-5 (célébration des Néméennes à Argos, en 209). **Les**
scandales qu'on reproche à Philippe (Pol. X. 26. 3-4 ; Liv. (P.) 27.31.5-7) n'**indisposent**
guère contre lui que les gens de la classe supérieure (les μέτριοι : Pol. X. 26. 5).

entre le roi et ses alliés. Jusqu'au bout tous les « Symmachoi »
lui resteront fidèles ; pour tous, rendu à son rôle véritable, il est
redevenu ce qu'il devait toujours être, leur naturel « hégémon ».

Ces conséquences inévitables de leurs violences, il est impossible
que les Romains ne les aient point prévues ; aussi bien, elles
naissent et se développent sous leurs yeux : comment ne les ver-
raient-ils pas [1] ? Ils les voient et s'en pourraient inquiéter ; mais
ils n'en sont point inquiets. Ils voient grandir contre eux l'exaspé-
ration de sept États grecs et croître à mesure, dans ces États, la
popularité de Philippe ; ils voient l'indignation qu'ils excitent
se répandre et gagner jusqu'à ceux des Hellènes qui habitent le
lointain Orient, les Iles, l'Asie, l'Égypte [2] ; pourtant, la pensée ne
leur vient pas de rien changer à leurs procédés de guerre. La
guerre, si farouches en ce temps-là que dans les assauts ils tuent
tout ce qu'ils rencontrent, bêtes et gens, et massacrent jusqu'aux chiens [3], les Romains s'obstinent à la mener, quatre ans
durant, contre les « Symmachoi » avec la cruauté froide et la sau-
vagerie méthodique qui sont dans leurs traditions. Jamais, au cours
de ces quatre ans, ils ne font mine de s'adoucir ni de s'humaniser ;
tels ils sont au début, tels ils demeurent jusqu'à la fin ; sur tous
les rivages où ils opèrent, ils laissent les mêmes traces ardentes de
leur passage : en 208, ils renouvellent à Oréos [4] les tristes exploits
précédemment commis à Antikyra et à Aigine ; on dirait qu'ils

1. Il convient de prêter attention au texte d'origine annalistique qui se trouve dans
Liv. 27. 35. 3 : — *L. Manlius trans mare legatus iret,* viseretque, quae ibi gererentur ;
simul, quod Olympiac ludicrum ea aestate futurum erat (il ne peut s'agir que des Olym-
piques de 208 ; cf. De Sanctis, III, 2, 472, **note 44** ; 642), *quod maximo coetu Graeciae
celebraretur, ut, si tuto per hostem posset,* adiret id concilium eqs. On voit par là que le
Sénat envoyait quelquefois des légats en Grèce ; ils pouvaient y faire des observations instructives.

2. Cf. Pol. XI. 4. 1 ; 4. 6 (discours de Thrasykratès de Rhodes). Dans ce texte, il est
clair que le mot νησιῶται (4.6) désigne, non les Insulaires de la Mer Aigée, mais les
habitants des grandes îles proches de la côte d'Asie : Khios, Lesbos, etc. (cf. 4.1).
Même sens du même terme dans Pol. V. 105. 6 ; P. Graindor, qui a pensé m'apprendre
l'existence de ce dernier texte *(Mél. God. Kurth,* 1908, 11), s'est entièrement mépris
sur la signification de νησιῶται.

3. Cf. Pol. X. 15. 4-6. Noter la remarque de Polybe (15. 4) : ποιεῖν δέ μοι δοκοῦσι
τοῦτο καταπλήξεως χάριν.

4. Liv. (P.) 28. 6. 5 : *caeduntur capiunturque (oppidani)* ; 7. 4 : — *Oreum — ab Romano
milite — direptum fuerat* ; Pol. XI. 5. 6 ; 5. 8.

prennent à tâche de semer partout les haines — haines vivaces, qui dureront et porteront des fruits empoisonnés [1].

Manifestement, s'ils agissent comme ils font, c'est qu'ils ne conçoivent pas qu'avec les Grecs alliés de Philippe ils aient lieu d'agir d'autre sorte. Que cette guerre impitoyable et honteuse qu'ils leur infligent, guerre de rapt, de pillage et de dévastation, risque d'être une imprudence et une faute ; qu'ils aient peut-être mieux à faire que de les brutaliser et de les terrifier ; qu'il soit peut-être d'une politique fâcheuse de les indigner et de les révolter ; que, plus tard, ils puissent être amenés à se rapprocher d'eux et doivent donc éviter de rendre le rapprochement trop difficile ; qu'ils puissent, quelque jour, trouver leur avantage à séparer la Symmachie de la Macédoine, alors que leurs violences produisent nécessairement l'effet inverse : ce sont là, de toute évidence, réflexions qu'ils n'ont jamais faites, éventualités qu'ils n'ont jamais considérées. Leur regard ne porte pas si loin ; ils voient court, à leur habitude. Entre eux et les peuples dont Philippe est le chef ou le suzerain, ils ne soupçonnent point qu'il puisse, en aucun temps, exister quelque communauté d'intérêts ; bref, ils n'ont nulle idée de cette politique dont, tout-à-l'heure, nous traçons le programme et qui bientôt sera la leur. Alliés des Aitoliens, il leur suffit de l'être ; ils le sont d'une manière exclusive et violente. En Grèce, ils ne connaissent, ne veulent connaître qu'eux et les trois nations du Péloponnèse qui les suivent à la remorque. Peu leur importent les autres États grecs : ce n'est que matière à butin.

IV

Parmi les Grecs, les Romains ne connaissent, ne veulent connaître que les Aitoliens, dont ils sont les alliés. Reste à savoir

---

1. La haine et la défiance unanimes qu'on ressent pour les Romains expliquent l'échec piteux qu'éprouvent dans leur mission les légats qui essaient, au printemps de 200, d'émouvoir la Grèce contre Philippe (Pol. XVI. 27.4 ; cf. Niese, II, 598), comme, plus tard, l'insuccès habituel des intrigues diplomatiques de T. Quinctius. — Sentiments hostiles des Achéens en 198: Liv. (P.) 32. 22. 1-8, et surtout App. *Maced.* 7 (témoignage qu'il n'y a aucune raison d'écarter) ; cf. Pausan. VII. 8.2 ; — attitude des Dymaiens : Liv. (P.) 32. 22. 9-10. — Conduite des Akarnaniens en 197, des Béotiens en 197/196 : 33. 16. 3 sqq. ; Pol. XVIII. 43. 1-6. — Protestation de l'Aiginète Kasandros en 185 : Pol. XXII. 8. 9 sqq.

jusqu'à quel point ils tiennent à leur alliance. Reste à savoir s'ils sont disposés à ne rien négliger pour se les attacher, ou du moins résolus à ne jamais faillir aux engagements pris avec eux. — Assurément, ils doivent l'être, si leurs ambitions les poussent maintenant vers la Grèce et s'ils projettent d'y jouer quelque jour un grand rôle. Car, en pareil cas, l'alliance aitolienne leur sera d'une constante utilité : elle sera pour Rome une porte ouverte à perpétuité sur la Grècè. Prenons garde, en effet, qu'elle n'est pas limitée dans le temps, mais doit survivre, sous forme défensive, à la guerre offensive dont elle a donné le signal [1]. Le traité de 212 stipule que, si les Romains accordent la paix à Philippe, « ils auront soin de lui interdire de jamais attaquer les Aitoliens ou leurs alliés » [2]. En conséquence, les hostilités présentes une fois closes, la protection du Peuple romain continuera de s'étendre sur les Aitoliens et ceux des Grecs qui sont de leur parti ; et si Philippe, manquant aux conventions jurées, fait mine de leur chercher querelle et devient pour eux menaçant, Rome aura, non pas seulement le droit, mais l'obligation de leur porter secours. Or, entre Philippe et les Hellènes indépendants, d'éternels conflits sont à prévoir ; et, lorsqu'un conflit se produira, il sera toujours facile aux *Patres*, quel qu'en soit le véritable auteur, d'en déclarer le roi auteur responsable, en sorte qu'ils pourront toujours se dire tenus de prêter assistance à ses adversaires. Ainsi, l'alliance nouée par Laevinus ménage aux Romains l'occasion permanente d'intervenir en Grèce ; elle leur met en main le moyen d'y engager, à peu près quand il leur plaira, la lutte contre la Macédoine, et, cependant, leur assure dans cette lutte le concours du seul peuple hellénique en qui réside encore une vraie force militaire. C'est pourquoi, si là Grèce les attire, s'ils ont dessein de s'y faire bientôt leur place, s'ils méditent de la disputer à Philippe

1. Ceci résulterait déjà du fait que l'alliance a la forme d'une *amicitia*. Tout *foedus amicitiae* est, de sa nature, perpétuel ; cf. Täubler, *Imp. Romanum*, I, 4-5 ; 212, à propos, justement, du traité de 212.

2. Liv. (P.) 26. 24. 12 : *si Aetoli pacem cum Philippo facerent, foederi adscriberent, ita ratam fore pacem, si Philippus arma ab Romanis sociisque quique eorum dicionis essent abstinuisset* ; (13) *item, si populus Romanus foedere iungeretur regi, ut caveret, ne ius ei belli inferendi Aetolis sociisque eorum esset.* La dernière phrase est très bien commentée par De Sanctis, III, 2, 415. Du texte de T. Live cité ci-dessus on peut rapprocher un article du traité d'Hannibal avec Philippe : Pol. VII. 9. 13 ; cf. 9. 15.

et de l'arracher à son autorité, ils doivent veiller à ce que
cette alliance ne soit jamais rompue, ôter aux Aitoliens tout
motif ou prétexte de la rompre, la leur rendre, au contraire,
aussi profitable qu'il se pourra, et, à tout le moins, pour qu'ils
y demeurent fidèles, s'en montrer eux-mêmes étroitement respectueux.

En va-t-il ainsi ? — Considérons d'abord les quatre premières
années de la guerre, de l'automne de 212 à l'automne de 208.
Durant cette période, les Romains prennent-ils à cœur les intérêts
des Aitoliens ? agissent-ils du moins — on ne saurait leur demander davantage — comme s'ils les prenaient à cœur ? font-ils tout
ce qu'ils peuvent pour seconder leurs alliés contre l'ennemi commun ? La réponse est malaisée ; l'histoire de la première guerre
de Macédoine ne nous est, comme on sait, que très imparfaitement
connue [1], et nous sommes hors d'état de nous représenter avec
exactitude les opérations dirigées par Laevinus et Sulpicius.
Mais nous constatons qu'en Grèce il se trouve des gens — et qui ne
sont pas des Aitoliens, qui ne sont pas suspects des mêmes exigences — pour prétendre que les Romains ont trop souci de se
ménager [2]. A les en croire, le spectacle qu'offre cette guerre rappelle l'ordonnance observée dans les batailles rangées ; les tâches
y sont réparties de telle sorte que les Aitoliens y tiennent l'emploi
des troupes légères, les Romains celui de la phalange : les premiers
vont de l'avant et s'offrent aux coups ; quant aux seconds, ils
forment la réserve et demeurent à l'arrière, prêts à recueillir les
fruits de la victoire si les choses tournent bien, sûrs de se tirer
d'affaire sans dommage si le sort est contraire. Et, sans doute,
ce peuvent être là propos calomnieux ; pourtant, les faits à nous
connus donneraient à penser qu'ils renferment quelque vérité. —
A l'automne de 212, pour inspirer confiance aux Aitoliens et les
mettre en haleine, Laevinus s'est hâté de prendre et de leur livrer

---

1. C'est ainsi, par exemple, que T. Live, passe entièrement sous silence les événements
militaires de l'année 210.

2. Pol. X. 25. 1-5. Ce fragment, comme je l'ai indiqué déjà (ci-dessus, p. 35, note 4),
doit provenir d'un discours prononcé, peut-être aux conférences de Phalara ou d'Aigion,
par un ambassadeur de Philippe. — On trouve, égarée dans Pausanias (VII. 7. 7), cette
appréciation curieuse : Ῥωμαῖοι δὲ ἐπεπόμφεσαν — λόγῳ μὲν ἐπικουρήσοντας Αἰτωλοῖς
ἐναντία Φιλίππου, τῷ δὲ ἔργῳ μᾶλλόν τι ἐπὶ κατασκοπῇ τῶν ἐν Μακεδονίᾳ πραγμάτων.

Zakynthos, Oiniadai et Nasos [1] ; mais, dès le printemps suivant, il semble que son effort se relâche. On comprend mal qu'il ne fasse autre chose que réduire Antikyra, opération qui ne dure que quelques jours [2], et ne profite pas mieux de l'absence de Philippe, obligé de courir en Thrace pour y combattre les Maides [3]. En dépit de ses promesses, consignées dans le pacte d'alliance, il n'a nullement aidé les Aitoliens à envahir l'Akarnanie, d'où le piteux avortement de leur expédition [4]. — De même, on a lieu d'être surpris qu'en 210 P. Sulpicius, trop peu pressé de gagner la Mer Aigée [5], laisse à Philippe le temps d'investir et d'assiéger Échinos, ne parvienne même pas, pendant ce siège, à l'empêcher de se ravitailler par mer, et lui permette plus tard de s'emparer du port précieux de Phalara [6]. — Et la campagne de 209 nous est

1. Liv. (P.) 26. 24. 15. — Dans tout ce qui suit, je rappelle que je m'en tiens à la chronologie établie par Niese, II, 477 suiv. — De Sanctis, qui place la conquête de Zakynthos et d'Oiniadai dans l'été de 211 (III, 2, 417-418 ; 684), admet que Laevinus est demeuré inactif pendant la fin du même été : le propréteur s'empresse de retourner à Kerkyra (cf. Liv. (P.) 26. 24. 16) et n'en bouge plus (III, 2, 419).

2. Liv. (P.) 26. 26. 1-3.

3. Liv. (P.) 26. 25. 6-8 ; 25. 15.

4. Liv. (P.) 26. 25. 16-17 (cf. 25. 9) ; voir les remarques de Niese, II, 479, 2. Il est sûr qu'une descente des Romains en Akarnanie, ou que la présence de leur flotte dans les parages de l'Eubée ou de la Thessalie eût grandement aidé les Aitoliens : dans le premier cas, les Akarnaniens auraient dû se diviser, donc dégarnir leurs frontières de terre ; dans le second, Philippe, retenu à l'orient de la Grèce, se fût trouvé hors d'état de leur porter secours. Les difficultés d'une campagne navale des Romains dans la Mer Aigée paraissent fort exagérées par De Sanctis (III, 2, 419). — Noter ce qu'écrit Liv. (P.) 26. 25. 10 : — *Acarnanum gens — iam Oeniadas Nasumque amissas cernens Romanaque insuper arma ingruere eqs.* Le fait notable, c'est que, contrairement à ces prévisions, les Romains ne tentent rien contre eux. — On est stupéfait de lire dans Mommsen *(R. G.* I⁷, 624) : « — die Aetoler — die in Gemeinschaft mit der römischen Flotte die unglücklichen Akarnanen vernichteten. »

5. Sur la lenteur des Romains à se mettre en campagne, cf. les justes observations de Niese, II, 479, 3.

6. Pol. IX. 41. 1-10 : travaux d'investissement exécutés par Philippe à Échinos ; si rapides qu'aient été ces travaux (41. 10), on a peine à croire qu'ils n'aient pas pris quelques semaines ; — 42. 4 : Philippe se ravitaille par mer malgré la présence de l'escadre romaine ; peut-être est-ce avec l'Eubée qu'il communique (cf. Niese, II, 484). — Liv. (P.) 27. 30. 3 : Philippe à Phalara ; la conquête de Phalara doit avoir suivi celle d'Échinos (cf. De Sanctis, III, 2, 422). — On admet d'ordinaire (cf. Niese, *ibid.)* que Sulpicius s'empara d'Aigine après que Philippe eut pris Échinos ; sans preuve, à ce qu'il me semble. Rien n'indique, en effet, que l'*exc. de sententiis* (§ 58, 138 Boissev.), où est mentionnée la prise d'Aigine, soit tiré d'un chapitre du l. IX de Polybe placé **après** celui qui traitait de la prise d'Échinos. Les deux événements peuvent s'être succédé dans l'ordre inverse de celui qu'on leur assigne communément. Il est possible que Sulpicius se soit trop attardé à Aigine, et que Philippe en ait profité pour envahir la Malide et commencer le siège d'Échinos.

encore une cause d'étonnements semblables : la flotte romaine n'appuie pas les mouvements des Aitoliens quand ceux-ci s'avancent jusqu'à Lamia à la rencontre de Philippe ; elle n'arrive à Naupakte que tard en saison, et ses entreprises semblent ne consister qu'en deux débarquements sur les côtes d'Achaïe et d'Élide [1]. — Certes, ces observations n'autorisent que des conclusions très prudentes ; gardons-nous de chercher aux amiraux romains des chicanes qui risqueraient d'être téméraires. Encore une fois, l'histoire de leurs campagnes nous échappe pour une large part, et nous savons mal avec quelles difficultés ils eurent à compter. Un fait auquel il convient d'être attentif est le suivant : en 209, comme il était à craindre, comme on l'avait prévu, la flotte punique de Bomilkar, répondant enfin à l'appel de Philippe, est venue croiser à l'occident de la Grèce [2], où on la voit reparaître encore l'année

1. Liv. (P.) 27. 30. 1 : marche des Aitoliens, conduits par le stratège Pyrrhias, sur Lamia. T. Live ajoute : *habebant (Aetoli) — et mille ferme ex Romana classe a P. Sulpicio missos.* De Sanctis (III, 2, 422-423) conclut de ces mots que la flotte romaine se trouvait dans le golfe maliaque, et que c'est de là qu'ayant fait le tour du Péloponnèse, elle s'en vint à Naupakte (30. 11). Cette interprétation du texte de T. Live est inexacte. L'arrivée de P. Sulpicius à Naupakte (27. 30. 11) correspond à son entrée en campagne ; et c'est du lieu (Kerkyra ?) où il hivernait, qu'il a expédié 1.000 auxiliaires aux Aitoliens. Il est évident qu'au moment des négociations de Phalara, la flotte romaine ne croisait pas dans le voisinage ; cela ressort de Liv. 27. 30. 7-8 : Philippe ne prend de précautions que contre les attaques éventuelles d'Attale, dont la venue est annoncée. — Débarquement de Sulpicius entre Sikyone et Corinthe : Liv. (P.) 27. 31. 1-3 ; à Kyllène, en Élide : 32. 2. Sulpicius se rend ensuite à Aigine où il hiverne avec Attale : 33. 4-5.

2. Que, pendant l'été de 209, une flotte punique, d'abord envoyée à Tarente, soit venue, à l'appel de Philippe, dans les parages de Kerkyra, c'est ce qui résulte de Liv. (P.) 27. 30. 16, rapproché de 15. 7 (P., selon De Sanctis, III, 2, 638) ; cf. Kahrstedt, 505 et note 2, 507. La présence de cette flotte dans le détroit d'Hydrous expliquerait très bien l'inaction de Sulpicius au début de la campagne de 209 et son arrivée tardive à Naupakte (Liv. (P.) 27. 30. 11). — Si le proconsul, quittant les eaux occidentales, se décide à venir à Naupakte, opère ensuite dans le golfe de Corinthe, et, finalement, hiverne à Aigine, c'est apparemment que les Puniques se sont éloignés de Kerkyra et ne font pas mine d'en reprendre le chemin. Le plus probable me paraît être que, peu de temps après leur arrivée dans le détroit, ils se sont de nouveau rendus à Tarente, appelés par les habitants qu'assiégeait Q. Fabius. C'est à cette circonstance que se rapporte, selon moi, le fragm. de Pol. IX. 9. 11. Ce texte a certainement trait au siège de 209, comme l'indiquent les mots τὰ περὶ τὴν στρατοπεδείαν, et il n'y a nul compte à tenir du fait qu'on le retrouve chez T. Live (où il a subi un grossier remaniement) sous la date de 211 (Liv. 26. 20. 7-11 ; cf. Niese, II, 551 et note 4 ; erreur de Kahrstedt, 493, note 1). Si T. Live, ou l'Annaliste qu'il a suivi, place en 211, et non en 209, la venue et le séjour des Puniques à Tarente, et fait venir leur flotte, non des mers de l'Est, mais de la Sicile (20. 7), c'est par une confusion avec ce qui avait eu lieu à l'aut. de 212 (25. 27. 12 ; cf. Kahrstedt, *ibid.*). Le fragment de Polybe

d'après [1]. Bien qu'elle se soit montrée fort timide et n'ait, semble-t-il, rien tenté d'important, sa présence a eu pour nécessaire effet de gêner Sulpicius, tenu de l'observer et de se garder contre elle. Enfin, l'effectif restreint de l'escadre romaine — vingt-cinq quinquérèmes — ne permettait sans doute que des opérations limitées. — Mais, ces réserves faites, on a peine à se défendre de l'idée que Laevinus et son successeur ont, à l'ordinaire, mené sans grande vigueur la guerre maritime. Ce n'est qu'au printemps de 208 qu'entraîné par Attale dans la Mer Aigée et jusque dans les eaux de Thrace, et manœuvrant de concert avec lui, Sulpicius, par cette grande diversion, par la menace dirigée contre la Macédoine et la Thessalie, par les attaques poussées contre la Lokride et l'Eubée, cause à Philippe des inquiétudes aiguës et des embarras graves [2]. D'une façon générale, dans toute cette période des hostilités, les Romains n'ont pas laissé d'être pour les Aitoliens des alliés utiles : — ils leur ont rendu, au moins le plus souvent, l'inestimable service d'interdire à l'ennemi l'usage de la mer [3] — ; mais il est permis de croire qu'ils n'ont point été des alliés fort zélés.

nous apprend que l'amiral qui essaya de débloquer Tarente en 209 était Bomilkar ; c'est donc lui qui, auparavant, avait conduit la flotte punique dans le voisinage de Kerkyra. S'il n'y fit rien — inaction dont on s'est justement étonné (cf. Kahrstedt, 507) — la première raison en est qu'il n'y resta qu'un temps très court. — Il dut, après son échec à Tarente, passer l'hiver de 209/208 soit dans un des ports de la Grande-Grèce qu'occupaient encore les Puniques, soit à Carthage.

1. En 208, la flotte punique, commandée probablement encore par Bomilkar, reparaît dans la Mer Ionienne. Elle y arrive sans doute à l'improviste, à la requête de Philippe, après qu'Attale et Sulpicius sont partis pour la Mer Aigée ; s'ils avaient prévu sa venue, le proconsul et le roi de Pergame l'eussent attendue et combattue. Profitant de leur absence, les Puniques poussent d'abord jusqu'à Aigion, où Philippe leur a prescrit de se rendre et compte s'unir à eux (Liv. (P.) 28. 7. 17-18 ; cf. 8. 8) ; mais, avertis que la flotte de Sulpicius et d'Attale a quitté Oréos et craignant d'être bloqués par elle dans le Golfe, ils font retraite à l'Ouest, touchent les îles Oxéai et gagnent les « ports d'Akarnanie » (7. 18). A partir de ce moment, on ne sait plus rien d'eux ; mais le fait que Sulpicius, après être revenu de l'Eubée, ne va pas plus loin qu'Aigine (7. 11) et ne songe point à couvrir la côte d'Illyrie, prouve qu'ils ont quitté la Mer Ionienne et ne sont plus à craindre. Comme je l'indique plus loin, il paraît certain que la flotte punique fut battue, à son retour de Grèce, par la flotte romaine de Sicile. — L'extrême timidité que montrent les Puniques pendant leur double campagne orientale est tout-à-fait dans la manière de l'amiral Bomilkar (comp. sa conduite à Pachynos et à Tarente).

2. Cf. Pol. X. 41 — 42 ; Liv. (P.) 28. 5. 2.

3. Toutefois, il est singulier qu'à la fin de l'été de 208, Sulpicius, qui se trouve à Aigine, laisse Philippe se rendre par mer de Kenchréai à Chalkis : Liv. (P.) 28. 8. 11. Cf. ci-après, p. 243.

Ce qui n'est pas douteux, en tout cas, et ce qui est grave, c'est que tel est le sentiment qui domine à présent chez les Confédérés. Il est clair que la tournure prise par la guerre leur est un grand sujet d'impatience et de déception ; car, cette guerre, s'ils s'y sont engagés, ce n'était point, à la différence des Romains, dans le simple dessein d'inquiéter et de harceler Philippe, de l'entraver et de l'occuper, mais en vue de satisfaire, par l'abaissement définitif de leur grand ennemi [1], leurs ambitions et leurs convoitises. Ils ont compté qu'elle serait pour eux une opération lucrative : elle ne l'est pas [2], elle est même le contraire, et ils constatent avec un âcre dépit qu'elle trompe leurs espoirs et renverse leurs calculs. Qu'est-il advenu du plan de conquêtes si généreusement ébauché dans le pacte de 212 ? L'Akarnanie leur échappe toujours ; et, comme ils ont perdu Antikyra, presque aussitôt après l'avoir reçue de Laevinus [3], comme ils ont cédé Aigine à Attale, comme la possession de Zakynthos, d'ailleurs si précaire, n'est pour eux d'aucun prix, tout leur gain se réduit, après quatre ans de combats, à la ville d'Oiniadai et à l'îlot de Nasos. Les Romains se sont partout garni les mains par de fructueux pillages ; Attale, dès son entrée en campagne, s'est saisi en Eubée de la grande station d'Oréos : pour eux, ils n'ont rien acquis de plus à l'automne de 208 qu'à l'automne de 212. Mais, cependant, au cours des dernières années, ils ont subi des pertes, essuyé des défaites. En 209, près de Lamia, Philippe les a battus deux fois, battus encore en 208 aux Thermopyles, et, qui pis est, leur a pris nombre de villes : en Phthiotide, Larisa Krémasté, Ptéléon, Échinos et Phalara, en Lokride, Thronion, en Phocide, Tithronion et Drymaia [4]. Ce sont là des dommages qui restent irréparés, qu'aucun succès n'a compensés, de sorte qu'en fin de

1. Cf. Pol. IX. 37. 10.

2. Cf. Pol. XI. 4. 7 : le Rhodien Thrasykratès a soin d'insister (en 207) sur le caractère « stérile » de la guerre (πόλεμον ἀλυσιτελῆ).

3. Antikyra était retombée au pouvoir de Philippe dès 208 : cela résulte de Liv. (P.) 28. 8. 7-8 (ce texte est omis par Salvetti, qui, dans les *Studi di stor. ant.* II, 120, se réfère seulement à Liv. (P.) 32. 18. 4) ; cf. Weissenborn *ad h. l.* ; Niese, II, 480, 2 ; 492, 4.

4. Double défaite des Aitoliens près de Lamia en 209 : Liv. (P.) 27. 30. 2 ; — leur défaite aux Thermopyles en 208 : 28. 7. 3 ; — ravages de Philippe aux environs du golfe maliaque : Pol. X. 42. 5 ; — sur la côte Sud de l'Aitolie (Lokride) : Liv. (P.) 28. 8. 8-10. Pour les conquêtes faites, en 210 et 208, par Philippe autour du golfe maliaque, voir l'excellent exposé de Salvetti, 121-122. Prise probable, vers 210, de Larisa Krémasté et de

compte l'avantage demeure à l'adversaire. Naturellement, comme il arrive toujours en pareille aventure, leurs déconvenues, leurs déboires et leurs revers, ils les imputent à leurs alliés. Les Romains, dont ils ont présentes à la mémoire les mirifiques promesses, trop peu suivies d'effet, sont à leurs yeux les grands coupables : si Philippe a pu réduire Échinos, la faute en est à Sulpicius qui n'a pas su lui couper les vivres ; si Pyrrhias a été vaincu à Lamia, c'est que la flotte romaine, si lente à se mouvoir, n'est pas venue en temps utile croiser dans les parages voisins, menacer les Macédoniens d'une descente ; et tout récemment, à la fin de la campagne de 208, n'est-ce pas chose incroyable que Sulpicius, immobile à Aigine, ait laissé défiler devant lui à portée de ses coups, naviguer de l'Isthme à Sounion, avec une insolente audace, Philippe et sa chétive escadre, sans l'assaillir ou lui donner chasse [1] ?... Immérité ou non, ce mécontentement qui grossit contre eux, les Romains, s'ils ont souci de l'alliance, feront bien d'y prendre garde. Ils feront bien de se souvenir qu'il ne manque pas, même en Aitolie, de gens prêts à l'exploiter ; qu'il s'en faut, en effet, que tout le monde y soit ennemi-né de la Macédoine ; qu'il s'y trouve toujours un parti pacifique, opposé à Skopas et à Dorimachos [2], et qui sans doute reprend crédit et fait des adeptes, s'agite et manœuvre, intrigue avec les neutres, élabore sournoisement une paix séparée. Déjà, n'est-ce point un symptôme inquiétant qu'en 209 les Confédérés aient accueilli si facilement les premières ouvertures des médiateurs, accordé une trêve à Philippe, consenti de négocier avec lui [3] ? Cette année-là, c'est seulement, semble-t-il, l'arrivée d'Attale à Aigine [4] qui, leur rendant une subite confiance, leur a fait rompre les pourparlers en cours. Mais, à l'automne de 208, Attale, rappelé par une invasion

---

Ptéléon · *ibid.* 117 ; 122. — Noter qu'Oréos est réoccupée par Philippe après le départ d'Attale : Liv. (P.) 28. 8. 13.

1. Liv. (P.) 28. 8. 11. Dans ce texte, *inter medias prope hostium classes* est une erreur ; Attale étant déjà parti (7. 10 ; cf. 8. 14), il ne peut s'agir que de la flotte romaine.

2. Cf. ci-dessus, p. 162.

3. Liv. (P.) 27. 30. 4 ; 30. 6 ; 30. 10 ; 30. 12-14.

4. C'est ce qu'il paraît naturel d'induire de Liv. (P.) 27. 30. 11 et de Pol. X. 41. 1, bien que les Romains soient nommés à côté d'Attale. Le langage de Polybe — Ἀιτωλοί, προσράτως ἐπηρμένοι ταῖς ἐλπίσιν — montre bien qu'avant l'arrivée d'Attale les Aitoliens avaient passé par une crise de découragement.

de Prousias, doit regagner son royaume [1], quitter en hâte la Grèce, sans promesse ni espoir de retour. Son départ n'aura-t-il pas en Aitolie un fâcheux contre-coup ? n'y va-t-il pas abattre les courages vacillants ? Voici peut-être pour l'alliance le moment critique... C'est pourquoi les Romains auront grandement raison, lors de la campagne prochaine, de s'évertuer davantage en faveur des Aitoliens, de s'appliquer à les mieux satisfaire, de se montrer plus actifs et plus entreprenants et, bref, d'apporter de notables changements à leur façon de combattre. Sans doute, l'absence d'Attale leur rendra la tâche plus lourde — pas plus toutefois qu'elle ne l'a été jusqu'en 208 — ; mais, d'autre part, l'escadre de Bomilkar a été défaite, comme elle s'en revenait de Grèce, par la flotte romaine de Sicile [2], et défaite de telle sorte qu'il n'est point à

1. Liv. (P.) 28. 7. 10 ; 8. 14.

2. C'est seulement par un désastre naval infligé en 208 aux Puniques que s'expliquent à la fois : 1° (comme je l'indique plus loin dans le texte) la retraite, en 207, de l'escadre de P. Sulpicius ; 2° la résolution prise par Philippe, à la fin de 208, de se construire une grande flotte (Liv. (P.) 28. 8. 14) ; 3° l'impuissance maritime de Carthage depuis 208 jusqu'en 203 (cf. De Sanctis, III, 2, 476, note 52, et les faits cités par Gsell, *Hist. anc. de l'Afrique du Nord*, II, 459) ; 4° le rappel et le désarmement de la flotte romaine de Sicile en 206 (Liv. (Ann.) 28. 10. 16). Si, en 204, les Puniques laissent P. Scipion passer et débarquer en Afrique, communiquer de façon permanente avec l'Italie, la Sicile, la Sardaigne et l'Espagne (Liv. (Ann.) 29. 29. 3 ; 35. 1, cf. 5 et 8 ; 36. 1-2 ; 30. 3. 2), naviguer jusqu'à Utique et en faire le siège, la raison en est évidemment qu'ils ne possèdent plus, à cette époque, de flotte en état de combattre ; et le fait est que, dans l'hiver de 204/203, ils jugent nécessaire de s'en créer une (Pol. XIV. 1. 2 ; 9. 7 ; 10. 4 ; 10. 9). — Je ne doute pas qu'il ne faille rapporter à cette défaite navale l'indication donnée, sous deux dates successives, par deux Annalistes de T. Live : 27. 29. 7 (année 208) : (descente de M. Laevinus à Clupea avec la flotte de Lilybée) *inde ad naves — recepti, quia repente fama accidit classem Punicam adventare. (8) LXXX erant et tres naves. cum his haud procul Clupea prospere pugnat Romanus ; X et VIII navibus captis, fugatis aliis, cum magna terrestri navalique praeda Lilybaeum rediit.* — 28. 4. 6 : (année 207) : (descente de M. Laevinus sur le territoire d'Utique) *repetentibus (Romanis) Siciliam classis Punica — LXX erant longae naves — occurrit. X et VII naves ex iis captae sunt, quattuor in alto mersae, cetera fusa ac fugata classis* (le doublet est évident ; cf. De Sanctis, III, 2, 476, note 52 ; 643). Toutes les particularités de l'événement peuvent avoir été forgées par les Annalistes, mais c'est à tort qu'on a nié (cf. Kahrstedt, 516, 1) l'événement lui-même. La réalité en est impliquée par l'ensemble des circonstances historiques rappelées ci-dessus. — Quant à savoir ce qu'était la flotte vaincue par M. Laevinus, la réponse ne me paraît pas douteuse. L'indication des Annalistes, d'après laquelle cette flotte aurait eu pour mission d'attaquer l'Italie, la Sicile et la Sardaigne (Liv. (Ann.) 27. 22. 8 ; cf. 5. 13), ne mérite pas d'être discutée. Les Annalistes ont ignoré la présence sur les côtes de Grèce, en 209 et 208, de la flotte de Bomilkar — la seule flotte importante dont disposât alors Carthage. C'est elle qui, à son retour d'Akarnanie (cf. Liv. (P.) 28 7. 18) en Afrique, ayant rencontré la flotte romaine de Sicile, qui devait l'attendre et l'épier, fut défaite par Lae-

craindre qu'elle reparaisse jamais dans les eaux helléniques : Sulpicius n'aura donc plus à la surveiller ni à la contenir, et, par là, sa besogne se trouve heureusement simplifiée.

De fait, en 207, survient un grand changement, mais qui n'est pas du tout celui qu'on attendrait. Cette année-là, « les affaires de Grèce », pour parler comme T. Live, sont soudain « négligées » des Romains [1]. Sulpicius garde son commandement [2], mais s'abstient à présent de rien entreprendre contre Philippe. Et la cause manifeste en est que la majeure partie de ses troupes lui ont été enlevées ; les *Patres* en ont ordonné le renvoi en Italie [3] ; ce qu'ils lui ont laissé suffit tout juste à protéger, contre un coup de main toujours possible, les places côtières de l'Illyrie [4]. — Or, combien grave est cette décision du Sénat, il ne faut qu'ouvrir les yeux pour le voir. Elle peut entraîner les pires conséquences, militaires et politiques tout ensemble. En effet, en se retirant de la lutte alors qu'Attale a dû s'en retirer aussi, Rome prive les Aitoliens de son concours au moment précis où ce concours leur redevient indispensable. Voilà désormais les Confédérés sans alliés maritimes ; voilà, partant, la mer rendue à Philippe et les conditions de la guerre retournées en sa faveur : car, n'ayant plus à craindre ni les débarquements, ni la rencontre des escadres

vinus La date vraie de la bataille est donc l'été de 208 (cf. De Sanctis, III, 2, 476, note 52, 643, qui me paraît toutefois se méprendre lorsqu'il fait remonter directement à Polybe le passage de Liv. 28. 4. 6-7). Le désastre dut être considérable ; en tout cas, l'impression morale fut si forte que le gouvernement punique renonça, de ce jour et pendant quatre ans, à toute action sur mer.

1. Liv. 29. 12. 1 : *neglectae eo biennio* [207 et 206] *res in Graecia erant.*

2. Cf. Liv. (P.) 29. 12. 2 ; App. *Maced.* 3. Le texte d'Appien, d'origine annalistique, renferme, comme je l'indique plus loin, une erreur énorme et certainement intentionnelle au sujet des prétendus renforts envoyés (en 207 ?) d'Italie à P. Sulpicius ; mais ce qui y est dit de la présence de Sulpicius en Grèce jusqu'à la fin de la guerre aitolique ne paraît pas devoir être rejeté. Il est singulier, toutefois, que, dans T. Live, il ne soit pas fait mention de Sulpicius lorsqu'il est parlé de la répartition des *provinciae* pour 207 (Liv. 27. 35. 2 ; 36. 10-13 ; cf. De Sanctis, III, 2, 429, note 83).

3. Ceci n'est, à vrai dire, qu'une hypothèse des modernes (cf. Niese, II, 494 ; *Grundriss* [4], 122-123 ; De Sanctis, III, 2, 429) : T. Live ne parle pas du rappel des soldats de Sulpicius, au lieu qu'il parle de prétendus renforts expédiés d'Espagne par P. Scipion (27. 38. 11). Mais l'hypothèse paraît nécessaire. On ne concevrait pas qu'ayant gardé ses forces au complet, Sulpicius eût cessé de se mêler à la guerre hellénique. — D'autre part, je ne puis admettre, comme quelques critiques (cf. Clementi, *Studi di stor. ant.* I, 75), que l'escadre d'Illyrie ait été rappelée tout entière en Italie.

4. Cf. Niese, II, 494 ; De Sanctis, III, 2, 429.

ennemies, le voilà **maître**, d'une part, de manœuvrer sur terre tout à l'aise, maître, **de l'autre**, de débarquer lui-même où il voudra, et, revenant à la méthode qu'il employait jadis, de renouveler contre les Aitoliens les mêmes coups de surprise qui, dix ans plus tôt, lui ont si bien réussi [1]. Justement, le bruit court qu'il a sur mer de vastes projets ; que, résolu à se passer des Puniques, il entreprend de construire une grande flotte ; qu'à cet effet, il a rassemblé à **Kas-sandreia** un peuple d'artisans spéciaux et fait mettre en chantier cent bâtiments de ligne [2]. Convient-il que Sulpicius s'éloigne au moment où se répandent ces troublantes nouvelles ?... Sa **retraite** inopinée va confirmer avec éclat les dires des malveillants, assidus à répéter que, depuis l'origine de la guerre, les Romains ont eu pour principe et système d'en faire porter la charge à leurs alliés [3] ; elle va fournir aux neutres et aux pacifiques un trop juste motif de se déchaîner à nouveau contre eux [4] ; elle ruinera la confiance, hésitante déjà, des Confédérés dans la « foi romaine ». Il est probable qu'elle leur ôtera tout courage, les décidera à s'accommoder au plus tôt, coûte que coûte, avec Philippe, les précipitera dans la paix ; ce qui est sûr, c'est qu'elle les révoltera. Même si, s'obstinant bravement à le combattre, ils réussissent, par grande chance, à repousser les assauts du Macédonien, ils ne pardonneront jamais au Peuple romain ni le péril qu'ils auront couru par sa faute, ni son brusque abandon, si semblable

---

1. Cf. ci-dessus, p. 157-158.

2. Liv. (P.) 28. 8. 14. — Si Philippe avait accompli ce projet, il ne semble pas douteux que la marine romaine eût vite reparu dans les eaux orientales ; mais le roi en a presque tout de suite suspendu l'exécution. Il est sûr qu'en 205 il ne possède pas encore de grande flotte ; c'est ce que démontrent indirectement : 1° la dislocation de la flotte romaine de Sicile en 206 ; 2° le fait que P. Sempronius, comme je l'indique plus loin, n'amène en Illyrie, en 205, qu'une escadre de 35 vaisseaux ; 3° la complète inaction maritime de Philippe en cette même année 205. Aussi bien, une fois Attale et Sulpicius partis, n'ayant plus d'adversaires dans les mers grecques, et, d'autre part, ne pouvant plus songer, après la journée du Métaure et la retraite d'Hannibal, à faire campagne en Italie, il est naturel que Philippe ait jugé moins urgent de se créer une marine de guerre. Le but qu'il se proposait en 209 et 208 est clairement indiqué par T. Live (P. ; 27. 30. 16 ; cf. 28. 7. 17) : — *statuerat navali proelio lacessere Romanos iam diu in regione ea potentis maris*. Le départ de l'escadre romaine résolvait la question en la supprimant.

3. Cf. Pol. X. 25. 1-5 (texte analysé plus haut, p. 238).

4. Intervention des neutres (l'Égypte, Rhodes, Byzance, Khios, Mytilène ; les Athéniens ?) en 207 ; discours de l'ambassadeur rhodien Thrasykratès : Pol. XI. 4—6. 8. Il est d'ailleurs surprenant que, dans ce discours, nulle allusion ne soit faite à l'inaction des Romains en Grèce.

à une défection. Vainqueurs ou vaincus, leurs sentiments pour lui seront les mêmes ; il n'y a point à se méprendre : le jour où il a rappelé les forces mises au service des Aitoliens en vertu de l'alliance, le Sénat a marqué la fin de cette alliance. Et c'est à quoi, si elle lui est chère, s'il l'estime nécessaire à ses futurs desseins sur la Grèce, s'il en a fait un des fondements de sa politique étrangère, il eût dû, semble-t-il, prêter attention.

A la vérité, si l'on en croit la plupart des historiens modernes, la décision qu'il a prise, il s'est vu forcé de la prendre ; un devoir supérieur la lui imposait. L'année 207 est la dernière grande année de la guerre punique en Italie, mais c'en est peut-être la plus critique. C'est celle où, s'étant échappé d'Ibérie par les « Pyrénées de l'Océan » [1], ayant parcouru en un temps incroyablement bref la route jadis ouverte par son frère, Hasdrubal envahit la Cisalpine puis, accru d'auxiliaires gaulois, pousse au Sud et descend jusqu'en Ombrie dans le dessein de joindre Hannibal. Obligé de faire tête contre les deux Barkides pour les empêcher de s'unir, de repousser l'un et de contenir l'autre, l'État romain doit bander ses forces dans un effort héroïque [2]. Mais, cependant, les hommes font défaut. Dix années d'une guerre épuisante ont presque tari l'Italie, et l'extrême lassitude y engendre la révolte : douze colonies latines ont refusé ou menacent de refuser leurs services, et l'Étrurie s'agite sourdement [3]. Dans ce dénûment et ce suprême péril, quoi d'étonnant si le Sénat, à bout de moyens, réduit à faire flèche de tout bois, réclame la plupart des soldats qui servent sur les vaisseaux de Sulpicius ? Il obéit simplement, en négligeant la guerre de Macédoine, à une nécessité de salut public [4]. — Ainsi raisonnent quantité d'historiens ; mais il est permis de ne point se rendre à leurs raisons. Ce qu'on ne saurait d'abord oublier,

---

1. Jullian, *Hist. de la Gaule*, I, 495.

2. Cf. Liv. (Ann.) 27. 38. 1-9.

3. Cf. Liv. (Ann.) 27. 38. 1 sqq. ; — 27. 9. 7-9 (refus d'obéissance des colonies latines : ann. 209) ; — 27. 21. 6-7 ; 24 ; 38. 6 (troubles en Étrurie : ann. 209, 208, 207).

4. Voir, par exemple, Brandstäter, *Gesch. des aetol. Landes* etc. 400 ; Hertzberg, I, 39 (trad. fr.) ; Clementi, *Studi di stor. ant.* I, 75 ; Niese, II, 494 ; *Grundriss* ⁴, 122-123 ; Cavaignac, *Hist. de l'Antiq.* III, 308 ; Niccolini, *Confed. achea*, 99, etc. Speck *(Handelsgesch. des Altert.* III, 2, 10) exprime la même idée en termes singuliers : « Wegen Hasdrubals Anmarsch zogen die Römer ihre Flotte ins Adriatische Meer. » Ce n'est cependant pas avec des vaisseaux que les Romains se proposaient de combattre Hasdrubal.

c'est que ces soldats, ôtés au proconsul et ramenés en Italie, devaient être en bien petit nombre : le total, semble-t-il, n'en atteignait pas deux mille [1]. Devons-nous croire que, même à l'approche d'Hasdrubal, l'État romain ne se pût passer de cette poignée d'hommes ? Sans doute, la pénurie de combattants commençait de se faire sentir ; il faut se garder toutefois de l'exagérer. Les critiques qui acceptent, sauf à les rectifier dans le détail, les renseignements transmis par la tradition annalistique, sont d'avis qu'en 207, les Romains avaient sur pied, en face d'Hannibal et de son frère, forts chacun d'une trentaine de mille hommes [2], huit légions d'un effectif total de 70.000 à 75.000 hommes [3], tandis

1. C'est ce qu'établit un calcul plausible. Les 25 quinquérèmes placées sous le commandement de P. Sulpicius comportaient un effectif total d'environ 3.000 « épibates » ou soldats de marine (cf. Pol. 1. 26. 7 : 120 épibates par vaisseau ; Kahrstedt, 441 ; Kromayer, *Philolog.* 1897, 491). Observons maintenant qu'il n'est guère possible que Sulpicius ait gardé en Illyrie moins de 10 quinquérèmes : tel était le nombre de bâtiments que comptaient les plus faibles divisions navales (cf., par exemple, Pol. V. 110. 9) ; si bien que celles qu'il eut ordre de renvoyer en Italie étaient seulement au nombre d'une quinzaine. Sur ces 15 quinquérèmes devaient être embarqués environ 1.800 soldats. — A la vérité, De Sanctis est d'avis (III, 2, 429 et note 81) que Sulpicius avait gardé une partie de l'ancienne *legio macedonica.* Les textes annalistiques relatifs à cette légion sont contradictoires pour la période qui va de 210 à 208 (ci-dessus, p. 187, note 2) ; mais, comme je l'ai dit *(ibid.),* il y a tout lieu de croire qu'elle n'a existé à aucune époque. — Kahrstedt (507, 2) montre très bien, à propos du débarquement de 4.000 hommes opéré par Sulpicius en 209 (Liv. (P.) 27. 32. 2), que cette troupe put être fournie, partie par les épibates, partie par les *socii navales* débarqués des 15 quinquérèmes que commandait le proconsul à ce moment.

2. De Sanctis, III, 2, 572-573 ; 574 ; cf. 486-487. Même évaluation des forces d'Hasdrubal chez Kromayer *(Ant. Schlachtf.* III, 1, 492-494) : 30.000 hommes ou un peu plus. Les effectifs puniques seraient beaucoup moïndres selon Lehmann *(Die drei Angriffe der Barkiden,* 266) ; il n'attribue qu'env. 12.000 h. à Hasdrubal et qu'env. 15.000 à Hannibal. La disproportion des forces adverses serait alors énorme : plus de 80.000 h. du côté romain, env. 30.000 seulement du côté punique. Les chiffres proposés par Lehmann pour les Puniques se rapprochent de ceux qu'adopte Kahrstedt (522 ; 525) — 12.000 h. env. pour Hasdrubal, 20 à 22.000 pour Hannibal — ; mais Kahrstedt (524-525), jetant par dessus bord, à son habitude, les renseignements annalistiques, réduit les forces romaines de telle sorte qu'elles balancent seulement celles de l'ennemi. — De Sanctis (III, 2, 489) fait bien voir que la célèbre manœuvre de G. Claudius Nero, amenant en hâte à M. Livius un corps d'élite de 7.000 hommes, ne fut pas aussi aventurée qu'on a coutume de le dire ; même diminuée de ce corps, l'armée romaine du Sud était en mesure de contenir Hannibal.

3. Voir le calcul fort acceptable de De Sanctis, III, 2, 571 ; 573-574 ; cf. 486-487. Les huit légions opposées à Hasdrubal et à Hannibal, qui représentent au total une force de 70 à 75.000 hommes, sont: 1º (contre Hasdrubal) les deux légions consulaires de M. Livius (20-25.000 h.), appuyées par les deux légions du préteur L. Porcius Licinus (10-12.000 h.) ; 2º (contre Hannibal) les deux légions consulaires de G. Claudius Nero, auxquelles s'adjoignent les deux légions du proconsul Q. Fulvius Flaccus (au total, 40.000 h. environ).

que sept autres, formant ensemble 35.000 hommes environ, se
tenaient en réserve, soit dans la Ville, soit en diverses parties de
l'Italie [1] ; et ceux qui repoussent, probablement à tort, les indications des Annalistes, estiment pourtant que la République disposait de ressources suffisantes pour lutter sans désavantage contre
les deux généraux puniques [2]. Les choses étant ainsi, n'aurait-on
pu laisser en Grèce, où ils étaient si nécessaires, les « épibates »
de Sulpicius ? Aussi bien, s'il paraissait indispensable de se renforcer au moyen de troupes embarquées, que ne les empruntait-on,
non à la faible escadre d'Illyrie, mais à la grande flotte de Sicile ?
Délivrée depuis deux ans, depuis la chute d'Akragas, du soin
de combattre les Puniques dans l'île, cette flotte venait, en 208,
d'infliger à l'escadre de Bomilkar, à son retour de Grèce, la défaite
que nous avons rappelée [3] : elle avait, dès lors, achevé sa tâche, et
rien n'empêchait, semble-t-il, d'en commencer le désarmement,
auquel il fut en effet procédé l'année suivante [4]. Il est étrange qu'au

Évaluation semblable, chez Kromayer (III, 1, 491 ; 493), des forces opposées à Hasdrubal :
env. 35.000 hommes. Les estimations de K. Lehmann (265) sont beaucoup plus élevées :
env. 40.000 h. pour les deux légions de M. Livius et les deux légions de L. Licinus ; 42.500 h.
(chiffre de Liv. 27. 40. 14) pour les deux légions (très renforcées) de G. Nero, indépendamment des deux légions de Q. Fulvius ; le total, qui paraît très exagéré, serait ainsi de
82.500 hommes.

1. Les sept légions tenues en réserve et fortes, selon De Sanctis (III, 2, 574), d'env.
35.000 h. sont : les deux légions d'Étrurie ; les deux légions urbaines ; la légion de Capoue ;
les deux légions qui se trouvent au voisinage de Tarente. Lehmann (265) leur attribue,
par une exagération manifeste, un effectif total de 52.000 hommes. — Sur le rôle important
que pouvaient jouer certaines de ces légions, notamment celles de Tarente et les légions
urbaines, cf. De Sanctis, III, 2, 487-488, 489 ; Lehmann, 272. — La preuve que l'État
romain est loin d'être aussi démuni d'hommes qu'on le suppose d'ordinaire, c'est qu'outre
les quatre légions d'Espagne (env. 30.000 h. : De Sanctis, III, 2, 574) et les deux de Sicile,
il entretient encore en Sardaigne, sans grande nécessité, semble-t-il, deux légions qui
seront licenciées l'année suivante et remplacées par une légion de conscrits (Liv. (Ann.)
28. 10. 14).

2. Voir le calcul de Kahrstedt (522-524), dont je ne me porte nullement garant. Il
faut noter sa conclusion (524) : « Hob man nun den Jahrgang 207 gleich im Frühjahr
aus, ohne von ihm Ersatzmannschaften nach Spanien oder sonstwohin abzugeben, so
— war (man) also den beiden Barkiden gewachsen. Man muss sich dieses klar machen,
um zu verstehen dass *Scipio den Zug Hasdrubals ruhig geschehen liess.....* »

3. Ci-dessus, p. 244 et note 2.

4. La flotte est désarmée en 206 : Liv. (Ann.) 28. 10. 16 : *M. Valerius proconsul, qui
tuendae circa Siciliam maritumae orae praefuerat, XXX navibus C. Servilio praetori traditis,
cum cetera omni classe redire ad urbem iussus.* Les mots *cum cetera omni classe* semblent
indiquer qu'elle avait gardé jusque-là son effectif complet de 100 bâtiments ; cf. 27. 22.
9 ; 29. 7, pour l'année 208.

lieu de prescrire cette mesure, le Sénat ait préféré condamner Sulpicius à l'oisiveté. Il en faut convenir : ce parti si grave, il paraît, à l'examen, le prendre bien aisément, avec une hâte excessive, et sans raison majeure qui l'y oblige.

Voici venir, toutefois, une objection. Ceux qui s'en tiennent, pour expliquer la résolution des *Patres*, à l'hypothèse traditionnelle m'opposeront sans doute ces réflexions : « Ne nous pressons pas, diront-ils, de prêter au Sénat une conduite absurde. Apparemment, l'alliance de l'Aitolie, qui peut, comme on l'a vu, être si précieuse aux Romains dans l'avenir, le leur est davantage encore dans le présent ; apparemment, ces effets détestables, indiqués plus haut, qu'entraînera la retraite de Sulpicius, ils n'ont nul intérêt à les laisser se produire, nul intérêt, en désespérant les Aitoliens, à leur faire tomber les armes des mains, nul intérêt à permettre à Philippe de se débarrasser d'eux et de recouvrer ainsi sa liberté : mais, au contraire, tous leurs intérêts leur prescrivent, comme devant, d'entretenir la guerre hellénique et, par le moyen de cette guerre, de distraire, d'occuper, et de fixer en Grèce le Macédonien. Tous les mêmes motifs qui leur ont fait conclure le pacte de 212 leur font encore une loi de l'observer fidèlement. Si donc le gouvernement romain y devient infidèle, s'il délaisse ses alliés, risquant tout ensemble et de causer leur désastre et de s'en faire d'irréconciliables ennemis et de rendre à Philippe le meilleur des services, c'est qu'il s'y trouve contraint et doit, quoi qu'il en ait, sacrifier les intérêts de Rome en Grèce à d'autres plus pressants encore... » — Argumentation plausible à première vue, fautive pourtant en ce qu'elle ne tient pas compte des faits récents et de l'état de choses nouveau qui en est résulté. Est-il exact qu'en 207 le Sénat ait, à entretenir la guerre hellénique, le même immédiat intérêt que précédemment ? Non pas. Après sa défaite de 208, la marine de Carthage n'est plus à redouter ; les vaisseaux puniques ne s'approcheront plus des côtes grecques, et la flotte de Philippe est encore à naître. Et, d'autre part, dès 209, les Romains ont repris Tarente [1] : Philippe a perdu son port de débar-

---

quemenl. Qu'importent dès lors les succès que le roi peut remporter en Grèce ? Sa jonction avec Hannibal semble désormais impossible ; le péril qui a fait conclure les accords de 212 paraît maintenant dissipé, et, si l'on n'a égard qu'aux circonstances présentes, l'alliance aitolienne a perdu presque toute sa raison d'être. Ce sont là, peut-on croire, les considérations qui déterminent les *Patres*. Du tour favorable qu'ont pris les événements, ils tirent aussitôt la conséquence directe et pratique ; et cette conséquence, c'est que les « affaires de Grèce » peuvent être « négligées » sans dommage. Partant, la guerre que Rome y a suscitée, l'alliance qu'elle y a contractée, les obligations que comporte cette alliance, le sort même des alliés du Peuple romain, reculent au dernier plan de leurs préoccupations, s'effacent dans le lointain, deviennent à leurs yeux choses indifférentes d'où se détachent leur regard et leur pensée. Et c'est ainsi que, s'autorisant de certaines raisons d'ordre militaire — ou peut-être simplement d'économie — qui nous demeurent obscures, mais qui, sûrement, ne sont que d'importance très relative, ils n'hésitent point à ôter à l'Aitolie, par un manquement brutal à la parole donnée, l'appui de la marine romaine.

Que la conduite tenue en 207 par le Sénat doive s'expliquer de la sorte, c'est ce que montre, aussi bien, celle qu'il tient l'année d'après. — Admettons, comme on le veut d'ordinaire, qu'une nécessité impérieuse ait seule, en 207, interdit aux Romains de continuer au peuple aitolien l'assistance promise et due : sans doute, ils tiendront à honneur, sitôt qu'ils le pourront, de réparer cette défaillance forcée en s'empressant à son secours. L'occasion ne tarde guère. Contrairement à ce qu'on eût pu croire, même après le départ des deux flottes amies, les Aitoliens, dont il faut admirer la constance, ont fait effort, durant toute une année, pour soutenir la lutte contre Philippe ; au commencement de 206, il est donc temps encore pour le Sénat de leur venir en aide. Et, cette fois, rien qui le retienne ou le détourne. L'alerte de 207 a été aussi brève que vive. Hasdrubal a péri, avec toute

blement dès 207 ; cf. Niese, II, 552. La présence de la grande flotte romaine de Sicile a, d'ailleurs, rendu jusqu'en 206 les côtes de la Basse-Italie inaccessibles à toute escadre ennemie.

son armée, aux bords du Métaure [1], et, « reconnaissant » à ce coup « la fortune de Carthage », Hannibal a fait retraite dans le pays bruttien où six légions le contiennent et l'observent [2]. En Italie, la guerre, désormais stagnante, semble ainsi proche de sa fin ; et, pareillement, elle touche à son terme en Espagne, où, par sa victoire d'Ilipa, Scipion a mis en pièces les deux armées puniques et forcé de fuir jusqu'à Gadès Magon et le second Hasdrubal [3]. D'autre part, la flotte de Sicile qui, cette année même, va rallier l'Italie et s'y disloquer, peut envoyer dans les eaux orientales autant de vaisseaux qu'il sera nécessaire [4]. S'il plaît donc aux Romains d'agir énergiquement en Grèce, ils en ont et la liberté et les moyens [5]. Seulement, il importe qu'ils se hâtent,

1. Sur les grandes conséquences de la bataille du Métaure : Kahrstedt, 528. — Retraite d'Hannibal dans le pays bruttien : Liv. 27. 51. 12 : *Hannibal, tanto simul publico familiarique ictus luctu, agnoscere se fortunam Carthaginis fertur dixisse eqs.* ; cf. Pol. XI. 6. 1. — Inaction d'Hannibal en 206 : Liv. (P. ; cf. Kahrstedt, 531, 1) 28. 12. 1.

2. Cf. De Sanctis, III, 2, 506. Les six légions qui, d'après la tradition annalistique, font campagne en 206 dans l'Italie méridionale sont les quatre légions placées sous les ordres des consuls L. Veturius et Q. Caecilius, auxquelles on peut joindre les deux légions de Tarente, commandées par Q. Claudius Flamen.

3. Comme Matzat *(Röm. Zeitrechn.* 154 et note 2) et De Sanctis (III, 2, 496, note 84), je crois, après examen, devoir placer en 207 la bataille d'Ilipa (Silpia). — Sur les conséquences de cette bataille, qui marque l'écroulement de la puissance punique en Espagne : Kahrstedt, 534.

4. Cf. Liv. (Ann.) 28. 10. 16. Les 35 vaisseaux mis, en 205, à la disposition de P. Sempronius (P. ; 29. 12. 2) doivent être en partie tirés de cette flotte.

5. Sur l'inaction singulière des Romains en 206, voir les justes remarques de Brandstäter, *Gesch. des aetol. Landes* etc. 400 : « So lange die Römer noch auf den so gefürchteten Anzug Hasdrubals nach Italien gespannt waren, mochten sie nicht im Stande sein, ihren überseeischen Bundesgenossen wesentliche Hülfe zu leisten ; nachdem aber diese Gefahr durch Hasdrubals Niederlage und Tod beseitigt, und nun Hannibal auf sich selbst beschränkt worden war, hätten sie sich der Aetoler nachdrücklicher annehmen sollen. » Niese a tenté de justifier la conduite du Sénat (II, 500 ; cf. 501) : « ... Auch im nächsten Jahre, 206, blieben die Römer aus, da sie um diese Zeit wiederum alle Kräfte brauchten, um die Karthager aus Spanien zu vertreiben, und zugleich für den Feldzug nach Afrika rüsteten. » L'inaction des Romains s'expliquerait ainsi par un double motif : 1º Ils auraient besoin de toutes leurs forces pour chasser d'Espagne les Puniques ; 2º ils seraient occupés à préparer l'expédition d'Afrique. Cette double explication ne vaut rien. — 1º A supposer, comme le veut Niese avec la plupart des critiques, que la grande offensive de Scipion contre les Puniques soit de l'année 206, il n'y a aucune apparence qu'on lui ait, cette année-là, expédié d'Italie des renforts considérables : cf. Kahrstedt, 523 ; 540, 1. L'armée romaine d'Espagne se renforçait sur place au moyen de contingents indigènes : De Sanctis, III, 2, 455, note 21 *s. f.* Noter que, d'après T. Live, 27. 38. 11, ce serait Scipion qui, en 207, aurait envoyé des troupes aux armées d'Italie, bien loin de leur en emprunter (sur la valeur d'ailleurs douteuse de ce renseignement, cf. De Sanctis, III, 2, 482, note 63 ;

car leur absence a causé de grands maux, et plus rapides qu'on ne s'y fût attendu. Tandis que les neutres, se remettant à l'ouvrage et plus ardents que jamais à faire le siège des Aitoliens, les conjuraient de rompre avec le « barbare » abhorré [1], Philippe, dispensé de surveiller la mer et d'en garder les côtes, a concentré contre eux tout son effort. C'est peu de les avoir chassés des régions de la Thessalie qu'ils avaient autrefois ravies à Antigone [2] : par la cession de Zakynthos [3], aisément recouvrée après le départ des Romains, il s'est acquis l'alliance d'Amynandros, qui règne sur les montagnes et les défilés de l'Athamanie, il a obtenu de lui libre passage sur son territoire, et, prenant l'ennemi à revers, lui tombant sur le dos, a, comme onze ans plus tôt, percé au plus profond de la Vieille-Aitolie, occupé et saccagé Thermos, porté un coup terrible aux Confédérés, et « brisé leur courage » [4]. Tels ont été, dès 207, les effets directs et funestes de l'inaction romaine. Et, dans le même temps, par un soudain miracle, l'Achaïe, jusque là si débile, s'est transformée en puissance militaire : l'activité d'un chef énergique, Philopoimen, las de voir sa nation mendier l'aide de Philippe, l'a dotée en huit mois

Kromayer, *Ant. Schlachtf.* III, 1, 490, 2). — 2° Il n'est pas exact que les préparatifs de l'expédition d'Afrique aient commencé dès 206 ; ils ne datent que de 205, après que Scipion, élu consul, a reçu la Sicile pour province ; et l'on doit observer que, même en 205, le Sénat expédie en Illyrie des forces considérables sous le commandement de P. Sempronius ; sur ces faits, voir ci-après, p. 255-256 ; 286. — De Sanctis (III, 2, 432) écrit : « I quali (Romani), vinto Asdrubale, espulsi dalla Spagna i Cartaginesi, liberatisi d'ogni timore per parte d'Annibale, credettero venuto il tempo [en 205] d'aggiustare i loro conti con Filippo... » Mais il résulte de son exposé même que la situation était également favorable en 206 ; ce qu'ils firent en 205, les Romains l'auraient donc pu faire un an plus tôt.

1. Cf. Pol. XI. 4 — 6 ; App. *Maced.* 3. Cette intervention des neutres est de l'année 207 ; je la crois antérieure aux grands succès de Philippe, car le discours de Thrasykratès n'y fait point allusion. Pour la légère difficulté que soulève la phrase de ce discours relative à la retraite d'Hannibal (XI. 6. 1), j'admets la seconde des deux explications proposées par De Sanctis (III, 2, 444).

2. On admet communément aujourd'hui que la Thessalie fut reconquise par Philippe : De Sanctis, III, 2, 430 et note 85, 431, 435, note 92 ; Swoboda, *Staatsaltert.* 345-348. La chose est très vraisemblable, malgré la difficulté, signalée ci-après (p. 255, note 1), que soulève le texte de Polybe, XVIII. 3. 12.

3 C'est vraisemblablement au commencement de 207 que Zakynthos est retombée en la possession de Philippe ; cf. ci-dessus, p. 218 note 6. On ne connaît pas d'autre entreprise maritime du roi dans les derniers temps de sa guerre contre Rome.

4. Liv. (P.) 36. 31. 10-11 ; Pol. XI. 7. 2 ; je crois, comme De Sanctis (III, 2, 430, note 87), que les deux textes se rapportent à la même campagne. — Liv. 36. 31. 11 : — *qua expeditione fractis animis Aetolos compulit (Philippus) ad petendam pacem.*

d'une armée, d'une belle armée de 15 à 20.000 hommes, organisée à la macédonienne[1], qui, sitôt en campagne, a sauvé Mantinée, écrasé les Spartiates — dont le grand homme de guerre, le tyran Machanidas, a été tué —, reconquis Tégée, et poussé ses ravages jusqu'en pleine Laconie : si bien que, dans le Péloponnèse comme dans le reste de l'Hellade, c'est désormais la cause de la Macédoine qui l'emporte[2].

— Assurément, si les Romains prennent encore intérêt à ce qui se passe là-bas ; s'ils ont souci des Aitoliens et des Péloponnésiens amis de l'Aitolie, s'ils regrettent l'isolement désastreux où ils les ont laissés, s'ils les veulent sauver et garder pour alliés ; et, en même temps, s'ils jugent désirable de raffermir en Grèce leur prestige ébranlé, d'y détruire l'impression mauvaise produite par leur retraite inexpliquée, où certains voient un signe d'impuissance et d'autres un acte de félonie ; s'il leur plaît que le nom de Rome, craint et respecté, impose comme naguère aux Hellènes, voici pour eux l'instant de se montrer. — Mais ces raisons ne les émeuvent point. L'année 206 s'avance sans qu'on les voie paraître. Aux appels des Aitoliens[3], à ceux mêmes de Sulpicius[4] qu'inquiètent les manœuvres des neutres et leur ascendant croissant en Aitolie, le Sénat oppose un silence tenace ; il n'expédie en Grèce ni un vaisseau ni un soldat ; pour qu'il se souvienne qu'il y a des alliés, il faut que ces alliés, victimes de son abandon, aient été forcés de mettre bas les armes.

L'événement, aisé à prévoir et qu'il a dû prévoir depuis plus d'un an, a lieu dans le courant de 206[5]. En ce temps-là, bousculés par l'ennemi, exhortés par les neutres, travaillés par les adversaires de Skopas et des belliqueux, les Aitoliens, après avoir fait preuve d'une généreuse patience, se lassent d'attendre une aide

---

1. La réorganisation de la cavalerie achéenne par Philopoimen date de 209/208 ; mais la réforme de l'infanterie n'a commencé qu'à l'automne de 208, lorsque Philopoimen devint stratège, soit huit mois seulement avant la bataille de Mantinée ; cf. Pol. XI. 10. 9 ; Kromayer, *Ant. Schlachtf.* 1, 288. — Sur l'effectif de l'armée achéenne en 207 (15 à 20.000 hommes) : Kromayer, I, 289.

2. Noter que l'armée achéenne s'est grossie d'auxiliaires certainement fournis par Philippe : Pol. XI. 11. 4 ; 14. 1 ; 15. 5 (mention d'Illyriens).

3 Cf. Liv. (P.) 32 21. 17 : — *Aetolos nequiquam opem Romanorum implorantis* —.

4. Cf. App *Maced.* 3 (témoignage un peu suspect).

5. Pour cette date, communément admise et qu'il n'y a pas lieu, je crois, de contester : Niese, II, 501, 2 ; De Sanctis, III, 2, 431-432, 444.

qui, sans doute, ne leur viendra jamais, et subissent la paix accablante que Philippe leur impose [1]. Alors, alors seulement, le Sénat secoue sa longue inertie. Il s'avise sur le tard que, même après l'échec du grand dessein d'Hannibal et de Philippe, la guerre hellénique avait du bon, qu'elle occupait utilement le roi, qu'il est fâcheux qu'elle ait pris fin, et qu'il serait souhaitable qu'elle recommençât : car, libre du côté des Grecs, Philippe va se retourner sans doute contre les dernières places illyriennes, Épidamnos et Apollonia, encore en la possession de Rome. Le danger que court l'Illyrie rappelle aux *Patres* que la Grèce existe. Par leur ordre, au printemps de 205, le proconsul P. Sempronius, allant au plus pressé, passe le détroit [2], amène à Épidamnos des forces imposantes — trente-cinq vaisseaux de ligne qui portent dix mille hommes

1. Cf. Liv. 29. 12. 1 : — *Philippus Aetolos* — quibus voluit condicionibus, *ad petendam et paciscendam subegit pacem* — texte qui n'est d'ailleurs que médiocrement significatif. J'admets, avec De Sanctis (III, 2, 431-432), que la paix fut désastreuse pour les Aitoliens : c'est ce qui paraît ressortir naturellement des circonstances ; mais nous ne savons rien de précis sur les sacrifices qui leur furent imposés. Il me paraît probable qu'ils durent renoncer à tout ce qu'ils possédaient en Thessalie (De Sanctis, III, 2, 431 ; cf. 435, note 92 ; Swoboda, *Staatsaltert.* 345-348) ; seulement, il faut reconnaître qu'en ce cas la forme qu'ils donnent, en 198 et 197, à leurs réclamations concernant Échinos, Thèbes-de-Phthiotide, Pharsale et Larisa Krémasté est assez singulière (Pol. XVIII. 3. 12 ; cf. 38. 3). Les objections de Niese (II, 503, 1 ; cf. aussi, dans un sens analogue, V. Costanzi, dans les *Studi storici* de E. Pais, 1908, 427 suiv.) gardent sur ce point leur valeur, et De Sanctis (III, 2, 435, note 92) ne les a pas résolues. Il est certain que si, en 198, Philippe occupe les villes ci-dessus nommées en vertu d'un traité régulier, ayant consacré son droit de conquête, et qui, pour ce qui est de Thèbes, aurait simplement confirmé le traité de Naupakte, on ne comprend guère qu'Alexandros Isios s'indigne si vivement de cette occupation et la tienne pour aussi peu légitime que la prise de Kios et de Lysimacheia (Pol. XVIII. 3. 11-12). Il faut convenir que le langage des Aitoliens donnerait plutôt à croire que Philippe a promis de leur rendre les villes qu'ils énumèrent, puis les a retenues indûment ou reprises après les avoir cédées. Je signale cette difficulté que je renonce, pour ma part, à résoudre. — Sur la cession que Philippe aurait faite de la Phocide aux Aitoliens, voir ci-après, p. 259, note 2.

2. On sait à quels artifices a recours T. Live (qui paraît mêler ici une tradition annalistique à celle de Polybe ; cf. ci-après, p. 258, note 4 ; 260) pour pallier l'inexcusable retard des Romains (29. 12. 1-4 ; cf. Niese, II, 501, 2 ; De Sanctis, III, 2, 443) : Philippe, à l'en croire, s'est tant hâté de faire sa paix avec les Aitoliens, que P. Sempronius n'a pu arriver à temps pour les secourir. L'Annaliste d'Appien *(Maced.* 3) y va plus hardiment : P. Sulpicius obtient du Sénat, en temps opportun, les renforts qu'il a réclamés (il s'agit, en réalité, des forces placées sous le commandement de Sempronius), et, grâce à ces renforts, les Aitoliens s'emparent d'Ambrakia (cette dernière indication me demeure, du reste, inintelligible comme à la plupart des critiques ; cf. De Sanctis, III, 2, 429, note 83 *s. f.)* : les Romains sont ainsi sans reproche, et les Aitoliens sans excuse de s'être accommodés avec Philippe.

et mille chevaux. Et, tandis qu'il prévient l'attaque de Philippe par une prompte offensive, assiège Dimalé et s'efforce de soulever les Parthiniens, son légat, Laetorius, se rend en Aitolie avec quinze vaisseaux et des troupes de terre [1]. Laetorius a pour mission de « troubler la paix » toute fraîche [2]. Il invite donc, non sans quelque effronterie, les Confédérés à se remettre en campagne au côté des Romains. Démarche inutile : sachant ce que vaut l'alliance romaine, voyant ce qu'elle leur coûte, les Aitoliens n'ont aucun goût à en faire une nouvelle épreuve. Ce sont maintenant les pacifiques, Agélaos de Naupakte et ses hommes [3], qui, chez eux, mènent les affaires. L'envoyé du proconsul est rebuté, et les Romains demeurent seuls en face de Philippe.

Ainsi se terminent les premières relations de Rome et de l'Aitolie. Les Romains garderont toujours le souvenir irrité de la « défection » des Confédérés ; leur orgueil n'admettra jamais que ceux-ci aient osé, sans leur aveu, traiter avec l'ennemi commun. [4] Ils sauront imposer silence à leurs rancunes quand l'exigera l'intérêt politique ; mais ces rancunes, sagement assoupies aussi longtemps que durera leur seconde guerre contre Philippe, auront, comme on sait, au lendemain de cette guerre, un violent réveil. Après Kynosképhalai, les Aitoliens, redevenus depuis trois ans les auxiliaires de Rome, entendront T. Quinctius alléguer brus-

---

1. Liv. (P. et Ann. ?) 29. 12. 2-5. Il faut noter la façon dont s'exprime T. Live (29. 12, 4) : *eo* (en Illyrie) *se averterant Romani ab Aetolorum, quo missi erant, auxilio, irati, quod sine auctoritate sua adversus foedus cum rege pacem fecissent.* Ce passage est rédigé de manière à faire croire que Sempronius avait d'abord mission de porter secours aux Aitoliens, mais qu'ayant appris en route la paix conclue entre eux et Philippe, et justement indigné à cette nouvelle, il se « détourna » de l'Aitolie et s'en fut en Illyrie. C'est le même artifice que précédemment. La vérité est que Sempronius ne quitta l'Italie qu'après, et peut-être assez longtemps après qu'y était parvenue la nouvelle de la paix, et qu'il cingla tout droit vers l'Illyrie. — L'envoi de Laetorius en Aitolie a dû naturellement suivre de très près le débarquement du proconsul ; on le peut croire contemporain du siège de Dimalé ; je ne sais pourquoi Weissenborn (note à Liv. 29. 12. 5) veut que Sempronius ait interrompu ce siège pour dépêcher Laetorius aux Aitoliens.

2. Liv. (P.) 29. 12. 5 : — *ad visendas res (misso Laetorio) pacemque, si posset, turbandam.* T. Live fait le silence sur l'échec de Laetorius ; l'Annaliste d'Appien omet complètement l'expédition, peu glorieuse, de Sempronius.

3. Agélaos de Naupakte redevient stratège en 207/206 (date approximative) : Pomtow, *Delph. Chronol.* 95-96 ; Dittenberger, *Sylloge*[2], 923.

4. Sur le mauvais accueil fait à l'ambassade aitolienne venue à Rome peu après la paix de Phoiniké, probablement vers la fin de 202 (App. *Maced.* 4. 2 ; cf. Liv. (P.) 31. 29. 4), voir plus loin, p. 296-297.

quement, pour leur refuser les villes de Phthiotide qu'ils revendiquent, la forfaiture impardonnée qu'ils ont commise en 206[1]. — La vérité, pourtant, est que cette forfaiture n'a été que la conséquence d'une autre, qui a eu, celle-là, les Romains pour auteurs[2]. Ce sont eux qui, les premiers, ont failli aux conventions jurées en 212, et donné aux Aitoliens un long exemple d'infidélité ; ce sont eux qui, en les délaissant, ont permis à Philippe victorieux de les acculer à la paix ; ce sont eux qui, par leur désertion renouvelée deux ans de suite, les ont contraints à la défection. Si, finalement, il y a rupture entre l'Aitolie et Rome, la faute en est toute aux Romains ; s'ils perdent leurs alliés, c'est qu'ils n'ont pas voulu s'imposer le soin de les garder ; c'est qu'à partir d'un certain moment, du moment où ils ont cessé de redouter l'action combinée de la Macédoine et de Carthage, ils ont cessé aussi, la jugeant désormais à peu près sans objet, de faire cas de l'alliance aitolienne. Or, il est clair qu'ils eussent été d'un autre sentiment et qu'ils auraient agi de façon différente, s'ils avaient eu sur la Grèce les projets qu'on leur veut attribuer. Occupés de l'avenir, au lieu de s'attacher uniquement au présent, ils eussent alors estimé à son prix cette alliance qui leur procurait, comme nous l'avons dit, la facilité de se mêler, en tout temps et presque à leur gré, aux querelles de l'Hellade et de la Macédoine ; ils eussent vu en elle ce qu'elle eût été en effet, l'instrument politique dont leur ambition ferait, à l'occasion, le plus utile usage ; et, supputant le profit qu'ils en pouvaient tirer, ils n'eussent point été si malavisés que de la laisser échapper.

---

1. Pol. XVIII. 38. 8.

2. Il est notable que T. Live n'essaie point d'excuser la conduite des Romains à l'égard de l'Aitolie. Il écrit (P. ; 29. 12. 1) : — *Philippus — Aetolos desertos ab Romano, cui uni fidebant, auxilio, quibus voluit condicionibus, ad petendam et paciscendam subegit pacem* — Aux Panaitolika de 199, l'ambassadeur romain L. Furius Purpurio se contente de dire (P. ; 31. 31. 19) : *et forsitan dicatis* bello Punico occupatis nobis *coactos metu vos leges pacis ab eo, qui tum plus poterat, accepisse.* Remarquer, dans la même circonstance, ces paroles attribuées aux ambassadeurs macédoniens (P. ; 31. 29. 3) : *quibus enim de causis* experta inutili societate Romana *pacem cum Philippo fecissent (Aetoli) eqs.*

V

Les Romains ont perdu, par leur faute et par leur volonté, l'alliance de l'Aitolie. Mais on admet généralement qu'à l'époque où se termine leur guerre contre Philippe, ils conservent en Grèce un « groupe » considérable d'alliés ou de clients, dont ils ont assumé la protection [1]. Ce sont, affirme-t-on, les Péloponnésiens ennemis de la Macédoine — Éléens, Messéniens et Lacédémoniens — auxquels sont venus, en dernier lieu, s'adjoindre les Athéniens ; en sorte que, tout compte fait, cette guerre leur a servi à contracter, parmi les Hellènes, « quelques amitiés qui, par la suite, leur seront grandement précieuses » [2]. Un historien va plus loin [3] : il ne doute pas qu'en s'attachant les peuples dont on vient de lire les noms, Rome n'ait voulu se constituer, en face de la Macédoine, la gardienne intéressée du « particularisme » hellénique, jouant ainsi, à la fin du IIIe siècle, le même rôle, à peu près, qu'avait joué la Perse au IVe. Si tel est le cas, il faut convenir que les *Patres* ont en Grèce une politique des mieux définies. Mais, avant d'accepter ces affirmations un peu audacieuses, il est un point de fait qu'il convient d'éclaircir, un problème critique qu'il importe de résoudre : est-il exact qu'après la guerre de Macédoine, les Romains aient continué de « grouper autour d'eux » et de couvrir de leur patronage les quatre nations grecques énumérées plus haut ?

On s'autorise, pour l'assurer, d'un renseignement qui se trouve dans T. Live. Ayant rapporté, d'après Polybe pour l'essentiel, dans quelles circonstances et à quelles conditions la paix fut conclue en 205, à Phoiniké, entre le proconsul P. Sempronius et Philippe [4],

---

1. Voir, par exemple, G. Colin, *Rome et la Grèce*, 44 : « ... Rome, de son côté, tout en ayant perdu les Étoliens, groupait **encore** autour d'elle ... Nabis ..., les Éléens, les Messéniens et les Athéniens... »

2. T. Frank, *Roman Imperialism*, 144 : « Rome — in the course of the struggle — had formed several friendships with the states of Greece that were later to be of great service to her. »

3. De Sanctis, III, 2, 436, 439.

4. Liv. 29. 12. — Je n'ai point à entrer ici dans l'étude détaillée de la question critique. On a pensé que le chap. 12 du l. 29 provenait, dans toutes ses parties, non de Polybe, mais d'un Annaliste (Coelius ?), intermédiaire entre Polybe et T. Live : Th. Zielinski, *Die letzten Jahre des zweit. punischen Krieges*, 121 ; Kahrstedt, 331 (qui se montre d'ailleurs

T. Live écrit ce qui suit [1] : *in eas condiciones cum pax conveniret, ab rege foederi adscripti Prusia, Bithyniae rex, Achaei, Boeoti, Thessali, Acarnanes, Epirotae, ab Romanis Ilienses, Attalus rex, Pleuratus,* Nabis, Lacedaemoniorum tyrannus, Elei, Messenii, Athenienses. — Voilà qui est parfaitement clair. De même que Philippe, à Phoiniké, traite au nom de Prousias et des « Symmachoi » [2], de même l'État romain traite au nom des Iliens, d'Attale, de Pleuratos — et aussi des Lacédémoniens, représentés par Nabis, des Éléens, des Messéniens et des Athéniens. Ces quatre derniers peuples sont, par ses soins, « compris » dans la paix : il les prend donc sous sa sauvegarde, s'en déclare le protecteur, leur garantit leurs possessions ; Philippe, désormais, les devra respecter au même titre que Rome elle-même. — Mais ce renseignement mérite-t-il confiance ?

C'est l'opinion commune : ce n'est pas celle de certains critiques [3]. L'un d'eux [4] déclare, sans hésiter, que, dans la phrase

fort hésitant) ; cf. Täubler, *Imp. Romanum*, I, 214 suiv., 375. Je ne doute point, quant à moi, que T. Live n'ait consulté directement Polybe et ne lui ait emprunté l'ensemble de son chap. 12 (de même, Nissen, *Krit. Unters.* 84 ; Matzat, *Röm. Zeitrechn.* 160, 12 ; De Sanctis, III, 2, 646) ; seulement, ce qui est vrai de l'ensemble ne l'est pas de tous les détails. T. Live a, çà et là, retouché Polybe en s'inspirant d'une tradition annalistique. C'est ce qu'accorde De Sanctis lui-même, tout favorable qu'il est à T. Live : III, 2, 443 ; 437, note 94 *s. f.*

1. Liv. 29. 12. 14.

2. L'omission des Phocidiens dans le texte de T. Live (comme aussi celle des Eubéens et des Lokriens orientaux) peut être purement accidentelle. H. Pomtow *(Jahrb. für kl. Philol.* 1897, 801-802 ; cf. Swoboda, *Staatsaltert.* 321, 343, 4) en a conclu qu'en 206 (il dit, à tort, en 205) la Phocide avait été abandonnée par Philippe aux Aitoliens, et pense trouver la confirmation de ce fait dans les textes delphiques. Je ne sais cependant s'il est très sûrement établi ; il ne s'agirait, en tout cas, que d'une partie de la Phocide ; car, lors de la seconde guerre de Macédoine, nombre de localités phocidiennes dépendent de Philippe (cf. Swoboda, 343, 5), et rien ne permet de supposer que le roi s'en soit emparé entre 205 et 200. — Quant à l'omission des Aitoliens parmi les États placés sous la sauvegarde de Rome, elle s'explique naturellement par le fait qu'ils ont conclu avec Philippe une paix séparée ; les Romains affectent désormais de les ignorer. C'est ce qu'a, par une étrange erreur, méconnu V. Costanzi, dans son mémoire intitulé : *Le relazioni degli Etoli coi Romani dopo la pace di Fenice (Studi stor. per l'antich. classica,* 1908, 422-423).

3. Cf. Niese, II, 502, 4 ; Täubler, I, 214 suiv.

4. Täubler, I, 214-218. — Täubler ne laisse même rien subsister de l'énumération qui commence avec les mots *ab Romanis* : (214) « Die Zusatzbestimmung ist für die römische Seite unglaubwürdig etc. » Niese (II, 502, 4) est beaucoup plus réservé ; il ne supprime, chez T. Live, que le nom des Athéniens et celui des Iliens : « Livius fügt an erster Stelle Ilion und am Schluss die Athener hinzu. Beides ist dringend verdächtig. » — De Sanctis

ci-dessus transcrite, les mots *Nabis, Lacedaemoniorum tyrannus,
Elei, Messenii, Athenienses* forment une addition d'origine annalistique, qu'il faut écarter comme apocryphe. Et il est sûr que,
pour plus d'une raison, le doute est ici permis. Il l'est, d'abord et
d'une façon générale, parce que c'est chose connue que, dans la
reproduction des traités, T. Live n'a point eu scrupule de « conta-
miner » parfois le texte de Polybe par d'indiscrets emprunts faits
à l'Annalistique [1]. Il l'est, d'autre part et plus précisément,
parce que, sans conteste possible, dans le chap. 12 de son l. 29,
où sont relatés des événements peu flatteurs pour l'orgueil
romain, T. Live n'a pas suivi Polybe avec fidélité : bien que tiré de
Polybe pour tout le principal, ce chapitre porte en maint passage
la trace manifeste de remaniements [2] dus, soit à T. Live lui-même,
soit à T. Live influencé par quelque Annaliste ; — puis, parce que
le résumé, bref à l'excès, donné par T. Live du traité de Phoiniké
inspire de justes défiances et paraît indiquer qu'il a pris là, avec
Polybe, de fortes libertés : il s'y trouve, semble-t-il, des lacunes
volontaires [3] ; — enfin, parce que, dans la phrase en discussion, il y
a tout lieu de croire, d'après ce qu'on a vu ailleurs, que la mention
des *Ilienses* n'a rien d'authentique [4]. Ainsi, les suspicions exprimées
par la critique méritent au moins la plus sérieuse attention ;
elles sont à première vue légitimes ; il s'agit de vérifier si elles
sont fondées en fait.

(III, 2, 436 et note 94 ; 438 et note 98) maintient contre Niese et Täubler l'authenticité du
texte entier de T. Live, sauf toutefois la désignation nominative de Nabis (III, 2, 437,
note 94 *s. f.* ; cf. ci-après, p. 263, note 4). — Ferguson *(Hellen. Athens,* 256, 2) exprime
des doutes sur l'*adscriptio* des Athéniens.

1. Pour le traité de 196 entre Rome et Philippe, cf. Nissen, *Krit. Unters.* 145 ; Täubler,
I, 228 suiv. — Pour le traité de 201 entre Rome et Carthage, voir l'analyse critique de
De Sanctis, III, 2, 620 (§ 6), 621 (§ 8), 622 (§ 10) ; les additions annalistiques faites par
T. Live au texte de Polybe sont, d'ailleurs, de médiocre importance, sauf toutefois ce qui
concerne le *foedus* de Carthage et de Masinissa : Liv. 30. 37. 4.

2. Voir notamment 29. 12. 2-4. J'ai précédemment indiqué (p. 255, note 2) combien
est tendancieux le récit que fait T. Live de la mission de P. Sempronius en Grèce ; cf. De
Sanctis, III, 2, 443.

3. Il n'est pas douteux, par exemple, que Philippe n'ait gardé en 205 une partie considérable des conquêtes qu'il avait faites depuis 217, et notamment en 213, sur Skerdilaïdas ;
cf. De Sanctis, III, 2, 435-436, et ci-après, p. 278, note 2. T. Live n'en dit pas mot.

4. Cf. ci-dessus, p. 56, où je pense avoir montré qu'en 196, lors de la venue à Rome
des ambassadeurs de Lampsaque, l'État romain n'avait point encore pris officiellement
la ville d'Ilion sous sa protection ; cf. Niese, II, 502, 4 ; Täubler, I, 215-216.

Notre vérification portera d'abord sur ce qui est dit des Lacédémoniens, des Éléens et des Messéniens ; ensuite. sur ce qui concerne les Athéniens.

Pour nier l'*adscriptio* des Lacédémoniens, des Éléens et des Messéniens au traité de Phoiniké, on a surtout fait observer que ces trois peuples n'étaient point originairement les alliés de Rome, mais ceux de l'Aitolie : en conséquence, a-t-on dit, les Romains n'avaient point qualité pour les comprendre dans la paix [1]. Il n'y a point lieu, semble-t-il, de s'arrêter à cette objection. Il paraît, en effet, hors de doute que, du jour où ils s'étaient associés aux Aitoliens contre Philippe, les Lacédémoniens, les Éléens et les Messéniens étaient devenus, en vertu du traité de Laevinus, les alliés des Romains, et se trouvaient avoir part, aussi bien que les Aitoliens eux-mêmes, à l'*amicitia* romaine [2]. La seule question est de savoir combien de temps dura leur « amitié » avec Rome, et l'on voit aisément dans quels termes elle se pose. Si les Lacédémoniens. les Éléens et les Messéniens sont, en 205, *adscripti foederi* par les Romains, c'est sûrement que, l'année précédente. ils n'ont ni déposé les armes, ni traité avec la Macédoine en même temps que les Aitoliens : sinon, les Romains eussent rompu avec eux comme ils firent avec les derniers [3]. L'*adscriptio* de Sparte, de l'Élide et de la Messénie à la paix de Phoiniké implique que ces trois États, demeurés fidèles à Rome, ont continué d'être les ennemis de

---

1. Voir Täubler, I, 214-215 (sur les Éléens et les Messéniens) ; 217-218 (sur Nabis et les Lacédémoniens) ; en sens contraire, De Sanctis, III, 2, 436, note 94.

2. Cf. Liv. (P.) 26. 24. 8 : *igitur conscriptae condiciones, quibus in amicitiam societatemque populi Romani venirent (Aetoli), (9) additumque, ut si placeret vellentque, eodem iure amicitiae Elei Lacedaemoniique* (ajouter les Messéniens omis par inadvertance) *et Attalus et Pleuratus et Scerdilaedus essent.* — C'est avec raison que De Sanctis *(ibid.)* regarde ce texte comme décisif. Noter qu'en 195, T. Quinctius, dans sa discussion avec Nabis, reconnaît que les Romains ont jadis (c'est-à-dire lors de la première guerre de Macédoine) contracté une *amicitia* avec les Lacédémoniens, représentés par le roi Pélops, et les Messéniens : Liv. (P.) 34. 32. 1 ; 32. 16. Nabis veut dire la même chose, lorsqu'il parle, d'ailleurs inexactement, d'un *vetustissimum foedus* qui aurait uni les Lacédémoniens aux Romains : 31. 5 ; dans ce prétendu *foedus*, il ne faut voir que le traité conclu entre Rome et l'Aitolie en 212.

3. Selon Niese (II, 501-502), les Lacédémoniens, les Éléens et les Messéniens auraient été compris successivement — d'abord par les Aitoliens dans la paix qu'ils firent avec Philippe —, puis par les Romains dans celle de Phoiniké ; ce sont là deux assertions inconciliables et qui s'excluent.

Philippe et des Achéens jusqu'en 205. Y a-t-il apparence qu'ils aient tenu cette conduite ?

Nullement. Examinons en premier lieu ce qui concerne les Lacédémoniens. La bataille de Mantinée, perdue en juin 207, avait été pour eux un coup écrasant dont ils eurent peine à se relever [1]. Ils ne pouvaient, dans le temps qui la suivit, compter sur l'appui de Rome, qui se désintéressait entièrement des affaires de Grèce. Les choses étant ainsi, comment croire que, la paix une fois rétablie entre Philippe et l'Aitolie, ils aient tenté de poursuivre la lutte contre les Achéens victorieux, auxquels, débarrassé des Aitoliens, Philippe eût pu prêter main-forte ? — De fait, il paraît bien que, peu après la bataille de Mantinée, la paix régna dans le Péloponnèse. On observera que Plutarque ne mentionne aucune action de guerre accomplie par Philopoimen durant sa seconde stratégie, laquelle commence en octobre 206 [2] ; on doit noter surtout ce que rapporte Polybe des débuts de Nabis, successeur de Machanidas [3] : (XIII. 6. 1) Νάβις, ἔτος ἤδη τρίτον ἔχων τὴν ἀρχὴν (ann. 205 / 204), ὁλοσχερὲς μὲν οὐδὲν ἐπεβάλλετο πράττειν οὐδὲ τολμᾶν διὰ τὸ πρόσφατον εἶναι τὴν ὑπὸ τῶν Ἀχαιῶν ἧτταν τοῦ Μαχανίδου. Ce langage ne se comprendrait point, si Nabis avait tenu tête aux Achéens pendant les deux années qui firent suite à la bataille de Mantinée ; il donne, au contraire, à penser que les Spartiates, accablés de leur défaite, saisirent volontiers la première occasion de traiter, et, partant, s'empressèrent d'adhérer à la paix conclue par l'Aitolie avec Philippe. Or, il va sans dire que, lorsque Sparte se retira de la lutte, l'Élide et la Messénie, incomparablement plus faibles, s'en durent retirer aussi. — Au reste, un passage, trop négligé, de Polybe semble propre à trancher le débat en ce sens. Au moment de raconter l'attentat commis en 201 par Nabis contre Messène, l'historien s'exprime ainsi : (XVI. 13. 3) πῶς δὲ καὶ τίνα τρόπον κατὰ τοὺς προειρημένους καιροὺς (ann. 205/204) σύμμαχος

---

1. Cf. Pol. XIII. 6. 1 (ce texte est cité plus loin).

2. Cf. Plut. *Philopoem.* 11-12. Dans le récit de Plutarque, la première action de guerre accomplie par Philopoimen après la bataille de Mantinée est la délivrance de Messène, en 201 (*Philopoem.* 12. 4). — Pour la date de la seconde stratégie de Philopoimen, Niccolini, *Confed. achea*, 286, 310.

3. Cf. Plut. *Philopoem.* 12. 4 ; Niese, II, 563 et note 4.

ὑπάρχον Αἰτωλοῖς, Ἠλείοις, Μεσσηνίοις, καὶ πᾶσι τούτοις ὀφείλων καὶ κατὰ τοὺς ὅρκους καὶ κατὰ τὰς συνθήκας βοηθεῖν, εἴ τις ἐπ' αὐτοὺς ἴοι, παρ' οὐδὲν ποιησάμενος τὰς προειρημένας πίστεις ἐπεβάλετο παρασπονδῆσαι τὴν τῶν Μεσσηνίων πόλιν, νῦν ἐροῦμεν (ann. 201). On voit clairement ce qui résulte de ces lignes : l'alliance de l'Aitolie, de l'Élide, de la Messénie et de Sparte a persisté après la guerre de Macédoine ; en 201, les quatre nations sont encore liées par des engagements stricts. C'est donc que les Éléens, les Messéniens et les Spartiates ne se sont pas séparés des Aitoliens, lorsque ceux-ci, en 206, se sont réconciliés avec Philippe, mais qu'ils ont, comme eux, traité avec le roi, et, comme eux, fait défection à Rome. Dès lors, ils n'ont pu être compris par les Romains dans la paix de Phoiniké : ils ne l'ont pas plus été que les Aitoliens eux-mêmes. — Joignons une dernière remarque. Si, après 205, les Spartiates, les Messéniens, les Éléens étaient restés les alliés et les clients des Romains, n'est-il pas évident qu'au début de la seconde guerre de Macédoine, ceux-ci auraient eu hâte de se rapprocher d'eux, afin de s'assurer, en cas de besoin, leur concours militaire [1] ? Mais il n'en va point ainsi. Les légats du Sénat se rendent, au printemps de 200, en Épire, en Athamanie, en Aitolie, en Achaïe, à Athènes [2] ; ils ne visitent ni l'Élide, ni la Messénie, ni Sparte. Il est particulièrement notable que, durant plus de deux ans, les généraux envoyés de Rome en Grèce ignorent entièrement les Spartiates : c'est seulement à la fin de l'hiver de 198/197 que T. Quinctius engage des pourparlers avec Nabis, et seulement sur l'invitation de celui-ci [3] ; et l'*amicitia* qu'il contracte alors avec le tyran n'a pas pour effet de « renouveler », de remettre en vigueur une *amicitia* qui existerait déjà entre les Romains et Nabis, comme c'eût été le cas s'il avait été compris dans la paix de Phoiniké : il s'agit manifestement d'une *amicitia* que n'avait précédée aucune autre [4].

---

1. Cf. De Sanctis, III, 2, 433 : « … Una breve sospensione d'armi (à Phoiniké) giovava anche perchè gli avversari di Filippo e degli Achei, gli Etoli e *Sparta*, riprendessero le forze e si trovassero poi in tempo pronti a rispondere a un nuovo appello romano. » Ceci implique que, lors de leur nouvelle guerre contre Philippe, les Romains auraient, sans tarder, adressé « un appel » aux Spartiates ; mais l'histoire ne montre rien de semblable.

2. Pol. XVI. 27. 4 ; 25. 2 sqq.

3. Liv. (P.) 32. 39. 1 sqq.

4. Cela ressort des mots (Liv. (P.) 32. 39. 10) : *inde ubi de condicionibus amicitiae coepiunt*

La question me semble décidée. Dans le texte de T. Live, les mots *Nabis, Lacedaemoniorum tyrannus, Elei, Messenii* sont. bien, comme l'ont reconnu des critiques avisés, une addition dont les Annalistes portent la responsabilité [1]. Et, de fait, on comprend

agi est eqs. A la vérité, en 195, Nabis prétend que l'*amicitia* conclue en 197 était une *amicitia renovata* (34. 31. 5) ; mais, à l'appui de son dire, il ne peut alléguer que le *vetustissimum foedus* de 212 (ci-dessus, p. 261, note 2), qui lui aurait conféré *sicut ceteris Lacedaemoniis* la qualité d' « ami » de Rome ; il ne fait nulle allusion au traité de Phoiniké, ce qui prouve qu'il n'en pouvait rien tirer en faveur de sa thèse. — Il résulte, d'ailleurs, de Liv. (P.) 34. 32. 1, que le nom de Nabis ne figurait point dans ce traité. De Sanctis, qui tient pour authentique l'*adscriptio foederi* des Lacédémoniens, en doit lui-même convenir (III, 2, 437, note 94 *s. f.*) : « nel trattato del 205 non si parlava di Nabide, sì di Sparta o di Pelope. » — Peut-être y a-t-il lieu de noter ici que, dans T. Live, un passage de la réponse de T. Quinctius à Nabis est propre à induire en erreur. Le proconsul s'exprime ainsi : (34. 32. 15) *quibus igitur rebus* amicitia *violatur ? nempe his marime duabus, si socios meos pro hostibus habeas, si cum hostibus te coniungas.* (16) *utrumque a te factum est ; nam et* Messenen, uno atque eodem iure foederis quo 'et Lacedaemonem in amicitiam nostram acceptam (il s'agit du *foedus* de 212), socius ipse sociam nobis urbem *vi atque armis cepisti* (en 201) (17) *et cum Philippo, hoste nostro, non societatem solum sed — adfinitatem etiam per Philoclen — pepigisti* (en 198) *eqs.* Ces lignes donneraient à croire qu'après leur première guerre contre Philippe, les Romains se considéraient comme encore unis, en vertu du traité de 212, à Nabis (et aux Messéniens) par une « amitié » publique, « amitié » que Nabis aurait violée à deux reprises, d'abord en 201, puis en 198. Mais ceci serait en contradiction directe avec tout ce que nous voyons d'autre part. Il ne me semble pas douteux que, dans le texte ci-dessus transcrit, T. Live ait mal reproduit ce qu'il avait lu dans Polybe. Le sens des paroles de T. Quinctius devait, chez Polybe, être conditionnel : « *A supposer — comme tu le prétends à tort* (cf. 34. 32. 1) — qu'en vertu du traité de 212, tu fusses resté jusqu'en ces derniers temps l' « ami du Peuple romain », tu aurais toi-même mis fin à cette amitié par ton double manque de foi : d'abord, en t'emparant de la ville de Messène, qui eût été, au même titre que toi, l' « amie » de Rome, etc. » — Il n'y a aucune conclusion à tirer, relativement aux Éléens et aux Messéniens, de la phrase de Polybe (XVIII. 42. 7 ; hiv. 197/196) où ces peuples sont dits σύμμαχοι τότε Ῥωμαίων ὑπάρχοντες. Ces mots n'impliquent pas qu'ils soient restés les σύμμαχοι des Romains après la première guerre de Macédoine et l'aient encore été dès le commencement de la seconde. Ils le sont redevenus, en tant qu'alliés des Aitoliens, lorsque les Aitoliens eux-mêmes ont fait retour à l'alliance romaine.

1. Je n'ai point à discuter ici l'*adscriptio* d'Attale au traité de Phoiniké. Je n'en dirai qu'un mot. Täubler (I, 215) la déclare impossible, et fait observer que le traité conclu par Attale avec les Aitoliens continua de rester en vigueur même après 206 (Liv. (P.) 31. 46. 3-4 ; ann. 201 et 200). Ce point est incontestable, et l'on en doit induire qu'il n'y eut pas, en 206, rupture entre le roi de Pergame et l'Aitolie ; mais il ne suit pas de là qu'Attale ait traité avec Philippe en même temps que les Aitoliens. Remarquons d'abord qu'il n'en eut peut-être pas la liberté : Prousias, devenu son adversaire et l'allié de Philippe depuis la fin de 208 (Liv. (P.) 28. 7. 10 ; cf. 8. 14), put poursuivre contre lui les hostilités jusqu'en 205 (et l'on notera, à ce propos, que rayer le nom d'Attale dans le texte de T. Live, ce serait s'obliger à rayer aussi celui de Prousias, ce qui ne laisserait pas d'être osé). D'autre

sans peine qu'il leur ait déplu de montrer, en face de Philippe
entouré de ses nombreux alliés, les Romains isolés et n'ayant plus
en Grèce ni alliés ni clients sur qui étendre leur patronage : il
était séant que les Lacédémoniens, les Éléens et les Messéniens
vinssent prendre place à leur côté, pour faire un utile contre-
poids aux Achéens, aux Béotiens, aux Thessaliens, aux Akarnaniens
et aux Épirotes, au nom desquels traitait le roi de Macédoine.

L'*adscriptio*, par les Romains, des Athéniens au traité de
Phoiniké paraît dès l'abord plus surprenante que celle des Lacédémoniens, des Éléens et des Messéniens ; car ces trois peuples avaient
été, de 212 à 206, les alliés ou, à tout le moins, les auxiliaires de
Rome contre Philippe, ce qui, assurément, n'était pas le cas
des Athéniens. Nous savons, en effet, qu'au temps de la guerre
de Macédoine, nulle relation de droit public n'unissait Athènes à
Rome, le prétendu *foedus amicitiae* de 228 n'ayant aucune réalité[1] ; en sorte que ce n'est point en qualité de *socii* ou d'*amici
populi Romani* que les Athéniens eussent pu être *adscripti foederi*.
Et nous savons aussi que, pendant cette même guerre, leur conduite envers les Romains fut tout autre chose qu'amicale[2] : on se
rappelle qu'à l'exemple des Alexandrins et des Rhodiens, auxquels
ils s'étaient joints, ils multiplièrent leurs efforts afin de décider les
Aitoliens, alliés de la République, à se détacher d'elle et à se rapa-
trier avec Philippe. C'était là, il faut l'avouer, un titre singulier
à la faveur que leur aurait faite Sempronius en les comprenant
dans le traité de 205.

Il va de soi qu'il n'est qu'une façon de rendre raison de leur
adscriptio à ce traité. Il faut nécessairement supposer que, très peu

part, il ne faut point oublier que, depuis la fin de 208, Attale avait quitté l'Europe et cessé
de se mêler à la guerre hellénique ; ce qui se passait en Grèce lui était dès lors devenu
presque étranger ; le rétablissement de la paix entre l'Aitolie et Philippe ne le touchant
que fort peu, et, par là, son cas était très différent de celui des Lacédémoniens, des Éléens
et des Messéniens. Il ne se trouvait pas, comme eux, dans l'alternative, ou d'adhérer à
cette paix, ou de briser avec les Aitoliens pour s'attacher en Grèce à la cause de Rome. En
conséquence, après 206, il lui était loisible, tout en demeurant l'allié des Confédérés, de
suivre une autre politique que la leur, et, dans le désir de complaire à Rome, de continuer prudemment la guerre jusqu'au jour où elle jugerait bon de la terminer. On peut
croire que c'est à ce parti qu'il s'arrêta.

1. Cf. ci-dessus, p. 116-119.
2. Cf. ci-dessus, p. 118-119.

de temps avant qu'il fût conclu, dans l'intervalle, long d'une année
à peine, qui le sépare de celui que Philippe avait accordé à l'Aitolie, Athéniens et Romains, jusque là si divisés d'intérêts, se sont
étroitement rapprochés. Il faut supposer qu'en 206/205, les
Athéniens, par un complet et soudain renversement de leur politique, ont recherché la protection romaine et l'ont aussitôt
obtenue, ou que le Sénat la leur a spontanément offerte. Naturellement, on a, faute de mieux, risqué cette hypothèse [1].
Qui ne voit, cependant, ce qu'elle a d'artificiel et d'invrai-
semblable ? Elle implique que les Athéniens se sont trouvés
tout d'un coup avoir besoin de l'appui des Romains : mais
pourquoi ? quel péril les menace ? c'est ce qu'on ne découvre
point. Certains critiques ont voulu qu'ils eussent des motifs de
plainte contre Philippe [2] et se dussent garder de ses entreprises :
c'est une conjecture que rien n'autorise. D'autre part, on a peine
à croire qu'en 206/205, au lendemain de la défection de l'Aitolie,
qu'il était légitime d'imputer dans quelque mesure à leurs manœuvres, les Romains fussent animés envers eux de dispositions bien-
veillantes : ils leur devaient plutôt savoir mauvais gré de leur
médiation indiscrète qui avait eu le tort de trop bien réussir [3].
Que le Sénat, d'ailleurs si indifférent de 207 à 205 aux affaires de

---

1. C'est ce qu'a fait le premier, je crois, Hertzberg, *Gesch. Griechenl. unt. der Herrsch.
der Römer*, 1, 44 (trad. fr.).

2. Niese, II, 589 ; cf. Fergüson, *Hellen. Athens*, 267.

3. De Sanctis écrit (III, 2, 439) : « ... La freddezza tra Romani ed Etoli, agli Ateniesi,
che avevano sempre visto gli Etoli con la stessa avversione e sospetto che i Macedoni,
toglieva l'ultimo intralcio per una buona intesa con Roma. » — Ceci est bien paradoxal.
Il m'est, je l'avoue, impossible de comprendre comment le « refroidissement » ou, pour
mieux parler, la rupture, qui se produisit en 206 entre l'Aitolie et Rome, aurait hâté la
bonne entente des Romains et des Athéniens, en supprimant entre eux toute cause de
désaccord. Le contraire serait beaucoup plus vraisemblable, puisque cette rupture, préjudiciable aux Romains, pouvait passer pour l'ouvrage des Athéniens. J'ajoute que De
Sanctis n'est point fondé à dire qu'à l'époque dont il s'agit, les Athéniens ressentissent
pour les Aitoliens de l' « aversion » et de la « défiance » ; la crainte qu'ils avaient de la Macédoine (cf. Pol. V. 106. 6) les devait naturellement porter à se rapprocher de l'Aitolie. Il
ressort, en effet, de plusieurs textes qu'à la fin du iii⁰ siècle et au début du suivant, les
relations sont fort amicales entre les deux peuples : Paus. I. 36. 5 (en 201/200, recours
des Athéniens aux Aitoliens contre Philippe [?]) ; Liv. (P.) 31. 29. 2 : 30. 1 sqq. (aux Panaitolika de 199, les Athéniens s'efforcent de décider les Aitoliens à combattre Philippe ;
la phrase : (30. 1) *secundum Macedonas ipsis Romanis ita concedentibus iubentibusque
Athenienses — introducti sunt* indique qu'ils passent pour avoir grand crédit en Aitolie) ;

Grèce, ait offert de lui-même ses bons offices aux Athéniens [1], on ne le saurait admettre, et l'on peut même douter, s'ils avaient imploré son aide, qu'il la leur eût facilement accordée. On a dit, il est vrai, que Rome « trouvait son compte » à soutenir les intérêts de « la métropole morale du monde grec » [2] : mais ce qu'il faudrait d'abord établir, c'est que les gouvernants romains étaient, dès ce temps-là, sensibles à l'antique prestige d'Athènes, et prenaient quelque souci de cette primauté morale que lui reconnaissaient encore les Hellènes.

Ainsi, ce rapprochement d'Athènes et de Rome, subit, imprévu, en contradiction avec toute l'histoire antérieure, qui, seul, expliquerait l'*adscriptio* des Athéniens à la paix de 205, paraît lui-même inexplicable. — J'ajouterai deux observations. Si le traité de Phoiniké avait reconnu aux Athéniens la qualité d'amis et de protégés du Peuple romain, est-il croyable que Philippe, si visiblement désireux d'éviter tout conflit avec les Romains [3] pendant ses expéditions orientales, eût, en 201/200, autorisé, encouragé, aidé les Akarnaniens à ravager l'Attique [4] ? N'est-il pas beaucoup plus probable qu'il eût appréhendé de fournir au Sénat, par cette paradoxale imprudence, un grief trop légitime ? Sa conduite brutale envers les Athéniens dans cette circonstance implique que ceux-ci n'avaient, à l'époque, aucun droit de compter sur l'assistance de Rome [5]. — Et c'est pareillement ce qui ressort de la conduite du Sénat. Décidés à faire la guerre à Philippe, mais n'ayant rien à lui reprocher, on sait que les *Patres* en sont réduits à lui chercher la plus misérable des querelles : ils exigent qu'il s'humilie devant Attale et lui accorde satisfaction [6], alors qu'au vu et au su de tous,

Pol. XXI. 4. 1-2 ; 25. 10 : 29. 9 : 31. 5 sqq. (pendant la guerre d'Aitolie, les Athéniens, à la requête des Aitoliens, interviennent en leur faveur auprès des généraux romains et du Sénat), etc.

1. Cf. De Sanctis, III, 2, 439.
2. De Sanctis, *ibid*.
3. Cf. Pol. XVI. 24. 2-3.
4. Sur l'invasion de l'Attique, en l'année 201/200, par les Akarnaniens renforcés d'auxiliaires macédoniens : Liv. (P.) 31. 14. 6-10.
5. Remarquer d'ailleurs la phrase d'Appien (*Maced.* 4. 1 : ἐπειδὴ μέρει στρατοῦ τὴν Ἀττικὴν ἐλυμαίνετο Φίλιππος καὶ τὰς Ἀθήνας ἐπολιόρκει, ὡς οὐδὲν τῶνδε Ῥωμαίοις προσηκόντων, sur laquelle Täubler (I, 216 et note 2) appelle justement l'attention. Cette phrase est en contradiction avec le système même d'Appien, qui fait des Athéniens les ἔκλοι des Romains depuis 205.
6. Dans l'ultimatum (*rerum repetitio*) remis à Nikanor, au printemps de 200, par les

Attale a été son agresseur [1]. Mais cependant, comme je viens de dire, ils auraient eu contre Philippe un grief des plus fondés, si le traité de 205 avait placé les Athéniens sous leur sauvegarde, et que le roi, au mépris de ce traité, eût favorisé l'entreprise des Akarnaniens contre Athènes. Du coup, leur position en face de l'adversaire fût devenue des plus fortes. C'est pourquoi, selon toute apparence, ils se seraient empressés d'en prendre avantage, de soutenir la cause des Athéniens, et de sommer impérieusement Philippe de leur faire réparation. Or, quoi qu'aient pensé nombre d'historiens modernes, trompés par la tradition annalistique qu'ils ont négligé de rapprocher de Polybe [2], le Sénat ne fait rien de semblable. Dans les deux communications, résumées par Polybe, qu'il adresse à Philippe, il est muet sur les Athéniens. Ni dans la *rerum repetitio* transmise, à Athènes, par ses légats à l'officier macédonien Nikanor, ni dans l'*indictio belli* signifiée au roi lui-même, à Abydos, par M. Aemilius, leur nom n'est prononcé [3]. Le Sénat ne songe pas à les distinguer de l'ensemble des Hellènes, dont il se déclare alors le commun défenseur ; il ne leur fait pas l'honneur d'une mention spéciale. Il omet de protester contre cette flagrante violation de la paix récente, qu'aurait commise Philippe en prêtant main-forte aux Akarnaniens. Bref, ce *casus belli*, dont le Macédonien l'aurait si opportunément nanti, il le néglige, n'en fait nul usage. Voilà qui est étrange et ne se conçoit guère, si, par leur *adscriptio* au traité de Phoiniké, les Athéniens ont un titre assuré à la protection du Peuple romain.

En résumé, si cette *adscriptio* est véritable, il faut renoncer à rien entendre à la façon dont se comportent Philippe, d'une part, et, de l'autre, le Sénat : manifestement, ce que fait le premier, il devrait se garder de le faire, et le second ne fait

légats du Sénat, il n'est question que d'Attale (Pol. XVI. 27. 2) ; c'est seulement à Abydos (septembre 200), lors de la notification de l'*indictio belli*, que le Sénat réclame aussi satisfaction pour les Rhodiens (34. 3).

1. Cf. la réponse de Philippe à M. Aemilius (Pol. XVI. 34. 5) ; ce qu'il dit des Rhodiens s'applique aussi à Attale. Je note, à ce propos, que l'invasion du royaume de Pergame par Philippe n'a été qu'une riposte à la bataille navale de Khios, où Attale avait pris l'initiative des hostilités ; en conséquence, le fragm. de Polybe XVI. 1, doit être déplacé (cf., sur ce point : *Rev. Ét. anc.* 1920, 138-139).

2. Cf. l'étude que j'ai publiée dans la *Rev. Ét. anc.* 1920, 113 suiv.

3. Cf. Pol. XVI. 27. 2-3 ; 34. 3-4 ; *Rev. Ét. anc.* 1920, 113-114

pas ce qu'il serait naturel qu'il fît. La conclusion me paraît suivre d'elle-même. Dans le texte de T. Live que nous examinons, la mention des Athéniens n'est pas plus authentique que celle des Lacédémoniens, des Éléens et des Messéniens : elle remonte à quelque Annaliste, de qui T. Live l'a empruntée. Elle s'explique, ainsi que le prétendu *foedus amicitiae* de 228, par le désir, cher aux historiographes romains, de représenter les Athéniens comme ayant été de bonne heure, dès les premiers rapports de Rome avec la Grèce, ce qu'ils devinrent par la suite — la nation amie par excellence du Peuple romain, unie à lui par les liens les plus étroits et spécialement gratifiée de ses bienfaits. Ce même désir les a entraînés à de plus grandes hardiesses, qu'il vaut la peine de signaler ici. Ils ne se sont pas bornés à faire des Athéniens les protégés, ou même les «alliés» des Romains [1], dès le temps qui précéda la seconde guerre de Rome contre Philippe ; ils leur ont attribué un rôle capital dans les origines de cette guerre. On lit dans T. Live et dans Appien [2] qu'à la fin de 201 ou au début de l'année suivante, les Athéniens, victimes des violences de Philippe, implorèrent et obtinrent aussitôt contre lui l'assistance du gouvernement romain. Selon la tradition annalistique dont s'inspirent ces auteurs, l'appel des Athéniens au Sénat aurait ainsi été la cause ou, tout au moins, l'une des causes de la seconde guerre de Macédoine [3] ; et la plupart des historiens modernes, prompts à leur emboîter le pas, tiennent la chose pour avérée [4]. Ce qu'ils n'ont pas vu et ce qu'ils eussent dû voir, c'est que la réalité de cet

1. Ils sont constamment appelés *socii* dans T. Live ; pour Appien *(Maced.* 4. 2 ; cf. 3. *s. f.*), ils ne sont que les φίλοι des Romains.

2. Cf. *Rev. Ét. anc.* 1920, 82 suiv., où la question est traitée en détail. — Dans le récit annalistique de T. Live, il y a, comme on sait, deux appels successifs des Athéniens au Sénat, l'un en 201, l'autre en 200 (31. 1. 10 ; 5. 5-7) ; il n'y en a qu'un chez Appien *(Maced.* 4. 2).

3. La cause, suivant Liv. (Ann.) 31.1.10 ; 3.1 et 6. 1 (où les *socii populi Romani* sont les Athéniens) ; cf. 7. 6 ; 9. 3-4 ; 45. 22. 6 ; Florus, 1. 23. 7. 4-5 ; Paus. I. 36. 6 ; — l'une des causes, suivant Appien *(Maced.* 4. 2).

4. Cf. *Rev. Ét. anc.* 1920, 78-79. — Voir notamment Mommsen, *R. G.* I⁷, 700-701, qu'on a reproduit à l'envi (cf. G. Colin, *Rome et la Grèce*, 66-68). Selon Mommsen et ceux qui le suivent pas à pas, les Athéniens auraient fourni au Sénat le « prétexte plausible », le *casus belli*, dont il avait besoin, paraît-il, pour déclarer la guerre à Philippe. Cette doctrine se fonde uniquement sur la tradition annalistique de T. Live ; elle est d'une fausseté manifeste, comme le montre la lecture de Polybe (XVI. 27. 2-3 ; 34. 3-4). Pour plus de détails, voir *Rev. Ét. anc.* 1920, 79 suiv. ; cf. Täubler, *Imp. Romanum*, I, 217.

appel, inconciliable déjà avec le silence que garde le Sénat sur les Athéniens dans son ultimatum à Philippe, l'est aussi avec le récit qu'a laissé Polybe de l'arrivée et du séjour des légats sénatoriaux à Athènes au printemps de l'année 200 [1]. L'accueil, médiocrement chaleureux, que reçoivent du peuple athénien ces légats, l'attitude réservée qu'ils gardent, le silence où ils s'enferment le jour où l'ἐxxλησία vote la guerre contre Philippe [2], seraient déjà de justes sujets de surprise, si leur venue à Athènes répondait à une demande de secours adressée par les Athéniens au Sénat et tout de suite agréée par celui-ci. Ce qui est plus significatif encore et doit passer pour décisif, c'est que, ce même jour, les Athéniens, qui chargent Attale d'honneurs inouïs et confèrent aux Rhodiens les plus rares privilèges, s'abstiennent de décerner aucune marque d'honneur au Peuple romain [3]. On conclura de là, avec quelque sécurité, qu'ils ne considèrent pas les Romains comme les vengeurs dont ils attendent leur salut, et ne viennent donc point, ainsi que l'affirment T. Live et Appien, de les appeler à l'aide. Or, c'est sûrement ce qu'ils eussent fait, s'ils s'étaient crus autorisés à le faire. Et, dès lors, on peut tenir pour certain qu'ils n'avaient point depuis 205 droit à la protection romaine, autrement dit, qu'ils n'avaient point été compris par les Romains dans la paix de Phoiniké.

Les Annalistes auxquels ont fait emprunt, non seulement T. Live, mais aussi Appien, offrent un système bien lié : les Romains se sont déclarés, en 205, les protecteurs des Athéniens ;

---

1. Pol. XVI. 25-26 ; cf. mes observations dans la *Rev. Ét. anc.* 1920, 88 suiv. ; voir aussi les judicieuses remarques de Täubler (I, 216-217), qui, toutefois, n'en a pas tiré la conséquence nécessaire.

2. Cf. *Rev. Ét. anc.* 1920, 88 suiv. Noter particulièrement : Pol. XVI. 25. 2-3 (les Athéniens ne députent pas aux légats, lors de leur arrivée au Pirée) ; 25. 6 (les mots φιλανθρωπία πρός τε Ῥωμαίους καὶ ἔτι μᾶλλον πρὸς τὸν Ἄτταλον sont caractéristiques) ; 26. 1 sqq. (il ne semble pas que les Athéniens aient invité les légats à venir à l'assemblée ; ce qui est sûr, en tout cas, c'est que ceux-ci n'y prennent pas la parole et ne font aucune communication au peuple d'Athènes) ; 26. 6 (la phrase καὶ διορκισμός, ὡς ἐὰν μὴ νῦν ἕλωνται συνεμβαίνειν κτλ. ne se comprend guère si les Athéniens viennent de prier les Romains de les secourir contre Philippe) ; 26. 7 (ἕτοιμον ἦν τὸ πλῆθος ψηφίζεσθαι τὸν πόλεμον — καὶ διὰ τὴν εὔνοιαν τὴν πρὸς τὸν Ἄτταλον : on ne parle pas des Romains).

3. Pol. XVI. 25. 8-9 (honneurs à Attale) ; 26. 9 (honneurs aux Rhodiens) ; l'interprétation de Liv. 31. 15. 7, est peu exacte, comme l'a bien vu E. Szanto, *Griech. Bürgerrecht*, 68-69. Cf. *Rev. Ét. anc.* 1920, 88-89.

attaqués ou même « assiégés » par Philippe [1], ceux-ci s'empressent donc de réclamer du Sénat un secours qu'il ne leur saurait refuser et qu'il leur octroie volontiers. Le malheur est que le second fait est controuvé, d'où il résulte que le premier l'est aussi.

VI

Considérons la situation réciproque de la Grèce et de Rome en 205, au moment où le proconsul P. Sempronius va conclure la paix [2] avec Philippe et ramener en Italie sa flotte et son armée. A cette date, la Grèce entière échappe aux Romains ; ils ont perdu les alliés qu'ils y avaient et ne les ont point remplacés ; par suite, ils n'ont plus sur elle aucune prise et ne lui tiennent plus par aucun lien. Entre eux et la Grèce le fossé s'est de nouveau creusé ; Grecs et Romains sont redevenus aussi étrangers qu'ils l'étaient avant 228 ou l'ont été de 228 à 212.

Il y a toutefois une différence, et considérable. Jadis, les Grecs de la Grèce propre, ne connaissant pas les Romains, les pouvaient regarder de loin avec inquiétude et défiance [3], mais ils étaient sans haine contre eux ; ils leur savaient même gré de les avoir débarrassés des corsaires illyriens. A présent, les ayant connus par une expérience de sept ans, ils sont unanimes à les haïr — les uns, les alliés de la Macédoine, parce qu'ils ont par eux souffert les pires violences —, les autres, les ennemis de la Macédoine, parce qu'ils estiment avoir été leurs dupes et voient dans la déloyauté romaine la cause de leur défaite et de leur abaissement.

---

1. Sur le prétendu siège d'Athènes par Philippe en 201/200, App. *Maced.* 4. 1-2 ; Liv. (Ann.) 31. 5. 6 ; 5. 8 ; 7. 6 ; 14. 3 ; 45. 22. 6. Dans 14. 4, T. Live, ayant consulté Polybe, s'avise tout-à-coup de la méprise où l'ont induit les Annalistes.

2. Sur cette paix (paix de Phoiniké), voir ci-après, p. 276 suiv.

3. Le texte classique est ici, comme on sait, le discours fameux prononcé en 217 par Agélaos de Naupakte (Pol. V. 104). Encore le faut-il bien entendre. On en a donné souvent une interprétation inexacte. Il n'est pas vrai qu'Agélaos ait des Romains une crainte particulière : les Puniques ne lui paraissent pas moins redoutables. Il est simplement d'avis que le peuple, quel qu'il soit, qui sortira vainqueur de la guerre d'Occident, menacera gravement l'indépendance de la Grèce (104. 3 : — ἐάν τε Καρχηδόνιοι Ῥωμαίων ἐάν τε Ῥωμαῖοι Καρχηδονίων περιγένωνται τῷ πολέμῳ —, ἥξειν δὲ καὶ διατενεῖν τὰς ἐπιβολὰς καὶ δυνάμεις αὐτῶν πέρα τοῦ δέοντος κτλ.).

P. Sulpicius dut garder la longue mémoire des cris et des huées
qui avaient couvert sa voix, lorsque, vers 206, dans une assemblée
aitolienne, il avait essayé de répondre aux imputations des neutres et de justifier la conduite de son gouvernement[1] : dans ces
clameurs s'était exhalée l'âme irritée de l'Hellade.

De l'autre côté du détroit, ce que va laisser derrière lui Sempronius, c'est donc une Grèce hostile aux Romains, ayant
toutes les raisons de l'être, meurtrie par eux ou à cause d'eux,
humiliée d'avoir subi la souillure de ces barbares — les premiers barbares venus dans ses mers, débarqués sur ses côtes
depuis les temps médiques. Et, qui pis est, dans cette Grèce
hostile, l'autorité de l'adversaire de Rome, du Macédonien, a
grandi et s'est consolidée : car, outre que, finalement vainqueur, il s'est accru d'amples conquêtes, faites même aux
dépens des Romains[2] ; outre qu'il a plié sous lui, mieux encore
que onze ans plus tôt, par la force de ses armes, les Hellènes
indépendants; outre que, par son ardeur à les défendre, par le
soin qu'il a pris de guérir leurs blessures[3], il a bien mérité de
ses alliés, effacé en partie les torts qu'ils lui reprochaient, voici
que, par un contre-coup nécessaire, il bénéficie de l'horreur
commune qu'inspire l'étranger : en face de l'ἀλλόφυλος détesté,
il se retrouve pour l'ensemble des Grecs, pour ceux mêmes
qu'il combattait la veille, l'homme de même souche et de
même sang, l'ὁμόφυλος[4]. Dans peu d'années, à la diète des
Panaitolika, cet ambassadeur de Philippe, que fait parler Polybe[5],
proclamera que les Grecs et les Macédoniens, « gens de même
langue », peuvent bien, à de certains moments, être divisés par
des querelles frivoles, mais qu'entre eux l'union renaîtra toujours;

---

1. App. *Maced.* 3. Malgré les erreurs grossières, signalées plus haut (p. 255, note 2),
que renferme le même chapitre d'Appien, je ne pense pas qu'il y ait lieu de révoquer ce
fait en doute ; cf. Niese, II, 501.

2. Philippe garde en 205 l'Atintania, enlevée aux Romains, et, en Illyrie, nombre
de villes prises à leurs alliés directs, Skerdilaïdas et Pleuratos ; cf. ci-après, p. 278,
note 2, 279.

3. Voir ce que rapporte Polybe (dans T. Live) de la conduite généreuse de Philippe
envers les Dymaiens : Liv. (P.) 32. 22. 10. — Dans 32. 19. 7, les *Macedonum beneficia recentia* sont les bienfaits dont les Achéens ont été redevables à Philippe pendant
la première guerre avec les Romains.

4. Cf. Pol. IX. 37. 7-8.

5. Liv. (P.) 31. 29. 15 (print. 199).

qu'au contraire, l'étranger, le barbare — entendons le Romain — sera l'éternel ennemi. C'était là, à n'en point douter, ce que, vers 205, pensaient tous les Hellènes.

Tel est l'état de choses qui fait suite à la première intervention des Romains en Grèce. Et, certes, ce résultat serait ironique et paradoxal, si cette première intervention avait dû être pour eux un acheminement à de plus grandes entreprises : s'ils avaient eu dessein de prendre en Grèce une ferme attache et d'y pousser leurs avantages ; s'ils s'étaient flattés d'y exercer une action politique, d'y préparer l'établissement de leur suprématie, et, comme l'avait promis Laevinus aux Aitoliens [1], d'y faire reculer la puissance de la Macédoine. Mais, en réalité, il n'a rien de paradoxal ni d'ironique. il n'est que logique : car il n'est, comme on a pu voir, que l'effet inévitable de la conduite qu'ils ont tenue, et tenue avec réflexion. Ce qu'ils récoltent, ce sont eux qui l'ont semé, et semé consciemment, ou, en tout cas, avec une insouciance entière des conséquences. Leurs actes témoignent qu'ils n'ont point eu la volonte de s'assurer en Grèce de solides alliances ; qu'ils ont accepté d'une âme égale l'idée de devenir odieux aux Grecs, à tous les Grecs ; et qu'ils ont envisagé sans trouble le maintien ou même l'affermissement de l'hégémonie macédonienne. Autrement dit, leurs actes sont la preuve qu'à l'égard du monde hellénique leurs dispositions sont demeurées, après 212, ce qu'elles avaient toujours été : comme précédemment, ils l'ont considéré d'un œil indifférent, ce qui signifie que, pas plus que précédemment, ils n'ont jugé y avoir d'intérêts permanents. Et c'est pourquoi l'on peut être certain que ces grandes ambitions, dont on les suppose animés, leur sont, à cette époque encore, restées bien étrangères ; que leur première intervention en Grèce ne devait, dans leur pensée, être le prélude d'aucune autre ; et que s'ils y sont venus — par aventure et par accident —, c'était sans désir ni dessein d'y revenir.

Telle est la vérité. Ceux qui, à propos des événements de 212-206, parlent, comme un historien que j'ai cité plus haut [2], du « plan » et des habiletés du Sénat, de son active intrusion dans les choses helléniques, des « intrigues » et des roueries de sa « diplo-

1. Cf. Liv. (P.) 26. 24. 5.
2. Ci-dessus, p. 219.

malie », n'ont fait ces découvertes que dans leur imagination ;
ils oublient les textes et les faits, où rien de semblable ne se laisse
entrevoir [1]. Ce qui ressort des faits, c'est que la guerre suscitée en
Grèce à Philippe n'a été, pour les gouvernants de Rome, que chose
accessoire et secondaire, une simple diversion militaire, la conséquence fortuite, indirecte et momentanée de la lutte qu'on soutenait contre Carthage. Cette guerre, les Romains n'en ont pris leur
part qu'avec la volonté réfléchie de s'y engager le moins qu'ils
pourraient et de s'en dégager le plus tôt qu'ils pourraient ; tout
ce qu'ils ont souhaité, c'est que Philippe, lié par elle à la Grèce,
perdît la liberté de « tourner ses regards vers Hannibal et l'Italie » [2];
ils n'ont rien prétendu au-delà et, cet objet atteint, se sont tenus
satisfaits. Dans l'alliance de 212, ils n'ont vu décidément qu'un
expédient de fortune, adapté et limité à une circonstance critique
et unique ; dans les Aitoliens et leurs alliés grecs, que des auxiliaires d'occasion, dont on utiliserait largement les services sans
se croire obligé envers eux ; dans le reste de la Grèce, qu'une proie
offerte. L'histoire de leurs rapports avec les Grecs, brutale et
simple, se résume en quelques mots : d'une part, ils saccagent
et brûlent des villes, capturent les habitants et les vendent sous
la lance ; de l'autre, après les avoir médiocrement soutenus,
peu servis, ils « lâchent » leurs alliés dès l'instant qu'ils estiment n'avoir plus besoin d'eux, sans s'attarder à faire réflexion
qu'en ce même instant ces alliés ont plus que jamais besoin de leur
appui ; pour finir, ils se détournent de la Grèce, et, pendant deux
années, l'oublient. Voilà qui ressemble peu à cette diplomatie
subtile, à ces manœuvres savantes et à ces « intrigues envelop-
pantes », qu'en vertu d'idées préconçues on leur attribue de
confiance. S'ils ont compté, en procédant de la sorte, réussir à

1. L'exemple suivant permettra d'apprécier avec quel parti pris les textes les plus
clairs sont parfois interprétés par les historiens modernes. G. Colin écrit *(Rome et la Grèce*,
51) : « Il nous est parvenu dans Polybe… le récit des négociations engagées par les États
neutres en 206 [il s'agit en réalité du discours prononcé, en 207, par Thrasykratès de
Rhodes] pour arrêter cette nouvelle guerre sociale [il s'agit de la première guerre de Macé-
doine] : l'égoïsme, la barbarie, les *visées ambitieuses* des Romains y sont parfaitement mis
en lumière… » La méprise est étrange : ce qui est « mis en lumière » dans le discours de
Thrasykratès, ce ne sont pas les « visées ambitieuses des Romains », mais celles que leur
attribue l'orateur et qu'il leur doit attribuer en effet, étant donnée la thèse qu'il soutient.
2. Cf. Liv. 26. 24. 16 : *Philippum — satis implicatum bello finitumo ratus (M. Valerius
Laevinus), ne Italiam Poenosque et pacta cum Hannibale posset respicere —*

s' « immiscer de plus en plus dans les affaires du monde grec », la méthode, il en faut convenir, est rare et nouvelle. En fait, aussi longtemps que dure cette guerre dont ils sont les auteurs, on ne surprend point chez eux trace d'une pensée politique ; mais, au contraire, s'ils avaient les projets dont on les déclare occupés, tout dans leur conduite serait parfaitement impolitique : impolitique, leur férocité à l'égard des « Symmachoi » ; impolitique, leur infidélité envers les Aitoliens ; impolitique, leur longue absence de Grèce, qui procure à Philippe l'occasion de succès multipliés et peut donner à croire aux Grecs que Rome juge trop rude la tâche de le combattre. — De 212 à 206, incapable de vues larges et de calculs étendus, le gouvernement romain n'a jamais pris souci que de son plus proche intérêt et regardé qu'au moment présent. Et c'est ainsi qu'en dépit des apparences et contrairement aux prévisions, cette guerre qui, pour la première fois, mêle étroitement Romains et Grecs, demeure un événement de pauvre importance. Elle ne marque pas, comme on s'y attendrait, le début d'une phase nouvelle dans le développement de la grandeur romaine ; elle n'engage pas l'avenir ; elle ne commence rien et n'annonce rien. Ce qui en fait le seul intérêt, c'est qu'elle confirme ce qu'on a vu dans toute la période antérieure. La manière dont elle est menée est un signe nouveau et frappant de la répugnance ou de l'impuissance du Sénat à avoir une politique hellénique. Il apparaît ici, une fois de plus, qu'il est sans desseins sur la Grèce. Et comme il n'en eût pu former qui ne fussent nuisibles à Philippe ; comme tout avantage acquis, tout progrès fait par les Romains en terre grecque eût été pour le roi un dommage et un recul ; comme ils n'y eussent fondé leur autorité qu'au détriment de la sienne, ce qui apparaît donc aussi, c'est qu'à Rome, même après la complicité de Philippe avec Carthage, on ne songe point encore à affaiblir de façon durable la monarchie macédonienne. Pour y réussir, il n'eût guère été de moyen plus efficace que d'entreprendre Philippe en Grèce, d'y soutenir fermement ses ennemis et d'y circonvenir peu à peu ses alliés. On l'eût jeté de la sorte en de perpétuels embarras, on eût pris sur lui une revanche continue. Mais ce moyen, qui s'offrait depuis si longtemps, de faire échec aux Antigonides, les Romains, à la fin du IIIe siècle pas plus qu'auparavant, ne jugent à propos d'en user.

CHAPITRE SEPTIÈME

Le fait est qu'ils n'ont aucun désir de prolonger leur querelle avec la Macédoine. Rien ne nous éclaire mieux à cet égard que les événements de 205 ; rien n'est plus instructif que la fin subite qu'impose alors le Sénat à la guerre. Il a déjà été parlé incidemment du traité de Phoiniké ; il y faut revenir pour en bien marquer la signification et l'importance.

I

Contrairement à ce qu'on aurait cru, l'expédition de P. Sempronius tourne de court ; elle semblait annoncer un vif réveil de la guerre, et c'est la paix qui survient.

Peu après l'inutile visite de Laetorius aux Aitoliens, il se produit, en Illyrie, un brusque arrêt des opérations militaires, arrêt qui est naturellement imputable, non point à Philippe seul, comme T. Live le voudrait faire accroire [1], mais aussi au général romain. Celui-ci, ayant levé le siège de Dimalé [2], s'est retiré dans Apollonia. Philippe vient lui offrir la bataille sous les murs de la place ; le proconsul la refuse, et ce refus peut être motivé par l'infériorité de ses forces. Mais, un peu plus tard, se jugeant hors d'état d'enlever Apollonia, le roi fait volte-face, regagne ses États [3]. Cette fois, il serait loisible à Sempronius de se mettre en campagne, d'inquiéter l'ennemi dans sa retraite, de presser

---

1. Noter la phrase (Liv. (P.) **29. 12.** 7) : — *et cum Romanis quoque, sicut cum Aetolis, cupiens pacem (Philippus) eqs.*
2. Liv. (P.) 29. 12. 4 ; 12. 6 ; cf. ci-dessus, p. 256.
3. Liv. (P.) 29. 12. 6-7.

ses arrière-gardes, de le poursuivre jusqu'aux confins de la
Macédoine [1] : il est remarquable qu'il ne tente rien de pareil.
Nihil ultra inritatis novo certamine odiis, dit T. Live en parlant
de Philippe [2] ; l'observation s'applique à Sempronius pour le
moins autant qu'au roi. Cette attitude peu agressive du proconsul porte aussitôt ses fruits ; c'est elle qui décide les magistrats
épirotes à se présenter à lui en médiateurs [3]. Et, tout de suite,
Sempronius fait à leurs ouvertures un accueil plein de promesses.
Il ne se borne pas à leur laisser entendre qu'il ne répugne point
à la paix ; il leur déclare et leur permet d'instruire Philippe qu'il a,
pour la conclure, les pouvoirs suffisants et qu'il est disposé à
s'aboucher sans retard avec le roi [4]. Là-dessus, Philippe se rend
à Phoiniké, lieu désigné pour l'entrevue : il ne s'y rend, on le voit,
que sur l'invitation indirecte du Romain ; c'est de celui-ci que sont
venues les avances, c'est à lui qu'appartient l'initiative du rapprochement. Ce qui se passe à Phoiniké n'est pas moins signi-
catif [5]. Le roi n'y fait pas figure de solliciteur, il ne demande
point la paix à l'adversaire ; on a pris soin de lui épargner cette
démarche humiliante. En vertu d'un arrangement concerté, et
qui a donc reçu l'approbation de Sempronius, c'est le premier
stratège des Épirotes qui, ouvrant la séance, adjure à la fois
Philippe et le général romain de mettre fin aux hostilités. Puis,
Sempronius prend la parole, énonce ses propositions, autrement
dit, offre la paix. Il n'y a point, semble-t-il, de discussion ; l'accord se fait d'emblée entre les deux parties ; et ceci donne lieu
de croire que les conditions romaines ont été au préalable,
avec l'assentiment du proconsul, communiquées au roi par l'en-
tremise des Épirotes [6]. Aussi bien, elles sont singulièrement favorables et telles que Philippe y doit faire bon visage. Si les Romains

1. Comp. la campagne menée, à l'automne de 200, par L. Apustius, légat de P. Sulpicius, dans la Macédoine occidentale : Liv. (P.) 31. 27. Ce légat n'avait certainement
que peu de troupes à sa disposition.

2. Liv. (P.) 29. 12. 7.

3. Liv. (P.) 29. 12. 8.

4. Ceci ressort nettement de la phrase (Liv. (P.) 29. 12. 8-9) : — *Epirotae templata
prius Romanorum voluntate legatos de pace communi ad Philippum misere satis confidere
conventuram eam adfirmantes, si ad conloquium cum P. Sempronio — venisset.*

5. Liv. (P.) 29. 12. 11-15.

6. Ainsi peut s'expliquer la conférence qu'a Philippe avec les stratèges épirotes avant
d'entrer en rapports avec Sempronius : Liv. (P.) 29. 12. 11.

réclament de lui le territoire des Parthiniens, la ville forte de
Dimalé et quelques autres places de la même, région [1] ; s'ils lui
reprennent aussi certaines des conquêtes qu'il a faites depuis 217
sur Skerdilaïdas et Pleuratos, en revanche, ils lui abandonnent
un large morceau de ces mêmes conquêtes [2], et, surtout, lui laissent

1. Liv. (P.) 29. 12. 13, dont l'énumération est, d'ailleurs, très probablement incomplète.
Outre Dimalé *(Dimallum,* Liv.), les deux seules villes nommées sont *Bargullum* et *Eugenium,*
l'une et l'autre inconnues et qui ne semblent donc point avoir eu une grande importance. —
L'indication relative aux *Parthini* a été rejetée par Niese (II, 502, 3 ; cf. III, 15, 3 ; voir,
au contraire, Kromayer, *Ant. Schlachtf.* II, 10, 3), qui lui oppose le texte de Polybe, XVIII.
47. 12 (= Liv. 33. 34. 11) : ἔδωκαν *(decem legati)* δὲ καὶ Πλευράτῳ Λυχνίδα καὶ Πάρθον,
οὔσας μὲν Ἰλλυρίδας, ὑπὸ Φίλιππον δὲ ταττομένας. Mais : 1° dans ce texte, le nom de
Πάρθος désigne-t-il, comme l'a cru T. Live *(ibid.),* le peuple des Παρθῖνοι ? Cela est au
moins contestable (cf. les objections de Zippel, *Röm. Herrsch. in Illyrien,* 77-78) ; et,
de fait, on ne s'expliquerait guère qu'en 196 les Romains eussent renoncé en faveur de
Pleuratos à une contrée qui leur avait appartenu dès 229, et qui était toute voisine
d'Épidamnos ; 2° il n'est nullement impossible, quoi qu'ait pensé Niese (II, 502, 3), que
Philippe ait reconquis le pays des Parthiniens au début de sa seconde guerre contre
Rome, par exemple à l'automne de 200, dans une circonstance ignorée de nous et omise
intentionnellement par T. Live (cf. l'indication donnée par Dion-Zonaras, IX. 15. 4 *s. f.*
sur la prompte retraite du légat Apustius). —. En revanche, c'est tout-à-fait à tort
qu'on a prétendu (cf. en dernier lieu, De Sanctis, III, 2, 435, note 92) — pour concilier
T. Live (29. 12. 13) et Polybe (XVIII. 47. 12) — que Philippe s'était annexé le pays des
Parthiniens entre la première et la seconde guerre de Macédoine. Cette opinion se fonde
sur l'interprétation qu'a donnée T. Live (32. 33. 3) de la phrase de Polybe (XVIII. 1. 14) :
— τοὺς δὲ κατὰ τὴν Ἰλλυρίδα τόπους παραδοῦναι Ῥωμαίοις, ὧν γέγονε κύριος (Φίλιππος)
μετὰ τὰς ἐν Ἠπείρῳ διαλύσεις *(restituenda Romanis ea · Illyrici loca, quae* post
pacem in Epiro factam occupasset, Liv.). Mais T. Live a mal entendu Polybe. Il s'agit
en réalité chez celui-ci, comme l'a seul compris Zippel (73), des régions de l'Illyrie
restées en possession de Philippe « en vertu et à la suite » de la paix de Phoiniké. L'emploi
que fait Polybe, dans la phrase précitée, du parfait γέγονε est, à cet égard, décisif. Au reste,
si Philippe avait occupé, entre 204 et 200, une partie de l'Illyrie romaine, il aurait pourvu le
Sénat d'un *casus belli* des plus légitimes, dont nous trouverions mention dans la *rerum
repetitio* de l'an 200 (Pol. XVI. 27. 2 ; cf. 34. 3). Enfin, il est absurde de supposer
qu'en 198 T. Quinctius n'ait réclamé de Philippe que l'abandon des territoires qu'il aurait
usurpés en Illyrie depuis la précédente guerre ; ce qu'exige le proconsul, c'est que le roi
renonce à toutes ses possessions illyriennes, y compris celles que lui avait reconnues le
traité de Phoiniké (cf. Pol. XVIII. 8. 10 = Liv. 32. 35. 9 : cette fois, T. Live, amplifiant
Polybe, mais sans le trahir, écrit : *Romanis eum cedere tota Illyrici ora).* — Il n'y a naturellement rien à tirer des textes annalistiques, entièrement apocryphes, qui parlent de prétendues violences exercées, en 203-201, par Philippe contre certains « alliés de Rome en
Grèce » (Liv. (Ann.) 30. 26. 2 : *sociae urbes ex Graecia* ; cf. 42. 2 ; 42. 6 ; 42. 8 ; 42. 10 :
socii populi Romani). Ne sachant où situer ces *socii,* on les a placés en Illyrie (cf. Weissenborn, note à Liv. 30. 26. 2, et Zippel lui-même, 73-74), en s'autorisant du texte déjà
cité, et mal interprété, de Polybe, XVIII. 1. 14. La vérité est qu'ils sont parfaitement
imaginaires et n'ont place nulle part.

2. T. Live est muet, sans doute de parti pris (cf. ci-dessus, p. 260, note 3), sur ce qui est
intervenu entre Philippe et Pleuratos, allié des Romains ; nous en sommes donc réduits ici

l'Atintania, contrée d'une grande importance militaire, placée dès 229 sous leur autorité [1], et dont, en 209 encore, Sulpicius exigeait la restitution comme condition nécessaire de tout accord [2]. Ainsi que l'a prévu Sempronius, le roi souscrit, sans plus de délai, au traité préliminaire établi sur ces bases, et députe aussitôt à Rome pour les ratifications dernières [3].

La paix est l'ouvrage de P. Sempronius ; pourtant, dès qu'on y réfléchit, c'est chose manifeste qu'il n'en est que l'auteur apparent. Si nouvellement arrivé à l'armée, ayant à peine exercé le commandement, il n'a pu prendre sur lui de la donner si vite à l'ennemi ; il n'a pu, de son chef, terminer du jour au lendemain cette guerre qui durait depuis huit ans. D'ailleurs, n'ayant point subi d'échec militaire, pourquoi se montrerait-il si facile sur les conditions ? Visiblement, il n'est ici que l'exécuteur d'une consigne et l'agent docile de son gouvernement ; il se borne à obéir

aux conjectures. — En dehors de l'Atintania, les localités d'Illyrie demeurées au roi en 205 et, comme l'a bien vu Zippel *(Röm. Herrsch. in Illyrien*, 73), identiques aux Ἰλλυρίδος τόποι — ὧν γέγονε κύριος (Φίλιππος) μετὰ τὰς ἐν Ἠπείρῳ διαλύσεις (Pol. XVIII. 1. 14), paraissent être d'abord les suivantes : 1° les places de la Dassarétide occidentale *reprises* par le roi à Skerdilaïdas en 217 (Pol. V. 108. 8 ; cf. ci-dessus, p. 167) : par exemple, Antipatreia, qui est encore possession macédonienne en 200 (Liv. (P.) 31. 27. 2-3) ; — 2° les places ou la plupart des places de la Dassarétide occidentale *conquises* sur Skerdilaïdas en 217 (Pol. V. 108. 8 ; cf. ci-dessus, p. 167) : par exemple, Γερροῦς et Ὀργυσσός, identiques à Gerrunium et Orgessus, qui appartiennent encore à Philippe en 200 (Liv. (P.) 31. 27. 2) ; — 3° très probablement, les places ou quelques-unes des places de la Dassarétide septentrionale, voisines du lac Lykhnidia, *conquises* par le roi sur Skerdilaïdas en 217 (Pol. V. 108. 8 : les quatre villes nommées là par Polybe ne sont pas connues d'ailleurs) : il faut remarquer, en effet, que Philippe est encore maître de Lykhnidos en 197 (Pol. XVIII. 47. 12, où Λυχνίς doit être identifiée avec Λυχνιδός (XXXIV. 12. 6) malgré les doutes de Zippel, 77), et probablement aussi de toute la région environnante (on fera d'ailleurs cette réserve que la ville même de Lykhnidos n'avait pas été prise en 217 ; son nom manque dans Pol. V. 108. 8 ; le roi la devait posséder auparavant). — D'autre part, il n'est pas douteux que Philippe n'ait gardé une partie des cités et des territoires qu'il avait enlevés aux Illyriens en 213 ; mais toute précision nous est ici refusée, d'autant que nous connaissons fort mal l'étendue des conquêtes faites par le roi cette année-là (cf. ci-dessus, p. 199, note 4, où j'ai contesté les affirmations, certainement très exagérées, de Zippel). Philippe peut être resté maître de quelques-unes des contrées occupées par les Ardiéens dans le voisinage de Lissos (cf. Liv. (P.) 27. 30. 13 ; Pol. VIII. 14. 10). Le plus intéressant serait de savoir si la ville même de Lissos est demeurée en sa possession ; c'est ce que croit De Sanctis (III, 2, 436), mais sans preuve. Il me paraît improbable que les Romains lui aient fait abandon d'une station navale de cette importance.

1. Cf. ci-dessus, p. 109-110.

2. Liv. (P.) 27. 30. 13 (les Aitoliens parlent au nom du proconsul).

3. Liv. (P.) 29. 12. 15.

aux instructions qu'il a emportées de Rome. A son départ, le
Sénat lui a prescrit deux lignes de conduite entre lesquelles il
devrait choisir selon l'occurrence, c'est-à-dire selon que les Aitoliens consentiraient ou non à rentrer dans l'alliance romaine.
Dans le premier cas, uni à ces alliés recouvrés, il pousserait vivement les hostilités ; dans le second, il renoncerait à toute offensive et se hâterait de traiter avec Philippe, aux conditions d'avance
fixées par les *Patres* et par eux calculées de façon qu'elles fussent
agréées sur-le-champ. Les Aitoliens s'étant dérobés à ses invites,
c'est au dernier parti, ainsi qu'il lui était ordonné, que s'est rangé
le proconsul. Ce qui confirme, au reste, qu'en négociant les « accords d'Épire », comme les appelle Polybe [1], il n'a fait que ce qu'on
attendait de lui, c'est qu'à Rome ces accords sont convertis, sans
nulle opposition, en traité définitif, et que lui-même, pour prix
de ses services, est aussitôt élevé au consulat [2]. La paix soudaine
de Phoiniké a le Sénat pour auteur véritable ; elle est l'acte,
volontaire et réfléchi, du gouvernement romain.

II

Cette paix suggère quelques réflexions.

Certes, que Philippe l'accepte allègrement, on n'en saurait
être étonné. Pour lui, l'impuissance démontrée des Puniques
sur mer, leur échec désormais certain en Italie, leur retraite
découragée dans le pays bruttien, ont marqué le terme logique
de la guerre. Son alliance avec Hannibal se trouve dénouée
par la force des choses ; il ne peut plus rien pour son allié,

---

1. Pol. XVIII. 1. 14 ; au propre, « la réconciliation d'Épire » : αἱ ἐν Ἠπείρῳ διαλύσεις.
2. Liv. (P.) 29. 12. 16 : vote du traité définitif par le peuple. T. Live passe sous silence
le vote du Sénat ; mais ce silence même implique qu'il n'y eut point d'opposition de sa
part. Je ne vois pas bien pourquoi De Sanctis (III, 2, 444) est porté à croire le contraire.
Il se peut d'ailleurs, comme paraît l'indiquer T. Live (29. 12. 16 ; 31. 1. 8) et comme on
l'admet d'ordinaire (cf. Matzat, *Röm. Zeitrechn.* 160, 12, 14 ; Weissenborn, notes à Liv.
29. 12. 1 et 16 ; au contraire, Niese, II, 502, 5), que le traité n'ait été ratifié qu'au début
de l'année 204 ; je ne pense pas qu'il y ait grande conséquence à tirer de là. — Élection de
P. Sempronius au consulat : Liv. (Ann.) 29. 11. 10 ; (P?) 12. 16. On peut douter, avec Niese
(II, 502, 5), que cette élection ait eu lieu pendant l'absence de Sempronius, et, par suite,
que le vote du traité ait été aussi tardif que le ferait croire le texte de T. Live.

qui n'attend plus rien de lui. Que servirait dès lors de s'acharner ? Est-ce le moment de provoquer les Romains par un redoublement d'hostilités ? Assiéger les grandes places de l'Illyrie romaine, Épidamnos et Apollonia, peut-être le pourrait-il ; mais à quoi bon ? A supposer qu'avec l'aide des dieux il parvînt à s'en emparer, quelle apparence qu'il les gardât ? Les Romains, qui n'y sauraient renoncer, n'auraient point de cesse qu'ils ne les eussent reprises, et, sitôt terminée la guerre contre Carthage, ils se mettraient à l'œuvre : c'est seulement la victoire décisive des Puniques qui lui eût assuré la possession de ces villes [1]. Plutôt que d'en tenter la conquête éphémère, ce que la raison conseille au roi, c'est de s'accommoder, s'il se peut, avec Rome. Précisément et contre toute attente, voici que les Romains, faisant les premiers pas, se disent prêts à traiter : comment repousserait-il une telle occasion ? Il le doit d'autant moins que la paix qu'ils lui proposent est, comme on vient de voir, honorable et même avantageuse, plus honorable à coup sûr et plus avantageuse qu'il n'aurait osé l'espérer. Et, surtout, elle a ce mérite d'être opportune, d'arriver à son heure. — D'une part, elle devance le jour, qu'il faut prévoir et qui sans doute est proche, où Carthage, s'avouant vaincue, subira les conditions romaines, et, de la sorte, elle tire Philippe d'affaire fort à propos : car il est clair que, ce jour-là, malgré les engagements pris en 215 [2], les Puniques seront impuissants à stipuler des garanties en sa faveur, et, pour lui, le suprême péril serait de rester seul, exposé à porter tout le poids de leurs vengeances, face à face avec les Romains victorieux. — Et, d'autre part, grâce à cette paix, sa liberté lui est rendue juste à l'instant où le soin pressant de ses intérêts l'appelle au loin à de nouvelles entreprises.

C'est qu'en effet l'Orient l'occupe maintenant beaucoup plus que l'Occident. De grands changements s'y sont produits sans lui ; de plus grands s'y préparent, dont il entend n'être point le spectateur oisif [3]. Tandis qu'il piétinait en Grèce, y perdait le temps

1. Cf. ci-dessus, p. 180-181.
2. Cf. Pol. VII. 9. 12-13 (traité d'Hannibal avec Philippe) ; ci-dessus, p. 184.
3. Que les succès d'Antiochos en Asie, son retour d'Orient, ses projets contre l'Égypte, les mesures à prendre pour l'entraver ou le contenir, aient été, de 205 à 202, le souci constant de Philippe, c'est chose évidente de soi et pourtant méconnue de la plupart des histo-

et y usait ses forces à se débattre, dans une lutte fastidieuse et
sans gloire, contre les Aitoliens et une poignée de Romains, là-bas,
favorisé d'un bonheur injurieux, cet Antiochos qui, par l'âge,
par la date commune de leur avénement, lui est un naturel émule,
accomplissait des œuvres mémorables. Il menait dans les « hautes
terres » d'Asie et jusqu'au seuil de l'Inde, sur les traces retrouvées
d'Alexandre, cette prodigieuse « anabase », dont le bruit emplit
tout le monde grec [1] et qui, dans l'imagination des peuples, l'égale
presque au grand Macédonien. A présent, il est sur la voie du retour,
chemine vers la Syrie [2], et Philippe attache sur ses pas des regards
inquiets et jaloux. C'est qu'Antiochos, il le sait, n'a point achevé
sa tâche, et que ses desseins prochains se découvrent à tous les
yeux. Il ne peut suffire à ce victorieux, à ce « Grand-roi », comme
il lui plaît aujourd'hui de s'appeler [3], d'avoir relevé [4] sur ses bases
affermies le colosse d'empire, avant lui croulant et démembré,
qu'a fondé Séleukos ; l'Asie reconquise est pour lui trop peu de
chose. Armé des ressources qu'elle lui fournit, il est sûr qu'il se
propose maintenant de venger l'injure de Raphia ; il est sûr que,
bientôt, il attaquera l'Égypte [5] qui, sous le règne méprisé de
Philopator, abaissée, énervée, rongée par l'éternelle sédition des
indigènes, semble devoir lui être une proie facile ; il est sûr que,
dans sa folie d'ambition, il ne vise à rien de moins qu'à fondre

riens modernes. L'un d'eux, T. Walek *(Die delph. Amphiktyonie in der Zeit der ätol. Herrschaft*
(diss. Berlin, 1911), 165, 65) écrit : « Es scheint mir zweifellos, dass Philipp V. zu dem
Frieden mit den Römern durch den Tod des Ptolemaios Philopator bewogen wurde, weil
sich ihm dadurch ganz neue Aussichten im Osten eröffneten, etc. » Il est manifeste que
Walek a complètement oublié l'existence et les conquêtes d'Antiochos ; mais Philippe n'a
pu être aussi distrait.

1. Sur l'impression profonde causée par l'expédition d'Antiochos en Asie : Pol. XI. 34.
14-16 ; XV. 37. 1. App. *Syr.* 1.

2. Sur ces faits, Niese, II, 401-402. En 206, après avoir traité avec Sophagasénos, Antiochos s'en revient par l'Arachosie, la Drangiane et la Karmanie : c'est en Karmanie qu'il
passe l'hiver de 206/205 (Pol. XI. 34. 11-14). L'année suivante, il traverse la Perse, se
dirigeant vers la Mésopotamie, et visite les Gerrhéens (XIII. 9). Il est rentré en Syrie soit
vers la fin de 205, soit, au plus tard, au commencement de 204.

3. C'est dans le courant de l'année 205 qu'Antiochos paraît avoir pris le titre de βασιλεὺς
μέγας ; voir ma note dans *B. C. H.* 1908, 266 suiv.

4. Cf. Pol. XI. 34. 14-15.

5. L'attaque est prévue dès 204, comme le montre Pol. XIII. 2. 3 : la nomination de
Skopas au grade de commandant en chef de l'armée de campagne implique une réorganisation de cette armée.

en un empire unique les deux monarchies de l'Orient grec [1].
Ceci, Philippe ne le peut ni ne le veut permettre. Si les Lagides
doivent disparaître, il ne supportera point que ce soit au profit
du Séleucide. Il n'a déjà que trop souffert de voir, pendant
qu'échouaient ses projets contre Rome, renaître et croître sans
mesure la puissance de la Syrie ; l'équilibre n'est déjà que trop
brutalement rompu entre la Macédoine et le royaume d'Asie.
Ce qu'il fera, par quelles manœuvres il devra parer au péril qui
grandit en Orient, quels expédients lui suggérera son génie de
ruse et d'audace, il ne le sait pas d'avance, l'occasion en décidera :
peut-être, sollicité par les Alexandrins qui comptent sur son aide [2],
prendra-t-il la défense de l'Égypte, afin d'en frustrer Antiochos
et d'en demeurer maître après l'avoir sauvée ; peut-être, pour se
dispenser de le combattre et sauf à faire de lui sa dupe aussitôt et
le plus qu'il pourra, pactisera-t-il avec le Séleucide, contraint de
l'avoir pour ennemi ou de le subir comme associé ; peut-être —
et ce serait le chef-d'œuvre — accordera-t-il, moyennant le
prix convenable, son alliance aux deux adversaires [3], afin
de les jouer l'un et l'autre, de se nantir à l'aise tandis qu'ils seront
aux prises et de rester seul fort quand ils seront épuisés... En
tout cas et quoi qu'il résolve, le point certain, c'est que, dans cette
crise qui va s'ouvrir, il ne tolérera pas qu'on l'oublie, mais exigera
sa part. Or, pour être assuré de l'obtenir, il lui faut être à même
de s'en saisir et de la garder ; et, par suite, il est nécessaire
que, libre à l'Occident, affranchi de la guerre avec Rome, il se
tienne prêt à faire front vers l'Asie, au premier jour, avec toutes
ses forces.

1. Ce qui caractérise, en réalité, le véritable Antiochos, c'est sa prudence, sa modération
et le sang-froid qu'il sait garder dans ses plus grands succès. La preuve s'en trouve dans
toute l'histoire de son expédition d'Asie, comme aussi dans la conduite qu'il tint de 200
à 197 : libre, à ce moment, d'envahir l'Égypte, il s'abstint sagement de risquer cette aventure. Mais les Grecs se le figurèrent d'abord comme un second Alexandre, conquérant le
monde à perte d'haleine (cf. Pol. XI. 34. 16, où le mot βασιλεία désigne certainement la
monarchie universelle ; XV. 37. 1), et telle était aussi l'idée que Philippe s'en devait faire.

2. Sur le rapprochement qui s'était opéré entre l'Égypte et la Macédoine, voir ci-dessus,
p. 77-78. Le projet de mariage de Ptolémée (le futur Épiphanes) avec l'une des filles de Philippe, paraît avoir été négocié sur la fin du règne de Philopator : ci-dessus, p. 79. — On
voit par Pol. XV. 20. 1, que Philippe (comme aussi Antiochos) offrit, avant la mort de
Philopator, ses secours à l'Égypte, probablement contre les indigènes insurgés.

3 C'est selon toute apparence, le parti où s'arrêta Philippe ; cf. ci-après, p. 290 et note 1.

Que Philippe, en 205, souscrive d'emblée à la paix qu'on lui offre, il n'y a donc là rien que de simple ; il se règle sur son intérêt présent et futur. Mais pourquoi le Sénat la lui offre-t-il avec tant d'empressement, consentant même des sacrifices qui doivent être douloureux à l'orgueil romain ? La chose a paru surprenante. Et les modernes, dans leur surprise, ont estimé, pour la plupart, qu'en traitant avec la Macédoine, les *Patres* n'avaient agi ni librement ni, partant, sincèrement.

Sans doute ils ont voulu la « paix d'Épire », mais ils ne l'ont voulue, pense-t-on, que d'une volonté contrainte. C'est une opinion communément admise [1] que cette paix est pour eux une nécessité imposée par les circonstances. On y croit voir la suite obligée de la défection opiniâtre des Aitoliens ; on répète qu'abandonnée de ses alliés grecs et désormais réduite à ne compter que sur soi, Rome, qui vient de prendre le grand parti de combattre les Puniques chez eux, doit renoncer à la lutte contre le Macédonien. C'est là commettre une erreur ; et l'erreur vient simplement de ce qu'on néglige de distinguer, lorsqu'on parle de la guerre avec Philippe, entre **la défensive** et **l'offensive**. Il est véritable qu'en 205 les Romains se trouvent hors d'état de prendre l'offensive en Macédoine en même temps qu'en Afrique : seuls, sans appui en Grèce, ils ne sauraient s'engager à fond contre Philippe qu'au prix d'un effort militaire que leur interdit, outre la pénurie du trésor et l'épuisement de l'Italie, leur résolution, arrêtée déjà, d'attaquer Carthage sur son territoire ; mais il est faux qu'ils soient incapables de soutenir et de prolonger la défensive en Illyrie [2]. On oublie trop qu'après la retraite des Aitoliens, l'épisode de la diversion hellénique une fois clos, la guerre entre Philippe et Rome une fois ramenée à son premier théâtre, la situation des deux partis se retrouve ce qu'elle avait été de 214 à 212, avec cette

---

1. Voir notamment Niese, II, 501 : « Die Römer hatten alle Gedanken auf Afrika gerichtet etc. » ; *Grundriss* [4], 123 ; cf. Ihne, III, 2, etc. — La même idée se trouve déjà exprimée par quelques-uns des Annalistes de T. Live : Liv. 31. 1. 8 — : *cum Aetoli et belli* [ce qui est une audacieuse contre-vérité] *et pacis fuissent causa* — ; 29. 12. 16 : — *iusseruntque omnes tribus, quia verso in Africam bello omnibus aliis in praesentia levari volebant bellis* — ; cf. 31. 31. 19 : — *et nos,* cum alia maiora urgerent, *depositum a vobis bellum et ipsi omisimus.*

2. Je comprends mal que De Sanctis (III, 2, 433) déclare qu'une telle défensive eût pu entraîner des risques graves.

différence pourtant, tout à l'avantage des Romains, qu'ils n'ont plus à craindre la marine de Carthage, qu'ils sont délivrés des Puniques en Sicile et dans les Espagnes, et qu'ils le seront sans doute bientôt en Italie, où, dans le Nord, Magon se montre peu redoutable [1], et, dans le Sud, Hannibal commence à ne plus l'être [2]. En de telles conditions, ce qu'ils ont pu jadis, il n'est pas douteux qu'ils ne le puissent encore ; ce que Laevinus a fait durant deux ans, Sempronius, à son tour, serait en mesure de le faire. Car, tout victorieux que vienne d'être l'adversaire en Grèce, ses ressources ne se sont point accrues. Pas plus qu'autrefois, Philippe ne doit compter sur les « Symmachoi » pour l'aider contre Rome [3] ; comme autrefois, il ne dispose que de ses Macédoniens, et, comme autrefois, il lui manque une marine : cette flotte de cent navires que, trois ans plus tôt, il a, dit-on, commencé de construire [4], n'est pas sortie encore des chantiers de Kassandreia [5]. Il est clair, dès lors, que ce serait assez d'une escadre d'effectif restreint, de quelques troupes, inférieures même en nombre à celles qu'a débarquées Sempronius, pour protéger les échelles illyriennes, couvrir Épidamnos et Apollonia, et faire traîner la guerre jusqu'à l'heure où la paix imposée à Carthage rendrait au Peuple romain l'usage de plus grands moyens. Et comment le Sénat craindrait-il que le maintien de ce peu de forces en Illyrie

1. On ne sait à peu près rien sur les opérations de Magon de 205 à 203 (cf. Kahrstedt, 538 ; 541 ; 555), et cette ignorance suffirait à prouver qu'elles furent peu considérables. La défaite que, selon les Annalistes (Liv. 30. 18), les Romains lui auraient infligée en 203 n'a peut-être rien de réel (voir la discussion dans De Sanctis, III, 2, 541, note 150), mais ce qui est sûr, c'est qu'ils l'ont contenu aisément en Ligurie, d'où il ne réussit jamais à sortir pour envahir l'Italie.

2. En 206, Hannibal, retiré sur le territoire bruttien, renonce à attaquer les Romains (Liv. (P?) 28. 12. 1 ; cf. Kahrstedt, 531) : l'année suivante, il perd la grande place de Lokroi.

3. Se rappeler notamment les dispositions des Achéens à l'egard de Philippe au début de la seconde guerre contre Rome : Liv. (P.) 31. 25. 8. Leur victoire de Mantinée a eu pour effet naturel de les rendre moins dépendants de la Macédoine. D'autre part, l'attitude agressive de Nabis va leur ôter leur liberté d'action : cf. Pol. XIII. 8. 7.

4. Liv. (P.) 28. 8. 14 : cf. ci-dessus, p 246.

5. Ce qui suffirait à le prouver, c'est que P. Sempronius n'amène en Illyrie que 35 vaisseaux (Liv. (P.) 29. 12. 2) et n'en expédie que 15 en Aitolie (12. 5). Au surplus, on ne voit pas que Philippe tente alors sur mer aucune entreprise. C'est seulement lors de sa première expédition en Orient (202) qu'il dispose d'une flotte puissante ; ses préparatifs maritimes ne doivent avoir été terminés que peu auparavant ; cf. l'indication, d'ailleurs trop vague et trop peu claire, donnée par Appien, *Maced.* 4. 1.

compromît le succès de l'expédition confiée à Scipion ? Pour être
assuré qu'il n'est point si timide et que ses dispositions sont
autres, il suffit d'une observation bien simple. Quand, au printemps de 205, les *Patres* envoient Sempronius par delà le détroit,
avec ses 35 « vaisseaux éperonnés », ses 10.000 hommes de pied
et ses 1.000 cavaliers, ils ignorent apparemment combien de temps
il y devra demeurer ; il se peut qu'il y fasse longuement campagne : ce sera le cas si, comme on s'en flatte, il réussit à rendre
du cœur aux Aitoliens. Mais cependant, à cette même date,
P. Cornelius a reçu permission de conduire une armée en Libye :
élu consul à cet effet, à cet effet chargé du gouvernement de la
Sicile, il y prépare déjà sa grande entreprise [1]. Voilà la preuve
que, dans la pensée du Sénat, la guerre d'Afrique et la continuation de la guerre de Macédoine, celle-ci dût-elle même exiger
l'emploi d'un assez fort contingent militaire, sont choses qui ne
s'excluent point [2]. S'il renonce en 205 à défendre l'Illyrie, ce
n'est donc pas qu'il manque des quelques milliers d'hommes
suffisants pour cette tâche ; s'il met tant de hâte à s'accommoder
avec Philippe, ce n'est pas que les événements l'y contraignent :
le « traité d'Épire » est bien l'œuvre de sa libre volonté.

Reste un point, et capital : ce traité, l'a-t-il conclu de bonne
foi ? est-il résolu à le respecter ? C'est ce qu'on ne manque guère
de nier. Une manœuvre politique, une feinte militaire, une suspen-
sion commode des hostilités, une trêve à court terme, que les
Romains se ménagent dans le présent, en se réservant de la rompre
dès qu'ils auront réglé le sort de Carthage : selon la plupart des
historiens modernes [3], la paix de 205 ne serait pas autre chose.

---

1. Liv. (Ann.) 28. 38. 12 ; 45. 8 : autorisation donnée à Scipion de passer en Afrique ;
46. 1 : Scipion en Sicile ; cf. 29. 1. 1-14 (naturellement très suspect dans le détail : voir
Kahrstedt, 539, 1 ; 541, 1 ; Gsell, *Hist. anc. de l'Afrique du Nord*, III, 205).

2. On peut remarquer, d'ailleurs, qu'il n'y a nul indice que les troupes ramenées en Italie
par Sempronius aient été employées en Afrique. Nous ignorons ce qu'elles deviennent. On
a supposé qu'elles avaient été disloquées (P. Cantalupi, *Studi di stor. ant.* I, 24), ou encore,
par une conjecture ingénieuse (De Sanctis, III, 2, 509, note 104), qu'elles étaient
rentrées à Tarente, d'où il semble qu'elles étaient venues — et où l'on peut douter que
leur présence fût indispensable.

3. Cf., par exemple, Ihne, III, 2 : « Dass ein unter solchen Umständen und solchen
Bedingungen abgeschlossener Friede nicht ein ehrlich gemeinter und dauerndersein konnte,
verstand sich von selbst » ; Hertzberg, I, 46-47 (trad. fr.), etc. ; au contraire, Mommsen,

Et, pour l'établir, ils allèguent qu'en effet, vainqueurs des Puniques, les Romains la rompent presque aussitôt ; moins de deux ans après en avoir fini avec eux, ils reprennent les armes contre Philippe. Il est vrai ; mais, lorsqu'ils les déposaient à Phoiniké, est-il sûr qu'ils fussent décidés à les ressaisir si vite ? faut-il voir dans les événements de l'an 200 l'accomplissement d'un dessein préconçu ? et devons-nous croire que, lorsqu'il terminait la première guerre de Macédoine, le Sénat se proposât déjà d'entreprendre la seconde ? C'est-là toute la question, et qu'on a tort de préjuger. Ici encore, je le crains, on prête aux *Patres* trop d'arrière-pensées, une politique trop suivie, des desseins trop constants et conduits de trop loin. — Et, d'autre part, n'est-il pas vrai que, sans y prendre garde, on leur prête aussi un manque de réflexion, un défaut de clairvoyance par trop étrange ?

Il le faut reconnaître : si leurs sentiments à l'égard de Philippe sont ceux que l'on suppose ; si, après 205, ils le tiennent toujours pour l'ennemi nécessaire, et si, par suite, ils jugent indispensable de le réduire à merci, leur conduite est faite pour étonner. A quoi bon, dans ce cas, suspendre les hostilités ? C'est, dit-on, une feinte, une ruse ; il semble que ce soit surtout une imprudence, et même une double imprudence. — Car, d'abord, cette « trêve » qu'on lui octroie, sans le lier par aucun engagement onéreux, sans prendre contre lui aucune précaution, il est à craindre que l'adversaire d'hier, qui sera l'adversaire de demain, n'en fasse trop bon usage. Tandis que les Romains, occupés d'achever les Puniques, le laisseront en repos, qui empêchera Philippe d'utiliser ce repos opportun pour refaire son armée [1] et remplir son trésor, pour achever enfin la construction de sa flotte [2], pour mater les barbares du Nord, Dardaniens et Thraces — éternels ennemis qui menacent ses frontières [3] — et pour asseoir plus soli-

R. G. I⁵, 697. — On trouve l'expression de la même idée chez plusieurs historiographes romains : App. *Maced.* 3 s. f. ; Just. 29. 4. 11. Dion (Zonar. IX. 15. 1) la pousse à l'absurde ; cf. Liv. 29. 12. 16 ; 31. 31. 19-20 ; 32. 21. 18.

1. Effectivement, avant d'entreprendre ses expéditions en Orient, c'est-à-dire avant 202, il n'est pas douteux que Philippe ait procédé à de grands préparatifs militaires.

2. La flotte est certainement prête en 202 ; ci-dessus, p. 285, note 5.

3. Vers 204 (?), Philippe fait contre les Dardaniens une expédition victorieuse : Diod. XXVIII. 2 s. f. ; cf. Just. 29. 4. 10 (texte rapporté par Niese (II, 570, 3) aux mêmes cir-

dement encore son autorité sur la Grèce ? Il y a risque que,
de la paix téméraire qui lui est accordée, il ne sorte réparé et
renforcé, mieux armé pour la défensive ou pour la contre-
attaque [1]. Ce risque, le Sénat le devrait-il courir ? et convient-il
qu'il procure à l'ennemi, dont il médite la ruine, des loisirs qui
lui peuvent être trop profitables ? — Et il y a autre chose à considérer, autre chose qui, semble-t-il, ne saurait échapper aux
Patres. Une fois terminée la lutte contre Carthage, au sortir du
cauchemar punique, après cet excès de misères prolongé durant
tant d'années, il est certain qu'à Rome le peuple aura l'horreur
naturelle de toute guerre [2]. A ce moment, au moment où il
croira tenir enfin la paix, la paix avec tous, lui en imposer une
nouvelle — et, qui pis est, une guerre lointaine, « transmarine »,
peut-être longue, peut-être laborieuse, car l'adversaire porte un
nom redouté [3] —, ce sera presque immanquablement provoquer
chez lui un violent sursaut de révolte. Continuer la guerre de
Macédoine afin de s'en libérer au plus vite, les citoyens eussent
pu s'y résigner ; la recommencer alors qu'ils l'auront crue finie,
voilà ce qu'ils supporteront mal. Ils estimeront, non sans
apparence de raison, qu'en 205 on les a trompés aussi bien que
Philippe lui-même. Est-il sage de se mettre dans le cas d'avoir
à compter avec leurs déceptions et leurs colères ? Sans doute,
les résistances du peuple finiront par se laisser vaincre ; il se peut
toutefois qu'elles soient une cause de retards et d'embarras,
qu'elles rendent inévitables de fâcheuses concessions, qu'elles

constances ; mais le rapprochement est contestable ; il s'agit peut-être chez Justin de l'expédition de 208 : cf. Liv. (P.) 28. 8. 14). — Vers la même époque, Philippe paraît avoir
aussi combattu les Thraces : Niese, II, 571 et note 2.

1. De Sanctis écrit (III, 2, 433) : « ... Una breve sospensione d'armi giovava anche perchè
gli avversari di Filippo e degli Achei, gli Etoli e Sparta, riprendessero le forze... » Mais il
est clair que ce raisonnement vaut également pour Philippe.

2. Cf. Liv. (Ann.) 31. 6. 3-4 ; 13. 2-4. La tradition annalistique relative aux préliminaires
de la seconde guerre de Macédoine est erronée dans presque toutes ses parties, comme le
montre une comparaison attentive avec la tradition de Polybe. Elle ne mérite, dans l'ensemble, aucune créance. Je ne sais, cependant, s'il faut rejeter ce qu'elle rapporte de la
violente opposition du peuple à la guerre, tant cette opposition, étant données les circonstances, paraît naturelle. Bien que le fait soit sans exemple dans l'histoire intérieure de
Rome, il n'est point incroyable que le vote de la *lex de bello indicendo* ait d'abord été refusé
par les centuries. Kahrstedt *(Annalist. von Livius,* 21, 1 ; 33-34) semble, ici comme ailleurs,
pousser trop loin le scepticisme.

3. Cf. Liv. (Ann.) 31. 1. 7 ; 13. 3 ; Just. 29. 3. 8.

obligent, par exemple, le Sénat à restreindre à l'excès ses armements, à n'opérer contre Philippe qu'avec des moyens trop réduits. Et c'est à quoi sans doute il eût bien fait de songer. Il n'y a point songé, si l'on accepte l'opinion courante ; au vrai, il n'a songé à rien ; il n'a pas vu que, pour deux motifs au moins, l'un d'ordre extérieur, l'autre d'ordre intérieur, interrompre la guerre de Macédoine, c'était, selon toute apparence, la rendre plus difficile dans l'avenir ; il n'a pas compris que, si vraiment cette guerre était une nécessité politique, la prudence voulait qu'on la poursuivît sans arrêt, sans accorder de répit à l'ennemi ni au Peuple romain. Ceux qui lui attribuent si peu de perspicacité sont les mêmes qui admirent volontiers, et en toute occasion, son machiavélisme : c'est encore par machiavélisme qu'il aurait bâclé la paix menteuse de 205 ; je me refuse, pour ma part, à lui imputer ce machiavélisme imbécile.

Au surplus, il n'existe aucune preuve que le gouvernement romain n'ait conclu les « accords d'Épire » que pour les violer à l'heure favorable, mais il existe, en revanche, une preuve, trop peu remarquée, du contraire. — Entre l'Aitolie et la Macédoine, la paix, rétablie en 206, maintenue en 205 malgré les efforts des Romains, n'a point tardé à être troublée. Ce ne sont point les Confédérés qui la troublent. Dolents des coups que leur a portés Philippe, épuisés d'argent, tombés dans un noir dénûment, déchirés par une crise sociale des plus âpres [1], ils n'ont d'abord souci que de panser leurs plaies. Le parti pacifique et modéré a pris chez eux et garde l'ascendant ; si bien que le boutefeu des anciennes guerres, l'ennemi passionné de la Macédoine, Skopas de Trichonion, ayant échoué dans ses projets de réformes démagogiques et vainement tenté de se faire élire stratège, se voit réduit à quitter le pays, et passe au service de l'Égypte [2]. Il est

---

1. Sur la situation embarrassée de l'Aitolie après 206, Pol. XIII. 1 ; 1 *a* ; cf. Niese, II, 563.

2. Sur la seconde stratégie d'Agélaos de Naupakte (vers 207 /206), cf. ci dessus, p. 256. — Nomographie de Skopas ; opposition que lui fait Alexandros (Isios ?) : Pol. XIII. 1 ; 1 *a*. — Échec de Skopas aux élections pour la stratégie, probablement en 204 /203 : 2. 1. Comme H. Pomtow *(Delph. Chronol.* 95-96), je crois que, dans Pol. XIII. 2. 1, il faut tenir pour exacte l'indication des *Exc. de sententiis*, § 87, 166 : Σκόπας ὁ Αἰτωλῶν νομογράφος, et, par conséquent, supprimer les mots Αἰτωλῶν στρατηγός donnés par les *Exc. de virt. et vitiis, pars* II, § 46, 136. L'ἀρχή, dont il s'agit en ce passage, et que

sûr que les Aitoliens assagis, aplatis, ne chercheront plus noise au Macédonien. Mais, dans l'été de 202, la façon dont les traite Philippe montre, une fois de plus, ce que valent des accords garantis par ses serments. Dans le trouble qui suit la mort de Ptolémée Philopator, exploitant tout ensemble l'embarras des Alexandrins, menacés par Antiochos, la crainte qu'il inspire lui-même au Séleucide, les avances dont il est l'objet des deux côtés, il a secrètement lié partie avec la Syrie contre l'Égypte, avec l'Égypte contre la Syrie [1] ; et, dès lors assuré de n'être dérangé ni par l'une

n'a pu obtenir Skopas, ne saurait être que la στρατηγία. Deux inscriptions récemment découvertes à Thermos ont fait connaître une troisième stratégie de Skopas ('Αρχ. δελτίον, 1915, 48-49, n. 19), et l'on a pensé qu'il la fallait placer en 204/203 (G. Sotiriadis, *ibid.*; A. Plassart, *B.C.H.* 1915, 128). C'est une hypothèse arbitraire. Il suffit de faire observer que rien ne prouve que Skopas ait été stratège pour la première fois en 220/219 ; sa stratégie de cette année-là peut fort bien avoir été la seconde, en sorte que la troisième serait celle de 212/211. — Départ de Skopas pour l'Égypte, où il devient commandant-général de l'armée : Pol. XIII. 2 ; cf. XV. 25. 16, etc.

1. Voir, à ce sujet, les remarques sommaires que j'ai présentées dans *Klio*, 1913, 155 et note 2. La question mérite une étude détaillée qui sera faite ailleurs ; je m'en tiens ici à quelques indications essentielles. — Pour l'alliance formée contre l'Égypte par Antiochos et Philippe et leur projet de partage de la monarchie lagide : Pol. III. 2. 8 ; XV. 20. 1 sqq. ; cf. App. *Maced.* 4. 1 (texte où la tradition de Polybe est, du reste, gravement altérée). Pour l'appel adressé à Philippe par les régents d'Égypte et l'envoi en Macédoine de Ptolémée, fils de Sosibios : Pol. XV. 25.13 ; cf. ci-dessus, p. 79-80. C'est sans raison qu'on a supposé que Philippe avait repoussé les ouvertures de cet ambassadeur (Niese, II, 577-578 ; Bouché-Leclercq, *Hist. des Lagides*, I, 351 suiv.). Le long séjour, d'au moins un an, qu'il fit à la cour de Macédoine et l'accueil honorable qu'il y reçut (cf. Pol. XVI. 22.3-5) seraient déjà la preuve du contraire. Philippe avait un intérêt évident à promettre assistance aux Alexandrins : c'était le seul moyen de les empêcher de s'accommoder avec Antiochos et de passer par ses conditions ; il dut, avec sa fourbe ordinaire, se déclarer le protecteur de l'Égypte, cependant qu'il feignait de s'allier contre elle au Séleucide. — On remarquera, du reste, qu'en 202 il n'envahit, à notre connaissance, aucune terre qui dépende des Lagides. En Thrace, il épargne Ainos et Maroneia ; c'est seulement dans l'été de 200 qu'il s'en emparera (Liv. (P.) 31. 16. 3-4), comme sans doute aussi de Sestos (cf. *Rev. Ét. gr.* 1920, 229, 3) qui, d'ailleurs, n'appartenait peut-être point à Ptolémée. Dans les îles, Théra et Itanos de Crète demeurent et continueront de demeurer à l'Égypte, de même qu' « Arsinoé-dans-le-Péloponnèse » (Méthana, en Argolide ?). Noter, d'autre part, avec quelle facilité, au début de la campagne de 201, Philippe occupe Samos, puis rallie et joint à sa propre flotte la flotte égyptienne (cf. mon mémoire dans *Klio*, 1909, 454 suiv. ; *Rev. Ét. anc.* 1921,182); les Égyptiens ne lui ont point opposé de résistance, précisément parce qu'il s'est donné jusque-là pour l'allié d'Épiphanes. — La prétendue démarche que, selon Justin (30. 2. 8 ; 3. 1), les Alexandrins auraient faite à Rome, peu après la chute d'Agathoklès, pour s'y plaindre de Philippe en même temps que d'Antiochos, doit, comme il a été dit ailleurs (ci-dessus, p. 72, note 2), être tenue pour apocryphe. Il y a, chez Justin, confusion probable avec l'ambassade de Ptolémée, fils d'Agésarchos, venue à Rome en 203/2 pour y signaler l'attitude menaçante du seul Antiochos (cf. ci-dessus, p. 71-72 ; 72, note 2). — D'une manière générale, les

ni par l'autre, il entreprend de satisfaire en Orient cette passion
conquérante, d'y réaliser ces rêves de grandeur, dont il est travaillé depuis son avénement. Et, pour ses débuts, il s'empare,
dans la Chersonèse thrace et sur la Propontide, de trois villes qui
dépendent étroitement de l'Aitolie ; il occupe Lysimacheia et
Kalchédoine, assiège Kios et, l'ayant prise, la saccage, la détruit
et fait esclaves ses habitants [1]. A la nouvelle de ces attentats,
commis en pleine paix « sans l'ombre d'un prétexte », les colères
assoupies des Aitoliens reprennent feu ; une fois encore, l'ancienne
humeur guerrière s'agite en eux: ils voudraient tirer du Macédonien la vengeance méritée [2]. Mais sachant, par une expérience

moderne ont cru trop volontiers que Philippe tint loyalement les engagements qu'il avait
pris avec Antiochos et s'unit franchement à lui contre Épiphanes. Polybe (XV. 20. 6 ; cf.,
pour la conduite du satrape Zeuxis, XVI. 1. 9) indique tout le contraire. Un fait particulièrement significatif est la brusque occupation de Lysimacheia par Philippe ; il est·
certain que cette occupation, par où débutent ses entreprises en Orient, s'est faite en violation des arrangements passés avec Antiochos ; c'est ce que montre Pol. XVIII. 51. 4-6.

1. Sur ces faits, dont je prépare une étude nouvelle, voir Niese, II, 581-582. — Toutefois,
l'opinion de Niese (II, 581), reproduite par Swoboda *(Staatsaltert.* 350, 5), d'après laquelle
Lysimacheia, Kalchédoine et Kios auraient été abandonnées par l'Égypte aux Aitoliens
au moment même de l'expédition de Philippe, ne supporte pas l'examen ; il ressort (voir
la note suivante) de la phrase de Pol. XV. 23. 8-9, convenablement interprétée, que ces
trois villes dépendaient de la Confédération aitolienne au moins depuis 206. Au reste, jamais
Kios ni Kalchédoine n'ont appartenu aux Lagides. — Deux fragments du traité conclu
entre Philippe et les Lysimachéens ont été publiés par G. P. Oikonomos, Ἐπιγρ. τῆς Μακεδο-
νίας, I (1915), 2 suiv. n° 1. L'existence de ce traité semble être la preuve que Philippe
ne s'est pas comporté à Lysimacheia avec autant de brutalité que Polybe le donnerait à
croire. On peut se demander aussi si la ruine de Kios fut aussi complète que l'indiquent
Polybe et, d'après lui, Strabon (XII. 4. 3, 563). Il est notable qu'en 192, on rencontre à
Chalkis un *Cianus mercator, potens propter divitias* : Liv. (P.) 35. 37. 5.

2. Sur l'irritation que causa aux Aitoliens la prise de Lysimacheia, de Kalchédoine et de
Kios par Philippe, cf. Pol. XV. 23. 6 : ὁ δὲ τῶν Ῥοδίων δῆμος ἀπὸ ταύτης τῆς ἡμέρας
(le jour où l'on connaît les violences commises à Kios) ὡς περὶ πολεμίου διελάμβανε τοῦ
Φιλίππου —. (7) παραπλήσιον δὲ καὶ τοῖς Αἰτωλοῖς μῖσος ἐκ ταύτης τῆς πρά-
ξεως ἐνηργάσατο πρὸς αὐτόν· (8) ἄρτι γὰρ διαλελυμένος καὶ τὰς χεῖρας ἐκτείνων
πρὸς τὸ ἔθνος (paix de 206), οὐδεμιᾶς προφάσεως ἐγγινομένης, φίλων ὑπαρχόντων καὶ
συμμάχων Αἰτωλῶν, Λυσιμαχέων, Καλχηδονίων, Κιανῶν, (9) βραχεῖ χρόνῳ πρότερον
(en 206), πρῶτον μὲν προσηγάγετο τὴν Λυσιμαχέων πόλιν, ἀποσπάσας ἀπὸ τῆς τῶν
Αἰτωλῶν συμμαχίας, δευτέραν δὲ τὴν Καλχηδονίων, τρίτην δὲ τὴν Κιανῶν ἐξηνδραποδί-
σατο, στρατηγοῦ παρ' Αἰτωλῶν ἐν αὐτῇ διατρίβοντος καὶ προεστῶτος τῶν κοινῶν. —
Il ressort de ce texte que, jusqu'à l'expédition de Philippe en Thrace et dans la Propontide,
les Aitoliens n'avaient pas de griefs ou, tout au moins, de griefs sérieux contre lui (cf.
d'ailleurs Pol. XVIII. 3. 12 ; 5. 4 : φίλος ὑπάρχων (Φίλιππος) Αἰτωλοῖς), et que la paix de
206 n'avait pas reçu d'atteinte grave. — Je note ici que la phrase φίλων ὑπαρχόντων καὶ
συμμάχων Αἰτωλῶν, Λυσιμαχέων, Καλχηδονίων, Κιανῶν, βραχεῖ χρόνῳ πρότερον n'a

toute fraîche, quel antagoniste est Philippe, le cœur leur manque pour l'affronter seuls. Jamais ils n'ont eu un besoin si urgent d'assistance étrangère et jamais, par malheur, ils ne s'en sont trouvés si dépourvus. En Grèce, les Messéniens, les Éléens, Nabis de Sparte demeurent, il est vrai, leurs alliés [1] ; mais c'est seulement dans le Péloponnèse, contre les Achéens, qu'on les peut employer, et, depuis la bataille de Mantinée, on n'a plus dans les Spartiates la même confiance que jadis. Hors de Grèce, bien que toujours unis à lui par un traité [2], ils ne sauraient rien espérer d'Attale, qu'intimide l'audace de Philippe [3], qu'inquiète son alliance avec Prousias, qui se juge lui-même en péril et n'oserait quitter l'Asie. Encore moins peuvent-ils s'adresser aux Alexandrins, tout occupés de se garantir des attaques d'Antiochos [4], et qui, pour être protégés contre elles, ont mis leurs espoirs en Philippe. Dans cette détresse, ne découvrant nulle part dans le monde grec l'auxiliaire puissant qui leur est nécessaire [5], pressés cependant de sortir d'un isolement qui fait d'eux le jouet de

point, d'ordinaire, été bien entendue. Selon l'opinion commune (cf., par exemple, Swoboda, *Staatsaltert.* 350, 5 ; Th. Sokoloff, *Klio*, 1907, 70 ; Oikonomos, *mém. cité*, 4), elle signifierait seulement que les Lysimachéens, les Kalchédoniens, etc., étaient « amis et alliés » des Aitoliens. Cette interprétation ne rend pas compte des mots βραχεῖ χρόνῳ πρότερον (qu'il faut nécessairement rapprocher de ἄρτι διαλελυμένος κτλ.) et ne saurait être admise. Le participe ὑπαρχόντων a sûrement pour régime sous-entendu αὐτῷ, c'est-à-dire Φιλίππῳ (cf. Pol. XVIII. 3. 12 ; 5. 4). Quant au mot συμμάχων, dans l'expression φίλων καὶ συμμάχων, il est explétif comme, par exemple, dans XVIII. 5. 2. Le sens véritable du passage a été donné par Casaubon : « Nuper enim iis (Aetolis) conciliatus (Philippus), et genti Aetolorum manus porrigens, *cum amicis et sociis paullo ante uteretur Aetolis, Lysimachensibus, Chalcedoniis et Cianis eqs.* » Par sa paix de 206 avec l'Aitolie, Philippe est devenu tout ensemble l'ami des Aitoliens, des Lysimachéens, des Kalchédoniens et des Kianiens ; d'où il résulte que ces trois derniers peuples étaient, dès ce temps-là, rattachés à la Confédération aitolienne.

1. Pol. XVI. 13. 3 ; cf. ci-dessus, p. 263. — Dès 204, Nabis entre en conflit avec Mégalopolis et les Achéens : Pol. XIII. 8. 7 cf. XXI. 9. 1 ; Niese, II, 565.

2. Cf. Liv. (P.) 31. 46. 3 ; ci-dessus, p. 264, note 1.

3. Cf. Pol. XVI. 9. 4. En 201, c'est Théophiliskos de Rhodes qui oblige Attale, hésitant et craintif, à ouvrir, à Khios, les hostilités contre Philippe. — Alliance de Philippe et de Prousias : Pol. XV. 23. 10 ; XVIII. 4. 7 ; 5. 4.

4. Pour la première campagne d'Antiochos contre l'Égypte, cf. mon mémoire dans *Klio*, 1908, 267 suiv.

5. A la vérité, les Rhodiens, qui avaient de vieux griefs contre Philippe (cf. Niese, II, 571-572, dont l'exposé doit être rectifié sur quelques points), qui s'inquiétaient de ses entreprises indirectes en Carie *(Rev. Ét. gr.* 1899, 20 suiv.), et qu'il venait de bafouer odieusement pendant le siège de Kios (Pol. XV. 22.5—23. 1-4), avaient pris à son égard une attitude hostile et faisaient même mine d'armer contre lui (23. 6). Mais ils s'étaient montrés

l'ennemi, un seul parti s'offre aux Confédérés. Ils fléchissent leur orgueil, font l'effort de se retourner vers Rome, et se résignent à quémander son aide. — En 202, probablement à l'automne, une ambassade aitolienne vient trouver les *Patres*, leur dénonce les agressions de Philippe, sollicite contre lui la protection romaine et le renouvellement de l'ancienne alliance [1].

jusque-là si amis de la paix, ils s'étaient naguère donné tant de peine pour réconcilier les Aitoliens et Philippe, qu'on devait croire en Aitolie qu'ils s'en tiendraient à des velléités belliqueuses. Et le fait est que, si, en 201, ils passèrent des menaces aux actes, le mérite en revint, semble-t-il, au seul Théophiliskos (cf. Pol. XVI. 9. 4). Il n'y a, d'ailleurs, à cette époque, nulle trace d'entente entre Rhodes et l'Aitolie.

1. App. *Maced.* 4. 2 : καὶ Αἰτωλοὶ μεταγιγνώσκοντες κατηγόρουν (Φιλίππου) ὡς καὶ περὶ σφᾶς ἀπίστου γεγονότος, ἠξίουν τε αὖθις εἰς τοὺς Ῥωμαίων συμμάχους ἐγγραφῆναι. Ῥωμαῖοι δ' Αἰτωλοῖς ἐμέμψαντο τῆς οὐ πρὸ πολλοῦ μεταβολῆς —. Que cette démarche des Aitoliens soit historique et que l'indication donnée par Appien remonte à Polybe, cela résulte, comme on l'a vu depuis longtemps (cf. Nissen, *Krit. Unters.* 123), des paroles que T. Live, à la suite de Polybe, fait prononcer à l'un des ambassadeurs macédoniens venus aux Panaitolika de 199 (31. 29. 4) : *an imitari — Romanorum licentiam, an levitatem dicam, mavultis (Aetoli)? qui,* cum legatis vestris Romae responderi ita iussissent : « quid ad nos venitis, Aetoli, sine quorum auctoritate pacem cum Philippo fecistis ? », *iidem nunc, ut bellum secum adversus Philippum geratis, postulant.* C'est pour avoir oublié ce texte décisif, que Costanzi a soutenu *(Studi storici,* 1908, 423 suiv.), contre l'évidence, que l'appel des Aitoliens au Sénat n'était qu'une invention tardive des Annalistes romains *(ibid.* 441-442). Notons, d'ailleurs, qu'une allusion, à la vérité très vague, à cet appel se rencontre aussi dans Liv. 31. 1. 9 : — *Romanos — infensos Philippo cum ob* infidam adversus Aetolos *aliosque regionis eiusdem socios* pacem. Dans cette phrase, il y a manifestement une réminiscence de Polybe ; Nissen (123) l'a justement rapprochée du texte d'Appien *(Maced.* 4. 2), et c'est bien à tort que Costanzi (435) a contesté l'exactitude du rapprochement. — J'ajoute que, dans ces prétendues plaintes que, selon les Annalistes (Liv. 30. 26. 2 ; cf. ci-dessus, p. 278, note 1, fin), quelques *sociae urbes ex Graecia,* molestées par Philippe, auraient adressées au Sénat à la fin de 203, on peut retrouver le souvenir altéré de la démarche des Aitoliens mentionnée par Appien.

Celle-ci est sûrement historique ; mais il reste à savoir si la date qu'Appien lui a marquée est exacte. — A l'en croire, l'arrivée à Rome des ambassadeurs aitoliens serait postérieure à celle des ambassadeurs de Rhodes et de Pergame (ces derniers non nommés dans son texte) et même à celle — apocryphe, comme on l'a vu plus haut (p. 269-270) — des ambassadeurs athéniens ; d'autre part, elle aurait précédé le départ pour la Grèce et l'Orient des trois légats du Sénat, G. Claudius, P. Sempronius, M. Aemilius, chargés de notifier à Philippe la *rerum repetitio* du gouvernement romain et de visiter les cours d'Égypte et de Syrie (cf. Pol. XVI. 25. 2 ; 27 ; 34. 1-2 ; Liv. (Ann.) 31. 2. 3, où le départ des légats est placé environ six mois trop tôt ; ci-dessus, p. 66, note 3). Les ambassadeurs rhodiens et pergaméniens arrivèrent à Rome à la fin de l'été ou au commencement de l'automne de 201 ; les légats en partirent vers avril 200 ; c'est dans cet intervalle que les députés de l'Aitolie se seraient présentés devant le Sénat. Cette chronologie a été acceptée de confiance par un grand nombre d'historiens : voir, par exemple, Brandstäter, *Gesch. des aetol. Landes,* 404-405 ; Nissen, *Krit. Unters.* 325 ; Van Gelder, *Gesch. der alt. Rhodier,* 124 ; Bouché-Leclercq, *Hist. des Lagides,* I, 355 ; Ferguson, *Hellen. Athens,* 270, etc. Pourtant, il est manifeste qu'elle

Apparemment, une telle démarche est faite pour remplir d'aise le Sénat, s'il se propose en secret de recommencer la guerre de Macédoine et de la mener jusqu'à la victoire complète. Car il est sûr qu'en pareil cas le concours des Aitoliens sera de nouveau précieux aux Romains ; et, de plus, renouant avec eux, ils se

ne peut être admise. Si les Aitoliens étaient venus à Rome à l'époque indiquée, le Sénat les aurait reçus à bras ouverts. En effet, sa résolution de recommencer la guerre contre Philippe fut prise dès' l'automne de 201, aussitôt après la démarche d'Attale et des Rhodiens, comme le prouve assez l'élection de P. Sulpicius au consulat : en nommant ce consul, il est clair qu'on entendait désigner le général de la prochaine guerre de Macédoine. Au reste, la visite des légats sénatoriaux à Naupakte, au printemps de 200 (Pol. XVI. 27. 4), fait voir quelles étaient à cette époque les dispositions nouvelles des *Patres* à l'égard de l'Aitolie et le grand désir qu'ils avaient de renouer avec elle les relations rompues depuis 206. D'un autre côté, le refus des Aitoliens d'envahir la Macédoine pendant l'été de 201, tandis que Philippe ravage le territoire de Pergame (Liv. (P.) 31. 46. 4), a sa naturelle explication dans la déconvenue qu'ils ont précédemment éprouvée à Rome, dans le découragement qui en a été l'effet et dans le ressentiment qu'ils en ont gardé. L'été de 201 devient ainsi le *terminus ad quem* pour la démarche qu'ils ont faite auprès du Sénat ; et, comme on voit par Polybe (XV. 23. 7-9 ; cf. ci-dessus, p. 291, note 2) que leur rupture avec Philippe eut pour cause les entreprises du roi contre Lysimacheia, Kalchédoine et Kios, cette démarche ne saurait avoir eu lieu avant l'été de 202, si bien que l'été de 202 et celui de 201 se trouvent marquer ici les deux limites extrêmes. J'inclinerais volontiers à croire que les Aitoliens ne députèrent aux Romains qu'après la bataille de Naraggara (mai-juin 202 ? cf. Kahrstedt, 569, 1 ; ou octobre 202 ? cf. De Sanctis, III, 2, 599-600) : il semble, en effet, que, pour sólliciter leur appui, ils aient dû attendre la fin de la guerre d'Afrique. Ces résultats concordent, dans l'ensemble, avec ceux auxquels était parvenu Niese (II, 588 589), qui place en 202/201 le recours des Aitoliens au Sénat. On voit que l'Annaliste d'Appien a, comme il lui est arrivé souvent, brouillé l'ordre des faits, et l'on peut le soupçonner de ne l'avoir pas brouillé sans intention. Il lui a plu sans doute de montrer que, même à la veille d'engager les hostilités contre Philippe, et si précieux que leur pût être le concours de l'Aitolie, les Romains avaient l'âme trop fière pour rendre leur amitié à des alliés déloyaux qui s'en étaient montrés indignes. Si cette interprétation est exacte, nous aurions ici l'exemple d'une de ces « erreurs » tendancieuses, prises à tort pour des négligences ou des *lapsus*, que Ed. Schwartz a justement signalées chez Appien (P.-W. II, 220, *s. v. Appianus*). — Je ferai observer, en terminant, qu'on s'est sûrement mépris lorsqu'on a voulu tirer argument d'un passage mutilé de Polybe (XVI. 24. 3) pour dater de l'été ou de l'automne de 201 l'envoi des ambassadeurs aitoliens à Rome. Dans ce texte, les mots οὐδ' ἠγνόει τὰς ἐξαποστελλομένας κατ' αὐτοῦ (Φιλίππου) πρεσβείας εἰς Ῥώμην désignent certainement les ambassades de Rhodes et de Pergame, mais rien n'autorise à croire qu'il s'agisse en même temps d'une ambassade aitolienne, ni que les Aitoliens, comme l'a cru Nissen *(Krit. Unters.* 123), fussent mentionnés dans la lacune qui fait suite à ces mots (voir à ce sujet les remarques de Costanzi, *Studi stor.* 1908, 435-437). Quant à la phrase qui précède (XVI. 24. 2) — οὐδαμῶς ἐβούλετο (Φίλιππος) παραχειμάζειν κατὰ τὴν Ἀσίαν, φοβούμενος καὶ τοὺς Αἰτωλοὺς καὶ τοὺς Ῥωμαίους —, elle indique simplement que, durant son absence d'Europe, Philippe redoutait, soit une agression des Aitoliens, soit quelque entreprise des Romains ; elle n'implique en aucune façon qu'à ce moment les Aitoliens fissent effort pour obtenir le secours de Rome.

trouveront reprendre contact avec la Grèce, et pourront, corrigeant leurs erreurs passées, tenter d'agir sur elle et de l'émouvoir contre Philippe. Si les intentions des *Patres* sont telles qu'on a coutume de se les figurer, ils doivent donc faire aux Confédérés un bienveillant accueil et, sinon s'engager sur-le-champ avec eux, être du moins attentifs à ne les point décevoir, les écouter complaisamment, affecter de ressentir comme eux-mêmes leurs injures, les persuader qu'ils entrent dans leurs intérêts, et les flatter de l'espoir d'une assistance prochaine. Qu'on n'objecte pas que la « défection » de l'Aitolie est trop récente, que le Sénat ne saurait feindre de l'avoir si vite oubliée, qu'il lui en coûterait trop de se faire cette violence, et que ses colères sont encore toutes chaudes. Les *Patres*, je l'ai dit, sont capables de toutes les patiences et savent imposer silence à leurs rancunes, pour peu que l'intérêt de la chose romaine soit en jeu. Toute leur histoire est là pour l'attester ; et c'est, aussi bien, ce qui paraîtra dans deux ans, c'est ce que montrera justement la conduite qu'ils tiendront avec les Aitoliens, aussitôt résolue la nouvelle guerre contre Philippe. Ils n'auront alors rien de si pressé que de se rapprocher d'eux et de les solliciter. C'est de Rome, cette fois, que viendront les avances : les envoyés du Sénat se présenteront à Naupakte dès le printemps de l'an 200 [1] ; dès son arrivée en Grèce, le consul P. Sulpicius chargera Amynandros, le roi des Athamanes, de travailler la nation aitolienne ; et son légat, L. Furius Purpurio, viendra, dans l'assemblée des Panaitolika, adjurer les Confédérés de « vaincre avec les Romains plutôt que de périr avec Philippe » [2]. Ce sacrifice de leurs ressentiments, qu'ils n'hésiteront point à faire en ce temps-là aux exigences de leur politique, nul doute que les *Patres* ne l'eussent fait deux ans plus tôt, s'ils l'avaient estimé utile. Les Aitoliens retrouveraient tout de suite une apparente faveur et rentreraient en grâce, si le Sénat jugeait avoir besoin d'eux. Mais c'est un

---

1. Pol. XVI. 27. 4.

2. Liv. (P.) 31. 28. 3 : *Amynandro **Aetolos concitandos** ad bellum attribuit (P. Sulpicius)* (hiver 200/199) ; - 29. 1 : *huic (concilio Aetolorum, quod Panaetolium vocant) ut occurrerent — et a consule missus L. Furius Purpurio legatus venit* (print. 199); — 31. 20 (discours de L. Furius aux Aitoliens) : *et vobis restituendi vos in amicitiam societatemque nostram fortuna oblata est, nisi perire cum Philippo quam vincere cum Romanis mavultis.*

accueil hostile et injurieux que leurs ambassadeurs reçoivent dans la curie. Insoucieux de l'avenir et pleins du passé, les *Patres*, intraitables et hautains, n'ont pour eux que paroles acerbes. Ils rappellent aux Aitoliens leur faute et les accablent de ce souvenir [1]. Ils les rebutent si durement et les offensent si grièvement qu'après cet échec et cet affront, déçus, mortifiés, ulcérés, les Confédérés vont abdiquer tout dessein belliqueux, bouder tout-à-l'heure Rome et ses alliés, rester pendant deux ans sourds à leurs appels, s'opiniâtrer dans une neutralité rageuse, nommer stratège, en septembre 200, un personnage suspect de complaisances intéressées pour Philippe, et demeurer les spectateurs en apparence indifférents des premières opérations de Sulpicius contre la Macédoine [2] : c'est seulement dans l'été de 199, après l'entrée en campagne de Pleuratos et des Dardaniens, l'arrivée de la flotte romaine à Oréos, le combat d'Ottolobos, premier échec grave infligé à Philippe, que, pressentant sa défaite prochaine et flairant la curée, ils se résoudront enfin à joindre leurs armes à celles du proconsul [3]. — Telles sont les suites, naturelles et qu'on pouvait prévoir, de la réception brutale faite par le Sénat aux représentants de l'Aitolie. Brutalité instructive, qui nous éclaire sur sa pensée intime et ses dispositions véritables : elle prouve que, même à la fin de 202, même après la défaite de Carthage [4], les *Patres* dédaignent, comme superflue, l'alliance des Aitoliens. Elle prouve, partant, qu'ils n'imaginent pas que l'occasion se présente à nouveau de les employer contre Philippe ; elle

1. App. *Maced.* 4. 2 ; Liv. (P.) 31. 29. 4.

2. Dans l'été de 201, les Aitoliens, malgré les instances d'Attale, refusent d'envahir la Macédoine pendant l'absence de Philippe : Liv. (P.) 31. 46. 4. — Un an plus tard (été 200), les négociations engagées par Attale en Aitolie n'ont aucun succès : 15. 9. — Amynandros, dans l'hiver de 200/199, n'est pas plus heureux : 28. 3. — Aux Panaitolika de 199 (printemps), le stratège Damokritos (en charge depuis octobre 200) use de subterfuge pour éviter de faire une réponse à L. Furius : 32. 2-5 (l'affirmation de T. Live (32. 1) — *inclinatis omnium animis ad Romanos* — est naturellement suspecte). — Sur la conduite équivoque de ce stratège et les soupçons auxquels elle donne lieu : 32. 1.

3. Liv. (P.) 31. 40. 9-10. — Notons que, même à cette époque, la guerre contre la Macédoine est médiocrement populaire : la preuve en est que la jeunesse aitolienne s'enrôle en masse au service de l'Égypte à l'appel de Skopas : Liv. (P.) 31. 43. 5-7 ; cf. Holleaux, *Klio*, 1908, 277-278.

4. Si toutefois la démarche des Aitoliens à Rome est plus récente que la bataille de Naraggara ; j'ai dit (ci-dessus, p. 294, note) que la chose est probable, mais elle n'est pas certaine.

prouve, dès lors, que, quoi qu'on ait dit [1] et malgré les apparences,
ils ne songent pas à « demander compte au Macédonien de ses
accointances avec Hannibal », qu'ils ne sont pas animés contre
lui d'un esprit persistant de vengeance [2], et qu'ils n'envisagent
ni comme probable, ni même comme possible, la reprise de ces hostilités auxquelles ils ont spontanément mis fin. La paix qu'il leur
a plu d'accorder à Philippe n'était point une paix provisoire ;
ils l'ont jurée sans arrière-pensée, d'une âme sincère, avec la
volonté qu'elle fût durable.

III

Ils sont las de la guerre « transmarine » ; ils s'en veulent débarrasser et débarrasser au plus vite ; ils y renoncent définitivement,
dans l'avenir comme dans le présent : voilà ce qu'indique la résolution qu'ils prennent en 205, rapprochée de la conduite qu'ils
tiennent en 202. Cette guerre, ils eussent d'abord consenti à la
poursuivre, au moins durant un temps, de compte à demi avec
les Aitoliens et sauf, sans doute, à leur en faire porter le poids
principal ; demeurés seuls, ils se refusent à en assumer la charge.

Il s'agit de comprendre leurs raisons. Est-ce, d'aventure, que la
charge leur paraisse accablante ? Il n'est guère possible de le
croire. — Soutenir la défensive, jusqu au moment où les Puniques
se trouveront hors de cause, serait, nous l'avons dit, chose aisée.
Et, le moment de l'offensive arrivé, les *Patres* n'ont point lieu
d'appréhender que le succès soit trop chèrement acheté. En effet,
s'il est un enseignement que Laevinus et Sulpicius aient dû tirer
de leurs campagnes, c'est que Philippe, impuissant sur mer, ne
possède, même sur terre, qu'une puissance militaire médiocre.

---

1. Bouché-Leclercq, *Hist. des Lagides*, I, 355 ; de même, Ihne, III, 2 ; Hertzberg, I, 46-47
(trad. fr.) ; Ed. Meyer, *Kl. Schriften*, 277, etc.

2. L'idée, chère à beaucoup de modernes, que la seconde guerre de Macédoine fut une
« guerre de revanche » est à peu près absente des traditions anciennes. Je ne la trouve exprimée que par un des Annalistes de T. Live (31. 11. 9) : — *bellum cum rege Philippo sus-
ceptum, quod Carthaginienses auxiliis iuvisset* (10) *iniuriasque inferendo sociis populi
Romani flagrante bello Italia coegisset classes exercitusque in Graeciam mitti et distinendo
copias causa in primis fuisset serius in Africam traiciendi* — ; et par Justin, 30. 3. 1.
Dion (Zonar. IX. 15. 1) est peu clair.

Assurément, les forces qu'il commande, étant donné surtout l'usage qu'il en sait faire, suffisent à le rendre terrible aux Aitoliens, à tous les Hellènes, aux Illyriens de Pleuratos ; mais, le jour où les Romains pousseraient contre lui une attaque résolue, suffiraient-elles à les arrêter longtemps ? Rien de moins probable ; car on n'ignore plus qu'elles sont étroitement limitées. Ce qu'on a vu, c'est qu'en cas de guerre avec Rome, les peuples de la Symmachie — les Thessaliens peut-être exceptés [1] — ne sont au roi d'aucune utilité : ils ne joignent pas leurs troupes aux siennes ; ils lui refusent leur concours, et, qui pis est, au lieu de le fortifier, ils l'affaiblissent : car, incapables de s'aider eux-mêmes, ils ne peuvent se passer de son aide, et lui demandent des soldats au lieu de lui en offrir. Philippe ne doit faire fonds que sur la seule Macédoine ; mais ce qu'on a vu aussi, c'est que la Macédoine, sans doute épuisée d'hommes [2], ne met à son service que des ressources restreintes. Au cours des huit dernières années, l'armée, l'unique armée qu'elle lui a fournie, cette armée qu'on a vu s'essouffler sur toutes les routes de Grèce, des Thermopyles en Élide, du Péloponnèse en Magnésie, était peu nombreuse. La preuve en est qu'il n'en a pu distraire, pour aider ses alliés, que des détachements trop réduits : en 209, aux Achéens environnés d'ennemis, menacés par Machanidas, par les Aitoliens et les Éléens, par Attale et par Sulpicius, il n'accorde que 2.500 hommes [3], et qu'il lui faut bientôt rappeler ; l'année d'après, c'est avec 1.500 hommes, dont 500 auxiliaires, que Ménippos a charge de défendre Chalkis et l'Eubée contre Attale ; et Polyphantas ne dispose que d'un contingent « mesuré » pour protéger la Béotie et la Phocide [4]. La preuve en est, surtout, que jamais il n'a possédé les réserves qui lui eussent été nécessaires pour assurer la garde

---

1. Cf. Liv. (P.) 26. 25. 5. On peut conclure de ce passage qu'en 211 Philippe a réussi à lever quelques contingents en Thessalie.

2. Cf. Liv. (P.) 33. 3. 1-2 ; 39. 24. 3.

3. Liv. (P.) 27. 32. 10. Les 4.000 hommes mentionnés précédemment (30. 15), et provisoirement affectés à la défense de l'Achaïe, forment une partie considérable de l'armée royale et sont emmenés par Philippe lorsqu'il quitte le Péloponnèse (cf. 32. 11) ; il ne laisse alors en Achaïe que les 2.500 hommes commandés par Ménippos et Polyphantas. Ces troupes ont elles-mêmes été rappelées plus tard, comme on le voit par Pol. X. 41. 2. En 208, Ménippos est en Eubée, et Polyphantas en Phocide et en Béotie (42. 2).

4. Pol. X. 42. 2. C'est avec raison, je crois, que T. Live rend par *modica manus* (28. 5. 11) le σύμμετρος δύναμις de Polybe.

de ses États lorsqu'il les devait quitter : chaque fois qu'il « descend en Grèce »[1], il vide son royaume et le laisse derrière lui à peu près sans défense. — Or, il s'expose ainsi aux pires aventures. Le fait grave entre tous, qu'ont appris aux Romains les derniers événements, c'est, en effet, le danger constant dont menace la Macédoine l'immense barbarie répandue autour d'elle[2]. Sitôt que Philippe a le dos tourné, Dardaniens, Thraces et Maides, qui guettent son absence, sont prêts à se ruer à l'assaut de ses frontières[3]. De là pour le roi d'éternelles inquiétudes. Impossible à lui de conduire au loin, avec sécurité, une opération de longue durée ; il est à la merci de nouvelles alarmantes qui peuvent, à tout instant, arrêter son élan et rompre ses desseins, l'obliger à suspendre les entreprises en cours, le contraindre à la volte-face, le forcer à rebrousser chemin. C'est ce qui est arrivé en 209 : comme il envahissait l'Élide, averti que les Dardaniens, ameutés par un traître, marchaient sur l'Orestide, il a dû surseoir incontinent à l'expédition commencée, évacuer le Péloponnèse, ramener en dix étapes, de Dymai à Démétrias, ses troupes hors d'haleine[4]. Dans l'été de 208, les agitations des Maides lui ont fait craindre des embarras semblables[5] ; et, vers la fin de la même année, à peine rentré en Macédoine, il lui en a fallu repartir pour courir sus aux Dardaniens qui méditaient une agression nouvelle[6]. Pourtant, en 211, avant qu'éclatât la guerre aitolique, il avait pris ses précautions, paré de son mieux aux incursions prévues : afin de barrer la route aux Dardaniens, il avait conquis la ville forte de Sintia, et, pour intimider les Maides, assiégé leur capitale

---

1. Cf. Liv. (P.) 27. 30. 1.

2. Combien ce péril, qui menaçait non seulement la Macédoine, mais aussi toute la Grèce, a fixé l'attention des Romains, c'est ce que montrent les paroles adressées par T. Quinctius à l'Aitolien Alexandros Isios après la bataille de Kynosképhalai : Pol. XVIII. 37. 8-9. — Noter, d'autre part, le langage que lui fait tenir Justin avant cette bataille (30. 4. 12) : — *(Macedones)* — *qui non ita pridem praedae Dardanis fuerint.*

3. Pour les Maides, voir notamment le passage classique de Liv. (P.) 26. 25. 7 : *incurrere ea gens in Macedoniam solita erat, ubi regem occupatum externo bello ac sine praesidio esse regnum sensisset* — ; cf. Pol. X. 41. 4. Pour les Dardaniens, Liv. (P.) 40. 57. 6 : — *Dardani, gens semper infestissima Macedoniae temporibusque iniquis regum imminens* — ; cf. Pol. IV. 66. 1 (ann. 219).

4. Liv. (P.) 27. 32. 9-11 ; 33. 1 ; cf. Just. 29. 4. 6.

5. Pol. X. 41. 4.

6. Liv. (P.) 28. 8. 14.

et dévasté leur territoire [1]. Mais il aura beau s'évertuer, jamais
il n'en aura fini avec ces peuples ennemis, jamais il ne réussira
à décourager leur audace [2]. Aussi bien, le mal date de loin ; lui-
même en a déjà fait l'expérience lors de la guerre-des-Alliés :
il a dû, dès ce temps-là, se mettre en défense contre les Dardaniens [3] ; et, avant lui, Antigone n'avait pu qu'avec peine repousser
leur grande invasion [4], Démétrios était mort en les combattant [5].
Visiblement, ce mal ancien est un mal permanent, qui défie tout
remède et qui, toujours, sévira par accès. Pour ses sauvages
voisins, la Macédoine sera la proie perpétuellement visée ; toujours
ils se jetteront sur elle dès qu'ils la sauront en danger d'autre
part. C'est pourquoi, le cas échéant, les Romains seront sûrs de
trouver en eux les plus prompts et les plus utiles des auxiliaires.
La partie se liera d'elle-même [6] : s'ils assaillent Philippe par
l'Ouest, les Barbares s'élanceront du Nord [7], et le Macédonien,
entrepris de deux côtés, devra faire front contre une double attaque. Situation terriblement scabreuse ; d'autant que, n'ayant

1. Liv. (P.) 26. 25. 3 : expédition de 211 contre les Dardaniens ; prise de Sintia ; — 25.
6-8 ; 25. 15 : expédition la même année contre les Maides ; siège de Iamphorynna.

2. Cela est si vrai qu'à la fin de son règne, pour avoir raison des Dardaniens, Philippe
ne trouve rien de mieux que de les faire exterminer par les Bastarnes : Liv. (P.) 40. 57. 5-6.
Noter la phrase (57. 5) : *Dardanorum gentem delere propositum erat inque eorum agro sedes
fundare Bastarnis.* — L'expédition victorieuse de 204 (?) (Diod. XXVIII. 2 ; cf. Niese,
II, 570) avait pu assurer à la Macédoine quelque tranquillité ; mais ce répit fut peu durable.
Dès la fin de 200, les Dardaniens sont prêts à s'unir aux Romains : Liv. (P.) 31. 28. 1 ;
ci-après, note 6.

3. Pol. IV. 66. 1 (ann. 219) ; V. 97. 1-2 (ann. 217) : prise de Bylazora.

4. Beloch (*Gr. Gesch.* III, 1, 661) a fait observer avec raison qu'Antigone avait dû leur
abandonner la Paionie septentrionale. D'autre part, il est probable, comme l'a supposé
Niese (II, 347), que ces « Illyriens », auxquels Antigone dut livrer bataille aussitôt après la
journée de Sellasia (Pol. II. 70), étaient aussi des Dardaniens.

5. C'est du moins ce qu'on peut induire de Trogus, *prol.* 28 ; Just. 28. 3. 14 ; cf. De
Sanctis, II, 1, 297, note 89.

6. Bato, roi des Dardaniens, vient s'offrir aux Romains dès le début de leur seconde
guerre contre Philippe (automne 200) : Liv. (P.) 31. 28. 1-2. — Sur le plan d'attaque com-
biné par le consul P. Sulpicius avec les Dardaniens, Kromayer, *Ant. Schlachtf.* II, 10-11.

7. Sur les entreprises des Dardaniens pendant la seconde guerre de Macédoine, et les
embarras qu'ils causent à Philippe en 199 : Liv. (P.) 31. 28. 5 ; 33. 3 ; 34. 6 : 38. 7 : *eo
quoque minus est mirum temptasse eum (Philippum) fortunam, quod fama erat Pleuratum
Dardanosque ingentibus copiis profectos domo iam in Macedoniam transcendisse ; (8) quibus
si undique circumventus copiis foret, sedentem Romanum debellaturum credi poterat* — ;
40. 7-8 ; 40. 10 ; — retraite des Dardaniens : 43. 1-3. — Ils demeurent tranquilles en 198 ;
mais, l'année suivante, ayant appris la défaite de Philippe à Kynosképhalai, ils envahissent
de nouveau la Macédoine : 33. 19. 1-3.

ni armée de réserve ni troupes de seconde ligne, sa fortune dépendra d'une seule journée. Qu'il subisse une seule grande défaite, les débris de son armée rompue tomberont dans le vide : force lui sera d'abandonner le plat pays, où roulera librement l'invasion, et d'abriter derrière les remparts de ses villes les épaves de sa déroute [1].

Cette défaite-là, serait-il bien difficile aux Romains de la lui infliger ? Sans doute, l'adversaire n'était pas méprisable ; l'épreuve faite dans les dernières années ne permettait point de le mépriser. Les succès y avaient été balancés : par exemple, le combat de Sikyone, où la cavalerie royale avait ramené, de si rude façon, jusqu'à leurs vaisseaux les fantassins romains [2], devait avoir laissé à Sulpicius un cuisant souvenir. Mais cette guerre n'avait ressemblé en rien à celles que les Romains avaient accoutumé de faire. Par système et faute de moyens, ils s'étaient abstenus d'y jouer un rôle actif. Jamais on ne s'y était fortement heurté ; les plus grandes affaires n'y avaient été que des escarmouches ; éparpillée en vingt endroits, elle avait consisté toute en surprises et en coups de main, en ces actions de détail où, comme les Grecs, excellaient les Macédoniens [3]. Débarrassés de Carthage, s'il leur plaisait de passer à l'offensive, rien n'empêcherait les *Patres* de donner aux choses une autre allure. Conduite à la romaine et menée à fond, la guerre, cette fois, pourrait être faite d'une suite ordonnée d'opérations qui, serrant l'ennemi au plus près, ne lui laisseraient pas de relâche [4], ne lui permettraient ni de se

---

1. Cf. les justes remarques de Kromayer, II, 6. Noter l'indication de Polybe (XVIII. 39. 4) : si, après Kynosképhalai, Philippe avait voulu continuer la guerre, il en aurait été réduit à πολιοφυλαχεῖν.

2. Liv. (P.) 27. 31. 2-3 (été 209). Un peu plus tôt, lorsque Philippe remporte près de Lamia un double succès sur les Aitoliens, ceux-ci sont renforcés, non seulement d'auxiliaires fournis par Attale, mais aussi de 1.000 Romains débarqués de la flotte : Liv. (P.) 27. 30. 2.

3. Je parle ici de la guerre entre Macédoniens et Romains ; les combats livrés par Philippe aux Aitoliens furent, au contraire, des affaires sérieuses. — Le rôle, très différent, joué par les Romains dans les deux premières guerres de Macédoine est bien marqué dans ce passage de T. Live (P.) 32. 21. 17 : *Aetolos tum classe adiuverunt (Romani) ; nec duce consulari* [ceci est inexact à partir de 210] *nec exercitu bellum gesserunt* — : (18) *nunc autem — non* praesidium Aetolis bellantibus miserunt, sed ipsi duces belli arma terra marique simul Macedoniae intulerunt. Cf. aussi 31. 31. 20. — Bonne caractéristique de la première guerre de Macédoine dans Kromayer, *Ant. Schlachtf.* II, 7.

4. Remarquer, à ce propos, le caractère et l'objet de la campagne de 199 : c'est une campagne offensive visant directement la Macédoine elle-même, qui est envahie et doit être

dérober, ni d'éluder les rencontres, ni de transporter çà et là les hostilités à sa manière voltigeante [1]. On le contraindrait par manœuvre au « juste combat », comme on disait à Rome ; on l'obligerait à faire tête ; on lui imposerait la lutte à découvert où s'affronteraient les armées [2]. Or c'était, chez les hommes du Sénat, une conviction arrêtée que, dans ces conditions nouvelles, « Mars n'hésiterait point ». Le grand nom de la phalange ne leur imposait nullement. La chose est si vraie que, dans six ans, les généraux envoyés contre Philippe n'auront d'autre stratégie que de l'acculer au plus vite à l'action décisive [3]. A Rome, on tenait pour certain qu'en cas de bataille, l'emploi de l'ordonnance manipulaire, l'excellence de l'armement [4], l'usage nouveau du glaive espagnol [5], la solidité de la cavalerie légionnaire [6] qu'accompagneraient au besoin de légers éléments numides [7], et, par dessus tout, l'ardeur disciplinée et la vaillance tenace [8] des vétérans de la guerre d'Hannibal fixeraient la victoire ; et, certes, au lendemain de la délivrance de l'Italie, cette fière confiance était permise. — Point donc ne serait besoin d'accabler les Macédoniens sous le nombre. Il suffirait de les combattre à forces égales, d'opposer aux quelque 20 ou 25.000 hommes, qu'à la rigueur

assaillie de toutes parts. P. Sulpicius voudrait, dès le début des hostilités, contraindre Philippe à accepter une bataille rangée. Cf. Kromayer, II, 9, 11, 24 (au sujet du combat de « Banitza ») ; Liv. (P.) 31. 34. 9 ; 35. 1 ; 36. 4 ; et, en général, Dio, fr. 58, 1-2 (I, 275 Boissev.).

1. C'est ce que Philippe s'efforcera constamment de faire pendant la campagne de 199 ; cf. Kromayer, II, 7-8, 19, 22, 30-31. — Sur la stratégie employée par Philippe en 199-198, voir Pol. XVIII. 3. 3-4 (discours d'Alexandros Isios aux conférences du golfe maliaque) : ἀφέντα γὰρ (Φίλιππον) τοῦ κατὰ πρόσωπον ἀπαντᾶν τοῖς πολεμίοις κτλ.

2. Sur la différence des deux stratégies, romaine et macédonienne, en 199, voir encore Liv. (P.) 31. 34. 5 : *ipsum quoque regem terror cepit nondum* iusto proelio *cum Romanis congressum :* — 35. 3 : *credere regii genus pugnae,* quo adsueverant, *fore eqs.* — ; 35. 6 : *insuetus (eques regius)* ad stabilem pugnam.

3. Cf. Kromayer, II, passages précédemment cités, et 57.

4. Cf. Liv. (P.) 31. 35. 6 ; 32. 10. 11.

5. Cf. Liv. (P.) 31. 34. 4 ; Diod. (P.) XXVIII. 8. 1 (combat de cavalerie en Lynkestide ; print. 199) ; — sur l'excellence du glaive « ibérique » : Pol. VI. 23. 6 sqq.

6. Cf. Liv. (P.) 31. 35. 5-6 : la cavalerie de Philippe ne peut soutenir le choc de la cavalerie romaine (combat d'Ottolobos ; été 199).

7. Cf. Liv. (Ann.) 31. 11. 10 ; 19. 3-4 ; 32. 27. 2.

8. Cf. Liv. (P.) 32. 10. 11 : *pro his (Romanis) ordo et militaris disciplina* (bataille de l'Aoos ; print. 198) ; 31. 35. 4 : *turbavit hunc ordinem pugnandi (regiorum) non acrior quam pertinacior impetus Romanorum ;* (5) *nam haud secus, quam si tota acie dimicarent eqs.* (combat d'Ottolobos) ; 45. 5 (prise d'Andros ; print. 199).

Philippe [1] pouvait mettre en campagne, une armée consulaire normale [2], soigneusement recrutée, au moyen d'engagements plus ou moins volontaires, dans l'élite des vieilles troupes et conduite par un général d'expérience tel, par exemple, que Sulpicius. La défaite de la Macédoine ne réclamerait guère une plus grande dépense de forces que, jadis, celle de l'Illyrie.

Si le gouvernement romain renonce si volontiers, en 205, à la guerre contre Philippe, ce n'est donc pas la difficulté de la tâche qui le rebute et l'arrête. C'est bien plutôt, au contraire, que la faiblesse relative de l'adversaire s'est manifestée avec évidence. Ceci peut sembler paradoxal ; mais l'étude, précédemment faite, de la conduite de Rome envers la Macédoine pendant les trente dernières années du IIIe siècle rend la chose aisée à comprendre. — Effectivement, ce qu'a montré cette étude, c'est qu'à aucune époque les Romains n'ont été enclins à entrer en lutte avec les princes antigonides. Non seulement, n'ayant pas de convoitises à satisfaire à leurs dépens, ne méditant sur eux nulle annexion, et n'estimant donc pas que leur défaite et leur amoindrissement importât à la grandeur de Rome, ils n'ont jamais dirigé ni préparé contre eux d'entreprise conquérante ; mais encore, par insouciance et courte vue, manque de logique et de résolution, surtout par un parti pris opiniâtre de n'intervenir

---

1. Au début de la campagne de 199, Philippe, ayant concentré en Macédoine toutes ses troupes disponibles et dégarni la frontière de Pélagonie, n'a sous ses ordres que 20.000 fantassins et 2.000 cavaliers : Liv. (P.) 31. 34. 7 ; cf. Kromayer, II, 95. Il est vrai qu'il a fait des pertes importantes à la bataille navale de Khios (Pol. XVI. 7. 5-6 ; cf. 8. 6) et laissé quelques détachements en Asie ; mais ces détachements paraissent composés surtout d'auxiliaires, tirés en partie du pays même (Liv. (P.) 33. 18. 7-9). Dans l'été de 197, Deinokratès, stratège de Stratonikéc, n'a, semble-t-il, avec lui que 500 Macédoniens (18. 9). — En 197, après avoir procédé dans tout son royaume à des enrôlements forcés et appelé sous les armes jusqu'aux adolescents (33. 3. 1-4), Philippe ne dispose que de 23.500 gens de pied et 2.000 cavaliers (auxiliaires compris) : 33. 4. 4-5 ; cf. Kromayer, II, 102.

2. Il y a lieu de remarquer que, lors de la seconde guerre contre Philippe, l'effectif total de l'armée romaine fut fixé à deux légions dès l'été de 200, c'est-à-dire en un temps où l'on ignorait encore si l'on trouverait des auxiliaires parmi les Grecs et où l'attitude des Aitoliens (cf. ci-dessus, p. 296) donnait plutôt à craindre le contraire. — Pour l'évaluation précise des forces placées, en 200, sous les ordres de P. Sulpicius, voir les calculs très satisfaisants de Kromayer, II, 9 ; 95-96 : le consul aurait disposé de deux légions normales avec leurs compléments, soit environ 23.000 hommes de pied et 2.000 cavaliers.

que le moins possible outre-mer, ils se sont abstenus de poursuivre
et de développer la politique de précaution qu'ils avaient d'abord
jugé sage d'adopter à leur endroit, quand, pour les contenir et
s'en garantir, ils dressaient devant eux la barrière illyrienne.
Par deux fois, après 228 et 219, ils ont omis d'engager, contre
Antigone et contre Philippe, l'action préventive qu'impliquait et
que leur prescrivait cette politique, et que les circonstances eussent
favorisée ; par deux fois, bien qu'ils ne pussent douter de ses
projets hostiles et de sa volonté de revanche, ils ont négligé
l'occasion de faire en Grèce échec au Macédonien ; par deux fois,
ils se sont refusés à prendre des sûretés efficaces contre l'ennemi
certain qui guettait l'Illyrie romaine. Et si, finalement et tardivement, après bien des hésitations et des lenteurs, ils se sont décidés
à le combattre, s'ils l'ont alors attaqué jusqu'en Grèce, si Laevinus
a jeté sur lui les Aitoliens, on en sait la raison : c'est qu'une nécessité les pressait à laquelle il leur fallait céder, et que, par son
entente avec les Puniques, par ses agressions contre les villes illyriennes, par la menace suspendue sur l'Italie, Philippe leur avait
mis les armes à la main. L'imminence du péril brutalement révélé
les a seule déterminés à se déclarer contre lui ; seule, elle les a
forcés d'entreprendre une guerre dont, jusque-là, ils écartaient
l'idée et qui, sous ses dehors offensifs, est restée purement défensive. — Mais, en 205, le péril s'est évanoui, et l'on n'a point à
craindre qu'il renaisse. Car, d'une part il n'y a nulle vraisemblance que Philippe retrouve un allié fort sur qui s'appuyer :
d'où lui viendrait un second Hannibal ? D'allié, hors de Grèce,
on ne lui en connaît qu'un seul, insignifiant et négligeable —
Prousias, ce roi de la lointaine Bithynie, qu'Attale suffit à tenir
en respect. Et, d'autre part, mieux avertis, les Romains savent
aujourd'hui que, réduit à soi-même, le Macédonien, beaucoup moins
redoutable qu'on ne se le figurait à distance, est impuissant à rien
tenter contre eux. Désormais, une chose est claire à leurs yeux :
s'il a pu le devenir un moment, à la faveur de conjonctures qui ne
se reverront plus, Philippe n'est point, en réalité, et ne sera jamais
un de ces « voisins dangereux »[1] — comme, par exemple, Carthage — que la prudence commande d'accabler. C'est pourquoi

____

1. Cf. Pol. I. 10. 6.

l'on peut se dispenser de l'accabler, et même de l'affaiblir ; la
guerre qu'on lui ferait ne serait qu'une guerre de précaution : la précaution apparaît superflue. Sans doute, à toute occurrence, il sera
sage de le surveiller : dès l'instant qu'on reste maître des échelles
d'Illyrie, la chose sera facile ; mais on peut l'épargner, le laisser
régner sur la Macédoine telle qu'il l'a reçue de ses prédécesseurs,
le laisser même régenter la Grèce, dont les Romains n'ont cure et
qui, tout compensé, l'embarrasse peut-être plus qu'elle ne lui sert.
Bref, on peut s'en tenir avec lui à ce système de non-intervention
qui, de tout temps, a eu les préférences du Sénat, adversaire
constant des entreprises orientales ; et les *Patres* s'y tiennent
en effet. — Un trait marque bien le peu d'inquiétude que leur
cause à présent le roi de Macédoine : c'est la cession qu'en 205,
afin d'aboutir plus vite à la paix, ils lui font de l'Atintania [1], jadis
si obstinément refusée. A première vue, cette cession est une
imprudence ; car l'Atintania recouvrée peut offrir à Philippe des
facilités singulières pour pénétrer, par les routes du Sud-Ouest, dans
la Basse-Illyrie [2]. Mais, aux yeux du Sénat, l'imprudence n'existe
point, pour la raison qu'il considère le roi comme incapable d'en
tirer avantage. Et, de fait, dans les dernières années, n'a-t-il pas, à
plusieurs reprises, envahi par terre la plaine illyrienne ? [3] Pourtant,
non seulement il n'a pas su conquérir, mais jamais il n'a tenté d'attaquer Apollonia ni Épidamnos. Ce qu'il n'a point fait alors, quelle
apparence qu'il l'essaye dans l'avenir, ayant en face de lui, de
l'autre côté de la mer, les Romains armés de toutes leurs forces ?
L'idée ne lui en viendra même pas. On le sait audacieux et parfois
téméraire, on n'a pas le droit de le croire aveugle ou fou : il se gardera
d'une aventure qui menacerait de s'achever en catastrophe ; il ne
touchera plus à l'Illyrie romaine ; il n'osera plus rien contre Rome.
— Rome peut vivre en paix avec la Macédoine.

---

1. Liv. (P.) 29. 12. 13 : *P. Sempronius condiciones pacis dixit, — Atintania, si missis
Romam legatis ab senatu inpetrasset, ut Macedoniae accederet.* Il n'est pas douteux que la
cession n'ait été consentie par le Sénat.

2. Cf. ci-dessus, p. 109-110.

3. Cf. Liv. (P.) 26. 25. 2 (hiv. 212/211) ; 29. 12. 6 (ann. 205). Il est probable que, dès 213,
après la prise de Lissos, Philippe avait poussé des incursions dans l'Illyrie maritime.

CHAPITRE HUITIÈME

CONCLUSION. — LA SECONDE GUERRE DE MACÉDOINE

Rome peut vivre en paix avec la Macédoine... Et, pourtant, cette guerre qu'il a terminée de lui-même en 205, et dont, en 202, il ne souhaitait ni ne prévoyait le renouvellement, le Sénat est décidé, dès les derniers mois de 201, à la recommencer, et la recommence en effet l'année suivante [1]. Il la recommence, parce que telle est sa volonté et pour des raisons qui lui sont propres, mais, au reste, sans la pouvoir justifier par aucun grief valable, sans que Philippe lui ait fourni ni sujet ni prétexte de plainte, sans qu'elle ait été précédée d'un conflit politique ni d'une querelle diplomatique. Il la recommence brusquement et brutalement, l'impose à l'adversaire par un ultimatum outrageux, calculé pour rendre impossible toute négociation et tout rapprochement [2] ; il la recommence avec une hâte évidente, par une résolution précipitée, indifférent à la détresse des finances publiques, passant même outre, si l'on en croit les Annalistes romains, aux résistances déclarées du peuple. Et, cette fois, son parti est pris de la pousser à fond : s'il ne prétend pas anéantir la monarchie antigonide — tâche laborieuse et qui prendrait du temps — il entend du moins

1. Dans le rapide exposé qui suit, j'ai cru pouvoir me dispenser de multiplier les références aux textes anciens. Ceux à qui cette histoire est familière s'apercevront, j'espère, que je n'ai point négligé de les consulter de fort près.

2. L' « embarras » prétendu, que, selon Mommsen *(R. G.* I⁷, 698-700) et ceux qui le reproduisent (Hertzberg, I, 56, trad. fr. ; G. Colin, *Rome et la Grèce*, 66-68 ; cf. encore Lenschau, *Burs. Jahresber.* t. 135 (1908), 211), le Sénat aurait éprouvé, faute d'un « prétexte plausible », à rompre avec Philippe, n'a jamais existé que dans l'imagination de l'illustre historien. Ni la tradition de Polybe, ni la tradition annalistique n'offrent trace de cet « embarras ». Sans doute, les *Patres* manquaient, pour recommencer la guerre, d'un *casus belli* ; mais ils n'eurent nulle peine à en forger un : il ne leur en coûta qu'un hardi mensonge. Il leur suffit de prétendre, dès le premier moment, au mépris de la vérité patente, que Philippe avait été l'agresseur d'Attale (cf. ci-dessus, p. 267 et note 6, 268 et note

l'« abaisser grandement », la « mettre à l'étroit », la frapper d'un coup qu'il juge irréparable. Resserrer la Macédoine dans ses primitives limites, la refouler derrière l'Olympe, partant, la rejeter hors de Grèce, lui interdire la Grèce, voilà l'objet que, d'emblée [1], se proposent les Romains et la fin qu'ils assignent à la guerre. Et, poursuivant ce dessein, ils se trouvent naturellement adopter à l'égard de tous les peuples grecs — sans distinguer désormais entre les « Symmachoi » et leurs adversaires — la conduite qui en facilitera et qu'en implique l'exécution. Comme ils veulent, la guerre terminée, séparer à jamais ces peuples de la Macédoine ; comme ils souhaitent, durant la lutte, les avoir contre elle pour auxiliaires, ils font tout de suite effort pour se les rallier et les lui opposer. A cet effet, dès le premier moment, prenant occasion des violences récentes commises par Philippe à Kios, à Thasos, en Attique, ils s'offrent aux Hellènes comme leurs défenseurs, leurs vengeurs et leurs libérateurs [2] : c'est dans la seule intention de les servir, si l'on en croit le Sénat et les généraux romains [3] ; c'est pour les sauver dans le présen et les

1. Tout le programme des exigences romaines se trouve déjà contenu dans la sommation que font les légats sénatoriaux à Philippe, au printemps de 200 (Pol. XVI. 27. 2 : τῶν Ἑλλήνων μηδενὶ πολεμεῖν — ; cf. 34. 3). Dès l'instant qu'on défend au roi de jamais faire la guerre à aucun peuple hellène, on déclare implicitement illicites et, partant, nulles de plein droit, les conquêtes que lui ou ses ancêtres ont faites en terre grecque, comme aussi l'autorité qu'ils s'y sont acquise par la force des armes. T. Quinctius, à l'entrevue de l'Aoos (Liv. (P.) 32. 10. 3-7), ne fait que développer, au nom du Sénat (Diod. (P.) XXVIII. 11), les conséquences de l'interdiction énoncée par les légats.

2. L'idée, en faveur chez beaucoup de modernes, que Flamininus seul eut souci de l'indépendance des Hellènes, et que l' « affranchissement » de la Grèce fut son œuvre personnelle, tandis que le Sénat méditait des desseins d'annexion, est si clairement contredite par les textes qu'il n'est pas besoin de la réfuter (cf. T. Frank, *Roman Imperialism*, 161, n. 29). Il suffit de lire attentivement Polybe (voir notamment Diod. (P.) XXVIII. 11 ; Pol. XVIII. 11. 11 ; 36. 7 ; 42. 5) pour savoir là-dessus à quoi s'en tenir. On ne devrait point oublier que le δόγμα apporté en 196 par la commission des dix légats (44. 1 sqq.) est sorti des délibérations du Sénat, et que c'est lui aussi, représenté par les Dix, qui fut le premier auteur de la déclaration faite, la même année, aux Isthmiques. — Le dissentiment — dont on parle si volontiers — des légats et de T. Quinctius au sujet des « trois forteresses », Corinthe, Démétrias et Chalkis (45. 10-12), ne porte que sur une question d'opportunité : le Sénat n'a nullement la pensée d'occuper ces places à demeure. Mais les légats, émus de l'attitude d'Antiochos, penchent à en ajourner l'évacuation, tandis que le proconsul la souhaite immédiate.

3. Voir, notamment, le discours de L. Furius Purpurio aux Panaitolika de 199 : Liv. (P.) 31. 31. 2 ; 31.4, et celui de T. Quinctius au congrès de Corinthe en 195 : (P.) 34. 22.8-9. On remarquera que, dans ces deux passages, T. Live, sous l'influence des Annalistes,

protéger dans l'avenir ; c'est afin de les préserver de toute agression et d'écarter d'eux toute menace ; c'est pour les rendre et les maintenir indépendants, que Rome s'est armée de nouveau contre le Macédonien naguère épargné.

Et, dans le fait, elle ne posera point les armes qu'elle n'ait arraché à ses prises, délivré de sa domination, ou fait sortir de son alliance les nations et les cités qui, jusque-là, subissaient l'une ou l'autre ; qu'elle n'ait proclamé libres ceux des « Symmachoi » que Philippe tenait assujettis par la présence de garnisons imposées à leurs villes, et qu'elle ne l'ait contraint à reconnaître et garantir [1], dans le traité qu'elle lui a dicté, l'indépendance de tous les Grecs. — C'est de la sorte que, devenu « philhellène » en même temps qu'adversaire déterminé de la Macédoine, le Peuple romain s'improvise le champion de l'hellénisme, se porte de lui-même à son secours, puis se constitue à demeure, en face de Philippe, en face de quiconque prétendrait comme lui attenter aux libertés grecques, le patron et le gardien de ces libertés, qu'il restaure ou qu'il affermit. Et c'est ainsi que, liant la cause des Hellènes à la sienne et les couvrant de sa protection, il établit sur eux son autorité [2].

Le Macédonien, non seulement vaincu, humilié, désarmé sur mer, astreint à verser un tribut et livrer des otages, déchu au rang d'auxiliaire forcé de Rome, mais amoindri, dépouillé de l'Orestide et de ses possessions illyriennes, et surtout exclu de la Grèce ; — tous liens rompus entre les Hellènes et lui, la Symmachie de 223 abolie, l'œuvre du premier Philippe, d'Alexandre et des Antigonides détruite jusque dans ses fondements ; —

transforme en « alliés » ou « amis » *(socii)* des Romains les habitants de villes telles que Kios, Thasos, Ainos, Maroneia, etc.

1. Voir sur ce point les bonnes remarques de Täubler, *Imp. Romanum*, I, 433-434.

2. Je néglige à dessein de faire ici mention des traités d'alliance que Rome aurait conclus, dès 196, avec les États de la Symmachie théoriquement indépendants de la Macédoine, notamment avec l'Achaïe. L'existence de ces traités, admise sans conteste jusqu'en ces temps derniers, est maintenant révoquée en doute par Täubler : voir, pour ce qui regarde l'Achaïe, *Imp. Romanum*, I, 220 suiv. Selon Täubler, il n'y aurait eu, entre les Achéens et les Romains, qu'une convention militaire, celle qui eut pour auteur T. Quinctius en 198 ; et c'est cette convention que le Sénat aurait, beaucoup plus tard (seulement en 183), transformée en traité d'alliance perpétuelle. J'avoue que cette opinion me paraît douteuse ; mais elle mérite un examen détaillé qui ne saurait avoir place ici ; le mieux est réserver de la question.

l'Hellade rendue à elle-même, se retrouvant ce qu'elle était un siècle et demi plus tôt ; — les Thessaliens et les Perrhèbes, les Magnètes et les Eubéens rappelés à l'existence en tant que peuples indépendants ; leurs libertés pareillement restituées aux Corinthiens, aux Phocidiens, aux Lokriens, aux Phthiotes, aux Dolopes ; — toutes ces choses s'accomplissant en vertu des décisions suprêmes émanées de la Curie romaine ; — le Sénat devenu l'arbitre des États grecs ; leurs litiges portés devant lui, tranchés par ses décrets ; leurs ambitions satisfaites ou contenues, la figure de la Grèce retouchée et fixée, les limites des diverses nations arrêtées, selon ce qu'a jugé bon la sagesse de ses commissaires ; — bref, la volonté de Rome s'exerçant en souveraine, dans l'intérêt commun des Grecs, de Pella au Tainare ; — et, pour finir, cette volonté généreuse visant à se faire obéir même par delà l'Aigée : les Hellènes de la Petite-Asie déclarés libres à l'égal de ceux d'Europe ; les villes que Philippe occupait en Carie affranchies sur l'ordre du Sénat ; les *Patres* répondant à l'appel des cités « autonomes », Lampsaque, Smyrne, Alexandrie-Troas, qui les ont invoqués contre Antiochos ; le Séleucide victorieux sommé par eux de modérer ses conquêtes, de laisser ces cités en paix, comme aussi celles qu'a possédées Philippe ou qui relèvent de Ptolémée, et les légats lui faisant défense de prendre pied en Europe et de s'y établir : voilà les effets immédiats de la seconde expédition romaine en terre hellénique ; voilà ce qui se voit en 196.

I

Si j'ai su me faire et donner une juste idée de ce qu'avaient été, au iii⁰ siècle, les rapports de Rome avec le monde grec ; si j'ai su montrer quelles étaient encore, à l'extrême fin de ce siècle, à la veille de la seconde guerre contre Philippe, les dispositions insouciantes du Sénat à l'égard de la Macédoine, des monarchies orientales, de la Grèce, de l'hellénisme en général, on conviendra que ce sont là de grandes nouveautés. Et, précisément, rendre sensible que ce sont de grandes nouveautés, sans lien qui les rattache à l'histoire antérieure, tel a été le principal objet de ce travail. Ce qui me paraît ressortir de l'exposé que j'y ai présenté, c'est que la conduite tenue par l'État romain à partir de l'année 200, sa grande entreprise macédonienne et hellénique, son offensive violente contre Philippe, l'amoindrissement définitif qu'il fait subir à la Macédoine, son intervention spontanée en faveur des Hellènes, le rôle qu'il s'attribue en Grèce, l'œuvre qu'il y accomplit, enfin, son premier conflit avec le roi d'Asie, sa première tentative pour le contenir et le borner, sont choses que rien n'a préparées ni ne faisait prévoir, qui n'étaient pas en germe dans le passé, et que le passé ne saurait expliquer. On a maintes fois exprimé l'opinion qu'en tournant décidément vers « l'est de l'Italie » leur activité guerrière et politique, en abaissant la monarchie antigonide, en la repoussant de la Grèce, en imposant à la fois aux Hellènes leur patronage et leur autorité, les Romains n'ont fait qu'exécuter des projets anciennement conçus et qu'ils devaient nécessairement concevoir, satisfaire, de dessein formé, leur besoin naturel « d'expansion » et leur désir inné de domination, aller d'une marche réglée là où les portaient de tout temps leurs destins et leurs ambitions [1], et, cependant, infliger à Philippe les représailles méritées. Ou je me suis entièrement mépris, ou cette opinion est erronée de tout point. Et si je la juge telle, le motif en est, comme on l'a pu voir, que, jusqu'à la fin du iiie siècle, rien n'est apparu de ces projets ni de ces ambitions, rien n'a révélé ce besoin d'expansion ni ce désir de domination qui auraient entraîné les Romains vers les pays grecs, mais qu'au contraire, ils ont montré, à s'ingérer dans les « choses helléniques », une répugnance tenace, et qu'en 205 et 202 encore, en dépit de leur récente injure, ils consentent à supporter le voisinage de la Macédoine, intacte et même accrue, et ne songent point à lui contester l'empire qu'elle exerce sur l'Hellade.

Tenant compte de ces faits, là où d'autres n'ont vu que le développement normal et quasi fatal de la politique romaine, je crois voir tout autre chose. Ce que j'aperçois en 201/200 et ce que le lecteur y apercevra peut-être avec moi, c'est, en ce qui

---

1. Voir, par exemple, R. Pöhlmann, *Grundr. der griech. Gesch.*[4], 315 : « In dem darüber entbrennenden Kriege (seit 200), den Rom als einen Kampf für die Freiheit der Hellenen gegen Makedonien hinzustellen wusste, den aber lediglich deshalb führte, weil für die Senatspolitik die Eroberung des Ostens beschlossene Sache war... » On trouve l'expression d'idées analogues dans J. Kromayer, *Roms Kampf um die Weltherrschaft*, 66.

regarde le monde grec, une rupture brusque du Sénat avec sa façon d'être accoutumée, et la mise en pratique à Rome d'une politique inattendue, entreprenante et audacieuse, en contraste évident avec ce qu'a montré la précédente époque. Subitement, les gouvernants romains sortent de l'indifférence dont ils s'enveloppaient volontiers lorsqu'il était question des contrées d'outremer ; subitement, ils renoncent à leur ordinaire parti pris d'abstention, qui n'était que cette indifférence tournée en système ; subitement, ces mêmes hommes qu'on a vus souvent incertains, flottants, si lents à l'action, quand il leur fallait expédier une escadre à l'orient du détroit, les voici fixes et déterminés, toute décision et tout élan ; subitement, ils se sont avisés que Rome a là-bas des intérêts pressants, si pressants qu'il importe d'y pourvoir sur-le-champ, et tiennent pour assuré que le soin de ces intérêts exige la prompte et décisive défaite de Philippe, la fin de sa puissance en Grèce, le rétablissement des libertés helléniques, la substitution à l'hégémonie macédonienne d'une sorte de protectorat romain [1], s'étendant d'abord aux nations grecques d'Europe, puis jusqu'aux cités « autonomes » d'Asie. De tout ceci, naguère encore, les *Patres* n'avaient nulle idée. Un changement radical s'est fait dans leurs vues politiques : ou plutôt, le changement consiste en ceci qu'ils ont maintenant sur la manière d'agir avec la Macédoine, les Grecs, le roi de Syrie, des vues arrêtées et directrices, auxquelles ils conforment aussitôt leurs actes et qui, jusqu'alors, leur manquaient entièrement : — changement surprenant en lui-même, non moins surprenant par sa rapidité, et que ceux-là seuls peuvent ne point discerner, dont l'esprit de système offusque la clairvoyance et qui, reconstruisant le passé à leur guise afin d'en déduire commodément l'avenir, ont représenté sous l'aspect le plus faux les premières relations de Rome et de l'hellénisme.

1. On peut employer ce terme, à la condition, bien entendu, de ne point lui donner le sens précis qu'il a pris dans le droit des gens moderne ; il répond au mot *patrocinium* dont T. Live s'est plusieurs fois servi; cf. Liv. (P. ?) 34. 58. 11 ; 37. 54.17 (développement sur un thème de Polybe).

II

Un tel changement mérite sans doute qu'on l'explique, qu'on en recherche et détermine les causes. Mais la question déborde le cadre de cette étude : tout ce qu'il m'est permis de faire ici, c'est d'indiquer sommairement où s'en trouve, selon moi, la solution.

Apparemment, par l'humeur et les dispositions intimes, le Sénat ne différait point en 201/200 de ce qu'on l'a vu jusqu'en 202. Apparemment, comme alors, les *Patres* étaient sans rancune vive contre Philippe et peu curieux de se mêler à ses querelles avec les États grecs. Apparemment, pas plus qu'alors, ils n'étaient portés d'instinct à engager la République dans une guerre à fond contre la Macédoine — que leur déconseillaient d'ailleurs l'épuisement du trésor et l'opposition des citoyens —, ni naturellement enclins à revendiquer le droit de protéger les Hellènes. Et, sans doute, l'ambition superbe d'être les chefs d'un peuple « invincible et dominant [1] », l'appétit violent de « tout envahir [2] » pour tout réduire à leur volonté, bref, ces passions « impérialistes », qu'on est convenu de leur attribuer et qui, naguère, leur étaient inconnues, ne sont point nées en eux dans l'espace de quelques mois ou, tout au moins, n'ont pu, dans un intervalle si court, s'emparer d'eux au point de gouverner souverainement et de transformer leur politique. Aussi bien, si l'on y prend garde, rien dans leurs actes, même après l'an 200, ne témoigne chez eux d'une vive ardeur d' « impérialisme ». Pas plus que la défaite de Carthage, celle de la Macédoine n'aura pour résultat l'annexion de territoires ennemis ; les vainqueurs n'en retireront pour tout gain que ces cantons de la Basse-Illyrie abandonnés à Philippe par les « accords d'Épire » : une acquisition si modeste ne suppose aucun désir d'agrandissement, elle s'explique par des considérations d'ordre purement militaire. Et quant à ce patronage des peuples grecs qui sera la conséquence durable de la guerre, il est vrai qu'il pourrait aboutir promptement à une mainmise étroite de Rome sur

---

1. Bossuet, *Discours*, 3ᵉ partie, chap. vi.
2. Montesquieu, *Considérations*, chap. v.

l'Hellade, mais il est vrai aussi que bien des années s'écouleront avant qu'il commence à prendre ce caractère, et que s'il le prend un jour, ce ne sera point par la volonté des Romains. Protecteurs de la Grèce, les Romains la protégeront en effet contre les puissances ennemies, s'efforceront de la tenir à l'abri des deux grandes monarchies voisines, et ceci, comme nous l'allons voir, pour une très bonne raison : c'est qu'ils estimeront pourvoir de la sorte à leur propre sûreté ; mais ils n'auront pas la pensée de lui appliquer un régime de contrainte, ni, quoi qu'on ait dit, de changer « leur protectorat en domination [1] ». Restaurateurs des libertés helléniques, ils ne songeront point, différant en cela de tant d'autres qui ont pris ce beau titre, à confisquer ces libertés à leur profit après avoir paru les rétablir. Philippe vaincu, aussitôt achevée l'œuvre de pacification confiée à T. Quinctius, ils quitteront la Grèce, n'y reparaîtront en armes que rappelés par la nécessité d'en chasser Antiochos et d'y vaincre les Aitoliens, l'évacueront de nouveau en 188, n'y laisseront derrière eux ni agents ni représentants. Si, dans la suite, le Sénat y intervient per ses ambassades — de loin en loin, sans grand zèle, souvent avec une lassitude ennuyée et comme en dépit de soi —, ce ne sera presque jamais de son propre mouvement, mais seulement pour répondre aux appels, aux plaintes, aux requêtes insistantes des Grecs qui, dans leurs disputes éternelles, invoqueront à tout moment, les uns contre les autres, son autorité, que tous détestent. Et si, finalement, il arrive aux *Patres* de se montrer brutaux, s'ils intiment des ordres et les intiment durement, c'est que l'hostilité qu'ils auront laissé grandir contre eux [2], c'est qu'en particulier, l'opposition sournoise de la nation achéenne, ses résistances gémissantes et opiniâtres et les troubles permanents nés de ses ambitions les obligeront de roidir leur attitude, et de parler en maîtres dans l'intérêt de « la tranquillité commune » [3]. Mais, au reste, même alors, tout ce qu'ils réclameront de la Grèce,

---

1. Fustel de Coulanges, *Quest. ...storiques*, 167.

2. Voir le célèbre discours de Kallikratès de Léontion : Pol. XXIV. 9 (ann. 180). C'est seulement après les révélations de Kallikratès que le Sénat commence de s'ingérer dans la politique intérieure des États grecs : 10.4. Encore y met-il pendant longtemps beaucoup de modération, comme on le voit par l'examen attentif des faits.

3. Cf. Liv. (P.) 36. 31. 8.

c'est qu'elle demeure paisible, fidèle à l'amitié romaine, et ne soit point d'intelligence avec les ennemis de la République. N'étaient les soucis que finit par leur causer Perseus, trop longtemps dédaigné, et le nombre croissant de ses adhérents, ils se dispenseraient d'exercer sur elle cette surveillance menaçante, dont s'indigneront les Hellènes après l'avoir rendue inévitable. Perseus anéanti, il faudra vingt ans encore et le soulèvement de l'Achaïe pour que le Sénat prenne le parti nécessaire d'incorporer la Grèce à l'empire : tant reste forte son aversion pour la politique d'annexion et de domination directe, tant lui répugnent les mesures décisives où il se fût porté sans tarder, s'il avait été mû par des pensées « impérialistes ». Dans le fait, quiconque observe de près les relations des *Patres* avec les nations grecques, depuis la défaite de Philippe jusqu'à la guerre de Perseus, ne discerne chez eux aucune pensée de cette sorte ; mais, en revanche, ce qu'il croit souvent constater, c'est, dans leur manière de se comporter en Grèce, un décousu et un laisser-aller, des atermoiements, des hésitations et des contradictions, où se reconnaît encore cette humeur nonchalante qui les a si longtemps empêchés d'appliquer aux choses helléniques une attention soutenue.

Si, en 200, la conduite politique du Sénat s'est modifiée, ce n'est donc pas qu'il ait été animé d'un esprit nouveau, ni que ses sentiments aient changé dans leur fond : c'est bien plutôt que, sous l'action de circonstances soudaines, il a cru la devoir modifier, pour la conformer à ces circonstances ou à l'idée qu'il se faisait d'elles, pour l'adapter à l'état de choses qu'il pensait en être résulté. Or, ces circonstances n'ont pu être, semble-t-il, que les événements qui, en 201, ont remué l'Orient grec : le second passage de Philippe en Asie, la grande expédition qu'il y a faite, ses entreprises parallèles à celles que dirigeait en Syrie Antiochos, dont il se donnait alors pour l'allié. C'est dans l'impression produite à Rome par ces événements, dans ce que les *Patres* y ont vu ou cru voir, dans la signification qu'ils leur ont prêtée, qu'on doit, selon toute probabilité, chercher la raison de leurs décisions imprévues. On la doit chercher surtout dans les inquiétudes qu'ils en ont conçues. Vraisemblablement, si, en 201, le Sénat se résout tout d'un coup à attaquer Philippe, c'est que, sur les nouvelles apportées d'Orient, il s'est tout d'un coup persuadé qu'à l'endroit de cet ancien ennemi il s'était rassuré trop vite ; que Philippe pouvait encore, comme aux jours d'Hannibal, être pour Rome un « dangereux voisin » ; qu'il y aurait imprudence certaine à tolérer qu'il demeurât intact, possesseur d'une partie de l'Illyrie, maître ou suzerain de la moitié de la Grèce, tel enfin que l'avait laissé la paix de 205 ; et, d'autre part, qu'il était indispensable à la sécurité, peut-être au salut de la République, que la Grèce redevînt libre sous la protection du Peuple romain.

Jusqu'ici je marche d'accord avec nombre d'historiens ; où je crois devoir me séparer d'eux, c'est quand il s'agit de préciser la nature et l'objet des craintes ressenties par le Sénat.

III

On déclare communément qu'en l'année 200 les Romains rouvrirent les hostilités contre Philippe pour parer aux périls nés de ses succès en Asie, prévenir l'excessif accroissement de sa puissance, sauver l'Égypte menacée de crouler sous ses coups, et maintenir ainsi l'« équilibre oriental » qu'il était près de rompre à son avantage [1]. Mais c'est là s'abuser.

Lorsqu'on attribue aux *Patres* ces préoccupations d' « équilibre » familières aux chancelleries modernes, on devance singulièrement les temps. On leur suppose une connaissance de l'étranger, une aptitude aux vastes spéculations politiques, des vues d'ensemble, une capacité de synthèse, dont ils avaient jusque-là paru et dont ils étaient sûrement bien dénués : au fait, où donc était leur « politique d'équilibre », quand ils toléraient qu'Antigone dominât sur huit peuples grecs, ou, plus récemment, quand ils permettaient à Philippe d'écraser les Aitoliens ? Il faut ajouter qu'on s'exagère aussi, de façon surprenante, l'importance des succès obtenus par le Macédonien. Il est exact qu'en 202 et 201, par ses agressions, ses violences, ses perfidies, il avait profondément troublé l'Orient grec ; mais ce qui ne l'est pas moins, c'est qu'à

---

1. Sur ce point particulier, voir notamment T. Frank, *Roman Imperialism*, 144, 149 (cf. 138-139). Au reste, tout l'essentiel se trouve déjà dans Mommsen, *R. G.* I⁷, 697, que G. Colin *(Rome et la Grèce* 70) n'a fait que développer.

l'automne de 201, après deux années de guerre, son ambitieuse entreprise s'achevait sans gloire et presque sans profit : au prix d'un immense effort et de sanglants sacrifices, il n'avait atteint qu'un résultat des plus minces. Un historien, que Philippe éblouit fort, assure qu'« en 201, il comptait à son actif une longue série de victoires [1] ». Pourtant, il avait échoué devant Khios, devant Pergame, devant Knide, devant Mylasa ; et, sur mer, il avait trouvé dans les Rhodiens de fâcheux adversaires. Des deux batailles qu'il leur avait livrées, la première, celle de Khios, avait beaucoup ressemblé à une défaite ; la seconde, celle de Ladé, n'avait été qu'une victoire incomplète d'où il n'avait tiré nul avantage durable. A la fin de l'été, sa flotte, trop faible, devait refuser le combat aux escadres de Rhodes et de Pergame, et son armée, fourbue par une longue et dure campagne, lasse d'avoir traîné sa misère sur les routes de l'Asie, rongée de famine, était réduite à « vivre la vie de loup ». « Philippe », écrit un autre historien, « travaillait à se constituer dans la Méditerranée orientale un empire considérable, et ses talents semblaient le rendre capable d'y réussir [2] ». Selon Mommsen [3], il était au moment de « doubler sa puissance ». Les renseignements dont nous disposons nous permettent de connaître, non certes avec l'exactitude souhaitable, mais cependant avec quelque précision, l'étendue des conquêtes que Philippe avait faites en 202 et 201. Pendant ces deux années il s'était annexé : à l'est du Bosphore, Kalchédoine ; sur la rive occidentale de la Propontide, Périnthos ; dans la Chersonèse thrace, Lysimacheia ; dans la Mer Aigée, Thasos et probablement quelques Cyclades ; dans l'archipel des Sporades, Nisyros et peut-être les petites îles rhodiennes ; à l'ouest de la Carie, les deux places maritimes d'Iasos et de Bargylia et les deux petites cités continentales d'Euromos et de Pédasa ; à l'intérieur du pays carien, la Péraia rhodienne et la ville de Stratonikée avec ses alentours ; enfin, sur le littoral de l'Asie quelques *emporia* et quelques havres dont nous ignorons les noms. — Or, s'ensuivait-il

---

1. T. Frank, *Roman Imperialism*, 149 : « In the year 201 he (Philip) had a long series of victories to his credit. »

2. P. Guiraud, *Hist. romaine*, 99 (dans *Hist. ancienne et Hist. du Moyen Age du V*e *au X*e *siècle*. Paris, 1903).

3. Mommsen, *R. G.* I[7], 697.

de là un tel déplacement de forces que le Sénat, du reste si étranger et si indifférent aux choses de l'Asie, en dût prendre ombrage ? Ceci ressemble-t-il à ce vaste « empire » qu'on nous représente ? La puissance de Philippe était-elle de la sorte « doublée », et peut-on même dire qu'elle fût grandement accrue ? On en doutera tout de suite, si l'on fait réflexion que ces conquêtes étaient pour la plupart situées loin de la Macédoine, largement distantes entre elles et fort disséminées, partant difficiles à garder, à moins que Philippe ne possédât toujours ce qui avait le plus manqué aux derniers Antigonides, une marine nombreuse et active. S'il est vrai, comme l'avait montré l'exemple des Ptolémées, que, souvent, se disperser c'est s'affaiblir, les conquêtes du Macédonien, éparses du Bosphore à la mer de Karpathos, avaient chance de lui être une cause de faiblesse. En tout cas, il n'apparaît point qu'elles fussent de nature à mettre Rome en péril et le Sénat en émoi.

On assure volontiers que, plus que tout le reste, ce furent les attaques de Philippe contre les possessions de l'Égypte, qui obligèrent les *Patres* à le traiter en ennemi : il semblerait ainsi, à lire beaucoup de modernes, que l'intégrité de l'empire ptolémaïque, condition de l' « équilibre » établi entre les monarchies hellénistiques, fût, dès la fin du iiie siècle, un principe fondamental de la politique romaine. Mais la longue complaisance — que je rappellerai plus loin — dont le Sénat fit preuve envers Antiochos, agresseur et vainqueur de l'Egypte et qui eut pouvoir d'en consommer la ruine, montre ce que vaut cette opinion. Et, d'ailleurs, est-il sûr qu'en 201 Philippe, qui, d'abord, lui avait certainement promis son appui [1], se soit comporté en adversaire déclaré de Ptolémée ? C'est ce qu'on affirme trop vite, sur des indications insuffisantes. Le plus probable est qu'il s'appliqua à prolonger l'utile équivoque qui lui permettait de faire à la fois figure d'allié de l'Égypte et de la Syrie. Il est sans cesse question, chez nos historiens, de l'Égypte « dépouillée » en 201 par Philippe : on ne voit guère pourtant quelles dépouilles il lui arracha. On va répétant que, cette année-là comme la précédente [2], il « se jeta » sur les

<hr>

1. Cf. ci-dessus p. 290 et note 1.
2. Pour l'expédition de 202, voir ci-dessus, *ibid.*

possessions égyptiennes [1] : il faut reconnaître, à l'examen, qu'il ne se jeta sur elles qu'avec beaucoup de modération [2]. Je consens toutefois qu'il ait réussi, par violence ou manœuvres, à s'emparer de quelques cités d'Asie dépendantes de l'Égypte : ce qu'on devra m'accorder en retour, c'est que ces cités — que je suis, comme tout le monde, hors d'état de désigner — n'étaient ni bien nombreuses ni bien considérables, en sorte que les *Patres* n'avaient point à se troubler de les voir passées en ses mains.

Je sais bien ce qu'on peut dire, ce qu'ont dit certains historiens. Les conquêtes faites par Philippe en 201, restreintes encore, pouvaient en elles-mêmes n'avoir rien d'inquiétant ; mais elles n'étaient que de premiers jalons sur la route où devaient l'emporter ses ambitions ; elles en présageaient, en préparaient d'autres, celles-là plus vastes, illimitées, qu'il ferait sûrement s'il avait liberté de les faire : c'est ce que virent les Romains et c'est pourquoi ils se mirent à la traverse. Et là-dessus on nous ouvre d'émouvantes perspectives : on parle de la « ruine prochaine de l'Égypte », de l' « écrasement imminent de Pergame », de l' « humiliation, de la conquête peut-être de Rhodes », de l'invasion de la Kyrénaïque [3]... De quoi ne parle-t-on pas ? Ceux qui tiennent

1. Voir, par exemple, Mommsen, *R. G.* I⁷, 694.

2. Il n'est pas besoin de réfuter l'assertion, trop manifestement erronée, que « sauf Éphèse, l'Égypte avait [en 201] perdu à peu près tout ce qu'elle possédait en Asie mineure » (Bouché-Leclercq, *Hist. des Lagides*, I, 355). D'autre part, c'est chose notable que Niese (II, 587), après avoir déclaré que Philippe « wandte sich... gegen die ägyptischen und rhodischen Besitzungen in Karien », ne trouve à nommer, en fait de possessions égyptiennes, que la ville de Stratonikée, laquelle dépendait alors soit des Rhodiens, soit plutôt d'Antiochos, mais certainement pas de Ptolémée. — J'ai déjà rappelé (ci-dessus, p. 91, note 1) que Milet, si elle relevait nominalement de l'Égypte, était en fait à peu près indépendante lorsqu'y entra Philippe. Samos était incontestablement une possession ptolémaïque, mais elle fut évacuée par les Macédoniens (Liv. (P.) 33. 20. 12), et semble avoir été moins conquise par eux qu'occupée à titre provisoire. Outre Éphèse, il est sûr que les Égyptiens ont gardé en Asie Halikarnasse, Myndos et Kaunos (Liv. *ibid.*). Parmi les localités au pouvoir de Philippe qui sont énumérées soit, lors des négociations de 198, dans le discours du navarque rhodien Akésimbrotos (Pol. XVIII. 2. 3-4), soit dans le sénatus-consulte de 196 (44. 4-5), je n'en découvre pas une seule (Sestos peut-être exceptée, mais elle ne fut conquise qu'à l'aut. de 200 : ci-dessus, p. 290, note 1) qui appartînt aux Lagides. Que Bargylia, Iasos, Euromos, Pédasa fussent des cités libres, c'est ce qui ressort avec évidence de Pol. XVIII. 44. 2-5. Les « villes dérobées par Philippe à Ptolémée depuis la mort de Philopator », dont il est parlé au golfe maliaque (1.14), doivent, comme je l'ai indiqué ci-dessus (p. 82, note 4), être les villes de Thrace que le roi a prises en 200, après que la guerre avec les Romains fut devenue inévitable.

3. Mommsen, *R. G.* I⁷, 697 ; G. Colin, 70.

ce langage n'oublient qu'une chose, pourtant capitale : c'est la tournure qu'avait prise, à la fin de la campagne de 201, la guerre maritime. A ce moment, les flottes unies d'Attale et des Rhodiens, constamment renforcées, avaient acquis sur celle de Philippe une supériorité dominante ; elles enserraient l'ennemi d'un blocus étroit, le tenaient captif en Carie dans les eaux de Bargylia [1]. Les choses étant ainsi, le paradoxe est fort de prétendre que Philippe pût songer encore — à supposer qu'il eût eu de telles pensées — soit à renouveler contre Rhodes l'expédition manquée du Poliorkètes, soit à débarquer à Kyrène ou à Alexandrie ; et l'on se demande ce qu'avait à craindre de lui l' « équilibre de la Méditerranée ».

Si, vraiment, le gouvernement romain avait eu, pour cet équilibre, la sollicitude que, par un anachronisme ingénu, lui attribuent les modernes, penchés sur leurs atlas ; s'il avait pris souci des changements en train de s'opérer en Orient, ce n'est point au roi de Macédoine, c'est au Séleucide, qu'il eût, sans tarder, mis le frein. Car, depuis 202, Antiochos pressait la conquête de la Syrie, prélude probable de celle de l'Égypte, et le risque était grand qu'il usurpât le trône du roi enfant, unique et frêle héritier de la monarchie lagide : auquel cas, rien dans le monde grec n'aurait fait contre-poids à l'énormité de sa puissance. Mais, cinq années durant, les *Patres* s'abstinrent avec soin de gêner ses progrès. Ils les favorisèrent, au contraire, par une connivence réfléchie ; ils permirent qu'il vainquît à Panion et le laissèrent maître des suites de sa victoire. Tant qu'il se contenta d'agir loin des rives de l'Aigée, par delà le Tauros, Antiochos eut le champ libre. S'il ne fit point la conquête de l'Égypte, Rome impassible n'y fut pour rien ; il eût pu entrer à Alexandrie, y ceindre la double-couronne des Pharaons, sans qu'elle essayât de l'arrêter. Et par là nous avons la preuve que ces considérations de politique géné-rale, ces supputations savantes d'équilibre, qui, selon les modernes, auraient déterminé le Sénat et fait de lui l'inévitable adversaire de Philippe, n'eurent, en réalité, aucune place dans ses calculs. S'il recommença la lutte contre l'Antigonide, ce n'est point que ses entreprises orientales, si chétives auprès de celles que le Séleu-cide eut licence d'accomplir, lui eussent paru dangereuses soit

---

1. Philippe ne réussit à forcer le blocus qu'au print. de 200.

pour la sécurité de l'État romain, soit pour le système de rapports existant entre les monarchies grecques, soit pour l'ordre ou la paix du monde. Il est bien vrai que les *Patres* agirent sous l'empire de certaines craintes, mais différentes de celles qu'on imagine et, sinon plus justifiées, du moins plus précises et plus directes.

Ce qui leur fit juger Philippe inquiétant, ce n'est point le pénible effort qu'il venait de tenter afin de s'accroître en Orient, c'est que cet effort, il l'avait tenté d'accord avec Antiochos. Vers la fin de 201, on eut à Rome, par Attale et par les Rhodiens, la révélation que les deux rois s'étaient rapprochés, associés ; que, selon toute apparence, ils avaient comploté le démembrement de l'empire égyptien ; que leurs opérations simultanées, celles d'Antiochos en Syrie, celles de Philippe dans la Petite-Asie, étaient les effets d'un commun dessein ; qu'il y avait entre eux entente et concert, et qu'un pacte d'alliance les unissait. A cette nouvelle, dont s'alarmait le monde grec, il était naturel qu'à Rome on s'émût aussi. On avait cru Philippe réduit à soi-même, dès lors inoffensif : on découvrait soudain qu'il avait lié partie avec cet étonnant monarque à qui huit ans de conquêtes dans un monde ignoré avaient fait un renom formidable, avec cet invincible qui traînait après soi l'Asie subjuguée, disposait de ses trésors sans fond, de ses troupeaux d'éléphants, de la multitude de ses peuples guerriers, et dont la gloire, fabuleuse et lointaine, éveillait dans les têtes érudites le souvenir de Xerxès et celui d'Alexandre.

C'était là matière à réflexions. A la vérité, dans le moment, il ne s'agissait entre les deux alliés que de mettre en pièces la monarchie lagide, et c'est de quoi le Sénat ne se troublait point : le sort de Ptolémée V ne le préoccupait nullement ; mais plus tard, bientôt peut-être, l'affaire d'Égypte une fois réglée, ne s'agirait-il point d'autre chose ? Les *Patres*, dans leur humeur inquiète, se posèrent cette question ; ils n'hésitèrent pas sur la réponse. C'était, en ce temps-là, un préjugé puissant sur l'esprit des Romains, que tous les « rois » de la terre, ennemis-nés de la République, s'entendaient pour lui nuire et conspiraient sa perte. Le Sénat ne douta point que l'alliance imprévue d'Antiochos et du Macédonien n'eût sa pointe secrète dirigée contre Rome. On sait que T. Quinctius, alors qu'il menait la guerre contre Philippe,

avait l'oreille tendue à tous les bruits qui lui venaient d'Asie ;
au printemps de 197, la nouvelle qu'Antiochos, quittant la Syrie,
cinglait à l'Ouest avec toute sa flotte, l'agita d'une terrible inquiétude : à sa demande, les Rhodiens allèrent en hâte barrer la route
au roi, « de peur qu'il ne voulût donner aide à Philippe » ; même
après la journée de Kynosképhalai, le proconsul, toujours aux
aguets, frémissait d'apprendre l'arrivée des troupes syriennes
apportant au vaincu le secours constamment redouté : « il craignait que Philippe, s'accrochant à cet espoir, ne mît ses places en
défense et ne continuât la guerre » ; il se refusait à croire que le
Séleucide ne fît pas sienne la querelle de l'Antigonide, et tenait
pour impossible que la haine commune du nom romain n'eût
point créé entre eux une permanente solidarité... Des appréhensions de même sorte hantèrent le Sénat dès la fin de l'année 201.
Du jour ou il sut qu'Antiochos avait échangé des serments avec
Philippe, il vit en lui un ennemi certain. Au reste, quoi de plus
naturel que ce victorieux, ayant soumis l'Orient, prétendît se
mesurer avec les vainqueurs de l'Occident ? Leur défaite manquait
à sa gloire. Puis, sans doute, l'immense Asie était trop petite
pour le contenir ; sans doute, comme en courait le bruit parmi
les Grecs, il avait conçu, à l'exemple d'Alexandre qu'il prenait
pour modèle, d'audacieux projets d'universelle domination ;
ainsi, la force romaine, seul obstacle qui pût l'arrêter, était l'obstacle que ses ambitions lui commandaient nécessairement d'abattre. Qu'il mît le pied en Europe, ce serait pour y chercher le chemin
de l'Italie, et Philippe, revenant aux rêves ardents de sa jeunesse,
s'empresserait à le lui frayer. A Rome, on se persuada que, si
on laissait les choses suivre leur cours, il faudrait, un jour prochain,
soutenir l'effort uni de la Macédoine et de la Syrie. Pour recommencer la guerre, Philippe n'avait besoin que d'un puissant
auxiliaire : il le trouverait dans Antiochos, qui lui serait un nouvel
Hannibal. Tous deux, leurs forces jointes, tenant en réserve les
ressources infinies de l'Asie, occuperaient la Grèce, y prendraient
position face à l'Hadriatique, aux rivages italiens. On se les figura,
assemblant leurs armées sur cette côte d'Illyrie et d'Épire dont,
par l'abandon de l'Atintania, on avait livré les approches au Macédonien, et, pour les jeter aux plages de la Messapie, comptant,

non sur l'appui douteux des flottes impotentes de Carthage, qui avait toujours manqué à Philippe, mais sur le concours docile de cette marine illustre, sortie des ports de Phénicie, formée à l'école des Rhodiens, dont Antiochos était le chef.

Ce furent là les craintes qui, secouant le Sénat, fixèrent et hâtèrent ses résolutions. C'est de ces craintes que naquirent ses nouvelles entreprises ; c'est par elles que s'en explique toute la suite : car, cette fois, il semble bien qu'une pensée logique préside à tous ses actes, les ordonne et les relie.

IV

Et d'abord, puisque l'alliance des deux rois est le grand danger, il importe de détruire cette alliance, de la détruire au plus vite. Et le mieux, sans doute, est de supprimer l'un des deux alliés, celui qui se trouve à portée, que Rome tient sous ses prises, et qu'il semble si aisé d'abattre : le roi de Macédoine. Dans le moment, par grande chance, Antiochos est loin, retenu en Asie, occupé d'y arracher à Ptolémée les pays syriens : on n'aura garde de le déranger, de l'irriter en soutenant contre lui la cause d'Épiphanes ; tout ce qu'on souhaite, au contraire, c'est qu'il s'attarde en Orient, que la guerre s'y prolonge, qu'il ne s'en puisse distraire et poursuive hors d'Europe, aux dépens de l'Égypte, ses entreprises conquérantes. Car plus il s'acharnera contre le Lagide, plus il s'étendra vers le Sud, plus aussi il se détournera de Philippe, plus la distance s'élargira entre lui et son allié, plus le Macédonien restera isolé ; et l'on utilisera cet isolement propice pour accabler Philippe, le réduire à merci, l'affaiblir à jamais en l'expulsant de la Grèce, pour l'enchaîner, enfin, par un dur traité, garanti par livraison d'otages, qui, faisant de lui l'allié des Romains, en fera du même coup l'adversaire éventuel du Séleucide. — De là, en 200, l'abandon où le Sénat laisse les Alexandrins qui ont sollicité son intervention ; de là sa médiation feinte entre eux et le Grand-roi, les assurances amicales que, sous le prétexte décent de cette médiation, il fait tenir à Antiochos, le soin qu'il prend de le persuader que les Romains voient sans déplaisir ses succès sur l'Égypte et n'ont nul dessein de le con-

trarier. Et de là, en même temps, la guerre si lestement déclarée
à Philippe, sans qu'on s'embarrasse de la justifier, les hostilités
si brusquement ouvertes, le plan conçu par P. Sulpicius de tout
achever d'un coup, en une campagne, par une invasion directe
atteignant la Macédoine au cœur : dans la pensée des *Patres*,
une lutte de vitesse est engagée entre Rome et le Séleucide ; il
s'agit de terminer les choses avec Philippe, de le mettre hors
de jeu, de l'enlever à son allié, de le retourner contre 'lui, avant
qu'Antiochos ait pu· quitter l'Asie et venir à son aide.

D'autre part, et pour la première fois, la Grèce se trouve prendre.
aux yeux des politiques romains une importance capitale. C'est
en Grèce, en effet, que, sortant d'Asie, Antiochos a dessein de
joindre Philippe ; c'est en Grèce que les deux souverains, guettant
l'heure favorable, se tiendront sous les armes ; c'est de Grèce,
s'ils jugent cette heure venue, qu'ils se lanceront à l'assaut de
l'Italie. — De là la nécessité de les y prévenir, d'y rendre impossible leur rencontre, et de là, par suite, une raison nouvelle d'en
écarter Philippe, de le contraindre à renoncer à tout ce qu'il y
possède, alliés, clients ou sujets. — Mais ne rien faire de plus
serait faire trop peu. Il faut ouvrir enfin les yeux à l'évidence, à
l'évidence méconnue depuis vingt-cinq ans, depuis le jour où
l'on a laissé Antigone reprendre autorité sur les Hellènes : tant
qu'il y aura des « rois » ennemis de la chose romaine, formant
contre elle des projets agressifs, un Antigonide en Macédoine,
un Séleucide en Asie, c'est toujours vers la Grèce que leur effort
se portera d'abord ; ils essaieront toujours de s'y étendre et de
s'y fortifier ; et, s'ils sont disposés à s'unir, elle sera toujours
pour eux le lieu de rendez-vous naturel, le point d'avance marqué
de ralliement et de concentration. C'est pourquoi, si l'accès leur
en demeure ouvert, il y aura toujours risque qu'ils ne s'entendent pour faire d'elle ce qu'avaient fait, par exemple, les Puniques
de l'Espagne, le poste avancé, la base militaire et navale, l'ὁρμητήριον, comme disent les Grecs, où ils machineront de concert
quelque entreprise contre l'État romain. Il faut en finir avec ce
péril. Il ne suffit pas de chasser Philippe de Grèce ; il faut aviser
à ce qu'il n'y revienne jamais. Il ne suffit pas d'empêcher qu'Antiochos n'y puisse, tout-à-l'heure, rencontrer son allié ; il faut

faire en sorte qu'il n'y prenne jamais pied, d'autant que ce qu'il projetait d'accord avec Philippe, qui sait si, même seul, il ne le tenterait pas ? Aux rois de Macédoine et d'Asie, à ceux de l'avenir comme à ceux du présent, il faut fermer la Grèce, et non seulement la leur fermer, mais la leur opposer comme un obstacle, s'en couvrir en face d'eux comme d'un rempart, l'avoir pour soi contre eux.

Comment y parvenir ? Pour fermer aux Puniques l'Espagne — terre barbare, non policée, sans vie publique —, on a dû, faute d'expédient meilleur, se résigner à les y remplacer, l'occuper à leur suite. Il saute aux yeux qu'en Grèce on ne peut agir de même. Y vouloir dominer par la force et la crainte, s'y établir à demeure, en retenir seulement quelques parties, serait la pire des fautes : car ce serait tromper les Hellènes, trahir ces espérances de liberté qu'on s'est d'abord empresse de leur donner, leur causer de la sorte une déception qui s'exaspérerait en légitime fureur, les inciter, par suite, à se mettre en quête d'un protecteur qui les délivrât des Romains, à l'aller prendre parmi ces ennemis de Rome que, justement, on veut éloigner d'eux... Bref, ce serait — résultat absurde — ménager soit à Philippe, soit à Antiochos, soit à l'un et à l'autre, l'occasion désirable de jouer à leur tour, contre Rome déloyale, le rôle de libérateurs des Grecs. Pour leur ôter toute occasion pareille, pour mettre et tenir la Grèce hors de leurs prises, pour faire d'elle ce qu'exige la sécurité de Rome, pour établir entre Hellènes et Romains une intime et constante union, on usera d'une méthode généreuse et singulière. Les Romains donneront un exemple, inconnu jusque-là, de désintéressement. Fidèles à la promesse que, dès le premier jour, voulant se les concilier, ils ont faite aux Grecs de les affranchir, ils renonceront pour eux aux droits de la victoire. Philippe défait, ils rendront leur indépendance aux peuples, tombés en leur pouvoir, qu'il en avait privés ; ils en assureront l'exercice réel à ces « alliés » du roi auxquels il n'en était resté que l'apparence ; ils effaceront partout les traces de l'ancienne oppression et se garderont de mettre en sa place leur propre domination ; ils feront, d'un geste magnanime, renaître la libre Grèce. Et, dès lors, il ne sera plus loisible à l'Antigonide ni au Séleucide de rien oser contre elle ; respectée

de Rome, elle devra leur être également respectable. La
liberté hellénique proclamée, rétablie, garantie par le Sénat,
reconnue et garantie, sur son ordre, par Philippe lui-même,
défendue au besoin par les armes romaines, voilà l'obstacle qu'Antiochos et Philippe trouveront désormais devant eux. — Et l'on
peut compter qu'ils trouveront aussi, ardentes à ne leur rien céder,
étroitement associées au Peuple romain s'il s'agit de leur résister,
toutes les nations de l'Hellade. Car, sans doute, remis en possession
de leur indépendance, les Hellènes ne seront point d'humeur à
se la laisser ravir ni disputer ; d'ordinaire divisés d'intérêts, ils
seront ici unanimes : tous veilleront sur un bien si cher avec la
même passion, s'appliqueront avec un zèle égal à le garder intact.
C'est pourquoi entre eux et les rois voisins — Philippe, hier encore
maître ou chef de la moitié de la Grèce et qui prétendra toujours
l'être à nouveau, Antiochos, dont les ambitions les menaceraient
de l'asservissement — nul rapprochement ne sera possible. Dorénavant, à l'endroit de ces despotes, adversaires naturels de leurs
libertés recouvrées [1], ils nourriront d'incessantes défiances, une
hostilité qui ne désarmera point ; ils seront en face d'eux sur une
perpétuelle défensive, et, se sachant peu capables de la soutenir
par leurs seules ressources, ils s'attacheront toujours davantage
aux Romains dont l'assistance leur sera indispensable. Ainsi
leur volonté de rester libres, la crainte des dangers suspendus
sur leur jeune liberté, la conscience de leur faiblesse, leur besoin
d'être forts, la nécessité, pour l'être, de s'étayer de la force romaine, assureront en tout temps à la République leur fidélité
docile ; ainsi, loin qu'ils la repoussent ou s'y dérobent, l'estiment
humiliante ou gênante, ils accepteront de bon gré sa protection,
s'empresseront même à la rechercher ; ils la rechercheront contre
ces « rois », qu'ils tiendront maintenant pour ennemis et qui,
précisément, sont ceux du Peuple romain. Et, par suite, au lieu
qu'auparavant la Grèce pouvait être la base d'opérations, le
point d'appui, l'ὁρμητήριον, d'où ces rois inquiéteraient l'Italie,
à l'avenir, par un renversement heureux, la Grèce, libre avec
l'appui de Rome, sera l'ouvrage défensif, le boulevard et la bar-

---

1. Cf. Pol. XXII. 8. 6 . τῶν δὲ πραγμάτων ἐναντίαν φύσιν ἐχόντων τοῖς βασιλεῦσι
καὶ ταῖς δημοκρατίαις.

rière, le *propugnaculum* qui, les bornant à l'Ouest, couvrira l'Italie de leurs desseins. Interposer entre l'Hadriatique, la chaîne de l'Olympe, frontière nouvelle de la Macédoine, et la mer des Cyclades, où peuvent s'avancer les flottes syriennes, une Grèce amie des Romains et trouvant à l'être son utilité, unie à eux par le lien puissant de son intérêt permanent, impénétrable aux ennemis de Rome et faisant front de leur côté : telle est, dans leurs rapports nouveaux avec les Grecs, la pensée dirigeante des *Patres* ; tel est le très simple objet de leurs calculs, si sottement qualifiés de machiavéliques [1]. — De là leur « philhellénisme », tout politique, et où, quoi qu'on ait dit, le « sentiment » n'entre pour rien ; de là leur effort continu pour gagner ou **capter** la confiance des nations grecques ; de là le zèle dont ils s'éprennent pour la liberté de l'Hellade, zèle non point feint, comme on l'a prétendu, mais sincère et véritable : car cette liberté est l'assise nécessaire, l'élément premier, de l'œuvre qu'ils veulent édifier ; de là leur insistance à déclarer que les Hellènes seront désormais inviolables, intangibles à tous : ils se flattent, en affirmant ce principe, en l'élevant au-dessus de toute discussion, en tenant la main à ce que nul ne l'enfreigne, de faire constamment échec, avec le concours de la Grèce, aux deux souverains que Rome a, pensent-ils, pour adversaires.

Et, de fait, ils ne perdront point un jour pour en tirer les conséquences utiles contre le plus dangereux de ces souverains, contre le conquérant qu'ils voient avec émoi s'élever de l'Orient, contre le Séleucide redouté. En même temps que Philippe et par delà Philippe, c'est lui qu'ils ont visé et prétendu atteindre ; la chose paraît clairement en 196. Cette année-là, quand, après sa marche victorieuse dans la Petite-Asie, Antiochos, faisant ce qu'appréhendent le plus les Romains, passera l'Hellespont, occupera Lysimacheia, menacera de pousser plus loin, on se hâtera de lui signifier que de telles entreprises ne sont plus de saison ; qu'en effet, les Hellènes ne doivent plus « être en butte à aucune agression ni subir la loi de personne » [2] ; qu'il ne saurait donc rien

---

1. Sur ce point, la vérité a été entrevue par Hertzberg (I, 91-92 ; trad. fr.) qui s'exprime d'ailleurs avec beaucoup de confusion.

2. Tel est le vrai sens de la phrase Pol. XVIII. 47. 2 : προηγόρευον μὴ διαβαίνειν εἰς τὴν Εὐρώπην μετὰ δυνάμεως· οὐδένα γὰρ ἔτι τῶν Ἑλλήνων οὔτε πολεμεῖσθαι νῦν

tenter contre eux ; et, partant, qu'il n'a que faire en Europe et doit se garder d'y demeurer. Et l'on ne s'en tiendra point là ; pour ralentir, entraver, arrêter, s'il se peut, le Séleucide, on procédera de façon plus hardie. Ce principe nouveau qui leur est cher, les *Patres* savent, avec une logique opportune, en élargir l'application. Appelés à l'aide par les habitants de trois cités « autonomes » d'Asie, Lampsaque, Smyrne, Alexandrie-Troas, qu'Antiochos veut ramener sous le joug, ils se sont avisés à propos que la liberté hellénique est partout également sacrée ; qu'ils ont pour tâche de veiller sur elle en tous lieux, et qu'en Asie aussi bien qu'en Europe, les Hellènes ont le même titre à leur protection. Le moyen leur est ainsi offert d'inquiéter le Grand-roi dans ses États, de lui susciter chez lui des embarras qui l'obligeront, pensent-ils, à se détourner de l'Occident, et, ce moyen, ils s'empressent d'en user. — De là leur brusque ingérence dans les « affaires d'Asie » : l'intérêt soudain qu'ils portent, les encouragements qu'ils donnent aux trois cités lointaines, jusque-là ignorées d'eux, qui réclament leur secours ; le soin qu'ils prennent de proclamer libres, dans le traité imposé à Philippe, les « Hellènes d'Asie » à côté de ceux d'Europe ; la mention expresse qu'ils font, dans le même traité, des villes cariennes que Philippe doit évacuer sans retard ; de là, enfin et pour conclure, les injonctions impérieuses de T. Quinctius et des légats, qui, à Corinthe, à Lysimacheia, somment Antiochos, non seulement de renoncer en Asie aux villes naguère conquises par le Macédonien ou vassales de l'Égypte, mais encore de ne point toucher aux « cités autonomes », Alexandrie, Smyrne et Lampsaque. Par l'éclatante protection qu'il leur accorde, le Sénat compte enhardir ces cités dans leur

ὑπ'οὐδενός οὔτε δουλεύειν οὐδενί. C'est ce qu'a compris T. Live (33. 34. 3) : *et in pace et in libertate esse debere omnis ubique Graecas urbes* —, qui, toutefois, a tort de rapporter ces mots aux Grecs d'Asie. L'interprétation de Niese (II, 651) est fautive : « Der König ward ersucht, — sein Heer nicht uber den Hellespont nach Europa hinüberzuführen ; *hierzu sei, da Freiheit und Friede der Hellenen nirgendwo mehr Gefahr laufe, kein Grund vorhanden.* » Cf., au contraire, E. R. Bevan, *The house of Seleucus*, II, 48 : « They (the Romans) cautioned Antiochus against crossing into Europe to disturb that reign of tranquillity and freedom which they had established. » Les mots οὐδένα γὰρ ἔτι τῶν Ἑλλήνων οὔτε πολεμεῖσθαι νῦν ὑπ' οὐδενός doivent naturellement être rapprochés de la phrase : (XVI. 27. 2 ; cf. 34. 3) Ῥωμαῖοι παρακαλοῦσι τὸν βασιλέα τῶν μὲν Ἑλλήνων μηδενὶ πολεμεῖν, qui se trouve dans le double ultimatum adressé à Philippe en 200.

résistance au Grand-roi, et, sans doute, en déterminer d'autres
à lui résister à leur tour ; il espère ainsi entretenir et allumer,
dans la monarchie séleucide, d'actifs foyers de rébellion :
occupé de surveiller, de limiter, et — s'il l'ose malgré les Romains
— d'étouffer l'incendie, force sera à Antiochos de lâcher prise
en Europe [1].

V

Telle a été, dans ses grands traits, la politique adoptée, au
commencement du IIe siècle, par le gouvernement romain :
politique nouvelle, du moins par les dehors ; assez ingénieuse,
plus ingénieuse peut-être qu'on ne l'eût attendue du Sénat ; fort
simple toutefois et n'exigeant nul effort d'invention, puisqu'elle
consistait principalement à restaurer en Grèce l'ancien état de
choses, antérieur aux empiètements de la Macédoine ; — au surplus, politique où tout était chimère et vouée à l'insuccès total.

Les Romains avaient vécu jusque-là dans une ignorance dédai-
gneuse des affaires de la Grèce et de l'Orient ; ils connaissaient
peu les Grecs, s'étant bornés, lorsqu'ils avaient pris contact
avec eux, au rôle étroit d'auxiliaires intéressés et brutaux de
l'Aitolie ; ils ne savaient rien des cours hellénistiques, de leur
politique, de leurs ambitions et de leurs desseins, du caractère
véritable de leurs relations : ils en jugeaient sur des rapports
suspects [2], d'après leurs impressions irraisonnées, leurs préven-
tions et leurs partis pris. Ils portèrent la peine de cette ignorance ;

1. Il se peut, à la vérité, que les *Patres* aient agi avec plus d'artifice. On sait l'étrange
alternative que posera, en 193, T. Quinctius aux ambassadeurs du Grand-roi présents à
Rome (Liv. (P.) 34. 58.2-3 ; Diod. XXVIII. 15.3) : si Antiochos s'obstine à demeurer en
Thrace, les Romains continueront de protéger leurs amis d'Asie et même « contracteront »
dans le pays « des amitiés nouvelles » ; *s'il renonce à ses acquisitions d'Europe, Rome se
désintéressera du sort des villes d'Asie.* Peut-être le Sénat laisse-t-il apparaître ici la raison
vraie de la conduite que, depuis 196, il a tenue à l'égard des cités autonomes. Défenseur
conditionnel de leur liberté, peut-être n'a-t-il vu, dès le principe, dans cette liberté, qu'une
« monnaie d'échange », qui lui servirait, au besoin, à payer la renonciation d'Antiochos
à la Thrace.

2. Il ne faut point oublier qu'Attale et les Rhodiens, dont les communications eurent
sur le Sénat, en 201, une influence décisive (cf. App. *Maced.* 4. 2, où le nom d'Attale est
omis par inadvertance), avaient un intérêt pressant à faire recommencer aux Romains
la guerre contre Philippe. Ils durent, en conséquence, ne rien négliger pour exciter les

elle leur fut une source abondante de fautes et de mécomptes ; travaillant dans l'inconnu, ils s'y égarèrent.

Effectivement, en 201, ils furent les dupes d'une crainte chimérique — la crainte du Macédonien et du Syrien unis : car l'alliance des deux rois ne visait aucunement l'État romain, et, au surplus, cette mensongère alliance, détestée de chacun des contractants, devait se rompre presque aussitôt que formée : dès 201, tout en annonçait la fin prochaine. Ils ne comprirent pas qu'alliés en apparence, Antiochos et Philippe étaient réellement, par l'opposition nécessaire de leurs convoitises, deux rivaux qui, au premier jour, deviendraient deux ennemis. Il leur échappa, en particulier, que, maître de la Chersonèse [1] depuis 202, Philippe serait l'obstacle, sans doute insurmontable, auquel Antiochos, s'il marchait vers l'Occident, se heurterait inévitablement ; que jamais le roi de Macédoine ne permettrait que le roi d'Asie débordât sur la Grèce ; mais qu'au contraire, Philippe attaqué et paralysé par les Romains, ce serait la route de l'Europe ouverte au Séleucide, la liberté à lui donnée de parcourir, en se jouant, les rivages de la Petite-Asie, de franchir les détroits, d'envahir la Thrace désarmée et d'y faire établissement. Et à cette première et capitale erreur ils en joignirent quantité d'autres : ils s'abusèrent au sujet de la Macédoine, bien plus vivace qu'ils ne se la figuraient et capable, au lendemain d'un désastre, de la plus vigoureuse renaissance ; au sujet de Philippe, qui, plein de ses projets orientaux, ne méditait plus rien contre Rome, et qu'on pouvait donc laisser en paix, qu'on devait même laisser en paix, si l'on voulait entraver Antiochos ; au sujet d'Antiochos, qui n'était ni le conquérant vorace ni l'ennemi des Romains qu'ils se représentaient, et dont les ambitions extrêmes n'allaient qu'à recouvrer, dans la Petite-Asie et en Thrace, les derniers territoires distraits de son patrimoine [2], mais qui, au reste, n'était

---

alarmes des *Patres*, et ne se firent sans doute pas faute de prêter à Philippe et à Antiochos de noirs projets auxquels eux-mêmes ne croyaient guère.

1. Par l'occupation de Lysimacheia.

2. Sur le rôle historique d'Antiochos III, l'objet de sa politique, et le caractère véritable de ses entreprises, qui ne tendent qu'à reconstituer, dans la mesure où le permet la prudence, l'empire de Séleukos Nikator, le clair et solide exposé de Kromayer (*Hannibal und Antiochos der Grosse*, dans les *Neue Jahrb.* 1907, 687 suiv. ; cf. *Ant. Schlachtf.* II

pas homme à reculer devant leurs sommations ni à se troubler
de leurs manœuvres ; ils s'abusèrent, enfin, au sujet de la Grèce,
qu'ils crurent se rallier aisément, oubliant que, par eux, elle
avait souffert et saigné, ignorant surtout qu'aux yeux de tout
Hellène, marqués de la tare que rien n'efface, ils ne seraient jamais
que des ἀλλόφυλοι dignes d'aversion et de mépris. — C'est pourquoi, issue de faux calculs, toute leur conduite, à partir de l'an 200,
ne consista guère qu'en fausses démarches ; inutilement vainqueurs à Kynosképhalai, ils n'atteignirent point les grands objets
qu'ils s'étaient proposés, et, le plus souvent, se trouvèrent avoir
agi au rebours même de leurs intentions. Qu'en effet, leur victoire
de 197 n'ait point produit l'affaiblissement souhaité de la Macédoine, laquelle se retrouva plus robuste, plus riche, mieux armée
que jamais aux derniers temps de Philippe et sous le règne de
Perseus ; — que, s'étant flattés, en accablant Philippe, de priver
Antiochos d'un allié précieux et, comme dit Plutarque, de « ruiner
sa première espérance »[1], ils aient, au contraire, servi ses desseins,
travaillé pour lui, supprimé l'adversaire qui l'eût arrêté, et rendu
possible son passage en Europe, où ils voyaient, d'ailleurs à tort,
une menace pour Rome ; qu'ensuite, il ne leur ait servi de rien
de se poser en face de lui en patrons des libertés grecques et
défenseurs des cités « autonomes », et que, durement rebutés à
Lysimacheia, ils aient dû, sans y consentir, souffrir sa présence
en Thrace ; que, plus tard, en 193, persistant à juger cette présence trop dangereuse, s'obstinant dans leurs craintes imaginaires
et dans leur vain système d'intimidation, ils n'aient abouti qu'à
provoquer la venue en Grèce du Séleucide, justement las de leurs
exigences injurieuses et de l'agitation qu'ils entretenaient en
Asie ; et qu'ainsi le péril syrien, qui n'existait pas quand ils en
prirent peur, qui ne commença d'exister qu'en 192, lorsqu'Antiochos, ayant Hannibal pour lieutenant, débarqua à Démétrias,
ait été précisément l'effet de leur fausse prudence ; — que, d'autre
part, fourvoyés en Grèce, leur philhellénisme tardif n'y ait éprouvé

129) peut être considéré comme définitif. Cf. aussi A. Heyden, *Beitr. zur Gesch. Antiochus
des Grossen* (Emmerich, 1873), 49-50. Longtemps avant que je n'eusse pris connaissance
des travaux de Kromayer, mes propres recherches m'avaient amené à des conclusions très
voisines des siennes.

1. Plut. *Titus*, 9 s. f.

que déceptions et déboires ; que, non seulement, ils s'y soient heurtés, sitôt Philippe vaincu, à l'inimitié des Aitoliens, traités avec trop peu de ménagement, mais que, dans les nations mêmes de l'ancienne Symmachie, ils aient sans cesse rencontré la haine déclarée des peuples, l'hostilité sourde des *principes* ; qu'ayant fait et laissé ces nations libres, et si loyaux et désintéressés qu'ils se soient montrés envers elles, ils n'aient réussi qu'à les exaspérer par l'irritant contraste de la liberté qui leur était reconnue et de la condition de protégées où elles se sentaient réduites ; que, cette Grèce, affranchie par eux du Macédonien et qu'ils comptaient fermer aux rois, ils l'aient vue dès 192, quatre ans après la déclaration des Isthmiques, deux ans après l'évacuation des forteresses, s'ouvrir à Antiochos, « tressaillir » [1] presque entière à son approche, puis, quinze ans plus tard, s'offrir au fils de Philippe, l'encourager de ses vœux, saluer en lui le bon athlète qui, forçant les destins, arracherait la victoire aux invincibles [2] ; et que, s'étant appliqués à faire l'indissoluble union des libres Hellènes et du Peuple romain, ils ne soient donc parvenus qu'à les réconcilier avec la Macédoine ; — qu'ayant de la sorte échoué dans leurs desseins, ils aient dû, en raison de ces échecs mêmes, afin de parer à leurs suites dangereuses, s'engager en des entreprises, assumer et accomplir des tâches, dont, s'ils les avaient pu prévoir, ils eussent repoussé l'idée ; — que, finalement, leur politique, toute de prudence et de précaution et qui ne tendait qu'à garantir l'État romain contre des attaques supposées imminentes, ait eu pour conséquences la guerre portée en Asie, la soumission des pays cistauriques, l'anéantissement de la monarchie antigonide, l'assujettissement de la Grèce : ce sont choses ou connues et signalées depuis longtemps ou qui se découvrent aisément aux yeux de l'historien, et qu'il ne saurait être question d'exposer ici dans le détail, utiles pourtant à rappeler ou à indiquer, puisqu'il se trouve encore trop d'écrivains pour louer à perte d'haleine, comme au temps de Bossuet, la « profondeur de vues » du Sénat, la sûreté de son coup d'œil, sa « méthode » et son « esprit de conduite » infaillibles, et sa science politique inégalée.

1. Plut. *Cato*, 12 ; cf. Pol. XXXIX. 3.8.
2. Cf. Pol. XXVII. 9-10.

VI

Mais, ceci dit, mon objet n'est point de critiquer la nouvelle politique sénatoriale ; je n'ai voulu qu'en donner une brève explication, et surtout marquer quelle en fut l'origine. Ce qu'il importait d'établir et sur quoi, en terminant, il convient d'insister, c'est que la guerre entreprise en l'an 200 — guerre dont les suites seront infinies — n'a point été, de la part du Sénat, une œuvre de préméditation. Elle ne l'a pas plus été que les deux guerres d'Illyrie et la première guerre contre Philippe ; pas plus que celles-là, celle-ci ne procède de causes anciennes et lointaines. Comme en 229, en 219, en 215, le gouvernement romain n'a, cette fois encore, pris conseil que du moment présent. Cette fois encore, au lieu de traduire en actes quelque « plan » préconçu, c'est hors de lui, dans des événements survenus à l'improviste, sans que Rome s'y fût mêlée, qu'il a trouvé toutes ses raisons d'agir. Pas plus qu'auparavant, ces événements n'ont été pour lui une occasion longuement espérée et guettée, âprement exploitée au profit d'un dessein déjà mûr : ce sont eux, c'est l'idée qu'il s'en est formée, qui lui ont suggéré tous ses desseins. Et, comme autrefois, il n'a voulu, en réglant sur eux sa conduite, qu'obéir à ce qu'il jugeait être une nécessité ; comme autrefois, il n'a prétendu qu'aviser à la sûreté de la République ; comme autrefois, c'est seulement un souci de défense qui l'a fait belliqueux. Si bien qu'en somme, la politique inaugurée à Rome en 201/200, si nouvelle au premier abord et dont je me suis attaché à signaler l'aspect surprenant de nouveauté, très nouvelle, en effet, si l'on en considère l'allure et les démarches, l'ampleur et la portée, n'en demeure pas moins, par les conditions où elle a pris naissance, par la nature des causes qui l'ont suscitée, par l'objet essentiel qu'elle se propose et l'esprit qui l'inspire, la même qu'avaient toujours pratiquée les *Patres* lorsqu'ils s'étaient vus contraints d'intervenir « à l'est de l'Italie ».

La seule différence, c'est que, plus vigilant que précédemment, sinon plus perspicace, plus pressé de craindre, plus prompt aussi à se résoudre, le Sénat s'est appliqué, dès qu'il a cru le voir poindre,

à conjurer le péril, à vrai dire imaginaire, dont Rome lui semblait
menacée. Ce qui est ici vraiment neuf, c'est la rapidité et la vigueur
de son initiative, l'active attention que, pour la première fois,
il porte sur le monde grec, son effort de clairvoyance — d'ailleurs
malheureux — pour pénétrer les projets des « rois » censés hostiles, puis l'offensive soudaine par laquelle il se flatte de faire
avorter ces projets ; et c'est aussi l'idée, qui lui vient enfin, de
dérober la Grèce aux ennemis de Rome pour la leur opposer.
Au lieu qu'après 228, après 219, il a négligé de se prémunir effi-
cacement contre la Macédoine ; au lieu que, de 215 à 205, il s'en
est tenu contre elle à la défensive, à une défensive tardive et
incomplète, sa politique devient tout d'un coup hardiment préventive, se retrouvant par là, en des proportions bien plus vastes,
ce qu'elle avait été un instant, un instant seulement, en 229,
lors de l'annexion de la Basse-Illyrie ; et, devenant préventive,
elle semble être agressive. Mais, changeante par ses façons de
procéder, elle n'a pas varié dans son fond. Sa marque propre,
c'est toujours un défaut absolu de spontanéité. Elle n'est jamais
qu'une réponse — une réponse anticipée, cette fois, — aux menaces
du dehors, réelles ou illusoires. Ce n'est point assez de dire qu'elle
dépend des circonstances : elle naît toute d'elles, n'en est que le
produit, et, sans elles, n'existerait pas.

Supposons que Philippe n'eût point contracté ou paru contracter avec Antiochos cette alliance qui souleva dans Rome des
alarmes si vives et si peu justifiées, rien n'autorise à croire que
la paix de 205 eût été rompue ou troublée. Le Sénat fût demeuré
dans les dispositions qui la lui avaient fait conclure. Jugeant,
avec raison, n'avoir rien à craindre de la seule Macédoine ; voyant
d'ailleurs son roi, occupé d'ambitions nouvelles, tourner le dos
à l'Europe ; et, d'autre part, n'ayant nul indice que le roi d'Asie
y voulût porter ses armes, les *Patres* n'eussent estimé utile ni
de rejeter Philippe derrière ses montagnes, ni de lui arracher
la Grèce, ni de faire à Rome un rempart des Hellènes affranchis.
Pas plus que par le passé, ils n'auraient connu le besoin d'avoir
une politique hellénique, et, comme par le passé, ils auraient ignoré
l'Asie grecque et les princes Séleucides. L'Hadriatique eût continué de marquer la limite de deux mondes. La Grèce et l'Orient

fussent restés le champ clos où, dans, leurs guerres sans cesse renouvelées, se seraient, comme devant, entrechoqués les Épigones. Indifférente à ces querelles, Rome eût régné sur l'Occident soumis : il n'y a point apparence qu'en ce temps-là elle nourrît des ambitions plus vastes. En 200 comme trente ans plus tôt, c'est un simple accident qui fit sortir les Romains d'Italie, et donna le branle aux choses. C'est par accident — et par une erreur de jugement — que les *Patres* entrèrent dans cette voie qui, les menant bien plus loin qu'ils n'avaient dessein d'aller, eut pour terme imprévu et nullement souhaité d'eux l'établissement définitif de la domination romaine sur l'hellénisme entier. Dans cette paradoxale aventure, leur « esprit de conduite » ne fut pour rien. Il n'est pas vrai, lorsqu'il s'agit des Romains, que « tout s'avance avec une suite réglée ».

ADDITIONS

P. 2. — Dans le t. IV, p. 362, de sa *Storia critica di Roma*, dont je viens seulement de prendre connaissance, E. Pais s'exprime en ces termes : « ... ereditando con la vittoria sui Messapi e la conquista di Brindisi le relazioni internazionali di Taranto, *Roma stringeva rapporti con gli Apolloniati* posti al confine settentrionale dell' Epiro. » La phrase que j'ai soulignée ne me semble point correspondre à la réalité historique : ce sont les Apolloniates qui, sans y réussir, ont essayé de nouer des relations avec les Romains.

P. 9, note 3 de la p. 7, fin. — L'interprétation nouvelle qu'a donnée E. Norden *(Ennius und Vergilius*, 59 suiv.) du texte de Justin (28. 2. 1 sqq.), et spécialement de la phrase (2. 2) *dicentesque prius illis portas adversus Karthaginienses aperiendas*, me paraît avoir été pleinement réfutée par De Sanctis, III, 1, 278, note 23 ; 291, note 63 ; 281, note 39.

P. 9, note 1. — E. Norden *(Ennius und Vergilius*, 61 et note 1) admet comme historique le recours des Akarnaniens au Sénat, mais tient pour apocryphe ou très douteuse l'ambassade qu'auraient envoyée les Romains en Aitolie.

P. 14-15 et 15, notes 2-5. — Même argumentation chez E. Norden, *Ennius und Vergilius*, 61, 1.

P. 30, note 1. — Le prétendu traité de 306 a, dans ces derniers temps, trouvé des défenseurs. Dans le *Journ. of Philology*, XXXV (1920), n. 70, p. 170-173, M. Cary se fait fort d'établir que « it is preferable not to tamper with Polybius' text, but to accept 306 B. C. or any adjacent year which can fairly be described as « nearly 140 years » before 167 B. C. » On admirera les efforts héro ques — et désespérés — de l'ingénieux auteur pour donner des mots κεκοινωνηκὼς ὁ δῆμος Ῥωμαίοις τῶν ἐπιφανεστάτων καὶ καλλίστων ἔργων une interprétation qui permette de les appliquer à la période de temps commençant en 306. Voici son texte (172) :
« Now the years 305-4 B. C. were among the most memorable in Rhodian history, for it was then that the island republic sustained its famous siege at the hands of Demetrius Poliorcetes, and by its successful resistance restored the balance of power in Greece against the aggressive imperialism of the Antigonid dynasty. Henceforth Rhodes was marked out as the natural protector of the smaller and more peaceable Greek states against the rapacity of adjacent military monarchies : and this part she maintained with a singular fixity of purpose until she made way for the all-embracing protectorate of the pax Romana. These are the « noble and glorious deeds » [τὰ ἐπιφανέστατα καὶ κάλλιστα ἔργα] which Rhodes began to perform in 305 /4 B. C. In Roman History the close of the fourth century is not quite so clear a landmark. But the year 304 B. C., in which Rome concluded the Second Samnite War, may be taken as the starting-point of her protectorate over southern Italy,

and (173) it is about 'this time that Rome came to be known to the Greeks as the greatest peace-enforcing power in the West. From this date onward the expansion of Rome may be regarded as the extension of her κοινὴ προστασία [cf. Pol. V. 90. 5 : ταῦτα μὲν οὖν εἰρήσθω μοι χάριν πρῶτον μὲν τῆς Ῥοδίων περὶ τὰ κοινὰ προστασίας — : je note que ces mots, qui paraissent mal compris par M. Cary, désignent simplement le soin que mettent les Rhodiens à veiller sur leurs intérêts publics], until she became the peacemaker of the East no less than of the West. Nay more, it is precisely in this light that Polybius viewed and laboured to explain the growth of the Roman Empire, which to him was a record (though not an unbroken one) of ἐπιφανέστατα κα κάλλιστα ἔργα. The sane imperialism which he detected in the general policy of Rome and Rhodes thus appeared to him as a link between the two republics, and it is on this ground that he described their concurrent policy in the third and second centuries as « a partnership in noble and glorious deeds ». We need but to remember the standpoint from which Polybius viewed Roman and Rhodian history to obtain for his expression, κεκοινωνηκὼς τῶν ἐπιφανεστάτων καὶ καλλίστων ἔργων, a meaning which is linguistically quite obvious and historically quite true. » J'ose dire que, sans que l'auteur s'en soit douté, ces lignes sont une excellente démonstration par l'absurde. Cette laborieuse et ténébreuse exégèse est la meilleure preuve que la κοινωνία τῶν ἐπιφανεστάτων καὶ καλλίστων ἔργων n'a point d'explication satisfaisante dès qu'on prétend la faire remonter à l'an 306.

Dans sa *Storia critica di Roma*, IV, 362, note 1, E. Pais exécute prestement ceux qui, comme Beloch, Täubler et moi, veulent éliminer du texte de Polybe le malencontreux πρὸς τοῖς ἑκατόν. « Critica del tutto arbitraria come ognun vede, déclare-t-il, che conduce a far dire agli autori tutto cio che ognuno ha in mente. » Mais il n'a pas pris garde que maintenir le texte traditionnel, c'est « faire dire » à Polybe ce que, sûrement, il n'avait pas « in mente ».

P. 47 et note 2. — C'est aussi pour Séleukos II que se prononce F. Stähelin, P.-W. *Seleukos* 4 (article dont je dois la connaissance anticipée, avant sa publication dans la *Real-Enzyklopädie*, à l'obligeance de l'auteur).

P. 64, note 1. — Cf. E. Pais, *Storia critica di Roma*, IV, 362. L'illustre critique se borne à écrire : « Ptolemeo Filadelfo — nel 273 spediva un' ambasceria a Roma con cui stringeva amicizia, ed alla loro volta i Romani inviavano un' ambasciata ad Alessandria. » Il ne paraît point attribuer un caractère officiel à l' « amitié » alors formée entre les Romains et le Lagide.

P. 67, note 1. — Sur l'association de Kléopatra II à la royauté, voir maintenant les importantes remarques de W. Otto *Archiv für Papyrusforsch.* VI, 317-318 et 318, 1.

P. 67, note 3, fin. — Même opinion chez Ed. Meyer, *Sitz.-ber. Berl. Akad.* 1915, 952, 4. L'ambassade mentionnée par Polybe et celle de T. Live (Ann.) seraient identiques ; mais l'Annaliste en aurait, de parti pris, travesti le caractère.

P. 69-70. — Il y a lieu d'ajouter l'observation suivante. Que ni les Crétois ni les Rhodiens n'aient eu, en 172, de « traité d'amitié » avec les Romains, la chose est certaine. Mais il se peut que l'Annaliste à qui T. Live a fait emprunt du texte cité (42. 19. 7-8) ait, par erreur, cru le contraire, et qu'en conséquence, dans ce texte, la locution *renovare amicitiam* s'applique au renouvellement d'un *foedus* (le qualificatif inexact de *socii* donné aux Crétois et aux Rhodiens fournit peut-être une légère indication en ce sens). Ce n'est toutefois là qu'une hypothèse : la valeur de l'expression *renovare amicitiam*, dans 42. 19. 8, demeure incertaine, d'où il suit qu'elle l'est aussi dans 27. 4. 10.

Mais, au reste, à supposer l'hypothèse démontrée, cette même erreur de fait qu'aurait commise, au sujet des Crétois et des Rhodiens, l'Annaliste auteur de 42. 19. 8, pourquoi l'Annaliste auteur de 27. 4. 10 ne l'aurait-il pas commise au sujet de Ptolémée IV ? Lors même que les mots *renovare amicitiam* auraient, dans ce dernier passage, la signification qu'on a coutume de leur attribuer, le témoignage de l'Annaliste ne serait point une preuve suffisante que Ptolémée fût réellement l' « ami » public du Peuple romain.

P. 71, note 1. — Je viens de constater, avec une extrême satisfaction, que la date proposée pour l'avénement de Ptolémée Épiphanes est celle qu'admet Ad. Wilhelm, *Anz. der Wien. Akad.* XVII-XXVII (1920), 55-56.

P. 114. — Comme veut bien me l'indiquer M. P. Roussel, A. C. Johnson propose, pour l'affranchissement d'Athènes, une date différente de celle qui est ordinairement adoptée (*Americ. Journ. of Philol.* 1918, 167-168) : c'est à la fin de 233 que la ville aurait recouvré son indépendance — opinion qui soulève plus d'une objection.

P. 255, note 1. — L'intéressant mémoire de Fr. Stählin sur la situation faite aux villes de Phthiotide par la paix de 206 (*Die Phthiotis und der Friede zwischen Philippos V. und den Aetolern : Philolog.* 1921, 199 suiv.) ne parvient à ma connaissance qu'au moment où se termine l'impression de mon ouvrage. Autant que je puis voir, la question relative à ces villes est posée par Stählin à peu près dans les mêmes termes que par moi. Quant à la solution qu'il adopte, elle me paraît se rapprocher beaucoup de celle qu'a proposée Costanzi.

P. 256, note 3. — Les hypothèses nouvellement proposées concernant la seconde stratégie d'Agélaos de Naupakte (*Sylloge* [3], 546 *A*, not. 1, p. 26) demeurent tout-à-fait arbitraires.

P. 259, note 2. — Sur la condition politique de la Phocide après la paix de 206, voir W. Theiler, *Die polit. Lage in den beiden makedon. Kriegen*, diss. Halle, 1914 (ouvrage dont je dois communication à l'obligeance de mon ami P. Roussel). W. Theiler, se fondant principalement sur les travaux de A. Nikitsky, me paraît avoir établi, contre Pomtow (et Swoboda), qu'en 206 l'ensemble de la Phocide ne devint point territoire aitolien. Philippe garda autorité sur la plus grande partie du pays ; les Aitoliens n'en retinrent que les cantons occidentaux.

INDEX ANALYTIQUE [1]

Abydos ; — colloque d'a., en 200, entre le légat M. Aemilius Lepidus et Philippe V : 82, n. 4 ; 267, n. 6 ; 268 et n. 1 ; — Attale Ier essaie de sauver a. assiégée par Philippe : 205, n. 1 ; — prise par Philippe : 50, n. 2.

Achaïe, Achéens ; — alliés des Aitoliens contre Démétrios II : 100 ; 114 ; — appelés en 230 par les Épirotes contre les Illyriens : 24 ; — décadence de leur marine : 23 ; 158, n. 6 ; — appelés, en 229, par les Kerkyréens, les Épidamniens et les Apolloniates contre les Illyriens : 4 ; 24 ; — essaient de sauver Kerkyra : 104 ; — vaincus à Paxos : 24 ; 101 ; 103, n. 3 ; 104 ; 158, n. 6 ; — villes qu'ils acquièrent après la mort de Démétrios II : 121 ; — les Béotiens se rapprochent d'eux : 121 ; — ambassade que leur envoie A. Postumius en 228 : 12 ; 14 ; 114-115 ; 119 ; 127 ; — deviennent les alliés d'Antigone Doson : 122 ; 124 ; 225 ; — parti opposé à cette alliance : 225 ; — convoitent la Messénie : 145 ; 198 ; 226-227 ; — en conflit avec les Aitoliens (guerre-des-Alliés) : 145-146 ; — leurs appels à Philippe V en 220 : 149, n. 1 ; — demandent à Philippe d'envahir l'Élide : 147 ; — échecs et succès pendant la guerre-des-Alliés : 150 et n. 7 ; 161, n. 2, 6 ; 162 et n. 8 ; — fournissent des transports à Philippe : 158 et n. 6 ; — reçoivent de Philippe Psophis, Lasion et Stratos : 164, n. 6 ; 226 ; — irritation que leur causent les entreprises de Philippe en Messénie : 198 ; 203 ; 226-227 ; — isolés dans le Péloponnèse depuis 214 : 203 ; 227 ; — leur mécontentement contre Philippe : 225-228 ; — leur politique traditionnelle ; visées sur tout le Péloponnèse : 226 ; — menacés par l'alliance de R. et de l'Aitolie : 215 ; 227 ; — première guerre de Macédoine ; perdent Aigine et Dymai (voir ces noms) ; — leur situation périlleuse en 209 : 298 ; — descente de P. Sulpicius en a. en 209 : 240 et n. 1 ; — font appel à Philippe en 209 et 208 ; secourus par lui : 233, n. 3 ; 234 et n. 1 ; 298 et n. 3 ; — lui fournissent des vaisseaux : 158, n. 6 ; — popularité de Philippe en a. : 234 ; — Philippe leur promet Héraia, Alipheira et la Triphylie : 228 et n. 1 ; — réorganisation de l'armée par Philopoimen : 253 ; 254 et n. 1 ; — vainqueurs des Spartiates à Mantinée en 207 : 254 ; 285, n. 3 ; — reconquièrent Tégée ; envahissent la Laconie : 254 ; — adscrits par Philippe au traité de Phoiniké : 259 ; 265 ; — leur hostilité contre les R. après la première guerre de Macédoine : 236, n. 1 ; — menacés par Nabis en 204 : 292, n. 1 ; — reçoivent une ambassade du Sénat en 200 : 13 ; 223 ; 263 ; — leurs sentiments incertains : 223, n. 2 ; — deviennent les alliés des R. contre Philippe en 198 : 230 ; 308, n. 2 ; — s'ils ont eu un traité d'alliance perpétuelle avec R. dès 196 : 308, n. 2 ; — leur opposition sournoise aux R. : 313 ; — s'emparent de Zakynthos pendant la guerre aitolo-syrienne : 218 ; — leur soulèvement contre R. en 146 : 314.

Achaïe phthiotide, Achéens phthiotes (voir Phthiotide, Phthiotes).

Achaios, anti-roi d'Asie ; — vainqueur d'Attale : 204 ; — sa rébellion contre Antiochos III : 204 ; — assiégé dans Sardes : 204 ; 207 ; — pris et mis à mort en 213 : 204 et n. 1 ; 87, n. 4 ; — Aitoliens à son service : 196, n. 2 ; 204, n. 1 ; — conséquences de sa ruine pour l'Aitolie : 204 suiv.'

---

1. Pour ne pas allonger démesurément cet *Index*, on s'est abstenu d'y faire figurer un petit nombre de noms propres (noms d'individus, de peuples, de localités) qui ne sont mentionnés, principalement dans les notes, que d'une façon tout incidente. — Les mots « Romains », « Rome », « romain », sont remplacés, dans le corps des articles, par les initiales R. et r. — Dans chaque article, le mot formant le sujet de l'article est remplacé par sa lettre initiale (petite capitale) ; exemple : Abydos = a. — Les chiffres désignent les pages ; l'abréviation n. signifie « note ». Les renvois ne se succèdent pas toujours selon l'ordre numérique de la pagination ; on s'est efforcé, en effet, de les ranger d'après l'importance des passages visés.

sur la Propontide ; rompent avec Philippe : 291 et n. 1, 2 ; 294, n. ; — leur isolement : 292 ; — font appel aux R. : 293 et n. 1 ; — sont rebutés par le Sénat : 296 ; — n'envoient pas d'ambassade à R. en 201 : 294, n., fin ; — refusent de combattre Philippe de 201 à 199 : 294, n. ; 296 et n. 2, 3 ; — visités par les légats du Sénat en 200 : 13 ; 222 ; 263 ; 295 ; — élisent Damokritos stratège : 296 et n. 2 ; — vainement sollicités par Attale, Amynandros, L. Furius : 295 ; 296, n. 2 ; —

leur seconde guerre contre Philippe V comme alliés des Romains (seconde guerre de Macédoine) : — redeviennent les alliés des R. : 256 ; 263, n. 4, fin ; — leurs rapports amicaux avec Athènes : 266, n. 3 ; — se joignent à P. Sulpicius en 199 : 296 ; 256 ; — réclament à Philippe, en 198 et 197, Échinos, Thèbes-de-Phthiotide, etc. : 255, n. 1 ; — refus que leur oppose T. Quinctius : 256-257 ; 217, n. 3 ; — leur inimitié contre R. : 331 ; —

alliés d'Antiochos III : leur arrogance à l'égard des R. : 19, n. 1 ; — en guerre avec R. : 313 ; 331 ; — leur ambassade à R. en 189 : 19, n. 1 ; — traité de 189 avec les R. : 89 ; — perdent Oiniadai : 19, n. 1.

Aᴋᴀʀɴᴀɴɪᴇ, Aᴋᴀʀɴᴀɴɪᴇɴs ; — perdent, puis recouvrent Oiniadai : 196, n. 4 ; — conquête et partage de l'A. par Alexandre d'Épire et les Aitoliens : 6-7 ; — les Aitoliens veulent s'emparer de l'A. occidentale sous la régence d'Olympias : 7 ; — prétendu recours des A. au Sénat ; se seraient prévalus du fait que leurs ,ancêtres n'avaient pas pris part à la guerre de Troie : 7 suiv. ; — critique de cette tradition : difficultés chronologiques qu'elle soulève : 7, n. 3 ; 10-11 ; — objections contre son authenticité : 10-19 ; — son origine et sa signification probables : 19, n. 1 ; — sont secourus contre les Aitoliens par Démétrios II : 11 et n. 6 ; — demandent, en 231, assistance contre les Aitoliens à Démétrios II, qui leur procure le secours d'Agron : 11, n. 4 ; 24, n. 2 ; — deviennent les alliés des Illyriens : 12, n. 1 ; 24, n. 2 ; — A. Postumius ne leur envoie pas d'ambassade en 228 : 12 et n. 1 ; 120, n. 5 ; — rencontre de Philippe et de Démétrios de Pharos en A. : 143 ; — guerre-des-Alliés : fournissent, en 219, des troupes, en 218, des transports à Philippe : 146, n. 3 ; 158 et n. 6 ; — sont envahis par les Aitoliens et envahissent la Stratiké en 217 : 162, n. 8 ; 161, n. 5 ; — Philippe leur rend Oiniadai, Phoitiai et Métropolis : 160, n. 2 ; 164, n. 6 ; — convoitises persistantes des Aitoliens sur l'A. :

196 ; — M. Valerius Laevinus promet, en 212, aux Aitoliens de les aider à la conquérir : 12 ; 210 ; 214 ; 223 ; — il enlève à l'A. Oiniadai et Nasos, livrées aux Aitoliens : 12 ; 187, n. 2 ; 239 ; 242 ; — les A. n'essaient pas de négocier avec les R. : 13 et n. 1 ; — envoient en Épire leurs non-combattants : 214, n. 2 ; — Philippe, appelé par eux, vient à leur secours : 233, n. 3 ; 234 ; — expédition avortée des Aitoliens contre l'A. en 211 : 239 et n. 4 ; 242 ; — ambassade des A. à Sparte en 211/210 : 16 ; — discours de Lykiskos : 17-19 ; — nouvel appel des A. à Philippe en 208 : 233, n. 3 ; — l'amiral punique Bomilkar sur la côte d'A. en 208 : 201, n. 2 ; 241, n. 1 ; 244, n. 2 ; — les A. adscrits par Philippe au traité de Phoiniké : 259 ; 265 : —

leur conflit avec Athènes en 201/200 ; ravagent l'Attique : 267 et n. 4 ; 268 ; — aidés par Philippe : 267 ; 268 ; 307 ; — non visités, en 200, par les légats du Sénat : 13 ; — alliés loyaux de la Macédoine : 228 ; — parti opposé chez eux à la Macédoine : 228 ; — sont les adversaires des R. pendant toute la seconde guerre de Macédoine : 13 ; 236, n. 1 ; — tentatives des R. pour les gagner à leur alliance ; 13, n. 3 ; 230, n. 1 ; — demandent aux R. l'« autonomie » : 14 ; 13, n. 4 ; — rapprochement entre eux et les R. de 192 à 189 : 19, n. 1 ; — les R. leur rendent Oiniadai : 19, n. 1 ; — légendes troyennes en A. : 13, n. 4, fin ; 19, n. 1.

Aᴋᴇ́sɪᴍʙʀᴏᴛᴏs, navarque rhodien en 198 ; — 318, n. 2.

Aᴋʀᴀɢᴀs (Aɢʀɪɢᴇɴᴛᴜᴍ), en Sicile ; — prise par les R. en 210 : 249 ; 233, n. 1.

Aᴋʀɪᴀɪ, en Laconie ; — Philippe V, en 218, ravage la Laconie jusqu'à A. : 158.

Aᴋʀᴏᴛᴀᴛᴏs, roi d'Épire : — délivre, vers 315, Apollonia assiégée par les Illyriens : 108, n. 1.

Aʟᴇxᴀɴᴅʀᴇ-ʟᴇ-Gʀᴀɴᴅ ; — prétendue parenté de Philippe V avec lui : 177.

Aʟᴇxᴀɴᴅʀᴇ, I, ᴅᴇ Pʏʀʀʜᴏs, roi d'Épire : — conquiert et partage l'Akarnanie avec les Aitoliens : 6-7 ; 196, n. 4 ; — sa mort ; date incertaine : 8, n. : — conflit entre l'Aitolie et l'Épire après sa mort : 7.

Aʟᴇxᴀɴᴅʀɪᴇ ᴅ'Éɢʏᴘᴛᴇ ; — ambassade r. à A. en 273 : 60.

Aʟᴇxᴀɴᴅʀɪᴇ-Tʀᴏᴀs ; — alliée d'Attale Iᵉʳ : 205, n. 1 ; — sans relations avec les R. avant 196 : 91-92 ; — en conflit avec Antiochos III : 53, n. 2 ; 92 et n. 4 ; 327 : — demande et obtient la protection des R. contre Antiochos en 196 (ou 192 ? : 92, n. 1) : 56 ; 92 ; 94 ; 309 ; 327-328 : — envoie une ambassade à R. en 193 (?) : 92, n. 4.

Aʟᴇxᴀɴᴅʀᴏs Isɪᴏs, Aitolien ; — 299, n. 2 ; 302, n. 1 ; — le même (?) : 289, n. 2.

Aʟɪᴘʜᴇɪʀᴀ, en Arcadie ; — dépendance des

de Ptolémée V : 71-72 ; 78-80 ; — inquiétudes qu'il cause à Philippe V : 282 suiv. ; — son vrai caractère : 283, n. 1 ; — s'allie à Philippe en vue de démembrer l'empire lagide : 290 et n. 1 ; — grande émotion causée aux R. par cette alliance : 320 suiv. ; 329 ; 333 ; — desseins agressifs attribués à A. : 320-322 ; — comment le Sénat veut prévenir et rendre impossible sa jonction en Grèce avec Philippe : 322-323 ; — conquiert depuis 202 la Syrie sur Ptolémée : 314 ; 319 ; 322 ; 292 et n. 4 ; — vainqueur à Panion en 200 : 83 ; 319 ; — premier Séleucide qui soit entré en rapports avec les R. : 58 ; — résumé de ses relations avec eux de 200 à 193 : 58-60 ; — n'a pas conclu de « traité d'amitié » avec eux après son avènement : 49-50 ; — reçoit du Sénat, à la fin de 200, une ambassade qui fait mine de le réconcilier avec Ptolémée : 50 ; 58-59 ; 72 ; 75 ; 82 ; — le Sénat lui sacrifie les intérêts de Ptolémée : 59 ; 82-83 ; 317 ; 319 ; 322 ; — relations amicales *(amicitia)* établies entre lui et les R. depuis 200 : 50-51 ; 322 ; — pourrait envahir l'Égypte sans opposition des R. : 83 ; 319 ; — envoie une ambassade à R. en 198 : 50 ; — comment la guerre faite par les R. à Philippe lui est avantageuse : 329-330 ; — quitte la Syrie, en 197, et se dirige vers l'Occident : 321 ; — inquiétudes qu'il cause à T. Quinctius : 320-321 ; — les Rhodiens vont à sa rencontre : 321 ; — passe en Europe en 196 ; à Lysimacheia ; s'établit dans la Chersonèse et en Thrace : 326 ; 329 ; — en conflit avec Lampsaque, Smyrne et Alexandrie-Troas : 53 ; 56 ; 92 et n. 4 ; 327 ; — conduite nouvelle des R. envers lui ; difficultés qu'ils lui suscitent depuis 196 : au sujet de Lampsaque, Smyrne et Alexandrie-Troas : 56-57 ; 91-92 ; 92, n. 3, 4 ; 94 ; 309 ; 327 ; — au sujet de Ptolémée : 83 ; 94 ; 309 ; 327 ; — au sujet des villes d'Asie conquises par Philippe : 309 ; 327 ; — interdiction qui lui est faite de prendre pied en Europe et de combattre les Hellènes : 309 ; 326-327 ; — entrevue de Corinthe entre ses ambassadeurs, T. Quinctius et les légats du Sénat : 92, n. 3 ; 59, n. 5, 6 ; 327 ; — en conférences à Lysimacheia avec L. Cornelius : 51, n. 3 ; 59 et n. 6 ; 92, n. 3 ; 327 ; 330 ; — demeure en Thrace malgré les R. : 330 ; 328, n. 1 ; — objet réel de ses dernières entreprises : 329 et n. 2 ; — fait la paix avec Ptolémée : 83 ; — sollicite des R., en 193, un « traité d'amitié » ; envoie à R. Ménippos, Hégésianax et Lysias : 49-50 ; 40, n. 2 ; 52 ; 59 ; 94 ; — faussement appelé *socius et amicus p. R.* :

50, n. 1 ; — nouveau conflit, en 193, avec le Sénat au sujet des villes « autonomes » (conférences de R. et d'Éphèse) : 56-57 ; 59 ; 92, n. 3, 4 ; 328, n. 1 ; — alternative qui lui est posée à R. : 328, n. 1 ; — sa ferme attitude en face du Sénat : 57-58 ; 330 ; — vient en Grèce, en 192, avec Hannibal ; débarque à Démétrias ; accueil favorable qu'il reçoit de la plupart des Grecs : 33 ; — allié des Aitoliens : 19, n. 1 ; — en guerre avec R. : 42 ; 43 ; 313 ; — traité de 188 entre lui et les R. : 49, n. 2 : 89 et n. 1.

Antiochos IV ; — renouvelle avec les R. le traité conclu par son père : 49, n. 2.

« Antiochus » ; — nom impersonnel : 58, n. 1, cf. 76, 75, n. 2.

Antipatreia (identifiée à *Berat* : 166, n. 5), dans la Macédoine occidentale ; — conquise par Skerdilaïdas en 217 : 166 ; 167, n. 3 ; — reprise par Philippe V : 278, n. 2.

Aoos, fleuve de la Basse-Illyrie ; — 167, n. 5 ; 192 ; — défilés de l'A. ; importance stratégique : 109 et n. 5 ; — Philippe V mouille près des bouches de l'A. en 216 : 177 ; 178 ; — le remonte en 214 : 191 et n. 1 ; — M. Valerius Laevinus en bloque les bouches : 191 et n. 3 ; — retraite de Philippe par le haut-A. (?) : 192, n. 3 ; — entrevue de l'A. entre T. Quinctius et Philippe en 198 : 307, n. 1 ; — bataille de l'A. : 302, n. 8.

Apamé, fille de Philippe V ; — mariée à Prousias II, roi de Bithynie : 79, n. 1 ; 207, n. 1.

Apellès, ministre de Philippe V ; — 141, n. 3.

Apollonia, Apolloniates, dans la Basse-Illyrie ; — communications avec la Macédoine : 110 ; — distance jusqu'à Hydrous : 111, n. 1 ; — toujours convoitée par les Illyriens : 108 ; — délivrée des Illyriens par Akrotatos d'Épire vers 315 : 108, n. 1 ; — occupée par Kassandre vers 314 : 108, n. 1 ; — commerce avec l'Italie : 24 ; — situation politique vers 266 : 3 et n. 2 ; — envoie une ambassade à R. ; hypothèses au sujet de cette ambassade : 1-4 ; — n'a pas conclu de traité avec les R. : 4-5 ; — sans relations avec eux jusqu'en 229 : 4-5 ; 25-26 ; — menacée par les Illyriens en 229 : 4 ; 24 ; — ne fait pas appel aux R. : 4 ; 24-25 ; 26, n. 4 ; — demande aide aux Aitoliens et aux Achéens : 4 ; 24 ; — secourue par les R. : 102 ; 103 ; — leur fait *deditio* : 106, n. 1 ; — soumise à leur protectorat depuis 229 : 106 ; 112 ; 128 ; — sa fidélité aux R. : 25 et n. 4 ; — contingents militaires qu'elle leur fournit : 108, n. 3 ; — peut-être menacée en 220 par Démétrios de Pha-

lui contre Kléomènes : 131 ; — raisons obscures de sa conduite : 132 ; — peu de crainte qu'il a des R. : 133 ; — longanimité des R. à son égard : 133-134 ; — aurait excité les Histriens contre R. : 134, n. 1 ; — ses relations avec Philippe V dès le début du règne de celui-ci : 141-142 ; — en rébellion ouverte contre R. : 134-135 ; 141 ; — envahit en 220 l'Illyrie r. ; prend Dimalé : 135 ; 136 ; 138 ; — navigue au sud de Lissos avec Skerdilaïdas ; attaque Pylos : 135 ; 141 ; — allié des Aitoliens : 135, n. 4 ; — ravage les Cyclades : 141 ; — chronologie relative de ces événements : 134, n. 4 ; — chassé par les Rhodiens ; à Kenchréai ; en relations avec Taurion : 141-142 ; — inquiétudes qu'il finit par causer aux R. : 138 ; — guerre qu'ils lui font en 219 (seconde guerre d'Illyrie) : 138-139 ; — Philippe songe à l'aider (?) : 146, n. 3 ; — vaincu à Pharos ; en fuite : 139 ; 143 ; — ses οἰκεῖοι sont déportés à R. : 139 ; 184 et n. 1 ; — se réfugie auprès de Philippe : 143-144 ; — lui conseille de faire la paix avec l'Aitolie : 163, n. 2 ; 165 , — de construire une flottille de « lemboi » : 176 ; — instigateur des entreprises de Philippe en Messénie : 197, n. 3 ; 227 ; — attaque Messène en 214 ; est tué : 202 ; 227. (Voir GUERRE D'ILLYRIE [PREMIÈRE et SECONDE]).

DENYS L'ANCIEN, tyran de Syrakuse ; — 27.

DIMALÉ, dans la Basse-Illyrie ; — situation : 135 et n. 1 ; — identique à *Dimallum* : 135, n. 1 ; — soumise au protectorat r. depuis 229 : 112 et n. 3 ; — conquise par Démétrios de Pharos en 220 : 135 et n. 1 ; 136 ; 138 ; — reprise par L. Aemilius en 219 : 138 ; 199 ; — replacée sous le protectorat r. : 139, n. 3 ; — mentionnée dans le traité de Philippe V et d'Hannibal : 184, n. 1 ; — conquise par Philippe en 213 (?) : 199 ; — assiégée par P. Sempronius en 205 : 256 et n. 1 ; 276 ; — recouvrée par les R. à la paix de Phoiniké : 278.

DIMALLUM (voir DIMALÉ).

DION, en Piérie ; — dévasté par les Aitoliens en 219 : 151.

DODONE ; — dévastée par les Aitoliens en 219 : 150.

DOLOPES ; — déclarés libres par les R. en 196 : 309.

DORIMACHOS DE TRICHONION, Aitolien ; — est, avec Skopas, le chef du parti belliqueux et anti-macédonien en Aitolie : 152 ; 210 ; 243 ; — son expédition contre Kynaitha : 149, n. 1 ; — tente d'envahir la Thessalie en 218 : 161, n. 2 ; — auteur, avec Skopas, de l'alliance de 212 avec les R. : 210.

DRANGIANE ; — Antiochos III en D. : 282, n. 2.

DRILON, fleuve d'Illyrie ; — marche des R. au nord du D. en 229 : 102 ; — Ardiéens établis au nord du D. : 199, n. 4.

DRYMAIA, en Phocide ; — conquise par Philippe V en 208 : 242.

DYMAI, en Achaïe ; — dans la guerre-des-Alliés : 150, n. 7 ; 164, n. 6 ; — dans la première guerre de Macédoine ; Philippe V, en 209, va de D. à Démétrias : 299 ; — conquise par les R. (date incertaine) : 232, n. 1 ; — violences qu'ils y commettent : 231 ; 232 ; — cédée aux Éléens (?) : 219, n. 1 ; — conduite généreuse de Philippe envers eux : 272, n. 3 ; — hostilité des D. contre les R. en 198 : 236, n. 1.

DYRRHACHION, DYRRHACHINIENS (voir ÉPIDAMNOS).

ÈBRE, fleuve d'Espagne ; — 112 ; 126 ; 136 ; 137 ; — conquêtes d'Hannibal au sud de l'È. en 221 et 220 : 136-137.

ÈBRE (TRAITÉ DE L') entre Hasdrubal et les R. ; — 124 ; 136, n. 4 ; 112, n. 2.

ÈBRE (BATAILLE DE L'), en 217 ; — 176 ; 154, n. 4.

ÉCHINOS, en Phthiotide ; — assiégée et prise aux Aitoliens par Philippe V en 210 : 239 et n. 6 ; 242 ; 243 ; — non débloquée par P. Sulpicius : 239 ; 243 ; — réclamée par les Aitoliens en 198 et 197 : 255, n. 1.

ÉGYPTE (ROYAUME D') (voir PTOLÉMÉE..., AGATHOKLÈS, SOSIBIOS).

ÉGYPTE (POSSESSIONS EXTÉRIEURES DE L') vers la fin du IIIe siècle ; — *Asie* : Éphèse : 91, n. 1 ; 318, n. 2 ; — Halikarnasse : 91, n. 1 ; 318, n. 2 ; — Kaunos : 318, n. 2 ; — Milet (?) : 91, n. 1 ; 318, n. 2 ; — Myndos : 318, n. 2 ; — Samos : 91, n. 1 ; 290, n. 1 ; 318, n. 2 ; — *Thrace* : Ainos, 82, n. 4 ; 290, n. 1 ; — Maroneia : 82, n. 4 ; 290, n. 1 ; — *Iles* : Théra : 290, n. 1 ; — *Crète* : Itanos : 290, n. 1 ; — *Grèce* : Arsinoé-dans-le-Péloponnèse (Méthana ?) : 290, n. 1 ; — Khios et Kalchédoine n'ont jamais appartenu à l'Égypte : 291, n. 1 ; — doutes pour Sestos : 290, n. 1 ; 318, n. 2.

EKNOMOS (BATAILLE D') ; — 21, n. 1 ; 176.

ÉLAOS, en Kalydonia ; — fortifié aux frais d'Attale : 204, n. 2 ; 206, n. 2 ; — pris par Philippe V en 219 : 147, n. 7 ; 150, n. 6 ; 161, n. 3.

ÉLATEIA, en Phocide ; — négociations à É. en 208 : 35 ; 74, n. 1.

ÉLEUSIS (MYSTÈRES D') (voir MYSTÈRES D'ÉLEUSIS).

ÉLIDE, ÉLÉENS ; — pirateries anciennes des Illyriens en É. : 22, n. 1 ; — alliés des Aitoliens : 150 ; 197 ; 203 ; 227 ; — envahissent l'Achaïe et l'Arcadie en 219 : 150 ; — Philippe V refuse d'envahir l'É. : 147 ; — les é. vaincus à Stymphale :

taires : 138-139 ; — conséquences de la guerre : extension du protectorat r. en Illyrie ; 139 ; — caractère incomplet du succès remporté par les R. : 139-140 ; — danger persistant dont la Macédoine menace les R. : 140. (Voir L. AEMILIUS, DÉMÉTRIOS DE PHAROS, SKERDILAÏDAS).

GUERRE DE KOILÉ-SYRIE (voir KOILÉ-SYRIE).

GUERRE-DES-ALLIÉS (συμμαχικὸς πόλεμος): — son origine et ses causes : 145 ; — les « Symmachoi » la déclarent aux Aitoliens à Corinthe : 146 ; — premières hostilités : 146 et n. 1 ; — combien cette guerre est avantageuse aux R. : 78 ; 146 ; — ils n'y prennent aucune part : 78 ; 148-149 ; 151-153 ; 160-161 ; — facile succès que s'en promettent les Aitoliens : 150 ; 161 ; — débuts de la guerre : campagne de 219 ; succès partagés de Philippe V et de ses adversaires : 146-147 ; 150-151 ; — hiver de 219/218 : expédition victorieuse de Philippe dans le Péloponnèse : 151 ; — campagne de 218 : succès éclatants de Philippe en Aitolie et en Laconie : 157-158 ; 151 ; 161-162 ; — comment une intervention de la marine romaine eût pu modifier le cours de la guerre : 159-160 ; — découragement des Aitoliens en 218 ; médiation de Rhodes et de Khios ; négociations de paix : 161-162 ; — les Aitoliens recommencent la guerre : 162 ; — campagne de 217 : succès de Philippe : 162 ; — médiation de l'Égypte : 78 ; 162 ; — Philippe décide de mettre fin à la guerre : 163 ; — congrès et paix de Naupakte : 163 ; 164-165 ; — conséquences de la guerre : puissance accrue de Philippe ; il est libre d'agir contre R. : 164-165. (Voir ACHÉENS, AITOLIENS, NAUPAKTE [CONGRÈS et PAIX DE], PHILIPPE V).

GUERRE D'HANNIBAL ; — ses origines : 136-137 ; — prise de Sagonte par Hannibal : 144 ; — déclaration de guerre des R. : 144 ; — ann. 218 : armements maritimes des R. ; expédition r. en Espagne ; flotte r. en Sicile : 154-155 ; — invasion d'Hannibal ; bat. du Ticinus et de la Trébia : 153 ; — ann. 217 : armements maritimes des R. ; opérations de la flotte de Sicile : 156 ; — bat. navale de l'Èbre : 176 ; — bat. du Trasimène : 163 ; — ann. 216 : bat. de Cannes : 179 ; — continuation de la guerre : 179-180 ; — défection de la Basse-Italie et de Capoue : 180 ; — ann. 215 : situation d'Hannibal : 180 ; 182 ; — bat. d'Hibéra ; défaite des Puniques en Sardaigne : 182 ; 186, n. 1 ; — ann. 214 : défection de Syrakuse : 189 ; — échec d'Hannibal à Tarente : 190 ; — ann. 213 et 212 : prise de Tarente par Hannibal : 198 ; — siège de Syrakuse ; grands armements maritimes des Puniques (voir BOMILKAR) : 200-201 ; — ann. 210 : prise d'Akragas par les R. ; fin de la guerre en Sicile : 249 ; — ann. 209 : prise de Tarente par les R. : 250 et n. 1 ; — ann. 208 : défaite de la flotte de Bomilkar : 244 et n. 2 ; — ann. 207 : bat. du Métaure : 251-252 ; — retraite d'Hannibal : 252 ; — bat. d'Ilipa ; fin de la guerre en Espagne : 252 et n. 3 ; — ann. 205 : Magon en Ligurie : 285 et n. 1 ; — P. Cornelius Scipion en Sicile : 286. (Voir BOMILKAR, CARTHAGE, GN. CORNELIUS SCIPIO, P. CORNELIUS SCIPIO, HANNIBAL, HASDRUBAL BARKA, TI. SEMPRONIUS, GN. SERVILIUS).

GUERRE DE MACÉDOINE (PREMIÈRE) ; — ann. 216 : expédition de Philippe V contre Apollonia : 176-178 ; — elle marque le début véritable de la guerre : 194 ; — ann. 215 : alliance de Philippe et d'Hannibal : 182 suiv. ; — dispositions prises par les R. contre Philippe : 187-188 ; — ann. 214 : seconde expédition de Philippe : 190-191 ; — descente des R. en Illyrie ; échec de Philippe sous Apollonia : 191-192 ; — ann. 213 et 212 : succès de Philippe en Illyrie ; prise de Lissos : 199 ; — ann. 212 : alliance des R. avec les Aitoliens : 209-211 ; 213-214 ; — caractère nouveau, hellénique, de la guerre : 213-215 ; — prise de Zakynthos, Oiniadai, Nasos par les R. : 217-218 ; 239 ; — ann. 211 : expédition de Philippe contre les Dardaniens et les Maides : 239 ; 299-300 ; — prise d'Antikyra par les R. et les Aitoliens : 239 ; — ann. 210 : conquêtes de Philippe sur les Aitoliens : 239 ; 242 ; — prise d'Aigine par les R. : 218 ; — ann. 209 : double victoire de Philippe sur les Aitoliens près de Lamia : 242 ; 243 ; — médiation des neutres ; négociations : 243 ; — Attale Ier et les R. à Aigine : 243 ; — descentes des R. dans le Péloponnèse : 240 ; — succès de Philippe à Sikyone : 301 ; — venue de Bomilkar à l'ouest de la Grèce : 240 ; — ann. 208 : expédition d'Attale et des R. dans la mer Aigée ; attaques contre l'Eubée : 241 ; 242 ; — victoire de Philippe aux Thermopyles ; villes qu'il prend ou reprend aux Aitoliens : 242 ; — seconde venue de Bomilkar dans les eaux grecques : 240-241 ; — départ d'Attale pour l'Asie : 243-244 ; — ann. 207 et 206 : inaction des R. : 245 suiv. ; 254 ; — intervention des neutres : 253 ; — succès de Philippe sur les Aitoliens ; invasion de l'Aitolie : 253 ; — victoire des Achéens à Mantinée : 254 ; — paix de Philippe avec les Aitoliens : 255 ; — ann. 205 : Philippe et

<hr>

1. On n'a mentionné dans cet article aucun fait postérieur à 196.

2. Le classement de Kerkyra dans cette catégorie est évidemment arbitraire ; mais on n'a pas cru qu'il y eût lieu de créer pour cette ville une rubrique spéciale.

— querelle faite à Philippe au sujet d'Attale 1er, des Rhodiens, de Ptolémée V ; signification à Philippe de la *rerum repetitio* et de l'*indictio belli* du Sénat (voir Philippe V) ; — il lui est interdit de combattre aucun peuple hellène : 307, n. 1 ; — résultats de la guerre : abaissement et amoindrissement de la Macédoine ; situation qui lui est faite par la paix de 196 : 308-309 ; — les r. se flattent d'opposer perpétuellement la Grèce à Philippe : 325 ; — font de lui leur allié : 308 ; 322 ; — erreur politique qu'ils ont commise à son sujet : 329 ; — n'ont pas prévu le prompt relèvement de la Macédoine : 330.

Relations avec les Grecs de la Grèce propre en général : isolement réciproque de r. et de la Grèce jusqu'en 230 : 27-28 ; 126 ; — les r. n'entrent pas en rapports avec les Grecs pendant la première guerre d'Illyrie : 103-104 ; — impression produite en Grèce par cette guerre : 113 ; —

leur premier contact avec quelques États grecs en 228 : 114-119 ; 127-128 ; — il est indirect, fortuit et passager : 127-128 ; — les r. ne font que se montrer aux Grecs : 128 ; — ne profitent pas de leur victoire pour agir en Grèce contre la Macédoine : 120-121 ; 122-123 ; 128-129 ; — n'y interviennent pas de 228 à 221 : 124-125 ; — ni pendant la guerre-des-Alliés : 146 suiv. ; 153 suiv. ; 160-161 ; — n'y ont pas un seul allié jusqu'en 212 : 172 ; —

leur contact prolongé avec les Grecs après 212 : 213-214 ; — n'ont pas, en Grèce, d'ambitions conquérantes : 216-219 ; — s'ils y veulent faire prévaloir leur autorité : 219 ; — politique qu'ils y pourraient pratiquer : 221-223 ; — leur conduite envers les « Symmachoi » (voir ci-après) ; — envers les Aitoliens (voir ci-après) ; — ne gardent pas d'alliés en Grèce après 205 : 258 suiv. ; 271 ; — hostilité générale de la Grèce contre eux : 271-272 ; — résumé de leurs relations avec la Grèce de 212 à 206 : 273-275 ; —

leur attitude nouvelle à l'égard de la Grèce depuis 200 ; leur politique philhellénique : 222-223 ; 307 suiv. ; — se déclarent contre Philippe, puis contre Antiochos, les champions et les défenseurs de l'hellénisme : 222 ; 307-309 ; — expulsent Philippe de Grèce ; l'obligent à reconnaître et garantir la liberté des Grecs : 308 ; 325 ; — sont les protecteurs de la Grèce redevenue libre : 308 ; 313 ; 311, n. 1 ; — raisons de leur conduite ; importance nouvelle que prend la Grèce à leurs yeux : 323 ;

— veulent l'opposer aux rois ennemis de Rome : 324-326 ; — s'il est vrai qu'ils aient transformé promptement leur protectorat en domination : 312-314 ; — sincérité de leur « philhellénisme » politique et intéressé : 326 ; — échec de leur politique ; n'ont pas réussi à s'attacher les Grecs : 330-331.

— *avec les Grecs de la Symmachie* (« *Symmachoi* ») : les r. devenus indirectement les adversaires des « Symmachoi » depuis 212 : 214-215 ; — sont sans griefs contre eux : 220-221 ; — intérêt qu'ils auraient à les ménager : 221-223 ; — politique qu'ils pourraient adopter à leur égard : 223-231 ; — guerre sauvage qu'ils leur font : 220 ; 231-232 ; 235-236 ; — conséquences de leur conduite : 232-235 ; — ce qu'elle implique : 236 ; — politique nouvelle des r. envers les « Symmachoi » depuis 200 : 222-223 ; 307 ; — T. Quinctius : 223 ; 230 ; — ses efforts pour les attirer dans l'alliance r. : 230 et n. 1 ; — abolition de la Symmachie : 308 ; — les « Symmachoi » assujettis par Philippe déclarés libres en 196 : 308 ; 324 ; — mauvais succès de la nouvelle politique r. : 330-331. (Voir Symmachie hellénique).

Achéens[1] : A. Postumius leur envoie une ambassade en 228 : 12 ; 14-15 ; 114-115 ; 119 ; 127 ; — elle n'a pas de caractère politique : 115 ; 119 ; — violences commises par les r. contre des villes achéennes pendant la première guerre de Macédoine (voir Aigine, Dymai) ; — hostilité des Achéens contre les r. après cette guerre : 236, n. 1 ; — visite des légats du Sénat en Achaïe en 200 : 13 ; 223 ; 263 ; — alliance des r. avec les Achéens en 198 : 230 et n. 1 ; — s'il a été conclu une alliance permanente entre les Achéens et les r. depuis 196 : 308, n. 2.

Akarnaniens : prétendu recours des Akarnaniens occidentaux aux r. vers 239 (?) (voir Akarnanie) ; — A. Postumius n'envoie pas d'ambassade en Akarnanie en 228 : 12 et n. 1 ; 120, n. 5 ; — M. Valerius Laevinus promet, en 212, aux Aitoliens de les aider à conquérir l'Akarnanie : 12 ; 210 ; 214 ; 223 ; — les Akarnaniens ne reçoivent pas en 200 la visite des légats r. : 13 ; — sont les adversaires des r. pendant toute la seconde guerre de Macédoine : 13 ; 236, n. 1 ; — tentatives des r. pour les faire entrer dans leur alliance : 13, n. 3 ; 230, n. 1 ; — de-

1. On n'a pas cru devoir, dans ce qui suit, distinguer la période où les *Achéens, Akarnaniens, Béotiens*, etc., n'étaient pas encore les alliés de la Macédoine et celle où ils le sont devenus.

mandent aux R. après 196 de leur accorder l' « autonomie » : 13, n. 4 ; 14.

Béotiens : alliance qui leur est imposée par les R. en 197 : 230, n. 1 ; — leur hostilité persistante contre les R. : 236, n. 1.

Corinthiens[1] : sans rapports publics avec les R. jusqu'en 228 : 89 ; 126 ; — ambassade que leur envoie le Sénat en 228 ou peu après : 114 et n. 2 ; 115 ; 118 ; 119 ; — elle n'a pas de caractère politique : 115-116 ; 119 ; — déclarés libres par les R. en 196 : 309.

Épirotes : les Épirotes, en 230, ne font pas appel aux R. contre les Illyriens : 24 ; — les R. ne leur rendent pas l'Atintania : 110 ; — A. Postumius ne leur envoie pas d'ambassade en 228 : 120, n. 5 ; — les R. laissent, en 212, l'Épire en dehors de la guerre (?) : 214, n. 2 ; — médiation des Épirotes entre les R. et Philippe V en 205 : 214, n. 2 ; 277 ; — les légats du Sénat en Épire en 200 : 13 ; 222 ; 263.

Eubéens : violences commises en Eubée par P. Sulpicius en 208 (voir Oréos) ; — déclarés libres par les R. en 196 : 309.

Lokriens (orientaux) : violences commises en Lokride par P. Sulpicius et Attale Ier en 208 (voir Opous) ; — déclarés libres par les R. en 196 : 309 .

Phocidiens : violences commises par M. Laevinus en Phocide en 211 (voir Antikyra) ; — déclarés libres par les R. en 196 : 309.

Thessaliens (et Dolopes, Magnètes, Perrhèbes, Phthiotes) : déclarés libres par les R. en 196 : 309.

— *avec les Grecs indépendants de la Macédoine :*

Aitoliens : prétendue intervention des R. auprès des Aitoliens en faveur des Akarnaniens vers 239 (?) (voir Aitolie, Akarnanie) ; — ambassade envoyée par A. Postumius en Aitolie en 228 : 10 ; 12 ; 14-15 ; 114 ; 119 ; 127 ; 152 ; — caractère de cette ambassade : 115 ; — les R. ne forment pas en 228 de relations politiques avec les Aitoliens : 115 ; 119 ; — les laissent conclure la paix avec Antigone Doson : 124 ; — raisons qu'ils auraient de se rapprocher d'eux lors de la guerre-des-Alliés : 146 ; — ne les soutiennent pas contre Philippe pendant cette guerre 146 ;

148-149 ; 151-153 ; 154 suiv. ; 168 ; — sont sans rapports avec eux de 215 à 212 : 195-197 ; 198 ; — pourquoi M. Laevinus se rapproche d'eux en 212 : 201 ; — alliance de 212 entre les R. et les Aitoliens : 208-211 (voir Aitolie) ; — son caractère accidentel : 215-216 ; — elle a pour auteur M. Laevinus : 211-212 ; 213 ; — lenteur du Sénat à la ratifier : 211-212 ; — intérêt politique qu'auraient les R. à la maintenir : 237-238 ; — paraissent aider médiocrement les Aitoliens contre Philippe : 238-241 ; 274 ; — les abandonnent en 207 et 206 : 245 suiv. ; 254 ; — explication de cet abandon : 250-251 ; — défection des Aitoliens en 206 : 254-255 ; — les R. en sont responsables : 257 ; — veulent leur faire reprendre les armes en 205 ; échouent : 256 ; — rupture entre R. et l'Aitolie : 256 ; — irritation des R. : 256-257 ; — ils rebutent, en 202, les Aitoliens qui demandent leur protection contre Philippe : 296 ; — pas d'ambassade aitolienne à R. en 201 : 294, n., fin ; — les R. recherchent l'alliance des Aitoliens en 200 : 295 ; — visite des légats r. en Aitolie : 13 ; 222 ; 263 ; 294, n. ; 295 ; — inutile démarche de L. Furius Purpurio aux Panaitolika de 199 : 295 ; 296, n. 2 ; — les R. ont de nouveau les Aitoliens pour auxiliaires en 199 : 256 ; 296 ; — T. Quinctius leur refuse, en 197, les villes de Phthiotide : 256-257 ; 217, n. 3 ; — inimitié des Aitoliens contre les R. depuis 197 : 331.

Éléens, Lacédémoniens (ou Spartiates), Messéniens : adhésion des Éléens, des Lacédémoniens et des Messéniens à l'alliance aitolo-r. de 212 : 211 et n. 1 ; 213, n. 4 ; — les R. les ont pour alliés contre Philippe : 214 ; 261 et n. 2 ; 265 ; — prétendue *adscriptio* par les R. des Éléens, des Lacédémoniens et des Messéniens au traité de Phoiniké : 259 suiv. ; 214 : 261 suiv. ; — ces trois peuples se sont détachés des R. en 206 : 262-263 ; — pas de relations entre eux et les R. au début de la seconde guerre de Macédoine : 263 ; — les R. ont de nouveau les Éléens et les Messéniens pour alliés pendant cette guerre : 263, n. 4, fin ; — alliance *(amicitia)* de T. Quinctius avec Nabis : 89 ; 263 et n. 4.

Athéniens : point de relations publiques entre Athènes et R. jusqu'en 228 : 89 ; 126 ; — ambassade du Sénat à Athènes en 228 ou peu après : 114 et n. 2 ; 115-116 ; 119 ; — prétendu « traité d'alliance » ou « d'ami-

---

1. On mentionne ici les Corinthiens par commodité, bien qu'ils soient proprement sujets de la Macédoine depuis 223 et n'aient jamais fait partie de la Symmachie.

tié » conclu à cette époque ; prétendus privilèges qu'auraient reçus les **R.** des Athéniens : 116-119 ; 265 ; 269 ; — médiation, nuisible aux **R.**, des Athéniens entre les Aitoliens et Philippe : 35 ; 73 ; 119 et n. 1 ; 265 ; — prétendu rapprochement entre **R.** et Athènes en 206/205 : 266 et n. 3 ; 267-268 ; — prétendue *adscriptio* par les **R.** des Athéniens au traité de Phoiniké : 259-260 ; 265 suiv. ; — prétendue démarche faite par les Athéniens à **R.** en 201/200 : 269 et n. 2-4 ; 270 ; — les légats du Sénat à Athènes en 200 : 263 ; 268 ; 270 ; — attitude réciproque des légats et des Athéniens : 270 et n. 2, 3 ; — le Sénat ne mentionne pas les Athéniens dans ses réclamations à Philippe : 268.

Relations avec l'Orient hellénique : prétendue politique orientale des **R.** au IIIe siècle : 29 ; — prétendue politique économique des **R.** dans l'Asie grecque au IIIe siècle : 83 suiv. ; 90 : — les **R.** n'ont pas de politique en Orient avant la fin du IIIe siècle : 93-94 ; 96 ; — leur intervention y est provoquée : 94.

— *avec les Rhodiens* : prétendu « traité d'amitié et de commerce » que les **R.** auraient conclu avec les Rhodiens vers 306 ; impossibilité d'un tel traité : 30 suiv. (voir **Rhodes**) ; — les **R.** rencontrent l'hostilité des Rhodiens pendant la première guerre de Macédoine ; médiation, nuisible à **R.**, des Rhodiens entre Philippe et les Aitoliens : 35-38 ; 73 : 87 ; 91 ; 119 (voir **Rhodes**) ; — point de rapports entre les **R.** et les Rhodiens jusqu'en 201 : 43 ; 45 ; 93 ; — les Rhodiens demandent, en 201, secours aux **R.** contre Philippe : 45 ; 94 ; 293, n. 1. — révèlent l'alliance de Philippe et d'Antiochos III : 320 ; 328, n. 2 ; — établissement, en 200, de relations amicales *(amicitia)* sans caractère public entre les **R.** et les Rhodiens : 45-46 ; 40, n. 2 ; — visite des légats r. à Rhodes en 200 : 45, n. 2 ; 50, n. 2 ; 59, n. 2 ; — réclamations du Sénat auprès de Philippe en faveur des Rhodiens : 45, n. 2 ; 267, n. 6 ; — point de relations de droit entre les deux peuples jusqu'en 165/164, époque où les Rhodiens deviennent *socii p. R.* : 45-46 ; 69 ; — les Rhodiens auxiliaires des **R.** contre Philippe : 42 ; 43.

— *avec les Hellènes d'Asie* : prétendus « traités de commerce et d'amitié » que les **R.** auraient conclus avec des cités grecques d'Asie au IIIe siècle : 30 ; 83 suiv. ; 90 suiv. ; — les **R.**, pendant tout le IIIe siècle, ont été sans relations avec la Grèce asiatique : 90-93 ; 94 ; — attitude hostile aux **R.** de plusieurs cités grecques d'Asie pendant la première guerre de Macédoine : 91 (voir **Khios**, **Mytilène**) ; — les **R.** se déclarent, en 196, les protecteurs de la liberté des Hellènes d'Asie : 92 et n. 3 ; 94 ; 309 ; 311 ; 327.

Lampsaque ; *Smyrne* ; *Alexandrie-Troas* : ces trois villes « autonomes » sont les premières cités d'Asie avec lesquelles les **R.** soient entrés en rapports : 91-92 ; 94 ; — recours de ces villes au Sénat en 196 : 53 ; 56-57 ; 91-92 ; 94 ; 309 ; 327 (voir **Alexandrie-Troas**, **Lampsaque**, **Smyrne**) ; — son intervention en leur faveur auprès d'Antiochos III : 56-57 ; 92 ; 94 ; 309 ; 311 ; 327 ; 328 et *n.* 1 (voir **Antiochos III**).

Ilion : prétendue demande adressée par le Sénat à Séleukos II (ou III) en faveur d'Ilion : 10 ; 46 ; — caractère apocryphe de cette tradition : 46 suiv. ; 56-58 ; — si les **R.** sont devenus, au IIIe siècle, les protecteurs officiels d'Ilion : 53 suiv. ; 56-57 ; — prétendue *adscriptio* d'Ilion par les **R.** au traité de Phoiniké : 259 ; 260 ; 54, n. 1 ; 56, n. 2.

— *avec Attale Ier* : les **R.** sans relations avec Attale Ier jusqu'en 209 : 95, n. 3 ; 213, n. 4 ; — comment ils prennent contact avec lui : 95 ; — « amitié » contractée entre eux et lui : 34 ; 94 ; — coopération militaire d'Attale et des **R.** contre Philippe en 209/208 : 94-95 ; 213-214 ; 217, n. 2 ; 219 ; 241 (voir **Attale Ier**) ; — Attale adscrit par les **R.** au traité de Phoiniké : 94 ; 259 ; 264, n. 1 ; — reste l'« ami » des **R.** ; ambassade qu'ils lui envoient en 205 : 34 ; 94-95 ; — son appel aux **R.** en 201 : 72, n. 2 ; 94 ; 293, n. 1 ; — leur révèle l'alliance de Philippe et d'Antiochos III 320 ; 328, n. 2 ; — rencontre des légats r. avec Attale au Pirée et à Athènes en 200 : 59, n. 2 ; 270 et n. 2, 3 ; — les **R.** prennent parti pour Attale contre Philippe : 267 et n. 6 ; 268 ; 306, n. 2.

— *avec les Lagides* : nature véritable des relations de **R.** et de l'Égypte pendant le IIIe siècle : 80-82 ; — elles n'ont pas donné lieu à la conclusion d'un traité : 75-77 ; — elles n'ont pas eu de caractère politique avant 202 : 77 suiv. ; 82 ; —

sous Ptolémée II : les **R.** reçoivent en 273 une ambassade de Ptolémée II : 60 ; — contre-ambassade r. envoyée à Alexandrie : 60 ; — s'il y a eu conclusion entre les **R.** et Ptolémée d'un « traité d'alliance » ou « d'amitié » : 63 suiv. ; — neutralité de Ptolémée pendant la guerre de Sicile : 65 ; —

sous Ptolémée III : s'il est vrai que les **R.** lui aient offert leur secours militaire contre la Syrie : 75-76 ; — n'ont point eu avec lui de « traité d'amitié » : 77 ; —

sous Ptolémée IV : ambassade envoyée par les R. à Ptolémée IV après 215, pour obtenir l'expédition de blé en Italie : 67 ; 87 ; — s'il est vrai qu'ils aient renouvelé avec lui, en 210, un « traité d'amitié » : 66-70 ; — médiation, nuisible aux R., de Ptolémée entre Philippe et les Aitoliens pendant la première guerre de Macédoine : 35 et n. 3 ; 73-74 ; 77 ; 118 ; — point de « traité d'amitié » entre les R. et Ptolémée : 74 ; — persistance des relations amicales de R. et de l'Égypte après cette médiation : 74-75 ; — indépendance de la politique égyptienne à l'égard des R. : 77-80 ; —

sous Ptolémée V : ambassade envoyée par Agathoklès à R., en 203-202, à l'avénement de Ptolémée V : 71 ; 72 ; 75 ; 79-80 ; 82 (voir PTOLÉMÉE, F. D'AGÉSARCHOS) ; — est la première ambassade égyptienne ayant un caractère politique qu'aient reçue les R. : 82 ; — son objet probable : 71-72 ; — si elle suppose l'existence d'un « traité d'amitié » entre R. et l'Égypte : 72-73 ; — prétendue ambassade envoyée d'Égypte à R., en 201, pour obtenir l'assistance du Sénat contre Philippe et Antiochos III : 72, n. 2 ; 290, n. 1 ; — prétendue tutelle de M. Aemilius sur Ptolémée : 73, n. 1 ; 83, n. 3 ; — feinte médiation des R. entre Ptolémée et Antiochos ; première ambassade, ayant un caractère politique, envoyée de R. en Égypte : 59 ; 82 ; 72 ; 75 ; — les R. interdisent à Philippe V d'attaquer Ptolémée : 75 ; 82 et n. 4 ; — mais sacrifient celui-ci à Antiochos : 59 ; 82-83 ; 317 ; 319 ; 322 ; — puis, en 196, prennent sa défense contre Antiochos : 83 ; 94 ; 309 ; 327 ; — paix conclue par Ptolémée avec Antiochos à l'insu des R. : 83.

— *avec les Séleucides* : les R. sans relations avec les Séleucides jusqu'en 200 : 58 ; 60 ; 93 ; — prétendues relations avec Séleukos II ou Séleukos III ; prétendu « traité d'amitié » que les R. auraient conclu avec Séleukos II (ou III) : 46-47 ; 49-50 ; 51-53 ; — prétendue demande faite à Séleukos II (ou III) en faveur d'Ilion : 46 ; 56-58 ; —

sous Antiochos III : Antiochos III est le premier Séleucide avec qui les R. soient entrés en rapports : 58 ; — résumé de leurs relations avec lui depuis 200 : 58-60 ; — Antiochos n'a point « renouvelé » avec les R. un « traité d'amitié » conclu par ses prédécesseurs : 49-50 ; — alarmes causées aux R., en 200, par son alliance avec Philippe contre l'Égypte ;

projets agressifs qu'ils lui attribuent : 320 suiv. ; — comment le Sénat entend profiter de l'éloignement d'Antiochos retenu en Asie : 322-323 ; — ambassade qui lui est envoyée à la fin de 200, sous prétexte de l'accommoder avec Ptolémée V : 50 ; 58-59 ; 72 ; 82 ; — premier contact des R. avec la cour de Syrie : 59 ; — véritable objet de cette ambassade : 59 ; 322 ; — établissement de relations amicales *(amicitia)* entre Antiochos et les R. : 50-51 ; 322 ; — ils le laissent libre d'agir contre Ptolémée : 59 ; 82-83 ; 317 ; 319 ; 322 ; — ambassade envoyée à R. par Antiochos en 198 : 50 ; — appréhensions qu'il cause à T. Quinctius en 197 et 196 : 320-321 ; — changement d'attitude du Sénat à l'égard d'Antiochos depuis 196 : 56 ; 59 ; 83 ; 309 ; 326-327 ; — entrevue de Corinthe entre T. Quinctius, les légats du Sénat et les ambassadeurs syriens : 92, n. 3 ; 59, n. 5, 6 ; 327 ; — conférences de Lysimacheia entre Antiochos et L. Cornelius : 51, n. 3 ; 59 et n. 6 ; 92, n. 3 ; 327 ; 330 ; — défense faite à Antiochos de prendre pied en Europe et de combattre les Hellènes : 309 ; 326 et n. 2 ; — le Sénat prétend protéger contre lui la liberté des Hellènes d'Asie : 92 et n. 3 ; 309 ; 311 ; 327 ; — difficultés qui lui sont suscitées au sujet des villes « autonomes » (Lampsaque, Smyrne et Alexandrie-Troas) : 56-57 ; 91-92 ; 92, n. 3, 4 ; 94 ; 309 ; 327 ; — de Ptolémée : 83 ; 94 ; 309 ; 327 ; — des villes conquises par Philippe : 309 ; 327 ; — résistances qu'il oppose au Sénat : 57 ; 330 ; — demeure en Thrace malgré les R. : 330 ; 328, n. 1 ; — erreur politique des R. à son sujet : 329-330.

ROME (CONFÉRENCES DE), en 193, entre le Sénat et les ambassadeurs d'Antiochos III ; — 59 et n. 7 ; 51, n. 3 ; 57, n. 1, 2, 4 ; 92, n. 3 ; 328, n. 1.

Ῥωμαῖοι ; — sens abusif de cette appellation dans les pays grecs : 85, n. 6 ; 86, n. 4 ; 129.

SAGONTE, en Espagne ; — devient l'alliée de R. : 112 ; 126, n. 4 ; 136 et n. 4 ; — ingérence des R. dans ses affaires intérieures : 136 et n. 4 ; — date de ces faits : 126, n. 4 ; 136, n. 4 ; — en conflit avec des vassaux de Carthage : 137 ; — menacée par Hannibal : 137 ; — fait appel aux R. : 130, n. 3 ; 137 ; — intervention des R. en sa faveur : 137 ; 195 ; — assiégée et prise par Hannibal : 144 ; 195 ; — non secourue par les R. : 144, n. 3 ; 153 ; 195.

et 197 : 217, n. 3 ; 255, n. 1 ; 257 (voir
Échinos, Larisa Krémasté, Pharsale, Thèbes-de-Phthiotide) ; —
leur sont refusées par T. Quinctius : 217,
n. 3 ; 256-257 ; — les t. déclarés libres
par les R. en 196 : 309.

Thrace ; — expédition. de Philippe V en
t. contre les Maides en 211 : 239 ; —
de P. Sulpicius et d'Attale Ier dans la
mer de t. en 208 : 241 ; 205, n. 1 ; 219,
n. 1 ; — campagne de Philippe en t.
vers 204 (?) : 287, n. 3 ; — Philippe
respecte, en 202, les possessions de
l'Égypte en t. : 290, n. 1 ; — s'en empare en 200 : 82 et n. 4 ; 290, n. 1 ; 318,
n. 2 (voir Ainos, Maroneia) ; — projets d'Antiochos III sur la t. : 329 ; —
il l'occupe et y demeure malgré les R. :
329 ; 330 ; 328, n. 1.

Thrasykratès, Rhodien, ambassadeur
auprès de Philippe V et des Aitoliens ;
— discours qu'il prononce en 207 :
36 ; 37-38 ; 74, n. 1 ; 91, n. 3 ; 152,
n. 2 ; 215, n. 1 ; 232, n. 5, 6 ; 233, n. 2 ;
235, n. 2 ; 242, n. 2 ; 246, n. 4 ; 253, n. 1 ;
274, n. 1.

Thronion, en Lokride ; — prise par Philippe V aux Aitoliens en 208 : 242.

Ticinus (Bataille du) ; — 153.

Tithronion, en Phocide ; — prise par
Philippe V aux Aitoliens en 208 : 242.

Trasimène (Bataille du Lac) ; — nouvelle qu'en reçoit Philippe V : 163 ; —
144, n. 5.

Trébia (Bataille de la) ; — 153.

Triphylie ; — conquise par Philippe V
en 218 : 151 ; — reste en sa possession :
164, n. 3 ; 198 et n. 1 ; 226 ; — promise,
en 208, aux Achéens : 228 et n. 1.

Tritaia, en Achaïe ; — pendant la guerre-
des-Alliés : 150, n. 7.

Triteuta, femme d'Agron, roi d'Illyrie,
mère de Pinnès ; — 131, n. 1.

Troade ; — parenté prétendue des habitants de la t. avec les R. : 13, n. 4,
fin ; 54, n. 2 ; 56.

Troie, Troyens (voir aussi Ilion, Iliens);
— croyance des R. à leurs origines
troyennes : 7 ; 14 ; 19, n. 1 ; 56 ;
58 ; — si cette croyance était, dès le
milieu du iiie siècle, un dogme officiel :
10 ; 56 ; — les Akarnaniens prétendent
n'avoir pas pris part à la guerre de t. :
7 ; 14 ; — gré que leur en auraient su les
R. : 7 ; — légendes troyennes en Akarnanie : 13, n. 4, fin ; 19, n. 1.

Tyndaris (Bataille de) ; — 176.

Utique ; — en révolte contre Carthage :
171, n. 2 ; — assiégée par P. Scipion :
244, n. 2.

P. Valerius Flaccus, *praejectus* de M. Va
lerius Laevinus ; — commandements
dont il est chargé : 157, n. 1 ; 187, n. 1,
2.

M. Valerius Laevinus, préteur en 215,
propréteur de 214 à 211 ; — dispose,
en 215, d'une division de 25 vaisseaux
pour garder la côte de Calabre : 156 ; 181, n.
1 ; — sa prétendue entrevue avec Xénophanes, ambassadeur de Philippe V :
183, n. 2 ; — reçoit le commandement
d'une escadre de 50 bâtiments pour
faire obstacle à Philippe : 156-157 ;
187-188 ; — est envoyé à Brundisium :
187, n. 1 ; — s'il est vrai qu'il ait eu une
légion sous ses ordres : 187, n. 2 ; —
en 215 et 214, en station sur les côtes
de Calabre : 157 ; 188-190 ; — appelé,
en 214, en Illyrie contre Philippe :
191 ; — reprend Orikos ; sauve Apollonia ; inflige un échec à Philippe : 157 ;
191-192 ; — remarques sur l'ordre de
ses opérations : 191, n. 3 ; — se fixe en
Illyrie ; isole Philippe de la mer : 193
et n. 2 ; 198 ; — d'abord sans relations
avec les États grecs : 195 ; 198 ; — noue
des intelligences en Aitolie : 201 et n. 5 ;
208 et n. 4 ; — offre son alliance aux
Aitoliens : 208 ; — vient en Aitolie
avec son escadre : 209-210 ; — ses promesses aux Aitoliens ; doit les aider à
conquérir l'Akarnanie : 12 ; 210 ; 214 ;
— conclut avec eux un traité d'alliance :
33 ; 37 ; 152 ; 209-212 ; 209, n. 2 ; 213-
214 ; — a conduit seul toute cette négociation : 211 et n. 3 ; 212 ; — prend,
en 212, et remet aux Aitoliens Zakynthos:
217-218 ; 238-239 ; 239, n. 1 ; 187, n. 2 ;
— Oiniadai et Nasos : 12 ; 187, n. 2 ;
238-239 ; 239, n. 1 ; 242 ; — prend, en
211, et laisse aux Aitoliens Antikyra :
239 ; 242 ; — violences qu'il y commet :
231 ; 232 et n. 1, 3 ; — examen critique
de ses opérations : 238-239 ; — n'aide
pas les Aitoliens à conquérir l'Akarnanie : 239 et n. 4 ; — paraît avoir mené
sans grande vigueur la guerre maritime :
241 ; — sa conduite envers les « Symmachoi » ; guerre cruelle qu'il leur fait :
230-232 ; — défait, en 208, la flotte de
Bomilkar à son retour de Grèce : 244,
n. 2.

L. Veturius (Philo), consul en 206 ; —
252, n. 2.

Xénophanes, ambassadeur de Philippe V
auprès d'Hannibal ; — histoire de sa
mission : 183, n. 2.

Zakynthos ; — son importance maritime :
160 ; 218 ; — occupée en 217 et gardée
par Philippe V : 160 et n. 1, 3 ; 164,
n. 3 ; 174 ; 226 ; — conquise par M. Va-

TEXTES D'AUTEURS ET D'INSCRIPTIONS
QUI SONT L'OBJET D'OBSERVATIONS CRITIQUES

TABLE DES MATIÈRES

I . F . M . R . P . 1935